이승만과 김구

제4권

손세일 지음

ChosunMedia
조선뉴스프레스

손 세 일 (孫世一)

서울대학교 문리과대학 정치학과를 졸업하고,
미국 인디애나대학교 저널리즘스쿨과 일본 도쿄대학 법학부대학원(국제정치 전공)에서 수학했다.
조선일보사 기자, 동아일보사 신동아 부장과 논설위원, 뿌리깊은나무 편집위원,
(사)서울언론문화클럽 이사장 등 언론인으로 활동하다가
정계에 투신하여 3선 국회의원을 지냈다.

저서로 『이승만과 김구』(1970), 『인권과 민족주의』(1980), 『한국논쟁사(I~V)』(편)(1976) 등이 있고,
역서로 『트루먼 회고록(상, 하)』(1968) 등이 있다.

초판발행   2015년 7월 1일

지은이   손세일
발행   (주)조선뉴스프레스
발행인   김창기
기획편집   배진영
디자인   이민형 한재연 송진원

편집문의   724-6782, 6784
구입문의   724-6796, 6797
등록   제301-2001-037호
등록일자   2001년 1월 9일
주소   서울시 마포구 상암산로 34 DMC 디지털큐브 13층

값 43,000원
ISBN 979-11-5578-371-9 04340

이승만과 김구

제4권

제2부 임시정부를 짊어지고 1919~1945 (II)

손세일 지음

ChosunMedia
조선뉴스프레스

차 례

45장

국무령 되어 다시 헌법 개정

1. 무장투쟁단체 대표들의 국무원 취임 거부
2. 임시정부 떠난 지 2년 만에 국무령으로 복귀
3. "유일독립당" 결성 전제로 임시헌법 다시 개정

1. 무장투쟁단체 대표들의 국무원 취임 거부

1

상해의 1925년7월7일은 대한민국임시정부의 새로운 역사가 시작되는 날이었다. 석달 전에 어렵게 개정된 임시헌법이 드디어 시행되는 날이었기 때문이다. 오전 9시에 임시대통령 박은식(朴殷植)을 비롯한 각부 총장들과 임시의정원 의원들이 임시의정원에 모여 개정 임시헌법 시행축하식을 거행했다. 개정된 임시헌법의 시행에 따라 임시정부의 모든 기관이 새로 구성되어야 했지만 임시의정원은 의원선거를 새로 할 형편이 되지 못했다. 각료들만 이날 모두 자동적으로 사임되었다. 박은식도 여섯달 남짓 동안 보관했던 국인(國印)을 임시의정원 의장 최창식(崔昌植)에게 넘겨주고 물러났다.[1]

박은식은 축하식에서 자신이 임시정부의 과도내각 수반이 되어 수행한 역할의 당위성을 설명하는 고별사를 하고 나서, 별도로 준비해 온「독립운동의 대방침을 부진(附陳)함」이라는 글을 낭독했다. "내가 금일 퇴위한 후로부터는 제군과 회담할 기회가 빈번치 못하겠기로 나의 회포한 독립운동의 대방침으로써 제군을 위하야 대강 설명코자 하노라"라고 전제한 이 글은, 먼저 역사학자답게 인류역사의 거시적인 발전단계론으로 현대의 세계를 설명했다. 상고(上古)시대에는 개인주의와 부락관념만 있었으나 중고(中古) 이후로는 가족주의와 국가주의가 아울러 발달했고, 지금은 "세계주의 방면으로 향상 전진하는 시대"라는 것이었다. 그러므로 우리의 독립운동도 반드시 세계의 여러 민족과의 "연합주의"로 추진되어야 한다고 주장했다. 그리고 그 "연합주의"의 대상은 중국과 소비에트러시아와 인도라고 다음과 같이 주장했다.

---

[1] 《大韓民國臨時政府公報》號外(1925년7월7일), 국사편찬위원회 편, 『대한민국임시정부자료집(1) 헌법·공보』, 국사편찬위원회, 2005, p.162.

우리의 독립운동은 중심의 자신(自信)이든지 구두의 성언(聲言)이든지 반드시 중국의 4억만과 러시아의 1억5천만과 인도의 3억만과 연합적 행동이라 하여야 우리의 민지(民智)도 개광되고 세계의 동정도 다득하고 적인에게 외겁(畏怯)을 주어 몇년을 넘지 아니하야 성공을 필득할 것이요, 만일 전일과 같이 고루하고 협애한 안목과 지식으로써 동족 간에 지방과 당파의 구별이 있어서 자상쟁투(自相爭鬪)하게 되면 강적의 압박이 없더라도 시대 진화에 낙오가 되야 자연도태로 멸망할 뿐이니… 혹은 말하기를 우리는 아직 국가주의시대이요 세계주의시대가 아니라 하나 금일의 국가주의는 세계주의를 포함하여야 활동의 능력이 위대케 되는 것이라.…[2]

　　박은식은 이러한 주장이 자기가 공자의 대동사상(大同思想), 석가의 평등사상, 묵자(墨子)의 겸애설[兼愛說: 나와 남을 구별하지 않고 서로 사랑하는 것이 하늘의 뜻이라는 학설], 예수의 박애사상을 연구한 결과를 근거로 하고 세계의 흐름을 관찰하여 나온 결론이라고 호언했다. 그는 마르크스(Karl H. Marx)나 레닌(Vladimir I. Lenin)의 사상은 거론하지 않았다. 그러면서도 "연합주의"의 대상에서 제1차 세계대전 이후에 세계의 최강국으로 부상한 인구 1억1,000만의 미국을 제외한 것은 눈여겨볼 만한 점이다. 박은식의 이러한 주장은 이 무렵의 상해 독립운동자들의 국제정치 인식을 반영한 것이었을 것인데, 그것은 이승만의 국제정치 인식과는 상반되는 것이었다. 이승만과 임시정부의 알력은 이러한 국제정치 인식의 기본적인 괴리에서 기인하는 것이었다.

　　개정 임시헌법 시행축하식을 마친 임시의정원은 그날로 정부수반인 국무령(國務領) 선거를 실시했다. 국무령으로는 안창호가 추천한 대로 서간도(西間島)의 독립운동 원로 이상룡(李相龍)을 재석의원 15명 가운

──────
2) 《독립신문》 1925년10월21일자, 「獨立運動의 大方針을 附陳함」.

데 13표의 다수로 선출했다.[3] 이
상룡은 경북 안동 출신으로서
1911년에 서간도로 망명한 뒤에
이동녕(李東寧), 이시영(李始榮),
이회영(李會榮) 등과 경학사(耕
學社)를 설립했고, 뒤이어 조직
된 부민단(扶民團)의 총장으로
추대되기도 했다. 신흥무관학교
(新興武官學校)의 전신인 신흥
강습소는 부민단의 산하기관이
었다. 3·1운동 뒤에 무장항일투
쟁단체로 결성된 서로군정서(西

초대 국무령으로 선출된 서간도의 원로 이상룡.

路軍政署)의 독판(督辦)으로 활동하기도 한 그는 이때는 1924년11월에
남만주지역의 독립운동단체들이 통합하여 조직한 정의부(正義府)를 이
끌고 있었다. 안창호를 중심으로 한 개조파 그룹이 그를 국무령으로 선
출한 것은 그렇게 함으로써 만주지방의 독립운동단체들을 임시정부로
통합시키고자 한 데서 취해진 조치였다. 그렇게 되면 만주지역 동포들의
자금지원도 기대할 수 있을 것이었다.

　개조파 그룹은 헌법 개정작업을 마무리하고 난 1925년4월에 내무총
장 이유필(李裕弼)을 임시정부의 특사 자격으로 서간도로 파견하여 이
상룡의 국무령 취임문제를 협의했다. 그러나 정의부는 이상룡이 임시정
부의 국무령으로 취임하는 것에 선뜻 동의하지 않았다. 그것은 그 제의
가 "정의부의 존폐에 관한 중대사안"[4]으로 인식되었기 때문이다. 그리하

---

3) 日本外務省記錄, 「機密 제117호: 臨時政府國務領更迭ニ關スル件」, 1925년7월8일, 『不逞團關係
　雜件 鮮人ノ部 上海假政府(五)』.
4) 「金履大가 安昌浩에게 보낸 1925년10월2일자 편지」, 『대한민국임시정부자료집(42) 서한집 I 』,
　2011, p.283.

여 7월15일에 열린 제1회 중앙의회는 다음 네가지를 선행조건으로 결의했다. 그것은 (1) 독립운동 각 단체와 연락하여 타협할 것, (2) 제도는 위원제로 할 것, (3) 임시의정원 의원은 국민의 의무를 이행하는 자에 한하여 1만명에 1명의 비례로 할 것, (4) 정부의 위치는 국경 방면으로 이전할 것의 네가지였다.[5] 첫번째 조건은 종래부터 제기되어 오던 독립운동자들의 공통적인 주장이어서 별로 문제될 것이 없었으나, 나머지 세가지 조건은 개조파 그룹이 좀처럼 받아들이기 어려운 조건이었다. 임시정부를 위원제로 개편하는 문제는 이동휘(李東輝)가 국무총리로 재임할 때부터 주장했던 것인데, 임시정부가 적화되었다는 선전의 구실이 될 수 있다는 안창호의 주장에 따라 개헌과정에서 배제되었던 문제였다. 세번째와 네번째 조건도 임시정부의 주도권을 만주의 독립운동세력이 장악하겠다는 의도를 분명히 드러낸 것이었다. 임시의정원 의원을 1만명에 1명씩 선출하자는 조건은, 해외동포의 다수가 만주지역에 거주하고 있는 상황을 감안할 때에 임시의정원을 만주의 독립운동자들 위주로 완전히 새로 구성하자는 주장이었다. 임시정부를 만주로 이전하는 문제 역시 1920년 이래 시베리아와 만주 지역에서 활동하던 독립운동단체들이 줄기차게 주장하던 사안으로서, 상해임시정부가 쉽게 받아들일 수 없는 조건이었다.

그러나 정의부 중앙의회의 이러한 결의에 대해서마저도 만주 독립운동단체들의 의견은 쉽게 통일되지 않았다. 정의부 산하의 길림주민회는 즉각 중앙의회의 결의에 반대하는 성명을 발표했다.[6] 이러한 상황에서 이상룡은 쉽게 결단을 내리지 못하고 고심했다. 만주 독립운동자들 사이에서 그가 차지하는 비중으로 볼 때에 그의 결정에 따라서 만주지역 독립운동의 진로뿐만 아니라 임시정부의 향방에도 중대한 변화가 있을 수 있었기 때문이다. 이상룡이 국무령으로 선출되고도 두달이나 상해로 출발

---

5) 위의 편지, pp.75~76; 蔡永國, 「韓民族의 만주독립운동과 正義府」, 國學資料院, 2000, pp.227~228.
6) 朴永錫, 「石州 李相龍硏究」, 《歷史學報》 제89집, 歷史學會, 1981, p.147, p.150.

하지 않은 사실이 그의 고심을 잘 말해 준다. 그러한 이상룡의 결심을 강력히 촉구한 것은 조카 이광민(李光民)이었다.[7] 그리하여 이상룡은 8월 하순 무렵에 이광민을 데리고 비밀리에 반석(盤石)을 출발하여 유하현(柳河縣)과 봉천[奉天: 지금의 審陽]을 거쳐 9월19일에 상해에 도착했다.[8] 각 단체 대표자 40~50명이 태극기로 장식한 자동차와 마차를 준비하고 부두에 나가서 신임 국무령을 맞이했다.

이상룡이 상해에 도착하자 9월21일에 열린 제15회 임시의정원은 미국과 남북만주에 흩어져 있는 각종 단체의 통합문제를 논의하기 위하여 각지의 단체 대표자들에게 소집장을 발송하기로 결의했다.[9] 이튿날에는 청년동맹회 주최로 국무령환영회가 열렸고, 9월24일 저녁 8시에는 3·1당에서 국무령취임식이 거행되었다.

이상룡은 취임식에서 다음과 같은 요지의 취임사를 했다.

"나는 이에 일반 국민 앞에서 가장 정성스러운 마음으로 삼가 대한민국임시정부 국무령의 임에 취하나이다. 임에 당하야 위로 헌법을 준수하며 민의에 근거하야 그 의무를 이행함으로써 국가의 완전한 독립을 조속히 성취하야 인민의 자유행복을 회복하려 하나이다. 우리 민족이 국가의 독립과 인민의 자유를 위하야 분투하여 온 것은 멀리 갑신(甲申) 갑오(甲午) 이래의 계속적 운동이라. 그러나 혹은 외력만 의뢰하고 혹은 조직이 완전치 못하였으므로 다 실패로 돌아갔고, 경술국치(庚戌國恥) 이후에 대의를 잡고 일어나는 의병의 기치와 지사의 열혈이 운동을 계속하여 오다가 전 민족의 각오하에서 소생의 신기운이 3·1운동으로 나타나서 민국의 임시정부가 건설된 바, 과거 7개년에 촌토척지(寸土尺地)를 광복치 못하였으니, 이에 대하여 누가 통탄치 아니하리오.

---

7) 위의 글, p.146.
8) 《독립신문》 1925년10월21일자, 「國務領閣下到着」.
9) 《독립신문》 1925년10월21일자, 「臨時議政院開院」; 《新韓民報》 1925년11월19일자, 「임시의정원 회의 소집되어 각종단체를 통일하려고」.

그러나 한번 돌이켜 생각건대 과거는 대개 신민시기(臣民時期)에 속하였으므로 전 민중의 조직적 단합을 이루지 못하야 운동의 효과가 지연한지라. 이제 경장쇄신의 초에 제하여 국민 전체가 온전한 대동단결의 조직 선에서 함께 분투하여야 하겠으며, 이를 신속히 성취하려면 먼저 가장 진정한 희생적 계속적으로 분투하여 오던 용감한 전사들이 속히 최고기관하에서 완전한 결합으로 운동의 기초를 공고케 하여야 될 줄 깊이 믿고 이에 힘쓰려 하나이다. 평소에 재주가 없고 아는 것이 적은데, 더욱이 무거운 책임을 맡게 되어 두려운 생각이 밤낮 놓이지 아니하옵는 바, 오직 모든 일은 중심과 중력을 합하는 곳에서 이루는 것이니, 상하 합심동력하야 대업을 속히 성취케 함을 바라나이다."[10]

"희생적 계속적으로 분투하여 오던 용감한 전사들"이란 만주지역에서 무장투쟁을 해 오던 독립운동자들을 지칭하는 것이었음은 말할 나위도 없다.

2

이상룡은 취임사에서 기본방침을 밝힌 대로 이탁(李沰), 김동삼(金東三), 오동진(吳東振), 윤세용(尹世茸), 현천묵(玄天默), 윤병용(尹秉庸), 김좌진(金佐鎭), 조성환(曺成煥)과 이유필 9명을 국무원으로 추천하여 10월10일과 12일의 임시의정원 회의에서 선임되었다.[11]

새로 선임된 국무원 9명은 상해에 있는 이유필 말고는 모두 이 시기의 만주지역의 대표적인 무장독립운동단체들인 정의부(正義府)와 신민부(新民府)와 참의부(參議府)의 지도자들이었다. 이탁은 정의부의 중앙행정위원회 위원장이었고, 김동삼, 오동진, 윤병용은 모두 정의부의 중앙행정위

---

10) 《新韓民報》 1925년11월19일자, 「臨時政府: 국무령 이상룡각하의 취임식」
11) 《독립신문》 1925년10월21일자, 「新閣의 出現과 統一의 曙光」 및 「國務員을 選任」; 《大韓民國臨時政府公報》 제44호(1925년12월16일), 『대한민국임시정부자료집(1) 헌법·공보』, p.165.

원이면서 외무위원장, 생계위원장, 교통위원장을 각각 겸하고 있었다.[12] 청산리전투를 지휘했던 김좌진과 조성환, 현천묵은 1925년3월에 북만주지역에서 새로 조직된 신민부의 간부들이었다. 김좌진과 조성환은 중앙집행위원으로서 김좌진은 군사부 위원장 겸 총사령관, 조성환은 외교부 위원장을 각각 겸하고 있었고, 현천묵은 사법부에 해당하는 검사원 원장이었다.[13] 대한독립단, 한족회, 대한통의부(大韓統義府) 등의 조직에 참여하여 활동했던 윤세용은 이때는 압록강 대안의 남만주지역에서 활동하던 참의부의 참의장이었다.[14]

그런데 이러한 인선은 당사자들의 사전동의를 얻어서 이루어진 것은 물론 아니었다. 그리하여 새로 선임된 국무원 가운데 부임한 사람은 상해에 거주하는 이유필 한 사람밖에 없었다. 국무원에 선임된 정의부 간부들이 부임하지 않은 것은 중앙의회가 결의한 4개항의 선결조건이 해결되지 않은 상황에서 이상룡이 독단으로 국무령에 취임한 것에 대한 반발 때문이었다.

신민부 간부들이 국무원 취임을 거부한 데에는 더 뚜렷한 이유가 있었다. 1921년 이래로 백순(白純)을 통하여 이승만과 연결되어 있는 신민부 간부들은 그동안 개조파 그룹이 취한 일련의 조치를 인정하지 않고 있었다.[15] 그러한 사정은 신민부 창설 1주년이 되는 1926년4월15일자로 신민부 중앙집행위원장 김혁(金爀)과 김좌진, 박성준(朴性儁) 두 위원이 연명으로 이승만에게 보낸 다음과 같은 편지로도 짐작할 수 있다.

12) 《正義府公報》 제1호(1925년3월9일), 한국독립유공자협회, 『中國東北地域韓國獨立運動史』, 集文堂, 1997, p.329.
13) 朴桓, 『滿洲韓人民族運動史硏究』, 一潮閣, 1991, p.171.
14) 《독립신문》 1925년11월30일자, 「臨時政府陸軍駐滿參議府의 近況」.
15) 「白純이 李承晩에게 보낸 1921년12월29일자 편지」, 『대한민국임시정부자료집(42) 서한집 I』, pp.211~214.

그동안 해외 성상에 각하의 분투노력하심은 우리 일반이 감읍하는 바이오이다. 저희들은 경신참변 이후에 북쪽으로 가서 북만주 일우에서 옮겨 다니던 중 작년 3월경에 북로군정서(北路軍政署), 의군부(義軍府), 광복단(光復團), 독립단(獨立團) 및 내지 각 단체와 북만주 각 지방 주민대표들과 함께 통일회를 촉성한 결과 신민부를 조직한 이래 1년 동안 군민행정을 실시하고 있는 바, 지금은 차츰 정리되어 기반이 점점 확고해지고 있어서 다행이오나, 어찌 이것으로써 대업의 기본이라 하리까. 3·1운동이 발생한 이후로 성립된 임시정부는 우리 운동의 최고기관이 되어 절대로 대동적 통치의 본위가 되지 않고는 밖으로 국제의 동정을 구하며 안으로 군중의 정신을 전일케 하기 불가능하다고 생각하는 견지에서, 연래로 다소의 노력과 고통을 겪지 아니함은 아니오나, 시국의 복잡은 갈수록 더욱 심하야 수습책이 큰 난관에 이르렀으니, 우러러 바라건대 각하는 동풍서조(東風西潮)가 점점 박두한 위기를 당한 우리 민족의 전도를 장차 어찌하려 하시나이까.

저희들이 연래로 황막한 구석에 있으면서 오직 우리의 사모하는 각하의 지도하심만 빌고 기대하거늘, 불행히 야욕자의 간사한 농간과 사리를 도모하는 자의 편견으로 우리 운동의 전도를 가로막으며 사업의 발전을 저지케 함은 참으로 통탄스러운 바이올시다. 그러나 최후의 노력은 우리의 천직이므로 오직 우리는 각하의 지도를 받아 사업의 전도를 진행코자 하오니, 통량하신 후에 다음 조항의 선후판법(善後瓣法)을 명교(明教)하오서 우리의 목적을 속히 도모케 하심을 바라나이다.[16]

이승만이 임시의정원에서 탄핵 면직된 지 1년이 지났는데도 불구하고 이들은 이처럼 이승만을 여전히 임시대통령으로 받들고 있었다. 그러

---

16) 「金爀, 金佐鎭, 朴性儔이 李承晩에게 보낸 1926년4월15일자 편지」, 『梨花莊所藏 雩南李承晩文書 東文篇(十六) 簡札 1』, 中央日報社·延世大學校現代韓國學硏究所, 1998, pp.423~426.

면서 이들은 개조파 그룹을 독립운동의 방해세력으로 규정하고 "선후판법"으로 (1)내정, (2)외교, (3)무력준비, (4)경제문제의 네가지 사항에 관한 이승만의 지도를 요망했다. 이렇게 하여 이상룡의 조각작업은 실패로 돌아갔고, 이상룡을 추대하여 새로운 정부를 출범시키려고 한 개조파 그룹은 낭패했다.

사위스러운 분위기가 계속되는 속에서 박은식이 1925년 11월1일 저녁 8시에 입원해 있던 상해의원에서 사망했다.[17] 그는 예순일곱살이었다. 박은식은 사망하기 전에 마지막으로 동포에게 전하는 「유촉문(遺囑文)」을 남겼는데, 그것은 손문(孫文)이 사망하면서 「유촉문」을 남긴 것을 본뜬 것이었다. 박은식은 「유촉문」에서 첫째는 독립운동을 하려면 전 민족적으로 통일이 되어야 하고, 둘째는 독립운동이 최고운동이므로 독립운동을 위해서는 어떠한 수단방략이라도 쓸 수 있는 것이며, 셋째는 독립운동은 오직 국민 전체에 관한 공공사업이므로 동지 간에는 애증친소(愛憎親疎)의 구별이 없어야 한다는 세가지를 강조했다.[18]

《독립신문》은 애도 특집호를 발행하고 "아! 우리 국노(國老), 우리 영수, 우리 지도자, 우리 본보기 어른 백암 박은식 선생은 멀리 또 멀리 저 하늘 높은 곳으로 돌아가시도다. 다시 못 오시도다!"라는 장중한 수사로 그의 죽음을 애도했다.[19] 임시정부는 박은식의 장례식을 국장의 예로 거행하기로 하고, 전현직 임시정부 간부 7명을 호상위원으로 선정하여 11월4일에 최고의 격식을 갖춘 장례식을 거행했다. 호상위원으로 선정된 사람들은 최창식, 이유필, 여운형(呂運亨) 등 모두 개조파 인사들이었고, 이동녕(李東寧)이나 김구는 포함되지 않았다. 전 임시정부 간부들과 개조파 그룹의 관계가 얼마나 간극이 벌어져 있었는가를 짐작하게 한다.

---

17) 《독립신문》 1925년11월11일자, 「悼白巖朴殷植先生」.
18) 《독립신문》 1925년11월11일자, 「白巖先生의 遺囑」.
19) 《독립신문》 1925년11월11일자, 「嗚呼! 白巖先生」.

박은식의 애도 특집호로 발행된 《독립신문》 1925년 11월 11일자(189호).

박은식의 영구는 영국조계 정안사로(靜安寺路) 공동묘지에 묻혔다.[20]

박은식의 장례를 치르고 두달 남짓밖에 되지 않는 1926년1월22일에는 임시정부의 초대 군무총장과 국무총리를 역임하면서 이승만에게 어깃장을 부리던 노백린(盧伯麟)이 처절한 투병생활 끝에 사망했다. 그는 정신이상으로 석달이나 병원에 입원해 있다가 사망했는데, 사망하기 직전에는 신경이 완전히 마비되어 말도 못하고 보도 듣도 못할 정도로 심한 고통 속에서 신음했다.[21] 노백린의 장례 때에는 박은식의 장례 때보다 훨씬 많은 17명이 호상인으로 선정되었는데, 거기에는 개조파 그룹뿐만 아니라 이동녕, 이시영, 김구, 조소앙 등 전 임시정부 간부들과 김규식(金奎植), 김두봉(金枓奉) 등도 포함되었다. 장례식에 참석한 인원수도 박은식 장례 때의 450여명보다 훨씬 많은 800여명이나 되었다.[22]

3

박은식과 노백린이 잇달아 사망하고 임시정부는 국무원 구성도 하지 못하고 표류하는 속에서 1925년12월3일 새벽에 발생한 여운형 구타사건은 이상룡 국무령과 개조파 그룹을 더욱 당황하게 만들었다. 여운형은 7월에 재상해아주민족협회(在上海亞洲民族協會) 집행위원인 중국인 오산(吳山)이 영국조계의 한 식당에서 개최한 다과회에 초청받아 참석한 일이 있었다. 아주민족협회는 중국을 비롯하여 일본, 인도, 필리핀, 대만, 한국의 유지들을 회원으로 하고 아세아민족의 단결을 표방하는 반제국주의적 성격을 지닌 단체였다. 박희곤(朴熙坤) 등 '정위단(正衛團)' 단원 7명은 여운형이 각파 독립운동자들의 양해 없이 독단으로 다과회에 참석

---

20) 《독립신문》 1925년11월11일자, 「前臨時政府大統領 白巖朴殷植先生 葬儀」.
21) 《독립신문》 1925년11월1일자, 「桂園盧伯麟先生 患憂로 入院治療」 및 11월11일자, 「桂園先生의 病勢危篤」.
22) 「機密 제73호: 上海假政府前國務總理盧伯麟死去ノ件」, 1926년1월27일, 『不逞團關係雜件 鮮人ノ部 上海假政府(六)』.

하여 일본인에게 접근했다는 구실로 여운형의 집에 쳐들어가서 여운형을 구타하여 기절시키고, 여운형의 가족과 함께 있던 한인여학생까지 구타했다. 여운형이 아주민족협회의 다과회에 참석한 지 다섯달이나 지나서 발생한 이 사건은, 다과회 참석은 구실에 지나지 않고 다른 꿍꿍이속에서 저질러진 사건이었다. 이 무렵 북경 주재 러시아공사와 접촉하던 여운형에 대하여 러시아정부로부터 다액의 선전비를 받고 있다는 소문이 나돌았는데, 여운형이 이 선전비의 용도를 밝히지 않는다고 하여 독립운동자들로부터 비난을 사고 있었다.[23]

정위단은 개조파 정부의 내무차장 나창헌(羅昌憲) 등이 중심이 되어 상해 동포사회의 치안유지를 목적으로 1925년6월13일에 임시정부 청사에서 결성한 경무국의 외곽단체였다. 정위단의 다음과 같은 「창립선언서」는 이 무렵의 상해 동포사회의 치안상황이 어떠했는지를 짐작하게 한다.

일부 불량배는 민족의 체면을 훼손하고 독립운동자의 위신을 오손(汚損)함을 불구하고 신성한 광복운동자단체의 명의를 도용하여 학자금을 강탈하고 상인의 자금을 갈취하며 익명의 투서로 동지의 명예를 실추시키는 등의 불상사가 적지 않아, 이것을 방임할 때에는 다만 교포의 생명 재산이 위험할 뿐 아니라 대한의 전도에 영향하는 바가 막대하다.… 우리는 상해에 있는 한인 각계 가운데 유지의 청년 남아를 규합 분기하여 본 정위단을 조직하여 교포의 생명 재산을 보호하고 불의의 위해를 정당히 방책할 것을 이에 선언한다.[24]

여운형의 집을 습격한 박희곤 등은 이 사건의 조사를 위하여 경무국

---

23) 「公信 제61호: 呂運亨被毆打事件」, 1926년12월14일, 『不逞團關係雜件 鮮人ノ部 上海假政府 (五)』.
24) 「韓人獨立運動者의 正衛團組織에 관한 件」, 『韓國民族運動史料(中國篇)』, 國會圖書館, 1976, p.562.

으로 출두하라는 나창헌의 명령을 거부했다. 그들은 출두명령에 응하지 않았을 뿐만 아니라 도리어 출두명령서를 가지고 간 사람을 모욕하고 명령서 여백에 "만일 사문할 일이 있으면 우리 집회소로 오라"고 써서 돌려보냈다. 정위단 단원인 박희곤 등이 바로 그 정위단의 단장이자 경무국장인 나창헌의 명령을 이처럼 정면으로 무시했다는 사실은 정위단 내부의 갈등이 예사롭지 않았음을 말해 준다. 박희곤은 정위단에 소속되어 있으면서도 '우리모듬단'이라는 별도의 조직을 가지고 있었다. 그는 또 참의부의 교육위원 겸 조직위원이기도 했는데, 참의부는 이동녕이 임시대통령대리로 있던 1924년 8월에 임시정부 지지를 표방하면서 임시정부 육군주만참의부(陸軍駐滿參議府)로 명칭을 바꾸어 임시정부 군무부 산하의 직할부대로 자임했다. 그리하여 이동녕 내각이 무너지고 정의부의 지도자인 이상룡이 임시정부 국무령으로 취임하자 참의부의 불만이 고조되었던 것이다. 그러므로 여운형 구타사건은 표면으로는 여운형이 일본인과 접촉한 사실을 구실로 내세웠으나, 내면적으로는 1922년 이후로 서간도에서 벌어진 독립운동단체들의 통일문제를 둘러싼 갈등과 임시정부 옹호파와 개조파 사이의 갈등이 복잡하게 얽혀서 일어난 일이었다.[25]

나창헌은 박희곤 일당의 행동에 대해 단호하게 대처하고자 했다. 그러나 박희곤 일당은 경무국의 지시에 따르지 않고 그들을 연행하러 간 경무국 직원들에게 권총을 쏘아 경무국원 두 사람에게 부상을 입히고 달아났다.[26] 그것은 임시정부의 권위에 대한 심각한 도전이었다. 조상섭(趙尚燮)을 비롯한 상해 인사 99명은 12월 10일에 이상룡에게 이처럼 총을 쏘며 수사에 반항한 사실을 엄정히 처리할 것과 여운형에 대한 성토내용의 진위를 명백히 조사하여 발표할 것을 요망하는 청원서를 제출했다.[27] 이상룡

25) 윤대원, 『상해시기 대한민국임시정부 연구』, 서울대학교출판부, 2006, pp.283~285.
26) 「公信 제61호: 呂運亨被毆打事件」, 1926년 12월 14일, 『不逞團關係雜件 鮮人ノ部 上海假政府 (五)』.
27) 在上海日本總領事館警察部, 『韓國民族運動年鑑』, 1925년 12월 10일조.

은 사흘 동안의 말미를 주면 법적 처리를 하겠다고 약속하고는 12월12일에 비밀리에 상해를 떠나서 북경으로 가버렸다. 그러고는 12월14일에 사람을 시켜 경무국에 "다시 지시가 있을 때까지 사건 조사를 전부 중지하라"고 지시했다. 그리하여 경무국은 사건 조사를 중지할 수밖에 없었다.

나창헌은 사직을 결심하고, 1926년1월25일자로 장문의 성명서를 발표했다. 그는 성명서에서 이상룡 국무령과 국무원 비서장대리로 있으면서 개조파 인사들과 알력을 빚고 있는 이상룡의 조카 이광민을 신랄하게 비판하는 한편 사회주의자의 국경타파주의를 표방하면서 일본인들을 상종하고 있는 여운형, 김규면(金圭冕), 윤자영(尹滋瑛) 등에 대해서도 성토했다. 그리고 임시의정원에 대해서 다음과 같이 말했다.

이상룡은 행방을 알리지 않고 도피하여 수개월 가까이 되었다. 그 도피상황을 논하면, 인민을 속이고 부하를 속이고 밤을 타서 도피하였다. 이것을 국가영수의 행동이라고 할 수 있겠는가. 그 신용 없고 의리 없음이 이와 같고, 거기에다 그의 거소도 알리지 않으니, 그 무책임 무성의가 이와 같다. 의정원에서는 어떤 정책관계인지 알 수 없으나, 이에 대하여 아무런 조치를 취하지 않음은 너무나 책임감이 없는 일이다. 하루라도 빨리 구제책을 강구 실행하여 목하의 분규를 해결해야 할 것이지만 우선 무정부상태를 면케 하기 바란다.[28]

4

나창헌은 박희곤 일당을 정위단에서 제명하고 이유필, 최창식, 박창세(朴昌世) 등과 함께 일부 한국노병회 회원들을 참가시켜 1926년1월에 병인의용대(丙寅義勇隊)를 새로 결성했다. '병인'이라는 이름은 1926

---

28) 「高警 제1110호: 在上海不逞鮮人ノ內訌紛爭ニ關スル件」, 1926년4월2일, 『不逞團關係雜件 鮮人 ノ部 上海假政府(六)』.

년이 병인년이었기 때문이다. 병인의용대는 테러활동을 정면으로 표방했다. 병인의용대의 「창단성명서」는 무정부상태에 빠진 상황 속에서 개조파 그룹이 얼마나 절박한 위기의식을 느끼고 있었는지를 말해 준다.

본대는 임시정부의 기치 아래 철혈주의(鐵血主義)로 독립운동에 예신자진(銳身自進)하는 의용청년을 묶어 적의 모든 시설을 파괴하고 적에 부수하는 일체의 이적행동을 척결하기 위하여 이에 선언한다.…

본대는 3·1선언의 기본약속을 받들어 일인 일각까지 최후의 노력으로 민족의 전위를 자임하고 사회의 기율을 엄수하여 전선의 통일을 보유하는 신성(神聖)으로써 전 운동의 대본영인 임시정부의 권위와 정신을 옹호 선양하여, 적의 정치상 경제상 모든 시설을 파괴하고 침략정책을 주모 행사하는 적 관리와 제국주의의 주구배인 한간(韓奸)을 습격 암살하는 적극 행동을 취하고, 그 반면에 현저한 독립, 자유, 대광명, 대번화를 환영하려고 한다.…

혁명은 길이 있다. 말하자면 흑철(黑鐵)과 적혈(赤血)뿐이고, 다시 제2, 제3이 없다. 암살 파괴는 혁명가의 무상한 무기이며 유일한 수단이다. 차제에 적에게 사정을 설명하여 참정권을 구걸하고 자치권을 운동함은 민족정신을 말살하는 반역행동이다.… 혁명가의 상대방은 언제나 강대하다. 그 강대한 폭력을 타도 전복시키려면 오직 암살과 파괴뿐이다. 귀하가 과연 혁명가라면 폭탄을 안아라. 칼과 친하라.…[29]

이러한 병인의용대를 조직한 주동자들이 어떤 인물들인지 파악하지 못한 일본경찰이 "김구, 조완구 등의 일파 약 30명이 무슨 일인가를 기획하고 있다는 풍문이 있으므로, 어쩌면 이들이 조직한 것이 아닌가 추찰된

---

29) 「在上海 韓人獨立運動者가 組織한 丙寅義勇隊에 관한 件」, 『韓國民族運動史料(中國篇)』, p.576.

다"[30]라고 보고한 것을 보면, 그들이 언제나 가장 주의 깊게 살피고 있던 인물이 다름 아닌 김구였음을 짐작할 수 있다.

이상룡이 상해를 떠난 지 두달이 지난 1926년2월18일에 임시의정원은 만장일치의 의결로 그를 심판 면직시켰다. 임시의정원은 이상룡이 취임하고 6개월이 되도록 국무원도 구성하지 않고, 칭병하고 자리를 떠나서 종적을 감춘 지 2개월이 되었는데도 상해에 돌아올 뜻이 없으므로, 임시헌법 제26조 4항 및 임시의정원 잠행조례 제16조에 의하여 그 실직(失職)을 심판 면직한다고 이유를 밝혔다.[31]

이상룡의 면직을 의결한 임시의정원은 그 자리에서 길림지방에서 활동하면서 정의부 조직에도 참여했던 언론인 출신의 원로 독립운동가 양기탁(梁起鐸)을 새 국무령으로 선출하고, 이튿날에는 양기탁이 취임할 때까지의 "임시집정(臨時執政)의 권한"을 임시의정원 의장 최창식에게 위임했다.[32] 임시의정원이 의장에게 "임시집정의 권한"을 위임한다는 것은 임시헌법에 없는 비상조치였다. 개조파 그룹의 임시정부 '개조' 작업은 이처럼 황당했다. 그리하여 이승만 탄핵 이후의 상해 독립운동자사회는 실질적인 무정부상태의 연속이었다.

2월19일에는 부의장 여운형이 의원직을 사퇴하고, 그의 후임으로 송병조(宋秉祚)가 부의장으로 선출되었다.[33]

이상룡이 몰래 잠적한 것은 물론 신변의 위험을 느꼈기 때문이었을 것이다. 그러나 그가 상해를 떠난 분명한 이유를 밝혀 주는 자료는 없다. 단순히 여운형 구타사건의 책임을 회피하기 위한 것만은 아니었을 것이다. 샌프란시스코의 《신한민보》는 상해발 기사로 이상룡이 자기를 선출해 준 임

---

30) 위와 같음; 趙凡來, 「丙寅義勇隊硏究」, 《한국독립운동사연구》 제7집, 독립기념관 한국독립운동사연구소, 1993, pp.347~369 참조.
31) 「臨時議政院會議」 제17회(1926년2월18일), 『대한민국임시정부자료집(2) 임시의정원 I』, 2005, p.264; 「國務領李相龍審判案抄錄」, 『韓國民族運動史料(中國篇)』, p.592.
32) 《大韓民國臨時政府公報》 號外(1926년3월5일), 『대한민국임시정부자료집(1) 헌법·공보』, p.163.
33) 《大韓民國臨時政府公報》 제44호(1925년12월16일), 위의 책, p.164.

시의정원보다 오히려 의정원과 임시정부를 배척하는 파당과 제휴하여 몇달 동안이나 무엇인가를 의논하다가 이윽고 은밀히 청년들을 시켜 여운형을 습격했다고 비난했는데, 이러한 기사는 이상룡과 개조파 그룹 사이에 이내 알력이 빚어졌음을 시사한다.[34]

그러나 이상룡이 상해를 떠난 것은 앞에서 본 정의부 중앙의회가 그의 국무령 취임조건으로 결의한 네가지 사항에 대한 개조파 그룹과의 원만한 타협에

이상룡 후임으로 국무령에 선출되었으나 취임을 거부한 양기탁.

실패한 것이 더 큰 이유였을 것이다. 그러한 사정은 남만주지역 일대에 배포된 임시정부 명의의 1926년3월14일자 「선언서」로 미루어 짐작할 수 있다. 「선언서」는 임시정부의 수립경위와 그 존재가 전 세계에 선포된 사실을 상기시키면서 "만일에 우리 정부가 독립을 완성하는 동안 존속하지 못한다면 전 민중의 실망과 세계 인사의 냉평, 왜적의 조소, 독립당 면목의 좌절을 어떻게 할 것인가"라고 묻고, (1) 내홍에 대하여, (2) 정부의 명의에 대하여, (3) 정부의 위치에 대하여, (4) 정부의 인물에 대하여라는 네가지 항목으로 나누어 임시정부의 입장을 밝혔다. 그것은 물론 정의부 중앙의회가 제시한 네가지 요구에 대한 해명이었다.[35]

네가지 항목 가운데 주목되는 것은 두번째의 "정부의 명의에 대하여"와 세번째의 "정부의 위치에 대하여"이다. 두번째 항목은 임시정부제도를

---

34) 《新韓民報》 1926년5월6일자, 「상해정국 근문」.
35) 윤대원, 앞의 책, p.286.

위원제로 바꾸자는 주장에 대한 것이었다.

오늘 정부의 명의를 표방하고 독립국가와 같이 관제를 설치하는 것은 허영자의 경쟁의 표적이 되어 여러 가지 파란을 일으킬 뿐이고 아무런 이익이 없다면서 폐지론을 주창하는 사람이 있으나, 이러한 명의는 우리 임시정부에서만 창작한 것이 아니라 세계의 어떤 민족을 막론하고 국가의 독립을 목적하고 분투하는 동안은 반드시 최고기관을 설치하여 그것에 의하여 민주적 사상을 배양하고 만반의 지휘를 하는 것은 고금 역사상의 통례이다. 그러므로 민중의 대표인 우리가 독립을 선언하고 임시정부의 이름으로써 중앙기관을 삼는 것은 결코 예외에 속하지 않는다.… 우리는 될 수 있는 대로 정부기관을 공고히 하여 인심통일의 방책을 강구하는 것이 가장 시급한 문제이다.[36]

그리고 정부의 위치문제에 대해서는 다음과 같은 말로 상해에 존치할 필요성을 강조했다.

재외독립당의 활동상 적당 지점은 군사상, 민력상으로 보아 간도 혹은 시베리아 지방으로 해야 하나, (그곳은) 주위의 사정상 정부의 존재를 발표할 수 없음은 누구나 아는 바이며, 오직 상해는 세계혁명당의 자유 활동지로서 우리 임시정부의 명의도 역시 이곳에서 산출되기에 이르렀으므로 내외민족은 그렇게 이해해 주기 바란다.[37]

이렇게 하여 정의부 중앙의회가 제시했던 네가지 선행조건을 임시정부가 거부함으로써 이상룡은 국무령직을 포기하게 되었고, 만주지역의

---

36) 「機密 제436호: 僭稱大韓民國臨時政府ノ宣言書配布ニ關スル報告」, 1926년 4월 29일, 『不逞團關係雜件 鮮人ノ部 上海假政府(六)』.
37) 위와 같음.

무장투쟁단체들을 통합하여 임시정부의 기반을 확충하려 했던 개조파 그룹의 계획은 물거품이 되고 말았다.

5

한편 정의부는 정의부대로 이상룡의 일 때문에 내부분란에 휘말렸다. 임시정부와의 관계가 자신들이 제의한 네가지 선행조건과 다른 방향으로 진행되자 중앙의회는 1925년12월 하순에 회의를 열어 중앙행정위원회를 불신임하기로 결의했고 이에 대해 중앙행정위원회는 1926년1월8일에 중앙의회에 해산명령을 내림으로써, 정의부는 행정기관과 입법기관이 한꺼번에 와해되는 사태가 벌어졌다. 그리하여 지방대의원들과 군인대표들이 모여 비상기구로서 군민대표회(軍民代表會)를 발족시키고 사태수습에 나섰다.[38]

이 무렵 고려혁명당 결성을 준비하고 있던 양기탁은 처음에는 임시정부의 국무령에 취임할 것을 고려했던 것 같으나,[39] 결국 취임하지 않았다. 임시의정원은 국무령 취임을 거부하는 양기탁의 전보를 받고도 계속하여 뒤로 교섭을 벌였는데,[40] 그러는 사이에 또 두달이 지나갔다. 임시의정원은 4월23일에 회의를 열고 양기탁문제를 논의했는데, 오후 3시에 열린 회의가 밤 9시까지 계속된 것을 보면, 개조파 그룹이 얼마나 낭패해 하고 있었는지 짐작하게 한다. 임시의정원은 이날 양기탁을 국무령으로 선출한 것을 취소하는 결의를 할 수밖에 없었다. 임시의정원은 사흘 뒤에 다시 회의를 열어 후임자 선거문제를 논의했으나 결론을 내지 못했다.[41]

---

38) 蔡永國, 앞의 책, p.102, p.203.
39) 「機密 제309호: 僭稱臨時政府國務領ノ更送ニ關スル報告」, 1926년4월1일, 『不逞團關係雜件 鮮人ノ部 上海假政府(六)』.
40) 《新韓民報》1926년5월6일자, 「상해정국 근문」.
41) 「機密 제355호: 僭稱假政府國務領ニ關スル報告」, 1926년4월30일, 『不逞團關係雜件 鮮人ノ部 上海假政府(六)』.

개조파 그룹은 하는 수 없이 5월3일에 자기를 임시정부의 두령으로 선출하더라도 결코 취임하지 않겠다고 했던 안창호를 국무령으로 선출하고, 그 사실을 본인에게 타전했다. 1926년3월 초에 미국을 출발한 안창호는 하와이를 거쳐서 4월22일에 홍콩에 도착해 있었다. 일본총영사관의 보고서는 임시의정원이 안창호를 국무령으로 선출한 것은 일찍이 그가 국무총리대리로 시무할 때에 일반 동포들의 신망이 두터웠고, 흥사단 단장으로서 기금 10만달러를 가지고 있으며, 이번에 돌아오면서도 상당한 자금을 가지고 왔다는 평이 있으므로, 궁색한 임시정부를 지탱하기 위해서는 안창호 이외의 다른 적임자를 구할 수 없다는 데 의견 일치를 보았기 때문이라고 분석했다.[42]

그러나 안창호의 국무령 취임을 반대하는 세력도 만만치 않았다. 개조파 그룹의 공격을 받고 임시정부에서 물러나야 했던 이동녕을 중심으로 한 전 임시정부 간부들은 안창호의 국무령 취임을 강력히 반대했다. 일본경찰의 정보보고에 따르면, 5월16일에 상해에 도착한 안창호는 상해 독립운동자사회의 실정을 고려하여 국무령 취임을 일단 승낙했으나 김규식, 김구, 김보연(金甫淵), 안공근(安恭根) 등이 자신의 국무령 취임을 반대하자 반대자가 있는 상황에서는 취임하지 않겠다면서 취임을 거부했다고 한다.[43] 안창호는 1926년8월2일에 미국에 있는 흥사단 본부 이사장 한승곤(韓承坤)과 서무부원 장이욱(張利郁)에게 보낸 편지에서 이때의 상황을 다음과 같이 적었다.

당시 상해 형편을 보온즉, 그간 서로 공격하는 속사물(速寫物)은 분비(紛飛)하였고, 권투와 몽둥이질에 총질까지 수차 발생되어 인심은 악화가 심하였고, 사회는 삼분오열에 극히 혼란하여졌으니, 옛날

---

42) 「機密 제379호: 僭稱假政府國務領後任者選任ノ件」, 1926년5월12일, 위의 책.
43) 「朝保秘 제704호: 上海假政府國務領決定難ト當地不逞鮮人ノ動靜ニ關スル件」, 1926년7월21일, 같은 책.

에 보던 상해와는 딴판이 되었습니다. 동시에 임시정부는 명의의 존속도 난제가 되었는데, 의정원에서는 최후방침으로 저를 국무령으로 선거하였더이다. 저는 기정한 주지대로 국무령의 건을 사절하고, 정국이 그와 같이 된 것을 차마 도외시할 수 없으므로 사방을 접흡하여 상해 일부라도 공동협의로 내각을 새로 조성하여 정부를 존속케 하려고 어디든 통신 한장을 하지 못하고 몇개월간 이에만 전문 노력하였으나, 이동녕씨파가 끝까지 불응하고 기타 인사들은 난국을 기피하므로 여의치 못하였고, 매우 곤란에 처하였다가 홍진(洪震: 洪冕熹)씨를 국무령으로 선거하여 몇몇 사람을 모두어 겨우 내각을 조직하였으니 정부 명의는 존속케 되었습니다.…[44]

안창호가 정국이 수습되지 않은 이유를 이동녕파의 반대 때문이었다고 단정한 것이 눈길을 끈다. 한편 안창호가 국무령으로 선출되었다는 뉴스가 전해지자 《신한민보》는 그가 일부 세력에 의하여 조직되는 내각의 수령이 되는 것은 찬성할 수 없다면서 다음과 같이 논평했다.

이는 자격자 무자격자 문제가 아니고 단순한 정치문제인 바, 오늘의 주위 환경은 안도산이 취임하는 것으로서 그 정치문제가 해결될 수 없다. 그런 고로 안도산 선생이 중국과 시베리아의 모든 수령 인물들로 우리 국사를 의논하는 자리에 열석하여 통일이 된다면 본보는 어디까지든지 협찬하려니와, 그렇지 않고 중국과 시베리아 두뇌인물의 협의도 없이 국무령에 취임한다면 본보가 금일까지 공경하던 안도산의 주장과 본의에 어긋남이라고 한다. 만일 중국과 시베리아의 연합이 되면 정부의 수임은 누가 되든지… 우리 운동을 계속할 수가 있으되, 그렇지 않고 지금과 같이 해외 각지에서 제각기 국부적 행동을

44) 주요한 編著, 『安島山全書』, 三中堂, 1963, pp.794~795.

취하면서야 설사 나폴레옹 같은 인물을 국무령으로 선거한다 하더라
도 무슨 도움이 있으리오.…[45]

그것은 안창호 지지자들이 그가 상해 독립운동자사회의 정쟁에 휘말
려 뚜렷한 성과도 거두지 못하면서 지도력에 상처만 입을 위험성을 염려
한 데서 나온 주장이었다. 안창호는 상해에 도착하자마자 국무령에 취임
하지 않겠다는 편지를 임시의정원에 전했고, 이에 따라 임시의정원은 5월
24일에 안창호 국무령 선출의 무효를 선포했다.[46] 이때부터 안창호는 남
경으로 가서 자신이 평소에 구상하던 이상촌 건설 계획을 실행하기 위하
여 진강(鎭江) 부근의 토지를 보고 다녔다.[47]

이렇게 하여 상해 독립운동자사회의 무정부상태는 개정 임시헌법이
시행된 지 1년이 넘도록 계속되었다. 이때의 상황에 대해《독립신문》은
"임시정부 그것은 사실상 공허임을 면치 못하야 천신만고한 헌법개정이
무의미한 작극에 돌아가고, 대업의 전도는 암담하기 짝이 없더니…"[48]라
고 묘사했다.

45)《新韓民報》1926년5월27일자,「상해정계에 대하야」.
46)《大韓民國臨時政府公報》제44호(1926년12월16일),『대한민국임시정부자료집(1) 헌법·공보』,
    p.165.
47)「上海臨時政府國務領의 選任과 同地韓人獨立運動者의 策動」,『韓國民族運動史料(中國篇)』,
    p.598.
48)《독립신문》1926년9월3일자,「新政府를 祝함」.

2. 임시정부 떠난 지 2년 만에 국무령으로 복귀

1

김구는 1926년 들어 한국노병회 이사장직도 사퇴했다. 4월 1일에 열린 한국노병회 제4회 정기이사회는 1년 전의 이사회에서 반려했던 김구의 사직원을 수리하고, 새 이사장으로는 이유필을 선출했다.[49]

이 무렵의 김구의 활동 가운데 가장 돋보이는 것은 나석주(羅錫疇)의 동양척식회사 폭파사건에 깊이 관여한 사실이다. 3·1운동 직후에 유림의 대표로서 유림의 독립청원서[파리장서: 巴里長書]를 가지고 파리강화회의에 가던 길에 상해에서 그대로 망명했던 김창숙(金昌淑)은 1925년 8월에 국내로 들어갔다가 이듬해 5월에 돌아왔다. 그는 내몽골 일대의 황무지를 개척하여 독립군 기지를 건설할 구상을 가지고, 그 사업에 필요한 자금 20만원을 국내 유림을 중심으로 모금하려고 했다. 내몽골지역은 1920년대부터 중국에 있는 한국 독립운동자들 사이에서 독립운동 기지 건설 후보지로 지목되고 있었다.[50]

김창숙은 그동안에도 경상도 일대의 유림이 보내 주는 활동자금으로 상해의 다른 독립운동자들보다 비교적 궁색하지 않은 생활을 하고 있었다. 그러나 20만원은 너무 큰 액수였다. 결국 그가 모금해 가지고 온 자금은 3,500여원밖에 되지 않았다.[51] 김창숙이 상해로 돌아온 지 1주일 만에 국내에서는 그의 자금모집 사실이 탄로 나서 관련 인물 40~50여명이 일본경찰에 검거되었다. 유명한 제2차 유림단사건이 그것이었다.[52]

---

49) 『朝鮮民族運動年鑑』, 1926년 4월 1일조.
50) 韓時俊, 「內蒙古지역의 한국독립운동」, 한국근현대사학회, 《한국근현대사연구》 제23집, 한울, 2002년 겨울호, pp.57~77 참조.
51) 金昌淑, 「自敍傳(中)」, 심산사상연구회 엮음, 『김창숙문존』, 성균관대학교출판부, 1997, pp.287~300.
52) 金喜坤, 「제2차 유림단의거 연구: 心山 金昌淑의 활동을 중심으로」, 《大東文化研究》 제38집, 성균관대학교대동문화연구원, 2001, pp.467~478.

국내에서 모금해온 돈으로 나석주를 국내로 밀파한 김창숙.

김창숙이 돌아왔다는 소식을 듣자 김구는 이동녕과 함께 그를 찾아가서 노고를 위로했다. 김창숙은 두 사람에게 국내의 정세를 설명한 뒤에 다음과 같이 말했다.

"인심이 이미 죽었으니 만약 비상수단을 써서 진작시키지 않으면 우리들 해외에 있는 사람들도 또한 장차 돌아갈 곳이 없이 궁박하게 됨을 면치 못할 것이오. 지금 내가 약간 가지고 온 자금으로 대규모 사업을 착수하기는 실로 어렵습니다. 청년 결사대들에게 자금을 주어 무기를 가지고 국내로 들어가서 왜정기관을 파괴하고 친일 부호를 박멸하여 한번 국민의 의기를 고취시켜 봅시다. 그런 연후에 다시 국내와 연락을 취하면 되겠지요."

김창숙은 자금모집이 계획대로 진행되지 않아서 내몽골 황무지 개척 사업을 포기하고, 모금된 돈으로 의열청년들을 국내에 침투시켜 일본의 주요 기관을 파괴하고 독립운동 자금 거출에 비협조적인 친일 부호들을 응징하여 민심을 경각시키자는 생각이었다.[53]

이동녕과 김구는 김창숙의 의견에 적극 찬성했다. 김구는 문득 나석주와 이승춘(李承春)을 떠올렸다. 이승춘도 나석주와 같은 황해도 출신의 의열청년이었다.

"나와 친한 결사대원으로 나석주와 이승춘 같은 이가 지금 천진에 있고 의열단원도 그곳에 많이 거주하고 있으니, 유자명(柳子明)과 상의하

---

53) 金昌淑, 「自敍傳(中)」, 앞의 책, p.298.

여 먼저 무기를 구입해 가지고 천진으로 가서 기회를 보아 실행하는 것이 옳겠습니다."[54]

이러한 김구의 말에 따라 김창숙은 유자명에게 이 일을 부탁하기로 했다. 이 무렵 대부분의 의열단원들은 광주(廣州)의 황포(黃埔)군사정치학교에 유학 중이었고, 유자명만이 상해에 있으면서 통신연락을 담당하고 있었다.[55] 김창숙은 유자명을 만나서 말했다.

"고향에 가서 고향친구들로부터 돈을 모아 가지고 왔는데, 이 돈으로 폭탄과 권총을 사 가지고 왜적과 투쟁할 것을 생각하고 있소."

유자명은 김창숙의 의견에 찬성하고, 일을 맡길 인물로 그 역시 나석주를 추천했다. 유자명이 북경에서 신채호(申采浩)와 함께 있을 때에 나석주가 와서 두 사람에게 자신의 속내를 털어놓은 적이 있었다. 자기는 폭탄과 권총을 가지고 서울에 가서 원수놈들과 싸우다가 마지막 탄환 한개로 자살해서 자기의 생명을 스스로 해결하기로 결심하고 있다면서, 누구든지 자기 소원이 실현될 수 있도록 도와주기 바란다고 했었다.[56]

유자명을 시켜 폭탄 한개와 권총 한자루를 구입한 김창숙은 그와 함께 천진으로 갔다. 김구는 김창숙에게 나석주와 이승춘 앞으로 소개편지를 써 주었다.[57] 김창숙은 나석주와 이승춘을 만나서 김구의 소개편지를 내보이고 말했다.

"오늘날 파괴하고 암살해야 할 것은 특히 조선식산은행과 동양척식회사이오. 내가 조선에 들어가 보니 그 화가 자심하여 동포는 어육(魚肉)이 다 되어 있습디다. 선생이 폭탄을 던져서 그들을 구해 주기 바라오."

김창숙은 국내에 들어갔다가 돌아오는 길에 황해도 재령지방을 들러 그곳 동양척식회사의 횡포와 북률면 소작농민들의 피눈물 나는 쟁의

54) 위의 책, p.300.
55) 유자명, 『유자명 수기: 한 혁명자의 회억록』, 독립기념관 한국독립운동사연구소, 1999, p.144.
56) 金昌淑, 「自敍傳(中)」, 앞의 책, pp.143~144.
57) 위의 책, p.303.

를 직접 목격했기 때문에 첫번째 목표로 동양척식회사를 지목한 것이었다. 바로 그 재령 북률면 소작농 출신으로서 자기가 부치던 농토를 동양척식회사에 몰수당한 쓰라린 경험이 있는 나석주는 "그것이 저의 뜻입니다" 하고 결연히 김창숙의 제의에 호응했다.[58] 김창숙은 가지고 간 무기와 필요한 자금을 나석주에게 주면서 "군의 의에 용감함은 후일 독립사에 빛나게 될 것이니 힘써 주오" 하고 격려했다.[59] 나석주는 유자명과 함께 위해위(威海衛)로 떠나고, 김창숙은 북경으로 돌아왔다. 나석주는 어선을 타고 위해위에서 황해도지역으로 여러 차례 왕래한 적이 있었으므로 이번에도 그렇게 할 계획이었다.[60]

나석주는 유자명, 이승춘 등과 함께 있으면서 마땅한 배편을 찾았으나 좀처럼 구하지 못하여 계획은 계속 지연되었다. 이 무렵 나석주가 김구에게 보낸 편지에는 그의 초조한 심정이 잘 드러나 있다.

상해에서 떠난 후로 동서로 다니면서 무탈히 지내는 중 경영한 것은 하루라도 속히 본국으로 출발하려고 오직 몇몇 사람과 협력하여 오던 바 근간에는 모든 것이 경영대로 되는 듯하올시다. 소지품은 다 되고 비용 기백원만 아직 완전히 수중에 되지 못하였소이다. 그러하오나 시간이 지나갈 뿐이옵지오 아니 될 리는 만무하올시다. 속히 되면 1개월 내외간이올 듯하오이다. 선생님이시여, 생은 결정적으로 실행할 계획이오니 이 편지 보신 뒤에 생이 목적달성하는 때까지 사랑하여 주시기를 간절히 바라나이다. 그런데 생이 출발하여 가는 노정은 예정대로 될는지 단언할 수 없사오나 금전만 쓰면 연래로 내왕하던 곳으로도 여의하게 될 듯하오이다. 맡겨 주신 일은 이군 승춘한테 생의 극비밀한 말을 써서 동봉하여 보내오니, 선생님께서 이군한테 주의

---

58) 宋相燾, 「騎驢隨筆」, 國史編纂委員會, 1971, p.386.
59) 金昌淑, 「自敍傳(中)」, 앞의 책, p.303.
60) 유자명, 앞의 책, p.145.

시키시와, 가까운 친구에게라도 누설치 말게 하여 주시오. 현재 생이 경영하는 일에 대하여 알기는 이곳 동지 두 사람과 선생님, 이군 외에는 절대로 없사옵니다.…[61]

나석주가 이처럼 비밀유지에 신경을 쓰는 것은 이 무렵 일본경찰뿐만 아니라 한국인 밀정들의 준동이 극성스러웠기 때문이었을 것이다. 나석주 등의 출발이 지연되자 김창숙은 7월에 위해위로 가서 수십일 동안 나석주와 함께 지내면서 그를 격려하고 상해로 돌아왔다.[62]

그러나 출발은 계속 지연되었다. 여전히 배편을 구하기가 어려웠기 때문이다. 위해위에서 몇달 동안이나 세월을 허송하는 동안 김창숙에게서 받은 자금만 축이 났다.

마침내 12월24일에 고대하던 배편이 마련되었다. 그러나 일행 4명이 국내로 잠입하기에는 안타깝게도 자금이 모자랐다. 결국 나석주 혼자서 결행하기로 했다. 그만큼 더 위험을 감수해야 했다. 그는 중국인 노무자로 위장하고 대련(大連), 지부(芝罘), 위해위를 경유하여 인천으로 가는 중국 여객선 이통환(利通丸)에 올랐다. 이틀 뒤인 26일 오후 2시에 인천항에 상륙한 나석주는 그날 저녁 기차로 서울에 도착했다. 28일 아침에 여관을 나온 그는 오전에 남대문에 있는 조선식산은행과 황금정 2정목[지금의 을지로 2가]에 있는 동양척식회사에 가서 사전조사를 했다. 그러고는 오후 2시쯤에 조선식산은행에 들어가서 폭탄을 던졌다. 그러나 폭탄은 터지지 않았다. 나석주는 곧바로 동양척식회사로 가서 일본 직원들을 향해 총을 쏘며 또 한번 폭탄을 던졌다. 그러나 그것마저도 폭발하지 않았다. 동양척식회사를 빠져나온 나석주는 쫓아오는 경찰들과 총격전을 벌이다가 세발을 자기 몸에 쏘았다. 혼수상태에 빠진 나석주를 일본

61) 「羅錫疇가 金九에게 보낸 1926년7월28일자 편지」, 白凡金九先生全集編纂委員會 編, 『白凡金九全集(4)』, 대한매일신보사, 1999, pp.113~117.
62) 金昌淑, 「自敍傳(中)」, 앞의 책, pp.303~304.

4면이 모두 나석주사건 특집호로 발행된 1927년1월14일자 《동아일보》 호외 1면.

경찰이 병원으로 옮겼으나 한시간 반 뒤에 절명했다. 이 사건으로 일본경찰과 동양척식회사 직원 3명이 사망하고 4명이 중경상을 입었다.[63]

폭탄은 비록 불발했으나, 이 사건은 국내의 민심을 일깨우기에 충분했다. 조선총독부는 모든 신문에 이 사건에 대한 보도금지령을 내렸다. 《동아일보》는 그 사실을 12월29일자 2면에 "작 28일 오후 2시15분 시내 황금정 이정목에서 돌발한 모 사건은 일절 게재 금지"라는 고딕 글씨체의 두줄짜리 2단 박스기사로 보도했다.[64] 민심이 흉흉한 가운데 일본 국내신문과 방송의 사건보도가 한국에까지 전해지자 조선총독부는 1927년1월14일에 보도금지 조치를 해제했다. 그러자 국내신문들은 일제히 크게 보도했다.《동아일보》는 네 페이지 전면에 걸친 특집호를 호외로 발행했다.

2

안창호마저 국무령 취임을 거절하자 개조파 그룹은 낭패했다. 마지막으로 그들이 생각해 낸 사람은 진강(鎭江)에 가서 은둔생활을 하는 홍진이었다. 대한제국의 변호사 출신으로서 3·1운동이 나자 한성정부 수립을 주도한 다음 상해로 망명하여 임시의정원 의장, 법무총장 등으로 활동했던 홍진은 1924년4월에 법무총장을 사임한 뒤로는 임시정부와 관계를 끊고 지냈다. 개조파 그룹은 6월 중순에 임시의정원 의장 최창식으로 하여금 진강으로 가서 홍진을 설득하도록 했다.

개조파가 홍진을 국무령으로 추대하기로 결정한 데에는 안창호의 의견이 크게 작용했다. 이승만의 탄핵과 헌법 개정작업을 멀리서 조종했던 안창호로서는 1년 넘게 무정부상태가 계속되는 사태에 대하여 책임감을

63) 金相玉·羅錫疇烈士記念事業會, 『金相玉·羅錫疇抗日實錄』, 三慶堂, 1986, pp.256~272.
64) 《東亞日報》 1926년12월29일자.

임시의정원 의장과 법무총장을 지내고 진강에 가 있다가
국무령에 선출된 홍진.

느끼지 않을 수 없었을 것이다. 진강 근방의 땅을 보고 다니던 안창호가 진강에 있는 홍진을 따로 만났거나 최창식과 함께 만났을 개연성도 없지 않다.

홍진이 최창식과 함께 상해로 오자 임시의정원은 6월22일에 회의를 열고 비공식적으로 홍진을 국무령으로 추천하고 국무원으로 이유필, 조상섭, 최창식, 김규식, 조소앙, 안공근 등을 선임했다. 그러나 이 안 역시 기호파의 반대에 부딪혔고, 그러자 홍진은 국무령 취임을 사양했다.[65] 그러다가 개정헌법 시행 1주년 기념일인 7월 7일에 임시의정원은 만장일치로 홍진을 국무령으로 선출했고, 이튿날 임시의정원에서 간소한 절차로 취임식을 거행했다. 홍진은 다음과 같은 취임사를 써 가지고 와서 읽었다.

"우리의 독립운동이 더욱 더욱 난국에 있는 오늘을 당하야 재목 아닌 이 사람으로 감당치 못할 중책을 맡기심을 받고 이 자리에 나온 나는 실로 송구함을 마지못하오. 그러나 운동의 전선이 미진(迷津: 번뇌에 얽매인 삼계를 일컫는 불교용어)에 방황하고 대중의 기축(機軸)이 위국에 절박한 오늘은 결코 피수인책[避羞引責: 인책의 부끄러움을 피함]의 겸덕이나 난이장단(難易長短)을 저울질하며 좌시치 못할 것이므로 스스로 헤아림을 겨를치 못하고 당돌히 이 자리에 나왔소.

65) 「朝保秘 제704호: 上海假政府國務領決定難卜當地不逞鮮人ノ動靜二關スル件」, 1926년7월21일, 『不逞團關係雜件 鮮人ノ部 上海假政府(六)』.

생각건대 세계의 대세가 날로 격전(激戰)되는 이때에 우리 운동이 또한 많은 시일과 경험에 의하야 더욱 신국면의 발전을 요구케 된 지 오래였은즉, 우리는 마땅히 이러한 기회를 놓치지 말고 우리 운동계의 불행한 공기를 헤치며 부단의 성충을 다하여 일치한 주의와 정강하에서 우리 민족의 일대 조직을 건립함이 우선 우리 정부와 의정원 동인들의 절대책임이므로, 우리는 일면으로 이 위기에 있는 정국을 온고(穩固)케 하는 동시에 우리 운동의 추진기가 혁명적 원리에 근거된 정궤로 돌진되기를 힘쓸 따름이오."

취임사를 마친 홍진은 「국무령3조정강」으로 (1) 비타협적 자주독립의 신운동을 촉진할 일, (2) 전 민족을 망라한 견고한 당체를 조직할 일, (3) 전 세계 피압박민족과 연맹하여 협동전선을 조직하는 동시에 또한 연락할 만한 우방과 제휴할 일의 세가지를 제시했다.[66] 「국무령3조정강」 가운데 가장 눈길을 끄는 것은 두번째 정강, 곧 "전 민족을 망라한 견고한 당체"를 조직하는 일이었다. 그것은 안창호의 오랜 지론이었다.

안창호는 홍진을 적극적으로 지원했다. 홍진이 국무령에 취임하던 날 오후에 임시정부 청사에서 홍진을 인터뷰하던 《독립신문》 기자는 안창호가 들어오는 것을 보고 "양 거두의 긴밀한 회담이 국면 전개에 의미 깊음을 생각하며 퇴를 고하고 돌아왔다"[67]라고 썼는데, 이러한 말은 홍진 내각의 출범에 안창호가 깊이 관여했음을 말해 준다.

홍진이 국무령으로 취임한 7월8일 저녁에 안창호는 3·1당에서 독립운동촉진회 이름으로 열린 연설회에 참석하여 "우리의 혁명운동과 임시정부문제"라는 연제로 장시간 연설을 했다. 이 연설에서 안창호는 오늘날 조선의 혁명은 정치적 혁명, 경제혁명, 종교혁명 등과 같은 부분 혁명이 아니라 "이민족의 압박적 현상을 파괴하고 본 민족의 자유적 현상을 건설하자는 철저한 각오하에서 일어난" 당파와 주의를 초월한 "민족혁

---

66) 《독립신문》 1926년9월3일자, 「洪國務領就任辭」 및 「國務領三條政綱」.
67) 《독립신문》 1926년9월3일자, 「洪領訪問記」.

명"이라고 주장하고, 각자 다른 주의 주장으로 서로 다투지 말고 전 민족의 일치단결로 "대혁명적 조직체"를 결성할 것을 제안했다. 안창호가 주장하는 민족혁명의 내용은 다음과 같은 것이었다.

"혹은 나에게 묻기를 네가 가진 주의는 무엇이냐 하겠지마는 나의 가진 주의가 무엇인지 나도 무엇이라고 이름 지을 수 없습니다. 민족주의도 아니요 공산주의도 아닙니다. 그러나 나는 사유재산을 공유로 하자는 데 많이 공감합니다. 왜 그런고 하면 우리 민족은 전부 빈민의 현상을 가지고 있는 까닭에 부자와 자본가의 권리를 깨치지 않고는 빈민의 현상을 바꾸어 놓을 수 없는 연고이외다. 그러나 오늘날 우리의 경제곤란이 심하다고 단순한 경제혁명으로만 할 수는 이미 말한 대로 될 수 없으되, 우리 민족을 압박하는 일본을 대항하며 나가자는 민족적 현상을 절규함에는 자기의 주의가 무엇이든지 같은 소리로 나갈 수 있습니다. 대한 사람이면 어떤 주의 주장을 물론하고 이 민족혁명에 같이 나갈 수 있습니다."[68]

단합을 강조하면서 한 말이기는 하나, "사유재산을 공유로 하자는 데" 많이 공감한다는 말이 구체적으로 어떤 뜻인지는 분명하지 않다. 안창호의 수사는 언제나 이처럼 그럴듯하면서도 그 뜻이 명확하지 않았다. 자기의 주의는 민족주의도 아니요 공산주의도 아니라고 말하면서도 우리 민족은 전부 빈민의 처지에 놓여 있기 때문에 그것을 바꾸어 놓으려면 부자와 자본가의 권리를 깨트리지 않으면 안된다는 안창호의 주장은 이 시기에 많은 독립운동자들이 사회주의 내지 공산주의에 쉽게 공감한 이유를 짐작하게 한다. 안창호가 미국에 머무는 동안 공산주의를 선전하고 다닌다는 익명투서 때문에 미국 이민국에 불려가 조사를 받았던 것도, 어쩌면 각지의 동포들을 만나면서 이와 비슷한 주장을 하고 다녔기 때문이었는지 모른다.

안창호는 이어 임시정부문제를 언급했다. 먼저 임시정부 때문에 싸움

---

68) 《新韓民報》 1926년10월14일자, 「대혁명당을 조직하자, 임시정부를 유지」.

만 일어나므로 차라리 임시정부를 없애 버리자는 주장에 대해서 그는 다음과 같은 절묘한 논법으로 반박했다.

"우리의 싸움하는 것이 임시정부문제가 아닙니다. 임시정부 때문에 싸우는 그네는 정부가 없더라도 싸울 것입니다. 그 싸우는 것은 정부 까닭이 아니요 각각 자기에게 깨끗지 못한 심의가 있는 까닭이외다. 아이가 관격[關格: 가슴이 꽉 막히는 것 같으면서도 토하지도 못하고 대소변도 잘 못 보는 위급한 병을 일컫는 한의학 용어]되는 것은 밥의 죄가 아니요 밥을 잘 못 먹은 죄입니다. 그와 같이 우리의 싸우는 것이 죄요 임시정부의 죄가 아닙니다. 이런 것을 불구하고 임시정부 까닭이라 하면 우리의 죄는 한층 더합니다. 그뿐 아니라 임시정부 까닭이라는 것은 그 말부터 헛소리올시다. 어쨌거나 지금 이것을 버릴 수는 없는 것입니다. 만일 부족한 것이 있으면 잘 되도록 할지언정 버릴 수는 없는 것이외다."[69]

안창호는 임시정부를 버릴 수 없는 이유로 임시정부의 역사성과 독립운동 방략상의 중요성을 들었다. 임시정부는 "조선은 독립국임을 선언함"이라고 한 종지 위에 건설된 것이기 때문에 우리의 생명은 없어질지언정 임시정부는 없앨 수 없다는 것이었다. 또한 8년 동안 유지되어 온 임시정부가 지금 없어진다면 본국 국민들은 물론이요 임시정부가 있는 줄을 다 알고 있는 세계 여러 나라에도 위신이 서지 않으며, 그것은 "세계적으로 민족적으로 타락을 받을 조건"이 된다는 것이었다. 그러면서 그는 임시정부를 유지하기 위해서는 대혁명당을 조직해야 한다는 그의 지론을 다시금 역설했다.

"우리의 혁명사업이 성공되도록 하는 데는 제1은 대혁명당을 조직하여야 하겠고, 제2로는 대혁명당이 조직되기까지 임시정부를 어떻게든지 붙들어 가야 할 것이외다. 대혁명당이 조직되는 동시에 임시정부보다 더 큰 어떤 조직체가 생기면 그때에는 그만둔다 할지라도, 그것이 실현되기

---

69) 《新韓民報》 1926년11월14일자, 「대혁명당을 조직하자, 임시정부를 유지」(세번째 이어옴).

전에는 자체의 내부로서 드러내놓고 임시정부를 집어치운다 하면 우리의 운동은 부흥시켜질 여지가 없이 되겠습니다. 그런즉, 임시정부를 붙들어 가는 것은 오늘날 우리들의 마땅히 해야 할 책임으로 알고 일치 협력하여 대조직체가 실현되기까지 유지하여 가도록 하기를 바랍니다."

안창호는 임시정부를 유지하기 위해서 가장 시급히 해결할 문제는 인물과 자금이라고 강조했다. 그는 지난날에도 임시정부 승인파와 불승인파가 있었고, 인물은 자연히 승인파에서 선발할 수밖에 없었는데, 그 때문에 한 파에서는 반대하고 다른 한 파에서는 유지해 가려고 다투다가 임시정부가 몰락 상태에 빠졌다고 설명했다. 그러므로 대혁명당을 조직하려는 지금은 어느 한 파에 소속되지 않고 쌍방을 아우를 수 있는 인물을 국무령에 임명하는 것이 필요하다고 주장했다. 그러고는 자신이 지원하여 국무령으로 선출된 홍진을 다음과 같이 추어올렸다.

"이러한 때에 진강 가 있던 홍진씨가 정부의 생명을 지속하여 주기 위하여 나왔습니다. 그는 본래 어느 편에 가담한 적이 없고 제일 욕먹지 아니한 분입니다. 나는 일찍이 그의 말을 들은즉 그는 나의 말과 같이 국부적으로 하지 아니하고 앞으로 대단결을 지어서 나가야 한다고 합디다. 또 그는 우리의 대단결을 위하야 서적까지 만든 것이 있습니다. 과거에 우리는 편당이 있었고 그 편당에 간섭[관계]되지 않은 자가 없었지마는 홍진씨는 아무 간섭이 없었습니다. 그런데 그가 사양치 아니하고 나와 주는 것은 우리에게 얼마나 다행한지 다 말할 수 없습니다. 그래서 우리는 인물에 대한 한 문제를 덜었습니다. 아시는 분도 많으시겠지마는 그는 오늘 오후에 취임까지 하였습니다."

안창호는 이어 임시정부의 재정문제를 해결하는 방편으로 소비에트 러시아나 광동(廣東) 정부에 의존하지 말고 대한사람이 직접 납세의 의무를 다해야 한다고 역설했다.

"과거에 이승만씨를 고얀 놈, 고얀 놈 하기만 하였지 정부를 위하야 단돈 5원이나 내면서 그렇게 하였습니까. 이승만씨가 비록 나폴레옹 같은 재능이 있은들 어떻게 하겠습니까. 그런즉 러시아 사람은 러시아 사람의 정부를 위하고 대한사람은 대한사람의 정부를 위하야 세납을 바치며 의무를 이행하여야 할 것입니다."

그는 임시정부의 재정 확보를 위해서는 인구세를 거두고 특별부담으로 1년에 1원 이상이라도 내기로 맹약해야 한다고 주장했다. 그는 임시정부를 재정적으로 후원하기 위한 단체의 필요성을 다음과 같이 강조했다.

"나는 전에도 누구에게 이런 말을 한 적이 있지마는 우리는 경제만 후원하고 정치문제는 일절 간섭을 말자, 그러되 단독적으로 후원한다면 힘이 약한 까닭에 합동적으로 하자, 이런 취지로 우리는 한 회를 조직하되 정부에 있는 자연인의 합 불합도 말하지 말고 그 외에 일절 정치도 간섭치 말고 단순하게 하자, 그래서 우리는 한 당적 책임을 가지고 나가자, 이렇게 말하였습니다."[70]

장시간에 걸친 안창호의 웅변은 큰 호응을 얻었다. 그의 주장에 따라 연설회에 모인 청중 140여명 가운데 108명이 찬성하여 그 자리에서 안창호를 의장으로 하여 임시정부경제후원회 발기준비위원회를 열고 「장정」 기초와 동지 모집, 창립총회 준비 등을 하기 위하여 안창호, 조상섭, 이유필 등 15명을 준비위원으로 선정했다. 준비위원들은 7월9일과 15일 두 차례에 걸쳐서 회의를 열어 조직준비에 관한 실무작업을 마친 다음 7월 19일 밤에 3·1당에서 창립총회를 열고 「장정」을 통과시켰다. 그리고 안창호를 위원장으로 하는 임원진을 선출했다.[71] 임시정부경제후원회 결성 작업을 마친 안창호는 7월22일에 김종상(金鐘商)을 대동하고 남경으로 갔다.[72] 그리하여 남경에서도 임시정부경제후원회가 조직되었다.[73]

---

70) 위와 같음.
71) 《독립신문》 1926년9월3일자, 「上海在留同胞 政府經濟後援會를 組織하였다」; 「臨時政府經濟後援會一覽」, 『韓國民族運動史料(中國篇)』, pp.603~605.
72) 「上海臨時政府幹部의 人選, 韓人獨立運動者의 策動 및 臨時政府에 對한 經濟援助」, 『韓國民族運動史料(中國篇)』, pp.601~602.
73) 《독립신문》 1926년9월3일자, 「南京에도 後援會」.

3

홍진은 조각을 서둘렀다. 그는 각파 연합의 연립내각을 구성하고자 했다. 그리하여 이유필, 조상섭, 최창식, 김구, 조소앙, 안공근, 김철(金澈), 오영선(吳永善), 김갑(金甲)의 9명에게 입각을 요청했다. 개조파, 정부옹호파, 공산당 계열, 중간파 등 상해에 있는 각파 인사들을 망라하려고 했던 것이다. 그러나 김구, 조소앙, 안공근, 김철, 오영선, 김갑 등이 취임을 거부했다. 국무원으로 선정된 많은 사람들이 입각을 거부하자 홍진은 국무령을 사퇴하겠다고 했다. 당황한 안창호가 나서서 개조파 그룹의 이유필, 조상섭, 최창식을 사퇴시키기로 하고 간신히 안공근, 김철, 윤기섭의 승낙을 얻었다. 그러자 이번에는 서북파의 불만에 더하여 여운형, 최창식, 김규식 등 공산당 그룹이 안창호의 타협안에 반대했다. 또 홍진은 홍진대로 최창식과 이유필 두 사람은 꼭 입각시켜야겠다고 고집했다. 그러자 이미 입각을 승낙한 기호파와 중간파가 최창식과 이유필이 입각하면 자신들은 입각하지 않겠다면서 두 사람의 입각을 완강히 반대했다.[74] 그리하여 홍진이 구상한 각파 연립내각안은 무산되고 말았다.

각파 연립내각안이 무산되고 조각작업이 어려워지자 홍진은 거듭 사퇴의사를 표명했다. 안창호가 다시 나서서 김응섭(金應燮), 이유필, 조상섭, 조소앙, 최창식을 국무원으로 추천하여, 8월18일에 임시의정원에서 의결되었다. 이로써 홍진이 국무령으로 취임한 지 40여일 만에, 그리고 개정헌법이 시행된 지 무려 1년1개월 만에 비로소 내각이 구성되었다. 그러나 이들 가운데 정의부 중앙심판위원장인 김응섭은 남만주에 있으면서 부임하지 않았고, 조소앙은 신병을 핑계로 사퇴했다. 마침내 안창호는 자기 힘으로는 도저히 난국을 수습할 수 없음을 깨닫고 갑자기 북경으

---

74) 「朝保秘 제704호: 上海假政府幹部選定難卜當地不逞鮮人ノ動靜ニ關スル件」, 1926년8월5일, 『不逞團關係雜件 鮮人ノ部 上海假政府(六)』.

로 갔다.[75]

홍진은 하는 수 없이 8월25일에 이유필, 조상섭, 최창식 세 사람으로 국무원을 구성하고, 이어 8월30일에는 최창식을 내무장, 이유필을 재무장, 조상섭을 법무장으로 임명했다. 그리고 외무장은 9월27일부로 홍진 자신이 겸임했다.[76]

의정원 의장 최창식이 입각함에 따라 의장에는 부의장이던 송병조(宋秉祚)가 선출되고, 부의장에는 최석순(崔錫淳)이 선출되었다. 조상섭도 교민단장을 사임하고, 대리로 김규식이 선임되었다.[77]

가까스로 구성된 홍진 내각은 개조파 그룹의 실세 내각이었다. 내각의 재무장과 법무장뿐만 아니라 임시의정원 의장과 부의장까지 서북 출신의 홍사단 단원들이었으므로 임시정부는 실질적으로 안창호가 장악하게 되었다. 이러한 사태 진전에 반발하는 세력이 있는 것은 당연했다. 표적은 물론 안창호였다. 남만주지역 일대에 배포된 한국재생동맹회(韓國再生同盟會)라는 단체 명의의 「홍사단 수령 안창호 성토문」은 그 대표적인 보기였다. 9월25일자로 된 이 장문의 「성토문」 내용은 안창호에 대한 모략중상에 찬 인신공격이었다.[78]

우여곡절의 1926년도 한달 열흘밖에 남지 않은 11월20일에 제18회 임시의정원이 개원되었다. 개원에 앞서 11월15일부터 17일까지 사흘 동안 실시한 대대적인 의원보결선거 결과 총 24명의 의원이 선출되었다. 제18회 임시의정원이 개원되기 전까지 의원수가 14명밖에 되지 않았으므로[79] 임시의정원 역사상 가장 많은 수의 의원 보충인 셈이었다. 각 도별 보결선

---

75) 《독립신문》 1926년9월3일자, 「恭祝 新政府成立」; 「上海臨時政府幹部의 選任과 臨時政府에 對한 經濟援助」, 『韓國民族運動史料(中國篇)』, p.602.

76) 《독립신문》 1926년10월3일자, 「洪領外長兼攝」; 《大韓民國臨時政府公報》 제44호(1926년12월16일), 『대한민국임시정부자료집(1) 헌법·공보』, p.165.

77) 《독립신문》 1926년9월3일자, 「議政院議長選擧」; 「上海臨時政府幹部의 選任과 臨時政府에 對한 經濟援助」, 『韓國民族運動史料(中國篇)』, p.602.

78) 「機密 제266호: 安昌浩聲討文譯文送付ノ件」, 1926년10월8일, 『不逞團關係雜件 鮮人ノ部 上海假政府(六)』.

79) 「臨時議政院 第十八回議會開催에 관한 件」, 『韓國民族運動史料(中國篇)』, p.613.

거 결과는 다음과 같았다.

경기도(5) 이시영, 윤기섭, 엄항섭(嚴恒燮), 조완구, 오영선
충청도(5) 이동녕, 정태희(鄭泰熙), 유흥식(柳興湜), 이민달(李敏達),
　　　　　윤해섭(尹海燮)
전라도(6) 박승철(朴承喆), 김만해(金滿海), 변장성(邊長城), 김철, 박
　　　　　승래(朴昇來), 황의춘(黃義春)
경상도(5) 김창숙, 정원(鄭遠), 현정건(玄鼎健), 김갑, 이규홍(李圭洪)
강원도(3) 박용각(朴容珏), 염온동(廉溫東), 김의식(金義植)[80]

　그동안 임시정부에 참여하지 않고 있던 김창숙이 경상도 대표의 임시
의정원 의원으로 선출된 것이 눈길을 끈다. 그것은 이동녕 등의 간곡한
권유에 따른 것이었을 것이다. 보결선거를 통하여 그동안 임시정부에서
물러나 있던 이동녕, 이시영, 조완구, 윤기섭 등의 임시정부옹호파가 다시
임시의정원에 참여했다. 평안도와 황해도는 결원이 없어서 선거를 하지
않았으므로 김구는 임시의정원에 참여할 수 없었다.
　보결선거의 결과는 개조파가 장악하고 있던 임시의정원의 판도를 바
꾸어 놓았다. 새로 선출된 의원 가운데 11월24일까지 모두 18명이 회의에
출석했다.[81] 이러한 상황을 두고 《독립신문》은 "개헌경장 이후 제1차 정부
와 의정원 합치의 가장 화락한 의회"이자 "전국 운동선의 통일기풍이 절
정에 오른 기운을 맞아 각도의 보선이 가장 원만하게 된 가장 다행다망
(多幸多望)한 의회"[82]라고 평가했다. 제18회 임시의정원은 예산결산안과
다른 법률안을 비롯하여 통일조직문제에 대한 대계획 수립문제, 독립전
쟁 결전의 시기와 그 과업을 사정하는 문제 등 매우 중요한 의안을 상정

---

80) 《독립신문》 1926년11월18일자, 「臨時議政院議員補缺圓滿」.
81) 《독립신문》 1926년11월30일자, 「補選議員到院」.
82) 《독립신문》 1926년11월30일자, 「臨時議政院第18議會開會」.

하여 2~3개월 동안 논의할 예정이었다.[83)]

기호파 등 헌법 개정에 반대했던 인사들이 임시의정원에 대거 참가하자 개조파의 임시의정원 간부들이 물러났다. 개원 벽두인 11월22일에 여러 사람의 만류에도 불구하고 의장 송병조가 의장직을 사퇴했다. 임시의정원은 11월24일에 이동녕을 의장으로 선출했는데,[84)] 그것은 임시의정원의 세력분포의 역전을 뜻하는 것이었다. 이동녕은 노구를 이유로 사양했으나 기호파 인사 등의 강권으로 이튿날 취임을 수락했다.[85)] 또 12월1일에는 임시의정원에 전원위원회를 신설하고 김창숙을 위원장으로 선출했다. 12월6일에는 부의장 최석순이 의원들의 만류에도 불구하고 사퇴하여, 이튿날 이규홍을 부의장으로 선출했다.[86)] 이렇게 하여 개조파가 임시의정원에서 물러나고 기호파를 중심으로 한 임시정부옹호파 그룹이 다시 임시의정원의 주도권을 장악하게 되었다.

상황이 이렇게 급변하자 출범한 지 넉달밖에 되지 않은 홍진 내각이 총사퇴했다. 홍진은 12월8일에 국무원들의 사표를 취합하여 임시의정원에 제출했고,[87)] 임시의정원은 이튿날 이를 수리했다.[88)]

홍진 내각의 총사퇴로 임시정부는 또다시 무정부상태가 되었다. 이러한 일련의 사정을 김구는 다음과 같이 썼다.

제1대 국무령으로 이상룡이 취임하기 위하여 서간도로부터 상해에 도착하였지만, 인재를 고르다가 입각 지원자가 없자 도로 간도로

---

83) 「機密 제1021호: 臨時議政院第十八議會開催ニ關スルノ件」, 1926년12월9일, 『不逞團關係雜件 鮮人ノ部 上海假政府(六)』.

84) 《大韓民國臨時政府公報》 제45호(1926년12월17일), 『대한민국임시정부자료집(1) 헌법·공보』, p.168.

85) 《독립신문》 1926년11월30일자, 「李東寧씨 議長當選就任」.

86) 《大韓民國臨時政府公報》 제45호(1926년12월17일), 『대한민국임시정부자료집(1) 헌법·공보』, p.168.

87) 「上海臨時政府幹部異動」, 『韓國民族運動史料(中國篇)』, p.618.

88) 《大韓民國臨時政府公報》 제45호(1926년12월17일), 『대한민국임시정부자료집(1) 헌법·공보』, p.168.

돌아가 버렸다. 그다음에 홍면희(홍진)를 선거하여 그가 진강에서 상해로 와서 취임한 후 조각에 착수하였으나, 역시 호응하는 인물이 없으므로 실패하고 말았다. 임시정부는 마침내 무정부상태에 빠졌고, 이로 인해 의정원에서는 일대 문제가 되었다.[89]

김구가 국무령으로 선출되는 것은 이러한 무정부상태에서였다. 임시의정원 의장 이동녕이 김구를 찾아와서 국무령으로 취임하여 조각할 것을 권유했다. 그러나 김구는 국무령 취임을 정중하게 사양했다. 그런데 그 사양한 이유가 특이했다. 김구는 이때에 자신이 국무령 취임을 사양한 이유가 다음의 두가지였다고 적어 놓았다.

첫째로 정부가 아무리 위축되었다고 하더라도 해주 서촌 김 존위(金尊位)의 아들인 내가 한 나라의 원수가 되는 것은 국가와 민족의 위신을 크게 떨어뜨리는 것이므로 불가하다. 둘째로 이상룡, 홍진 양씨도 호응하는 인재가 없어서 실패하였거든 내가 나서면 더욱 호응할 인재가 없을 것이다.[90]

김구의 이러한 주장은 임시정부의 수반으로 추대되기에 이른 이때까지도 그의 잠재의식 속에 '상놈콤플렉스'가 잔존해 있었음을 말해 준다. 신분상승을 위한 향학열의 원동력이 되었던 그의 상놈콤플렉스는 이 시기에 이르러서는 이처럼 겸양의 성품으로 작용하고 있었다.

이동녕이 보기에 그것은 고려할 여지도 없는 이유였다. 이동녕은 말했다.

"첫번째 것은 이유가 될 것도 없고, 다음 것은 백범만 나서면 지원자

---

89) 도진순 주해, 『김구자서전 백범일지』, 돌베개, 1997, p.316.
90) 위와 같음.

들이 있을 것이오. 그러니 쾌히 응낙하여 의정원에 수속을 밟아 조각하여 임시정부의 무정부상태를 면하게 해주오."

김구는 이동녕의 간곡한 권고에 따라 국무령 취임을 수락했다. 임시의정원은 홍진 내각의 총 사퇴서를 수리한 다음 날인 12월10일에 의정원 의원 19명이 출석한 가운데 후임 국무령 선거를 실시했다. 김구가 13표를 얻어서 국무령으로 선출되었다.[91]

임시정부는 12월13일 당일로 김구 국무령의 취임식을 거행했다. 김구는 곧바로 이규홍, 윤기섭, 김갑, 김철, 오영선 다섯 사람을 국무원으로 추천하여, 이튿날의 임시의정원 회의에서 그대로 선출되었다. 김구는 12월16일에 윤기섭을 내무장, 이규홍을 외무장, 오영선을 군무장, 김갑을 재무장, 김철을 법무장으로 임명하여 조각을 완료했다.[92] 새로 선출된 국무원 가운데 서북 출신은 한 사람도 없었다.

이렇게 하여 김구는 1924년12월에 내무총장직에서 물러난 지 2년 만에, 그리고 문지기를 하겠다면서 임시정부에 참여한 지 7년8개월 만에 임시정부의 수반이 되었다. 그러나 그의 국무령 재임기간은 넉달밖에 되지 않았다. 취임하자마자 또다시 개헌파동에 휩쓸렸기 때문이다.

새로 구성된 임시정부와 임시의정원 간부들은 세밑이 되어 애국금을 거두었는데, 연말까지 가까스로 대양(大洋) 149원(元)이 모금되었다. 김철은 15원, 이규홍, 안공근, 박승래(朴昇來)는 각각 10원, 이동녕, 엄항섭 등은 5원씩을 냈고, 가난한 김구는 3원을 냈다. 이때에 애국금을 낸 사람들은 모두 25명이었다.[93]

---

91) 《大韓民國臨時政府公報》 제45호(1926년12월17일), 『대한민국임시정부자료집(1) 헌법·공보』, p.168; 「上海臨時政府幹部移動」, 『韓國民族運動史料(中國篇)』, p.618.
92) 《大韓民國臨時政府公報》 제45호(1926년12월17일), 『대한민국임시정부자료집(1) 헌법·공보』, p.168.
93) 《大韓民國臨時政府公報》 제46호(1926년12월30일), 위의 책, pp.170~171.

3. "유일독립당" 결성 전제로 임시헌법 다시 개정

1

김구는 국무령에 취임하자마자 임시헌법의 개정문제를 둘러싼 정치파동에 휘말렸다. 김구 내각은 처음부터 임시헌법 개정을 전제로 성립된 과도내각이었던 셈이다. 그런데 김구가 국무령에 취임한 1926년12월13일부터 임시의정원에서 "광복운동자의 대단결인 당"의 출현을 전제로 한 임시약헌이 의결된 1927년2월25일까지의 두달 반 동안의 파동에 대해서는, 이때의 임시의정원 회의록이나 《임시정부공보》, 《독립신문》 등의 기초자료가 보존되어 있지 않을 뿐 아니라 일본경찰의 정보자료도 매우 부실하여 정확한 상황을 파악할 수 없다. 그러나 이때의 임시헌법의 개정과정과 그 내용은 매우 중요한 의미를 지니는 것이어서 꼼꼼히 살펴볼 필요가 있다.

김구가 국무령에 취임한 직후인 1926년12월23일자 《동아일보》는 광동발 전보로 "이곳 중국신문의 보도한 바에 의하면 상해에 있는 조선가정부(朝鮮假政府)는 일반여론에 따라서 불원 개조를 행할 터인데, 당선자는 다음과 같으리라더라"면서 이동녕, 이시영(李始榮), 윤기섭, 김구 네 사람의 이름을 들었다.[94] 또한 일본경찰의 정보보고는 김구 내각이 과도정부라면서 다음과 같이 기술했다.

그들(상해 한국독립운동자들)은 이를 과도정부로 하여 의회의 회기를 연장하고 헌법을 개정하여 정체(政體)를 위원제로 변경하고 널리 각 방면의 인물을 망라하여 장래의 진전을 획책하려고 하는 것처

---

94) 《東亞日報》 1926년12월23일자, 「上海假政府改造」.

럼 전해진다.[95]

임시의정원은 김구가 국무령에 취임한 지 닷새 뒤인 12월18일에 회기를 1개월 연장했다. 이어 12월23일에는 윤기섭 등 14명이 제출한 헌법개정제의안을 토의하여 가결하고, 윤기섭, 이규홍, 김철, 정원(鄭遠: 본명 鄭世鎬), 김붕준(金朋濬) 5명을 헌법기초위원으로 선출했다. 그리고 헌법개정안 기초기간을 2주일로 정했다. 12월27일에는 김붕준이 헌법기초위원을 사임함에 따라 엄항섭(嚴恒燮)을 대신 선출했다.[96] 이들 헌법기초위원 다섯 사람 가운데 윤기섭, 이규홍, 김철은 김구의 추천으로 선출된 국무원들이고, 엄항섭은 김구의 심복이었다. 정원은 의열단 단원으로서,[97] 앞에서 본 대로 제18회 임시의정원 회의에서 경상도 의원으로 보선되어 처음으로 임시정부에 참여했다.

개정헌법 초안은 지정된 기한을 넘겨 1927년1월12일에 임시의정원에 제출되었다. 그러나 이 개정안은 큰 논란을 불러일으켰다. 이때에 제출된 개정안은 알려져 있지 않으나, 아마도 그것은 1924년에 임시의정원 의장 윤기섭이 입안하여 각지의 독립운동단체들에 보냈던 개헌안과 같은 것이었으리라고 판단된다. 반대자들은 그것이 지금까지의 임시헌법과 너무나 동뜬 내용이라는 이유로 반대했다고 한다. 1월13일과 14일의 회의에서도 격론이 벌어졌고, 15일의 회의에서 표결에 부친 결과 개정안은 12대 0으로 부결되고 말았다.[98] 같은 날 임시의정원은 다시 이규홍, 김갑(金甲), 정태희(鄭泰熙), 황의춘(黃義春) 4명을 새 약헌기초위원으로 선출했으나, 황의춘을 제외한 3명은 사직원을 제출했다. 그러나 정태희의 사직원만 수리되고 나머지 두 사람의 사직원은 반려되었다. 그리고 나흘 뒤인

---

95) 「上海臨時政府幹部移動」, 『韓國民族運動史料(中國篇)』, pp.617~618.
96) 위와 같음.
97) 朝鮮總督府警務局, 『朝鮮の治安狀況 昭和二(1927)年版』, 不二出版, 1984, pp.563~564.
98) 『朝鮮民族運動年鑑』, 1927년1월13일조, 14일조, 15일조.

1월 19일에 소비에트 체제의 새 헌법 개정안이 통과되고, 그날로 제18회 임시의정원은 폐회했는데,[99] 그 과정에서 어떤 일이 있었는지는 전혀 알 수 없다.

이 뉴스는 국내신문에 오히려 크게 보도되었다. 《동아일보》는 1927년 1월 23일자로 다음과 같이 보도했다.

> 상해 임시의정원에서는 지난 19일에 임시헌법을 개정하야 전부 '쏘비에트'식으로 하고 인하야 관제를 개정하야 대통령, 국무총리 이하 재래의 직제를 폐하고 노농(勞農) 러시아식으로 위원제(委員制)를 채용하였으며, 동시에 집행위원장 이하 집행위원을 선거하였는데, 그 씨명은 아래와 같다더라.
> 집행위원장　김구
> 위원　이동녕, 이시영, 윤기섭, 조완구, 이규홍[100]

《조선일보》는 닷새 뒤에 거의 같은 내용을 다음과 같이 보도했다.

> 상해가정부에서는 지난 19일에 위원회를 개최하고 종래의 임시헌법을 개정하야 전부 노농 러시아식으로 변경하는 동시에 관제까지 변경하야 종래의 대통령, 국무총리 이하 전부의 직제를 폐지하고 위원제로 하기로 한 후, 집행위원장은 김구(金龜), 위원으로 이동녕, 이시영, 윤기섭, 조완구, 이규홍 등으로 선거하는 동시에 미국에 있는 구미위원부와 연락을 취하야 대활동을 개시한다 하며…[101]

이러한 기사를 확인할 만한 자료는 발견되지 않는다. 제18회 임시의

---

99) 「朝鮮民族運動年鑑」, 1927년 1월 19일조.
100) 《東亞日報》 1927년 1월 23일자, 「憲法, 職制改正 勞農式委員制」.
101) 《朝鮮日報》 1927년 1월 28일자, 「假政府와 正義府 新政策樹立」.

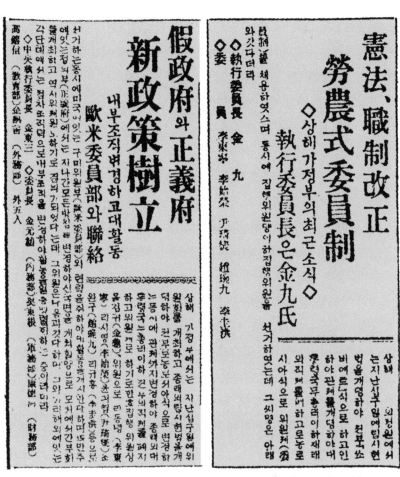

임시의정원이 1927년1월19일에 소비에트식의 개헌을 했다고 보도한 《조선일보》(왼쪽)와 《동아일보》 기사.

정원이 폐회하고 2주일 뒤인 2월5일에 제19회 임시의정원이 개회되어 다시 임시헌법 개정작업을 단행한 것을 보면,[102] 이때의 헌법 개정 파동이 얼마나 혼란스러웠는지를 짐작할 수 있다.

임시의정원이 임시헌법을 개정하여 정부제도를 소비에트식으로 개편한다는 뉴스는 국내외로 민감한 반응을 불러일으켰다. 샌프란시스코의

102) 『朝鮮民族運動年鑑』, 1927년2월5일조.

《신한민보》가 2월17일자 신문의 한면 전체에 걸쳐서 개헌을 반대하는 논설을 게재한 것은 상해의 개헌 뉴스가 미주동포들에게 얼마나 큰 충격이었는지를 말해 준다. 《신한민보》는 먼저 임시정부의 빈번한 인물교체가 민심을 잃은 가장 중요한 원인이라고 지적하고, 그 폐단을 신랄하게 비판한 다음, 김구 내각의 출범에 대한 소감을 다음과 같이 피력했다.

오늘 김구 선생이 출각한 이때에 본보는 김각(金閣)의 성공을 바라는 것보다도 그의 재직 기한이 적어도 2년 이상이 되기를 바라고 바란다. 박은식 각이니, 이상룡 각이니, 홍진 각이니 하는 모든 각이 다 단명한 것을 보아서는 현 내각이 오래 유지되리라는 믿음이 나지 않는다. 정부 책임자로서 속하더라도 2개년의 시일을 가지고야 해외 각지의 지리상 정형도 짐작케 될 터이며, 각 방면 인사들과의 정의도 소통할 수 있으며, 각 계급 인민의 심리도 양해할 수 있는데, 단속한 기간에 성공이 안된다고 퇴각하는 이는 "문소문(聞所聞)이 내(來)라가 견소견(見所見)이 거(去)하는"[소문을 들고 왔다가 보고만 간다는 뜻] 무책임자의 행동이며 결코 국가사업을 하겠다는 혁명가의 취할 바가 아닌 듯하며, 또는 단기간에 독립을 못하여 놓는다고 파면을 시키거나 찬조를 않는다거나 하는 의정원의 행동은, 혼인한 지 1~2개월 후에 귀남자를 낳지 못한다고 이혼소송을 제출하는 자와 다를 것이 없다 한다. 본 기자는 김구 선생을 모셔 본 적도 없고, 홍진 선생도 뵈인 적이 없지만 그네들의 취직 퇴직이 너무나 무의미하게 되었는가 한다. 정부의 수임자는 누가 되었든지 특별한 결과가 없으면 그대로 계시며 그대로 담임시키고 오직 각원만을 개선하는 것이 정부 변동이 빈번한 것보다 신용상에 크게 유조가 되리라 한다.…

이 논설은 이어 임시정부가 쇠약해진 근본 원인은 제도가 아닌 신용의 문제라고 지적하고, "법도 너무 자주 고치면 불신성하여질 것이며 제도도 자주 변경하면 위신을 잃을 것 같다"면서, 잦은 헌법 개정이 신용을 잃게 된 중요한 요인이라고 비판했다. 그러고는 국민회가 앞으로도 계속해서 인구세를 납부하여 임시정부를 끝까지 지지하기 위해서는 두가지 조건이 충족되어야 한다고 잘라 말했다. 하나는 헌법을 소비에트제로 고쳐서는 안되며, 다른 하나는 안창호가 다시 임시정부에 들어가서는 안된다는 것이었다. 첫번째 문제에 대해서는 다음과 같은 이유로 분명한 반대 입장을 표명했다.

임시정부를 소비에트제로 변경한다는 말이 있은즉, 만일 위원제로 변경이 된다면 사세 부득이 국민회에서는 그 위원제 정부를 여전히 받들 수 없다. 그 이유는 다른 것이 아니고 미국 별기[성조기] 밑에 있는 국민회가 만일 위원제와로 연락을 짓는다면 물론 해산령을 당할 것이외다. 일본인이 알거나 우리 중에서 국민회를 반대하는 이는 미국정부에 고발할 것이라. 그렇게 될 줄 아는 국민회는 그 태도를 지금 여기에서 성명하여 두는 것이 일후에 오해가 없으리라고 한다. 그러면 국민회가 그 자체를 정부보다 더 사랑하는가 하는 의문이 있을 것이다. (그러나) 만일 국민회가 해산된다면 정부에도 유익할 것이 없고, 다만 금알을 낳아 주는 닭을 삶아 먹는 것과 같은 것뿐이라 한다. 미령에서 정부로 상납한 세납이 있다면 국민회를 경유하야 보낸 것이 제1위를 점령한 까닭이라.… 국민회가 무슨 자본주의의 단체도 아니며 무정부당도 아니며 제국주의의 단체도 아닌데 소비에트제도하에서라도 우리 민족이 연합하야 대한독립만 성취할 수 있다면 그뿐이어늘, 임시정부가 소비에트제로 화하는 날에는 탈퇴할 것을 미리부터 성명하여 두는 것은 한국독립을 위하지 않는 단체라고 할 듯하다. 그러나 국민회가 알기에는 임시정부가 소비에트제도로 화한다고 하더라도 우리 스스로가 먼저 연합하야, 적더라도 해외동포가 연합하야 소비에트의 후원을 끌 만한 후에 할 일이며, 결코 오늘 칠령팔락[七零

八落: 뿔뿔이 흩어져서 갈피를 잡을 수 없음]의 현상을 가진 우리 임시정부의 취할 바 아닌 동시에, 따라서 우리에게 이로울 것이 없는 것을 보는 까닭이라 한다.…

논설은 둘째로 안창호가 다시 임시정부에 들어갈 경우 국민회는 임시정부와의 관계를 끊을 수밖에 없는 이유를 다음과 같이 설명했다.

세상에서 비평하기를 국민회는 안창호의 단체라고 하는데 그렇게 관계를 끊는다고 말함을 들을 때에 놀랄 이도 있을 것이며 따라서 믿지 아니할 이도 있으리다마는, 이렇게 성명하는 이유는 안창호씨 개인의 합격 불합격 문제보다, 또는 능력 무능력 문제보다, 소위 지방열 문제를 절대 원치 않음이라. 이 더러운 지방열의 혐의를 피하는 유일한 방법은 안도산이 출각한다면 정부와로 관계를 끊는 외에 별다른 도리가 없음이다. 또는 그 더러운 지방열 문제가 재현된다면 우리 운동에도 방해되겠고, 따라서 안도산 개인에게도 이로울 것이 없음으로써라.… 상해 인사들의 생각에 "안도산이 국무원이나 무슨 각원이나로 취직한다면 미주 국민회에서는 물론 정부에 더욱 충성을 다하리라"고 함인지 안도산의 출각을 권유한다는 전설이 종종 있은 즉, 만일 그런 계획이 있다면, 그는 우리 운동의 큰 방해가 되리라 한다. 그 이유는 아까 말한 바와 같이 8년 동안이나 아무것도 성취 못한 최대 원인이 그 더러운 지방열 때문인즉….[103]

캘리포니아 주정부로부터 이 지역 한인동포들의 자치단체로 사단법인 허가를 받은 국민회로서는 소비에트 체제가 임시정부의 합당한 체제가 아니라고 판단해서 반대하기보다는 국민회가 소비에트 체제인 기관

---

103) 《新韓民報》 1927년 2월 17일자, 「상해림정의 변동」.

의 산하단체가 되면 미국정부로부터 법인 자격의 취소를 비롯한 여러 가지 불이익을 당할 우려가 있으므로 반대한다는 것이었다. 이 무렵 미국정부의 반공정책이 얼마나 엄격했는지를 짐작하게 한다. 미국은 이때까지도 소비에트러시아 정부를 승인하지 않고 있었다.

2

임시의정원에서는 헌법개정문제를 둘러싸고 다시 격심한 논쟁이 벌어졌던 것 같다. 현존하는 기록에는 1927년2월5일에 제19회 임시의정원이 개회되어 2월25일에 전문 50조로 된 새 임시약헌이 의결되고 열흘 뒤인 3월5일에 국무령 김구와 윤기섭 등 4명의 국무원의 연서로 공포된 것만 밝혀져 있을 뿐이고,[104] 1월19일의 임시의정원 회의에서 의결되었다는 소비에트 체제의 임시헌법이 어떻게 처리되었는지는 알려진 것이 없다. 공포했다는 기록도 보이지 않는다. 일반적으로 3월5일에 공포된 이 임시약헌이 대한민국임시정부의 제3차 개정헌법으로 이해되고 있으나,[105] 이는 면밀한 재검토가 필요한 문제이다.

이러한 개헌파동 속에서 국무령 김구는 매우 중요한 역할을 하지 않을 수 없었을 것인데, 아쉽게도 그것을 설명해 주는 자료는 전무하다. 김구는 이때의 임시헌법 개정과 관련하여 『백범일지』에 두차례에 걸쳐서 언급했으나, 이상하게도 내용이 지극히 소략하고 애매하다. 먼저 1929년5월에 탈고한 『백범일지』 상권에서는 다음과 같이 술회했다.

윤기섭, 오영선(吳永善), 김갑, 김철(金澈), 이규홍(李圭洪)으로 내

---

104) 《東亞日報》 1927년4월2일자, 「假政府憲法改訂」; 《朝鮮日報》 1927년4월2일자, 「上海假政府 約憲을 發表」; 「朝鮮民族運動年鑑」, 1927년2월조, 3월5일조. 두 신문의 기사는 《大韓民國臨時政府公報》 제47호의 내용을 인용하고 있는데, 《公報》 제47호, 제48호는 아직 발견되지 않았다.
105) 한시준, 「해제: 大韓民國臨時政府憲法」, 『대한민국임시정부자료집(1) 헌법·공보』, p.xv.

각을 조직한 후에 헌법개정안을 의정원에 제출하여 독재제인 국무령제를 고쳐서 평등제인 위원제로 개정 실시하여 나는 당장은 위원의 한 사람으로 집무하였다.[106]

뒷날 중경에서 집필한 『백범일지』 하권의 술회도 거의 마찬가지이다.

　　또한 조각이 심히 곤란한 것을 절감하여 국무령제를 국무위원제로 고쳐 의정원에서 통과되었다. 이제 명색이 국무위원회 주석이지만 그것은 개회할 때에 주석[의장]일 뿐이었다. 또한 국무위원들이 주석을 돌아가며 맡아 모두 평등한 권리를 가졌다.[107]

김구는 임시정부가 서둘러 임시헌법을 개정한 이유로 내각에 참여하겠다는 사람이 없어서 조각이 어려웠기 때문에, 국무령 한 사람에게 책임을 지우는 제도를 고쳐서 국무위원회의 집단지도체제로 개정했다고 설명했다. 그러나 그것은 한 측면만을 강조한 것이고, 개정된 임시약헌의 더욱 중요한 내용에 대한 서술은 생략한 것이다.

임시정부의 권력구조를 위원제로 바꾸는 문제는 일찍이 초대 국무총리 이동휘가 주장했던 데 이어 1923년의 국민대표회의에서도 창조파가 주장했었고, 그 뒤에도 이승만의 인책문제와 관련하여 임시헌법 개정문제가 거론될 때마다 상해 독립운동자들 사이에서 되풀이하여 주장되던 제도였다. 그러나 그럴 때마다 그것이 소비에트러시아의 제도라는 이유로 부정되었다. 1925년의 임시헌법 개정 때에도 상해의 개조파 그룹은 위원제를 선호했으나 위원제는 임시정부가 적화되었다는 비판의 빌미를 제공하게 될 것이라는 안창호의 의견에 따라 채택하지 않았던 것이다. 그러므로 새

---

106) 『백범일지』, p.288.
107) 『백범일지』, p.316.

임시약헌이 위원제를 채택한 것은, 김구의 말대로 단순히 내각구성의 어려움을 해결하기 위한 편의주의적인 동기에서 채택한 점이 없지는 않으나, 그보다는 이 시기의 상해 독립운동자들의 이념 성향을 반영한 것이었던 것으로 판단된다. 그런 점에서 새 임시약헌은 1월19일에 의결된 것으로 보도된 소비에트 체제의 임시헌법과도 관련이 없지 않았을 것이다.

2월25일에 임시의정원에서 의결된 이 임시약헌은, 1월19일에 의결되었다는 소비에트식 임시헌법을 제외하면, 6개의 임시정부 헌법전 가운데 가장 독특한 내용의 헌법전이다. 헌법전의 이름도 '임시헌법'에서 '임시약헌'으로 바뀌었다.

우선 새 임시약헌은 2년 전에 개정한 임시헌법에 비하여 권력구조가 크게 달라졌다. 1925년의 임시헌법은 대한민국은 임시정부가 통치한다고 천명하고(제2조), 국무회의의 결정으로 행정과 사법을 통판한다고 했던 것(제4조)을, 새 임시약헌은 대한민국의 최고권력은 임시의정원에 있다고 천명함으로써(제2조), 임시정부와 임시의정원 사이의 권력관계가 역전되었다. 또한 대통령이나 국무령과 같은 정부수반도 없애고 임시정부는 국무위원들로 구성되는 국무회의가 책임지고 운영하게 했다. 국무위원의 임기도 3년으로 정하고, 재선은 할 수 있으나(제33조), 2개월 동안 자리를 비우면 해임되게 했다(제34조). 그리고 국무회의의 주석은 국무위원들이 호선하게 했다(제36조). 그러나 김구의 말처럼 주석을 국무위원들이 돌아가며 맡도록 한 규정은 없다.

새 임시약헌의 또 하나의 중요한 특징은, 임시의정원은 폐회 중에 7인으로 구성되는 상임위원회를 설치하여 운영하기로 한 것이었다(제15조). 상임위원회는 임시의정원 폐회 중에 임시의정원의 직권을 대행하는 기관으로서, 이는 소비에트러시아의 권력구조와 중국국민당의 제도를 본뜬 것이었다.[108]

---

108) 沈景洙, 「蘇聯憲法의 發展과 그 變化에 관한 硏究」, 忠南大學校 박사학위논문, 1991, pp.43~58 참조.

그러나 이러한 변경보다도 훨씬 더 중요한 특징은 임시정부보다 상위의 권력기구로 "광복운동자의 대단결인 당"의 출현을 전제하고 있는 점이다. 대한민국은 최고권력이 임시의정원에 있으나, "광복운동자의 대단결인 당이 완성될 때에는 국가의 최고권력이 이 당에 있음"(제2조)이라고 천명한 것이 그것이다. 그리고 의회주의 국가에서 헌법의 제정 및 개정권은 당연히 의회에 있게 마련인데, 개정된 임시약헌은 헌법개정권에 대해서도 "광복운동자의 대단결인 당이 완성될 때에는 이 당에서 개정함"(제49조)이라고 규정했다. 이러한 조항은 이때에 시행되던 소비에트러시아의 헌법[1924년의 이른바 레닌 헌법]이나 소비에트러시아의 정치체제를 본떠서 "이당치국(以黨治國)"의 이념을 실천하던 중국 국민당 정부의 헌법[1923년 헌법]에도 명문규정이 없는 조항이었다. 임시약헌의 이러한 조항은 중국 관내 일대의 독립운동자들 사이에서 추진되던 유일독립당(唯一獨立黨) 촉성운동을 반영한 것이었다. "광복운동자의 대단결인 당"의 규정이나, 임시의정원의 상임위원회 규정은 그 이후의 헌법전에서는 없어진다.

유일독립당 촉성운동의 불씨를 지핀 사람은 안창호였다. 1919년에 임시정부가 수립될 때부터 '정부' 형태보다 '대독립당'의 조직을 주장했던 안창호는 그 뒤에도 기회 있을 때마다 대독립당 결성의 필요성을 강조했다. 홍진이 국무령으로 취임한 1926년7월8일 저녁에 3·1당에서 "민족혁명"의 과업을 역설한 장시간의 연설에서도 대혁명당을 조직해야 한다고 주장한 것은 앞에서 본 바와 같다. 국무령으로 취임하면서 「국무령 3조정강」의 하나로 전 민족을 망라한 견고한 당을 조직할 것을 제의했던 홍진도 국무령을 그만두고는 민족유일당 조직운동에 발 벗고 나섰다.

3·1당 연설회에 이어 상해와 남경에서 임시정부경제후원회 결성작업을 마친 안창호는 9월에 북경으로 가서, 그곳에 있는 창조파의 중심인물인 원세훈(元世勳)을 만나 대동단결을 촉구하면서 대독립당 결성운동을 벌일 것을 상의했다. 그리하여 두 사람의 주선으로 북경지역 독립운동자들은 몇차례 모임을 가진 끝에 1926년 10월16일에 대독립당조직 북경촉

성회를 결성했다. 북경촉성회가 순조롭게 결성된 것은 1923년의 국민대표회의 때와는 달리, 개조파의 임시정부 개조론과 창조파의 신기관 건설론이 독립운동세력의 통일기관인 민족유일당의 결성이라는 대의명분을 쉽게 받아들일 수 있었기 때문이었다.[109] 그러나 10월28일자로 발표된 북경촉성회의 「선언서」는 그 조직체의 성향과 앞으로의 진로가 결코 평탄하지 않을 것임을 예고했다.

똑같은 목적과 똑같은 성공을 위하야 날뛰며 싸움하는 혁명자들이 반드시 한 깃발 아래 모이며 한 구령 아래서 진퇴한 뒤에야 비로소 상당한 공효를 거둘 것은 거듭 말할 것이 무엇이랴! 볼지어다 귀족의 특권과 부자의 전리(專利)를 때려 부수고 천자(賤者)와 빈자의 복리를 꾀하는 러시아의 무산혁명자는 계급적으로 유일한 공산당의 깃발 아래 뭉치었고, 밖으로 침략 열강의 세력을 몰아내며 안으로 봉건 유습을 쓸어버리어서 4억 국민의 자유와 행복을 누리려는 중국의 국민혁명자는 국민적으로 국민당의 깃발 아래로 모이었고, 밖으로 이민족의 주구와 안으로 적의 응견[鷹犬: 매와 개]인 자치파로 더불어 피 흘리어 싸우는 아일랜드의 혁명자는 민족적으로 그 주의와 강령에 의한 유일의 신펜당[Sinn Féin: "우리 자신" 또는 "우리 자신만으로"라는 뜻]에 모이었나니, 이것은 일계급, 일국민, 일민족의 행복과 자유를 위하는 동서 혁명자가 반드시 각기 일정한 주의 강령과 엄숙한 훈련 규율 하에서 일당으로 결합된 바를 증명함이며, 더욱이 전 세계 전 인류의 행복을 위하야 세계적 혁명을 완성하려 하는 자도 또한 그러하야 세계일당(世界一黨)의 원칙하에서 그 총참모부며 대본영인 제3국제당[코민테른]의 붉은 깃발 아래로 모이는 바는 누구나 잘 아는 바가 아닌가. 그러므로 무슨 혁명이든지 이 혁명사상의 필연적 도정과 원칙을

109) 윤대원, 앞의 책, p.288.

등지고 성공을 희망한다면 이는 기관차 없이 열차를 운전하려 하며 건축사의 도안과 지휘가 없이 큰 집을 세우려 함과 같은 것이니, 참으로 어리석기 짝이 없다 할진저!… 한국 혁명동지는 당적으로 결합하자! 전 세계 피압박 민중은 단결하자![110]

이처럼 이 「선언서」는 대독립당의 본으로 러시아의 공산당과 중국의 국민당과 아일랜드의 신펜당을 들고, 그 조직의 원칙으로 공산주의에 바탕을 둔 강령과 규율의 필요성을 명시한 것이었다. 북경촉성회를 주도한 핵심세력은 1923년에 개최되었던 국민대표회의가 결렬된 뒤에 블라디보스토크로 갔다가 소비에트러시아 정부로부터 추방되어 북경으로 돌아온 사람들이었다. 이들은 1924년6월에 독립운동자의 대단결인 한국독립당 조직안을 발표하고, 북경지역의 독립운동자들과 함께 북경 한교동지회를 조직하여 활동했다.[111]

1927년에 접어들면서는 상해를 비롯하여 광주, 무한, 남경 등지에 유일독립당 촉성회가 결성되어 나갔다. 상해촉성회는 1927년3월21일에 결성되었는데,[112] 「강령」으로 (1) 한국의 유일한 대독립당 성립을 촉성하고, (2) 한국독립에 필요한 민족적 일체 혁명역량의 총집중에 노력한다는 두 가지를 천명했다.[113] 상해촉성회의 결성에는 상해에 있던 공산주의자들과 국내에서 검거를 피하여 상해에 온 각파 공산주의자들을 포함하여 몇 달 전에 임시정부를 물러난 조상섭, 이유필, 이규홍 등 개조파 인사들과 이동녕, 조완구 등 기호파 중심의 연립내각 그룹이 모두 참가했다.

일본경찰의 한 정보문서는, 상해촉성회가 결성되면서 홍진, 이동녕,

---

110) 《독립신문》 1926년11월18일자, 「北京에 大獨立黨促成運動이 일어났다」.
111) 조규태, 「1920년대중반 在北京創造派의 民族唯一黨運動」, 《한국민족운동사연구》37, 한국민족운동사학회, 2003, pp.243~275 참조.
112) 「獨立黨促成會의 解體와 獨立運動者同盟의 創立經過」, 『韓國民族運動史料(中國篇)』, p.638.
113) 韓國唯一獨立黨上海促成會의 「宣言」, 『雩南李承晚文書 東文篇(六) 大韓民國臨時政府關聯文書3』, 1998, p.556.

조완구 등 임시정부 옹호파들을 포함한 각파의 대표 25명이 집행위원으로 선출되었는데, 김구를 비롯한 안공근(安恭根), 윤기섭, 김두봉(金枓奉) 등 8명은 촉성회 결성에 반대하여 결성모임에도 참가하지 않았다고 기술했다.[114] 그러나 공산당 대표로 상해촉성회 결성을 주도한 홍남표(洪南杓)는 뒷날 상해촉성회 결성 초기에는 김구도 발기인으로 참여했다고 다음과 같이 술회했다.

> 1926년 가을 6·10만세사건이 단서로 조선공산당의 조직이 일본 경찰에 발각되어 제2차의 대검거선풍이 전 조선을 휩쓸었을 때에 나는 간신히 적의 독아(毒牙)를 벗어나서 제2차의 해외망명을 상해로 갔었다. 그때에 상해의 전선은 공산주의와 민족주의의 두 진영으로 짝 갈리어 피차간에 물불을 가리지 않는 상태에 있었다. 나는 같은 사건으로 함께 망명한 지금은 벌써 고인이 된 창암(倉岩) 구연흠(具然欽) 동지와 해외에서도 민족통일전선을 결성할 것을 의논하였으니, 국내에서는 신간회운동이 한참 성하던 때이다. 그리하여 재중국조선인 유일독립당을 백범과 석오 이동녕씨 및 기타 민족주의운동의 여러 선배들과 손을 잡고 발기하게 되었다.[115]

김구를 포함한 임시정부 인사들이 상해촉성회 결성에 참여한 것은 그것이 곧 개정작업의 마무리 단계인 개정 임시약헌에서 규정한 "광복운동자의 대단결인 당"이 될 수 있을 것으로 기대했기 때문이었을 것이다.

개정 임시약헌이 1927년4월11일부터 시행됨에 따라 새 정부 구성을 위한 제20회 임시의정원 회의가 4월8일에 소집되었다. 그런데 이때의 임시의정원회의록이 보존되어 있지 않아서 정확한 상황을 파악하기 어렵

---

114) 慶尚北道警察部, 『高等警察要史』, 1934, p.105.
115) 《新朝鮮報》 1945년11월24일자, 「피로 쓴 傳記: 凱旋志士列傳(1) 一身이 都是抗日魂, 致誠의 愛國家 金九先生」.

다. 이때의 상황은 조선총독부 경찰문서에 비교적 자세히 기술되어 있다. 일본경찰문서에 보면, 임시의정원은 4월11일에 이동녕, 김구, 홍진, 김규식, 오영선, 김철, 이규홍 7명을 국무위원으로 선출했다. 기호파의 좌장 격인 이동녕과 4개월 동안 국무령이었던 김구 등 기왕의 국무위원 4명 이외에 국무령을 사퇴한 홍진과 국민대표회의 창조파의 지도자가 되어 임시정부를 떠났던 김규식을 국무위원으로 선출한 것이 눈길을 끈다.

그러나 집단지도체제의 임시정부는 출발부터 운영이 순탄하지 않았다. 국무위원 선정에서 소외된 서북파가 반발했을 뿐만 아니라, 홍진과 김규식을 국무위원으로 선출한 것이 문제가 되어 다른 국무위원들마저 재정 궁핍으로 정무수행이 어렵다는 구실로 취임을 수락하지 않았기 때문이다.[116]

국무회의의 구성이 순조롭지 못했던 것은 유일독립당 촉성운동과 밀접한 관련이 있었다. 공산주의자들과의 합작문제를 두고 기호파 안에서도 갈등이 빚어졌다. 일본경찰의 정보문서에 따르면, 각 파벌을 망라하여 상해촉성회를 조직하려는 움직임이 활발히 진행되고 있을 때에 기호파의 윤기섭, 조완구 등이 다른 기호파 인사들과 사전 논의 없이 비밀리에 공산당원인 여운형을 방문한 것이 물의를 일으켰고, 이 사태에 대한 책임을 지고 이동녕은 5월6일에 임시의정원 의장직을 사임했는데,[117] 후임 의장으로는 서북파인 이강(李剛)이 선출되었다.[118]

이렇게 하여 임시정부는 국무회의도 구성하지 못하고 또다시 무정부 상태에 빠진 채 유일독립당 촉성운동의 귀추만 바라보게 되었다.

---

116) 『朝鮮の治安狀況 昭和二(1927)年版』, p.557.
117) 위의 책, p.558.
118) 《新韓民報》 1927년12월22일자, 「臨政消息: 국무령급 국무원의 해임」.

46장

하와이 섬에 동지촌 건설

1. 나이 든 농장노동자들의 자작농장으로

1

1925년7월의 태평양문제연구회 창립회의[제1차 태평양회의]가 끝나자 이승만은 전년 11월에 열린 하와이 한인대표회의에서 결의한 동지회합자회사의 사업을 추진하는 데 있는 힘을 다 쏟았다. 그 사업의 성공 여부야말로 그의 정치생명을 걸고 확대 조직한 동지회의 운명을 좌우할 것이었다.

1924년11월의 하와이한인대표회의는 동지회 안에 실업부를 두어 한인들의 경제력을 개발하기로 결의하고, 1주에 100달러씩[1고(股)에 10달러, 10고를 1주로 함]의 주를 팔아서 자본금 5만달러의 동지회합자회사를 설립하기로 했었다. 한인대표회의 이후 이승만은 동지회 회원들인 한인기독교회 교인들과 함께. 1년 동안 준비하여 1925년12월13일에 회사 이름을 동지식산회사(Dongji Investment Company, Limited)로 바꾸고 설립했다.[1]

그러나 주식 판매 성적은 부진하여 1925년9월 말까지 납입된 총액은 신성일이 납입한 5,000달러를 포함하여 1만달러밖에 되지 않았다. 주식 판매가 부진했던 이유는 하와이 사탕 시세가 떨어져 동포들도 그 영향을 받았기 때문이었다. 이미 납입된 자본금은 은행에 잠겨 있게 되고 그러자 주식을 사기로 약정한 사람들도 사업을 시작할 때에 납입하겠다면서 납입금 내기를 미루는 형편이었다. 그리하여 납입된 1만달러와 몇몇 동지가 새로 1만달러를 납입하기로 하여 우선 2만달러로 사업을 착수하기로 하고,[2] 9월에 「동지회합자회사규칙」을 새로 만들었다. 새로 만든 「동지회합자회사규칙」 내용 가운데 한인대표대회에서 채택한 「합자회사규칙」

---

1) 이덕희, 『한인기독교회·한인기독학원·대한인동지회』, 한국기독교역사연구소, 2008, p.309.
2) 《태평양잡지》 1925년7월호(제7권 제7호), p.40, 「합자회사 신계획」; 《新韓民報》 1925년10월8일자, 「하와이: 동지회합자회사 실업착수」.

과 달라진 점은 "본국 물산을(의) 수출, 수입, 산출, 교환 등 모든 영업에 가급적으로 종사할지며…"(제3관)라고 하여 국내의 물산장려운동과 연계한 사업추진을 가장 큰 목적사업으로 표방했던 항목이 "본국 물산을 가급적으로 장려하며…"(제3관)라고 원론적인 규정으로 약화된 것이었다. 그것은 태평양문제연구회 창립회의에 참석한 국내대표들과 상의해 본 결과 실현성이 별로 없다고 판단했기 때문이었을 것이다. 이승만은 동포들에게 합자회사의 사업계획을 설명하면서 주 매입을 다음과 같이 권장했다.

그러므로 우선 수입된 고본과 또한 거대한 액수를 내어 이익을 보려하는 몇몇 동지들의 합력으로 우선 전만원이나 되는 것을 가지고 긴요한 곳에 토지를 사서 환매(還賣)함으로 이익을 도모하려 하나, 이것은 자본이 많으면 이익이 많고 자본이 적으면 이가 좀 적을지나 아주 실수는 없는 일이라. 모든 자본 가지신 이들은 이렇게 착수하는 데 기회를 잃지 말고 합하야 이익을 함께 경영합세다.[3]

이처럼 이승만은 우선 부동산 매매사업의 수익성과 안전성을 강조했다. 그런데 새로 만든 「동지회합자회사규칙」 가운데 눈에 띄는 것은 "본회의 내에 특별저금부를 두어 본 이사부 주관으로 금전저축을 장려함"(제4관)이라는 항목이 추가된 것이다. 이는 이승만이 동포들을 위한 금융사업도 염두에 두고 있었음을 말해 준다.

1926년 2월15일에 하와이 영토 상업국에 등록된 동지식산회사의 영문정관의 사업목적 항목에는 본국 물산의 수입, 판매 등의 사업에 대한 언급은 아예 삭제되었다. 또한 회사에 특별저금부를 둔다는 항목도 없어졌다. 그 대신에 부동산과 동산의 매매와 일반 건설사업 등이 자세하게

---

3) 《태평양잡지》 1925년7월호(제7권 제7호), 「합자회사 신계획」, p.40.

동지촌 입구의 현재의 모습. 출입이 금지되고 있다.

열거되어 있다.

　동지식산회사는 자본금을 7만달러로 정하고, 1주에 100달러씩 700
주를 모집하기로 하고, 자본금은 20만달러까지 증액할 수 있도록 했다.
영문정관이 작성될 때까지 700주의 75%가 약정되었고 그 가운데 10%의
주식대금이 입금되었다. 신성일이 50주, 차신호가 2주, 안영찬이 1주를
사기로 약정하고, 민찬호와 김경낙이 수탁자로 관리하는 주가 647주였
다. 그러나 이때에 실제로 중미은행(Chinese–American Bank)에 예치되
어 있는 금액은 7,100달러밖에 되지 않았다. 영문정관 등록 때의 임원은
사장 신성일, 서기 김경낙, 회계 안영찬이었다.[4] 회사주는 1930년 10월까
지 2만9,220달러47센트어치가 팔렸다.[5] 주를 산 사람들은 하와이 섬의
코나(Kona)지역과 힐로(Hilo)에 사는 동포들이 많았고, 멀리 로스앤젤레

4) "Articles of Association of Dongji Investment Company, Limited", 이덕희, 앞의 책,
　pp.439~446.
5) 「동지식산회사 재정보고」, 國家報勳處 編, 『美洲韓人民族運動資料: 海外의 韓國獨立運動史料(XXII)
　美洲篇④」, 國家報勳處, 1998, pp.308~309.

스에 사는 동포들도 있었다. 1930년 현재 주주총수는 98명이었다.[6]

이승만은 모금된 3만달러 가운데서 1만3,662달러19센트를 주고 하와이 섬 올라아(Olaa)지역의 임야 963.35에이커[3.8986평방킬로미터, 117만9,308평]를 구입했다.[7] 서울 여의도 전체의 면적이 8.35평방킬로미터이므로 올라아 임야의 면적은 여의도의 절반 가까이 되는 셈이다. 올라아는 하와이 섬의 킬라우에아(Kilauea) 화산 중턱에 위치한 곳으로서, 이섬의 가장 큰 항구도시 힐로에서 남쪽으로 18마일쯤 떨어져 있다. 그곳에는 하와이 군도의 대표적 수종인 오히아(Ohia) 나무가 우거져 있었다.

이승만이 이 땅을 정확하게 언제 구입했는지는 분명하지 않다. 이승만의 『여행일기(Log Book of S. R.)』에는 1925년11월20일에 한인기독교회 부목사 김성기(金星基)와 함께 힐로에 갔다가 오는 길에 마우이 섬에 들렀고, 12월11일에 마우이 섬의 라하이나(Lahaina)를 출발하여 호놀룰루로 돌아왔다고 적혀 있다. 힐로는 호놀룰루에서 배로 열네댓 시간 걸리는 거리에 있는데, 이때에 올라아 땅을 매입하기로 결정했던 것 같다.[8] 그리고 연말연시를 지나자마자 이승만은 1926년1월5일에 다시 힐로로 갔다. 1월7일에 동지식산회사 부사장 김경낙과 그의 가족들이 올라아 농장을 총괄하기 위하여 입주했는데, 이승만은 이들과 함께 그곳으로 가서 18일 동안 머물렀다. 김경낙은 이때부터 1930년10월까지 동지식산회사로부터 500달러를 받았다.[9] 이승만은 이 땅을 구입하고 나서 그곳을 "동지촌"이라고 명명했다.[10]

---

6) 《태평양잡지》 1930년7월호 부록, 「동지식산회사 주주대회결과」, p.2.

7) 이덕희, 앞의 책, pp.311~312.

8) Syngman Rhee, "Korean Coloney at Olaa Shows Big Increas in Value in Three Years", *The Honolulu Star Bulletin*, Apr. 20, 1929에는 1926년9월에 매입했다고 적혀 있으나, 이는 착오인 것 같다. 이 땅 가운데 700에이커는 1926년2월24일에 매입하여 1927년6월22일에 등기를 마쳤다(이덕희, 앞의 책, p.312). 한편 일본경찰의 정보보고는 이승만이 이 땅을 1926년2월쯤에 150에이커, 9월쯤에 700에이커, 합계 850에이커를 구입했다고 했다(『朝鮮の治安狀況 昭和二(1927)年版』, p.612).

9) 「동지식산회사 재정보고」, 『美洲韓人民族運動資料 美洲篇④』, p.309.

10) Syngman Rhee, *Log Book of S. R.* (unpublished), 1926년1월7일조, 4월19일조; 『朝鮮の治安狀況 昭和二(1927)年版』, p.612.

이승만이 올라아 지역에 동지촌을 개척한 것은 단순히 부동산 개발에 따른 개발이익만을 목적으로 한 것이 아니었다. 동지촌을 건설하게 된 동기를 이승만 자신은 다음과 같이 기술했다.

농장에서 일할 수 없게 된 나이 든 노동자들이 계속 늘어나는 것이 한인사회의 문제가 되어 왔다. 호놀룰루에 있는 한인기독교회의 남녀 지도자들이 몇차례 회의를 한 결과, 이 심각한 문제의 해결을 돕기 위하여 자본금 3만달러가량을 모집하여 동지식산회사라는 주식회사를 설립했다.[11]

이승만은 나이 든 농장노동자들을 이곳에 입주시켜 임야를 개간하고 자작농장[homestead: 집이 딸린 농장]을 개척하도록 할 계획이었다. 그것은 그의 인도주의를 실현하는 이상촌이 될 수 있을 것이었다. 구미위원부 위원으로서 이승만의 전폭적인 신임을 받았다가 뒷날 가장 비판적인 정적이 된 김현구(金鉉九)는 이승만의 동지촌 개척 구상이 일종의 사회주의의 소한국(小韓國)을 건설하려 한 것으로서 박용만(朴容萬)의 무형정부론(無形政府論)과 둔병식(屯兵式) 집단거주지론을 본뜬 것이었다고 썼다.[12] 김현구의 이러한 주장에 대해 방선주(方善柱)는 "당시의 유행사조인 사회주의사상의 만연과 그의 온건 사회주의자들과의 교제로 보아서 그렇게 보는 시각도 일면의 진리를 가졌다고 보이게 된다"라고 평했다.[13] 젊은 시절부터 급진과격파였던 이승만의 평민주의사상과 기독교적인 인도주의가 이러한 발상의 기반이 되었을 수 있다.

---

11) Syngman Rhee, "Korean Coloney at Olaa…".
12) 하와이大學校 한국학연구소 소장, 金鉉九, 『雪南略傳』(未刊行自筆原稿), 하와이大學校 한국학연구소 소장, 연도미상, p.102; Dae-Sook Suh ed., *The Writings of Henry Cu Kim*, University of Hawaii Press, 1987, pp.207~208.
13) 方善柱, 「1930~1940년대 歐美에서의 獨立運動과 열강」, 梅軒尹奉吉義士義擧60周年기념 국제학술회의, 『韓國獨立運動과 尹奉吉義士』, 梅軒尹奉吉義士義擧60周年기념사업추진위원회, 1992, p.30.

이승만의 『여행일기』에 보면 그는 1926년2월2일에 다시 동지촌으로 가서 두달 동안이나 그곳에 있으면서 개간작업을 감독했다. 4월에도 마지막 열흘 동안은 하와이 섬에 가 있었다. 5월 한달은 호놀룰루에서 일을 보고, 6월15일에 다시 하와이 섬으로 가서는 두달 가까이 그곳에 머물렀다. 한달가량 호놀룰루에 돌아와 있던 그는 9월14일에 하와이 섬으로 갔다가 10월14일에 돌아왔는데, 닷새 뒤인 10월19일에 다시 하와이 섬으로 가서 크리스마스도 그곳에서 보내고, 12월26일에야 호놀룰루로 돌아왔다.[14] 그리하여 통산하면 1926년 한해는 일곱달 반을 동지촌에 가서 지냈다. 이승만은 동지촌에 머무는 동안 말을 타고 다녔다. 동지촌에는 큰 농장집 한채와 그 집에 딸린 집 한채가 있었는데, 이승만은 일곱채를 새로 지어 다섯 가족을 포함한 30여명이 벌목을 하고 임야를 개간하여 농사를 짓게 했다. 이들은 재배한 채소와 과일을 힐로에 있는 자신들의 상점에서 팔았고, 소목장도 운영했다.[15] 힐로의 포나하와이 스트리트(Ponahawaii Street)에 있는 이 상점은 이승만이 1926년7월24일에 남순명, 김순남 부부한테서 4,200달러에 구입한 것이었다.[16]

2

동지식산회사 사업과 관련된 이승만의 구상은 1927년3월에 윤치영(尹致暎)에게 보낸 편지에 잘 드러나 있다.

> 동지회 소속 토지는 합 950에이커이며 힐로의 상점은 비록 작으나 장진지망[長進之望: 앞으로 잘되어 갈 희망]이 있소이다. 몇년 안에 우

---

14) Syngman Rhee, *Log Book of S. R.*, 1926년1월조~12월조.
15) 이덕희, 앞의 책, p.313, p.315.
16) 위의 책, p.314. 일본경찰의 정보문서는 이승만이 농업노동자 유치방안으로 2,000달러를 들여 이 상점을 구입했고, 동치촌 입주자는 21가구의 어른 40명과 아이들 13명이라고 했다(朝鮮總督府警務局, 『朝鮮の治安狀況 昭和二(1927)年版』, p.612).

리 사람의 은행을 호놀룰루에 설립함이 선무로 압니다. 식산회사 고금(股金)은 아직 영성하여 2만3,000원에 불과하나, 사재(私財)로는 나의 부지를 전당잡혀 15만원 되는 신부지와 건물을 매입하려 하니 장래는 부지어천[付之於天: 하늘에 맡김]합니다. 회사 주권(主權)을 명의로는 독단이 아니나 사실로는 독단이며, 이에 대하여는 혹 반대자가 관여할 염려가 없소이다.…[17]

이 편지로 미루어 보면, 이승만은 앞으로 15만달러 상당의 토지와 건물을 새로 구입하고, 몇년 안으로 호놀룰루에 동포들의 은행을 설립할 계획을 하고 있었다. 이승만이 "사재"라고 한 자기 명의의 부지란 한인기독교회와 한인기독학원의 부지를 지칭하는 말이었을 것이다.[18]

이승만이 한국동포들의 은행을 설립하려고 한 것은 말할 나위도 없이 동포들의 금융활동을 원활하게 하기 위해서였다. 이 무렵 한국인들뿐 아니라 다른 유색인종, 특히 동양인들은 사업을 하면서 연방정부의 보조나 은행융자를 받을 수 없었다.[19] 동지식산회사의 경우도 마찬가지였다.

이승만의 편지는 조카 간병 때문에 네브래스카주의 헤이스팅스(Hastings)에 가 있는 윤치영이 1927년1월7일에 그곳에서 부친 편지에 대한 답장이었다. 하와이를 떠난 뒤에 처음으로 문안 겸 그동안의 활동보고를 적은 윤치영의 편지는 스물다섯장이나 되는 만지장서였다. 그것은 올라아 산림에 묻혀 억분과 고독감과 싸우고 있는 이승만에게 큰 위안이 되고 소명의식을 새로이 부추기는 것이었다. 윤치영은 이승만이 "소인배"들로부터 비난받는 이유는 그가 너무나 도덕군자처럼 행동하기 때문이라면서 다음과 같이 썼다.

17) 「李承晚이 尹致暎에게 보낸 1927년3월20일자 편지」, 『雩南李承晚文書 東文篇(十六) 簡札1』, pp.138~139.
18) 고정휴, 『이승만과 한국독립운동』, 연세대학교출판부, 2004, p.181 주3) 참조.
19) 李相守, 『송철회고록』, Keys Ad. & Printing Co., 1985, p.200.

각하가 남에게서 비평을 많이 들으시고 소인지배에게서 말을 들으시는 그 뒤에 시생은 이런 감상을 갖게 되었습니다. 선생님께서 너무나도 맑고 깨끗하시며 진실하신 도덕군자같이 하시기 때문에 다 이같이 되셨다고 시생은 각하께 감히 말씀하압니다. 각하, 각하께서는 이 세상을 윤리나 종교로써 남을 가르치실 이가 아니요 너무도 굴곡이 많은 파랑이 험한 곳에서 2천만을 구하실 험악한 지위에 계십니다.…

그러므로 무엇보다도 먼저 이승만이 시급히 해야 할 일은 자금을 확보하는 일이라고 윤치영은 주장했다.

선생님, 돈 없이 어찌하실려고 하십니까.… 각하의 휘하에 사람이 없다고요? 각하, 이는 조금도 하념치 마시압소서. 얼마라도 사람은 많습니다. 그중에 참된 후배가 몇일런지요. 마치 모르되 각하의 정령(政令)이 서는 때에는 대소가 바로 잡히겠습니다. 그러므로 지금의 시국문제는 잠시 던져두시고 내용 충실에 전력하야 주시압소서. 조금도 사양하시압지 마시고 각하 친수중에 적어도 100만달러 하나는 남모르게 적립하야 두셔요. 이리하신 후에 다시 신내각을 조직하시고 정령을 발표하시오며, 누구에게나 한인에게는 동지회의 정신으로 각하의 지휘하시는 아래에 굴복케 하시지요.… 금일에 각하의 취하실 길은 집정관 겸 천황 겸 대통령의 지위와 권력을 가지셔야 합니다.…

윤치영은 편지에서 이승만이 이탈리아의 무솔리니(Benito Mussolini), 터키의 케말 파샤(Kemal Pasa, Kemal Ataturk), 스페인의 리베라(Primo de Rivera)와 같은 리더십을 발휘해야 된다고 주장했다. 그는 또 국내에 기반을 구축하는 일이 중요하다면서, 각 중요 분야의 인사들과 연락하여 학술연구, 산업발전, 농사개량 등의 명목으로 모이게 하고, 전국의 시, 군,

도시의 명망가들을 연결시키며, 동지회가 중심이 되어 국내에 최고 학부인 대학을 설립할 것 등을 건의했다. 윤치영이 건의한 것 가운데 가장 눈길을 끄는 것은 믿을 만한 사람을 시켜《동아일보(東亞日報)》와《조선일보(朝鮮日報)》의 주식을 적어도 3분의 1가량 확보하여 두 신문의 논조가 동지회에 동조하게 하라는 것이었다.

윤치영은 동지회와 동지식산회사의 사업이 "우리 전 민족운동의 제일 첩경이요 생로(生路)요 원동력의 하나이며, 이것이 각하의 직접 성공케 하시는 제일보"라고 말하고, 앞으로의 운영방안에 대해 다음과 같이 건의했다.

「동지회규칙」을 일반적으로 개량하야 주시고, 아주 이것을 헌법이 되게 하여 주세요. 누가 보든, 어떤 방면의 인사가 보든 힘있게 하여 주세요. 그리고 「정강」은 아주 이 박사 만세 후에도 우리 민족의 경전이 되게 고치시고, 고치셔서 외우게 하여 주세요. 그리고 어느 단체고 개인이고 다 들게 하여 주세요. 이리 하시오며 집금책과 각하의 웅략으로써 민심의 선동될 시기를 하교하여 주시압고, 특히 청년인사의 포용책을 아주 힘있고 묘하게 하여 세워야 되겠어요.…

윤치영은 동지식산회사의 자금이 얼마나 되고 전망은 어떠한지, 그리고 사업허가를 "어찌하여 각하의 독재 명의로 안 받으시고 공유적으로 하셨나요?" 하고 물었다. 그래서 이승만은 "명의로는 독단이 아니나 사실로는 독단이며…"라고 대답한 것이다. 윤치영은 또 발행이 중단된《태평양잡지》의 속간문제에 대해서도 자신의 의견을 피력하고, 추신(追伸)으로 이승만의 사인이 들어 있는 사진을 한장 부쳐 달라고 요청했다.[20]

---

20) 「尹致暎이 李承晚에게 보낸 1927년1월7일자 편지」, 『雩南李承晚文書 東文篇(十七) 簡札 2』, 1998, pp.395~419.

윤치영의 편지는 이승만이 네번이나 보낸 편지를 받고 쓴 것이었다. 윤치영의 편지로 미루어 보면 이승만은 윤치영에게 거듭하여 자신의 고뇌를 털어놓았던 모양이다. 윤치영의 편지는 하와이 섬으로 보낸 것이었는데, 이승만은 호놀룰루로 돌아오는 배 위에서 윤치영에게 답장을 썼다. 이승만은 윤치영의 편지에 대해 "형의 애족 성원함은 다 하늘이 주신 것으로 아오이다"라고 적었다.[21]

조소앙(趙素昻)이나 김구가 상해의 "정변"을 뒤집어 놓겠다면서 요구한 2,000~3,000달러의 거사자금도 보내지 못하는 이승만의 딱한 자금사정을 모르지 않을 윤치영이 비자금으로 적어도 100만달러를 만들어 두어야 한다고 건의한 것은 실소를 자아내게 한다. 그리고 그것은 이승만에 대한 과장된 찬사와 함께, 그의 편지의 진정성을 의심하게 하는 것이었다. 이승만은 다른 것에 대해서는 아무 언급 없이, 「동지회규칙」과 「정강」의 개정을 건의한 데 대하여 구체적인 의견이 있으면 보내라고 쓰고 있어서 눈길을 끈다.[22] 그만큼 이승만은 동지회일 가운데도 조직문제와 정책문제에 집념을 가지고 있었다.

동지식산회사의 중요한 목적사업의 하나는 동지촌에 제재소를 설치하는 일이었다. 제재소를 설치할 자금 마련을 위하여 동지촌 사람들은 잘라낸 오히아 나무로 숯을 구워서 팔기로 했다. 이승만도 일꾼들과 함께 산에 올라가서 부지런히 톱질을 했다. 땅을 파고 흙을 모아서 그것을 흙과 섶으로 이겨 맵시 있는 숯가마를 만들었다. 숯가마 속에 자른 나무토막을 차곡차곡 쌓아 채운 다음 불을 붙였다. 아궁이를 막고 그 나무토막들이 훌륭한 숯이 되기를 기대하면서 며칠 동안 기다렸다. 이제 이 숯으로 제재소에 필요한 기계톱을 비롯한 각종 기구를 장만한다는 큰 기대로 사람들은 가슴이 부풀었다. 그러나 며칠 뒤에 숯가마 아궁이를 열고

---

21) 「李承晚이 尹致暎에게 보낸 1927년3월20일자 편지」, 『雩南李承晚文書 東文篇(十六) 簡札1』, p.133.
22) 위의 편지, p.137.

안을 들여다본 그들은 아연실색했다. 검은 숯 대신에 뽀얀 재만 수북이 쌓여 있었다. 흙으로 만든 숯가마가 몇천도(℃)의 열을 받아 흙벽에 균열이 생겨서 그 속으로 공기가 스며들었기 때문이다.[23]

동지식산회사가 동지촌에 현대식 숯가마를 설치한 것은 그로부터 이태나 지나서였다.[24] 가장 큰 이유는 자금 부족이었다. 1927년에 동지식산회사가 발표한 회계보고의 내역은 다음과 같았다.[25]

동지식산회사 회계보고　　　　　　　　　　　　　　　　　　　　　(단위: 달러)

수입		지출	
총액	24,824.45	총액	35,039.87
납입금	22,132.09	가옥건축비	18,108.96
잡수입	2,691.36	사무비	153.50
		농기구비	78.40
		경작용마필구입비	959.85
		개간비	5,609.50
		대부금	3,544.61
		부채차액(미불금)	5,715.42
		구입지 미불금	8,448.96

표에서 보듯이, 회사설립 때의 법정자본금 7만달러 가운데 이때까지 팔린 주식은 2만2,132달러어치밖에 되지 않은 반면에 부채는 1만4,164달러에 이르렀던 것이다.

이러한 정도의 사업이었음에도 불구하고 국내에서는 다음과 같은 기사를 통하여 이승만의 동지식산회사 활동이 과장되게 알려졌다.

귀국하는 도중 이달 중순에 배는 하와이에 닿았다. 이곳에서 하루를 머물러 그곳에 있는 칠천여 동포의 안부를 묻고 또 될 수 있는 대

---

23) 李相寿, 앞의 책, pp.200~201.
24) Syngman Rhee, *Log Book of S.R.*, 1928년8월3일조.
25) 『朝鮮の治安狀況 昭和二(1927)年版』, pp.614~615.

로 찾아보았는데… 우리 머리에 더욱 떠나지 않는 것은 리승만 박사의 이곳 계신 것이다. 박사는 방금 하와이에서 열심으로 산업 부흥을 일으키고 있는데, 이것은 그곳에 재류하는 칠천 동포의 생활문제에 가장 직접한 당면문제인 때문이다.…[26]

《조선일보》의 이 기사는 3·1운동 때에 민족대표 33인의 한 사람으로 참여했다가 2년6개월 동안 옥고를 치른 뒤에 도미하여 학업을 마치고 1926년12월27일에 귀국한 김창준(金昌俊) 목사의 말을 받아 적은 것이었다. 김창준의 이러한 이야기는 이승만을 숭모하는 국내동포들에게 또 하나의 반가운 뉴스가 되었다.

3

이승만은 상해 소식은 조소앙을 통하여 듣고 있었다. 조소앙은 홍진(洪震) 국무령으로부터 외무장으로 입각할 것을 교섭받고 임시의정원에서 국무원으로 선출되었으나 칭병하고 취임하지 않고, 이승만 지지 입장을 고수했다. 조소앙이 1926년11월5일에 이승만에게 보낸 편지는 그동안의 그의 거취를 짐작하게 한다. 1925년3월에 손문(孫文)이 사망하고 나서 7월1일에 왕정위(汪精衛: 본명 兆銘)를 주석으로 하고 광주(廣州)에서 성립된 중국 국민정부는 1926년7월에 북벌(北伐)을 시작하여 파죽지세로 북상했다. 국민정부의 국민혁명군 총사령은 장개석(蔣介石)이었다. 국민혁명군은 10월에는 양자강 중류의 무한[武漢: 강을 사이에 둔 武昌과 漢口의 통칭]을 점령했고, 국민정부는 무한 천도를 결정했다.

이때에 한국 독립운동자들도 공산주의자 그룹, 안창호파, 만주의 무장운동단체 등이 개별적으로 무한으로 몰려가서 국민정부 관계자들을

---

26) 《朝鮮日報》 1926년12월28일자, 「金昌俊牧師 錦衣로 還國 — 在米同胞消息」.

상대로 교섭경쟁을 벌였는데, 조소앙도 한구로 가서 이승만을 선전하고 교섭활동을 했다. 조소앙이 이승만에게 보낸 다음과 같은 편지로 당시의 상황을 추측할 수 있다.

이 일대 호기를 맞이하야 우남 선생을 위하야 일차 소통하야 장래 기회를 예비할 필요가 있으므로 미처 보고 승낙을 받을 겨를이 없이 며칠 전에 한구로 와서 일반 정형을 시찰하며 한편 요인 등을 심방하얏습니다. 그러나 타 방면의 교섭과 대항할 필요로 한 비공식 서간이라도 국민정부에 보내어 둘 필요가 있을 것 같아 따로 기록한 바와 같은 대간(大簡)을 정서하야 국민정부위원 주석 서계룡(徐季龍: 이름 徐謙)씨를 만나 전했습니다.

물론 중국 전국을 정돈한 연후에야 우리를 돌아볼 겨를이 있겠으나, 우선 제1차 신사(信使)왕복이 있어야 장래의 길을 열기 쉽겠기로 이렇게 하고, 구술하기를 이 박사가 과거보다도 더욱 실력과 신망이 융융하니 사실상 독립당의 영수인 이모를 원조함은 곧 한족을 원조함이라고 선전하얏습니다. 다음은 중국과 우리 자체를 위하야 비밀에 부칠 필요가 있으므로 신문상 혹 중외인 간에 절대 비밀을 요구하얏고, 방문도 서군 사저로 예약한 시간에 가서 둘이 밀담하얏소이다. 결과는 별것이 없겠으나, 기왕 이만큼 진행하얏으니 각하께서 직접으로 다음과 같은 전보를 즉타하시고, 또 상당한 비용을 보내 주시면 선후방침이 잘 되겠소이다.

"중국 무창 국민정부위원장 서계룡 각하

귀국이 장차 국민당 혁명 기치하에 통일될 것을 확신하며, 동아해방의 대업이 또한 귀 정부와 귀 국민당의 중요한 과정(課程)임을 이미 자인하신 위용을 축하합니다."

이 전보는 본인 처소로 하시면 곧 만나서 전하고 각하의 뜻을 설명하오리다. 곧 우편으로 위임장을 보내시면 휴대하겠습니다. 이 임

무를 완료하고 바로 상해로 가서 도미할 준비를 하겠습니다. 그러므로 노자를 먼저 요구한 것입니다.…[27]

이처럼 조소앙은 이승만에게 충성하고 있었다. 이승만은 이러한 조소앙에게 필요한 자금지원을 하지 못하는 것이 여간 안타깝지 않았을 것이다. 조소앙이 이 편지에서 도미 준비를 하겠다고 한 것은 1927년7월에 개최될 태평양문제연구회 제2차 회의에 참석하기 위하여 호놀롤루로 갈 준비를 하겠다는 말이었다. 조소앙은 1월25일에 구미위원부의 김현구에게 보낸 편지에서도, 자기가 하와이로 가서 회의에 참석한다면 국내에서 발기되고 있는 신간회(新幹會)와 동지회의 제휴문제, 임시정부와 구미위원부의 관계문제, 중국과 러시아에 외교기관을 설치하는 문제 등에 관하여 상세히 설명하겠다고 써 보냈다.[28]

김구를 내세워 임시정부를 장악한 기호파 등 연립내각 그룹은 조소앙을 통하여 이승만과의 새로운 관계 정립을 모색했다. 조소앙이 1926년 12월 한달 동안에만 네차례나 이승만에게 편지를 쓴 것은 그 때문이었다. 조소앙의 편지를 호놀룰루에서 한꺼번에 받아 본 이승만은 1927년1월20일에 답장을 썼다. 김구 내각이 제안한 내용의 핵심은 구미위원부에 폐지령을 내렸던 개조파 내각의 조치를 취소하기로 하고, 구미위원부도 새로 구성된 임시정부의 소속기관으로 활동하라는 것이었다. 그러나 이승만은 다음과 같은 말로 이 제의를 거부했다.

원래 우리가 내지정부 계통하에서 통일하자 한 것을 그들이 백계반항하야 중심(衆心)을 이산시켜 놓고 오늘에 그들이 저희가 세운 정

---

27) 「趙素昻이 李承晚에게 보낸 1926년11월5일자(?) 편지」, 『雩南李承晚文書 東文篇(十八) 簡札3』, 1998, p.230.
28) 「金鉉九가 李承晚에게 보낸 1927년2월28일자 편지」, 『雩南李承晚文書 東文篇(十六) 簡札1』, pp.459~460.

부 명의로 통일하자 함은 곧 자기네 사단(私團)에 와서 붙고 미주와 하와이의 재정을 그들 수중에 공납하라 함이니, 우리는 어찌 자초로 내지 요구에 의하여 구미에 대한 외교선전 사무에 전력하여 오던 것을 다 폐지하고 사당(私黨)의 확장을 주장하리오. 이는 미주와 하와이의 대다수 사람이 응종치 않을지라. 지금이라도 상해에서 자체를 해산하야 한성계통을 공포하고 상당한 두령을 공선하야 각지 동포가 복종케 되면 우리는 심열성복[心悅誠服: 기뻐서 성심으로 복종함]할지라. 만약 미주와 하와이의 민심은 고려하지 않고 일부 인사의 사당적 주의를 따르라 할진대 우리는 불가라 합니다.…

이승만은 임시정부의 제의는 재미동포의 재정지원이 목적일 뿐이라고 일축하고, 상해임시정부가 해산하고 한성정부 체제 아래에서 합당한 인사를 두령으로 새로 선출하지 않는 한 승복할 수 없다고 잘라 말했다. 그리고 현재의 상황에 대해 "쌍두정부"라는 평이 있다는 말에 대해서는, 애당초 구미위원부를 설치할 때에 임시정부의 일반 시정은 상해 인사들에게 전적으로 맡기고 구미위원부는 구미에 대한 외교선전 업무만 전담하기로 하여 상해에서도 동의하여 지금까지 그렇게 준행하여 왔다고 말하고, "지금은 더욱이 대통령 명의로 권위를 요구함이 없으므로 혹 '무두정부(無頭政府)'라는 평은 있을지언정 '쌍두정부'라는 것은 근사치도 않은 말입니다"라고 그 특유의 수사로 반박했다.

그러나 이승만이 개조파 내각뿐만 아니라 새로 구성된 기호파 중심의 연립내각까지 싸잡아 "사단" 또는 "사당"이라고 매도하면서, 자신을 지지하는 인사들조차 거론하지 말라고 건의했던 한성정부의 정통성을 거듭 강조한 것은 그의 아집이었다.

임시정부는 구미위원부와의 관계개선문제와 관련하여 몇가지 구체적인 사항을 제의했는데, 이에 대해서도 이승만의 반응은 시큰둥했다. 그 제의의 하나는 서재필(徐載弼)을 구미위원부의 고문으로 임명하자는 것이었는데, 이 제의에 대해서는 "서재필이 요구하는 경비를 지급하고 그의 승낙을 얻으면 고문으로 임명하마"라고 전하라고 대답했다. 전에도 그 자리에 임명했을 때에 서재필이 유명무실한 실권 없는 직위는 원치 않는다고 사퇴했으므로 이번 경우도 그럴 것이라고 덧붙였다. 또 한가지 제의는 영문잡지를 서재필로 하여금 주재하게 하자는 것이었는데, 이 제의에 대해서는 찬성한다고 말하고, 다만 "재정책임만 구미위원부에 없으면 언제 어디서 누가 간행하든지 우리는 가급적 협조할 것뿐이며, 만약 다른 사람이 경비가 없든지 혹 부족하야 발행치 못하는 경우에는 우리가 힘 자라는 대로 주선하여 보겠지만 만일 넉넉지 못한 자본으로 재정을 많이 요구하는 인원을 쓰려 하면 이는 사실상 불능이라 하시오"라고 대답했다.[29]

개조파 정부의 폐지령 이후로 침체상태에 빠져 있던 구미위원부는 남궁염(南宮炎)과 허정(許政)이 각각 사업관계와 신병으로 사임하고, 1926년10월에 로스앤젤레스에 있던 김현구가 위원으로 임명되어 와서,[30] 의욕적인 사업계획을 추진했다. 김현구는 어려서 유학자 최익현(崔益鉉)에게서 한학을 배우고 중국을 거쳐 1909년에 도미하여 네브래스카주 헤이스팅스에서 고등학교를 다녔고, 오하이오주립대학교(Ohio State University)를 졸업한 뒤에 캘리포니아대학교(버클리)(University of California Berkeley) 대학원에 진학하여 박사과정을 수료했다. 그러나 학위논문은 완성하지 못했다. 헤이스팅스에서는 박용만의 소년병학교에도 관여했고, 3·1운동 뒤에는 《신한민보》의 주필과 국민회 북미지방총회의 부회장으로도 일했다. 김현구는 그 무렵에는 이승만과 구미위원부에 대하여 비판적이었으나,[31] 모국방문단의 일원으로 국내에 다녀왔던 하와이 한인기독학원 졸업생 안금례(安今禮)와 1926년 봄에 결혼하고

---

29) 「李承晩이 趙素昻에게 보낸 1927년1월20일자 편지」, 『대한민국임시정부자료집(42) 서한집 I』, pp.287~289.
30) 《東亞日報》 1926년10월28일자, 「歐美委員部」.
31) 고정휴, 앞의 책, pp.140~141.

뉴욕에 있는 이승만 지지자들의 추천을 받아 구미위원부 위원으로 임명되었다.[32] 그는 영어실력도 뛰어났고, 젊은 나이에 한문에도 능하여 이승만과 한문으로 편지를 주고받기도 했다.

김현구는 위싱턴으로 부임하자마자 구미위원부의 새 건물을 마련했다. 중심가에서 서북부에 위치한 파크 로드(Park Road) 1310번지 도로가의 아담한 3층 건물이었다. 가격은 3만달러였는데,[33] 은행융자로 구입하여 매월 일정액을 불입해야 하는 것으로서 법적 소유주는 은행이었다.[34] 은행 빚을 갚고 건물 소유권을 완전히 확보하면 구미위원부가 쓰는 한 층을 제외한 두개 층의 임대료로 위원부를 유지할 수 있다는 것이 김현구의 계산이었다.

4

1927년1월22일자 《조선일보》에는 3단짜리 박스 기사로 깜짝 놀랄만한 기사가 실렸다.

최근 모처에 도착한 정보에 의하면, 미국에 있는 구미위원부에서는 그동안 많은 활동을 계속해 오더니, 근래에 와서는 모든 준비가 정돈되고 사업성적이 양호한데다가 다시 여러 가지 사업을 기안하야 실행키로 되었다는데, 그 기안된 사업은 구미위원부 자체에 관한 것과 ○○[독립]운동 전체에 관한 사건과 기타 연구 필요 사건인 바, 자체에 관한 사건으로는 (1) 관사(館舍)를 매입할 것, (2) 중지되었던 영문잡지를 속간할 것, (3) 위싱턴에 한인촌(韓人村)을 건설하고 학생 근거지를 설치할 것 등이라 하며, 또 ○○운동에 관한 것으로는 (1) 역

---

32) Dae-Sook Suh, *op. cit.*, pp.137~138.
33) 《朝鮮日報》 1926년12월21일자, 「歐美委員部의 活動」.
34) 尹致暎, 『東山回顧錄: 尹致暎의 20世紀』, 삼성출판사, 1991, p.116.

사 재료를 수집할 것, (2) ○○기금을 적립할 것, (3) 희생자들과 그 유족을 구제할 것 등이라 하며, 그다음 연구 필요 사건으로는 (1) 조선 내지와 운동 교통의 기관을 확장할 것, (2) 국제연맹 본부가 있는 스위스에 외교대표를 파견할 것, (3) 남미에 이민운동을 할 것 등이라 하며, 더욱이 그러한 여러 가지 사업을 실행함에는 실력을 표준하야 착착 진행되는 중이라더라.[35]

이 기사는 김현구가 이상재(李商在)나 안재홍(安在鴻)에게 보낸 편지에 근거했던 것으로 짐작된다. 김현구는 그 뒤에도 안재홍과 편지 내왕이 있었다.[36] 이러한 기사로 미루어 보면, 국내에서는 개조파들의 이승만 탄핵이나 구미위원부 폐지령을 합당한 조치로 생각하지 않았음을 알 수 있다.

김현구는 1927년4월10일자 《구미위원부통신》 제110호를 통하여 야심찬 「구미위원부 8개년계획」을 발표하고 동포들의 적극적인 협조를 당부했다. 김현구는 처음 4년 동안은 실력준비기로, 그다음 4년 동안은 사업확충기로 설정하고, 처음 4년 동안에 구미위원부 건물 소유권 확보와 영문잡지 발행을 위한 기금적립을 완료하고 나서 그다음 4년 동안에는 구미 및 남미와 외교관계를 수립한다는 것이었다. 그는 구미위원부 건물 매입비로 1만8,000달러, 영문잡지 발행기금으로 3,000달러를 계상했다.[37] 4년 이내에 100달러를 부담할 동지 200명만 있으면 2만달러 모금은 쉽사리 이루어질 수 있다고 김현구는 주장했다.

실제로 이 모금 캠페인을 시작하자마자 별로 넉넉하지 못한 애플이라는 미국인이 100달러를 부담하겠다고 나섰고, 며칠 뒤에 그의 부인까지 따로 100달러를 부담하겠다고 했다. 그리고 그 소식은 국내에까지 전해

---

35) 《朝鮮日報》 1927년1월22일자, 「歐美委員部의 活動」.
36) 「金鉉九가 李承晚에게 보낸 1927년2월16일자 편지」, 『雩南李承晚文書 東文篇(十六) 簡札 1』, p. 446.
37) 《歐美委員部通信》 제110호(1927년4월10일), 『朝鮮の治安狀況 昭和二(1927)年版』, pp.725~735.

져서 적잖은 감동을 주었다.[38] 또한 두달 뒤인 6월에는 국내에서 경기도 경찰부 고등과가 서울에 구미위원부 지부가 설치되고 있다는 정보를 입수하고 극비리에 내사하고 있고 지부 간부로는 이승훈(李昇薰)과 박희도(朴熙道)를 포함한 몇 사람이 선임되었다는 뉴스가 보도되기도 했다.[39]

김현구는 극성스러웠다. 그는 사흘이 멀다하고, 어떤 때에는 매일 이승만에게 편지를 썼다. 1927년1월부터 7월까지 그가 이승만에게 보낸 편지가 무려 132통이나 보존되어 있다. 같은 기간에 이승만 역시 김현구에게 42회나 편지를 보낸 것도 놀라운 일이다.[40]

1927년 들어 이승만의 관심은 상해정국보다 국내 지식인사회의 동향과 7월에 호놀룰루에서 개최될 태평양문제연구회 제2차 회의에 쏠리고 있었다. 1월20일자《동아일보》를 통하여 국내에서 신간회가 발기되었다는 사실을 안 김현구는 발기인의 한 사람으로 보도된 안재홍에게 축하편지를 썼다. 그리고 그것을 이승만에게 급히 보고하면서 신간회 결성의 주동자가 "우리쪽 동지 인사"인 듯하다고 보고한 것이 눈길을 끈다.[41] 김현구는《동아일보》에 발표된 명단에 안재홍, 백관수(白寬洙) 등《조선일보》간부들과 흥업구락부, 태평양문제연구회 조선지회 인사들의 이름이 들어 있는 것을 보고 그렇게 판단한 것이었다.

신간회는 1926년 6·10만세운동 이후에 민족주의자들과 사회주의자들 사이에서 협동의 필요성이 논의되던 끝에 1927년2월15일에 서울의 종로 YMCA 회관에서 민족단일당을 표방하면서 창립된 민족운동단체였다.[42] 조선총독부가 신간회 결성을 허가한 것은 비밀결사를 통한 과격한

---

38) 《朝鮮日報》 1927년5월14일자, 「歐美委員部基本金積立」.
39) 《朝鮮日報》 1927년6월12일자, 「華盛頓歐美委員部 京城에 支部設置?」.
40) 「雩南李承晩文書 東文篇(十六) 簡札 1」, pp.24~29 참조. 李承晩이 金鉉九에게 보낸 편지 가운데 보존되어 있는 것은 5통뿐이지만 金鉉九의 편지에 李承晩의 편지 횟수가 적혀 있다.
41) 「金鉉九가 李承晩에게 보낸 1927년2월16일자 편지」, 「雩南李承晩文書 東文篇(十六) 簡札 1」, p.446.
42) 이균영, 「신간회연구」, 역사비평사, 1993, pp.35~104 및 신용하, 「신간회의 민족운동」, 독립기념관 한국독립운동사연구소, 2007, pp.35~48 참조.

행동을 방지하는 동시에 민족주의자들과 사회주의자들을 서로 견제하려는 의도에서였다. 그러나 신간회는 (1) 한국인의 정치적, 경제적 각성을 촉진하고, (2) 단결을 견고히 하며, (3) 기회주의를 일체 배격한다는 강령 아래 조선일보사 사장 이상재를 회장으로 하고, 사회주의자인 오산학교 교장 홍명희(洪命憙)를 부회장으로 하여 한국어 교수의 실시, 한국인 본위의 교육제도 신설, 한국인에 대한 특수취체법규의 철폐, 과학사상 연구의 자유 등을 요구하는 운동을 벌이면서 각 지방에 지회조직을 확대해 나갔다.

이승만은 자신이 가장 믿고 의지하는 이상재가 신간회 회장이 된 것이 여간 든든하게 여겨지지 않았다. 이상재는 신간회 발기인으로 참가했으나, 창립총회가 열렸을 때에는 노환으로 몸져누워 있었다. 그런데도 창립총회는 만장일치로 이상재를 회장으로 추대했다. 창립총회에 앞서 이상재는 회장 교섭을 받았으나 완강하게 거절했다. 그리하여 신간회 간부들이 당황하고 있을 때에 신석우(申錫雨)가 자청하여 대표로 이상재를 찾아갔다.

"선생님이 안 나오시면 청년들이 뒤를 따르지 않을 것입니다. 신간회 회장 되시는 것이 그렇게 겁이 나십니까?"

이 말은 이상재를 자극하기 위하여 신석우가 꾀를 낸 것이었다. 그의 꾀는 적중했다.

"겁이 나서 그러는 것이 아니야. 그렇다면 나가지. 겨레를 위한 일이라면 눈을 감는 순간까지 일을 해야지!"

이렇게 하여 이상재는 신간회의 회장에 취임했다고 한다.[43]

그러나 이상재는 신간회 회장직을 맡은 지 한달 남짓한 3월29일에 재동의 셋집에서 사망했다. 그는 일흔여덟살이었다. 장례는 4월7일에 사회장으로 성대하게 치러졌다.

---

43) 전택부, 『월남 이상재의 생애와 사상』, 연세대학교출판부, 2001, p.190.

한산 장지로 향하고 있는 이상재의 장의행렬.

　신간회가 결성되자 김현구는 이승만에게 신간회의 창립은 매우 뜻있는 일이고 자기는 이미 그 회에 가입할 것을 신청했다면서, "우리의 내지연락은 아마도 가닥이 잡히는 듯합니다"라고 보고했다. 그리고 또 안재홍이 태평양문제연구회에 참석하기 위해 하와이에 올 것 같다면서 "선생님께서 힘을 더하여 친분을 맺는 것이 어떻겠습니까"라고 건의했다.[44] 김현구는 사흘 뒤에 다시 이승만에게, 7월의 태평양문제연구회에 국내에서 신간회 사람 몇 명과 상해에서 조소앙과 윤기섭(尹琦燮)이 참석하면 "원동과 내지에도 완전한 연결이 이루어질 것이며 앞으로의 일에 크게 편한 점이 반드시 있겠습니다"라고 써 보냈다.[45] 조소앙도 김현구에게 보낸 편지를 통하여 신간회와 동지회가 긴밀히 제휴할 것을 강조했다.[46]

44) 「金鉉九가 李承晩에게 보낸 1927년2월25일자 편지」, 『雩南李承晩文書 東文篇(十六) 簡札1』, pp.455~456.
45) 「金鉉九가 李承晩에게 보낸 1927년2월25일자 편지」, 위의 책, pp.467~468.
46) 위의 편지, p.461.

2. 태평양회의에 온 국내대표들과 귀국 논의

1

태평양문제연구회 제2차 회의는 예정대로 1927년 7월 15일부터 29일까지 2주일 동안 제1차 회의 때와 마찬가지로 호놀룰루 교외 푸나호우 학교(Punahou School)에서 개최되었다. 제2차 회의는 제1차 회의 때에 비하여 참가자가 증가했을 뿐만 아니라 영국대표가 새로 참가하고, 국제연맹 사무국과 국제연맹 노동국(ILO)에서도 옵서버를 파견하는 등 달라진 모습을 보였다. 제2차 회의는 태평양문제연구회의 상설화가 정식으로 결정되고 규약도 정비된 뒤에 개최된 회의인 동시에 2년 동안의 조사연구와 준비기간을 거쳐서 개최되는 첫 회의였다. 게다가 제1차 회의 때에 중국문제를 토의하면서 영국지회 존재의 필요성을 통감했기 때문에 영국지회를 초청하여 열리는 첫 회의라는 점에서 제1차 회의보다 한결 더 중요한 의의가 있었다. 그러므로 제2차 회의에서는 태평양문제연구회의 진가가 본격적으로 시험되는 동시에 이후의 연구회 방향을 규정하게 될 것이었다.[47]

이러한 의의를 지닌 회의였음에도 불구하고 한국대표들은 자신들의 대표권에 대한 불안감을 느끼면서 참가해야 했다. 제2차 회의에서 결정될 기본 규약이 준비된 안대로 확정된다면 앞으로 한국대표가 이 회의에 참석하기 위해서는 일본지회의 동의를 얻어야 했기 때문이다. 7월 20일에 중앙이사회에 제출된 「기본규약안」(제3조제3항)에는 이미 국내이사회 또는 그것에 준하는 단체가 조직된 나라에서 일정한 영토적 또는 인종적 단체(보기 하와이, 한국, 필리핀)가 태평양문제연구회의 회의에 참가하는 경우에는 이들 그룹이 속하는 국가의 국내이사회의 동의를 요건으로 하

---

47) 片桐康夫, 『太平洋問題調査會の研究』, 慶應義塾大學出版會, 2003, pp.85~86.

도록 규정되어 있었는데, 이 규정은 일본지회가 제안한 것이었다. 물론 이러한 규약안에 대해서는 한국지회가 강력히 항의했고, 회의 개최를 한달 앞둔 6월2일에도 신흥우(申興雨)가 호놀룰루의 퍼시픽클럽에서 열리는 중앙이사회에 전보를 쳐서, 한국은 일본과는 별개의 집단으로 참가하게 될 것이라고 입장을 굽히지 않았다.[48]

제2차 회의를 앞둔 한국의 입장은 《동아일보》의 다음과 같은 사설에 잘 표명되어 있다.

일본이 세계의 모든 회합에서 국가적으로 참가한다는 데 대하여서야 조선사람의 처지로 앉아서 아무 말도 할 필요가 없는 것이겠지마는, 민족으로서의 조선을 제외한다는 것은 삼척동자에게 물어보아도 명백히 그 불가함을 알게 할 수 있는 것이다. 그리하였으므로 일본인들도 필경 그들의 주장이 몰상식함을 깨닫고 조선사람의 출석을 승인하고, 또 그들이 자진하야 참가를 희망하게까지도 한 바 있었다.…

우리는 그 회합에 대하야 물론 큰 희망을 가질 수 없는 것이니, 첫째는 그것이 사적 회합이라는 점에서 그러하려니와 또 그것이 결국은 영국, 미국, 일본에 의하야 좌우될 것이기 때문이다. 그들은 지금 세계를 지배하고 있는 민족들이니, 그들의 주장이 처음부터 철저하지 못한 것은 명약관화라 할 것이다. 그들은 현상유지에 노력하는 데 지나지 못할 것이다.…

그렇지만 이러한 제약 속에서나마 한국대표들은 중국과 필리핀과 함께 항쟁해야 한다고 《동아일보》의 사설은 강조했다.

---

48) 위의 책, pp.379~381.

호놀룰루의 회의는 정신적 군축회의가 될 것이라고 하니, 약소민족들은 거기에서 마쳐되지 아니할까? 용의주도한 바 있어야 할 것이다. 조선은 중국, 필리핀 등과 같이 항쟁하여야 할 것이다.[49]

그러나 한국대표들은 이러한 주장과 같은 "항쟁"도 하지 못했다. 태평양문제연구회 제2차 회의에 참석한 한국대표는 제1차 회의에 참석했던 연희전문학교 교수 유억겸(兪億兼)과 이화여자전문학교 교수 김활란(金活蘭)과 조선일보 상무 백관수(白寬洙) 세 사람이었다. 이들은 모두 신간회의 발기인이거나 간사였다. 이승만이 고대했던 안재홍은 회의에 참석하지 않았다. 상해의 조소앙과 윤기섭도 참석하지 못했다. 조소앙과 윤기섭이 참석하지 못한 것은 이승만이 여비를 보내 주지 못했기 때문이었던 것 같다.

회의에 임하는 한국대표들의 기본자세는 제1차 회의 때와 마찬가지로 매우 신중했다. 김활란은 7월16일 오후의 개회연설 시간에 "도덕적 표준"을 강조하는 다음과 같은 요지의 연설을 했다.

"도덕적 표준이 모든 것의 근원이 되지 않으면 안됩니다. 물질적인 힘이나 부가 대국인가 아닌가를 결정하는 것이 아니라, 국민이 얼마나 인내하고 봉사하는가에 따라 결정되어야 합니다. 국제관계에서도 이 도덕적 표준을 채용하지 않으면 안됩니다. 한국인은 평화적 국민이며 지금까지 다른 나라를 침략한 적이 없습니다. 한국의 정치적 및 도덕적 교육의 의의는 큽니다. 지난 2년 동안에 있었던 일은 정치교육기관과 여성운동기관이 설치된 것입니다. 한국에서 산업은 비약적으로 발전하고 있습니다. 그러나 그 뒤에서 고통받는 농민의 궁핍한 상태는 이루 형언할 수 없습니다. 한국의 발달은 태평양 국가 모두의 행복을 의미합니다. 모든 국가의

49) 《東亞日報》 1927년6월26일자, 「太平洋問題研究會」.

호놀룰루에서 열린 태평양문제연구회 제2차 회의를 보도한 《조선일보》 1927년8월22일자 지면. 아래 사진은 회의에 참석한 유억겸, 김활란, 백관수(왼쪽부터).

상호협력이 필요합니다.…"[50)]

　이튿날 저녁 7시30분부터 진행된 각국 연구회 지회대표들의 15분 연설시간에는 유억겸의 연설문을 김활란이 읽었다.

　"한국의 소망을 한마디로 표현한다면 그것은 한국의 문화와 문명의 정체성(identity)을 회복하는 것입니다."

　2년 전에 신흥우가 한국의 "개성(individuality)"의 회복을 강조했던 것을 연상시키는 이 "정체성"이라는 단어도 "독립(independence)"을 암시하는 말이었음은 말할 나위도 없다.

　유억겸은 이렇게 전제하고 나서, 한국은 오랜 역사를 버리고 마음의 문을 열어 외국과 교섭을 시작하자마자 속아서 오늘과 같이 정체성을 잃어버린 상황에 빠졌다면서 다음과 같이 주장했다.

　"이 정체성을 회복하기 위하여 한국은 서양문명의 좋은 점을 자국의 문명에 동화시키는 데 온 힘을 기울이고 있습니다. 한국에는 개인보다도

50)　井上準之助 編, 『太平洋問題: 1927年ホノルル會議』, 太平洋問題調査會, 1927, p.88.

먼저 가족과 국민을 생각하는 사상이 있습니다. 여기에 서양문명의 과학적 고찰방법을 도입하는 것이 필요합니다."

그는 이어 한국의 사상, 철학, 종교의 장점과 단점을 설명한 다음, 서양문명의 특질을 취하여 그것을 보완해야 한다고 강조했다. 마지막으로 그는 한국인의 요망이 이 기구의 이상과 조화되는 것이라고 강조했다.

"요컨대, 자국문명의 발달은 꾀하고 외국문명을 동화함으로써만 한국의 정체성은 회복될 수 있습니다. 그리고 우리의 이 요망은 이 기구의 이상과 완전히 조화를 이루는 것이라고 믿습니다. 다른 어떤 국제회의도 우리에게 주지 못하는 존경과 승인을 이 기구는 주고 있는 줄로 믿습니다."

김활란과 유억겸의 연설은 이성적이고 자제적이었다. 특히 유억겸의 연설은 회의 참가자들의 한국에 대한 강한 동정을 환기시킨 것처럼 보였다.[51] 그러나 그것은 같은 15분 연설시간에 필리핀대표로 참석한 필리핀인 목사 디존(Nicholas Dizon)이 단호하게 미국으로부터의 독립을 주장한 것과는 매우 대조적이었다.[52]

회의의 핵심인 원탁회의와 포럼[일반회의]은 7월18일부터 시작되어 중국의 대외관계, 인구와 식량문제, 이민문제, 외국투자문제, 외국전도문제, 태평양에서의 외교관계문제 등 12개항의 의제에 대한 토의가 진행되었다. 원탁회의에서 가장 주목받은 것은 파리 부전조약(不戰條約)을 기초했던 컬럼비아대학교(Columbia University) 역사학 교수인 미국대표 셔트웰(James T. Shotwell)이 제의한 「영구평화조약안」이었다.[53]

제1차 회의 때와 마찬가지로 원탁회의와 포럼과는 별도로 7월12일부터 26일까지 하루에 한번씩 공개강연이 있었는데, 7월20일에는 "한국과 현재의 경향"이라는 제목으로 김활란이 강연을 했다.[54] 여러 가지 형태의

---

51) 위의 책, pp.99~100.
52) 같은 책, pp.101~102.
53) 片桐康夫, 앞의 책, pp.127~232 참조.
54) 井上準之助 編, 앞의 책, p.238.

사교 프로그램도 회의기간 내내 진행되었다. 회의 폐막 전날인 7월28일에 회의장인 푸나호우 교내의 비숍 홀에서 열린 한국교민단 주최의 다과회는 동포들이 정성을 기울여 마련한 것이었다. 한국 인형놀이와 민요 등을 곁들인 다과회였는데, 색색의 한복을 일매지게 입고 나온 젊은 여성들의 모습이 외국인들의 눈길을 끌었다. 다과회가 끝나고 회의 참가자들의 이름을 하나하나 붙인 한국부채를 선물로 받은 각국 대표들은 무척 기뻐했다.[55]

그러나 한국동포들의 이러한 정성 어린 대접도 아무런 보람 없이 회의 마지막 날에 열린 중앙이사회는 이사 전원의 찬성으로 국가를 단위로 하는 태평양문제연구회 기본규약에 서명했다. 이에 따라서 태평양문제연구회 조선지회는 1929년에 일본 교토(京都)에서 열릴 제3차 회의부터는 독립단체로서 참가하기가 어렵게 되고 말았다.

2

이승만은 제1차 회의 때와 마찬가지로 회의기간 내내 동지촌에 가는 일을 멈추고 호놀룰루에 머물면서 국내에서 온 대표들과 만났다. 국내 상황을 자세히 묻기도 하고, 또 "정변" 이후의 상해임시정부 문제에 대해서 세 사람에게 자세히 설명해 주기도 했을 것이다. 그러나 그 가운데 가장 눈여겨볼 것은 자신의 귀국문제를 국내에서 온 세 사람과 진지하게 상의한 사실이다. 이승만이 어떤 동기에서 귀국문제를 생각하게 되었는지는 자세히 알 수 없다. 그는 세 사람이 호놀룰루에 도착하기 이전에도 이상재에게 여러 차례 편지로 귀국할 뜻을 비쳤고, 그때마다 이상재는 반대했다고 한다. 세 사람도 이승만이 귀국하는 것을 극구 반대했다.

이승만은 자신의 귀국문제를 세 사람이 국내를 출발하기 전에 상해의

---

55) 위의 책, p.248.

조소앙과도 상의했는데, 조소앙은 6월4일에 이승만에게 그의 귀국을 강력하게 반대하는 편지를 썼다.

내지로 가서서 공동으로 노력한다는 일은 아마도 시기가 아닌 듯하오니, 애써 누설되지 않도록 애쓰시기 바랍니다. 만일 기회를 엿본다고 하더라도 그것이 사실이 되면 비단 사람들의 논란거리만 되고 실제로는 한가지 소득도 없이 민중들로 하여금 한 수령을 잃게 할 뿐이며, 많지 않은 동지 가운데 한 동지가 약하게 되는 것뿐이오니, 결과적으로 잃는 것은 천가지요 얻는 것은 한가지도 없을 것입니다.
이럴 때에는 누구를 막론하고 이른바 지도자나 중견인물이 적에게 연약해져서 우방에 수치를 끼치고 후예에게 추한 소문을 물려주어서는 절대로 아니됩니다.…[56]

이승만은 조소앙의 편지를 받고 매우 놀랐던 것 같다. 그는 태평양문제회의가 열리고 있는 7월18일에 조소앙에게 다음과 같은 회신을 보냈다.

저는 오래전에 내지에 들어가려는 뜻이 있었으나, 그것은 본래 자신의 이익을 도모하려는 것이 아니었소이다. 오직 내지로 들어가서 의열남녀와 더불어 옥중의 혼이 되어 한편으로는 스스로 마음을 편안하게 하고, 또 한편으로는 동지들에게 보답하고자 했을 따름이외다. 무릇 해외에 몸을 붙여 살면서 온갖 일에 한가지도 성취하지 못하고 실패한 채 백발로 한갓 허명만 누리고 있으니, 어찌 홀로 마음에 부끄럽지 않겠소이까. 그러나 이 또한 주저만 하고 결행하지 못했으니 어찌 하리까. 월남공(月南公: 李商在) 생시에 누차 이러한 뜻으로 물었으나 매양 말렸소이다. 근간에 태평양대회 대표 몇몇 벗이 또한 그 불

---

56) 「趙素昻이 李承晚에게 보낸 1927년6월4일자 편지」, 『대한민국임시정부자료집(42) 서한집 I』, p.289.

가함을 극구 말하니, 가위 진퇴양난이외다.…[57]

이 편지로 미루어 보면, 이 무렵 이승만은 지금까지의 자신을 포함한 해외 독립운동자들의 활동성과에 대해 심한 회의를 느끼고, 국내에 들어가서 옥중투쟁이라도 하는 것이 차라리 더 보람이 있겠다고 판단했던 것 같다. 그러한 판단은 물론 독립운동이 장기화될 수밖에 없다는 그의 국제정세 인식에 따른 것이기도 했겠지만, "옥중의 혼"이 되는 것이 오히려 "스스로 마음을 편안하게" 하는 것이라고 토로한 것을 보면, 이 무렵 이승만이 동지촌 건설에 몰두하면서도 상해에서의 일련의 사태에 대하여 얼마나 곤욕스러워했는지 짐작하게 한다. 그리고 현실적으로는 운동자금의 궁색에 따른 고뇌도 감내하기 어려웠을 것이다.

이러한 상황에서 이따금 국내 인사들이 보내오는 운동자금은 고맙기 이를 데 없었다. 이승만은 태평양회의에 참석한 백관수를 통하여 동아일보사의 김성수(金性洙)가 보내 준 자금을 받았던 것 같다. 그러한 사실은 이듬해 여름에 김성수가 다시 박동완(朴東完) 편에 자금을 보내면서 이승만에게 쓴 편지로 확인할 수 있다. 박동완은 3·1운동 때의 민족대표 33인의 한 사람으로서 2년 동안 수감되었다가, 출옥한 뒤에는 YMCA 소년부 위원장 등으로 활동한 목사였다. 신간회가 결성되자 그는 신간회 간사를 맡아서 일했다.

동서로 멀리 떨어져 뵙지 못하와 항상 향하여 사모하는 마음 간절 하나이다. 지난해에 백군이 돌아오는 편에 특별한 선물을 보내 주시어 감사하고 송구스럽기 그지없나이다. 삼가 연심[年深: 나이 많음]하신 체후가 만강하시온지 궁금하옵니다. 추월춘풍에 존좌(尊座)의 회포가 과연 어떠하신지요. 멀리서 계신 곳을 향하여 송축드림은 실로

---

57) 「李承晩이 趙素昻에게 보낸 1927년7월18일자 편지」, 『雩南李承晩文書 東文篇(十六) 簡札1』, pp.261~262.

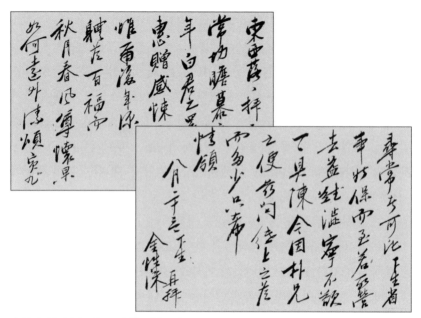

김성수가 이승만에게 보낸 1928년8월23일자 편지.

여느 때에 비할 바가 아니옵니다. 하생(下生)은 부모님이 우선 보존하
고 계시나 경영하는 일은 갈수록 어려워지오매, 일일이 갖추어 아뢰고
싶지 않습니다. 이제 박형 편을 빌어 지상으로 안후를 여쭙니다. 얼마
되지 않는 것은 정으로 받아 주소서.58)

　이승만이 백관수 편에 김성수에게 '특별한 선물'을 보낸 것은 자금을
보내준 데 대한 답례품이었을 것은 말한 나위도 없다.
　태평양문제연구회 제2차 회의에 참석했던 국내 대표 세 사람이 서울로
돌아간 데 이어 최린(崔麟)이 호놀룰루를 방문했다. 천도교 대표로 3·1운
동을 기획단계에서부터 주도했던 최린은 3년형을 선고받고 옥고를 치른
뒤에, 천도교 교세확장에 힘써서 천도교의 도령(道領), 대도정(大道正), 장

---

58) 「金性洙가 李承晩에게 보낸 1928년8월23일자 편지」, 위의 책, pp.374~375. 원문은 친필 한문
　이다.

로(長老) 등을 역임했다. 그는 1927년9월부터 이듬해 3월까지 일본을 비롯하여 미국과 유럽의 여러 나라와 소련 등 30여개국을 역방하고 만주를 거쳐서 귀국하는 세계일주 여행을 했다. 최린이 하와이를 방문한 주된 목적은 이승만을 만나기 위해서였다. 이승만을 만난 일에 대해서 최린은 다음과 같이 썼다.

십여년 만에 하와이 부두에서 손을 맞잡게 되니 실로 감개가 깊습데다. 그분은 그때에 하와이에서 2층 양관 한채를 맡아 가지고 늙은 이를 두고 밥을 지어 자시면서 독신생활을 하고 있다 합데다. 이제는 60세에 가까워 그러함인지 또는 다년풍상으로 그러함인지 머리에는 반백이 보입데다. 그러나 그 일관한 학구적 태도와 여러 가지 일에 성력을 다하고 있는 데는 놀랐습니다.…

나는 그때에 박사와 서로 마주 앉을 기회를 얻어서 여러 번 이일 저일 이야기를 주고 받았습니다. 그러나 여기에는 기록할 것이 되지 못하며 그냥 넘깁니다마는 어쨌든 현재 박사가 관계하고 있는 일은 재미조선인을 중심으로 한 정치방면 일은 물론 기독교의 포교와 청년학도의 교육과 또 자신이 전공하는 학술연구 등으로 밤낮 놀라운 활약을 보이고 계십데다. 나는 박사의 정력과 열성에 감탄하는 동시에 그의 건강을 심중으로 축복하기를 마지않으면서 갈라졌던 것이외다.…

박사는 담배와 술을 입에 가까이 하지 않고, 거지반 금욕 생활까지 하면서 매우 근엄한 생활을 하고 있습데다. 그는 큰 무대에 돌아다니는 만치 외국의 유수한 정치가들과 친교가 대단히 깊었으며… 하고 싶은 말 여러 가지로 다 못합니다마는, 그의 청년시대를 회고하고 지금을 생각하여 볼 때에 다만 장래의 건재를 비는 마음이 새삼스럽게 간절함을 느낄 뿐이외다.[59]

---

59) 崔麟, 「李承晩博士의 在京時代」, 《三千里》 1930년7월호, pp.10~11.

1927년 9월부터 세계일주를 하면서 이승만을 방문했던 최린.

이 글은 최린이 세계일주를 하고 귀국한 지 2년이 지나서 조선총독부에 협력적인 태도를 노골적으로 보일 무렵에 쓴 것이라는 점에서 여러 가지 추측을 낳게 한다. 사실은 최린의 세계일주 여행 자체가 조선총독부의 정치공작의 일환으로 이루어진 것이었다. 그 계획의 입안자는 경성일보사(京城日報社) 사장 아베 미쓰이에(安部充家)였다. 아베는 제1차 태평양회의에 참석했던 송진우(宋鎭禹)를 만나고 나서 사이토 마코토(齊藤實) 총독에게 이승만을 정책상 한번 귀국시켜 보았으면 한다고 건의하기도 했다.[60] 최린의 방문국에는 자치운동과 관련하여 관심의 초점이 되던 아일랜드도 포함되어 있었는데, 최린과 아일랜드 독립운동지도자 데 발레라(Eamon De Valera)와의 회견기가 문제가 되어《시대일보(時代日報)》의 발행인 이상협(李相協)과 취재기자로 최린과 동행했던 이정섭(李晶燮)이 조선총독부 재판소에서 유죄판결을 받는 수난을 당한 것은 아이러니였다.[61]

3

이승만은 다른 일로 호놀룰루에 머무는 날이 많았으나, 1927년에도 가장 힘을 쏟은 일은 말할 나위도 없이 하와이 섬의 동지촌 건설사업이

---

60) 姜東鎭, 『日本の朝鮮支配政策史研究』, 東京大學出版會, 1979, p.449.
61) 정진석, 『극비 조선총독부의 언론검열과 탄압』, 커뮤니케이션북스, 2008, pp.130~131.

었다. 그의 『일기(*Log Book of S. R.*)』에 보면, 3월15일에서 21일까지 1주일 동안, 5월17일에서 6월19일까지 한달 동안, 11월1일에서 12월4일까지 한달 동안 하와이 섬에 가 있었고, 12월23일에 다시 하와이 섬에 가서 연말연시를 동지촌에서 보냈다.[62]

이승만은 모든 것을 동지촌 사업에 걸고 있었다. 무엇보다도 동지촌에 근대적 숯가마를 설치하는 일이 시급했다. 이승만은 제조업 전문 에이전트인 터너회사(D. A. Turner Company)의 사장 터너(Turner)에게 조언을 받고 호놀룰루 직업학교 강사 윈터(George Winter)와 많은 실험을 거쳐서 1928년8월에 과학적인 새 방법인 증류가열식(retort or oven system) 숯가마를 동지촌에 설치했다. 하와이 군도에 흩어져 있는 여러 숯제조업자들은 오히아(ohia), 과바(guava), 알가로바(algaroba) 등의 나무로 숯을 굽는데, 제조방법이 낙후되어 2주일에 덩어리 숯 100포대(bag)가량밖에 생산하지 못했고, 그것은 지역 시장의 수요를 충족시키기에도 부족한 양이었다.

새로 설치한 숯가마는 시험을 거듭하여 1929년에는 매달 가루 숯 2,000포대를 생산할 수 있을 만큼 되었고, 4월에는 시험 주문을 받아 가루 숯 300포대를 해안으로 실어냈다. 그리하여 숯가마는 24시간에 4톤의 생산능력을 갖추게 되었다.[63] 한편 김현구는 "이승만이 매달 2,000자루의 군용 폭발물 제조에 사용할 숯을 제조하기에 이르렀고, 5,000파운드를 오리건주 포틀랜드(Portland)의 마셜회사(Marchall Company)에 시험 납품했는데 품질미달의 판정을 받았다"고 했다.[64] 그러나 이승만은 이러한 사실은 언급하지 않았다.[65]

---

62) Syngman Rhee, *Log Book of S. R.*, 1927년3월15일조, 3월21일조, 5월17일조, 6월19일조, 11월1일조, 12월4일조, 12월23일조, 1928년1월5일조.

63) Syngman Rhee, "Korean Coloney at Olaa…".

64) 하와이大學校 한국학연구소 소장, 金鉉九, 『雩南略傳』(未刊行原稿), pp.114~115; Dae-Sook Suk, *op. cit.*, p.208.

65) "Articles of Association of Dongji Investment Company, Limited", 이덕희, 「이승만과 하와이 섬의 동지촌」, 국사편찬위원회 편, 『북미주한인의 역사(하)』, 국사편찬위원회, 2007, p.29 주28).

동지촌에 설치했던 숯가마터의 현재 모습.

이승만은 동지촌에 근대식 숯가마를 설치하고 나서 한달 뒤에는 제재소를 설치했다. 퍼린 기계회사(Perine Machinary Company)의 호놀룰루지사장 톰킨스(Orville H. Tomkins)가 이승만과 같이 동지촌에 가서 제재소 기계를 설치했다.[66] 이렇게 하여 동지식산회사는 이제 숯 굽는 작업과 오히아 목재 생산작업을 본격적으로 하게 되었다. 가동된 제재소와 숯가마 일을 위하여 서양인, 하와이 원주민, 필리핀 사람도 몇명 포함하여 40여명이 일했다.[67]

때마침 하와이를 방문한 국어학자 이극로(李克魯)가 동지촌까지 찾아왔다. 이극로는 독일유학을 마치고 귀국하는 길에 하와이에 들러 한달동안 머물면서 동포들에게 우리말과 한글에 대한 강연을 하고 다녔는데, 동지촌 건설에도 관심이 컸던 그는 현장을 둘러보러 온 것이었다. 제재소 설치작업을 마친 이승만은 이극로와 함께 9월23일 오후 4시에 할레아칼라 호(S. S. Haleakala)편으로 힐로를 떠나 이튿날 아침 7시에 호놀룰루에

66) Syngman Rhee, *Log Book of S. R.*, 1928년9월4일조.
67) Syngman Rhee, "Korean Coloney at Olaa…".

도착했다.[68] 이극로는 10월2일에 귀국했다.[69]

이승만은 동지촌의 임야에서 베어 낸 목재를 판매할 공장도 호놀룰루 시내에 개설했다.[70] 또한 그는 호놀룰루의 호텔 스트리트(Hotel Street)에 가구점을 열고 목재가구를 만들어 팔았다. 그러나 이 가구점은 자금 부족으로 1년 뒤에 문을 닫았다.[71]

동지촌은 비가 많이 오는 지대였기 때문에 제재소와 숯가마에서 생산되는 물자를 비포장도로를 이용하여 반출하는 일은 매우 힘든 작업이었다. 그뿐만 아니라 동지촌에 입주할 생각이 있어서 찾아왔다가 교통이 불편한 것을 보고 돌아가는 동포들도 있었다. 그리하여 제재소로부터 철도를 놓아 6~7마일 떨어진 힐로의 하와이철도(Hawaiian Consolidated Railway)의 올라아역까지 연결시킬 계획을 세웠다. 앞으로 12년 내지 15년 동안 더 벌목할 수 있다는 계산에서 투자를 더 하려고 했던 것이다. 철도가 완성되면 그 주변과 힐로의 주민들을 초청하여 제재소와 숯가마를 견학시킬 계획도 세웠다.

이승만은 동지촌의 가치가 10만달러로 증가했다고 자랑했다. 10만 달러는 호놀룰루에 있는 백인토지회사가 팔아 주겠다고 한 가격이었는데, 수수료로 매도액의 15%를 요구했기 때문에 거절했다고 이승만은 썼다.[72] 1만3,662달러를 주고 매입한 임야와 부대시설이 2년 만에 일곱배나 오른 셈이었다. 동지식산회사의 재산세는 연간 700달러에 이르렀다.[73]

---

68) Syngman Rhee, *Log Book of S. R.*, 1928년9월23일조.
69) 《新韓民報》 1928년10월11일자, 「하와이: 리극로 박사 하와이에서 귀국」.
70) 《新韓民報》 1928년9월23일자, 「하와이: 동지회 실업 발달되어」.
71) 이덕희, 앞의 책, p.318.
72) 《태평양잡지》 1930년7월호 부록, 「동지식산회사 주주대회결과」, p.3.
73) Syngman Rhee, "Korean Coloney at Olaa…".

47장

잠은 임시정부 청사에서 자고

1. 유서 쓰는 심정으로『백범일지』집필

1

1927년2월25일에 개정된 임시약헌이 4월11일부터 시행됨에 따라 김구는 국무령이 된 지 넉달 만에 자동적으로 사임하고, 4월11일의 임시의정원 회에서 이동녕, 김규식, 홍진 등과 함께 새로 국무위원의 한 사람으로 선출되었다. 그러나 국무위원으로 선출된 사람들이 모두 재정궁핍으로 정무수행이 곤란하다는 이유로 취임에 동의하지 않아 임시정부의 무정부상태는 또다시 두달 넘게 계속되었다. 임시의정원은 하는 수 없이 6월26일에 이동녕(李東寧) 외 8명의 제의로「임시정무위원령잠행조례(臨時政務委員令暫行條例)」를 제정하고 이동녕, 김붕준(金朋濬), 조완(趙完) 세 사람을 정무위원으로 선출하여 국무회의가 구성될 때까지 일체의 업무를 대행하도록 했다. 정무위원이란 임시약헌에도 없는 직명으로서, 임시정부의 공백을 메우기 위하여 궁여지책으로 고안해 낸 비상수단이었다.

각 지역에서 유일독립당 촉성운동이 전개되는 한편으로 상해의 프랑스조계에서는 프랑스 경찰의 공산당 단속이 엄격해져서 한인 독립운동자사회는 혼란을 겪었다. 이러한 상황에서 임시의정원은 국무위원 인선문제를 두고 엎치락뒤치락했다. 8월6일에는 이동녕, 김구, 홍진(洪震), 김철(金澈), 오영선(吳永善) 5명으로 내각을 조직하도록 했다가, 나흘 뒤인 8월10일에는 국무위원 수를 임시약헌 규정(제28조)에 있는 대로 11명까지 늘리기로 하고 위의 5명에 안창호(安昌浩), 이시영(李始榮), 김갑(金甲), 이유필(李裕弼), 조상섭(趙尙燮), 김두봉(金枓奉) 6명을 추가로 선출했다. 그러나 8월19일의 회의에서는 국무위원을 너무 많이 두는 것은 아무런 실익이 없다는 의견이 제기되어 다시 이동녕, 김구, 오영선, 김철, 김갑 5명이 책임지고 집무하도록 하고, 의장 이강(李剛)이 이를 발표했다. 그리하여 8월22일부로 국무회의 주석 겸 법무장에 이동녕, 내무장에 김구, 외무장에 오영선, 군무장에 김철, 재무장에 김갑이 선임되었다.[1] 결국 8월6일에 선출된 국무위원 가운데 홍진만 김갑으로 바뀐 것이었다. 이렇게 하여 임시약헌이 시행된 지 넉달이나 지나서야 국무회의가 구성되었다.

임시약헌이 규정한 "독립운동자의 대단결인 당"의 결성을 목적으로 한 유일독립당 촉성운동도 순조롭게 진행되지 않았다. 상해촉성회는 공산주의자들과 비공산주의자들의 대립으로 집행위원회도 유회를 거듭했다. 그러다가 9월에 북경촉성회로부터 각 지방촉성회의 연석회의를 상해에서 열자는 제의가 오자, 이를 계기로 상해촉성회는 집행위원 25명을 15명으로 줄이고, 연석회의 출석대표로 이동녕, 홍진, 김두봉, 진덕삼(陳德三: 본명 洪南杓), 조소앙(趙素昻)을 선정했다.

연석회의는 9월30일부터 개최하기로 했으나, 각 지역 대표의 도착 지연과 좌우 양파의 의견대립으로 연기를 거듭하다가 11월8일부터 세차례의 예비회의를 거쳐 11월14일부터 22일까지 민국로 침례교회당에서 '한국유일독립당 각촉성회대표연합회(韓國唯一獨立黨各促成會代表聯合會)'가 개최되었다.[2]

연합회는 11월22일의 회의에서 「선언」과 함께 「강령」으로 (1) 한국의 유일한 독립당의 성립을 촉성하는 각지 촉성회 조직주비회 성립에 노력하고, (2) 한국독립에 필요한 전 민족 일체 혁명역량을 총집중함에 선구일 것을 기하며, (3) 우리의 실상과 세계 대세에 비추어 독립당 조직에 관한 계획을 연구 제공할 것을 도모하기로 결의했다. 그리고 만주지역 독립운동자들의 유일독립당 촉성을 종용하기 위하여 대표 2명(상해 1명, 북경

---

1) 朝鮮總督府警務局, 『朝鮮の治安狀況 昭和二(1927)年版』, pp.558~560; 《新韓民報》 1927년12월 22일자, 「臨政消息: 국무위원의 선임」.
2) 『朝鮮の治安狀況 昭和二(1927)年版』, pp.564~566; 『朝鮮民族運動年鑑』, 1927년11월8일조, 11일조, 14일조.

1명)을 파견하기로 했다.[3]

「선언」은 "광복단체의 수가 적지 않았고 통어기관(統御機關)의 설치도 없는 것이 아니었는데", 독립운동의 성적이 부진했던 것은 "전 민족의 운동역량을 총집중한 유기적 통일기관이 없었기 때문"이라고 임시정부를 비롯한 기존 독립운동 기관의 성과를 비판하고, 연합회 결성의 의의를 다음과 같이 천명했다.

각처에서 말하는 대독립당이든 유일독립당이든 민족단일당이든 그 조직이 필요하고 또 긴급함을 절규하고 이미 많은 지방에 촉성회를 성립하였다. 따라서 중국 관내에서 이미 성립된 5개 촉성회는 그 지리상 편의에 따라 연석회의를 열고 이 촉성운동에 합력 촉진하며 각지 촉성회의 성립에 수반하여 속히 당조직주비회를 산출하는 데 일치 노력하기 위하여 연합회를 조직하였다.

동지들이여! 우리가 이 당조직을 왜 이처럼 갈구하느냐는 이 당이 잘 조직되면 확실히 적의 생명을 제압하고 우리의 활로가 개척되기 때문이다.… 우리 운동의 흥폐는 오직 당조직 여하에 있음을 인식하지 않으면 안된다.[4]

이러한 주장은 이 무렵 독립운동자사회에서 임시약헌이 천명한 "광복운동자의 대단결인 당"의 출현을 얼마나 절실히 기대하고 있었는가를 짐작하게 한다.

회의는 연합회의 집행기구로서 집행위원회와 상무위원회를 두기로 하고, 집행위원 15명(상해 5명, 북경 3명, 광주 3명, 무한 2명, 남경 2명)과 상무위원 5명을 선출했다.[5] 상해를 제외한 나머지 4개 지역의 집행위원으로

3) 慶尙北道警察部, 『高等警察要史』, 1934, pp.105~106.
4) 「在中國韓人獨立運動者의 運動統一計劃」, 『韓國民族運動史料(中國篇)』, pp.620~626.
5) 위와 같음.

선출된 사람들은 거의가 의열단 단원들이었다.[6] 의열단은 1927년4월에 장개석(蔣介石)이 반공쿠데타를 일으키자 상해 이외의 주요 도시에서 민족유일당운동에 적극적으로 참여했다.[7]

만주에는 상해촉성회에서 홍진을, 북경촉성회에서 박건병(朴健秉)을 파견했다.[8] 뒤이어 12월4일에는 북경, 상해, 광동, 무한, 남경의 한인청년회가 통합하여 "대독립당 조직과 활동의 전위조직"으로 중국본부한인청년동맹(약칭 중본한청)을 결성했다.[9] 중본한청의 「선언」은 유일독립당운동의 이데올로기를 한결 분명히 표명했다. 중본한청의 「선언」은 현재의 국제정세에 비추어 한국 민족은 종래의 "지식계급, 중산계급을 주력으로 하는 반항운동"으로부터 "노농대중(勞農大衆)을 주력으로 하는 각 계급층의 반항요소를 결합하여", "재래의 봉건적 투쟁과 부분적 조합주의적 경제투쟁에서 전면적 정치투쟁으로 진전하게 되었다"고 말하고, 다음과 같이 천명했다.

혁명을 광대히 하기 위해서는 민족적 유일당을 노동자와 농민대중 위에 세우는 데 노력하지 않으면 안된다.… 정치적 투쟁을 위축시키거나 부정하는 봉건사상, 조합주의로부터 일반 대중의 정치적 의식을 고조, 앙양, 결정(結晶)시켜야 할 것이다.… 대중에 근거한 사회과학의 무기로 혁명전략을 밝히고 조직, 투쟁, 훈련을 통하여 혁명적 의식을 개발해야 할 것이다.…[10]

이 무렵 임시정부는 경제적으로 최악의 상황에 처해 있었다. 1920년에

6) 윤대원, 『상해시기 대한민국임시정부 연구』, p.293.
7) 염인호, 『김원봉연구』, 창작과비평사, 1993, p.114.
8) 朴永錫, 「民族唯一黨運動: 1920年代後半 中國·滿洲地域을 중심으로」, 『慶熙史學 朴性鳳敎授回甲紀念論叢』, 慶熙大學校出版局, 1987, p.756.
9) 「中國本部韓人靑年同盟」, 『韓國民族運動史料(中國篇)』, pp.621~626.
10) 「宣言」 위의 책, pp.621~622.

6만9,000달러에 이르렀던 임시정부의 재정수입이 1927년에는 1,445달러, 1928년에는 975달러로 격감했다는 사실은[11] 임시정부가 얼마나 조락해 있었는가를 여실히 말해 준다. 김구는 이때의 상황을 다음과 같이 처절하게 적어 놓았다.

이후 정부의 분란은 일단 가라앉았으나, 경제적으로는 정부 명의마저 유지할 길이 막연하였다. 청사 가옥 대금이 불과 30원, 고용인 월급이 20원을 넘지 않았으나, 집세 문제로 집주인에게 종종 소송을 당하였다.

다른 위원들은 거의 식구들과 함께 거처하였다. 그러나 나는 민국 6년(1924)에 처를 잃었고 7년에는 모친께서 신(信)을 데리고 고국으로 돌아가셨다. 그 뒤 상해에서 나 혼자 인(仁)을 데리고 지냈는데, 모친의 명령에 의하여 인이마저 본국으로 보냈다.…[12]

한때 상해 우리 독립운동자의 수가 천여명이었던 것이 차차 줄어들어 거의 수십명에 불과하였다. 그러니 최고기관인 임시정부의 현상을 족히 짐작하고도 남음이 있다.…

이승만 대통령이 취임 시무할 때에는 중국 인사는 물론이고 눈 푸르고 코 큰 영국, 프랑스, 미국 친구들도 더러 임시정부를 방문하였다. 그러나 이제 임시정부에 서양인이라고는 공부국의 프랑스 경찰이 왜놈을 대동하고 사람을 잡으러 오거나 세금 독촉으로 오는 이 외에는 없었다.…

그렇지만 매년 크리스마스에는 적어도 몇백원어치의 물품을 사서 프랑스 영사와 공부국과 그전의 서양인 친구들에게 선물하였다. 어떠한 곤란 중이라도 14년 동안 연중행사로 실행한 것은 우리 임시정부

---

11) 尹大遠, 「대한민국임시정부 전반기(1919~1932)의 재정제도의 운영」, 『대한민국임시정부수립 80주년 기념논문집(상)』, 國家報勳處, 1999, pp.253~260 참조.
12) 『백범일지』, p.317.

가 존재한다는 흔적을 그들에게 인식시키는 방법이었다.[13]

임시정부는 극심한 재정궁핍 속에서도 "임시정부가 존재한다는 흔적"이라도 외국인들에게 나타내기 위해 이처럼 눈물겨운 노력을 했던 것이다.

김구는 아들의 처지를 염려하는 곽씨 부인의 분부에 따라 데리고 있던 큰아들 인마저 1927년9월에 국내로 보냈다. 곽씨 부인은 안악의 김씨 집안의 주선으로 안악에 정착해 있었다.[14]

김구는 이 무렵에 자신에게 호의를 베풀었던 동포들의 이야기를 자세히 적어 놓았는데, 그 가운데서도 뒷날 그의 오른팔 역할을 하는 엄항섭(嚴恒燮)의 이야기가 감동적이다. 엄항섭은 항주의 지강대학(之江大學) 중학부를 졸업하고 프랑스공부국 형사로 취직했는데, 그가 프랑스공부국에 취직한 동기는 두가지였다. 하나는 이동녕이나 김구같이 생활이 어려운 임시정부의 선배들을 돌보기 위해서였고, 또 하나는 일본영사관에서 한인 독립운동자들을 체포하려는 계획을 미리 알아내어 피하게 하고, 한인동포 가운데 체포되는 사람이 있을 때에는 편리를 도모하기 위해서였다.[15] 그는 이동녕을 자기 집에 모시고 지내면서 임시정부 내무부와 경무국의 경비도 많이 부담했다.[16]

엄항섭의 첫 아내 임씨 부인은 구식 여성이었는데, 아이가 없었다. 김구가 자기 집에 들렀다가 돌아갈 때면 문 밖까지 따라 나와 전송하면서 은전 한두닢을 김구의 손에 쥐어 주며

"아기 사탕이나 사 주세요"

하고 말했다.

---

13) 『백범일지』, pp.318~319.
14) 『백범일지』, pp.364~365.
15) 『백범일지』, p.320.
16) 정정화, 『녹두꽃』, 未完, 1987, p.74.

그녀는 불행히도 초산에 딸아이를 하나 낳고는 사망하여 노가만(盧家灣)의 공동묘지에 묻혔다. 김구는 임씨 부인에 대한 고마운 심정을 다음과 같이 토로했다.

나는 그이의 무덤을 볼 적마다 엄군이 능력이 부족하면 나라도 능력이 생길 때에 기념묘비 하나 세워 주리라 늘 생각하였다. 마침내 상해를 떠날 때에는 그만한 재력이 있었으나, 환경이 여의치 못하여 그것도 뜻대로 되지 않았다. 이 글을 쓰는 오늘에도 노가만공부국 공동묘지의 임씨 무덤이 눈에 어른거린다.[17]

2

김구를 비롯하여 상해 독립운동자들의 생활이 얼마나 비참했는지는 김가진(金嘉鎭)의 며느리 정정화(鄭靖和)의 수기에 실감나게 씌어 있다. 김가진의 아들 김의한(金毅漢)은 전차회사 검표원으로 취직해 있었다.

상해에서의 생활이라는 것은 그저 하루 먹고 하루 먹고 하면서 간신히 꾸려 나가는 게 고작이었다. 식생활이라고 해야 가까스로 주먹덩이 밥을 면할 정도였고, 반찬은 그저 밥 넘어가게끔 최소한의 종류 한두가지뿐이었다. 상해에서는 국내보다 푸성귀가 풍부했다. 미역이나 김 따위는 드물었으나 배추 종류는 다양해서 여러 가지 반찬을 해먹을 수 있었다. 사실 배추로 만드는 반찬이 제일 값이 쌌기 때문에 늘 소금에 고춧가루하고 범벅을 해서 절여 놓았다가 꺼내 먹곤 했다.… 상해에 있는 동안은 한복을 입지 않고 쨩산(長衫)이라는 중국옷을 입고 지냈는데, 임시정부의 어른들이건 아녀자들이건 모두 쨩산

---

17) 『백범일지』, p.318.

을 입었다. 그것도 아주 헐값에 천을 사서 만들어 입었다.… 식생활이
나 의생활의 사정이 그러했으니 신발이라고 해서 구두나 운동화 따위
의 가죽 고무 제품은 엄두도 내지 못할 실정이었고, 고작해야 헌 헝겊
조각을 모아 몇겹씩 겹쳐서 발 모양을 내고 송곳으로 구멍을 내어 마
라는 단단한 실로 촘촘하고 단단하게 바닥을 누벼서 신고 다녔다. 그
나마도 집안 살림을 꾸리는 사람이 꽤 바지런한다는 소리를 듣는 집
식구들이나 얻어 신고 다닐 정도이고, 그 외에는 짚세기를 끌고 다니
는 사람이 대다수였다.… 너나 할 것 없이 임시정부의 그늘 아래 몸 드
리우고 사는 사람은 헝겊신마저도 감지덕지할 지경이었다. 백범 같은
분은 여기저기 다니기를 잘하니까 그 헝겊신의 바닥이 남아날 날이
없었다. 바닥은 다 닳아 너덜거리니 명색만 신발 바닥이고 신발 목 부
분만 성한 채로 매달려 있는 꼴이었다.[18]

이처럼 처절한 생활 속에서 일본경찰에 체포되거나 변절하지 않고 생
존하는 그 자체가 독립운동일 수 있었다. 이러한 상황에서 독립운동자사
회의 '노농대중'인 청년들에게는 공산주의가 현실의 고난을 버텨낼 수 있
는 유토피아의 복음이었을 것이다.

재무장 김갑이 떠나자 임시정부는 이동녕, 김구, 오영선, 김철 네 사람
의 국무위원이 사무원도 없이 중국인 용원 한 사람만 두고 간판을 지켰
다. 이동녕은 엄항섭의 집에 얹혀살았고, 오영선은 아내가 전화국에 취
직하여 받는 월 50원의 수입으로 생활했다. 그리고 김철은 고향에서 형
이 보내 주는 돈과 아내가 산파일을 하여 버는 수입으로 생활을 유지했
다.[19] 국무위원 가운데 일정한 수입 없이 이집 저집 돌아다니면서 동포들
의 동냥밥을 얻어먹고 생활하는 김구의 형편이 가장 궁색했다.

---

18) 정정화, 앞의 책, pp.71~72.
19) 「呂運亨被疑者訊問調書」(제1회), 金俊燁·金昌順 共編, 『韓國共産主義運動史 資料篇 I』, 高麗大
學校亞細亞問題研究所, 1979, p.247.

곤궁한 임시정부 인사들을 뒷바라지한 부녀들. 앞줄 오른쪽에서 첫번째가 민필호의 부인, 두번째가 정정화, 세번째가 엄항섭의 부인 연미당, 뒷줄 왼쪽에서 첫번째가 민필호의 어머니, 두번째가 연미당의 어머니.

1920년대에 유학을 목적으로 상해에 갔던 소설가 김광주(金光洲)는 이 무렵의 김구의 생활상을 다음과 같이 기술했다.

흔히 이른 새벽, 그렇지 않으면 날이 어둑어둑 어두워질 무렵 프랑스조계 뒷골목으로 어슬렁어슬렁 다 떨어진 중국 두루마기에다가, 그도 반드시 긴 소매에 팔짱을 끼고 머리까지 펑토우[平頭: 앞만 조금 남기고 위를 한일자로 칼로 벤 듯이 깎는 중국식 머리]로 깎아 제친, 키가 건장한 50대의 노인 한 분이 유유히 걸어가고 있는 것을 볼 수 있으니, 두말할 것도 없이 그가 백범 선생이었다.…

그 시절의 백범 선생을 상해 일반 교포들의 가정에서는 부인네들이 흔히 이렇게 불렀다.

"김영감!"

"두상, 김두상!"

심지어 나의 귀에는 지금도 다음과 같이 말하던 어떤 부인네들의 말투가 쟁쟁하다.

"아이구! 그놈의 두상! 거지꼴을 하고 이집 저집 돌아다니는 꼴…
차마 볼 수 없어서….."

그러나 이 말은 어떤 업신여김이나 괄시에서 나오는 말이 아니었
고, 백범 선생의 그 시절의 처지를 뼈아프게 동정하는 안타까운 부인
네들의 너무나 솔직한 표현이었을 것이다.[20]

정정화는 이때의 김구의 모습을 더 실감나게 써 놓았다.

당시 임시정부의 살림은 석오장(石吾丈: 이동녕)과 백범 몇분이 거
의 다 짊어지다시피 한 상태였는데, 돈이 바닥날 때가 많았고, 그럴 때
면 그야말로 끼니가 간 데 없어 이집 저집을 돌아다니면서 한술씩 얻
어 드시기까지 했다. 우리 집은 아이를 키우면서 단 세 식구가 살게 되
었고 백범이 우리 집에 와서 아이를 돌보아 주곤 했다. 아이가 낯을 몹
시 가려 아무한테나 선뜻 가는 법이 없었는데, 백범이 아이를 잘 보는
탓에 유독 백범의 품에서만은 울지도 않고 보채는 일도 없이 그렇게
잘 놀았다. 백범은 워낙 체격이 좋고 우람하여 식사의 양이 좀 큰 편이
었다.… 여기저기 다니다가 배가 출출하면 서너시쯤 백범이 우리 집으
로 온다.

"후동 어머니, 나 밥 좀 해 줄라우?"

"암요, 해드려야죠. 아직 점심 안하셨어요? 애 좀 봐 주세요. 제가
얼른 점심 지어 드릴게요."

왜놈 잡는 일에는 그렇게 무섭고 철저한 분이지만 동고동락하는
이들에게는 당신 자신이 공적으로나 사적으로 아무리 어려운 처지에
있더라도 겉으로 나타내는 법 없이 항상 다정하고 자상하며 격의 없

---

20) 金光洲, 「白凡金九선생」, 《新天地》 1954년8월호, pp.170~171.

는 분이 백범이었다. 반찬거리를 사다가 밥을 지어서 갖다 드리면 어떻게나 달게 드시는지, 빨리 형편이 펴서 좀 더 나은 걸 해드렸으면 하는 마음이 간절하곤 했다. 궁하기가 짝이 없어도 언제나 꿋꿋하고 군센 분이라 속상하는 일이라도 있으면 하루 종일 말 한마디 없이 꾹 참고 앉아서 궐련만 피우곤 했었다.[21]

김구 자신은 이 무렵의 상황을 다음과 같이 적었다.

> 그림자나 짝하며 홀로 외롭게 살면서[形影相從], 잠은 정청(政廳)에서 자고 밥은 직업 있는 동포들 집에서 얻어먹으며 지내니, 나는 거지 중의 상거지였다. 나의 처지를 잘 아는 터이므로 어느 동포도 나를 차래식[嗟來食: 무례하게 박대하며 주는 음식]으로 대접하지는 않았다. 조봉길(趙奉吉), 이춘태(李春泰), 나우(羅愚), 진희창(秦熙昌), 김의한 등은 나에게 더없이 친절하게 대해 준 동지들이고, 그 밖의 동지들에게도 동정적인 대접을 받았다.[22]

김구는 이 무렵 상해의 각 전차회사나 버스회사의 검표원으로 일하는 청년들이 60~70명이었다고 했으나,[23] 실제로는 150~160명쯤 되었다. 전차검표원 이외에도 동포들은 인삼장사, 잡화상, 음식점, 회사원, 선원, 공장노동자를 비롯하여 드물게는 교수, 신문기자, 공무원에 이르기까지 다양한 직종에 종사했다.[24] 『백범일지』에 굶주림을 면하게 해준 사람들의 이름을 일일이 적어 놓은 것은 두 아들에게 그들의 고마움을 결코 잊어서는 안된다는 다짐이었을 것이다.

---

21) 정정화, 앞의 책, pp.76~77.
22) 『백범일지』, p.317.
23) 위와 같음.
24) 孫科志, 『上海韓人社會史 1910-1945』, 한울, 2001, p.128, pp.111~140 참조.

김구의 노기가 폭발할 때도 없지 않았다. 김광주가 전하는 다음과 같은 에피소드도 그러한 경우였다.

어느 날 어둑어둑할 무렵 보경리(普慶里) 임시정부 사무실에 국내에서 온 말쑥한 양복차림의 두 청년이 무릎을 꿇고 얼굴도 들지 못한 채 벌벌 떨고 있었다. 낡은 쌍산의 긴 소매 속에 팔짱을 낀 김구가 두 사람 앞에 딱 버티고 앉아서 호통을 쳤다.

"네 이놈들! 여기가 어딘 줄 알고서! 함부로 길거리로 싸지르면서 왜 말을 하다니, 두번 다시 그 따위 행동을 한다면⋯."

국내에서 처음 상해에 온 청년들이 거리를 지나면서 무심코 입에 익은 일본말을 하는 것을 김구가 지나치다가 듣고 임시정부로 끌고 온 것이었다.[25]

3

이처럼 절박한 상황에서 김구는 자신의 일생을 돌이켜 보는 회고록을 썼다. 자신의 생명을 노리는 제국주의 일본의 마수가 언제 어떻게 뻗쳐 올지 모르는 상황에서 그는 유서를 쓰는 심정으로 1928년3월부터 집필을 시작했다. 그것이 감동적인 그의 자서전『백범일지(白凡逸志)』이다.

김구는『백범일지』를 쓰기 시작한 지 1년2개월 만인 1929년5월에 상권을 탈고했는데, 당시 그는 아무런 기록이나 참고자료도 가지고 있지 않았기 때문에 순전히 기억에 의존해서 회고록을 쓸 수밖에 없었다. 특히 날짜와 햇수는 고국에 있는 곽씨 부인의 기억에 많이 의존했다. 그는『백범일지』를 집필하는 동안 수시로 곽씨 부인과 편지를 주고받았다. 이때의 일을 12년이 지나서『백범일지』하권을 집필할 때에 다음과 같이 회고했다.

---

25) 金光洲, 앞의 글, pp.171~172.

(상권의) 경과 사실의 모년 모일을 기입한 것은 본국에 계신 모친께 편지를 올려 답장을 받아 기입하였으나, 지금 하편을 쓰는 때에도 어머님이 곧 생존하셨더라면 도움이 많았을 터이건만, 슬프도다![26]

김구는 『백범일지』를 탈고하고 나서 「인과 신 두 아들에게 주는 글」을 따로 적었다.

너희들이 아직 어리고 반만리 먼 곳에 있어서 수시로 나의 이야기를 말해 줄 수 없구나. 그래서 그간 내가 겪어 온 바를 간략히 적어 몇몇 동지에게 맡겨 너희들이 아비의 경력을 알고 싶어 할 정도로 성장하거든 보여 주라고 부탁하였다. 내가 가장 안타깝게 생각하는 것은 너희들이 장성하였으면 부자간에 서로 따뜻한 사랑의 대화로 족할 것이나, 세상일이란 뜻대로 되는 것이 아니구나. 내 나이는 벌써 쉰셋이건만 너희들은 겨우 열살, 일곱살의 어린아이니, 너희들의 나이와 지식이 더할수록 나의 정신과 기력은 쇠퇴할 따름이다. 또한 나는 이미 왜구에게 선전포고를 하여 언제 죽을지 모르는 사선에 선 몸이 아니냐.

지금 일지를 기록하는 것은 너희들로 하여금 나를 본받으라는 것이 결코 아니다. 내가 진심으로 바라는 것은 너희들 또한 대한민국의 한 사람이니, 동서고금의 많은 위인 중 가장 숭배할 만한 사람을 선택하여 배우고 본받게 하려는 것이다. 나를 본받을 필요는 없지만, 너희들이 성장하여 아비의 일생 경력을 알 곳이 없기 때문에 이 일지를 쓰는 것이다. 다만 유감스러운 것은 오래된 사실들이라 잊어버린 것이 많다는 점이다. 그러나 일부러 지어 낸 것은 전혀 없으니 믿어 주기 바란다.[27]

---

26) 『백범일지』, p.365.
27) 『백범일지』, pp.19~20.

이처럼 『백범일지』는 국내에 들어가 있는 어린 두 아들에게 남기는 "유서 대신에 쓴"[28] 것이었다.

김구는 『백범일지』 집필을 끝내고 나서 원고가 없어질지 모른다는 생각에서 가까운 몇 사람에게 원고를 베끼게 하여 미국에 있는 한 동포회사에 보내면서 다음과 같은 편지를 함께 써 보냈다.

귀 사원 전체 동지에게 간탁(懇托)하나이다. 구는 본시 글이 부족하여 장편 기문(記文)이 처음이요 또 막음입니다. 연래로 점점 풍전등화의 생명을 근보(僅保)하나 왜놈의 극단활동으로 어느 날에 무슨 일을 당할지 알 수 없으며, 구 역시 원수 손에 명맥을 끊게 되는 것이 소원인즉 시간문제일 것이외다. 그러므로 어린 자식들에게 한 자의 유서도 없이 죽으면 너무도 무정할 듯하여 일생경력을 개략 적어서 이에 앙탁하오니, 이 몸이 흙이 된 뒤에, 즉 자식들이 장성된 뒤에 찾아 전하여 주시면 영원히 감사하겠나이다. 그 이전에는 사고(社庫)에 간직하시고 공포치 말아 주옵소서.[29]

이러한 문장은 자식들에 대한 깊은 사랑의 표시인 동시에 이 무렵 그는 목숨을 내어 놓는 일을 진지하게 궁리하고 있었음을 시사한다. 실제로 김구는 자기의 소원은 독립정부의 문지기가 되는 것이었는데, "이 소원을 초과하여 최고직을 경험한 나의 책임을 무엇으로 이행할까 하는 생각에서 모험사업에 착수할 것을 결심하고" 『백범일지』를 쓰기 시작했다고 술회했다.[30]

---

28) 金九, 『金九自敍傳 白凡逸志』, 國士院, 1947, p.1.
29) 愼鏞廈, 「解題 『白凡逸志』 필사본들과 『白凡逸志』 국사원판 간행본」, 『白凡金九全集(2)』, 1999, p.10.
30) 『백범일지』, p.365.

2. 동지회 뉴욕지회 결성과 《삼일신보》발행

1

뉴욕을 중심으로 한 미국 동부지역 한인유학생들은 1927년에 들어 임시정부와 구미위원부 문제에 대하여 한결 적극적인 움직임을 보였다. 1927년6월10일부터 사흘 동안 뉴욕에서 열린 북미 대한인유학생총회 동부지방대회는 야유회와 만찬회 등 친목행사를 갖고 시국문제를 토론한 끝에, 상해임시정부와 구미위원부에 대한 4개항의 결의와 중국국민의 제국주의 반대운동을 격려하는 결의문을 채택했다. 상해임시정부와 구미위원부에 대한 결의는 첫째로 임시정부가 독립운동의 최고기관임을 인정하고 인구세를 충실히 납부하고, 둘째로는 임시정부 소유 관사의 매입운동을 전개하자는 것이었다. 셋째로는 임시정부 조직을 개량해야 한다면서 다음과 같이 결의했다.

임시정부의 인적 기초를 공고케 하기 위하야 동 정부 조직의 일층 개량을 기하되, 특히 의정원의 기초를 현재와 같이 일부 상해 거류 교민 간에서만 택하지 말고 널리 해외 각지에 산재한 우리 애국동포 간에서 택하기를 요망. 해외 각지에 산재한 우리 애국동포를 조직하되, 지방적이나 친목이나 호상 간 이익을 목적한 기관을 작성할 것이 아니라 지방적 자치단체 이상 이외에 진실로 국가 정부문제, 독립운동 전선문제를 토의키 위하야 회집하는 국민의회적 성질을 가진 기관을 작성하고 그 기관을 통하야 의정원의 기초를 공고케 함은 임시정부의 마땅히 행할 바라. 동 정부는 이 문제 해결에 최선의 연구를 다하야 속히 법령으로써 발포 실행함을 요망.

그것은 현재의 임시의정원의 정체성과 권위에 문제점이 있음을 지적한 것이었다. 그 문제를 해결하기 위해 임시의정원의 기초를 공고케 할 "국민의회적 성질을 가진 기관"을 조직하라고 건의한 것이 눈길을 끈다.

그리고 넷째로 구미위원부 문제에 대해서는 다음과 같이 결의했다.

구미위원부는 우리 임시정부의 기관으로 구미에 대한 실지 외교를 담임 존재하는 것으로 인정하고, 일반 애국동포는 그 기초 확립 유지 발전에 대하야 성심을 기울여 의무를 다하기를 요망함.[31]

임시정부의 개혁을 요구하는 한편 박은식 내각에서 폐지령이 내려진 구미위원부의 존재와 역할에 대한 지지를 표명한 유학생들의 이러한 결의는 상해임시정부와 이승만의 대결에서 이승만 지지 입장을 분명히 한 것이었다. 이 회의에서 부회장으로 선출된 장덕수(張德秀)는 회의의 경과와 결의사항을 이승만에게 알리면서, 《태평양잡지》에 그 내용을 소개하기를 희망했다.[32]

한편 조선총독부 경찰문서는 6월16일부터 사흘 동안 시카고에서 열린 뉴욕과 시카고 지방 유학생들의 "상당히 조직적으로" 진행된 토론회를 소개한 《북미유학생 중부대회보》의 내용을 보고하면서 특별히 주의가 필요하다고 건의했다. 이 토론회에서는 북미유학생 총회장 장세운(張世運)과 김양수(金良洙) 등 여러 사람이 3·1운동 이래의 독립운동 전반과 상해임시정부 및 구미위원부 문제 등에 대하여 구체적인 보고와 토론을 벌였다.[33]

동부지역 유학생사회의 이러한 분위기 속에서 동지회 뉴욕지회가 설립되었다. 동지회 지회 결성에 앞장선 사람은 윤치영(尹致暎)이었다. 그

---

31) 《新韓民報》 1927년6월23일자, 「동부학생대회 의결안」.
32) 「張德秀가 李承晩에게 보낸 1927년6월20일자 편지」, 『雩南李承晩文書 東文篇(十七) 簡札 2』, 延世大學校現代韓國學研究所, 1998, p.561.
33) 『朝鮮の治安狀況 昭和二(1927)年版』, pp.616~619.

는 1927년7월에 헤이스팅스(Hastings)에서 뉴욕으로 돌아와서 동지회 지회 조직에 진력했다. 12월26일의 발기회를 거쳐 1928년1월2일에 거행된 지회설립 개회식 때에는 52명이 입회선서를 했다.[34] 이때의 회원들은 거의가 유학생들이었을 것이다.[35] 1928년 현재 미주지역 유학생 총수는 254명이었고, 그 가운데 29명이 뉴욕에 있었다. 이듬해에는 유학생 총수가 303명으로 늘었고, 뉴욕의 학생수도 41명이 되었다.[36]

윤치영은 1927년10월에 이승만에게 동지회 뉴욕지회 설립계획과 그와 관련된 중요한 문의편지를 보냈으나, 이 편지는 우편사고로 배달되지 않았다. 그리하여 윤치영은 독자적인 판단에 따라 「지회규칙」 등을 만들면서 지회설립을 추진했다. 그러고는 1928년1월14일에 이승만에게 장문의 보고편지를 썼다.

윤치영은 이 편지에서 이승만을 "사적으로 친부형으로" 섬기고, 공적으로는 "우리 민족 대사의 제일 어른이시고 공정 위대하신 인도자"라고 생각한다면서, 동포들에게도 그렇게 설득하겠다고 썼다. 중국인들이 삼민주의니 손문주의니 하는 것을 표방하듯이 한국인들은 이승만주의, 동지회주의를 표방하고, 동지회는 중국의 국민당과 같은 대정당, 대혁명당, 대독립당임을 선언해야 한다고 주장하고 있다는 것이었다. 동지회가 그러한 단체가 되기 위해서는 인재를 모으는 일이 중요한데, 장덕수, 윤홍섭(尹弘燮), 김도연(金度演) 등이 동지회에 들어와서 이승만을 돕고 국내외의 각처에 연락하여 대단결을 이루기에 힘쓰고자 하나, 동지회의 「강령」에 천명된 비폭력주의를 포함하여 이승만의 기본노선에 대해 질문이 있다고 한다면서, 다음 세가지에 대하여 견해를 밝혀 달라고 한다고 말했다. 그것은 첫째 폭력행동을 포함한 혁명적 독립운동에 찬성하는가, 둘

---

34) 「同志會뉴욕支會承認要請」, 『雩南李承晚文書 東文篇(十二) 하와이·美洲僑民團體關聯文書』, 1998, p.273.
35) 고정휴, 『이승만과 한국독립운동』, p.146.
36) 홍선표, 「일제하 미국유학연구」, 《國史館論叢》 제96집, 國史編纂委員會, 2001, p.169.

째 약소민족 및 소비에트러시아와도 연락할 것인가, 셋째 산업의 사회화 정책을 찬성하는가의 세가지였다.

윤치영은 또 허정(許政)이 중심이 되어 추진하는 《삼일신보(三一申報)》의 발행 준비사항을 그 나름으로 보고하면서, 허정에게 "각하의 친서로 적어도 100달러 이상 얼마이고" 부쳐서 격려해 달라고 건의했다. 그리고 동지회의 확장을 위하여 이승만이 미국 본토로 한번 다녀가는 것이 좋겠다면서, 북미주 동지회 이름으로 초청하겠다고 했다. 비용은 2,500달러로 예정하고 모금하고 있는데, 아직은 모금액이 500달러 미만이라고 했다.[37]

한편 윤치영의 일이 궁금하여 구미위원부의 김현구(金鉉九) 편으로 그에게 편지를 보냈던 이승만은 윤치영의 보고편지를 보지 못한 채 1928년1월22일에 다시 그에게 다음과 같은 편지를 썼다.

구미위원부 및 다른 벗 편으로 동지회운동에 형이 무한히 노력하고 계신 것을 계속하여 들으면서 감사해 마지않소이다. 이제 뉴욕지부의 설치가 이처럼 원만히 된 것은 참으로 기대 이상이외다. 만일 형이 성의를 다하여 애쓴 공이 없었던들 어찌 이처럼 대성할 수 있었겠소이까. 앞으로 우리 대업이 점차 발전될 것을 더욱 손꼽아 기약할 수 있으니 매우 감사하외다.[38]

그러고는 구체적인 지시를 「별지」로 적어 보냈다.

장덕수 등의 세가지 질문에 대하여 이승만이 어떻게 대답할 것인지는 뉴욕의 유학생들 사이에서 큰 관심거리였다. 이 질문은 윤치영이 전년 10월에 보낸 편지에도 있었던 내용이었으나, 이승만은 그 편지를 보지 못하

---

37) 「尹致暎이 李承晩에게 보낸 1928년1월14일자 편지」, 『雩南李承晩文書 東文篇(十七) 簡札2』, pp.421~450.
38) 「李承晩이 尹致暎에게 보낸 1928년1월22일자 편지」, 『雩南李承晩文書 東文篇(十六) 簡札1』, p.140.

여 대답하지 못하고 있었는데, 허정은 1928년2월9일자 편지에서 다음과 같이 썼다.

지난가을에 윤치영씨를 통하여 선생께 제의한 장덕수, 윤홍섭, 김 도연 제씨의 의사에 대하야 아직도 선생의 확답이 없다 하야 심히 궁 금해하는 것 같습니다. 될 수 있으면 그들 열망이 식지 않게 잘 하답 하여 주시는 것이 좋을 듯합니다.[39]

허정의 편지까지 보고 썼는지는 알 수 없으나, 이승만은 2월에 윤치영 에게 긴 답장을 썼다. 그는 세가지 문제에 대한 자신의 견해를 솔직하게 설명했다. 이승만은 먼저 "혁명"이라는 용어가 적절하지 못하다면서 다 음과 같이 설명했다.

혁명적 독립운동을 찬성하느뇨, 폭력도 끼우느뇨 하는 문제에 대 하야 일언으로 설파하자면, 독립은 우리 민족의 혈전으로 종국을 완 성할 줄로 믿습니다. 단 "혁명" 두자에 이르러서는 의문점이 없지 않 으니, 우리나라가 일본에 정복당한 영지(領地)가 아니요 우리 민족이 일황을 복사[服事: 존경하여 섬김]한 신민이 아니며 당당한 독립국 자 유민으로 우리 동맹국인 일본이 강제로 약속을 배반하고 우리의 강 토를 억지로 점령하였으므로 우리는 이를 회복하게 함이니, 혁명이라 고 하는 것이 부적당한지라.… 그러나 이는 일시 설명일 뿐이고, 문제 에 관한 것은 아니며….

그리고 폭력도 포함되느냐는 문제에 대해서는 다음과 같은 말로 자 신의 지론인 전쟁과 비폭력주의운동을 명확하게 구별하여 설명했다.

39) 「許政이 李承晚에게 보낸 1928년2월9일자 편지」, 『雩南李承晚文書 東文篇(十八) 簡札 3』, p.300.

폭력도 끼우느뇨 함에 대하야는 이의가 없을지니, 무릇 폭력이라는 것은 약자가 소규모로 사용하면 세인이 비법이라 불의라 하야 그 약자로 하여금 자잔자벌[自殘自伐: 자기를 해치고 침]에 떨어지게 하되, 강자가 대규모로 사용하는 때에는 공전이라 의전이라 하야 폭력으로 보지 아니하나니, 이것이 현세의 통례라. 국제전쟁에도 상호간 선전토죄하야 비법 무도한 행동을 범하지 않는다고 선언, 선전하거든 하물며 우리는 세력이 적과 비슷한 처지도 아닌데 정의와 인도에 위반되기를 바라기 어려운지라. 그러므로 우리 회는 소규모의 폭력을 정지하고 안으로는 정예를 기르고 축적하야 후일을 준비하며 밖으로는 비폭력을 주장하야 3·1정신을 발휘함이 양책일지라. 지금에 몇십, 몇백 인의 폭약 작탄 등으로 시위하고 겁을 주는 것이 일시적으로 통쾌하지 않음이 아니나 몇백만의 조직적 행동으로 떳떳하고 당당하게 일시에 일어나면 적이 막가내하[莫可奈何: 어찌할 수 없음]요 세인의 동정과 원조가 계속 이를 것입니다.

두번째 질문, 곧 약소국과 소비에트러시아와도 연락할 것인가 하는 문제에 대해서는 다음과 같이 대답했다.

소약국과 소비에트와도 연락하려느뇨 하는 문제에는, 이것이 우리의 유일한 대외운동인데 어찌 힘써 도모하지 않으리요. 국제연맹회에도 대표를 파견한 지 오래이나 끝내 뜻과 같지 않음은 첫째로 우리의 조직 불완이라. 만약 조직만 완전하면 이러한 일을 위한 경비가 어찌 부족하리요마는 각 소단체가 서로 시의(猜疑)분쟁하는 중에서 위신이 추락하고 경제가 계책이 없어서 더 나아가지 못하게 된지라. 설령 갑당이 대표를 이웃나라에 파송하야 교섭이 무르익기에 이르면 그 뒤에 을당이 잠입하야 백계로 저해하므로 필경은 사업만 실패될 뿐 아니라 내막의 약점과 추태를 세인 이목에 노출하고 마나니, 이것이 연래로 재외 우리 사람의 경험이라. 그러므로 물질과 정신 양방으로 민중단결을 완성함이 우리 광복사업의 제일보로 생각합니다.

마지막으로 산업의 공산화나 사회화에도 찬성하느냐는 질문에 대한 이승만의 대답은 매우 주목할 만한 것이었다.

공산사회등화(共産社會等化)에도 찬성하느뇨 하는 문제에도 여러 동지의 고견과 별로 차이가 없는 줄로 압니다. 굶어죽게 된 자가 어찌 진미를 얻으리오. 우리 독립운동은 우리 민족 생존책의 유일한 대계라. 이에 원조될 것이 있으면 어떤 것을 물론하고 간뇌도지[肝腦塗地: 간과 뇌수로 땅바닥을 칠함. 참혹한 죽음]토록 찬성하려든 하물며 공산사회등화는 대중 세인의 공익을 주장하는 미명(美名)이 있으니, 어찌 의심하고 꺼리리요.

이승만의 이러한 말은 공산주의 이데올로기를 독립운동의 방편으로 받아들였던 시베리아와 중국 지역이나 국내의 많은 독립운동자들의 견해와 크게 다르지 않은 것이었다. 이승만은 이처럼 장덕수 등 뉴욕유학생들의 주장에 동조하는 듯한 말을 한 다음, 그러나 세가지 고려하지 않을 수 없는 점이 있다면서 실제로는 반대하는 의견을 다음과 같이 조심스럽게 피력했다.

첫째는 재외 우리 사람이 각각 그 처지와 환경을 참고하지 않을 수 없는 형편(특히 영미에 있는 사람은 공연히 소리내어 주장할 것이 없음).
둘째는 세계적 주의가 국가나 민족적 주의보다 우승우대[尤勝尤大: 더 좋고 더 큼]하다는 언론이라. 일에는 선후와 본말이 있으니 우리의 자체 유지가 선이요 본이라. 우리의 생존책으로 먼저 선 후에 세계

공익을 진흥시키기로 같이 도모하려니와 만일 우리의 자존이 불가능하다면 전 세계로 극락원을 이룬들 우리에게 무슨 도움이 되리오.

셋째는 이상 각 주의의 풍조에 파동되어 유무산(有無産)이라 유무식이라 하는 계급 등 구별로 우리 민족을 서로 분리케 함은 곧 독립운동을 저해함이니, 이를 다 정지하야 포용하고 도우며 보호함으로써 먼저 민족대단결을 이루어 우리 민족의 생명인 독립을 완성한 후에는 우리 사람의 판단력과 자결권으로 택우종장[擇優從長: 나은 것을 택하고 장점을 따름]하는 것이 늦지 않을까 하고, 동시에 한편으로 교제상 연락을 여는 것은 지금도 급무입니다.…[40]

이승만은 이처럼 세가지 질문에 구체적으로 대답하고 나서 교정할 조건이 있으면 지적해 달라고 덧붙였다. 몇백만이 동시에 일어나서 혈전을 벌일 실력을 갖추기 전에는 폭력을 사용해서는 안된다는 이승만의 비폭력주의는 비단 시베리아나 중국에 있는 독립운동자들뿐만 아니라 뉴욕의 한인유학생들에게도 설득력 있게 받아들여지기는 아마 어려웠을 것이다.

2

이승만이 1927년 연말연시를 동지촌에서 보내고 1928년1월6일 아침 일찍 호놀룰루로 돌아오자 허정이 보낸 편지가 기다리고 있었다. 이 무렵 허정은 뉴욕 교민단장 일을 맡아 보고 있었다. 이승만은 그날로 답장을 썼다. 허정은 뉴욕에 있는 몇몇 유학생들과 함께 신문을 발행할 계획을 추진하고 있었는데, 그는 2월3일에 다시 이승만에게 편지를 보내어 신문 발간계획의 진척상황을 자세히 보고했다. 그것은 고무적인 내용이었다.

---

40) 「李承晩이 尹致暎에게 보낸 1928년2월의 편지」, 『雩南李承晩文書 東文篇(十六) 簡札1』, pp.141~145.

이 신문 발행에는 동지들은 물론 그동안 중립적 태도를 취하던 인사들 가운데 신진의 유능한 학생들, 심지어 흥사단의 새 인물들을 포함한 각계의 유망한 인재들이 망라되었고, 재정 면에서도 처음에 100달러씩 출자할 30명을 모집할 계획이었는데 벌써 예정인원을 초과했다는 것이었다. 편집은 장덕수와 김양수가 맡고, 영업은 윤치영과 윤홍섭, 공장 인쇄는 이철원(李哲源) 등이 각각

허정, 장덕수, 윤치영 등이 1928년에 뉴욕에서 창간한 뉴욕교민단 기관지 《삼일신보》.

분담하고 사장은 허정 자신이 맡는다고 했다. 그리고 이승만과 서재필(徐載弼)을 고문으로 추대하기로 했다면서 허락해 달라고 했다.[41] 제호를 《삼일신보》라고 한 것은 3·1운동의 독립정신을 계승한다는 뜻에서 그렇게 붙인 것이었다. 《동아일보(東亞日報)》의 초대 주필로 활동하다가 모스크바 자금 가운데 일부를 유용했다는 혐의를 받고 1923년5월에 미국으로 건너온 장덕수는 컬럼비아대학교에 재학하면서 박사학위 논문을 준비하고 있었다. 이때에 그는 동아일보사의 부사장 겸 주미특파원의 직함을 가지고 있었다.[42] 김양수는 조선일보사 기자로서 1925년7월에 호놀룰루에서 개최된 제1차 태평양회의에 한국대표로 참가하고, 《조

---

41) 「許政이 李承晩에게 보낸 1928년2월9일자 편지」, 『雩南李承晩文書 東文篇(十八) 簡札 3』, pp.297~298.
42) 李敬南, 『雪山 張德秀』, 東亞日報社, 1981, p.209, p.245.

선일보(朝鮮日報)》에 이승만에 관한 자세한 기사를 써 보내기도 했다. 그는 태평양회의가 끝난 뒤에 귀국하지 않고 미국 본토로 건너와서 공부하고 있었다.

《삼일신보》는 처음에 1928년의 3·1절에 맞추어 창간호를 낼 예정이었으나, 동아일보사에 주문한 활자의 우송이 늦어져서 6월29일에 가서야 창간호를 발행했다. "노농대중을 위한 진보적 성격"[43]의 신문임을 표방하면서 주간으로 발행된 《삼일신보》는 재미동포사회의 분열상을 개탄하면서 구미위원부의 활동을 적극 성원하고 이승만을 지지하는 방향으로 논조를 폈기 때문에 이승만 반대파들로부터는 비판을 받았다. 샌프란시스코의 국민회 기관지 《신한민보(新韓民報)》는 《삼일신보》가 창간되기 전부터 비판적인 기사를 실었다. 그러나 《삼일신보》는 미국 본토와 하와이뿐만 아니라 유럽, 중국, 시베리아 등지와 국내에까지 발송되어 주목을 받았다. 《삼일신보》의 편집을 주관한 장덕수의 입장은 다음과 같은 것이었다고 한다.

독립운동의 구심체는 상해임시정부이다. 이 상해임시정부의 미주 활동기관은 구미위원부이다. 그렇다면 종교와 지연과 인맥에 따라 교민단체는 몇개로 난립할 수 있다 하더라도 독립운동이라는 지상 과제 하나만을 위해서는 구미위원부 활동에 모두 귀일하고, 이승만 박사를 도와야 할 것이 아닌가.…[44]

《삼일신보》는 장덕수가 1929년에 런던으로 유학을 떠나고 창간의 주동인물인 허정마저 구미위원부 일을 돕기 위하여 워싱턴으로 떠나자 인력부족과 재정난으로 1930년6월에 발행이 중단되었다.[45]

---

43) 許政, 『내일을 위한 證言』, 샘터, 1979, p.70.
44) 李敬南, 앞의 책, p.248.
45) 許政, 앞의 책, p.73; 李敬南, 위의 책, p.249.

재미 유학생사회의 성원과 새로 운영을 맡은 김현구의 의욕적인 사업
계획에도 불구하고 구미위원부의 활동은 부진했다. 김현구의 「구미위원
부8개년계획」도 좀처럼 진척되지 않았다. 김현구는《구미위원부통신》을
계속 발행하기 위해 고심했다. 그런 한편 그는 국내의 신간회운동에도 큰
관심을 가지고 미국에 신간회 지회를 조직하려고 했다. 그러나 이 계획은
이승만과 뉴욕동지회의 이승만 지지자들의 반대로 실현되지 못했다. 이
승만이나 그 지지자들의 생각은 동지회와 신간회가 서로 협조하는 것은
바람직한 일이지만 신간회 지회를 설치하는 것은 필요없다는 것이었다.
김현구는《태평양잡지》를 구미위원부에서 속간하는 문제에도 의욕을
보였으나 실현되지 못했다.

　구미위원부의 활동이 부진한 가장 큰 이유는 말할 나위도 없이 자금
난 때문이었다. 김현구는 자신이 구미위원부의 위원으로 재직한 1926년
9월부터 1929년10월까지의 자금사정을 「구미위원부 재정보고: 1926년8
월~1929년10월」에 다음과 같이 자세히 기록해 놓았다.

구미위원부 재정보고(1926.8.~1929.10.) [46]　　　　　　　　　　　　　(단위: 달러)

연도	수입	지출	
1926	1,275.58		1,465.74
		부족액	190.16
1927	4,223.20		4,802.39
		누적부족액	770.34
1928	3,179.80		5,083.29
		누적부족액	2,670.86
1929	6,484.00		4,792.23
		누적부족액	422.39

　위의 표는 김현구가 1930년9월에 발표한 「구미위원부 재정보고」를 정

---

46) 『美洲韓人民族運動資料 美洲篇④』, pp.119~147.

리한 것인데, 숫자가 맞지 않고 기재내용에도 부실한 점이 있지만, 이때의 구미위원부의 재정형편을 짐작하는 데 도움이 된다. 이 무렵 구미위원부 건물에서 함께 기거하면서 김현구와 같이 활동했던 송필만(宋必滿)은 이 「재정보고」의 부실과 문제점을 비판한 바 있다. 초창기에 의욕적인 활동을 벌일 때의 재정사정에 비하면 우선 수입 면에서 비교도 되지 않는 규모였으나, 같은 시기의 상해임시정부의 재정에 비하면 훨씬 많은 수입이 있었다.

김현구는 이승만에게 집요하게 자금지원을 요청했다. 이승만은 마침내 1928년3월9일에 김현구에게 다음과 같은 비장한 편지를 썼다.

저는 지금 힘은 부치고 몸은 고단한데, 옆에서 도와주는 이 하나 없으니 고장난명[孤掌難鳴: 외로운 손뼉은 울리기 어렵다는 뜻]이라. 계획은 있어도 펴지 못하오이다. 각처에서 날마다 보내오는 편지는 모두 금전을 요구하니, 오호라 금전은 본래 항하[恒河: 인도의 갠지스강]의 모래가 아닐진대, 난들 어디에서 얻어오겠소이까. 이른바 제반사업은 그로 말미암아 지장을 받고 임무자는 저마다 곤궁해져서 자기존립조차 할 수 없게 되어, 원성이 사방에서 일어나고 층절이 백출하여 마침내 사업은 한가지 계획도 펴지 못하고 인격은 한푼의 값어치도 없게 되었소이다. 형편이 이 지경에 이르렀는데도 허명만 붙들고 세월을 허비함이 어찌 스스로 부끄럽고 송구하지 않겠소이까.

나는 구미위원부 관계가 중차대하다는 것을 모르는 바 아니나, 목하의 정형을 살펴보건대 오래 유지하기 어려울 듯하오. 빈손으로 자리를 지키자니 형도 감내하기 어려우리다. 하루 빨리 문을 닫고 업무를 중단하였다가 후일을 기다려 다시 도모하는 것이 낫겠소이다.…[47]

---

47) 「李承晩이 金鉉九에게 보낸 1928년3월9일자 편지」, 『雩南李承晩文書 東文篇(十六) 簡札 1』, pp. 29~30.

이승만은 지금 자기의 처지가 진퇴유곡이라면서 김현구더러 하와이로 와서 동지식산회사 사업과 한인기독학원 일을 도와주었으면 좋겠다고 썼다. 이승만은 3월22일에 다시 김현구에게 구미위원부를 유지해 나갈 방도가 없다면서, 우선 문을 닫고 긴요한 문서는 자기에게 부치고 하와이로 와서 일하면서 후일에 대비하자고 거듭 설득했다.[48]

3

이승만이 김현구에게 구미위원부의 문을 닫고 하와이로 오라고 한 것은 하와이 동포사회에서 일고 있는 통일 움직임과 관련이 없지 않았던 것 같다. 1928년에 접어들면서 하와이 동포사회에서는 각계의 유력인사들 사이에 독립운동의 협동과 통일문제가 거론되었다. 그리하여 대한제국의 외교관을 지낸 조용하(趙鏞夏)의 주선으로 2월16일에 각파 인사 26명이 대한민족통일촉성회를 조직하기로 합의하고, 취지서 작성위원으로 이상호(李相浩), 안현경(安玄卿), 박상하(朴相夏) 세 사람을 선임했다.[49] 조용하는 조소앙의 형이다. 이들은 3월18일에 제2차 회의를 열고 조용하를 회장으로, 교민단장 최창덕(崔昌德)을 서기로, 그리고 각파 대표 28명을 위원으로 선정했다.[50] 이날의 회의에 이승만은 다음과 같은 축하문을 보냈다.

이번에 여러분의 주창하시는 통일운동은 시기와 인심의 요구에 순응함인 듯, 우선 이처럼 원만한 응결의 성황을 얻으심을 치하하오며, 상호 간 성심으로 융합하야 우리 민족의 유일한 생활로로 손잡고 익진(益進)케 되기를 바랍니다.[51]

48) 「李承晩이 金鉉九에게 보낸 1928년3월22일자 편지」, 위의 책, p.31.
49) 《新韓民報》 1928년3월15일자, 「하와이: 한민통일을 위하야…」.
50) 《新韓民報》 1928년4월19일자, 「하와이: 통일촉성회의 소식」.
51) 李承晩, 「布哇韓人統一促成會에 致한 書」, 『雩南李承晩文書 東文篇(十六) 簡札1』, p.269.

통일촉성회는 이어 166명이 연명한 「한민족통일촉성선언서」와 「한민족통일을 위한 3대강령」을 발표했다. 「강령」은 (1) 전 민족의 정신을 단결하여 운동의 전선을 일치케 하고, (2) 전 민족의 역량을 집중하여 대업의 담책을 함께 지게 하며, (3) 전 민족의 이상을 종합하여 국가의 건설을 신미케 한다는 것이었다.[52]

이러한 강령에서 보듯이, 통일촉성회는 단순히 하와이 동포사회나 미주지역 동포들의 통일을 표방한 것이 아니라 전 민족의 정신과 역량과 이상을 통합할 것을 표방한 것으로서, 이념상으로는 동지회의 지향과 다르지 않았다. 그러한 성격은 같이 발표된 「촉성회회규」에도 그대로 표명되었다. 「회규」는 촉성회 설립의 목적을 "대한민족의 통일을 촉성하여 독립운동의 단일기관을 창설함에 재함"이라고 규정하고, 이 목적이 달성된 때에는 촉성회를 해산한다고 천명했다.[53] 이러한 통일촉성회의 발족은 국내의 신간회운동이나 중국 관내지역에서 추진되던 유일독립당 촉성운동과도 맥락을 같이하는 것이었다.

통일촉성회는 「회규」에 따라 집행위원 21명을 선정하고 7명씩으로 서무부, 선전부, 이사부의 일을 분장하게 했다.[54] 집행위원에는 이승만 지지파인 교민단과 박용만 계열의 대조선독립단과 중립적 위치에 있던 인사들이 고루 망라되었다. 그러므로 통일촉성회는 현실적으로는 하와이에 있는 모든 계파의 독립운동자들의 대동단결을 추진하려 한 통일운동체였다.

결성식에 정중한 축하문을 보낸 이승만이 통일촉성회운동을 과연 어떻게 생각했는지는 분명하지 않다. 그는 통일촉성회운동에 즈음하여《국민보(國民報)》에 다음과 같은 소회를 밝혔다.

---

52) 《新韓民報》 1928년5월24일자, 「한민족통일촉성회宣言書를 讀하고」.
53) 위와 같음.
54) 《新韓民報》 1928년5월3일자, 「합성시대를 다시 만난 한족통일독립당촉성회」.

지금부터는 피차에 지난 일을 다 잊어버리고 손을 잡고 함께 나갈지라. 그러므로 나는 이 몇가지 사업에 다소간 책임진 것을 다 벗어 일반동포에게 맡기기로 준비하였나니, 당초에 나의 예상한 대로 이루어놓지 못하고 손을 떼는 것이 나의 유감이나, 여러 동포가 합동하야 짐을 지는 것이 나 한 사람의 혼자 애쓰느니보다 더욱 일에 유조할 터이니, 이 몇가지 사업의 장래 발전 여부는 그 주인되는 일반동포들이 각각 그 당국한 임원들과 공동히 의론하야 다수의 원을 따라 진행하기를 부탁이니, 동포들이 종속히 그 뜻을 발표하야 좋다수 결정되기를 기다리며, 이 결정이 있을 때까지는 내가 임시로 현상을 지켜 가겠으나 다만 의리와 명예상 관계 외에는 다시 하와이에 우리 사업을 인연하야 동족과 시비하는 데는 좌우간 참여치 않기를 결심이로라.[55]

이승만의 이러한 글은 미주와 하와이의 동포들에게 큰 충격이었던 것 같다. 뉴욕의 허정은 이승만이 모든 직책을 내어 놓겠다고 한 데 놀라서 다음과 같은 편지를 보냈다.

《국민보》에 기재된 선생의 논문을 읽고 크게 놀랍니다. 이 운동이 어떻게 되든지 기존해 있는 당신의 사업에 하등 동요는 주지 못하리라고 믿고 있다가 이제 이 논문을 보니 퍽 한심합니다. 전 민족통일을 위하야는 무엇이든지 희생할 각오를 하심은 좋으나, 현금 하와이 형편에 소수 불평분자를 만족시키기 위하야 당신의 수십년 심혈을 뿌려 쌓아 놓은 토대를 흩뜨리거나 혹은 양도할 필요가 무엇인가요? 아무렴 주위의 귀찮은 사정과 개인의 상심되는 괴로운 생각을 할 때에는 다 집어던지고 싶을 것도 사실이요, 또 그만침 맡아 애써 이만침이라도 기초가 잡혔으니 남들에게 맡겨 해보게 하는 것도 좋겠다 생각하

55) 《國民報》 1928년4월13일자, 백일규, 「태평양주보의 제31호를 읽고」, 《新韓民報》 1931년6월11일자에서 재인용.

실 것도 용혹무괴[容或無怪: 혹시 그러할지라도 괴이할 것이 없음]이겠지요. 그러나 오늘날 하와이 형편에 당신이 손 떼고 물러앉든지 또는 그들에게 전부를 내어 맡기면 비록 현상이라도 유지해 갈 가능이 보입니까?

　금번 통일운동의 내용에 생소한 저는 정확한 판단은 할 수 없고 다만 이 논문만으로 추찰컨대 그 내용이 복잡다단하야 매우 상심 실망하신 것 같습니다. 그러나 당신의 평생 고심의 결정이요 또 우리 민족사업의 중요 기초인 모든 시설의 장래를 깊이 생각하고 만전한 방책을 강구하시기 간절히 빕니다. 멀리 앉아 다만 빈말로 이런 말씀을 올림이 지난한 실제 사업에 무슨 도움이 있겠습니까마는 그래도 그저 있지 못해서 말씀 올리지 않지 못하는 저의 고충을 양찰해 주시면 심히 다행이겠습니다. 될 수 있으면 이 통일운동의 내막과 당신의 대책을 교시해 주시면 참고할까 합니다.···56)

　이때의《국민보》가 보존되어 있지 않아서 이승만의 글 전문을 알 수 없으나, 이러한 허정의 편지로 미루어 볼 때에 이승만은 이 글에서 교민단의 일이나 한인기독학원과 한인기독교회 운영에서 손을 떼겠다는 뜻을 표명한 것 같다. 이승만은 김현구에게 보낸 3월22일자 편지에서도 통일문제와 관련하여 자기는 한걸음 물러나 있겠다고 말하고 각 단체 대표들이 자유롭게 활동하도록 맡겨서 "민단과 교회와 학원을 일체 희생하고 민중의 공의에 따라 결정하게 함으로써 내가 그들과 더불어 기어이 합동하려는 뜻을 보이고 있소이다. 일간에 이러한 뜻을 공식으로 선언할 계획이외다"라고 적었다.57)

56) 「許政이 李承晩에게 보낸 1928년5월2일자 편지」, 『雩南李承晩文書 東文篇(十八) 簡札 3』, pp.305∼306.
57) 「李承晩이 金鉉九에게 보낸 1928년3월22일자 편지」, 『雩南李承晩文書 東文篇(十六) 簡札 1』, p.31.

그것은 이승만의 또 하나의 승부수였다. 그는 한민족통일촉성회운동의 성공 여부에 대하여 책임지고 싶지 않았을 것이다. 성공할 것 같아 보이지도 않았을 것이다. 사실 그가 빠진 통일운동이란 성공할 수도 없었다. 이승만은 동지회와 교민단을 중심으로 통합하는 방안을 구상하고 있었다.

이승만은 이 무렵 심한 요통으로 고생하고 있었다. 그 때문에 오랫동안 앉아서 편지쓰기도 어려웠다. 동지촌의 개간사업은 여간 고된 육체노동이 아니었다. 사업은 뜻대로 진척되지 않았다. 한인기독학원도 운영난으로 문을 닫아야 할 형편이었다. 학교를 맡고 있는 김노디(김혜숙)는 1928년 봄에 의연금을 모집하러 미주 동부지역까지 동포들을 찾아다녔다.

한민족통일촉성회의 제1차 대회는 5월20일에 호놀룰루의 누우아누 YMCA 회관 광장에서 많은 동포들이 참가한 가운데 열띤 분위기 속에서 거행되었다. 연사들은 모두 민족통일을 위해서는 하와이에 있는 독립운동단체들의 통일이 먼저 이루어져야 한다고 역설했다.[58] 그러나 이러한 명분론에도 불구하고, 통일촉성회의 활동은 더 이상 진척되지 못했다. 그이유는 지나친 명분론에 치우쳐 구체적이고 현실적인 운동의 비전이 결여되어 있었기 때문이다.[59]

한편 구미위원부를 정리하고 하와이로 와서 자신의 일을 도우라는 이승만의 말에 김현구는 선뜻 응하지 않았다. 그는 이승만에게 다음과 같은 답장을 보냈다.

3월9일의 하한(下翰)은 감사하옵나이다. 구미위원부의 일은 과연 하교하신 대로 지탱하기 어려운 형세입니다. 그러나 지탱하기 어려운 정형은 지금의 특수한 형세가 아니라 실로 지난 9개년 동안에도

---

58) 《新韓民報》 1928년6월7일자, 「하와이: 대한민족통일촉성회」.
59) 홍선표, 『재미한인의 꿈과 도전』, 연세대학교출판부, 2011, pp.24~25.

그 형세의 어려움이 지금과 차이가 없었습니다. 이미 인내하여 여기까지 왔는데, 만일 이제 졸연히 철폐한다면 중심(衆心)이 낙망하여 흩어질 것은 틀림없이 지금보다 더 심할 듯합니다. 민단, 동지회, 기독교회, 기독학원, 동지식산회사, 위원부는 형세상 톱니바퀴처럼 맞물려 서로 의지하고 있습니다. 만일 하나가 빠져나가면 다른 조직도 떨어져 나갈 것인데, 앞으로 어떻게 구제하여 유지시킬지 모르겠습니다. 유지하기가 어렵기는 하나 철폐하는 것은 오히려 갑절이나 더 어려울 것입니다.[60]

김현구는 그러면서 구미위원부를 유지하는 영구적 방안으로 구미위원부 소유의 가옥을 매입할 것을 거듭 주장했다. 그리하여 1,000~2,000달러를 들여 수리를 하면 임대수입이 100~150달러는 될 것이고, 그렇게 되면 구미위원부의 명의는 유지할 수 있다는 것이었다. 실제로 「구미위원부재정보고」에는 1927년4월부터 40달러 안팎의 적은 액수나마 집세 수입이 적혀 있다.

김현구는 자기의 구상을 실현시키기 위하여 동포들을 설득하러 나섰다. 그는 4월에 워싱턴을 출발하여 필라델피아, 시카고 등지를 거쳐서 캘리포니아 여러 지방을 순방하고, 하와이까지 가서 구미위원부 건물 매입에 투자할 고본금 모집운동을 벌였다. 하와이에서는 민단장 최창덕이 앞장서서 2,000달러가량의 고본금을 모금했다.[61]

그러나 김현구의 노력만으로 구미위원부 유지에 필요한 재정을 확보할 수는 없었다. 마침내 그는 1929년6월에 하와이로 갔다. 이승만은 김현구가 여간 고맙고 미덥지 않았다. 그는 김현구에게 교민단의 서기와 재무 및 교민단 기관지《국민보》의 주필 일을 한꺼번에 맡겼다.

60) 「金鉉九가 李承晩에게 보낸 1928년3월2일자 편지」, 『雩南李承晩文書 東文篇(十六) 簡札 1』, pp. 747~748.
61) 《新韓民報》 1928년10월18일자, 「김현구씨는 고본금 모집 중」.

3. 김구가 이승만에게 항의편지 보내

1

김구가 1928년11월20일에 이승만에게 보낸 편지는 이 무렵의 두 사람의 관계를 짐작하게 한다. 김구는 한달 전에도 이승만에게 편지를 보냈으나, 이승만으로부터는 아무런 회답이 없었다. 이 무렵 이승만은 동지촌 일에 몰두하고 있었는데, 같은 때에 윤치영이 이승만에게 보낸 편지도 전달되지 않았던 것으로 미루어 우편배달에 문제가 있었던 것 같다. 김구는 먼저자기 편지에 대하여 이승만의 답신이 없는 데 대한 유감부터 털어놓았다.

달포 전에 올린 편지는 보셨을 줄 믿습니다. 아직 회교(回敎)가 없어서 섭섭합니다. 존체 만안하시온지요. 멀리 사모하는 마음 간절합니다. 소제는 못난 모습을 그대로 유지하고 있을 따름입니다.
선생께서는 아직까지 무슨 노여움이 계셔서 회교부터 않으시는지 알 수 없습니다마는 전자에 제가 우직 소치로 선생께 잘못 간 일이 있더라도 제딴에는 매사에 곧은 충심(衷心)에서 한 일일 터이고 무슨 야심으로 선생을 타도하지 않았을 것까지는 양해하여 주시기 바라오며, 항차 우리 독립운동을 하던 인사들이 검은 주의, 붉은 주의 온갖 파별로 분리되는 이때에 선생과 저부터 소격(疏隔)하게 지낸다면 대업에 대한 큰 해가 아닙니까.
전자에 말씀드린 바와 같이 저나 석오(石吾: 李東寧)가 정부를 유지하려고 비박무능[卑薄無能: 보잘것없이 무능함]한 솜씨로 명의일망정 잡배의 수중에 넣지 않으려고 이 엄동에 옷도 입지 못하고 떨면서 이 편지를 쓰는 충정도 좀 알아주셔야 하지 않습니까. 정부 집세로 소송을 당하게 되었으니 수령을 지내신 선생님인들 마음이 어떻겠습니까.…

김구는 이어 최근에 상해에서 공공 연설회 석상에서 이승만과 서재필을 비난한 자가 있는데, 그가 바로 여운형이라고 말하고, 다음과 같은 주목할 만한 이야기를 적었다.

여운형은 《중외일보(中外日報)》 기자 이정섭(李晶燮)과 최린(崔麟)이가 구미여행을 마치고 귀국해 국내인사의 환영석상에서, 이정섭의 말이 "하와이 가다가 이 박사를 만났지요. 국내에서 자치운동을 하는 것이 어떠합니까? 이 박사 대답이 그것이라도 하는 것이 좋다고 합디다. 미주에서 서 박사를 만났지요. 국내에서 자치운동을 하는 것이 어떠합니까? 서씨 답도, 나는 오래 해외에 있어서 국내사정을 모르니 그것이라도 하여야 되겠다면 반대치 않겠다고 합디다. 영국에서 신펜당 영수를 보았지요. 우리가 자치운동을 하는 것이 어떠냐 한즉, 자치운동은 절대 불가하다고 합디다"라고 말을 한즉, 환영하던 인사들이 "신펜당 영수의 말이 옳소구려" 했다는 것이외다.

이 사실에 대하야 저는 사실이 아니라고 생각하오나, 선생이나 서 박사를 면담할 기회가 없으니, 거기서 각 신문지상에 엄격한 성명이 없으면 선생 등의 불명예보다도 우리 운동에 큰 영향이 미칠 줄 생각되므로 죄송함을 무릅쓰고 아뢰나이다.[62]

일찍이 이르쿠츠크파 고려공산당원이던 여운형은 카라한(Lev Karakhan)의 주선으로 1925년5월부터 상해 주재 러시아부영사 웰덴이 대표를 겸하고 있는 《타스(TASS)》 통신사의 촉탁으로 취직했다. 중국신문에 나는 중요기사와 군사문제에 관한 각종 기사를 영어로 번역하는 것이 일이었다. 그는 월급 200원 말고도 업무비용으로 매달 100원씩을 받았다. 그리하여 그는 상해에 있는 독립운동자 가운데서 가장 넉넉한 생

---

62) 「金九가 李承晚에게 보낸 1928년11월20일자 편지」, 『雩南李承晚文書 東文篇(十六) 簡札 1』, pp.320~323.

활을 했다. 1925년12월에 병인의용대원들에게 테러를 당한 것도 이러한 여운형의 태도 때문이었다.

그러다가 중국국민당의 공산당 탄압으로 1927년7월에 상해에 코민테른[국제공산당] 극동사무국에 철수령이 내리고 극동위원으로 파견되었던 보이친스키(Gregorii N. Voitinskii)와 카라한 등이 러시아로 돌아가게 되자 여운형도 타스통신사 일을 그만두게 되었다. 웰덴은 11월에 귀국할 때에 여운형에게 2,000원을 맡기면서, 자기가 돌아간 뒤에도 중국의 각 지역에서 발행되는 영자신문의 기사를 발췌하여 러시아로 보내 줄 것을 당부했다. 여운형은 김종상(金鐘商)을 월 50원에 고용하여 이 일을 계속했는데, 러시아쪽에서 아무런 회신이 없고 자금도 떨어져서 1928년6월에 중단했다.[63] 김종상은 상해 주둔 영국 해군에서 통역으로 일했던 사람이었다.[64]

여운형은 1928년 봄부터 복단대학(復旦大學)의 체육코치로 취직하여, 1929년3월에 대학 축구팀을 이끌고 싱가포르, 필리핀 등 동남아시아 지역 순회경기 여행을 떠났다. 필리핀에 갔을 때에 레보아 콩그레스 노동총회 주최의 만찬회에서 영국과 미국의 제국주의를 비판한 연설이 문제가 되어 현지 경찰의 퇴거명령을 받고 6월16일에 상해로 돌아왔다.[65]

한편 프랑스 경찰의 한인공산주의자 단속으로 일반 동포들까지 괴롭힘을 당하자 임시정부로서는 가만히 있을 수 없었다. 그리하여 김구는 7월20일자로 상해 주재 프랑스총영사 앞으로 진정서를 제출했다.[66] 몇달 뒤에 10년 동안 임시정부에 많은 편의를 제공해 준 프랑스경찰부 서장이 귀국하게 되자 김구는 50달러 하는 한국제 촛대 한쌍을 선물했다.[67]

63) 「呂運亨被疑者訊問調書」(제1회, 제3회), 「意見書」, 「被疑者訊問調書」(제6회), 金俊燁·金昌順 共編, 앞의 책, p.243, pp.256~257, pp.283~284, p.353.
64) 孫科志, 앞의 책, p.144.
65) 「呂運亨被疑者訊問調書」(제3회), 金俊燁·金昌順 共編, 앞의 책, p.258.
66) 「臨時政府幹部와 在上海佛國官憲의 關係에 關한 件」, 「韓國民族運動史料(中國篇)」, p.634.
67) 위와 같음.

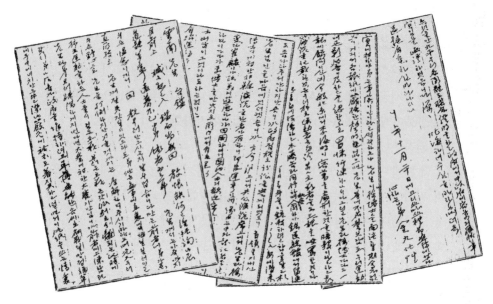

김구가 이승만에게 보낸 1928년11월20일자 편지.

　공산주의자들에 대한 프랑스 경찰의 단속이 심해지면서 프랑스조계 포석로(浦石路) 182번지에 있는 여운형의 집도 프랑스 경찰의 엄중한 감시를 받았다. 여운형은 신변의 위협을 느끼고 집을 나와서 피신생활을 했다. 그리하여 그가 천진과 북경 방면으로 도피했다는 소문이 나돌기도 했다.[68]

　여운형이 이승만과 서재필을 공격하는 연설을 한 집회가 어떤 종류의 것이었는지 알 수 없으나, 김구의 편지는 국내의 일부 우익인사들이 거론하던 자치운동에 대하여 상해 독립운동자들이 보인 격렬한 거부감을 반영한 것이었다. 여운형은 1929년7월10일에 상해에서 일본경찰에 체포되어 국내로 압송되었는데, 여운형은 중국인 여권을 가지고 있었다.[69]

---

68) 위와 같음.
69) 이정식, 『여운형: 시대와 사상을 초월한 융화주의자』, 서울대학교출판부, 2008, p.406.

김구의 이 편지에는 또 하나의 매우 주목할 만한 내용이 적혀 있었다. 그것은 북경에 있는 박용만(朴容萬)이 1928년10월16일에 피살된 사건과 관련된 것이었다.

그리고 선생과 서 박사가 다 《삼일신보》의 고문이신데, 이번에 북경에서 이해명(李海鳴)이 박용만을 처형한 것을 암살이라고 하고 장편설(長篇說)을 기재한 것은 우리 독립운동자는 물론 모모주의자들도 《삼일신보》에 침을 뱉을 것입니다. 우리가 박용만이 적 총독부에 투항하고 기토(木藤)놈과 동행하여 비밀입국하야 철도여관에서 유숙하면서 기밀비를 받아 가지고 나온 일이 발각되어 청년들이 총살하려고 함을 알고, 박은 비밀히 하와이에 가서 노동동지들을 꾀어 자금을 긁어모아 가지고 북경에 몰래 와서 중국여자를 첩으로 두고 음(陰)을 선(宣)하므로, 이해명이 총살하고 즉석에서 피포되어 중국 법정에서 조사한 결과 정치범으로 5년역을 선고한지라. 박의 첩이 박용만이 평시에 운동하던 문적을 제출하고 이러한 역사가 있는 사람을 정탐이라 하느냐고 항고하는 것을 안 북경의 우리 각 단체들이 연합증명을 하고, 정부에서 중국정부에 박용만의 죄상이 사실임을 통보하였습니다. 자주 가르침 주심을 바라오며 더욱 도체(道體) 자중하심 바라나이다.[70]

박용만을 사살한 이해명은 의열단 단원으로 알려져 있으나,[71] 이는 사실이 아니다. 당시 의열단은 이미 암살파괴 활동을 포기하고 대중운동을 위한 조직적인 정당 활동으로 단의 노선을 바꾼 뒤였다. 따라서 의열단이 노선을 전환한 1925년 이후에 의열단의 공식결정으로 감행된 암살

---

70) 「金九가 李承晚에게 보낸 1928년11월20일자 편지」, 『대한민국임시정부자료집(42) 서한집 I』, pp.292~293.
71) 朴泰遠, 『若山과 義烈團』, 白楊堂, 1947, pp.180~182.

파괴 활동은 한 건도 없었다. 나석주가 1926년12월에 동양척식회사에 폭탄을 던진 것도 단의 공식 결정에 의한 것이 아니라 김창숙, 유자명과 협조한 김구의 지원으로 개인적으로 추진된 것이었다. 이해명은 재판에서 한번도 자신이 의열단원이라고 말하지 않았고, 자신의 소속단체를 "독립당"이라고만 했다.[72] 박용만이 암살된 것은 일본당국과 협의하여 블라디보스토크에 가서 그곳에서 개최된 국민위원회의 상황과 소비에트러시아의 아시아 적화정책에 대한 대응방안을 일본당국에 건의한 것 등의 행동이 독립운동자들 사이에서 변절자로 규탄받았기 때문이었다.[73]

박용만이 만주에서 일본인을 만나고 국내에 다녀온 것은 사실이었다. 그러나 박용만의 죽음에 대해서는 박용만의 지지자들과 비판자들 사이에 견해가 확연히 갈라졌다. 임시정부는 의열단의 입장과 같이, 그를 친일파로 단정하고 처단한 것을 당연한 일로 생각했다. 임시정부가 박용만의 죄상이 사실이라는 내용의 공문을 중국정부에 발송한 것도 그 때문이었다. 그러나 박용만과 인연이 깊은 하와이와 미주의 동포들은 그렇지 않았다. 한때 박용만이 주필로 있었던 샌프란시스코의《신한민보》는 박용만의 피살소식을 전하면서 "본사 동인은 뜨거운 눈물로서 일반 독자에게 부고하나이다"[74]라고 깊은 애도를 표시했다.《신한민보》는 박용만을 평생에 계획하던 혁명사업을 성취하지 못하고 불행히 흉한에게 암살당한 "드문 애국자" 중의 한 사람이라면서 그의 피격상황을 자세히 보도했다.[75]

박용만 피살사건에 누구보다도 충격을 받은 것은 박용만이 조직한 하와이의 대조선독립단 단원들이었다. 독립단은 10월21일 저녁에 팔나

---

72) 배경식, 「임시정부 초대 외무총장 박용만 암살사건」, 《역사문제연구》 제18호, 역사문제연구소, 2007 참조.
73) 方善柱, 「朴容萬評傳」, 『在美韓人의 獨立運動』, 翰林大學校아시아文化研究所, 1989, pp. 127~130; 조규태, 「박용만의 중국에서의 민족운동」, 《한국민족운동사연구》45, 한국민족운동사학회, 2005 참조.
74) 《新韓民報》 1928년11월1일자, 「부고」.
75) 《新韓民報》 1928년11월1일자, 「별고: 박용만 선생 암살! 북경 그 사택에서(북경 10월17일)」.

마 집회실에 400명이 모여 추도식을 열고 성금을 거두어 대표 한 사람을 즉시 북경으로 파송하여 암살사건을 상세히 조사하고 그가 생전에 하던 사업을 계속하기로 했다.[76] 《삼일신보》가 보존되어 있지 않아서 김구가 언급한 《삼일신보》의 기사내용은 확인할 수 없다.

김구의 편지가 도착할 무렵 이승만은 동지촌에서 숯가마 일과 제재소 일에 몰두하고 있었는데, 이 편지를 언제 받았는지, 그리고 답장을 보냈는지의 여부는 알 수 없다.

2

이승만은 1929년 들어서는 동지촌에 가서 살다시피 했다. 연말연시를 동지촌에서 보내고 1월10일에 호놀룰루로 돌아온 이승만은 닷새 뒤에 다시 하와이 섬으로 갔다. 그리하여 1월에서 9월 말까지 이승만이 호놀룰루에 있었던 날은 모두 한달 반쯤밖에 되지 않았다.[77]

이윽고 동지식산회사에 큰 기회가 왔다. 진주만의 미 해군조선창에 용골대(龍骨臺: keel blocks)용 목재 6만9,813보드풋[board foot: 1피트평방에 두께 1인치의 목재. 약자 bd. ft]를 납품하게 된 것이다. 이승만은 동지촌에 제재소를 설치해 준 톰킨스로부터 자기네 제재소가 동지촌의 오히아 나무를 기일 안에 제재할 수 있다는 보장을 받고 입찰했다. 단독입찰이었다. 동지식산회사는 1929년3월18일에 진주만 해군조선창과 납품계약(Contract번호. N3IIS-2830)을 맺었다. 그러나 불행하게도 동지식산회사는 이 계약을 이행할 수 없었다. 조선창이 발주한 규격의 큰 목재를 기일 안에 납품할 수 없었기 때문이다. 납품한 소량의 목재마저 불량품으로 판정되었다. 동지식산회사가 목재납품 계약을 지키지 못했기 때문에 해

---

76) 위와 같음.
77) Syngman Rhee, *Log Book of S. R.*, 1929년1월조~9월조.

군조선창은 이홉(C. Yee Hop & Co.)이라는 중국인 회사로부터 동지식산회사의 입찰가격보다 높은 가격으로 목재를 구입했다. 그리하여 동지식산회사는 계약을 위반한 벌금으로 입찰가격과 구입가격의 차액 6,016달러16센트를 물어내야 하게 되었다.[78]

이승만은 1929년10월5일부터 이듬해 1월8일까지 석달 남짓 미국 대륙을 여행했다. 1924년11월1일에 호놀룰루로 돌아오고 나서 5년 만의 미국 본토 방문이었다. 시카고, 뉴욕, 몬태나, 디트로이트 등지에 동지회 지회가 결성되어 있었다. 이승만의 가장 큰 여행 목적은 이들 동지회 지회들을 상대로 동지식산회사의 자본금을 모집하는 일이었다. 워싱턴과 동부지역에 가서는 미국 정계와 언론계 인사들도 만나서 일본의 대륙진출과 관련된 국제정세에 대해서 깊이 있는 논의를 할 기회도 있을 것이었다. 시티 오브 호놀룰루 호(S. S. City of Honolulu)가 윌밍턴(Wilmington)에 도착한 것은 10월11일 아침 7시. 부두에는 로스앤젤레스에서 자동차 다섯대를 몰고 온 동포들이 마중 나와 있었다. 이승만은 캘리포니아의 동포들이 몰려 사는 다뉴바(Dinuba), 리들리(Reedly) 등 작은 도시들과 로스앤젤레스 근교의 리버사이드(Riverside), 업랜드(Upland), 오렌지(Orange), 포모나(Pomona) 등지를 두루 방문하면서 한달 가까이 머물렀다.

11월8일에 시카고에 도착했는데, 이튿날 저녁의 동지회 지회 주최 환영만찬회에는 40여명의 동지들이 모였다. 11월11일에 워싱턴에 도착한 이승만은 남궁염, 허정, 윤치영, 김도연, 이기붕, 윤홍섭, 이훈구, 김종철 등 반가운 사람들과 만나 오랜만에 회포를 나누었다. 11월28일의 추수감사절(Thanksgiving Day)에는 구미위원부에서 만찬회를 열고 윷놀이를 하며 즐거운 시간을 보냈다.[79]

---

78) Syngman Rhee, *Log Book of S. R.*, 1929년3월22일조; 《태평양잡지》 1930년7월호, 「동지식산회사 주주대회 결과」; 이덕희, 「한인기독회·한인기독학원·대한인동지회」, p.318.

79) Syngman Rhee, *Log Book of S. R.*, 1929년10월5일조~11월28일조.

이승만은 12월4일에 워싱턴을 떠나서 귀환길에 올랐다. 12월8일에 시카고에 도착했는데, 13일 저녁에 열린 북미 대한인유학생총회 주최 환영회 광경은 매우 인상적이었다. 《신한민보》는 이날의 환영회 광경을 1면 머리기사로 크게 보도했다. 이승만은 환영회에서 한시간에 걸친 긴 연설을 했다. 그는 먼저 유학생들에게 "낙망하지 말고 분투하자"고 격려한 다음, 학생들 가운데 이른바 중립을 주장하는 사람들이 적지 않은데, 오늘날과 같은 난국을 당할수록 지식계급인 학생들이 솔선하여 흑백을 명확히 구분해 줄 의무와 책임이 있다고 역설했다. 이승만의 연설이 끝나고 식당으로 자리를 옮긴 뒤에는 더욱 열띤 분위기가 되었다. 그 자리에서는 이승만 자신과 임시정부의 관계, 구미위원부 문제 등에 대한 민감한 질문이 거침없이 쏟아졌다.

"이 박사께서 어제 저녁 동지회 석상에서 상해임시정부가 필요치 않다고 성명하셨다 하니, 과연 사실입니까?"

전날 저녁에 이승만은 다시 동지회 인사들을 만나서 임시정부에 대한 자신의 입장을 천명했었다.

"그렇소. 소위 정부라 하는 것은 군주정치가 아닌 한 으레 정당정치를 의미하는데, 그것은 곧 오늘은 이 정당이 정권을 잡았다가도 내일은 다른 정당에로 정권을 빼앗길 수 있는 것이니, 고정한 정부가 못 됩니다. 그러므로 혁명기에 있는 우리로서는 그런 정부라는 것보다 도리어 세력이 튼튼한 혁명당이 더욱 필요한 줄 압니다."

이승만이 말한 "세력이 튼튼한 혁명당"이란 중국 관내지역의 독립운동자들이 추진하는 유일독립당이 아니라 동지회를 염두에 두고 하는 말이었음을 말한 나위도 없다.

"이 박사께서는 정부 그 자체와 통치권을 행사하는 정권을 혼돈해 말씀하시지 않습니까? 혹 정당이 교체될 때에 통치권은 교체될지언정 어찌 정부라는 존재의 이동이 있으리까?"

그것은 원론적인 문제이면서도 상해임시정부의 현상과 관련해서 생각할 때에 엄숙한 현실문제였다. 그러나 이승만의 대답은 언제나 거리낌이 없었다.

"아니요. 통치권이나 정부나 종당에는 마찬가지 말이오. 하여간 한가지 양해해 주실 것은 이것이 나 개인의 학술상 이론일 뿐이오. 내가 현 상해임시정부를 반대한다든가 혹시 무시하는 말은 아니오."

임시정부와 구미위원부의 관계 정상화를 주장하던 유학생들이 이에 대해 질문하는 것은 당연했다.

"세평에는 구미위원부가 임시정부의 대립기관이라 하는데, 이 박사의 의견은 어떠하십니까?"

"아니요. 그것은 큰 오해올시다. 구미위원부는 우리 정부에 예속한 일개 외교기관 중 하나에 불과하외다. 그러나 오늘날 문제는 이승만이는 왜 인구세를 정부로 바치지 말고 구미위원부로 바치라 하느냐 하는 질문이 많은데, 그것은 일시적 편의에 의한 일종의 수단에 불과하외다."

"현상에 있어서는 임시정부 하나도 유지하기가 어려운데 구미위원부 까닭에 이것도 저것도 아니되고 종당 분쟁거리만 내니, 이 박사의 의견은 어떠하십니까?"

이 질문에 대해서는 이승만은 대답하지 않았다.

"우리의 독립운동 방법문제인데, 진화적으로 하오리까 혁명적으로 하오리까?"

"물론 혁명적이라야지요."

"만일 국내에서 자치운동을 한다면 우리는 어떻게 하오리까?"

이 문제도 해외동포 사이에서 계속해서 논란이 되고 있는 큰 쟁점이었다. 이승만은 앞서 김구의 편지에서 보듯이, 그것을 지지하는 것처럼 알려져 있었다.

"인도나 필리핀과 같이 의회정치를 하든지, 캐나다와 같은 자치령이 되든지, 이란과 같은 자유국이 되든지, 우리의 종국의 목표는 절대 독립을 주장해야 됩니다. 만일 일부 동포 중에서 그런 자치운동을 원하면 싸울 것 없이 내버려 둡시다. 그러나 우리랑은 절대 독립을 주장합시다."

"민족주의와 사회주의가 연합한 단일당 조직이 가능할까요? 또 동지회의 색채는 어떠합니까?"

그것은 국내의 신간회 활동이나 중국지역의 민족유일당운동을 두고 하는 질문이었다. 이승만의 대답은 유연했다.

"민족주의자나 사회주의자나 우리 자유 독립을 찾는다는 목표에서는 동일하니 독립하는 날까지는 협동할 줄 믿습니다. 민족주의가 영어로 내셔널리즘이라 하면 우리 동지회는 100% 민족주의자 단체올시다."

"현재 미주에 있는 갑당 을당을 온통 해산시켜 버리고 국내 신간회를 연장시키면 어떠할까요?"

"그런 의론도 없는 바는 아니외다. 그러나 내용으로는 합할 수 있을는지 모르나 형식까지 연장하기는 실제상 어려울 줄 압니다. 그러나 일반 민중이 원한다면 그 역시 불가능한 것은 아니외다."[80]

미국 경제에 들이닥친 대공황은 동포사회에도 큰 영향을 미쳐서 동지식상회사의 자금모집은 성과가 없었다.

12월23일에 로스앤젤레스에 도착한 이승만은 그곳에서 크리스마스를 보내고 1930년1월2일에 하와이로 가는 시티 오브 로스앤젤레스 호(S. S. City of Los Angeles)에 올랐다. 신문기자들이 몰려와서 이승만을 인터뷰했다. 이승만은 1월8일 아침에 호놀룰루 부두에 닿았다.[81]

80) 《新韓民報》 1929년12월19일자, 「상해임시정부의 존재가 필요하냐? 이 박사가 학생총회 환영회에서 설명」.
81) Syngman Rhee, *Log Book of S. R.*, 1930년1월2일조, 8일조.

48장

한국독립당 조직과 동지식산회사의 파산

1. 임시정부 재무장과 상해교민단장 맡아

1

1929년3월1일 오후에 상해의 거류 동포들은 착잡한 감회를 느끼면서 프랑스조계 법화민국로(法華民國路)의 침례교회에서 열린 3·1운동 10주년 기념식장에 모였다. 이날의 기념식은 이때의 상해 동포사회의 분위기를 짐작하게 하는 행사였다. 기념식은 상해교민단이 주재했는데, 민족주의계열 군사단체의 장교 제복을 입은 젊은이들을 포함하여 350여명이 참석했다. 그 가운데는 대만학생들도 있었다.

교민단장 곽헌(郭憲)의 감동적인 개회사에 이어 임시정부 재무장 김구가 독립선언서를 낭독하고, 임시의정원 의원 조완구(趙琬九)와 전 외교부장 조소앙(趙素昻)이 강력한 혁명정신의 필요성을 강조하는 기념사를 했다. 눈에 띄는 일은 이들 인사들의 기념사에 이어 이(李) 아무개라는 대만학생대표가 나와서 한국과 대만을 일본으로부터 탈환해야 한다고 역설하고, 또 현지 인도인협회가 인도의 독립만큼이나 한국의 독립을 기원한다는 축전을 보내온 것이었다.

오후 2시부터 5시까지 계속된 기념식에 이어 저녁 7시부터는 같은 장소에서 한국학생들의 연극 공연이 있었다. 3·1운동이 어떻게 시작되었고 한국인들이 어떻게 목숨을 바쳤는지를 주제로 한 3막짜리 연극이었다.

이날의 행사장에는 각 단체에서 발표한 국문 전단 여섯가지와 중국어 전단 두가지가 뿌려졌는데, 프랑스영사관 공부국 경찰이 프랑스어로 번역한 한 전단의 내용은 다음과 같은 요지였다.

우리 한국인들은 가난하고 일본과 대항하여 싸우기에는 힘이 부치는 것이 사실이다. 그러나 일본 자본주의자들과 노동자들, 일본 제국주의와 유럽 제국주의와 세계 혁명가들 사이에 분쟁의 변수가 많으므로 일본의 몰락은 곧 올 것이다. 이것은 우리 한국인들에게 좋은 기회가 될 것이다.…

첫째로 우리는 모든 한국인이 자신들의 개인적 의견을 자제하고 부분적 의견 차이를 극복하여 일본에 대항할 강한 힘을 기르기 위해 단결할 것을 호소한다.

둘째로 우리는 우리의 독립운동을 하는 데 어떠한 다른 나라의 도움도 받아서는 안된다. 오직 우리가 믿을 것은 죽음을 각오한 열정과 권총과 폭탄뿐이다. 우리는 파리회의와 워싱턴회의에서 어떠한 것도 얻지 못했음을 똑똑히 보았다. 우리는 진정한 독립을 원한다. 우리는 우리의 조국이 자치국이나 내정독립국이나 또는 일부가 자유로운 일본의 속주가 되는 것을 원하지 않는다. 우리는 우리의 혁명을 성공시키기 위하여 노동자에 기반을 둔 대중조직을 통하여 강력한 힘으로 일제를 밀어붙여야 한다.[1]

믿을 것은 "열정과 권총과 폭탄뿐"이라고 천명한 이러한 전단은 이 무렵의 상해 독립운동자사회의 분위기가 3·1독립선언서가 천명한 공약 3장의 비폭력주의와는 거리가 먼 것이었음을 말해 준다.

김구가 언제 재무장이 되었는지는 현존하는 자료로는 분명하지 않다. 일반적으로 1930년11월18일에 국무위원의 임기가 만료됨에 따라 새로 선출한 결과 김구는 국무위원에 선출됨과 동시에 재무장을 맡은 것으로 알려져 있다.[2] 그러나 1929년7월4일에 미주 대한인국민회 총회장 백일규(白一圭)에게 보낸 임시정부의 공문 「재발 제51호」가 "재무장 김구" 명의로 되어 있는 것을 보면[3] 김구는 1929년에 재무장으로 선임되어 있었다. 임시

1) 「3·1운동 10주년 기념 韓人團體들의 선언문」, 『韓國獨立運動史 資料(20) 臨政篇 V』, 國史編纂委員會, 1991, pp.130~132.
2) 「上海臨時政府狀況에 관한 件」, 『韓國民族運動史料(中國篇)』, p.667; 김희곤, 『대한민국임시정부연구』, 지식산업사, 2004, p.338.
3) 『대한민국임시정부자료집(27) 내무부·교통부·재무부·문화부』, 2008, p.150.

정부가 김구를 재무장으로 선임한 이유는 임시정부 수립 이래 최악의 상황에 있는 재정문제의 해결을 그에게 기대했기 때문이었을 것이다.

김구는 1930년11월18일에는 임시정부 수립 이래 공개한 적이 없는 1927년도, 1928년도, 1929년도, 1930년도의 결산안을 임시의정원에 제출했다.[4]

김구는 안창호(安昌浩)를 비롯한 임시정부 관계자들과 함께 회의를 열고 재정문제를 논의했다. 우선 응급책으로 모두 나서서 상해동포들을 상대로 애국금과 인구세를 거두었다. 그러나 생활형편이 어려운 상해동포들을 대상으로 이미 너무 자주 애국금을 거두었기 때문에 별다른 성과가 없었다.[5]

김구는 상해지역 이외의 지방에 있는 해외동포들에게 자금지원을 호소하기로 했다. 먼저 만주에 사는 동포들의 형편을 생각해 보았다. 만주에는 가장 많은 250여만명의 동포가 살고 있으나 그곳 동포들의 생활은 매우 곤란하여 도움을 받을 수 있는 형편이 아니었다. 시베리아지역에도 150여만명의 동포가 흩어져 살고 있으나, 그곳은 공산국가라서 민족운동을 금지하는 터이므로 그곳 동포들의 지원을 받는 것도 기대할 수 없었다. 일본에도 40만~50만명의 동포가 살고 있으나 그들 역시 생활이 어려울 뿐 아니라 일본인들의 감시가 심하여 의지할 형편이 못되었다. 김구가 가장 기대한 것은 미주, 하와이, 멕시코, 쿠바에 살고 있는 1만명도 못되는 동포들의 애국심이었다. 그러나 이승만과의 관계가 단절된 뒤로 재미동포들의 임시정부 지원은 거의 끊기다시피 했다. 이승만이 탄핵 면직된 뒤로 미국의 대한인국민회는 1926년에 모두 세차례에 걸쳐서 250달러(3월3일에 50달러, 10월1일에 150달러, 10월8일에 50달러)를 송금한[6] 뒤로 2년

---

4) 「결산안 제출의 건」, 위의 책, pp.150~153.
5) 《新韓民報》 1929년7월25일자, 「시카고 기부금이 상해임시정부에 도착, 정부당국자는 계속 후원을 간청」.
6) 《新韓民報》 1926년10월7일자, 「總會公牘」, 12월16일자, 「臨政消息」.

동안 송금을 중단했다가 1928년12월에 다시 100달러를 보내왔을 뿐이었다.[7] 이러한 상황에서 임시정부의 활동이란 3·1절이나 인성학교(仁成學校) 졸업식에 맞추어 성명서를 발표하는 것으로 그 존재를 알리는 정도가 고작이었다.[8] 이 무렵 임시정부의 재정이 얼마나 궁색했는가는 임시정부가 가지고 있던 권총 네자루 가운데 두자루를 팔아 쓴 사실로도 실감나게 짐작할 수 있다.[9]

김구는 무작정 미주지역 동포들에게 자금지원을 호소하는 편지를 쓰기로 했다. 이때의 일을 그는 다음과 같이 술회했다.

당시 주변을 아무리 둘러보아도 정부의 사업발전은 고사하고 이름마저 보전할 길이 막연함을 느꼈다. 그러던 중 임시정부가 해외에 있는 만큼 해외동포들에게 의지할 수밖에 없다는 사실을 깨닫게 되었다.… 미주, 하와이, 멕시코, 쿠바에 만여명의 동포가 살고 있었는데, 그들 대다수는 비록 노동자였지만 애국심 하나만은 강렬하였다. 그와 같이 된 까닭은 그곳에 살고 있는 서재필 박사, 이승만 박사, 안창호, 박용만 등의 가르침을 받았기 때문이다. 그곳 동포들에게 사정을 알리고 정부에 성금을 바치게 할 계획을 세웠다. 그러나 불행히도 내가 영어에 문외한이라 손수 편지 겉봉도 쓸 수 없었고, 또한 그곳 동포들 중 몇 사람의 친지가 있으나 주소도 알 수 없는 지경이었다. 다행히 엄항섭(嚴恒燮), 안공근(安恭根) 등의 도움으로 몇 사람의 주소와 성명을 알아내어 임시정부의 현 상황을 극진히 설명하여 동정을 구하는 편지를 쓰고, 엄군이나 안군에게 겉봉을 쓰게 하여 우송하는 것이 내 유일한 사무였다.[10]

---

7) 《新韓民報》 1929년7월25일자, 「림시정부 소식」.
8) 「上海臨時政府의 現狀」, 『韓國民族運動史料(中國篇)』, p.627.
9) 「韓國獨立運動團體의 武器調査」, 위의 책, p.633.
10) 『백범일지』, pp.319~320.

주소도 제대로 알지 못하는 생면부지의 해외동포들에게 무작정 편지를 보낸다는 것은 대단히 무모한 행동이었지만, 그만큼 임시정부의 형편이 절박했다. 수령인이 없어서 편지가 반송되기도 했다. 그래도 김구는 꾸준히 편지를 썼다. 마침내 시카고의 김경(金慶)이라는 동포한테서 반가운 답장이 왔다. 김경은 김구의 편지를 받고, 바로 교민회의를 열고 200여달러를 모금하여 송금했다. 김경은 김구와 한번도 만난 적이 없었고 편지를 주고받은 적도 없었지만, 김구의 표현대로 "애국심 하나로 이와 같은 의거를 한" 것이었다. 김경은 본명이 김병준(金炳俊)으로서 안창호 지지자였다. 시카고에서 레스토랑업에 성공한 그는 시카고의 한인감리교회를 발기하기도 했고, 대한인국민회 지방회 회장을 맡아 보기도 했다.[11] 시카고 동포들이 보내 준 지원금은 임시정부에 큰 용기를 주었다. 비록 액수는 많지 않았으나 그것이 임시정부에 미친 영향이 어떠했는지는 《신한민보(新韓民報)》의 다음과 같은 기사가 잘 말해 준다.

　　전번 시카고 동포들이 발송한 바 금액 전부가 예정대로 임시정부에 도착하였다더라. 이번 시카고 동포들의 발송한 바 219달러는 그 액수에 있어서는 적은 돈이나마 재정 곤란이 막심한 곤경에 빠진 임시정부로서는 실로 긴요히 사용케 되야 정부 당국자들의 감회는 불가형언(不可形言)이 있고, 김구씨는 위원들을 대표하야 일반 동포에게 감사의 뜻을 전하였다. 김구씨는 동시에 임시정부의 유지는 오로지 재미동포들의 힘을 빌리지 않을 수 없는 사실을 호소하여 일반 재미동포들의 계속적 후원을 부탁하였는데…[12]

---

11) 김원용, 『在美韓人五十年史』, Reedley, Calif., 1959, p.62; 『獨立有功者功勳錄(14)』, 國家報勳處, 2000, pp.78~79.
12) 《新韓民報》 1929년7월25일자, 「시카고 기부금이 상해임시정부에 도착, 정부당국자는 계속 후원을 간청」.

《신한민보》는 성금을 받고 보낸 김구의 편지도 자세히 소개했다.

여러분의 비상 출력하신 미화 219달러가 내착한지라. 수취를 착수하고 국광(國光)을 발휘함에 대하여 우리 일동의 감회는 불가형언입니다.…13)

김구의 편지에서 가장 눈여겨볼 대목은 미주와 하와이 동포 사이에서 논란이 되고 있던 임시정부와 구미위원부의 관계회복에 대하여 언급한 내용이었다. 미주지역 동포들로부터 자금지원을 받기 위해서는 이승만과의 관계개선이 선결과제임을 김구는 누구보다 잘 알고 있었을 것이다. 이 때문에 김구는 재무장을 맡기 전에도 이승만에게 편지를 보내어 관계를 회복하려는 노력을 보였다. 김구는 구미위원부 법통문제에 관하여 구체적인 방법을 제시하지는 않았으나, "구미위원부 법통문제는 경순을 연구하는 중이옵고, 구미 주교 여러분의 지원과 이곳 전후 사정을 참작하야 가급적 유감이 없이 조치코저 합니다"라는 방침을 밝혔다.

《신한민보》는 김구의 말을 전하면서 "불원한 장래에 복잡다단하던 임시정부 대 구미위원부 문제는 해결될 희망이 있고 동시에 지리멸렬한 재미동포 간의 분규사건도 완화될 가망이 있는 것은 기쁜 소식"이라고 말하고, 이번에 상해임시정부가 이 문제를 해결하게 되면 미주와 하와이의 통일운동의 전망이 더욱 밝아질 것이라고 큰 기대감을 표명했다. 김구는 또 임시정부의 장래 활동계획에 대하여 다음과 같이 설명했다.

근간 정부에서는 곤경에 처함을 개의치 않고 정부의 계획에 대하야는 정부에서 몇가지 계획을 세운 중에 금력관계로 아직 착수치 못하였으니, 제일 급선무인 둔전양병책(屯田養兵策)은 적당한 지대와

13) 위와 같음.

상당한 교련 인재가 완비되었고, 불원간 실현코저 노력 중이외다. 그
것이 또 여러 동포들의 원조를 청하지 않을 수 없는 것이외다.[14)

김구의 이러한 말은 김창숙(金昌淑)의 몽골 독립군기지 건설 구상이
나 안창호의 이상촌 건설 계획과 비슷한 둔전식 병력양성 방안을 이 무렵
임시정부 인사들도 구상하고 있었음을 말해 준다.

시카고 동포들의 성금을 받고 나서 김구는 지금까지 미주동포들의
후원금이 끊긴 이유를 곰곰이 생각해 보았다. 그 이유를 김구는 정부각
료의 잦은 교체나 빈번한 헌법 개정으로 정부의 위신이 추락되었기 때문
이라고 판단했다.

미주, 하와이, 멕시코, 쿠바 동포들이 이같은 애국심을 가지고 있
으면서도 어찌하여 그동안 정부에 보내는 성금이 소홀하였던가. 이와
같이 된 데에는 다름이 아니라 1년에도 몇차례씩 정부각료들이 변경
되고, 헌법도 자주 변경됨에 따라 정부의 위신이 추락된 데에 원인이
있었다. 그런데다 정부 사정을 자주 알려 주지도 않아서 동포들이 정
부를 믿지 않았던 것이다.[15)

"광복운동자의 대단결인 당"을 조직하는 문제는 1927년11월9일에
한국유일독립당 관내촉성회연합회가 결성된 뒤에도 좀처럼 진척되지
않았다. 그것은 한국 독립운동자들의 알력 때문만은 아니었다. 그보다
는 다른 중요한 민족운동의 경우와 마찬가지로 국제적 요인이 더 크게
작용했다.

---

14) 위와 같음.
15) 『백범일지』, p.320.

유일독립당 촉성운동은 1928년에 접어들면서 새로운 국면을 맞았다. 공산주의운동자들이 상해로 집결함에 따라 그들과 민족주의운동자들 사이의 쟁투가 격렬해진 것이다. 1924년1월에 맺었던 중국국민당과 중국공산당의 협력관계[제1차 국공합작]가 1927년7월에 깨어지면서 장개석(蔣介石)의 공산당 탄압이 시작되고, 이어 12월에 광주(廣州)에서 있었던 중국공산당의 봉기가 3일 만에 실패로 끝나자 이 봉기에 참가했던 한국인 공산주의자들은 모두 상해로 도피해 왔다. 중국공산당의 광주봉기에 참가했던 장지락(張志樂: 필명 金山)의 회상기『아리랑』에는 광주봉기에 참가했던 한국인 청년 공산주의자 200여명이 비장하게 죽어 간 이야기가 실감나게 그려져 있다.[16] 이때에 광주에 가 있던 의열단원들도 상해로 돌아왔다. 때를 같이하여 국내에서도 한위건(韓偉建) 등 공산주의자들이 일본경찰의 검거를 피하여 상해로 왔다. 여기에 중국공산당의 지도 아래 집결한 한국 공산주의 청년들이 가세하여 임시정부와 그 밖의 단체들을 통합한 대대적인 공산주의 단체를 결성하려고 기도했다. 의열단도 두 진영의 쟁투에 끼어들었다.

임시정부의 산하단체로 행동하던 병인의용대(丙寅義勇隊)는 핵심간부들이 일본경찰에 체포됨에 따라 광동으로 이동했었는데, 이들도 상해로 돌아왔다. 그들 가운데는 여운형(呂運亨)과 조봉암(曺奉岩) 등 공산주의자들의 지휘를 받는 청년들도 더러 있었으나,[17] 단체로서는 공산주의 청년단체들과 대립했다. 병인의용대는 1928년8월25일에 "가로인[假露人: 가짜 러시아인이라는 뜻으로 한국 공산주의자를 가리킴]들을 숙청, 박멸하라"라는 「선언」을 발표하고 공산주의자들과 정면 대결에 나섰다.[18]

---

16) 김산·님 웨일즈 지음, 송영인 옮김, 『아리랑』, 동녘, 2005, pp.225~255 참조.
17) 「中國本部韓人靑年同盟中央執行委員會 및 支部의 現狀」, 『韓國民族運動史料(中國篇)』, p.621.
18) 『朝鮮民族運動年鑑』, 1928년8월25일조.

여운형과 조봉암은 국내에서 검거를 피하여 상해에 온 홍남표(洪南杓), 구연흠(具然欽), 정백(鄭栢) 등과 함께 1927년9월 무렵에 중국공산당 강소성(江蘇省) 당부에 입당하여 그 소속의 법남구(法南區)에 한인지부를 설치했다.[19]

그동안 프랑스영사관 당국은 한국독립운동에 대해서는 원칙적으로 불간섭주의를 취하면서도 내면적으로는 은근히 비호해 왔고, 김구는 경무국장 시절부터 프랑스영사관의 경찰관계자들과 친분을 유지해 왔다. 그러나 프랑스조계가 중국과 한국 공산주의자들의 활동무대가 되고, 유일독립당촉성회가 좌경적인 색채를 더해 가자 프랑스영사관 당국은 엄중한 단속을 시작했다. 한국 독립운동자들에 대한 프랑스영사관 당국의 무차별 단속은 임시정부의 존립마저 위협했을 뿐 아니라 간부들의 신변에 위해가 닥칠지도 모르는 상황을 초래했다. 그리하여 임시정부는 프랑스영사관과의 관계를 새로이 모색하지 않으면 안되었다. 김구가 1928년 7월20일자로 프랑스총영사 메이리에르에게 진정서를 보낸 것은 그 때문이었다.[20]

이러한 정세는 유일독립당 촉성운동에 소극적인 민족주의자들로 하여금 유일독립당 촉성운동에 부정적 입장을 취하게 했다. 그뿐만 아니라 민족유일당 결성의 필요성을 가장 먼저 주장했던 안창호 그룹도 사태의 진전에 그대로 따를 수 없게 만들었다. 프랑스영사관 경찰의 한국인 공산주의자 단속이 심해지자 흥사단은 집회도 제대로 열지 못했다. 안창호는 사람을 놓아 프랑스 당국자들에게 자기네는 공산주의자들과는 아무런 관계가 없다고 해명했고, 흥사단은 공산주의자들의 입단을 거부했다.[21]

이러한 상황에서 유일독립당 촉성운동은 순조롭게 진척될 수 없었다. 유일독립당 촉성운동의 결렬은 청년들의 분열로 시작되었다. 유일독립

---

19) 日本外務省, 『外務省警察史 支那之部〈未定稿〉6』, 高麗書林, 1989, p.665.
20) 「臨時政府幹部와 在上海佛國官憲과의 關係에 關한 件」, 『韓國民族運動史料(中國篇)』, p.634.
21) 「韓國興士團의 現狀」, 위의 책, p.632.

제48장 한국독립당 조직과 동지식산회사의 파산 167

당촉성회의 전위조직으로 1927년12월에 결성된 중국본부한인청년동맹(약칭 중본한청)이 화요계(火曜系)와 ML계 공산주의자들의 주도권 싸움으로 말미암아 1928년9월에 ML계 중심의 재중국한인동맹회(약칭 재중한청) 제1지구 상해지부와 중본한청 상해지부로 분열되었다.[22] 중본한청 상해지부는 화요계와 민족주의 청년들이 연합한 것이었다.

유일독립당 촉성운동이 결렬된 데에는 1928년12월에 코민테른[국제공산당]이 발표한 이른바 「12월테제(조선의 농민 및 노동자의 임무에 관한 테제)」의 영향이 컸다. 「12월테제」는 코민테른 제6차 대회에서 결정된 조선공산당에 대한 승인을 취소하면서, 한국 공산주의자들이 분파주의를 극복하고 노동자 농민의 대중적 기반 위에서 조선공산당을 재건할 것을 지시한 것인데,[23] 이 「12월테제」에 입각한 공산주의자들의 국제주의 원칙이 민족주의자들과의 타협을 거부하는 요인으로 작용했다.

1928년7월에 이르러 유일독립당 촉성운동을 결렬시키는 결정적인 사태가 발생했다. 중동철도(中東鐵道)사건이 그것이었다. 중동철도란 만주지역의 옛 동청철도(東淸鐵道) 가운데 일본에 양여한 남만주철도를 제외한 부분을 말하는데, 이 철도노선은 1924년의 중소 협정에 따라 중국과 소련이 공동으로 관리하고 있었다. 그러나 중국국민당 정부가 1929년7월10일에 일방적으로 회수를 선언하고 만주의 장학량(張學良)으로 하여금 이를 강제로 집행하게 했다. 소련은 중국국민당 정부에 강력히 항의하고 중국대표의 철수를 요구하는 한편, 8월에는 극동군을 편성하여 중소 국경에 집결시키고, 11월에 들어서는 본격적인 교전이 벌어졌다.[24]

재중한청 제1지구 상해지부는 7월23일에 「격(檄)함. 전 조선 피압박

---

22) 金喜坤, 『中國關內韓國獨立運動團體研究』, 지식산업사, 1995, pp.259~263 참조.

23) 「朝鮮共産黨組織問題ニ對スル決定」, 村田陽一 編譯, 『コミンテルン資料集(4)』, 大月書店, 1978, p.486.

24) 독립운동사편찬위원회, 『독립운동사(4) 임시정부사』, 독립유공자사업기금운용위원회, 1971, p.593.

대중 제군에게」라는 성명서를 발표하고 소련을 지원할 것을 촉구했는데,[25] 성명서 속에 있는 "제군의 조국 소비에트러시아"라는 말이 민족주의자들의 분노를 불러일으켰다. 민족주의자들은 당장 청년동맹원 매모환조[賣母煥祖: 어미를 팔고 조상을 바꿈]사건 비판회를 열고 이들을 맹렬히 비난하는 「적귀충노(赤鬼忠奴) 청년동맹원의 매모환조사건 공포장」을 발표했다.

1929년 7월 23일에 재중한청 제1지구 상해지부원 일동은 「격함」을 발행하여 말하기를 "전 조선 피압박 대중 제군. 전 세계 피압박 민중의 피로 싸우고 있는 제군의 조국 소비에트러시아는 제국주의 강도군의 무력적 포위에 직면했다"라고 비분 절규하고 반만년 역사를 지닌 그들의 조국 조선을 버림으로써 그들이 귀화한 적로(赤露)를 그들의 새 조국으로 하여 적로의 충노(忠奴)가 될 것을 자언자서(自言自誓)하고 있다. 너희들과 같이 살려고만 하고 일하기를 싫어하는 무리들은 아귀국(餓鬼國)에라도 가서 공산주의를 실행하라. 전날 동지 여운형이 검거된 밤에 이른바 공산동지들이 위문한다는 구실로 여의 집에 들어가서 집기를 절도한 것과 같은 행위가 공산운동이냐? 또는 하숙비를 잘라 먹고 그 주인 여자를 구타한 것과 같은 행위가 계급투쟁의 하나이냐?[26]

위의 「공포장」이 지적한 행동들은 이 무렵의 상해 한인청년 공산주의자들의 난폭한 행동거지가 어떤 형편이었는지를 짐작하게 한다.

또한 대한교민단은 한인 각 단체의 집회장소로 개방해 오던 인성학교를 중본한청 상해지부의 집회장소로 사용하는 것을 거부했다. 정치적 집회에는 대여하지 않는다는 것이 거부 이유였다. 중본한청 상해지부는

---

25) 『朝鮮民族運動年鑑』, 1929년 7월 23일조.
26) 『朝鮮民族運動年鑑』, 1929년 7월조.

인성학교의 이러한 조치가 "혁명정신을 몰각한 것으로서 교육종지까지도 포기하는 태도"라고 맹렬히 비난했다.[27] 그러나 인성학교유지회 상무위원회는 성명서를 발표하고 학교 교사를 대여하지 않는 것은 (1) 정치 분쟁적 악영향을 소학교 교육기관에 직접 파급시키지 않기 위하여, (2) 우리 자신의 무위한 소란으로 말미암아 외국인 경찰의 직접 간섭을 야기시킴과 같은 수치를 면하기 위하여, (3) 우리 각 단체와 각 개인의 반성을 촉구하기 위하여, (4) 적이 독계(毒計)를 시행할 기회를 방지하기 위하여라는 네가지 이유를 들어 중본한청 상해지부의 "모욕적 어구에 의한 공격"을 반박했다.[28]

상해교민단이 운영하는 인성학교는 설립 이래로 여러 차례 재정문제로 곤란을 겪었는데, 인성학교유지회는 폐교지경에 이른 인성학교의 재정문제를 해결하기 위하여 교민단을 중심으로 한 상해동포 51명의 발기로 1928년2월25일에 창립된 실질적인 학교운영 조직이었다. 유지회는 집행위원회와 상임위원회를 두고, 학교 규칙의 제정과 교장 및 교직원의 임면 등 학교운영과 관련된 모든 업무를 담당했다. 1928년10월에 진희창(秦熙昌)이 집행위원장으로 선출되고, 상무위원으로는 학교 교장인 김두봉(金枓奉)을 비롯하여 안창호(安昌浩), 선우혁(鮮于爀), 송병조(宋秉祚), 한진교(韓鎭敎), 엄항섭 등 12명이 선출되었다.[29]

그런데 인성학교유지회의 성명서가 발표된 이튿날인 8월9일에 교민단장 곽헌이 사임하고 김구가 새 교민단장으로 선임되었다.[30] 김구의 교민단장 취임은 위의 사건과 무관하지 않았다. 그리하여 김구는 이제 임시정부의 살림살이와 함께 임시정부의 조직기반인 교민단의 운영 책임까지 맡게 되었다.

---

27) 『朝鮮民族運動年鑑』, 1929년7월25일조.
28) 『朝鮮民族運動年鑑』, 1929년8월8일조.
29) 李明花, 「上海에서의 韓人民族教育運動」, 《한국독립운동사연구》 제4집, 독립기념관 한국독립운동사연구소, 1990, pp.128~129.
30) 『朝鮮民族運動年鑑』, 1929년8월9일조.

3

유일독립당 촉성운동은 각 지방 촉성회 가운데 가장 유력한 조직인 상해촉성회가 1929년10월26일에 해체를 결의함으로써 마침내 좌절되고 말았다. 이날 저녁 7시부터 프랑스조계의 혜중학교(惠中學校)에서 열린 회의에는 최창식(崔昌植), 홍남표, 조봉암, 구연흠, 곽헌, 정태희(鄭泰熙), 김원식(金元植) 등의 공산주의자들과 함께 민족주의자들 가운데 임시정부 주석 겸 법무장 이동녕(李東寧)과 인성학교 교장 김두봉, 임시의정원 의원 조완구 세 사람이 참석했다. 회의는 공산주의자들의 요청으로 열린 것이었다.[31] 유일독립당 촉성운동에 앞장섰던 안창호, 임시정부의 실질적 책임자인 김구, 촉성회연합회의 집행위원인 조소앙 등은 참가하지 않았다. 이들은 이미 공산주의자들의 의도를 파악하고 의례적인 대표만 참석시켰던 것 같다.[32]

최창식의 사회로 진행된 회의는 특별한 논란 없이 상해촉성회의 해체를 결의했다. 공산주의자들의 해체주장에 이동녕 등이 동의한 것이었다.[33] 이날 발표된 「해체선언」은 촉성회를 해체하는 이유를 다음과 같이 설명했다.

우리가 3년간을 통하여 밟아 온 독립당 조직운동을 회고하면, 그 어느 방법론계를 불문하고 속히 여하한 강령으로 독립당을 조직하여 보자고 하는 표시가 없었던 일, 일각도 휴식할 수 없는 혁명선에서 오로지 독립당을 조직한다는 것뿐이며 독립당을 조직하기까지 어떠한 투쟁을 하자는 것을 설명한 일도 없었던 것으로, 실로 이것은 지극히

---

31) 『外務省警察史 支那之部〈未定稿〉6』, pp.616~619.
32) 金喜坤, 앞의 책, p.266.
33) 金榮範, 「1920년대 후반기의 민족유일당 운동에 대한 재검토」, 《한국근현대사연구》 제1집, 한울, 1994, p.130.

공막(空漠)한 생각이며, 전혀 대중과 격리된 운동에 불과하였던 것이 아니냐.… 종래와 같은 방식에 의해서는 독립당이 성취될 희망이 없을 뿐 아니라 도리어 전통적 파쟁의 소용돌이 속에 요란한 파문을 거듭할 뿐이라는 것을 깊이 깨달을 수 있고, 또 시대의 추이에 의한 급격한 계급적 분화 작용은 유일당을 요하는 것이냐 협동전선을 요하는 것이냐라는 토론문제를 제출하지 않으면 안되는 계단에 이르렀다. 그러므로 우리는 과거의 과오를 청산하는 동시에 앞으로 전 민족적 혁명 역량을 여하히 결합시키느냐는 것은 실제 투쟁적인 구체적 조건으로 대중 앞에서 널리 토론할 것을 약속하고 단연코 본회의 해체를 선언한다.[34]

이렇듯 공산주의자들은 독립운동단체의 통합방식으로 유일독립당보다는 "대중적 협동전선"의 구축이 더 중요하다고 주장한 것이다. 그것은 기본적으로 코민테른의 「12월테제」의 지시에 입각한 것이었다. 공산주의자들의 이러한 태도변화로 말미암아 상해촉성회와 관내연합회는 결성된 지 1년7개월이 되도록 민족유일당 결성을 위한 구체적인 논의는 이루어지지 않았다.[35]

상해촉성회를 해체한 회의 참가자들은 그 자리에서 앞으로의 독립운동 방침에 대한 간담회를 열었다. 상해에서만 독립운동단체를 조직하자는 의견이 제기되어 모두들 찬성했다. 그러나 방법에 대해서는 의견이 갈렸다. 이동녕, 조완구, 김두봉, 최창식 등은 표면적으로 온건한 성격을 띠는 "동향회"와 같은 이름을 사용하여 많은 회원을 획득하고 실제로는 독립운동을 벌이는 단체를 결성할 것을 주장했다. 그러나 이날의 모임을 주도한 홍남표, 한위건 등 공산주의자들은 한국독립운동단체라는 것을

---

34) 「韓國唯一獨立黨上海促成會의 解體宣言」, 「韓國民族運動史料(中國篇)」, p.635.
35) 윤대원, 「상해시기 대한민국임시정부 연구」, p.298.

분명히 밝히고 철저하게 독립운동을 추진하는 단체를 결성해야 된다고
주장했다.[36] 그리하여 4~5명을 제외한 일치된 의견으로 유호한국독립운
동자동맹(留滬韓國獨立運動者同盟)을 조직하기로 했다. 간담회는 그
자리에서 유호동맹 창립대회로 바뀌어 「강령」, 「규약」, 「선언」의 범위를
정하고, 기초위원 3명을 선정한 다음 집행위원 7명을 선출할 전형위원 4
명을 선정하는 등 일사천리로 진행되었다. 회의는 자정이 되어서야 끝났
다.[37]

국무위원회 주석 이동녕 등이 상해촉성회 결성을 주도하고 촉성회연
합회 집행위원에 선출될 정도로 이 운동에 적극적이었는데도 불구하고
이 운동에 소극적이었던 김구는 상해촉성회가 해체되고 유일독립당 촉
성운동이 실패한 이유를 다음과 같이 회고했다.

국민대회[1923년의 국민대표회의]가 실패한 후 상해에서는 통일이
란 미명하에 공산당운동이 끊어지지 않고 민족운동자들을 종용하였
다. 공산당 청년들은 여전히 양파로 나뉘어 동일한 목적과 동일한 명
칭으로 '재중국청년동맹(在中國靑年同盟)'과 '주중국청년동맹(住中
國靑年同盟)'을 조직하고 상해의 우리 청년들을 앞다투어 포섭하여
독립운동을 공산운동화하자고 절규했다.

그러던 중 레닌(Vladimir I. Lenin)은 공산주의자들에게 "식민지운
동은 복국운동이 사회운동보다 우선"한다고 발표하였다. 이 말이 한
번 떨어지자 어제까지 민족운동 즉 복국운동을 비난 조소하던 공산
당원이 돌변하여 독립운동 민족운동을 공산당의 당시(黨是)로 주창
하였다. 여기에 민족주의자들이 자연 찬동하고 나서서 '유일독립당
촉성회'를 성립시켰다. 그런데 내부에서는 의연히 공산당 양파의 권력

36) 『外務省警察史 支那之部〈未定稿〉6』, pp.618~619.
37) 「獨立黨促成會의 解體와 獨立運動者同盟의 創立經過」, 『韓國民族運動史料(中國篇)』, p.635.

쟁탈전이 음양으로 치열하게 대립되어 한걸음도 전진되기 어려웠다. 민족운동자들도 차차 깨우쳐 공산당의 속임수에서 벗어나 결국 유일독립당 촉성회는 해산되고 말았다.[38]

이처럼 김구는 유일독립당 촉성운동은 공산주의자들이 민족주의자들을 끌어들여 독립운동을 공산주의운동화하려는 기도라고 인식했다.

이 무렵 김구는 상해에 있는 한국인 무정부주의자들과 가까이 지내고 있었다. 폭력행동을 통하여 민중을 각성시킴으로써 민족해방운동과 무정부주의혁명에 동참하게 한다는 무정부주의자들의 사상에 김구도 공감했기 때문이었을 것이다. 만주지역에서 활동하다가 상해로 와서 김구와 가까이 지내게 된 무정부주의운동자 정화암(鄭華岩: 본명 鄭賢燮)은 이때의 일을 다음과 같이 회상했다.

이 무렵 김구는 자기네와 가장 가까이 지내고 있었는데, 어느 날 기호파 인사들이 김구에게 물었다.

"요새 듣자 하니, 백범이 아나[아나키즘: 무정부주의]계통 사람들하고 제일 많이 상종한다고 하고 백범이 무정부주의자가 되었다고 하는데 사실이오?"

그러자 김구는 이렇게 대답했다.

"그게 무슨 소리요. 나는 무정부주의가 무엇인지, 공산주의가 무엇인지 분별하고 싶지도 않고 그런 것에 연구도 없는 사람이오. 다만 지난날에나 지금이나 마르크스주의에 다소라도 관련을 가진 젊은이를 만나면 믿음이 생기지 않소. 그러나 아나계통 사람을 만나면 옳은 것은 옳다고 하고 그른 것은 그르다고 하며 조금도 가작(假作)이 없고 인간 그대로를 드러내니 내가 상종하는 거요."

---

38) 『백범일지』, pp.313~314.

이처럼 공산주의자들에 대하여 일찍부터 불신감을 가지고 있던 김구는 그들의 성명서와 선전 인쇄물이 범람하는 분위기 속에서 사상적으로 고립감을 느끼고 있었던 것이다. 그는 기호파 인사들과 나눈 이러한 대화를 정화암에게 전하면서 다음과 같이 말했다고 한다.

"세상 사람들이 나보고 무정부주의자가 다 되었다고 하는 얘기에 나는 신경을 안 쓰오. 우리 그런 것에 신경을 쓰고 말고 앞으로는 최후까지 같은 전선에서 운명을 같이합시다."[39]

김구는 1932년4월의 윤봉길(尹奉吉)의 홍구공원(虹口公園)폭파 때에도 정화암 등 무정부주의자들과 연락하고 있었던 것은 뒤에서 보는 바와 같다. 한국인 무정부주의자들은 1928년 6월에 무정부주의운동의 국제적 연대를 위하여 상해에서 동방무정부주의자연맹에 가맹하여 활동했다.[40]

결성 때부터 폭력투쟁을 전개해 온 의열단(義烈團)도 1929년에 이르러 분열되었다. 그것은 의열단장 김원봉(金元鳳)이 공산주의자들과 제휴함에 따라 의열단원 가운데 많은 민족주의자들이 이탈했기 때문이다. 그리하여 의열단 상해지부는 단의 해체를 전제로 한 전체대회를 소집할 것을 요구했으나 받아들여지지 않자 12월2일에 단독으로 "조선의 전 피압박 대중이 요구하는 조직은 단지 한 계급의 전위적 조직이 아니고 대중적 협동전선의 형태이다. 그리고 본단은… 하나의 계급적 기초도 없다"라고 천명하는 「해체성명서」를 발표했다.[41]

---

39) 鄭華岩 증언, 이정식 면담·김학준 편집해설, 『혁명가들의 항일회상』, 민음사, 2005, pp. 388~389.
40) 오장환, 『한국 아나키즘운동사 연구』, 國學資料院, 1998, p.141.
41) 「義烈團上海支部의 解體宣言」, 『韓國民族運動史料(中國篇)』, p.636; 김창수, 「의열단의 성립과 투쟁」, 『한국민족독립운동사(4) 독립전쟁』, 국사편찬위원회, 1988, p.500.

2. 광주학생운동 소식 듣고 한국독립당 결성

1

공산주의자들과 협력하여 "광복운동자의 대단결인 당"을 결성함으로써 임시정부의 지도력을 강화하고자 했던 민족주의자들은 공산주의자들과의 협력이 불가능하다는 사실이 드러나자 임시정부의 기반이 될 독자적인 정당을 조직하기로 했다. 그러한 움직임의 촉매제가 된 것은 1929년11월에 국내에서 일어난 광주학생운동이었다. 11월3일에 발생한 한국인 학생과 일본인 학생 사이의 충돌로 시작하여 이듬해 3월에 이르기까지 전국적으로 파급되어 194개교의 학생 5만4,000여명이 시위에 참가하여 1,642명이 구속되고, 582명이 퇴학, 2,330명이 무기정학 처분을 받은[42] 광주학생운동은 3·1운동 이후 최대의 항일민족운동이었다. 이 운동은 국내뿐만 아니라 침체국면에 빠져 있던 해외 각지의 독립운동자들을 크게 고무시켰다. 조선총독부는 광주학생운동 이후의 상해 독립운동자들의 동향에 대하여 다음과 같이 분석했다.

광주사건은 재외 한인, 그중에서도 민족주의자에 대하여 가장 이상한 자극을 주어, 그들은 이에 민족의식을 회복하고 조락의 비참한 상황에서 전환하여 일제히 활동을 개시하게 되었는데, 그 가운데 상해임시정부의 수령 이동녕 일파와 흥사단장 안창호 일파는 기회가 도래했다고 간주하고 자주 상해, 천진, 북경 사이를 왕래하면서 각종 독립운동단체를 규합하여 한국 민족의 대동단결과 통일운동에 힘쓰며 인심의 일신을 획책하려고 새로 한국국민당(韓國國民黨)을 조직하

---

42) 광주학생독립운동기념사업회, 『光州學生獨立運動略史』, 光州學生獨立運動紀念事業會, 1998, pp. 9~10.

1929년 11월 3일 한일 학생들 사이에 충돌이 있고 난 뒤의 광주역 광장.

고, 특사를 해내외에 밀파하여 취지의 선전과 연락을 도모하며, 한국 내에 대해서도 평양에 있는 동우회(同友會) 등과 기맥을 통하여 동지 모집과 자금 조달을 기도하는 등 그 행동이 점차 구체화하는 추세에 있다.… (이들은) 대체로 중국국민당의 주의 정신에 따라 한국 국민의 혁명 완성을 도모할 목적 아래 한국국민당을 결성한 것 같다.[43]

이 보고서가 말하는 '한국국민당'이란 1930년 1월 25일에 조직된 한국독립당(韓國獨立黨)을 지칭하는 말이었다.[44]

그런데 1929년 11월 4일에 조소앙이 이승만에게 보낸 편지는 한국독립당의 결성 논의는 광주학생운동 이전부터 이미 시작되고 있었음을 말해준다.

원동의 형세가 무르익는 속에서 한중의 교제가 깊어지고 있습니

---

43) 「安昌浩 一派의 韓國國民黨組織其後의 行動에 관한 件」, 『韓國民族運動史料(中國篇)』, pp. 645~646.
44) 金喜坤, 앞의 책, pp.311~317; 盧景彩, 『韓國獨立黨研究』, 신서원, 1996, pp.47~48.

다. 이 기회에 위명(威名) 있는 이가 나서서 주선하면 반드시 좋은 결과를 얻을 것입니다. 대개 독립당의 성립이 곧 있을 것이나 뭇 용들은 우두머리가 없습니다. 우방의 호의도 돈후하지 않음이 없으나 우리에게서 그 국면을 담당할 사람이 없습니다. 국내나 국외나 다 영수가 없는 감회를 느끼니, 아마도 일반의 심리가 그러지 않으려 해도 그렇게 되는 것입니다.

좌하의 생각은 어떠하신지 모르겠습니다. 이순(耳順)의 세월이 눈 한번 굴리듯 빠른데, 환경에 익숙해져서 하와이의 작은 국면에 얽매어 사는 바가 되셨습니까. 혹 용호(龍虎)가 풍운을 타고 일어나듯이 기회를 놓치지 말고 결연히 동쪽으로 건너오셔서 여러 호걸들이 있는 데서 주선하여 기미년의 쾌거를 일으키지 않으시겠습니까. 아니면 혹 아직 때가 멀었다고 하여 일본과 미국이 교전하는 때를 기다리시는 것입니까. 이에 대하여 의문이 있어서 감히 질의하오니 확실한 회답을 받기를 원합니다.

어리석은 저의 견해로는 동쪽으로 건너오셔서 현신하여 설법한 뒤에야 만절[晩節: 늦게까지 지키는 절의]의 아름다움을 다할 수 있고, 시사도 전개할 수 있게 될 것이라 여깁니다. 공경히 답장을 씁니다. 11월 4일. 조지부(趙知不)는 삼가 씁니다.[45]

조소앙이 말하는 "독립당"이란 한국독립당을 뜻하는 것이었을 것이다. 조소앙은 한문초서로 쓴 이 편지의 마지막 장 여백에 한글로 "검열이 있을까 하여 이만 말씀드립니다. 검열하면 한인이 볼 듯합니다"라고 적었다. 그것은 이승만에게 상해로 오라고 한 권고가 한국독립당을 조직하는 민족주의자들의 합의에 따른 것은 아니었음을 시사한다. 조소앙은 이

---

45) 「趙素昻이 李承晚에게 보낸 1929년11월4일자 편지」, 『雩南李承晚文書 東文篇(十八) 簡札 3』, p.236.

시점에서 개인적으로 이승만이 상해로 건너와서 민족주의자들을 규합하고 신간회를 주동하는 국내의 민족운동세력과 연계를 강화하는 것이 효과적인 독립운동 방략이라고 판단했던 것이다.

조소앙의 이 편지는 이승만이 보낸 편지에 대한 답장이었는데, 이승만이 보낸 편지는 보존되어 있지 않다. 그리고 조소앙의 이러한 제의를 받고 이승만이 어떤 반응을 보였는지도 알 수 없다. 그러나 하와이 섬의 동지촌 건설사업에서 손을 떼고 동지회의 조직을 확대할 생각을 하던 이승만이 자금 대책도 없이 무턱대고 상해로 건너가는 것은 아무런 성과도 기대할 수 없는 일이었다.

1929년12월11일부터 사흘 동안 임시정부 청사에서 제22회 임시의정원 회의가 열렸다. 유일독립당 촉성운동의 와중에서 제대로 회의도 열지 못하다가 광주학생운동 등 새로운 정세변화 속에서 개회된 정기회의였으므로 시국문제에 대한 심도 있는 논의가 있었을 것이지만 회의록은 물론 신문자료도 보존되어 있지 않아서 회의내용은 정확히 알 수 없다. 다만 상해 주재 일본총영사의 간략한 상황보고를 통하여 회의의 윤곽을 대충 짐작할 수 있을 뿐이다. 회의에는 의장 김붕준(金朋濬)을 비롯하여 김홍서(金弘敍), 김철, 김갑, 차리석(車利錫), 선우혁, 조완구, 엄항섭 등 의원 17명이 출석했다. 이동녕도 의원의 한 사람으로 출석한 것이 특이하다. 1929년도 결산과 1930년도 예산심의가 있었다. 1929년의 임시정부의 수입총액은 896달러74센트였고, 같은 액수의 지출이 있었다는 결산보고 채택에 이어, 1930년도 예산총액으로 1,000달러를 책정했다. 의정원 의결사항 가운데 이채로운 것은 국무원 이동녕, 김구, 오영선(吳永善) 세 사람에게 "병 위문금"으로 20달러씩 증정하기로 한 것이었다. 이 무렵 임시정부의 간판을 지키던 국무원은 이들 세 사람뿐이었는데, 이들에게 사례비로 20달러씩 지급하기로 한 것이었다. 그리고 만주 및 간도 지방과 미주 및 하와이 지방 선출의원 두 사람의 결원에 대한 보결선거를 실시한 결과 만주 및 간도 지방 대표로는 이탁(李鐸)이, 미주 및 하와이 지방 대

표로는 안창호가 선출되었다.[46]

2

한국독립당은 1930년1월25일에 프랑스조계 마랑로 보경리(馬浪路 普慶里) 제4호의 임시정부 청사에서 결성되었다.[47] 이때에는 상해교민단도 사무실을 별도로 두지 못하고 임시정부 청사를 같이 쓰고 있었다. 한국독립당을 발기한 28명은 선우혁, 조상섭(趙尙燮), 이유필(李裕弼), 송병조 등 안창호 측근의 개조파 그룹과 이동녕, 김구, 조완구, 엄항섭, 안공근 등 임시정부옹호파가 주류를 이루었으나, 이승만이 탄핵 면직된 뒤로 임시정부에 소극적이었던 조소앙, 윤기섭, 연병호(延秉昊) 등도 참가했다.[48] 이들은 당의 발전책으로 (1) 상해의 전차와 버스회사의 한인종업원을 가입시켜 당의 기반을 공고히 할 것, (2) 중국국민당과 연락 제휴를 도모할 것, (3) 국내 자산계급과 연락을 도모할 것, (4) 재미동포와의 연락을 밀접히 할 것 등의 사항을 결정했다. 회의는 또 이동녕, 안창호, 김두봉, 조완구, 조소앙 등 기초위원 7명이 기초한 다음과 같은 「당의(黨義)」를 채택했다.

우리는 5천년 자주 독립하여 오던 국가를 이족(異族) 일본에 빼앗기고 지금 정치의 유린과 경제의 파멸과 문화의 말살 아래 사멸에 직면하여 민족적으로 자존을 득하기 불능하고 세계적 공영을 도모하기 미유(未由)한지라. 이에 본당은 혁명적 수단으로써 원수 일본의 모든 침탈세력을 박멸하여 국토와 주권을 완전히 광복하고 정치, 경제, 교

---

46) 「大韓臨時議政院開會」, 『韓國民族運動史料(中國篇)』, pp.636~637.

47) 「上海及ビ南京方面ニ於ケル朝鮮人ノ思想狀況 昭和十二(1937)年」, 金正柱 編, 『朝鮮統治史料(十)』, 韓國史料研究所, 1971, p.697.

48) 「安昌浩一派의 韓國國民黨組織其後의 行動에 관한 件」, 『韓國民族運動史料(中國篇)』, pp.645~646.

육의 균등을 기초로 한 신민주국을 건설하여서 내로는 국민 각개의 균등생활을 확보하며 외로는 민족과 민족, 국가와 국가의 평등을 실현하고 나아가 세계일가의 진로로 향함.[49]

대회는 이어「당강(黨綱)」으로 (1) 대중의 혁명의식을 환기하여 민족적 혁명역량을 총집중하고, (2) 엄밀한 조직 아래 민족적 반항과 무력적 파괴를 적극적으로 진행하며, (3) 세계 피압박 민족의 혁명단체와 연락을 취하고, (4) 토지와 대량생산기관을 공유(公有)로 하며, 국민의 참정권을 평등하게 할 것 등의 8개항을 채택했다.[50]

그러나 한국독립당은 대독립당으로서의 역량이 갖추어질 때까지 당분간 비밀결사로 유지하기로 했기 때문에 이러한「당의」와「당강」등은 외부에 알려지지 않았다.[51] 한국독립당의 이러한「당의」와「당강」은 조소앙의 삼균주의(三均主義) 이론에 이념적 바탕을 둔 것이었다. 삼균주의는 조소앙이 민족유일당운동을 추진하는 과정에서 지도이념의 필요성에 따라 정리한 이론으로서[52] 손문(孫文)의 삼민주의(三民主義)를 본뜬 것으로 보인다. 김구는 한국독립당의 결성에 대하여 "한독당은 순전한 민족주의자인 이동녕, 안창호, 조완구, 이유필, 차리석, 김붕준, 김구, 송병조 등을 지도자로 하여 창립되었다. 이로부터 민족주의자와 공산주의자가 조직을 따로 가지게 되었다"[53]라고 간단히 적어 놓았을 뿐이다.

광주학생운동을 계기로 상해 독립운동자들은 다시 공동보조를 취하기로 하고 상해의 여러 단체를 규합하여 1930년 1월 중순에 상해한인각

49) 三均學會 編,『素昻先生文集(上)』, 횃불사, 1979, p.337.
50) 「上海及ビ南京方面ニ於ケル朝鮮人ノ思想狀況 昭和十二(1937)年」, 金正柱 編,『朝鮮統治史料 (十)』, p.698.
51) 趙凡來,「上海韓國獨立黨의 組織變遷과 活動에 대하여」, 《한국독립운동사연구》 제3집, 독립기념관 한국독립운동사연구소, 1989, pp.382~387; 韓詩俊,「上海韓國獨立黨研究」,「車文燮博士 華甲紀念史學論叢」, 1989 및 盧景彩, 앞의 책, pp.47~53 참조.
52) 김기승,『조소앙이 꿈꾼 세계』, 지영사, 2003, p.215.
53) 「백범일지」, p.314.

단체연합회를 결성했다. 연합회는 3·1절을 기하여 성대한 기념행사를 거행하고 이를 널리 선전하기로 했다. 그러나 공산주의자들이 자기네 단체 주관으로 앞으로의 운동방법 등을 결의하여 민중의 혁명열기를 고취하려고 기도한 계획이 드러남에 따라 2월 말에 이르러 연합회는 해산되었다.[54] 이때부터 두 진영 사이에 성명전과 폭력대결이 시작되었다.

공산주의자들과의 폭력대결의 선봉에 선 민족주의 단체는 병인의용대였다. 병인의용대의 공산주의자 공격은 프랑스공부국 경찰과의 공조 아래 진행되었다. 재중한청 상해지부 소속의 안종면(安鍾冕)이 병인의용대원들에게 납치되는가 하면, 프랑스공부국 경찰이 한위건(韓偉健)의 집을 수색하여 중국공산당 인쇄물을 압수하고, 최창식을 체포하여 일본총영사관에 인계했다. 일찍이 이르쿠츠크파 고려공산당의 간부였고 임시의정원 의장으로서 이승만 탄핵에 앞장섰던 최창식은 5월21일에 국내로 압송되었다.[55]

김구는 병인의용대와 함께 공산주자들과 정면으로 대결했다. 재중한청 제1지구 상해지부가 3월6일에 「임시정부의 해체를 주장함」이라는 성명서를 발표하자,[56] 임시정부는 4월1일에 공산주의자들의 분파주의를 점잖게 꾸짖으면서 "우리들에게 적이 많아 사면이 다 적이다. 포위에 당하여 생사의 찰나에 판단할 경지에서 어찌하여 일치하지 못하느냐. 개인은 개인, 단체는 단체로 속히 일치하라.… 기이(奇異)를 구하지 말라. 기이에는 독소가 있다.… 진리는 평상(平常)에 있다. 희미한 등화에 혹하지 말고 발밑의 가시밭을 헤치며 나아가자"라고 경고하는 성명서를 발표했다.[57]

김구는 병인의용대를 중심으로 하여 5월10일에 민단 산하에 의경대

54) 「安昌浩一派의 韓國國民黨組織 그 後의 行動에 관한 件」, 『韓國民族運動史料(中國篇)』, p.645.
55) 「在中國韓人靑年同盟第一區上海支部公開狀」, 위의 책, pp.653~657; 「4명의 韓人 체포에 관한 건」, 『韓國獨立運動史 資料(20) 臨政篇 Ⅴ』, p.117.
56) 『朝鮮民族運動年鑑』, 1930년3월6일조.
57) 「獨立運動者에 告함」, 『韓國民族運動史料(中國篇)』, pp.643~644.

(義警隊)를 새로 조직하고,[58] 7월에는 교민단 기관지로 《신상해(新上海)》를 창간하여,[59] 기존의 《민단공보(民團公報)》와 함께 발행했다. 이보다 앞서 조소앙도 부정기로 《한보(韓報)》를 발행하여 공산주의자들과 이론투쟁을 전개했다.[60] 《한보》가 언제부터 발행되었는지는 분명하지 않으나, 1930년 3월 26일에 제11호가 발행되었다.[61]

재중한청 제1지구 상해지부는 7월에 김구와 병인의용대의 행동을 규탄하는 장문의 「공개장」을 발표했다. 그들은 김구를 가리켜 "민족 파시스트가 우리를 도살 구축하려고 한다"고 말하고, 민단은 프랑스공부국으로부터 연간 600원의 보조를 받는 "프랑스 제국주의자의 어용단체"라고 매도했다. 「공개장」은 병인의용대의 일련의 '난동'을 열거한 다음, 그 직접 지도자는 김구, 조완구, 조소앙, 엄항섭, 박찬익(朴贊翊) 다섯 사람이고, 그 배경은 한국독립당과 프랑스 제국주의자와 중국국민당 도살 정부라고 주장했다. 또한 이 「공개장」은 흥사단에 대하여 그들의 중립은 "간접으로 그들의 반동을 조장한 것 외에 아무런 효과가 없었던 것"이라고 비판하고 있어서 흥미롭다. "혁명자를 친일파의 밀정이라는 죄명으로 도살하려고 하는 반동적 행동에 대하여 중립은 절대로 있을 수 없다"는 것이었다.[62]

임시정부의 재무장이자 교민단장이기도 한 김구에게 주어진 무엇보다도 절실한 과제는 자금조달이었다. 시카고 동포들의 219달러 송금에 용기를 얻은 김구는 계속해서 하와이와 미국 본토, 멕시코, 쿠바 등지의 동포들에게 자신의 말대로 "진실성 있는" 편지를 써 보냈다. 동포들의 호응이 나타나기 시작했다. 『백범일지』에는 이때에 성금을 보내 준 30명의 명단이 열거되어 있다. 하와이의 안창호(安昌鎬), 현순(玄楯), 김상호(金

58) 「在中國韓人靑年同盟第一區上海支部公開狀」, 위의 책, p.656.
59) 「大韓僑民團에서 發行하는 《新上海》 創刊號 記事」, 같은 책, p.644.
60) 「在中國韓人靑年同盟第一區上海支部公開狀」, 같은 책, p.654.
61) 「朝鮮民族運動年鑑」, 1930년 3월 26일조.
62) 「丙寅義勇隊의 野獸의 强盜行爲에 대한 公開狀」, 『韓國民族運動史料(中國篇)』, p.657.

商鎬), 이홍기(李鴻基), 임성우(林成雨), 박종수(朴鍾秀), 문인화(文寅華), 조병요(趙炳堯), 김현구(金鉉九), 안원규(安源奎), 황인환(黃仁煥), 김윤배(金潤培), 박신애(朴信愛), 심영신(沈永信)과 샌프란시스코의 김호(金乎), 이종소(李鍾昭), 홍언(洪焉), 한시대(韓始大), 송종익(宋宗翊), 최진하(崔鎮河), 송헌주(宋憲澍), 백일규 등과 멕시코의 김기창(金基昶)과 이종오(李鍾旿), 쿠바의 임천택(林千澤)과 박창운(朴昌雲), 그리고 이승만을 비롯한 동지회의 이원순(李元淳), 손덕인(孫德仁), 안현경(安玄卿) 등이 그들이다.[63]

동지회 이외의 사람들은 거의가 이승만의 반대입장에 있는 사람들이었다. 하와이 인사들은 박용만계의 대조선독립단과 현순이 주도하는 임시정부 재정후원회 사람들이었고, 멕시코와 쿠바 인사들은 모두 대한인국민회쪽 사람들이었다. 이원순은 박용만이 피살된 뒤에 동지회에 합류하여 이승만을 도왔고, 이승만의 신임을 한 몸에 받던 김현구는 1930년 8월경부터 격렬한 이승만 반대파가 되었다.

이들 동포들이 보내오는 애틋한 성금을 김구가 얼마나 소중하게 관리했는지도 웃지 못할 이야깃거리이다. 송금은 상해의 총우편국을 통하여 오는 것이었으므로 그곳에 가서 찾아야 했다. 그러나 총우편국은 일본경찰이 한국인을 체포할 수 있는 공동조계에 있었으므로 김구가 직접 가서 찾을 수는 없었다. 일껏 믿고 심부름을 보낸 사람들 가운데는 돈을 찾아 노름에 써 버리기도 하고, 잃어버렸다는 사람도 있었다. 김구는 돈이 손에 들어오면 주머니에 넣고 실로 꿰매어 버렸다. 사생활에 쓰지 않기 위해서였다. 그리하여 꼭 필요한 일이 있을 때에만 꿰맨 주머니를 텄다.[64]

그러던 어느 날 하와이의 안창호와 임성우 등 몇 사람으로부터 "선생이 정부를 지키고 있는 것을 감사히 생각한다. 그런데 선생 생각에 무슨

---

63) 『백범일지』, pp.320~321.
64) 鄭華岩 증언, 이정식 면담·김학준 편집해설, 앞의 책, p.387.

사업을 하고 싶은가? 우리 민족에 큰 도움이 되는 일이라면 돈을 주선하 겠다"는 요지의 편지가 왔다. 김구는 다음과 같이 회답했다.

"무슨 사업을 하겠다고 말할 필요는 없으나 간절히 하고 싶은 일이 있으니, 조용히 돈을 모아 두었다가 보내라는 통지가 있을 때에 보내라."

그러자 하와이에서는 그렇게 하겠다는 고무적인 편지가 왔다. 이때 부터 김구는 "민족의 생색될 일이 무엇이며 내가 그런 일을 할 수 있을까 를 연구하기 시작했다"고 『백범일지』에 적어 놓았다.[65] 그러한 연구의 결 과는 먼저 1932년1월8일에 세상을 놀라게 한 이봉창(李奉昌)의 일본 천 황에 대한 투탄사건으로 나타났다.

---

65) 『백범일지』, p.321.

3. 동지촌 건설의 꿈이 깨어지다

1

광주학생운동은 하와이 동포들에게도 큰 자극이 되어 동포사회의 지도자들 사이에 다시 합동운동이 일게 되었다. 그 분위기를 이승만은 그럴듯하게 묘사했다.

근래에 이르러 하와이 동포들의 보통상태를 보건대 전과 대단히 달라서 지낸 경력으로 각오를 얻으며, 현하 내지활동에 촉감을 받으며, 장래에 같이 살길을 도모하자는 계획에 더욱 긴절히 생각하야 서로 합동되어야만 하겠다는 정신이 스스로 발표되므로, 전에 고개를 돌리고 인사를 아니하던 사람들이 함께 모여서 왕사를 생각하고 눈물을 머금으며 목이 메여서 말을 못하고 악수하는 것을 내 눈으로 볼 때에, 나의 냉담한 간담으로도 감동치 않을 수 없어서 우리의 시기가 이른 것을 감사하며, 나의 힘 자라는 데까지는 진심으로 도웁기를 힘쓰기로 결심이로다.…66)

이러한 분위기 속에서 2년 전에 대한민족통일촉성회를 결성했던 인사들을 중심으로 1930년1월13일 밤에 한인협회(韓人協會)가 발기되었다. 한인협회는 「1대주의」와 「3대강령」을 제정하고 동지들을 규합하기로 했는데, 「1대주의」로는 "민족주의에 기인하여 대한독립운동을 촉진함"을 천명하고, 「3대정강」으로는 (1) 임시정부로 중력을 집중함, (2) 운동의 방략은 최후 일인, 최후 일각까지 분투함, (3) 독립당 통일을 기성함이라는 세가지를 표방했다. 2월6일에 정식으로 발족한 한인협회는 위원제로 운

---

66) 리승만, 「하와이한인합동」, 《태평양잡지》 1930년5월호, p.2.

영하기로 하고, 통일촉성회 회장을 맡았던 조용하(趙鏞夏)를 위원장으로 하는 15명의 위원을 선출했다.[67] 40명으로 출발한 한인협회는 한달 뒤에는 회원이 80명으로 증가했는데,[68] 그것은 박용만 사망 이후에 구심점을 잃은 독립단 단원들이 중립적 인사들과 협력하여 적극적으로 참가했기 때문이었다.[69] 그러나 교민단이나 동지회 인사들은 한인협회에 참여하지 않았다. 이들은 이승만이 구상하는 더 큰 규모의 통일운동을 준비하고 있었다.

이승만은 통일운동에 발 벗고 나서기에 앞서 4년 넘게 발행이 중단된 동지회 기관지《태평양잡지》를 속간하는 데 주력했다. 그리하여《태평양잡지》는 1930년2월부터 속간되었다.[70] 속간호가 보존되어 있지 않아서 자세한 경위는 알 수 없으나,《태평양잡지》의 속간은 동지촌 건설과 함께 이승만의 가장 절실한 숙원사업이었다. 이승만은 잡지 발행의 일도 김현구에게 맡겼다. 그리하여 교민단 서기 겸 재무이자《국민보(國民報)》 주필인 김현구는 또《태평양잡지》의 편집인 겸 발행인이 되었다. 이승만은 이밖에도 김현구에게 한인기독교회 이사원, 동지회중앙부 이사원, 동지회 호놀룰루지방회 회장, 대한부인구제회 찬성원 등의 직임을 맡겨 놓고 있었다.[71] 이승만은 소중히 보관해 온《태평양잡지》활판 주자도 팔루아 언덕의 자기 집에서 교민총단 사무실로 옮겼다.[72] 그만큼 그는 김현구를 신임했다.《태평양잡지》에는 이승만과 김현구의 글뿐만 아니라 한인기독학원의 제자였던 김현구의 아내 안금례(安今禮)의 글도 실렸다.[73]

이승만은《태평양잡지》에 정력적으로 글을 썼다. 1930년7월호에는

---

67)《新韓民報》1930년3월6일자,「하와이: 한인협회를 조직하여」.

68)《新韓民報》1930년4월3일자,「하와이: 한인협회가 진흥되어」.

69) 홍선표,『재미한인의 꿈과 도전』, pp.26~27.

70)《新韓民報》1930년3월20일자,「하와이: 태평양잡지 다시 계속 간행」.

71) 박상하,「합동문제와 이번 풍파의 진상」,《太平洋雜誌》1930년10월호, p.29.

72) 리승만,「사실설명」,《太平洋雜誌》1930년10월호, p.20.

73) 안금례,「지나간 3년 일로 여러분에게 감사와 청구」,《태평양잡지》1930년5월호, pp.37~39.

모두 18편의 글이 실렸는데, 그 가운데 7편이 이승만이 쓴 글이었다. 내용도 동지회 사업계획, 동지식산회사 주주대회 등의 동지회 사업과 관련된 문제에서부터 인도독립문제에 관한 논평에 이르기까지 다양했다. 이러한 글들은 하와이 섬의 동지촌을 오가면서, 그리고 미주 각 지방과 하와이의 동지회 대표들이 참가하는 대대적인 동지미포대표회(同志美布代表會)를 구상하면서 쓴 것이었다. 박용만이 조선총독부의 밀정이었다는 상해 인사들의 주장을 부인하면서 쓴 다음과 같은 문장은 대조선독립단원들을 동지회로 끌어들이는 데 크게 영향을 끼쳤을 것이다.

나는 하와이에 온 것을 종종 후회할 때가 있었나니, 이는 나의 친동기같이 지극히 사랑하던 고 박용만공과 길이 갈려서 원수같이 싸운다는 누명을 쓰게 된 연고라. 일편단심에 은근히 바라기는 언제든지 나의 충정을 발표하야 모든 것을 해혹[解惑: 의심을 풀어 버림]하고 여전히 악수 병진할 날이 있으리라 함일러니, 오호 통재라! 지금은 다 왕사가 되고 말았으니, 이렇게 될 줄을 진작 알았더라면 가시를 지고 사과하기를 지체치 않았으리로다.

혹은 말하기를 용만이 적에게 팔린 바 되어 몇천원 금전을 받고 원수의 노예가 되었거늘 이승만이 말과 글로 용만을 두호하니 반역의 죄명을 면할 수 없다 하는 시비를 들을 터이나, 나는 내 눈으로 보지 않고는 그 철석같은 애국심으로 왜적에게 금을 받고 팔리었을 줄을 믿을 수 없노라. 영위여일해망(寧爲與日偕亡), 차라리 일본과 함께 망할지언정 불가대천구생(不可戴天俱生), 하늘을 이고 함께 살 수는 없다고 서언(誓言)한 박용만이 이렇게 변할 수는 결코 없었을 것이요, 설령 그 마음이 이만치 변하였다 할지라도 한성내에 있었을 것 같으면 일인이 순사 몇명으로 잡아다 가두었을 것인데, 몇천원을 주어 내보내어 배일운동을 하게 버려두었을 리가 만무하리니, 이런 전설을 취신(取信)하기 어려운 연고이로다.

원래로 하와이 동포가 다 국민회 명하에 통일이며 독립을 회복하자는 것이 유일한 목적인 바, 중간에 의견이 갈려서 명칭이 따로 되었으나 실로 본 목적은 피차에 변치 않은지라. 지금에 이르러는 독립단과 교민단 사이에 목적이 동일하며 주의주장이 또한 동일하니, 그동안에 갈려 지낸 모든 경력은 다 잊어버리고 다시 악수하야 한길로 나가게 되면 박공의 평생 목적을 속성케 함이요 우리 민족 대업을 촉진함이니, 이 어찌 만행이 아니리요.…[74]

이 무렵의 어느 날 이승만은 사람을 보내어 대조선독립단의 중추적 역할을 하고 있는 이원순을 특별히 불렀다. 이원순은 박용만의 피살문제로 아직도 경황이 없는 상황이었다. 이승만은 이원순을 반가이 맞으면서 말했다.

"미스터 리, 자네는 하와이에 처음 올 때부터 나와 같이 일했어야 할 사람이었네."

이원순은 이승만의 서울YMCA 학교 학감 시절의 제자였다. 그가 1913년10월에 하와이에 왔을 때에 이승만은 "일할 사람이 하나 늘었군" 하고 반겼었다. 그러나 박용만의 대조선국민군단 캠프를 방문하고 감동한 이원순은 그때부터 바로 박용만을 도와서 일해 왔다. 이원순은 자동차 판매와 부동산 매매업 등을 하면서 재산도 모았다.

이승만은 이원순의 눈치를 살피면서 조심스럽게 말했다.

"지금이라도 늦지 않으니 같이 일하지 않겠나?"

이원순은 신중했다.

"독립단 단원들과 상의한 다음 결정하겠습니다."

독립단 단원들과 상의한 결과 우선 이원순만 동지회에 입회하고 독립

---

74) 리승만, 「하와이한인합동」, 《태평양잡지》 1930년5월호, pp.2~3.

단은 일단 그대로 유지하기로 했다.[75] 이때부터 이원순은 해방될 때까지 이승만의 가장 충실한 협조자가 되었다.

2

《태평양잡지》발행보다도 이승만에게 더 절실하고 더 중대한 것은 동지촌 건설 사업을 어떻게든지 마무리하는 일이었다. 그는 미국 본토여행에서 돌아와서는 1930년2월에 두차례, 그리고 4월에는 8일에서 23일까지 동지촌에 가 있었다. 김현구는 이승만이 본토를 여행하면서 6만달러 가량의 자금을 구해 왔다고 써 놓았으나,[76] 그것은 턱없이 과장된 액수였다. 이승만의 『여행일기(Log Book of S. R.)』에도 모금한 기록이 없고 「동지식산회사재정보고」에도 기재되어 있지 않다. 그러나 《태평양잡지》를 속간할 수 있었던 것으로 보아 얼마간의 자금을 마련해 온 것은 틀림없어 보인다.

임시의정원의 탄핵에 대한 억분을 반추하며 5년 동안 이승만이 심혈을 기울인 동지식산회사 사업은 1930년에 이르러 채산이 맞지 않는 사업임이 드러났다. 1930년5월19일부터 이틀 동안 한인기독교회에서 열린 동지식산회사 주주대회는 그동안의 사업이 사실상 실패했음을 인정했다. 모든 것은 자금부족 때문이었다. 주주 98명을 대표한 25명의 인사들은 회사의 경영상황을 검토하고 다음 네가지를 의결했다.

첫째는 주식판매문제였다. 자본금 7만달러로 책정한 주식이 아직 절반도 팔리지 않아서 회사 사업을 목적한 대로 시행할 수 없으므로 우선 매 주주가 5고(50달러)씩 더 사기로 하고, 모든 동지회 회원들은 몇고씩

---

75) 李元淳, 『世紀를 넘어서: 海史 李元淳自傳』, 新太陽社, 1989, pp.178~179.
76) 金鉉九, 『零南略傳』(未刊行原稿), p.120; Dae-Sook Suh ed., *The Writings of Henry Cu Kim*, p.210.

사기도 하고 파는 일을 협조하도록 했다. 그리고 앞으로 이익이 날 때에는 주식을 이미 산 사람들이나 새로 사는 사람들이나 이익금을 똑같이 분배하기로 의결했다. 이때까지는 이익이 나지 않아서 주주들에게 이익금을 분배할 수 없었다. 그 자리에서 55고(55달러 가액)가 팔렸다.

주목되는 것은 둘째 결의였다. 그것은 이승만으로 하여금 식산회사 업무를 직접 담당하지 않도록 한 것이었다. 식산회사 사장 차신호와 재무 김유실의 공동명의로 발표된 「주주회의보고서」는 이에 대해 "일반 동포의 공동요구를 인연하야 리 박사께서는 주무원의 책임을 친담치 마시게 하고, 다만 사무처리에 대하야는 모든 임원이 전과 같이 리 박사의 처리를 따라 협찬할 것이며…"라고 기술했다. 요컨대 일반 동포의 요구에 따라 이승만이 회사운영의 실무에서 손을 떼게 한다는 것이었다.

셋째로 이승만을 이사부장[이사장]으로 하는 이사원 9명과 임원 3명(사장 차신호, 재무 김유실, 서기 최성태)을 선정했다.

넷째는 사업현황 보고였다. 「주주회의보고서」에는 다음과 같이 기술되어 있다.

고본 발매로 수입 총액이 합 2만6,000여원이며, 각국인에게 부채조가 토지가 미불조 합 5,800원을 합하야, 리 박사 부지조로 차대한 것은 치지 말고, 합 2만9,000여원인데, 이에 대한 소유물산은 토지가 954에이커요 가옥이 10여채며, 목탄광 설비와 큰톱기계와 모든 제구입니다.

이상 소유의 가격을 말하면, 호놀룰루 어떤 백인의 토지기관회사에서 954에이커에 10만원을 받아 주리니 구문으로 100에 15분을 달라 하는 고로 허락지 아니하였으니, 몇해만 더 가지고 나가면 이에서 또 갑절이나 올라갈 것을 기필하겠으며, 그 안의 재목이 대략 1척(尺)에 10전씩만 쳐도 30여만원의 가치가 들어 있으며, 소를 사서 목장을 만들어도 2~3년 내로 큰 자본을 만들 것이 무려[無慮: 염려 없음]하며,

농사로도 무엇을 하든지 실수 없이 이익을 보기에 의심이 없습니다.

보고서는 이렇게 장밋빛 자산평가를 한 다음 그동안의 영업에서 이익을 내지 못한 것은 오로지 자본부족 때문이라면서 다음과 같이 설명했다.

그동안 리 박사께서 이것을 전담하여 무한한 고생만 하시고 소출에 이익을 보지 못한 것은 자본부족이 연고입니다. 농사로도 회사에서 완전히 설비하고 농민들의 뒤를 대어 주어야 할 터인데, 각인에게 자본을 가지고 와서 자농(自農)하게 하려니 우리 사람 중에 누가 몇천원 자본을 가지고 와서 소출을 나게 하겠습니까.

그래서 우선 재목을 미 해군에 납품하려고 계약했던 것인데, 자본 부족과 설비 불완전으로 많은 고생과 빚만 지고 말았다고 했다. 그러고는 미 해군의 주문은 너무 큰 나무들을 요구하므로 그만두고 작은 재목으로 생산하게 되면 큰 이익을 볼 것이 틀림없다고 장담하면서, 다음과 같은 결론을 내렸다.

그런즉 농업과 목재 사업에는 아직 이익을 보지 못하였을지라도 토지로는 벌써 몇 갑절의 이익을 보고 앉았으니, 이것은 실수 없는 이익입니다. 모든 주주와 일반 동포는 이에 대하야 주저마시고 먼저 예산대로 7만원 자본을 위한하고 고본을 수합하야 우선 각국인 처에 보급조를 청장하며 차차 영업을 완전히 착수하도록 힘쓰시기를 부탁합니다.[77]

요컨대 영업실적에서 이익을 내지는 못했지만, 땅값이 몇갑절이나 올

---

77) 《태평양잡지》 1930년 7월호 부록, 「동지식산회사 주주대회 결과」, p.3.

라서 큰 이익을 보고 있고, 목재만 해도 30여만달러어치는 된다는 계산이었다. 주주회의가 이러한 계산을 하면서도 이승만을 경영일선에서 물러나도록 결의한 것은 동지식산회사의 경영실적과 관련하여 하와이 동포사회에서 말썽이 많은데다가 이승만 자신이 하와이와 미국 본토 동포사회에서 일고 있는 합동운동을 계기로 동지촌 사업에서 손을 떼고 동지회 사업에 전념하겠다고 결심했기 때문이었다.

주주회의가 있고 나서 다섯달 뒤인 10월14일에 식산회사 사장 신성일이 발표한 다음과 같은 성명서는 동지촌 사업의 실패에 대한 반대파들의 과장된 구설이 어느 정도였는지를 보여 준다.

동지식산회사에 대하야 근일에 말과 글로 선전이 많이 되어 토지문건을 잃었다, 혹 전당을 잡혀 몇천원 몇만원을 범포[犯逋: 공금을 써버림]하였다 하는 등 무근지설이 유행하는데, 고본 한푼도 아니 낸 자 중에 불평분자들이 사사 악감으로 여러 사람의 공동사업을 방해코자 하는 것뿐이라. 아무 근거가 없은즉 조금도 의려[疑慮: 의심하여 염려함]할 바이 아니다.[78]

그러면서도 이 성명서는 "식산회사 사업은 재목과 목탄을 내어 자본을 만들어서 토지를 크게 개척하려던 계획이 또한 자본부족으로 실패된 것은 사실이라. 그러므로 그 일은 지금 정지하였고…"라고 하여, 동지식산회사의 사업이 실패한 것을 솔직히 시인했다. 그리하여 어떤 서양인 회사와 목재 반출을 대행하는 계약을 교섭 중이라고 밝혔다. 그 서양인 회사는 1,000자에 15달러씩 쳐 주고 목재를 반출하겠다고 한다면서, 그렇게 되면 동지식산회사는 한달에 450달러의 수입이 있을 것이라고 장담했다. 토지는 10만달러에 내어 놓았으나, 불행하게도 대공황으로 미국 본

78) 신성일, 「동지식산회사 소관」, 《同志別報》 1930년10월22일자, p.8.

토나 하와이에서 토지 매매가 일체 중단되어 경기가 회복될 때까지 기다
릴 수밖에 없다고 했다. 이 성명서는 동지식산회사의 문서 분실 등의 구
설과 관련해서는 다음과 같이 해명했다.

> 문서를 잃고 아니 잃은 것과 문부가 잘되고 못된 것을 정당히 알
> 고자 하는 이가 있으면 소상히 보여 줄 것이요, 그렇지 않으면 몇달
> 뒤에 주주대회가 될 터이니 그때에 정식으로 다 조사할 수 있으리니,
> 거대한 회사에 돈을 넣고 하루에 당장 빼어 내지 못하는 것은 유감이
> 나, 좀 더 참으면 그만한 이익은 결코 잃을 염려가 없나니, 끝까지 믿
> 고 기다리는 것이 옳은 일이며, 만일에 누구든지 일시 감정만 생각하
> 고 남의 사업을 결단내려 할진대, 리 박사께서도 그 소유 토지를 저당
> 잡혀다가 거의 1만원가량을 그 속에 넣고 있으며, 나도 5,000원을 넣
> 었고, 여러 사람들도 다 자기들과 가족의 여러 생명이 달린 재산을 넣
> 고 있나니, 이것을 심상한 정치조직처럼 보아 흔들려 할진대 우리 일
> 반이 결코 용납지 않을 터이다.[79]

동지식산회사는 이러한 성명서와 함께 다음 표와 같은 재정보고서를
발표했다.

백인 검사원 워럴(R. H. Worrall)이 동지식산회사 장부를 검토하고
"서양인의 법식대로" 작성했다는 이「재정보고」는 5년 동안의 결산보고
서로는 너무나 소략하게 되어 있다.「재정보고」는 비고란에 "주식표 7만
원이라 한 것은 당초에 회사 조직할 때에 본회사 고본을 7만원으로 정하
야 정부의 인허를 맡은 것인데, 실제로 발매된 것은 합 2만9,220원47전이
니, 발매한 도합을 제하면 아직도 발매할 것이 4만779원53전이라고 계산
한 것뿐입니다"라고 기술했다.

---

79) 위의 글, pp.9~10.

동지식산회사 재정보고(1925.1.~1930.10.)[80]

(단위: 달러)

수입		지출	
주식표 예산 총계	70,000.00	주식표 발매할 것	40,779.53
전당조	11,100.00	식물품	1,035.79
각인처 세음조	3,802.52	재목재료	1,142.83
각인처 차대조	9,960.97	재목과 목탄기계 설비	5,845.44
		가구설비	299.20
		토지가액	13,662.19
		영업손해	26,939.13
		건축과 수선	2,020.27
		농장설비	476.45
		은행시재	106.06
		차대금 받을 것	2,556.61
총합	94,863.49	합금	94,863.49

곧 5년 동안 발매된 주식은 회사 설립 당시의 목표액의 절반에도 훨씬 미치지 못하여, 앞으로 발매해야 할 주식이 4만779달러어치나 남아 있었던 것이다. 그런데 2만6,939달러의 영업손실이 났다. 그것은 주식발매금과 전당조, 각인처 세음조, 각인처 차대조를 합한 자본금 총액 5만4,083달러의 절반이나 되는 금액이며, 동지식산회사의 최대의 재산인 올라아의 임야 매입대금의 두배에 해당하는 금액이었다. 수입난의 각인처 세음조란 자재구입비 등 지불해야 될 금액을 말하며, 각인처 차대조란 차입금을 말하는 것이었다. 전당조 1만1,100달러란, 식산회사 사장 신성일의 성명서에서 언급된 대로, 이승만이 자신의 명의로 되어 있는 교회와 학교부지를 담보로 대출받은 자금을 말하는 것이었다.

동지식산회사는 미국인이 작성한 이 「재정보고」와는 별도로 격식이 다른 또하나의 「동지식산회사재정보고」와 「수입과 지출 비교표」를 따로 발표했는데, 앞의 「재정보고」에 '영업손해'로 기재된 2만6,939달러13

---

80) 「동지식산회사 재정보고」(1925~1930), 『美洲韓人民族運動資料 美洲篇④』, p.308.

센트는 뒤의 「재정보고」에서는 '영업총비금'으로, 「수입과 지출 비교표」에서는 '실경비 총액'으로 기재되어 있다. 「비교표」를 보면, 1925년1월부터 1930년10월까지 총지출이 3만3,137달러53센트였는 데 비하여, 수입은 힐로의 부지 판매대금 2,000달러를 포함하여 목재와 그 밖의 상품 판매 대금 2,939달러33센트, 집세 400달러, 목장수입 191달러75센트, 농장이익금 20달러 등 6,198달러40센트밖에 되지 않아서, 결국 2만6,939달러13센트의 손해를 보았다.[81]

결국 동지식산회사는 2만달러가 넘는 부채를 지고 1931년4월 무렵에 파산했다.[82] 사탕수수 농장에서 일할 수 없게 된 동포 농장노동자들을 함께 입주시키고 임야를 개간하여 자작농장을 운영하려고 했던 이승만의 인도주의적인 꿈은 5년 동안의 피나는 노력에도 불구하고 이제 완전히 무산되고 말았다. 동지식산회사에 투자했던 사람들은 말할 나위도 없고 이승만과 그의 사업에 큰 기대를 걸었던 동포들의 실망과 반대파들의 구설이 어떠했을 것인지는 상상하기에 어렵지 않다.

동지촌 사업이 실패하고 만 데에는 이승만을 비롯한 경영진의 운영 미숙 등 여러 가지 원인을 지적할 수 있겠지만, 결정적인 원인은 역시 미국 대공황의 영향에 따른 자금조달의 어려움 때문이었다. 하와이 섬 올라아의 동지식산회사 소유 임야 963.35에이커는 1933년7월12일에 경매에 부쳐졌고, 이 땅의 저당권을 가지고 있던 유니언 신탁회사(Union Trust Company)가 1만2,500달러에 매입했다. 동지촌이 운영되는 5년 반 동안에 개간된 임야와 숯가마며 제재소며 그 밖에 여러 채의 집들이 포함된 땅 전부가 매입 당시의 가격에도 미치지 못하는 헐값에 낙찰된 것이다. 이 가격은 동지식산회사의 1930년 주주회의에서 보고된 10만달러의 10분의 1남짓밖에 되지 않는 금액이었다. 미국의 대공황은 이처럼 동지촌에

81) 「동지식산회사 재정보고」(1925~1930), 위의 책, p.309.
82) 이덕희, 『한인기독교회·한인기독학원·대한인동지회』, p.321.

도 결정적인 타격을 입혔다. 행정적으로 동지식산회사의 등록이 말소된 것은 1935년3월21일이었다.[83]

이승만은 동지식산회사의 구제를 위하여 워싱턴 정가를 상대로 그의 영향력을 발휘했다. 그는 하와이 영토 대표 휴스턴(Victor S. K. Houston) 의원을 통하여 1931년12월8일에 동지식산회사 구제를 위한 청원안(H. R. 2872, A Bill for the Relief of the Dongji Investment Co. Ltd.)를 연방 하원에 제출했다. 하원에서 이 청원안이 토의되고 있을 때에 해군부 장관 애담스(C. F. Adams)는 동지식산회사의 설립취지와 진주만 해군부와의 납품 계약을 이행하지 못함으로써 정부가 본 손해액이 6,016달러16센트 라는 것, 납품계약을 이행하려는 과정에서 발생한 동지식산회사의 부채 가 3만2,400달러라는 것, 그리고 부동산을 포함한 자산은 1만5,000달러 뿐이라는 것 등을 자세히 기술한 여러 보고서를 제출했다. 상원에 제출 한 보고서에서는 미국정부가 벌금을 실제로 징수한다면 동지식산회사 는 파산하는 수밖에 없으며 그렇게 되면 인도주의적인 사업을 할 수 없 게 된다고 설명했다. 이승만은 애담스가 동지촌 사업이 인도주의적 사업 이라고 인정할 만큼 설득했던 것이 틀림없다.

이 청원안은 1933년2월8일에 하원에서 통과되고, 2월16일에는 상원 에 제출된 청원서(Seneta Bill 3016)가 상원에서 통과되었다. 이어 3월1일 에 대통령이 서명함으로써 동지식산회사는 진주만 해군과의 계약불이행 으로 물게 된 벌금을 면제받았다.[84]

동지촌 땅은 분할되어 개인소유지가 되었고, 농경지와 개인주택지로 바뀌어 주택이 띄엄띄엄 들어서게 되었다. 숯가마 터는 개인주택지구 네 필지에 접하여 지금도 원형이 보존되어 있다. 이 숯가마 터로 가는 길 코 모로드(Komo Road) 18-4076번지에 위치한 집이 이승만이 거쳐하던 곳

---

83) 위와 같음.
84) 위의 책, pp.321~322.

이었다고 하는데, 현재 그 자리에 있는 건물은 1936년에 새로 지은 집이다. 이 집 마당에는 이승만이 심은 것으로 전해지는 소나무 한그루가 높다랗게 자라 있다.

49장

동지미포대표회의 배반자들

1. 800명이 모여 1주일 동안 집회

1

《태평양잡지》1930년5월호에 실린 한 독자의 다음과 같은 편지는 이승만이 동지식산회사 사업에서 손을 떼고 동지회 활동에 전력하기로 결심했음을 시사하는 것이었다. 그것은 하와이 섬의 코나(Kona) 지방에 사는 한 동포의 편지였다.

> 몇달 전부터 제가 속으로 생각한 것은 지금 내지에서 청년들이 저와 같이 피를 흘리며 옥에서 고생하는데 리 박사께서 동지촌 일로 산속에서 밤낮 고생만 하고 계시니, 그 일도 우리의 큰 일이지마는 그 일은 다른 사람도 할 수 있으려니와 민족 전체를 위하는 운동은 아무나 할 수 없은즉 이것이 딱한 일이 아닌가 하고 제 처 되는 이와도 수차 말을 했지요. 코나 여러 동포 중에서 이런 말이 종종 생깁니다.…[1]

그것은 하와이 군도의 여러 섬에 흩어져 사는 동포들의 일반적인 요망이었을 것이다. 광주학생운동은 이처럼 멀리 태평양 한가운데 떠 있는 하와이 군도의 시골 해변에까지 물결을 일으키고 있었다. 동지식산회사 주주대회가 이승만으로 하여금 식산회사 사업 운영에서 손을 떼도록 결의한 것도 그러한 상황을 반영한 것이었다.

이승만은 1930년3월 들어서부터 김현구(金鉉九)에게 민중 합동의 필요성을 누누이 강조하면서,[2] 하와이의 각 동포단체들을 동지회로 통합하는 작업을 추진했다. 그리하여 4월 초에는 교민단, 동지회, 박용만(朴

---

1) 김정현, 「동지식산회사에 관하여」, 《태평양잡지》 1930년5월호, p.45.
2) 박상하, 「합동문제와 이번 풍파의 진상」, 《太平洋雜誌》 1930년10월호, p.29.

容萬)계의 대조선독립단, 그리고 1월에 발족한 한인협회의 대표들이 모여 합동에 관한 문제를 토의하고 다음과 같이 합의했다. 그것은 네 단체에서 대표를 두 사람씩 선정하여 합동방식을 논의하기로 하고 각 단체 연명으로 (1) 지방자치에 대하야 교민단, 독립단, 한인협회, 동지회 사이에 충분한 양해가 생길 때까지는 각 단체가 현상대로 계속하며 "연락을 친밀히 하야 정의(情誼)가 융통된 뒤에 공리를 따라" 작정하기로 하고, 그러나 (2) "민족운동은 시일을 지체키 어려우니 동지회로 합동하야 진행하자 함"이라는 선언서를 공포하기로 한 것이다.[3] 앞에서 본 대로, 이승만이 박용만의 피살에 대하여 각별한 추모의 정을 토로하는 글을 쓴 것도 이때였다.

동지회 조직의 확대에 앞서서 이승만이 해야 할 일은 동지회의 중요한 기반인 한인기독교회의 내분을 수습하는 것이었다. 이 무렵 한인기독교회는 설립 이래 10여년 동안 목사로 시무해 온 민찬호(閔燦鎬)가 1929년 3월에 사임한 뒤로 내분을 겪고 있었다.[4] 일찍이 배재학당 시절부터 이승만과 협성회(協成會) 활동을 같이 했던 동향의 민찬호는 미국에 건너간 뒤에도 한인기독교회 목사, 하와이 교민단 초대 단장, 한인기독학원 교장 등의 직분을 역임하면서 이승만과 협력해 왔고, 한인선교회 총부장으로서 1년에 두번씩 여러 섬의 한인교회를 순회하는 일도 해왔다.

그러나 교회는 재정난을 겪고 있어서 민찬호에게 보수를 제대로 지급하지 못했다. 1925년에 민찬호에게 지급하지 못한 돈이 351달러(월급 298달러, 여비 34달러30센트, 회록 출판비 19달러)나 되었다. 교회의 재정난은 1929년까지도 계속되었다. 교회 살림은 가까스로 꾸려 갈 수 있었으나, 1924년의 교회건축 부채는 해마다 갚아야 했다. 1929년2월3일에 열린 평신도 회의록에 따르면, 이해에 갚아야 할 교회 부채는 895달러16센

---

3) 동지회, 「합동문제」, 《태평양잡지》 1930년5월호, p.48.
4) 《新韓民報》 1929년3월7일자, 「하와이: 두 교회 목사가 한꺼번에 사면」, 4월18일자, 「하와이: 기독교목사 체임」.

트였다. 교회의 연간 예산이 2,500달러였는데, 그 3분의 1이 넘는 부채는 큰 부담이 아닐 수 없었다. 경비절감을 논의한 끝에 연간 600달러인 목사 봉급도 50달러 삭감하기로 했다. 이에 대해 별명이 '꽁서방'인 민찬호는 2월22일에 이날의 평신도회의가 "몇몇 사람의 선동으로 교회 규례를 어기고 개회된 것이며, 목사를 무단히 논박하며 무례히 월급을 제감함은 교제(教弟)의 견디기 어려운 모욕"이라면서 사임서를 제출했다. 민찬호의 사임에는 이승만도 찬성했다. 이렇게 하여 민족적 기독교 신앙을 바탕으로 하여 하와이 동포사회를 이끌어 온 이승만과 민찬호의 공조시대는 끝났다.[5]

1929년4월7일에 열린 한인기독교회의 평신도회의는 민찬호의 후임으로 추천된 안시흡(Henry Syheyp Ahn)과 이명우(Hudson Lee)를 두고 투표를 실시했다. 투표결과 이명우가 58표를 얻어 목사로, 51표를 얻은 안시흡은 부목사로 선임되었다. 이명우는 하와이 한인 2세로 처음 목사 안수를 받은 사람이었다. 이명우의 임시 목회기간은 8개월밖에 되지 않았는데, 이 기간에 교인수가 줄었다. 민찬호가 사임하자 감리교회로 나가는 교인들이 많아졌기 때문이다.[6] 한인기독교회는 이 무렵 부채가 1만7,000여달러에 이르러 대지 일부와 예배당 건물을 1만7,158달러에 팔고, 예배는 교회 부속의 신흥국어학교에서 보았다.[7]

이승만은 한인기독교회의 목사로 1928년에 뉴욕의 유니언신학교(Union Theological Seminary)에서 신학학사 학위를 받은 이용직(李容稷)을 초청했다. 이용직은 1915년에 도미하여 미주리주의 파크대학(Park College)에서 공부하다가 워싱턴으로 가서 구미위원부 일을 도우면서 워싱턴의 조지워싱턴대학교(George Washington University)에서 1921년에 정치학 학사, 1922년에 영문학 석사를 받은 다음 유니언신학교로

5) 이덕희, 『한인기독교회·한인기독학원·대한인동지회』, pp.59~68 참조.
6) 위의 책, pp.69~70.
7) 《新韓民報》 1930년7월24일자, 「하와이: 기독교기지와 예배당 매매」.

진학했다. 이용직은 1929년12월22일부터 한인기독교회의 목사로 사역을 시작했는데, 그는 재정곤란을 이유로 한인기독교회를 미국 성공회에 부속시켜서 새 교회당을 건축할 것을 제안하여 물의를 빚었다.

2

이승만이 1930년5월15일에 한인기독교회에서 한 설교는 이때의 상황과 그의 단호한 입장을 보여 주는 것이었다. 이승만은 한인기독교회와 한인기독학원과 교민총단은 다 하와이 한인들의 공동소유물이라고 말하면서, 다음과 같이 주장했다.

"이 세가지 사업이 다 한 집안 살림을 한 부분씩 맡아서 준행하는 것이니, 자기의 맡은 범위 안에서는 다 자유로 처리하되 서로 합동과 협조로 모순되는 폐가 없어야 과연 조직된 사회의 질서가 잡힐 것입니다.…

만일 그렇지 아니하야 누구든지 자기 주견으로 한 집안 안에서 한 부분을 따로 이루어 가지고 혹 어떤 사업을 변동하자든지 없이 하자든지 딴 것을 만들자든지 하는 사람은 일반 주인이 용납지 않을 것이니, 이는 다름 아니라 자기들의 사업을 처음 시작한 목적대로 성취하려는 연고입니다.…"

이승만은 이어 종교의 독립성과 국가의 자주독립에 대한 그의 지론을 다시 강조하고 나서, 교인들이 동요하는 원인이 된 교회 재정문제에 대하여 다음과 같이 설명했다.

"근래에 교회 안에 걱정하는 이들이 많이 생겨서 우리 교회가 빚을 진 것이 1만7,000~1만8,000달러에 달하니 어찌할 수 없다고들 합니다. 그러므로 이 걱정을 덜기 위하야 예배당 부지 한자리를 팔아서 빚을 거의 다 갚고 예배당 터로 새로 사놓은 부지와 건축물이 대략 1만6,000달러 이상 2만여달러에 달하는 재산을 차지하였으니, 이는 토지가격이 제일 무세(無勢)한 이때의 시세로 이렇게 된 것이외다. 만일 시세만 좀 나은 때 같으면 지금 방매한 땅도 돈을 더 받았을 것이요 방매하려는 것도 2만여달러가 많이 지나는 것이올시다. 10년 전에 아무것 없이 시작하야 우리 땅 집에서 자치 자주하고 이만한 재산을 차지하게 되었으니, 물질로도 남의 교회에 가서 의지하여 행랑살이로 지내느니보다 이롭지 않았소이가. 당초에 예배당을 지을 때에 그때 형편을 의지하야 너무 작은 땅에 너무 작은 회당을 지은 고로 차차 교회가 자라고 본즉 어찌할 수 없어서 빚을 얻어 좀 더 넓은 터를 사고 예배당은 작자를 만나는 대로 팔아 빚 갚고, 새 터에 예배당과 국어학교를 지으려고 한 것이 우리의 계획이어늘, 중간에 공연한 걱정들이 생겨서 빚 때문에 다 결단이라 하는 고로 토지가 아주 무세한 이때에 예배당을 팔아서 빚을 갚게 된 것이니, 지금에 또다시 무슨 빚으로 걱정을 하리까.…”

예배당을 지으려면 다시 또 돈을 내야 하지 않느냐고 불평하는 사람들에게 이승만은 다음과 같이 잘라 말했다.

“혹은 말하기를 좌우간에 예배당은 팔았으니 예배를 볼 데가 없어진 것은 어찌하느냐 하는지라. 이 대답은 우리가 지금이라도 새로 지으면 예배당이 있을 것이외다. 혹은 또 말하기를 가난한 교인들이 예배당을 지으려면 또 돈을 내어야 하지 아니하느냐 합니다. 물론 교우가 돈을 내어서 우리 회당을 지어야 될 것이고, 또는 우리가 10여년 기초를 세워 놓은 결과로 각국인이 다 우리 교회의 완전히 선 것을 다 아나니 타국 친구들의 도움도 얻을 만치 되었거니와, 만일 교우들이 돈을 낼 수 없으면 지금 차지한 토지를 한 절반 팔아서라도 교회를 이보다 낫고 더 크게 지을 수 있으며, 그것도 또 싫으면 다 팔아서 단 1만달러가 되든지 2만달러가 되든지 교우끼리 다 나눠먹고 말아도 누가 말할 사람이 없을 것이니 걱정할 것이 없는 일일 것이오.”

이승만은 또한 교인들의 대부분을 차지하는 농장노동자들이 늙어 가므로 재원을 염출하기 어려워질 것이라는 전망에 대해서는 청년층에 대한 자신의 신뢰와 기대를 광주학생운동을 보기로 들면서 강조했다.

이승만은 이어 왜 외국인의 도움을 얻지 못하느냐는 언설에 대해서도 설명했다.

"우리 일을 우리가 해 가는 것이 더 낫지 아니하오이까. 우리 교회를 백인의 제일 부자 예배당처럼 만들고자 하면 이것은 잘못 생각하는 일입니다. 오늘날 백인의 생활 정도로 우리 예배당을 지으면 하나님이 기뻐 아니하실 것이고, 우리의 처지로 백인 부자의 회당처럼 만들어도 또한 하나님이 기뻐 아니하시리다. 우리는 회당을 옛날 미국인들의 예배당같이 단순하게 하되 자리만 넓어서 다수인이 예배와 주일학교에 참예하기에 착박(窄迫)지 않으면 넉넉할 것입니다. 만일 우리 회당이 굉장하고 화려하지 못하야 내가 다니기에 창피하다고 생각하는 사람이 있을진대 그런 동포는 구태여 우리 회당에 올 필요가 없으며, 다만 우리가 교회를 잘 만들어 경제력이 발전되는 대로 더욱 낫게 만들자는 공심으로 오는 동포를 우리가 더욱 환영할 것입니다.…"

이승만은 예배당 신축계획에 대해서도 언급하면서 교인들의 새로운 각오를 촉구했다. 그는 또 한인기독교회를 타국인 교회에 의뢰하여 유지하겠다고 생각하는 사람은 교회를 떠나도 좋다고 잘라 말했다. 그것은 이용직 목사에게 하는 말이었다.

"누구든지 타국인에게 의뢰하지 않고는 우리 교회를 유지할 수 없는 줄로 생각하는 이가 있으면 이 자리에서 그런 생각을 아주 버리기를 바라며, 만일 버릴 수 없으면 우리 교회에 있지 않기를 권고합니다. 누구든지 교회를 이대로는 부지할 수 없는 줄로 생각하거든 아주 할 수 없다고 공석에 내어 놓을 것이요, 속으로 다른 사람의 생각까지 현란케 하지는 마시오. 나는 우리 교회를 이 앞으로 발전할 일이 이전에 건설한 것보다 비교적 쉬울 줄로 믿나니, 우리가 이것을 우리 힘대로 발전시켜 우리의 유업으로 우리 청년들에게 유전하려 하는 것이니, 이것이 우리 동포의 원하는 것이요 하나님의 뜻인 줄로 믿읍세다."[8]

---

8) 리승만, 「하와이 우리사업」, 《태평양잡지》 1930년7월호, pp.25~31.

이승만의 단호한 태도로 한인기독교회의 동요는 일단 진정되었다.

이승만은 부지런히 사람들을 만나고 설득했다. 그리하여 위와 같은 설교를 하고 난 열흘 뒤인 5월26일에는 대조선독립단 간부들과 중립적 입장에 있는 인사 등 28명이 동지회에 입회했다.[9] 한인협회 이사원 11명도 동지회에 입회했다.[10] 그리고 나서 6월8일에는 한인기독학원에서 동지회 간친회가 열렸다.

이날의 동지회 간친회는 오랫동안 서로 앙숙으로 지내던 하와이 동포사회의 지도급 인사들이 한자리에서 화해와 단합을 다짐하는 매우 뜻깊은 자리였다. 호놀룰루뿐 아니라 와히아와, 와이알루아, 캐너스, 라나 등 오아후 섬의 다른 여러 지방에 흩어져 사는 동지회원들과 그 친척과 친구들이 자동차와 버스로 갈리히 계곡의 한인기독학원으로 몰려왔다. 이날 참석한 사람들은 남녀 모두 200명에 이르렀다. 오후 3시 반부터 한 시간 동안 새로 입회한 회원들의 선서식이 있었다. 이 선서식에서 독립단 단장을 지낸 신홍균(申弘均) 등 9명이 새로 입회했다. 선서식은 애국가에 이어 이용직의 기도로 시작하여, 얼마 전에 입회한 박상하(朴相夏)의 신입 동지회원 자격심사 보고가 있은 다음, 이용직이 동지회 임시이사장 자격으로 선서를 주례했다. 한인중앙기도교회 찬양대와 한인기독학원 합창단의 창가에 이어 안현경(安玄卿)의 환영사, 이승만의 권설, 그리고 《국민보(國民報)》주필 김현구, 교민총단장 손덕인(孫德仁), 새로 입회한 독립단 단장 이상호(李相浩)의 감상담 등이 이어졌다.

이승만은 동지회의 「3대정강」을 간략하게 설명했다. 그는 특히 많은 동포들이 오해하고 있는 비폭력주의에 대하여 동지회 회원들이 분명히 아는 것이 필요하다면서, 국민적으로 전쟁을 준비한 뒤에 공식으로 적국과 전쟁을 선포하고 대포나 비행기를 가지고 원수를 치는 것은 폭력이 아

---

9) 《태평양잡지》 1930년7월호 부록, 「동지회 간친회 후문」, p.5.
10) 《新韓民報》 1930년7월3일자, 「하와이: 한인협회 절대 계속하여」.

니라 세계공법[국제법]이며 세계 각국이 다 하는 일이라고 주장했다. 그러나 조국광복을 위한다면서 무법한 개인행동으로 원수 한두 사람이나 상해하려다가 수천명의 생명과 무수한 재산손실을 당하는 일은 결코 하지 말아야 한다고 했다. 그러면서 그는 다수 동지가 정신과 물질을 함께 가지고 기회를 보아 정식으로 전쟁을 선포하고 한번 싸워 보자고 역설했다.

김현구는 영국 시인 테니슨(Alfred Tennyson)의 시를 인용하여, 병졸이 장수의 명령대로 행동할 것이지 그 명령의 이유를 알고저 한다면 군대의 기율이 설 수 없고 그렇게 되면 전장에 나가 원수와 싸울 수 없다면서, 우리도 지도자에게 복종하는 정신을 함양하자고 역설했다. 멕시코에 오래 거주했던 손덕인은 멕시코인들이 단합할 줄 모르고 파쟁만 일삼다가 은행마다 문을 닫게 된 사실을 들어 단합을 강조했다. 또 이상호는 몇해 전에 서북간도와 만주지방에 가서 목격한 사실을 들어 단합의 필요성을 역설한 다음, 자기도 한 인도자의 명령에 복종하여 여러 동지회원들과 같이 일해 볼 생각으로 이번에 입회했다고 말했다.[11] 이처럼 이들은 모두 단합의 중요성과 그러기 위해 이승만의 명령에 복종할 것을 강종했다.

오후 4시 반부터 한시간 동안은 기독학원 여자기숙사 정원에서 희락회(喜樂會)가 열렸는데, 형제회 여학생 5명이 색색의 한복을 일매지게 입고 한국 음률에 맞추어 추는 춤이 가장 인기를 끌었다. 오후 5시 반부터 시작된 만찬회는 화기가 넘쳤다. 지금까지 정치적 의견이 달랐든지 또는 무슨 감정 때문에 그랬든지 앞뒷집이 담을 쌓고 15년 또는 20년 동안 상종하지 않고 지내던 동포들이 한자리에 모여서 만찬을 즐기게 된 것은 하와이 한인역사에 처음 있는 일이라면서 참석자들은 모두 글자 그대로 희희낙락했다. 만찬회는 대한부인구제회 회원들이 자원해서 바라지했다.

이승만은 만족했다. 그는 이날의 동지회 간친회에 대하여 다음과 같이 썼다.

---

11) 《태평양잡지》 1930년7월호 부록, 「동지회 간친회 후문」, p.7.

본월 8일에 본항 우리 기독학원 내에서 개최한 동지회 신구회원 간친회는 연래로 처음되는 성공이라. 남녀 200여명 사람이 한자리에 앉아서 음식을 나누며 노래와 음악과 웃음 가운데서 이왕에 시기와 의심하던 것을 다 잊어버리고 간담론을 교환하며 함께 즐기는 광경을 볼 때에 지나간 20년 경과를 생각하는 이는 스스로 느낌이 없을 수 없었다.··· 이러한 단결력이 날로 자랄진대 머지않아 하와이 동포 전체가 먼저 대단결을 이루어 원동과 내지의 발전책을 더욱 추진할 수 있으리니, 민족의 큰 행복이라 할지라.···

이승만은 동지회 간친회의 성과를 이렇게 자평하고 나서 있을 수 있는 파괴공작을 경계할 것을 당부했다. 그는 다음과 같이 덧붙였다.

다만 주의할 바는 세상사가 본래 건설은 어렵고 파괴는 쉬운 법이라. 이 일에도 만일 몇사람이 있어서 사사 생각으로 대사를 방해하려 하면 또한 어렵지 않을 것이니, 부디 조심하여 사람마다 사심을 이기고 대업을 위하여 각각 희생심으로 합동할진대 우리의 살길이 이리로조차 열릴 줄로 믿노라.[12]

이러한 이승만의 경고는 몇달 지나지 않아서 현실로 나타났다. 그러나 이 시점에서는 그러한 일이 있으리라고는 이승만 자신도 전혀 예상하지 못했을 것이다.

이날의 동지회 간친회는 하와이 군도뿐만 아니라 미국 본토의 각 지방 동지회 인사들까지 참가하여 동지회의 위상을 과시하기 위하여 추진하고 있던 동지미포[美布: 미주와 하와이]대표회의 예비행사와 같은 모임이었다.

---

12) 리승만, 「동지회 간친회」, 《태평양잡지》 1930년7월호 부록, p.1.

동지미포대표회의 준비작업은 1930년5월부터 진행되어 왔다. 동지회 이사부 명의로 5월20일에 발표된 「참석준비」 안내공문은 미국 본토 각 지방에서 호놀룰루까지 오는 기차편과 배편, 그리고 호놀룰루 체류기간 의 접대 등에 대해 자세히 안내하고 이와 아울러 동지회 유지금으로 단 1 만달러라도 적립하지 못하면 아무것도 실행하기 어렵다면서 성금을 걷 어 보내라고 촉구했다.[13]

동지미포대표회는 7월15일부터 24일까지 열흘 동안 교민총단 집회실 에서 진행되었다. 정식대표는 미국 본토에서 참가한 시카고지회 대표 김 원용(金元容)과 로스앤젤레스 동지회 회장 최영기 두 사람을 포함하여 18명에 지나지 않았으나, 일반회원 등 연인원 800명가량이 참가하여 동 지회 결성 이래의 대성황을 이루었다. 회의와 오찬, 예배, 유흥 프로그램 등은 교민단 총회관과 한인기독교회와 한인기독교회 부속의 신흥국어 학교 세곳에서 돌아가며 열렸다.[14]

회의진행에서 눈여겨볼 것은 하와이에 온 지 반년밖에 되지 않는 이용 직과 김현구, 시카고지부 대표로 회의에 참석한 김원용, 로스앤젤레스 대 표로 참석한 최영기 네 사람이 주도적 역할을 맡아서 한 점이다. 회의 첫 날에 이용직은 동지회 이사장으로서 개회사를 했고, 김현구는 《국민보》 주필 자격으로 축사를 했으며, 최영기는 서기로 선임되었다. 회의 의장에 는 이승만이 신임하는 힐로 한인기독교회 목사 김성기(金星基)가 선임되 었다. 호놀룰루 한인교회의 부목사였던 김성기는 하와이 섬에 동지촌이 건설되면서 동지촌에서 가까운 힐로 한인교회의 목사로 임명되어 있었다.

이승만은 환영사에서 동지들의 정신과 물질을 한곳으로 집중할 것을

---

13) 「동지회대표회에 참석준비」, 『雩南李承晩文書 東文篇(十二) 하와이·美洲僑民團體關聯文書』, p.277.
14) 「동지회대표회순서」, 『美洲韓人民族運動資料 美洲篇④』, p.153.

강조하고 나서 「3·1독립선언서」를 직접 낭독했다. 그는 공약 3장에 준거하여 활동을 추진해야 된다고 다시금 강조하고, 그러나 혹 편의에 따라서 사업진행에 가감을 할 수 있을 것이라고 말했다.

대표회에는 각 지방 동지회원들로부터 23개 안건이 제출되어 토의한 결과 13개 안건이 의안으로 채택되었다. 그 가운데 가장 중요한 것은 「동지회헌장」의 제정이었다. 28개조로 된 「동지회헌장」의 가장 특징적인 점은 총재의 직권을 다른 정치단체에는 유례가 없을 만큼 강화하여 명문화한 것이었다. 동지회 회원들은 총재로 수령을 정하되 총재는 공중 추대하고(제8조), 임기 규정은 따로 없었다. 회의록에 따르면, 대표회에서는 "총재는 무기한으로 시무케 할 사"라는 건의안이 제출되었으나, 김원용의 제의에 따라 "무기한으로"라는 용어가 "독재제로"로 수정되었다.[15] 그러나 최종적으로 채택된 「헌장」에서는 이러한 규정은 삭제되었다. 「헌장」에 따르면 총재는 이사부와 대표회를 총관리 또는 지배하는데(제9조), 이사부는 총재의 대정방침을 보좌하기 위하여 설치한 기관이며, 9명의 이사원은 대표회에서 선출하여 총재의 결재로 임명하고(제10조), 그 직무는 동지회의 「정강」 및 「진행방침」과 총재 정책 등의 범위 안에서 활동하는 것으로 제한되었다(제12조). 「헌장」은 동지회의 행정집행기관으로 실업부, 외교부, 장재부, 청년부, 선전부의 5개부를 둔다고 규정했는데(제14조), 그것을 제의한 사람도 김원용이었다.[16]

「헌장」 제정 다음으로 중요한 안건은 미주와 하와이 동포들의 가장 큰 관심사인 임시정부와 구미위원부의 관계 재정립에 관한 문제였다. 대표회는 이 문제에 대한 「선언서」 작성위원으로 김현구, 이용직, 김광재(金光在) 세 사람을 선정했는데, 세 사람이 작성한 「선언서」 문안은 다음과 같았다.

---

15) 「동지회미포대표회일기」, 『雩南李承晚文書 東文篇(十二) 하와이·美洲僑民團體關聯文書』, pp. 291~292.
16) 「동지회미포대표회일기」, 위의 책, p.293.

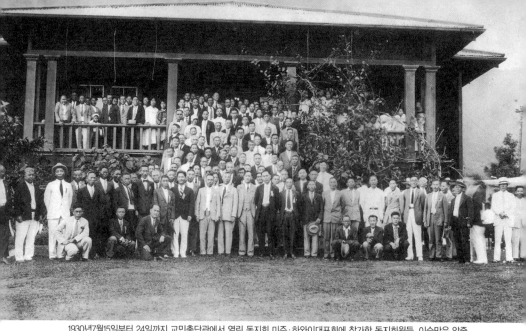

1930년7월15일부터 24일까지 교민총단관에서 열린 동지회 미주·하와이대표회에 참가한 동지회원들. 이승만은 앞줄 중앙에 서 있다.

(1) 임시정부와 위원부 사이의 법통 관계 회복은 임시정부에서 위원부 폐지령을 취소하는 때로 자연 회복될 줄 믿는 동시에 본 동지회에서 는 물론 법계 회복을 환영함.

(2) 재정과 실권은 본래 임시정부와 위원부 사이에 계속하여 내려오 는 성규(成規), 곧 태평양 이편의 실권은 위원부에 일임한다는 성규에 의하여 본 동지회는 이 성규를 주장함.[17]

이 「선언서」는 만장일치로 채택되었다. 대표회는 이 「선언서」와 별도 로 구미위원부를 성심껏 후원한다는 결의안도 채택했다.

임시정부와 구미위원부의 관계 정상화에 대한 대표회의 이러한 주장 은 미주지역 유학생들의 분위기에 힘입은 것이었다. 유학생들의 동향 가 운데 대표적인 것이 6월6일부터 사흘 동안 뉴욕에서 개최된 북미 대한인

---

17) 「동지회미포대표회일기」, 같은 책, p.296.

유학생총회 동부지방대회의 결의였다. 이 대회는 폐막에 즈음하여 시국과 관련된 여섯가지 결의안을 채택했는데, 그 가운데는 "본회는 임시정부와 구미위원부의 법통 관계를 속히 회복하도록 노력하며, 구미위원부 사업의 발전을 위하야 재미 일반 동포의 일차적 협조를 기망(祈望)함"이라는 항목이 들어 있었다.[18] 그것은 분명히 임시정부와 이승만 사이의 알력에서 이승만을 공식으로 지지한 것이었다.

극동방면에 믿을 만한 사람 한 사람을 선전원으로 두자는 제의도 있었으나 그 일은 이사부에 위임하기로 하고, 동지회에 부인부를 두자는 이승만의 제의도 이사부에 위임했다.

대표회는 동지회의 행정기구로 실업부, 외교부, 장재부, 청년부, 선전부를 둔다는 「헌장」 규정을 독립적인 결의사항의 하나로 채택했는데, 이는 청년운동을 통합된 동지회의 중점사업으로 추진하겠다는 의지를 나타낸 것이었다. 대표회의 열두번째 결의사항은 1924년의 하와이 한인대표회의가 제정한 동지회의 「3대정강」은 불변이라는 것이었고, 마지막 열세번째 결의사항은 동지회를 독립사업의 유일한 정치단체로 정한다는 것이었다.[19]

이승만은 동지회를 중심으로 동포사회의 합동을 추진할 이사부 구성에 신중한 배려를 기울였다. 그리하여 한인기독교회 목사 이용직을 이사장으로 하고, 이사원으로 교민총단의 손덕인, 김현구, 김경조, 김광재, 차신호, 최성대와 함께 독립단 대표로 김윤배(金潤培), 중립적 인사로 박상하를 선임했다. 김원용은 상무원 겸 재무로 선임되었다. 로스앤젤레스의 최영기를 이사원으로 선임하지 않은 것은 그가 로스앤젤레스로 돌아갈지 하와이에 있을지가 불분명했기 때문이다. 이러한 인선은 대표회에서 결의한 대로 실제로 동지회가 민족 독립운동을 위한 유일한 정치단체가

18) 《新韓民報》 1930년6월19일자, 「동부학생대회 대성황리에 폐막」.
19) 「동지회미포대표회일기」, 『雩南李承晩文書 東文篇(十二) 하와이·美洲僑民團體關聯文書』, p.298.

되게 하겠다는 이승만의 강한 의욕을 보여 주는 것이었다.

동지미포대표회가 끝나자 이승만은 대표회는 "민족운동의 한 서광"이었다고 자평하고, 동지회가 민족운동의 중심기관으로서 군인의 조직체처럼 운영되어야 한다고 다음과 같이 강조했다.

그런 고로 이번 대표회에서 결정한 바는 민국 원년에 내지에서 행한 바를 따라서 각 개인의 의견이라, 언권이라, 투표권이라, 재산권이라, 생명권이라 하는 모든 것을 다 잊어버리며 종교나 지방이나 계급 등 구별을 다 개방하고 다만 군인의 조직체로 한 기치 밑에서 다 복종하는 정신으로 한구덩이에 같이 들어가자는 결심을 일제히 정한 것이니, 미주 하와이 한인계에 이러한 대표회가 있은 것도 처음이어니와 우리 민족운동에 이러한 결심을 취한 것이 재외한인 전체에 처음 되는 일이다.

그런즉 지금부터는 동지회가 민족운동의 중심기관이 되어 100만 동지를 모집하는 사업을 적극적으로 진행하며, 인물을 집중하야 민중의 대희망을 장려하리니, 중간에 여간 사소 곡절로 오해점이 있거나 불평분자가 있을지로되 대중의 공의를 따르며 대업의 요구를 응하야 분투 용진할 것뿐이다.···[20)]

이처럼 이승만은 동지회가 회원 100만명을 거느린 "민족운동의 중심기관"으로서 "군인조직체처럼" 운영될 것을 호언했다. 중앙이사장으로 선임된 이용직도 각 지방 동지회 지회장 앞으로 보낸 「공포서」에서 다음과 같이 천명했다.

금번 미포동지대표회는 태평양 이편의 한인역사에 처음 되는 일임

20) 리승만, 「동지미포대표회」, 《太平洋雜誌》 1930년9월호, pp.1~2.

니다. 미주와 하와이를 대표하야 이렇게 모이기도 처음이고 민족운동의 단일한 목적으로 모든 대표가 복종하는 뜻으로 참가하야 아무 이론 없이 원만한 결과를 맺고 일어난 것도 처음입니다. 이때에 마침 하와이동포 합동의 완성함을 인하야 각 단체 명의로 분열되었던 동포가 동지회의 한 기치 밑에서 큰 연회를 열고 800여명 사람이 함께 즐기게 된 것이 또한 하와이에 전무한 성황이라. 천의 인심이 합동하야 우리 대업을 속성하려는 것을 보게 되었습니다.…[21]

동지회 중앙부 상무 겸 재무로 선임된 김원용도 이번 대표회를 통하여 "한민족의 유일한 정치단체를 조성하였으며", "그 대정 방략을 확립하였다"고 말하고, 연례금과 《태평양잡지》 대금 등 자금을 속히 보내 달라고 촉구했다.[22]

이승만은 뒤이어 「동지회사업순서」를 발표했다. 그는 먼저 100만명 동지 모집이 급선무라고 주장하면서, "동지 100만명을 얻어 묶어 놓은 뒤에는 우리 민족의 막강한 세력을 얻을 것이요, 거대한 재력을 모아 각국이 주의할 만한 대단결을 이룰 것"이라고 장담했다. 이러한 이승만의 주장은 독립운동 기간에는 조직이 곧 유일한 자금원이었다는 사실을 확인해 준다. 실제로 대표회는 회원들은 연례금으로 해마다 2달러씩 납부하고 그것과는 별도로 특별금[유지비]으로 회원마다 30달러(여성은 10달러)씩 납부하기로 결의했다. 특별금의 목표는 우선 1만달러로 책정했다.[23]

이승만은 회원 100만명을 모집하기 위해서는 먼저 다음과 같은 일을 해야 한다고 강조했다.

첫째로 동지회의 유일한 선전기관인 《태평양잡지》로 하여금 동지회

---

21) 리용직, 「공포서」, 《太平洋雜誌》 1930년9월호, p.43.
22) 김원용, 「동지회에 관하야」, 《太平洋雜誌》 1930년9월호, p.15.
23) 「동지회미포대표회일기」, 『雩南李承晚文書 東文篇(十二) 하와이 · 美洲僑民團體關聯文書』, p.298.

이승만의 친필 글씨로 된 동지회 회원증.

의 주의주장을 내외지에 전파할 것.

둘째로 극동에 선전부를 두어 만주와 시베리아 지방에 산재한 동포들에게 동지회 정신을 발휘할 것.

셋째로 《태평양잡지》에 영문란을 다시 첨부하여 국문이나 국한문으로 미치지 못할 동포들을 상대로 선전을 힘쓸 것.

넷째로 청년부를 따로 설치하여 하와이와 해외 각지의 각 청년단체와 연락하며 의용남녀를 모집하여 민족성을 발달시킬 것.

다섯째로 각 단체와의 합동을 주장하여 이왕에 서로 별도로 지내던 파당 사이에 연락을 친밀히 함으로써 피차 양해와 친목이 생겨 우리 민족운동에 다 동진동퇴(同進同退)하는 보조를 취하도록 할 것.

여섯째로 인물을 집중시켜 민족운동의 위신을 높임으로써 해내외의 민심이 스스로 집중되게 할 것.[24]

100만명의 회원확보를 위한 우선 사업의 첫째로 《태평양잡지》의 확충을 들고 있는 것은, 이승만이 잡지발행 사업에 얼마나 집착하고 있었는지를 짐작하게 한다.

---

24) 리승만, 「동지회사업순서」, 《太平洋雜誌》 1930년9월호, pp.7~9.

2. 《국민보》 주필과 한인교회 목사의 배반

1

이승만의 의욕적인 동지회 운영계획은 그러나 곧바로 큰 난관에 봉착했다. 대한인하와이교민단이 동지회대표회의 결의에 드세게 반발하고 나왔기 때문이다. 교민단 총단장 손덕인은 대표회가 끝날 즈음에 공석에서 이미 교민단에서 추진하기로 한 청년운동을 동지회가 하겠다고 하니까 교민단은 소용없이 되겠고 독립운동을 동지회가 주장하게 되면 교민단은 무력하게 될 것이므로, 자기는 동지회 이사원을 사임하겠다고 선언했다.[25] 그것은 전년부터 누적되어 온 교민단 집행부의 이승만에 대한 반감이 표출된 것이었다. 1929년도 교민단 총단장 최창덕(崔昌德)이 이승만의 압력으로 7월24일에 사임한 뒤로 총단장 직무를 대행하던[26] 부단장 손덕인은 1930년도 총부단장 선거에서 이승만의 오랜 심복인 이종관(李鍾寬)을 누르고 총단장에 선출되었다.[27] 그것은 이승만의 리더십에 대한 교민단의 불만을 반영한 것이었다. 1923년에 개정된 교민단의 「자치규정」에 따르면 교민단 총부단장은 구미위원장의 인준을 받아야 했는데, 이승만은 손덕인이 총단장에 당선되고 나서 몇달 되지 않아 그를 사퇴시키고자 했으나,[28] 실현되지 않았다.

교민단 간부들과의 이러한 알력은 민찬호의 사임에 따른 한인기독교회의 분규와 함께 이승만으로 하여금 동지촌 일에만 몰두할 수 없게 했던 것이다. 이승만이 김현구와 이용직을 하와이로 오도록 한 것은 그 자신의 말대로, "하와이 교회와 사회 간에 다소간 풍파가 있을 때에 타처에서 새 사

---

25) 동지회중앙이사부, 「공문」, 1930년9월26일자, 《太平洋雜誌》 1930년10월호, pp.31~33.
26) 《新韓民報》 1929년8월22일자, 「하와이: 교민단장 최창덕씨 사임」.
27) 《新韓民報》 1930년2월6일자, 「하와이: 하와이 교민단장 당선되어」.
28) 독립기념관 소장, D. Y. Sohn et al., "The Case of Korean National Association", p.5.

람이 오기 전에는 시국을 정돈할 방책이 망연한"[29] 상황이기 때문이었다.

해마다 늘어나는 동포 청년들에게 민족의식을 고취하고 그것을 통하여 독립운동의 역량을 배양시키는 일에 독립운동단체들이 의욕을 갖는 것은 당연했다. 1930년1월 현재 하와이의 한인인구는 6,456명이었는데, 그 가운데 미국 시민권자(citizens)가 3,627명으로 절반이 훨씬 넘었다.[30] 그만큼 하와이 태생 한국인이 증가했다. 각급학교 한인학생 수도 급증하여 1920년에 532명이던 것이 1930년에는 802명으로, 1931년에는 2,118명으로 급증했다.[31] 1930년도 각급학교 졸업생 수도 초등학교 졸업생 100명을 포함하여 200명이 되었는데, 그것은 한인 동포사회가 형성된 이래 가장 많은 수였다.[32] 이들에 대한 졸업축하회가 6월7일 저녁에 YMCA 한인부 주최로 열렸고, 이 자리에는 하와이대학교 졸업생을 비롯한 132명의 각급학교 졸업생들이 모였다. 이승만은 이 자리에 참석하여 축사를 했다.[33]

한국인 2세 청년학생들은 교회와 YMCA 한인부 등을 통하여 운동경기 등 친목활동을 벌여 왔는데, 1929년9월에는 오아후 섬의 각 농촌에 있는 한인학생들이 하와이 정부학교 교사이며 《한민보》의 주필인 강영각(姜永珏)의 주도로 와히아와 한인예배당에서 농촌학생연합회를 결성했다.[34] 이들은 광주학생운동을 선전하기 위하여 회원들끼리 돈을 거두어 신문을 만들어 각처로 배포하기도 하고, 지방회원끼리 토론회를 열고 시국문제를 토론하기도 했다.[35]

그런데 이러한 청년학생들 가운데는 한글과 한국을 이해하지 못하는 학

---

29) 리승만, 「사실 설명」, 《太平洋雜誌》 1930년10월호, p.20.
30) 고정휴, 「대한인동지회 회원분석」, 《한국민족운동사연구》40, 한국민족운동사학회, 2004, p.177의 「표」 참조; 이덕희, 앞의 책, pp.331~339 참조.
31) "The Korean Student's Alliance of Hawaii", *The Student's Annual 1932*, p.18.
32) 《新韓民報》 1930년6월26일자, 「하와이: 금년 졸업생이 불소」.
33) 《新韓民報》 1930년7월10일자, 「하와이: 청년회 주최로 졸업생 축하」.
34) 《新韓民報》 1930년7월10일자, 「하와이: 농촌학생회」.
35) 《新韓民報》 1930년4월3일자, 「하와이: 농촌학생들이 선전에 동력」 및 「하와이: 학생토론회를 개최」.

생들이 많았다. 이승만이 《태평양잡지》에 영문란을 첨부하자고 한 것도 이러한 청년학생들에게 읽히기 위해서였다. 강영각이 발행하는 《한민보》는 영자신문이었다. 그러한 사정은 감리교 선교회의 감리사 프라이(William H. Fry)가 1930년의 연례보고에서 "호놀룰루 제일감리교회는 2년 전에 연회에서 미국에서 공부한 목사를 파송해 줄 것을 요청했다. 그는 젊은이들에게 영어로 설교할 수 있을 뿐만 아니라 이 사회에서 한국인을 대표할 수 있는 그런 목사라야 한다"[36]라고 말한 것으로도 짐작할 수 있다.

하와이교민총단은 이러한 동포 청년들의 추세를 감안하여 1930년에 들어와서 청년운동에 더욱 힘쓰기로 하고, 2월14일에는 교민총단관에서 학부형까지 초청하여 하와이전도 청년대회를 열었다.[37] 이러한 상황에서 청년운동을 동지회의 중점사업으로 추진하겠다고 하면서 사전에 교민총단과 협의하지 않은 것은 이승만의 오만이었다. 교민총단이 보기에 그것은 자신들이 역점사업으로 새로 추진하려는 청년운동계획을 가로채려는 이승만의 횡포일 수 있었다.

교민단에서 반발이 일자 이승만은 《태평양잡지》를 통하여 다음과 같이 말했다. 그러나 그것은 설득이 아니라 오히려 힐책에 가까운 것이었다.

우리나라 사람들의 애국심이 아직 충분히 발달되지 못해서 매양 사소한 개인의 이해와 득실을 인연하야 민족 대사업을 장애하는 습관이 도처에 성행하는 고로 대사업이 진행되기 어려워서 세월을 천연하여 온 것이라.…

이렇게 전제한 다음 청년운동문제에 대하여 동지회의 사업과 교민단

---

36) William H. Fry, "The Annual Report of the Hawaii Mission, December 31, 1929", *Official Minutes of the Twenty-Fifth Session of the Hawaii Mission of the Methodist Episcopal Church, 1930*, p.24.
37) 《新韓民報》 1930년2월27일자, 「하와이: 청년대회를 2월14일에 소집」.

의 사업이 서로 모순되는 것이 아니라고 다음과 같이 주장했다.

이번 동지대회에서 결정한 조건 중 청년부를 두어 우리 남녀청년에게 민족정신을 고취하기로 결정한 것이 교민단 의사회에서 결정한 바 청년운동과 모순되는 것이 아니며 또는 동지회가 민족운동을 촉성하기로 목적하고 전 민족적 통일운동을 착수한 것이 교민단이나 다른 단체와 충돌되는 것이 조금도 아니니 헛되이 오해를 품고 오해를 전하는 것은 애국애족주의가 아니라.

이승만은 모든 단체가 동지회 명의로 합동하기로 한 것은 단체들 사이에서 사전에 여러 차례 협의한 것이라고 말하고, 불평불만의 소리가 나오는 것은 "중간에서 몇몇 사람이 공연한 의심과 근거 없는 허언으로 불평을 품게 되어" 일에 손해가 된다고 나무랐다. 그는 결론으로 다음과 같이 썼다.

나의 가장 알리고저 하는 바는 언제든지 교민단을 없이하거나 방해하자는 뜻이 조금도 없고 여전히 계속 진행하려 함이요 민족운동에 성심으로 돕고자 하는 동포는 기왕에 어떠한 태도를 가졌든지 불계하고 같이 악수병진하자는 결심으로 큰 희망을 가지고 다시 착수하는 터이니 우리의 고충을 모든 동포는 확실히 깨닫고 동심협력하기를 바라노라.[38]

이승만은 김현구에게 《국민보》를 통하여 이제 한인사회의 통일이 완성되었으므로 동지회를 중심으로 일치단결하여 민족운동을 전개하자는 취지의 캠페인을 벌이게 했다. 이승만은 한때 폭력사태까지 벌이면서 오

---

38) 리승만, 「시사에 대하야」, 《太平洋雜誌》 1930년9월호, pp.41~42.

랫동안 대립했던 대조선독립단 인
사들이 동지회에 들어옴으로써 하
와이 동포사회는 통일의 기반이 마
련되었다고 판단했다.

그러나 김현구는 뜻밖에도 이
승만의 말을 듣지 않았다. 김현구
는 뒷날 이승만이 이때에 자기에게
교민단을 희생시키는 한이 있더라
도 모든 한인단체를 동지회로 통
일시켜야 한다는 "불가능한 주문"
을 했다고 기술했다.[39] 그는 독립
단 인사들이 동지회로 들어오는

이승만의 초청으로 하와이로 왔다가 격렬한 반대파가
된 김현구.

것에 반대하면서, 독립단이 동지회와 통합하고자 하는 저의는 통합한 뒤
에 "우리의 영수", 곧 이승만을 몰아내려는 것이라고 공언했다.[40] 그는 독
립단 인사들이 입회 선서식을 하는 자리에서 귀에 거슬리는 말을 대놓고
하기도 하고,《국민보》에 기성단체를 공고하게 해야 된다는 논설을 게재
하기도 했다. 그리하여 독립단쪽에서는 이승만이 겉으로는 합동을 주장
하면서 속으로는 김현구를 시켜 은근히 합동을 반대하는 것 아니냐고 의
심했고, 한편에서는 김현구의 해임을 요구하고 나왔다.[41]

이승만과 그의 지지자들은 김현구가 독립단 인사들의 동지회 입회를
한사코 반대한 까닭은 동지회와 교민단 안에서의 자신의 위상과 직책에
위협을 느꼈기 때문이라고 판단했다. 이승만은 김현구에게 합동을 찬성
하면 동지회뿐만 아니라 교민단에도 큰 효과가 있을 것이라고 "돌이면
닳고 쇠면 녹을 만치 간담을 토하고" 설득했으나 김현구는 듣지 않았다

---

39) D. Y. Sohn et al., *op. cit.*, p.5.
40) 송필만, 「통일키 위한 우리의 로력」,《太平洋週報》1931년8월22일호, p.1.
41) 리승만, 「사실 설명」,《太平洋雜誌》1930년10월호, p.21.

고 썼다. 이승만은 김현구의 태도에 어처구니가 없었다.

합동의 열기가 갑자기 식고 민심이 뒤숭숭한 속에서, 교민총단은 동지
회 때문에 의무금이 들어오지 않는다면서 김현구로 하여금 각 섬을 순방
하도록 하겠다고 했다. 그러나 이승만은 지도자들 사이에 일정한 방침이
합의되기 전에 김현구가 지방순회를 하는 것은 효력이 없다면서 반대했다.
그러자 김현구는 이승만에게 직접 지방을 순회하면서 이승만 자신의 방침
을 동포들에게 알리든지 별도의 대표회를 소집하라고 말했고, 이승만은
누가 나가든지 의견이 일치되기 전에는 시기상조라면서 거절했다.[42]

마침 동지회 지방회장을 선거하게 되자, 몇몇 사람들이 비밀히 상의하
여 독립단 인사를 선출하기로 했다. 그것은 그렇게 함으로써 과거의 악
감정을 자극하여 독립단 인사들을 배척하는 구실을 만들려는 위험한 계
략이었다. 이승만은 이를 간파하고, 특별히 총재의 추천으로 교민단원
가운데서 선출하게 했다. 그러자 김현구는 이승만이 독재를 한다면서 '민
주화'를 해야 한다고 주장하고 나왔다.

이승만은 김현구의 아내 안금례도 만나서 타일렀다. 여비 400~500달
러만 있으면 구미위원부로 돌아가게 했으면 좋겠는데 그럴 형편이 못된
다면서, 조용히 사임하고 있다가 일이 정돈된 뒤에 다시 어느 쪽으로든지
나서는 것이 좋겠다고 말했다. 그는 이어 김현구가 아주 마음을 돌이킬
수 없으면 사임할 수밖에 없다고 그의 친구에게 통고했다.[43] 그러자 김현
구는 《국민보》지상에 다음과 같은 「사면청원서」를 발표했다.

8월25일에 총임원회에서 본인으로 각 지방을 순행하라고 결의된
바 리승만 박사가 이것을 정지하고 그 대신 《국민보》 주필을 사면하
라 명령하는 고로 (1) 임시 지방순행의 임명을 사면하고, (2) 《국민보》

---

42) 리승만, 「사실 설명」, pp.19~20; D. Y. Sohn et al., *op. cit.*, p.5.
43) 리승만, 「사실 설명」, p.18.

주필을 사면하고, (3) 총단 재무 겸 서기의 직임을 이에 사면하기 위하와 청원하오니 사조(査照)하신 후 인준하심을 경요.[44]

그것은 이승만에 대한 정면도전이었다. 교민총단은 김현구의 「사면청원서」를 이사회에서 처리하지 않고 다음과 같은 「공문 제16호」을 발표했다. 「공문 제16호」는 김현구의 「사면청원서」 전문을 그대로 전제하고 나서 다음과 같이 기술했다.

이 위에 기록한 「사면청원서」로 이에 각 지방의 공의를 묻습니다. 총단 서기 겸 재무 김현구씨의 사면청원은 그 자의나 사고를 인연한 것이 아니요 리승만 박사의 명령에 의한 것인즉 총임원회에서 처결하기 어렵다 생각하는 바이올시다. 총임원은 총단장이 조직하야 이사회의 인준을 받은 것이오니 리승만 박사께서 총임원 중 한 사람을 집어 사면하라 명령하신 바에 본 총단이나 총임원회는 어찌 처결할지 알지 못하와 이에 중의를 묻는 바이올시다. 총단 사정으로 《국민보》에 논문이 게재된 후에 이것이 동지회를 반대하는 것이라고 책망이 있으며, 총단 사정을 위하여 각 지방을 순행하려는 것을 막는 것이 이 사면권고의 근인(近因)이요, 총단을 없이하자는 계획에 공중에 대한 신의관계로 찬동치 못하겠노라는 고집이 사면의 원인(遠因)이올시다. 일반 동포는 이것을 깊이 생각하시와 속히 (9월10일 전으로) 회답하여 주심을 바라나이다.[45]

그것은 지방의 교민단원들에게 사실상 반대답장을 요망하는 「공문」이었다.

---

44) 「공문 제16호 교민총단 서기 겸 재무 김현구 사직청원서」, 『雩南李承晩文書 東文篇(十二) 하와이·美洲僑民團體關聯文書』, p.382.

45) 위와 같음.

김현구가 「사면청원서」를 발표한 직후에 이승만은 교민단 이사부에 김현구의 「사면청원서」를 수리하고 그의 직책을 다음 이사회 때까지 자기에게 맡길 것을 제의하는 「통고서」를 보냈다.[46] 그러한 조치는 전례가 있었다. 그러나 그것은 "돌이면 닳고 쇠면 녹을 만치" 김현구를 설득했다는 그의 말이 의심스러울 만큼 이승만의 불 같은 기질을 그대로 드러내 보인 것이었다. 교민총단은 교민총단대로 이승만의 제의를 거부하고, 교민단원들의 다수 의견으로 김현구의 사직을 막으려 했던 것이다.

8월30일 오후 2시에 열린 교민단 하와이 지방단 특별회에서는 이승만이 일찍이 경험하지 못한 수모를 겪었다. 모인 사람들은 남자 60명과 부인 20명쯤 되었는데, 그 가운데 남자 20명쯤은 교민단원이 아니었고 나머지 사람들도 의무금을 제대로 낸 사람은 반쯤밖에 되지 않았다. 지방단장 유명옥이 개회를 선언한 다음 첫번째 의제로 김현구의 「사면청원서」 및 그와 관련하여 이승만을 비방한 총단장의 「공문」과 이승만의 「통고서」를 차례로 낭독했다.

회의장 앞자리는 몇해씩 의무금도 내지 않고 회의에 나오지도 않던 사람들이 차지하고 앉아서 사위스러운 공기가 감돌았다. 이승만이 발언권을 얻어서 김현구의 사임문제에 대한 경위를 설명하려고 나섰다. 그러자 지방단장은 이승만에게 "사실만 말씀하십시오" 하고 발언을 견제했다. 몇 사람이 "이 박사의 언권을 제지하지 말라!" 하고 외치자, 사방에서 아우성이 일어 장내는 갑자기 수라장이 되었다. 이승만은 말을 멈추고 한동안 우두커니 서 있을 수밖에 없었다. 아우성이 멎자 이승만은 몇마디로 말을 그치고 바로 기독학원으로 돌아갔다. 이 무렵 이승만은 기독학원 기숙사에서 생활하고 있었다.

---

46) 리승만, 「사실 설명」, pp.22~23.

이승만이 떠난 뒤에 김현구와 손덕인 등이 이승만의 말을 논박하는 발언을 했고, 이승만 지지자들은 발언권이 봉쇄되었다. 이어 교민단 유지 문제와 김현구의 「사면청원서」 처리문제에 대한 투표가 실시되어, 교민 단을 유지하고 김현구의 「사면청원서」는 수리하지 않기로 가결되었다. 회의에 참석했던 이종관, 정인수, 이재연 등 이승만 지지자 44명은 이러한 회의내용을 알리는 「사실서」를 만들어 배포했다.[47]

이승만은 격분했다. 그는 9월4일에 교민단과 모든 관계를 끊고 다시 는 《국민보》에 간섭하지 않겠다는 성명서를 발표했다. 그러면서 구미위 원부 사업은 지금까지 위탁하여 했으나 지금부터는 동지회에서 직접 관 장한다고 선언했다. 이승만은 이 성명서에서 반대파들이 자기에게 너무 독재를 쓴다거나 공화제도에 위반된다고 선동하여 인심을 흔들고 있다 고 말하고, 다음과 같이 소신을 피력했다.

나도 공화제도를 하와이 모모 인사들만치 사랑하는 터이나 공화 보다 독립을 더 사랑하나니, 공화를 희생하고 독립을 찾겠느냐 독립 을 희생하고 공화를 찾겠느냐 하면 나의 대답이 어떠할 것을 나를 아 는 사람은 다 알 것이라. 그런데 오늘 우리 처지에 공화제도로 민족 대단결을 이루어서 공화제로 독립운동을 성공하려면 오랜 세월을 요 구한 후에 그 자리에 이를 것이라. 일본이 정부혁신 초에 만일 공화제 도를 먼저 주장하였다면 오늘 저만한 조직으로 저러한 부강을 이루 었을는지가 의문이라. 프랑스와 미국도 혁명 초에 여러 해 세월에 무 한한 풍파를 치르고 공화정치가 성립되었으며, 중국과 멕시코의 모든 분란과 분쟁이 다 그 계제를 밟아 나가는 것이라. 지금 우리 형편은 이 만한 세월을 허비할 수도 없고 시험할 자리도 될 수 없는 중이니, 차 라리 군인조직체로 국민대단결을 이루어서, 언권이니 의견이니 하는

---

47) 「사실서」, 『雩南李承晩文書 東文篇(十二) 하와이·美洲僑民團體關聯文書』, pp.383~385.

모든 것을 다 버리고, 국권을 먼저 회복하는 데 일심 합력하야 적국에게 빼앗긴 민족 전체의 자유와 독립을 찾아놓고, 그 후에 공화제도를 우리 형편에 적당하게 제정하야 행하는 것이 지혜로운 줄로 나는 확실히 깨달은 바이라. 이것을 옳게 아는 이들은 다 악수하고 함께 독립운동을 힘쓸 것이요 불가한 줄로 아는 이들은 동지회원이 되었을지라도 퇴회하는 것이 가한 줄로 아노라.…[48]

이승만이 주장하는 군인조직체란 자신을 정점으로 하고 자신의 명령 하나로 전기를 켜고 끄듯이 일사불란하게 움직이는 조직체를 뜻하는 것이었음은 앞에서 본 대로이다. 그리고 이승만의 이러한 주장이, 이미 미국 헌법을 본뜬 「자치규정」에 따라 공동생활을 하는 일반동포들이나 특히 미국식 정치문화에 익숙해진 청년학생들에게, 김현구의 '민중화' 주장이나 공화제도 주장을 제압하는 논리로서 얼마나 설득력이 있었을지는 의문이다. 그런데도 이승만은 자신의 주장에 찬성하지 않는 사람은 동지회원이 되었더라도 그만두라고 극언한 것이다.

1930년대에 작성된 『대한인동지회 회적(大韓人同志會會籍)』 2권이 하와이대학교 한국학센터에 소장되어 있다. 속표지에 "1930년"이라고 적혀 있는 이『회적』에는 모두 964명의 신상명세가 적혀 있는데, 중복된 회원 등을 빼면 934명이다. 이 934명이 이때의 동지회 회원 규모를 말해 주는 것이다.[49] 연령을 알 수 있는 839명 가운데 30대와 20대는 82명(남자 32명, 여자 50명)뿐이었다. 그리고 직업을 기재한 849명 가운데 487명이 농업, 106명이 노동자였다.[50] 동지회의 조직기반의 실상과 이승만이 청년학생들에게 각별한 관심을 갖는 이유를 짐작하게 하는 자료이다.

반면에 젊은 사람들은 김현구나 이용직과 같은 본토에서 정규 대학

---

48) 리승만, 「동지회와 교민단」, 위의 책, p.300.
49) 이덕희, 「부록 9」, 앞의 책, p.331, pp.451~503.
50) 위의 책, p.331, p.334 [표 4], p.336 [표 6].

교육을 마치고 최근에 하와이로 온 사람들에게 호감을 느꼈다. 미남의 김현구는 특히 젊은 여성들에게 인기가 있었다.[51] 그리하여 가지가지의 봉사활동을 활발하게 하던 대한부인구제회도 마침내 1930년12월의 동지식산회사 주주대회를 계기로 똑같은 이름의 두 단체로 분열되었다.[52]

동지회의 중앙이사장과 상무원 겸 재무로 각각 선임된 이용직과 김원용, 그리고 로스앤젤레스에서 온 최영기도 돌아가지 않고 김현구의 집에서 기식하면서 김현구와 교민단의 이승만 반대파에 동조했다.

3

김현구와 교민총단 집행부는 《국민보》를 통하여 이승만에 대한 격심한 인신공격을 퍼부으면서 이승만 지지자들을 교민총단에서 축출하는 공작을 벌였다. 9월14일 오후 2시 반에 총단관에서 열린 호놀룰루지방교민단 회의는 이승만과 가까운 이재연, 정인수, 이종관 세 이사원을 교민단을 반대한다는 이유로 파면하고, 승용환, 서진수, 이두경 세 사람을 새 이사원으로 선정했다. 이날 회의장에는 사람들이 200명가량 모였는데, 개중에는 술에 취하여 해망한 행동을 하는 사람도 있었다. 회의에는 독립단 사람들도 참석했는데, 그들은 말 한마디 하지 않았다. 파면된 세 이사원은 9월22일에 불법한 파면을 인정하지 않고 이사원의 책임을 계속 수행하겠다는 성명서를 발표했다.[53]

더욱 어처구니없는 사태가 9월21일 오후에 한인기독교회에서 벌어졌다. 이날은 일요일이었다. 이용직은 이승만 반대파 교인들을 부추겨 오후

51) 「누님이 싫다고요」, 《공동보》(제2호) 및 「신식 민중화에 폭 취한 여자들」, 《공동보》(제20호), 『美洲韓人民族運動資料 美洲篇④』, p.233, p.271.

52) 이덕희, 「하와이 여성단체들의 활동」, 윤병석 외, 『近代의 移民과 仁川: 2004년 제1회 학술대회 자료집』, 인천광역시 역사자료관, 2004, pp.84~87.

53) 리재연 등, 「공정한 동포에게 호소」, 『雩南李承晩文書 東文篇(十二) 하와이·美洲僑民團體關聯文書』, pp.386~387.

2시30분부터 평신도회를 개최하고, 이승만과 민한옥, 최성대, 김광재를 이사원에서 파면하고, 김현구, 손덕인, 최영기, 유명옥 등 여섯 사람으로 새 이사부를 구성한 것이었다. 이승만은 이용직이 교회를 성공회에 부속시킬 것을 제의한 뒤에 이에 반대하는 이사원들의 요청으로 이사원이 되어 있었다.

이용직은 평신도회를 소집하기 사흘 전인 9월18일에 재무 민한옥을 찾아가서 그가 보관하고 있는 교회부지 문서를 새 교회당 설계에 잠시 참고하고 돌려주겠다면서 가져갔었다. 쿠데타적인 평신도회를 마친 이용직은 교회부지 문서를 목사와 이사장과 평신도 회장의 공동명의로 은행에 맡긴다고 공고했다. 그러면서 은근히 이승만이 동지식산회사 관계로 교회부지를 저당잡힐 염려가 있어서 그렇게 했다는 소문을 퍼뜨렸다.

교회임원들과 일반신도 30여명은 9월28일에 대책회의를 열고 교회를 독립적으로 유지할 것과 21일의 평신도회는 무효라는 것과 교회부지 문서의 반환을 요구할 것 등을 결의하고 예배당으로 가서 예배를 본 뒤에, 대표가 문서로 작성된 결의사항을 이용직에게 전했다. 이를 두고 《국민보》는 "여러 십명이 교회로 몰려와서 야료하고 술주정을 부렸다"라고 보도했다.[54]

이승만은 동지회의 인사쇄신에 나서서, 10월16일에 동지회의 중앙이사부를 새로 구성했다. 이용직, 김현구 등을 파면하고, 양유찬(梁裕燦), 강영복 두 의학박사를 비롯하여 민한옥, 김광재, 최성대, 최홍위, 이원순(李元淳)을 새로 선임하고 독립단 대표 김윤배와 중립의 박상하는 유임시켰다.[55] 상무원 겸 재무 김원용은 10월8일부로 해임하고, 상무원으로는 김광재, 재무로는 박상하를 선임했다.[56]

54) 《同志別報》 1930년10월8일자, 「기독교회 현상」.
55) 「동지회 중앙이사부 공문」, 『雩南李承晩文書 東文篇(十二) 하와이·美洲僑民團體關聯文書』, p.317.
56) 「동지회 통고서」, 위의 책, p.316.

그러나 《국민보》의 일방적인 중상모략을 월간지 《태평양잡지(太平洋雜誌)》 하나로 대응하기에는 역부족이었다. 동지회는 10월에 들어서는 《동지별보(同志別報)》를 발행하고, 몇몇 회원들이 따로 《공동보》, 《공론》 등의 등사물을 만들어 대응했다. 《태평양잡지》도 1930년12월20일부터 《태평양주보(太平洋週報)》로 바꾸어 주간으로 발행했다.[57] 이에 맞서 교민단쪽에서도 《국민보》와는 별도로 《시사보(時事報)》를 발행했다.

이승만과 동지회 인사들은 반대파와 치열한 공방전을 벌이는 한편으로 동지회의 조직을 추슬러 나갔다. 10월26일 오후에는 신흥국어학교에서 호놀룰루지방동지회를 개최하고,[58] 공휴일인 11월11일에는 와이키키공원에서 호놀룰루지방동지회의 가족 간친회를 열었다. 간친회에는 300명가량의 남녀 동지들과 아이들 400명가량이 모여 음식을 나누면서 즐거운 시간을 보냈는데, 이 자리에서는 19명의 신입회원이 이승만의 주례로 입회선서식을 가졌다.[59] 그리고 11월30일 오후에는 호놀룰루지방동지회 주최로 팔라마지역에서 300명가량이 참가한 군중대회를 열었다. 대회는 손창희를 회장으로, 한광주를 서기로 선출한 뒤에 독립단의 이상호를 비롯한 정운서, 이종관, 안현경 등이 시국문제에 대한 연설을 했다. 그러고는 교민단의 현 간부들이 불량분자에게 부화뇌동하여 교민단을 파괴하고 있다면서, 일반교민들이 모두 서명하고 지방과 연락해서 시정해 나서기로 결의했다. 그 자리에서 서명한 사람은 186명이었다.[60]

12월에 들어서 이승만과 김현구가 주고받은 편지는 그동안의 하와이 동포사회의 분쟁 양상을 적나라하게 보여 준다. 이승만은 11월29일자로 워싱턴 구미위원부의 윤치영(尹致暎)과 연명으로 김현구에게 구미위원부의 재정장부 등 문서의 반환을 요구하는 편지를 보냈는데, 이에 대해

---

57) 《太平洋週報》 1930년12월20일호, 「태평양잡지를 주보로」.
58) 「호항지방동지회 광고」, 『美洲韓人民族運動資料 美洲篇④』, p.213.
59) 《同志別報》 1930년11월14일자, 「호항지방 동지회보」.
60) 《同志別報》 1930년12월6일자, 「공동회 경과사항」.

김현구는 다음과 같은 답장을 변호사를 통하여 이승만에게 보냈다.

11월29일에 보내신 귀함은 받아서 자세히 보았습니다. 그 편지를 구미위원부에서 발한 바 당신이 위원장으로, 윤씨가 위원으로 서명하였는데, 당신께서 구미위원부의 책임을 가지신 줄을 알게 되니 참 놀랍고 기쁩니다. 기왕부터 여러 번 당신이 위원부의 권리를 조종하고 정책을 단행하시는 태도를 보였으나, 매양 재주 있게 책임을 면하려 하시는 것을 보았소이다.…

당신이 말로나 글로 공중에 성명하시기를 당신이 나를 위원부로 데려가고 또 하와이로 불러왔다 하나 사실은 그것이 아니며, 본인이 워싱턴으로 간 것은 한인 공중이 담책(했을) 뿐입니다. 공중이 당신에게 사방으로 요구한 고로 당신이 부득이하야 본인이 워싱턴으로 가기를 허락하신 것입니다. 여러 달 동안을 당신이 허락지 않은 고로 허락을 기다리느라고 본인의 경비로 손해당한 것이 1,100달러에 달하였으나 이런 말은 지금 처음으로 발합니다.

워싱턴에 있을 동안에 한마디도 도울 말은 받지 못하였고, 백방으로 낙심만 되게 하며, 몇번은 구미위원부 문을 닫고 문부를 당신께로 보내라고 하였으나, 본인의 직책이 위원부를 도와서 공고케 하려는 것이므로 3년 세월을 가지고 나의 성력을 다하야 시험한 것입니다.…

김현구는 이처럼 자신이 구미위원부로 가게 된 경위는 이승만의 선임에 따른 것이 아니라 한인 공중의 요구를 이승만이 미루던 끝에 부득이하여 허용한 것이었다고 썼다. 그리고 이승만이 구미위원부에 들어오는 자금 400여달러를 개인적으로 사용했다는 소문이 있다는 등 도발적인 언사를 서슴지 않았다.

진적(眞的)한 곳으로 듣건대 위원부를 위하야 쓰라는 공전 중에서 당신이 얼마를 범용한 것이 있다는데, 지나간 4년 동안에 이렇게 범포 [犯逋: 나라에 바칠 돈이나 곡식을 써버림]된 것이 400여달러에 달한다는 데, 지금에 알고 보니 당신이 위원부장이라 하니 얼마 동안이나 그 지위를 차지하였다고 고집하실는지 모르거니와 지금에 알리고자 하는 것은 위원부가 당신의 사사이익이나 위하야 된 기관이요 한인 민중을 이롭게 하는 기관이 아닌 바에는 본인은 위원부와 관계를 아주 끊기로 작정이니 그리 아시며, 기왕에 나를 워싱턴에서 하와이로 데려왔다고 공포한 바에는 지나간 10월에 본인의 가족 데려온 경비를 물어주어야 하겠소이다. 작년 10월까지 (받지 못한 월급이) 422달러39센트요 본인의 가족 두 아이 합하야 워싱턴서 하와이까지 온 것이 250달러이니 위원부에서 본인에게 진 빚이 합 679달러39센트입니다.

잊어버리신지 모르거니와 본인이 워싱턴을 갈 때에 본인이 알아듣기에는 본인의 생활비가 매달 125달러라 하였으나, 위원부 재정보단을 보면 매달 95달러로 올려 있는 바, 생활비가 고등하고 또한 위원부의 친구들을 접대할 필요가 있으므로 이 경비로 지낼 수가 없었으며, 당신이 아시는 바와 같이 여러 친구를 접대할 필요가 있었으므로, 빚이 700여달러에 달합니다. 이 일뿐 외에 다른 일에 대하여서도 당신의 태도가 어떠하심을 속히 알려 주심을 바랍니다.…

김현구는 《태평양잡지》가 복간된 뒤로 받지 못한 석달 동안의 월급을 합산하면 이승만에게서 받을 돈이 935달러가 된다면서 그것도 지급하라고 요구했다.

또한 태평양잡지사 사무를 본 지 여섯달 동안에 지난 석달 동안은 매달 30달러씩은 받는 것이 상당하며, 동지회가 교민단에 대하야 72 달러58센트를 빚졌으며, 당신의 사용으로 100달러 차대한 것 합하야 260달러58센트입니다. 이것을 귀정(歸正)하기 위하야 돌아오는 우편

에 돈표를 곧 보내시기를 바라며, 진정으로 말하건대 동지회 중앙이
사부라는 것은 없는 물건인 줄 압니다.

　　이 아래 조목이 셈조이니

　　1. 김현구 월급　　　　　　　　　　422달러39센트
　　2. 김현구 가족여비　　　　　　　　250달러
　　3. 동지회가 김현구에게 차대한 것　　 90달러
　　4. 동지회가 민단에 차대　　　　　　 72달러58센트
　　5. 리 박사가 민단에 차대　　　　　 100달러
　　　　　　　　　　　합금　 934달러97센트

속히 회답하심을 기다립니다.[61]

　　김현구의 이 편지는 그의 착살스러운 성품을 그대로 보여 주는 것이
었다. 동지회 중앙이사부가 없다고 한 것은, 자신이 교민총단 재무의 자
격으로 구미위원부에 보낸다면서 거둔 800여달러의 의연금을 동지회로
보내라고 요구한 것에 대한 반응이었다. 그는 그 자금을 상해로 보내겠
다고 말하고 있었다.[62]

4

　　이승만은 싸울 때에는 물불을 가리지 않았다. 김현구의 편지를 받은
이승만은 그 편지를 공개하면서 곧바로 답장을 썼다.

　　본월 3일에 당신 율사의 사무소 주소로 등기하야 부친 편지는 즉
시 접수하였으며, 그 편지 안의 사연을 보건대 당신의 숨기려 하는 사

---

61) 《同志別報》 1930년12월6일자, 「김현구씨가 리 박사에게 보낸 글」.
62) 《공동보》(제2호), 「美洲韓人民族運動資料 美洲篇 ④」, p.232.

실을 다 인정한 것이므로 이 편지를 반가운 마음으로 받았소이다. 당신의 마음에 섭섭할 말을 하고자 아니하나, 이것이 당신의 요구이므로 나의 관찰하는 바를 설명하는 것이 요긴한 줄로 생각합니다. 이 편지에 말한 바는 사실을 다 번복하야 말할랴 한 것인데, 자연히 그 사연이 서로 모순 중에서 도리어 사실을 밝히 증명한 것뿐입니다.…

이승만은 이렇게 비꼬고 나서 김현구의 주장을 한가지씩 반박했다.

　우선 한 구절에 말한 바 내가 위원부의 책임을 가진 줄로 알게 된 것이 놀랍고 기쁘다 한 것은 당초에 이 사실을 몰랐다가 처음 듣는 것처럼 말을 하였고, 그다음 구절에는 한인 공중이 나에게 연속 요구하는 고로 내가 부득이하야 당신이 워싱턴에 가는 것을 허락하였다 하니, 지나간 4년 동안을 구미위원부에서 시무하며 내가 위원부 책임자인 줄을 몰랐고 다만 내가 인정하는 것이 당신을 위원으로 임명하는 데 긴요한 줄은 알았다 하면 서로 모순되는 것이며, 또한 당신이 아는 것이 좋을 것은 위원부에 임명을 받은 지난 4년 동안에 당신의 친필로 내게 보낸 편지가 300여장 이상인데, 이것이 다 사실을 증명하니 어떻게 모른다 하렵니까.

　또 말하기를 당신이 워싱턴 간 것은 전혀 한인 공중이 담책이라 하니, 이것은 나 한 사람은 도무지 관계없는 줄로 의미한 것인데, 이것이 만일 사실일 것 같으면 어찌하야 내 인허 없이 워싱턴으로 곧 가지 아니하고 1,100여달러 빚을 지며 내 대답을 기다렸는지 알고자 합니다.… 사실인즉 뉴욕의 몇몇 동지들이 당신의 기왕 역사를 아는 고로 당신을 천거하기 전에 당신의 문자를 받아서 위원부와 나에게 신실로 복종하겠다는 언약을 받고 천거한 것인데, 지금 와서는 그 친구들이 당신의 소위를 보고 다시 낙심하야 선언하는 문자를 발행하였으며, 뉴욕 외에도 디트로이트, 로스앤젤레스가 다 당신의 행위를 논박하는 터이니 아마 그 글을 다 보았을 줄 압니다.…

　동지회와 교민단의 분쟁이 격화되자 미국 본토 각 지역의 동지회원들도 이승만을 옹호하며 김현구를 비판하고 나섰다. 로스앤젤레스지방동지회는 동지미포대표회에 자신들의 대표로 파견했던 최영기가 교민총단의 총무가 되자 10월14일에 그를 회장직에서 파면하고, 이승만을 지지하기로 결의했다.[63] 또한 로스앤젤레스, 리들리, 다뉴바, 팔리아 동포들이 "국민보 비매동맹"을 결성하고 김현구를 파면하라는 성명서를 발표했다.[64] 동지회 뉴욕지회는 김현구가 거짓말로 인심을 현혹케 했다고 규탄하면서, "이번 리 박사의 주장을 성취하기 위하야는 재래의 어떠한 단체라도 희생할 각오를 하여야 되겠다"라고 성명했다.[65] 동지회 시카고지회는 《시사평론》을 발행하여 김현구와 그곳 대표로 동지미포대표회에 참석했다가 배반행동을 하는 김원용을 규탄했다.[66] 이승만은 김현구에게 이러한 일련의 일을 상기시킨 것이었다. 그는 김현구의 말이 이율배반적인 점을 다음과 같이 지적했다.

　내가 당신 워싱턴 있을 동안에 조금도 돕는 말은 주지 않았다 하니 이것은 필시 위원부 관사 고본문제에 대한 의미인 줄 압니다. 진정으로 말하려면 이런 일에 내가 어떻게 도움을 줄 수 있으리오. 당신이 고집하야 당신의 책임으로 고본을 미주와 하와이에 팔아서 관사를 매득한다 하더니, 지금에 윤(치영) 위원과 다른 동지들의 보고를 듣건대 가옥 본가가 1만8,000여달러에 지난 3~4년간 갚은 것이 도합

---

63) 《同志別報》1930년11월14일자, 「미주나성통신」.
64) 《공동보》(제1호), 『美洲韓人民族運動資料 美洲篇④』, p.231.
65) 「동지회 뉴욕지회 성명서」, 『雩南李承晚文書 東文篇(十二) 하와이・美洲僑民團體關聯文書』, pp.337~338.
66) 《공동보》(제1호), 『美洲韓人民族運動資料 美洲篇④』, p.231.

2,000여달러에 지나지 못하야 아직도 1만6,000여달러가 그저 남았는데, 집을 더 가지고 있을 수 없이 전부 실패라 하는데, 당신은 지금도 도와주지 아니하였다고 하여 나를 칭원[稱寃: 원통함을 들어서 말함]합니까.

　구미위원부의 관계를 아주 끊는다고 하였으나, 우리 생각에는 당신을 하와이로 불러다가 동지회와 민단사무를 겸대케 할 때에 당신의 위원부 임명은 다 정지된 줄로 안 것입니다. 그러나 공식으로 작정한 것은 없었으니, 이 편지에 설명한 당신의 말을 청원서로 인정하고 정식으로 접수하며, 당신이 종차로는 위원부와 관계가 없는 것을 자에 증명합니다.…

이승만은 이어 김현구가 동지회 이사부의 존재를 부인한 말과 관련하여 그동안의 그의 행동을 상기시키면서 꾸짖었다.

　동지회 중앙이사부라는 것은 없는 것으로 안다고 하였으니, 언제부터 이렇게 생각을 고치셨는지 모르거니와 동지회 중앙이사부원으로 시무하였으며 하와이지방동지회 회장으로 동지회에 관한 재정을 재무라 가칭하고 영수할 적에는 말과 글로, 공석 사석에서 동지회에 충성을 다한다 하며, 총재를 복종하여야 한다고 손을 들고 사람과 하나님 앞에서 선서받은 것을 눈으로 보고 귀로 들은 사람이 한둘이 아닌데, 지금은 독립금을 주는 사람도 없고 회계장을 좀 보여 달라 하니까 졸지에 의견이 변해서 동지회 이사부는 없는 것이라 하니, 어떻게 이렇듯 무치무렴[無恥無廉: 부끄러움이 없고 염치가 없음]합니까.…

끝으로 이승만은 김현구의 금전 요구에 대하여 다음과 같이 반박했다.

　지금은 당신이 졸지에 빚진 900여달러를 내라 하는 데 대하야 대답하려 합니다. 이때까지 아무 말도 없다가 별안간에 빚진 것을 내라고 하니, 돈에 몰린 줄은 알겠으나 아무 증거도 없이 돈을 내라고 한다고 인정할 수 없으니, 문부를 소상히 내어 보여서 사실을 알아본 후에야 대답할 것이니, 속히 문서를 주인에게 돌려보내는 것이 조치하는 방식입니다. 지나간 4년 동안을 나는 하와이에 있었고 당신이 혼자 워싱턴에서 위원부 재정을 자의로 출납하였고, 몇달 전에 《국민보》에 발표된 바 소위 「위원부재정보고」란 것은 누가 조사하여 본 것도 아니요 분명한 증명도 없는 바이며, 겸하야 지금은 당신이 위원부 책임을 면하고 났은즉, 위원부에서 지정하는 책임자에게 문부를 분명히 전장(傳掌)하는 것이 당신의 직책입니다. 위원부에서 당신과 교민단에 보낸 훈시가 다른 것이 아니요 문부와 재정을 다 넘기라는 것뿐이니 이 일을 속히 귀정하는 것이 옳고, 또한 당신의 요구하는 것도 문부를 보아야 작정할 것이니, 이 모든 이유를 인연하야 위원부에 속한 문부를 책임자에게 돌리는 것이 일에 옳은 줄 압니다. 만일 지금 하는 대로 신문지상에 허무한 사단을 일으켜서 연속 선전하여 사람의 이목을 가려놓고 그 속에서 당신의 모든 흠절(欠節)을 숨기려 하면 결단코 되지 않을지라. 원래로 사실 아닌 것은 증명할 수 없는 법입니다.[67]

이승만은 자신의 이 답장도 공개했다. 이승만의 논박에 반론을 펼 수 없게 된 김현구는 쟁점을 구미위원부의 본질문제로 옮겼다. 그것은 임시정부와 구미위원부의 관계에 관한 문제였다. 김현구는 《국민보》에 이승만에게 보내는 13개항의 공개 질의문을 발표했다.

(1) 당신이 대통령이오니까, 아니오니까.
(2) 대통령이면 한성정부 계통을 주장하십니까.

---

67) 리승만, 「김현구씨의 편지를 대답」, 《同志別報》 1930년12월12일자.

(3) 당신이 위원부장이오니까, 아니오니까.

(4) 위원부장이시면 어느 때 누가 무슨 수속으로 되었습니까.

(5) 위원부가 임시정부의 기관입니까, 아니오니까.

(6) 임시정부 기관이면 한성정부 계통으로 말씀입니까, 상해정부를 말씀입니까.

(7) 한성정부 계통이라는 것은 행정할 만한 기관이 있습니까, 혹 대통령, 혹 집정관총재뿐이오니까.

(8) 행정할 만한 기관이 없다면 그것을 만들어 놓을 수 있습니까. 있다면 누가 어찌하면 되겠습니까.

(9) 교민단이 교민단대로 유지되는 것을 원합니까, 원치 않습니까.

(10) 사회생활에 필요한 공결과 규정을 존중히 생각하십니까, 혹 아니하십니까.

(11) 영수로 자처하십니까, 아니하십니까.

(12) 공중의 존재를 인정하십니까, 아니하십니까.

(13) 사실을 존중히 생각하십니까, 아니하십니까.[68]

그것은 바로 동지미포대표회에서 구미위원부와 임시정부의 관계에 대한 동지회의 입장을 천명한 선언서의 기초위원이었던 김현구의 배반을 여실히 보여 주는 문장이었다.

하와이교민총단은 이러한 질의서에 이어 상해임시정부의 후원과 명령 복종을 강조하고 나왔다. 교민단은 임시의정원이 이승만의 임시대통령 직임을 파면하고 구미위원부에 폐지명령을 내렸음에도 불구하고 이승만이 그 결정을 냉소하고 사당을 편성하여 정부를 반대한다고 비판하면서, 임시대통령직 면직과 구미위원부 폐지령 이후에 이승만이 취한 불법행동을 임시정부가 조사하여 조치하고 서재필을 구미위원부 고문관으로 고

---

68) 《國民報》1930년12월17일자, 「리 박사에게 질문」, 홍선표, 『재미한인의 꿈과 도전』, pp.63~65에서 재인용.

빙할 것을 건의하자는 성명서를 발표했다.[69]

사태가 극한대결로 치닫는 것을 우려한 전 교민총단장 최창덕 등 일부 인사들이 중재에 나섰다. 이들은 167명의 서명을 받아 양쪽에 무조건 타협하라는 경고문을 보냈다. 동지회는 조정방책이 있으면 극력 찬동하겠다는 회답을 보냈다. 그러나 교민단에서는 자기네는 위급한 상황에 처한 교민단을 방위하기 위하여 부득이 취한 행동이므로, 동지회가 시비를 그치면 자기네도 그치겠다면서 중재하는 사람들이 더 적극적으로 시비에 개입하기를 종용했다.

중재에 나선 사람들은 임시분규타협위원연합회를 조직하고 11월16일에 다시 양쪽에 대표를 보내어 우선 서로 비방하는 글을 쓰는 일을 중지하고 두 단체 간부가 한자리에 참석할 것을 촉구했다. 동지회는 쾌히 응낙했으나 교민단은 그것을 거부하고 타협위원연합회의 활동을 의심했다. 그리하여 타협위원연합회는 12월12일에 그동안의 경위를 동포들에게 설명하는 성명서를 발표하고 조직을 해산해 버렸다.[70]

한편 교민단은 이승만의 간섭을 배제하기 위하여 「교민단자치규정」을 개정했다. 곧, 교민단을 구미위원부 관할 아래 두고 교민총단장은 구미위원부장의 인준을 받는다고 규정한 부록 두 항목을 삭제한 것이다.[71] 그러고는 이승만과 가까운 하와이 섬의 힐로지방 교민단에 대하여 의무금 낸 사람의 수효가 적다는 등의 이유를 들어 해산령을 내렸다.[72] 이러한 조치는 1931년 교민총단 이사회를 앞두고 취해진 것이었다.

69) 《國民報》 1930년12월17일자, 「근본문제」, 홍선표, 앞의 책, pp.64~65.
70) 림시분규타협위원회연합회, 「성명서」, 『美洲韓人民族運動資料 美國篇④』, p.211.
71) 《공동보》(제5호) 1931년1월6일자, 위의 책, p.252.
72) 남순명, 「힐로지방단 해산령에 대하야」, 《同志別報》 1930년12월12일자.

3. 동지회와 교민단의 분쟁이 법정쟁의로

1

1931년1월4일에 열린 한인기독교회의 평신도회는 이튿날 열릴 교민총단 이사회의 운명을 예시하는 징조였다. 이용직이 주도한 9월21일의 전격적인 평신도회 이후로 많은 교인들이 연명으로 평신도회 회장 차신호에게 여러 차례 평신도회를 열 것을 요청했으나 차신호는 응하지 않았다. 마침내 12월21일에 교인 112명이 모여 평신도회를 열어 차신호를 파면하고 《공동보》 주필 손창희를 회장으로 선출했다. 그러자 차신호는 1931년1월4일 오후 2시에 평신도회를 개최한다고 공표했고, 손창희도 같은 시간 같은 장소에서 평신도회를 개최한다고 공표했다. 그리하여 이날 신흥국어학교에는 800명가량의 남녀 동포들이 모였다. 회의장에는 이용직의 요청으로 출동한 경관 대여섯명이 입회했다. 회의는 사회를 누가 할 것인가를 두고 개회벽두부터 논란을 벌이다가 다수결로 결정하기로 하고 거수투표를 했는데, 차신호에게 손을 든 사람은 10여명뿐이고 나머지 사람들은 모두 손창희에게 손을 들었다. 장내가 수라장이 되자 경관들이 회의를 중단시키고 사람들을 해산시켰다.[73]

한편 교민총단 이사회는 1월5일 오전 10시에 밀러 스트리트(Miller Street)에 있는 교민총단관에서 개회하여 10일까지 계속하기로 예정되어 있었다. 이사회는 1930년도 교민총단 업무를 감사하고 1931년도 총부단장 후보 2명씩을 선출할 중요한 회의였다. 총단장 손덕인은 이승만 지지파 이사들의 회의참석을 배제하기 위하여 회의 소집을 통보하면서 몇가지 "주의사항"을 발표했는데, 그 가운데는 "어떤 지방이든지 10명 이상의 단원이 금년도 의무금을 납입하지 아니하였으면 그러한 지방에서는 이

---

73) 「파면당한 차신호가 개회하겠다고」, 《공동보》(제3호) 및 「평신도회 후문」, 《공동보》(제4호), 『美洲韓人民族運動資料 美洲篇 ④』, pp.241~242, pp.248~249.

사원을 가납하지 않겠으며, 만일 의무금을 납입하지 못하였으면 이사원이 출석할 때에 납입하여도 가함"이라는 항목이 들어 있었다. 이러한 제한은 분명히 「자치규정」에도 근거가 없고 지금까지의 관례에도 어긋나는 것이었다.[74]

그러나 1월5일 오전에 손덕인과 김현구는 변호사와 함께 회의장 입구에서 자기네쪽 이사원 12명에게만 입장권을 나누어 주어 입장시키고, 다른 이사들의 입장을 막았다. 동지회쪽 이사 21명도 급히 변호사를 불렀고, 옥신각신 끝에 회의장으로 들어갔다. 일방적인 회의진행을 할 수 없게 된 손덕인과 김현구 등은 회의를 1주일 연기하여 1월12일에 재개하겠다고 선언했다.

1월12일 오전 9시에 다시 열린 이사회는 미리 발부한 입장권을 가진 이사들만 회의에 참석한 가운데 정족수 미달인 채로 회의를 강행하여 각 지방 성적보고와 건의안 심사, 교민총단의 각종 문부조사 및 회계감사 등의 의안을 벼락치기로 처리하고 정오에 서둘러 폐회했다. 동지회쪽에서 소식을 듣고 사람들이 몰려갔을 때에는 총단관 문이 잠겨 있었다. 정태화, 이원순, 김노디 등 동지회쪽 사람들 50~60명은 오후 5시에 총단관 문을 부수고 들어가서 총단관을 점거했다. 이들은 경찰에 보호를 요청했다. 경찰청은 경찰 8명을 총단관에 파견하여 총단관 앞뒤를 경비했다. 총단관을 점거당한 교민단 사람들은 릴리하 스트리트(Liliha Street)에 모여 집회를 열고 반격을 준비했다.[75]

총단관에서 밤을 새운 동지회쪽 사람들은 1월13일 오전 9시부터 이사회를 열었다. 모인 사람들 가운데는 19개 지방 대표 21명의 이사원이 있었다. 회의는 정태화를 임시이사장으로 선출한 다음, 총단장 손덕인에게 대표를 보내어 회의에 참석하여 정식으로 개회할 것을 요구했다. 그러

---

74) 안현경, 「이사회에 대한 총단장의 행정」, 《太平洋週報》 1930년12월20일호.
75) 《新韓民報》 1931년1월29일자, 「동지회에서 교민총단관을 점령한 후 하와이 호항의 인심은 자못 흉흉하여」.

나 손덕인은 응하지 않았고, 뒤이어 두차례 발송한 공문은 접수조차 하지 않았다. 동지회쪽 이사원들은 변호사와 상의하여 교민총단 임원들(손덕인, 안영찬, 김현구, 차신호, 김원용) 앞으로 다음과 같은 공문을 다시 보냈다.

우리 하와이 한인국민회(교민단) 회원일동을 대표한 우리는 당신 여러분들에게 일제히 통고하며 우리 공회의 모든 문서와 제반 문부를 조사할 권리를 요구하나니, 우리의 요구하는 바 책은 회원명록과 재정수입한 문부와 재정지출부와 은행소 월종보고와 은행표 쓴 머리와 돌아온 은행표와 국민회나 교민단 명의로 진행한 모든 사업 성적 보고 등 모든 서류이며 모든 회의록 전부를 다 조사할 터인데….[76]

그것은 물론 손덕인과 김현구 등이 쉽사리 응할 수 있는 요구가 아니었다. 그들은 합법적인 대항책으로 그날로 교민단 변호사 오브라이언(Ray L. O'brien)을 통하여 교민총단 부단장 안영찬의 이름으로 이승만이 책임을 맡아 운영했던 동지식산회사의 회계검사를 요구했다. 안영찬은 동지식산회사의 주주였다. 이승만은 바로 이의를 신청했다.[77]

동지회쪽 이사원들과 단원들은 총단관에서 잠을 자면서 회의를 계속했다. 그들은 사태가 일단락될 때까지《국민보》를 정간하기로 하고 주필 김현구를 파면하는 한편, 총단장 손덕인을 여섯가지 죄책을 들어 파면하고, 총단관 각종 문부를 조사하기로 결의했다. 그리고 1931년도 총부단장 후보를 선출했는데, 총단장 후보로는 이종관과 김광재, 부단장 후보로는 안현경과 정인수를 선출했다. 그 결과를 바로 각 지방단에 통보하여 단원들의 투표를 실시하게 했다. 회의에서는 또한 손덕인과 김현

---

76) 國史編纂委員會 編, 『大韓人民國會와 이승만(1915~1936년간 하와이 법정자료)』, 國史編纂委員會, 1999, p.305.
77) 위의 책, pp.361~381.

구가 교민총단관 문서를 비숍 신탁회사(Bishop Trust Company)에 저당 잡히고 1,050달러를 빌려 쓴 사실이 드러났다.[78]

홍분된 분위기가 계속되는 속에서 1월18일에는 교민단쪽의 한 청년이 총단관에 들어가서 권총으로 동지회쪽 이사원들을 위협하다가 경찰에 연행되어 벌금 200달러를 무는 해프닝도 있었다.[79]

이때부터 지루한 법정쟁의가 시작되었다. 1월24일의 경찰법정에서 브룩스(Francis Brooks) 판사는 한국인들 사이의 분파분쟁을 경찰법정이 시비를 가리는 것은 적합하지 않다고 판결했다. 브룩스 판사는 교민단의 내부분쟁은 몇년 동안 계속된 것이며, 경찰법정은 그러한 분쟁을 해결할 수 있는 곳이 아니라면서 기각결정을 내린 것이다. 그리하여 사건은 순회법정으로 이관되었다.[80]

1월26일에 《태평양주보》 주필 김진호가 문이 잠겨 있는 《국민보》 인쇄소에 인쇄공들과 함께 들어가서 《국민보》를 발행하려고 했다. 이 소식을 들은 교민단 사람 30여명이 몽치와 체인 등을 들고 총단관으로 몰려가서 동지회 사람들을 폭행했다. 곧바로 경관대가 달려와서 싸움이 확대되지는 않았지만, 동지회원 세 사람이 중상을 입고 병원으로 실려 가고, 교민단쪽의 주모자 대여섯명이 경찰에 연행되었다. 경찰은 총단관을 봉쇄하고 사람들의 출입을 금지했다.[81] 총단관에서 쫓겨난 동지회 사람들은 총단관 뒤에서 저녁밥을 짓다말고 경관들의 명령으로 끓는 밥솥이며 주방기구며 깔고 자던 돗자리며 가방 등속을 트럭에 싣고 떠나야 했다. 동지회쪽 이사원 서봉기는 분한 마음에 쇠몽치를 들고 교민단원들을 해치려다가 경찰에 연행되었다.

78) 《新韓民報》 1931년1월29일자, 「동지회에서 교민단총단관을 점령한 후 하와이 호항의 인심은 자 못 흉흉하여」; 「大韓人民國會와 이승만」, pp.296~315.
79) 《新韓民報》 1931년1월29일자, 「최성률 청년이 체포되어」.
80) 金度亨, 「1930년대 초반 하와이한인사회의 동향: 소위 '교민총단관 점령사건'을 통하여」, 《한국 근현대사연구》 제9집, 1998, 한울, p.221.
81) 《新韓民報》 1931년2월5일자, 「하와이: 하와이 풍파는 악화해」.

이튿날 릴리하 스트리트와 스쿨 스트리트(School Street) 근처에서 폭력사건이 다시 발생했다. 저녁 7시에 교민단원 김이후의 집에서 나오던 정달수가 동지회 사람인 민근호에게 쇠몽치로 뒷덜미를 맞은 데 이어, 역시 동지회의 김영성(계명성)이 총으로 정달수를 사살하려다가 옆에서 구경하던 후루카와(古河)라는 일본사람의 오른쪽 다리를 맞힌 사건이 발생했다. 급히 출동한 경찰은 김영성과 민근호와 함께 남자 14명과 여자 1명을 체포하여 카운티 감옥에 가두었다.[82]

한인사회의 이러한 폭력충돌은 호놀룰루의 영자신문과, 특히 일본인 신문의 더할 나위 없는 입방아거리가 되었다. 치안당국도 격노했다. 경찰서장 글리슨(Patric Gleason)과 부서장 하오(David Hao)는 1월29일에 동지회와 교민단의 간부 12명을 불러들여 만일에 양파가 또다시 거리에서 싸우거나 예배당과 집회실에서 무법한 폭력으로 질서를 문란하게 하면 이민당국에 교섭하여 "기피 외국인(undesirable aliens)"으로서 국외로 추방하겠다고 경고했다. 양쪽 간부들은 모두 '무장해제'를 하고 집으로 돌아가겠고, 교민총단 문제는 통신투표로 결정하겠다고 말했다. 글리슨은 다시 양쪽에서 휴전약조가 있기 전에는 호놀룰루에서 한국인의 어떠한 집회도 절대로 허락할 수 없다고 말했다.[83]

그러나 동지회쪽 이사원들이 지방으로 발송했던 1931년도 총부단장 투표지는 이미 도착해 있었다. 그리하여 1월31일에 이사회를 열고 지방단원들의 투표지를 개표한 결과 총단장에 김광재, 부단장에 정인수가 당선되었다. 이사회는 그 결과를 즉시 구미위원부장 이승만에게 보고하여 인준을 받고, 총무 손창희, 서기 최백일, 재무 박규임 등 집행부를 선임했다.[84]

---

82) 《新韓民報》 1931년2월12일자, 「하와이: 영수들을 축출한다고」.
83) 위의 글; 金度亨, 앞의 글, p.233.
84) 『大韓人國民會와 이승만』, p.315.

2

동지회와 교민총단 사이의 분쟁이 법정쟁의로까지 발전하자 샌프란시스코의 대한인국민회가 중재에 나섰다. 그러나 그것은 중재라기보다는 이승만 반대파를 펀드는 것이었다. 그런데 이때의《신한민보》의 논설이 이승만이 김구를 두고 했다는 말을 거론하고 있어서 눈길을 끈다.

> 만일 이놈은 이래 못쓰겠다고 버리고 저놈은 저래 못쓰겠다고 버리고서 오직 나의 성미에 꼭 맞는 동지들을 모집하려 든다면 100만명을 모집할 수도 없고 모집한대도 오늘날과 같은 풍파가 늘 있을 것입니다.…
> "태평양 이편 일을 위원부에서 하는 것이 당연하다"고 하였습니다. 그리고 원동 방면에서 민족운동하는 사람들 중에 김구 선생을 제외하고 애국자가 없는 듯이 말씀하였습니다. 김구 선생의 애국성은 누구나 탄복하지 않을 이가 없습니다. 그러나 100만명이 산다는 중령과 시베리아 방면에 애국자가 오직 김구 선생뿐만이라 함은 별문제이므로 여기서 말할 필요가 없거니와, 태평양 이편으로 경계선을 그어 놓고 100만명 동지 모집설을 제창한다는 것은 아무리 생각하여 보아도 모순은 큰 모순입니다. 미령 동포를 다 동지로 인정한 대도 1만명이 못 될 것이 아니오니까.…[85]

이승만이 어떤 기회에 극동에 애국자가 김구 한 사람밖에 없다고 말했는지 알 수 없으나, 이 무렵에 그는 상해 인사들 가운데 신뢰할 수 있는 사람은 김구뿐이라고 생각하고 있었음을 알 수 있다.《신한민보》는 사태해결을 위해 외국인의 법정에 호소할 것이 아니라 일반동포들의 직접

---

85) 《新韓民報》 1931년 2월 5일자, 「하와이풍파에 대하야」.

투표나 교민단원의 투표로 문제를 해결할 것을 제의했다. 그러고는 이승만의 은퇴를 권고했다. 17년에 걸친 이승만의 활동을 놓고 볼 때에 잘한 것보다 못한 것이 많으며, 따라서 그가 인도의 간디나 중국의 손문(孫文)과 같이 되기는 어려울 것이므로, 차라리 이 기회에 정치활동을 그만두고 교육운동이나 종교운동에 전념하는 것이 낫겠다는 것이었다.[86]

그러나 이승만 지지자들은《신한민보》의 그러한 주장이 대한인국민회가 하와이 풍파를 이용하여 미국, 멕시코, 쿠바 동포 단체의 통일을 촉구하고 하와이까지 휘하에 포함시키려는 술책이라고 비난했다.[87]

교민총단의 정식 임원이 누구냐 하는 문제에 대한 재판은 연기를 거듭한 끝에 4월16일 오후 2시에 제1순회재판소의 크리스티(Albert M. Cristy) 판사 법정에서 열렸다. 재판결과는 동지회 사람들의 총단관 점거가 불법이라는 것이었다. 그것은 교민총단쪽 임원들을 정식임원으로 인정한다는 판결이었다.[88] 총단관은 다시 문을 열었고, 3개월 동안 정간했던《국민보》도 4월22일자로 속간했다.[89] 그러나 교민총단쪽의 승소에도 불구하고 교민총단과 동지회의 반목은 더욱 심화되어, 마우이(Maui) 섬에서는 교민단원과 동지회원 사이에 칼부림이 벌어지기도 했다.[90] 동지회쪽에서는 재판결과에 불복하고 상고하는 한편 현 교민총단 임원들의 재정운용의 부정과 1931년도 이사회의 불법성에 대한 소송을 제기했다. 그들이 지적한 재정운용의 문제점 가운데는 예산에 없는 자동차를 사서 총단장이 쓰고 김현구가 권총 두자루를 공금으로 산 사실도 포함되어 있었다.[91] 김현구는 이 권총을 김원용과 한자루씩 호신용으로 나누어 가

---

86) 《新韓民報》 1931년2월19일자, 「하와이풍파 해결책이 무엇입니까?」.
87) 《太平洋週報》 1931년5월9일호, 「국민회장 백일규씨가 하와이 한인사회에 한 사람이 되었다면」.
88) 《新韓民報》 1931년4월23일자, 「하와이: 교민단이 재판에 득승」, 4월30일자, 「하와이: 교민단 재판의 판결서」.
89) 《新韓民報》 1931년5월7일자, 「하와이: 국민보 다시 발간」.
90) 《新韓民報》 1931년7월2일자, 「동포동포 간에 칼질」.
91) 「재판전말 보고」, 『美洲韓人民族運動資料 美洲篇④』, p.302.

졌다.[92] 그러나 이 재판은 뒤에 증거 불충분으로 기각되었다.

교민단원들은 원래 거의 모두 한인기독교회 교인들이었으므로 교민단의 분쟁은 교회분쟁으로 이어지게 마련이었다. 교민총단장 손덕인과 부단장 안영찬도 한인기독교회 교인이었다. 이승만은 이용직 등의 책동을 저지하느라고 부심했다. 그리하여 1931년2월에는 이용직이 파면되었다는 이야기가 보도되기도 했다.[93] 그러나 이용직이 파면되기까지에는 석 달이 더 걸렸다.

한인기독교회는 2월19일에 14개 지방교회에서 온 대의원들이 참석하여 정기총회를 열고 새 이사부를 선출했는데, 새로 선출된 이사부원들은 모두 동지회쪽 사람들이었다.[94] 반대파 사람들은 갈리히(Kalihi) 계곡에서 따로 회의를 열고, 이승만이 교인 과반수의 의견에도 불구하고 신망이 많은 이용직을 축출하며 예산도 없으면서 굉장한 예배당을 건축하겠다고 주장하여 교회의 내분을 불러일으켰다는 장문의 영문 성명서를 발표했다.[95]

하와이 동포들은 이제 3·1절 기념식도 지금까지와는 달리 양쪽으로 나뉘어 거행하게 되었다. 동지회 사람들은 오전 10시에 시내의 한 극장에서 800명이 참가한 가운데 기념식을 거행하여 이승만의 시국에 관한 연설을 들었고, 교민단에서는 오후 1시에 와이키키 공원에 700명이 모여 기념식을 거행했다.[96]

이러한 와중에서 이승만은 한인기독교회 예배당을 새로 건축하기 위한 모금운동을 추진했다. 그는 건축기금으로 2만5,000달러를 책정하고 5개월 안에 모금을 완료하기로 계획을 세웠다. 그리하여 3월 한달 동안에 예배당 건축의연금 약정 금액이 1만780달러에 이르렀다.[97]

92) Dae-Sook Suh ed., *The Writings of Herry Cu Kim*, p.143.
93) 《新韓民報》 1931년2월12일자, 「하와이: 기독교회목사 이용직씨는 파직되어」.
94) 金度亨, 앞의 글, p.226.
95) 《新韓民報》 1931년3월19일자, 「하와이: 기독교회의 내홍을 발표」.
96) 《新韓民報》 1931년3월19일자, 「하와이: 하와이 3·1절의 대성황」.
97) 《太平洋週報》 1931년4월11일호, 「제1기를 넘어간 기독교예배당 건축담보금」.

한인기독교회 목사 이용직의 해임은 5월4일에 열린 평신도회에서 결정되었던 것 같다. 이날의 평신도회는 이용직의 명의로 소집된 것이었으나, 정작 이용직은 회의에 참석하지 않았다. 회의에는 16개 지방 대표가 참석하여 "법리적으로 개회하여" 제반사항을 처리한 것으로 되어 있다.[98] 6월13일자 《태평양주보》는 "10여개월을 두고 중중첩첩한 사건에 따라 이씨의 목사임을 파면당하고 앉은 오늘에 뉘우침도 있을 것이요 억울하다는 조건도 없지 아니하리라"라고 기술했다.[99] 이어 토요일인 5월30일에는 한인기독교회 주일학교 주최로 400명 가까운 남녀 신도와 아이들이 와이키키 공원에서 야유회를 열었다.[100]

이용직은 6월7일 일요일 아침 예배시간에 그의 추종자인 교인들 수십명과 함께 예배당에 나타나서 자기가 예배를 주재하겠다고 승강이를 벌여 예배당이 수라장이 되었다. 곧바로 경찰관이 출동하여 사태는 수습되었지만, 사건은 영자신문에 대대적으로 보도되어 이승만은 백인들 보기에 여간 창피하지 않았다.[101]

이용직이 이처럼 이승만에게 막무가내로 저항한 데는 까닭이 있었다. 그것은 위계로 확보한 한인기독교회의 부지문서를 저당잡혀 자금을 마련하려는 계획을 김현구와 함께 추진하고 있었기 때문이다. 그것은 김현구와 이용직이 교민총단쪽의 소송비용을 마련하기 위하여 취한 행동이었는데, 그동안 양쪽에서 소송비용으로 소모된 돈만 2만달러가 넘었다고 한다.[102]

두 사람은 처음에는 일본인 금융기관에서 융자를 받으려 했으나, 동

98) 《太平洋週報》 1931년5월9일호, 「기독교 평신도회 후문」.
99) 《太平洋週報》 1931년6월13일호, 「기독교정신에서 떠난 리용직 목사에게」.
100) 《太平洋週報》 1931년6월6일호, 「잡보: 기독교회 야유회」.
101) 리승만, 「우리 사업의 목적」, 《太平洋週報》 1931년6월20일호, pp.3~6; 《新韓民報》 1931년6월25일자, 「하와이: 기독교회 예배식이 수라장되어」.
102) John K. Hyun, *The Korean National Association(1903~1945)*, Korea University, 1986, p.36은 2만5,000달러라고 했고, 鄭斗玉, 「在美韓族獨立運動實記」, 《한국학연구》3 별집, 인하대학교한국학연구소, 1991, p.78은 2만여달러였다고 했다.

지회 사람들에 의하여 그 계획이 저지되자 차신호, 손덕인, 유명옥 등 교민총단의 재력가들이 공동투자로 자본금 1만4,600달러의 동흥회사를 설립하고 그 회사가 기독교회 부지를 잡고 6,000달러를 대출하는 계획을 추진했다. 회사는 6월29일에 등기를 마쳤고, 7월31일에 대출이 이루어졌다.[103] 이에 대하여 또다시 소송이 제기되어 일반동포들로 하여금 눈살을 찌푸리게 했다.[104]

이용직과 그를 따르는 교인들은 이윽고 7월5일부터 교민총단관 회의실에서 예배를 보기 시작했다. 20여명의 임시창가대도 조직되었고, 주일학교도 시작되었다. 눈길을 끄는 것은 뒷날 이승만의 정적으로서 이승만의 외교활동에 사사건건이 걸림돌이 되는 한길수(韓吉洙)가 이때에 주일학교 학감이 된 사실이다.[105] 한길수는 일찍이 이승만이 교장이던 때에 한인중앙학원에 다닌 사람이다. 8월30일에는 한인기독교회가 분립된 뒤에 처음으로 한인감리교회 교인들과 교민총단과 한인기독교회 교인들이 와이키키 공원에서 연합예배를 보았는데, 한길수는 이 예배의 사회를 맡아 보았다.[106]

3

하와이 동포사회가 이처럼 격심한 분쟁에 빠져 있을 때에 《동아일보(東亞日報)》 사주 김성수(金性洙)가 하와이를 방문했다. 그는 1년7개월에 걸친 장기간의 세계일주 여행을 마치고 본국으로 돌아가는 길이었다. 김성수는 재단법인 중앙학원(中央學院)을 설립하고 나서 세계 각국의 교육제도를 직접 살펴보기 위하여 여행하고 있었다. 처음 예정으로는 하

---

103) 《太平洋週報》 1931년8월29일호, 「만천하 우리 동포에게 고함」.
104) 《新韓民報》 1931년11월19일자, 「사회재판 끝나자 교회재판」.
105) 《新韓民報》 1931년7월23일자, 「하와이: 기독교회는 아주 갈리는 셈인가?」.
106) 《新韓民報》 1931년9월17일자, 「하와이: 양 교회 처음으로 연합소참회」.

와이에서도 얼마 동안 머물 예정이었으나, 집안에 일이 생겨 급한 연락을 받고 귀국하는 길이라면서 도착한 그날로 떠나야 한다고 했다. 6월2일에 뉴욕에 도착한 김성수는 미국 본토 각지에서 큰 환영을 받으면서,[107] 하와이 동포사회의 분쟁에 대한 이야기를 여러 갈래로 들었다. 뉴욕동지회의 연락을 받은 하와이동지회 총부는 이원순, 김진호, 최마리아 세 사람을 위원으로 정하고 환영절차를 준비했다. 교민총단에서는 손덕인이 김성수가 탄 치치부마루(秩父丸)로 오찬회에 초청하는 전보를 쳤고, 안영찬도 김성수가 본토를 여행하는 동안에 기차여행을 같이 한 사람을 통하여 그를 초청해 놓고 있었다.

7월28일 오전 8시30분에 호놀룰루항에 도착한 김성수는 많은 남녀 동포의 영접을 받고, 양유찬의 집에서 조찬을 초대받았다. 이어 동지회관에 들러 각 단체 대표들을 만났다. 정오부터 두시간 동안 와이키키 해변의 중국요리집에서 열린 환영오찬회에는 남녀 20명가량의 백인사회 각계 대표 인사들을 포함하여 150명가량이 참석했다. 환영사 순서에서 인상적인 것은 《스타 불러틴(*The Honolulu Star Bulletin*)》지의 사장이 신문협회를 대표하여 환영사를 하면서 《동아일보》를 격찬한 사실이다. 김성수는 이승만의 소개를 받고 여행 소감을 피력했는데, 그는 "합동하는 힘"과 "인내하는 힘"의 중요성을 강조했다. 오찬이 끝나고 김성수는 한인기독학원에 가서 학생들이 준비한 환영회에 참석했다.[108]

이날 이승만과 김성수는 나라의 앞날에 대해 많은 이야기를 나누었다. 김성수는 이승만이 국내사정을 자세히 파악하고 있는 데 놀랐다. 이승만은 김성수의 손을 잡고 어루만지면서 이런 말을 했다고 한다.

"지금 우리 민족을 위해서 가장 유효하게 싸우고 있는 것이 《동아일보》요. 국내의 애국동포 여러분이 고초를 당하는 소식을 들을 때마다 나

---

107) 《新韓民報》 1931년6월18일자, 「김성수선생 뉴욕 도착」, 7월9일자, 「김성수씨 환영과 노정」, 7월16일자, 「가주의 김성수씨 환영」.
108) 《太平洋週報》 1931년8월1일호, 「김성수선생 환영」.

라 밖에서 편안히 지내고 있는 이 몸이 부끄럽고 한스러운 마음을 금할 수 없소."

김성수는 이승만의 말을 듣고 있노라니까 한국은 금방 독립이 될 것 같았다. 이승만은 동아시아를 중심으로 하는 세계정세를 마치 손바닥에 그리듯이 설명하고, 머지않아 한국은 독립될 것이므로 그때까지《동아일보》가 나라 안에서 한국의 혼을 지켜 달라고 힘주어 말했다. 김성수는 미국 본토를 여행하는 동안 동포들로부터 이승만의 독선에 대한 비난을 많이 들었으나, 그의 태산 같은 독립정신과 넓은 식견과 언변은 김성수가 이제까지 접해 보지 못한 것이었다. 김성수는 이승만과 대화를 나누는 동안 "장차 우리나라가 독립하면 민족을 이끌고 나아갈 사람이 바로 이 사람이구나" 하는 인상을 받았다고 한다.[109] 그리하여 김성수는 1938년5월의 흥업구락부사건(興業俱樂部事件)을 전후하여 윤치호(尹致昊), 윤치소(尹致昭), 김일선(金一善) 등과 극비리에 수만원을 모아 이승만에게 보냈다고 한다.[110]

김성수는 초청의 답례로 부두로 가는 길에 손덕인과 안영찬의 집도 잠깐씩 방문했다. 부두에 도착한 김성수는 많은 동포들이 주는 화환과 선물을 받고 오후 5시에 호놀룰루를 떠났다.[111]

7월2일에 만주의 길림성 만보산(萬寶山) 지역에서 중국인 농민들과 한인 농민들 사이의 충돌로 발생한 만보산사건은 미주동포들에게도 큰 충격을 주었다.[112] 하와이동지회 총부도 사태의 추이를 주시하면서 재만 동포들의 구호방안을 강구하느라고 부심했다.

뒤이어 9월18일에는 드디어 만주사변[滿洲事變: 9·18戰爭]이 발발했다. 이승만은 이제 하와이 동포사회의 분쟁에만 매달려 있을 수 없었다.

<hr>

109) 仁村紀念會, 『仁村金性洙傳』, 仁村紀念會, 1976, p.320.
110) 위와 같음.
111) 《太平洋週報》 1931년8월1일호, 「김성수선생 환영」.
112) 《新韓民報》 1931년7월16일자, 「풍운이 암담한 만보산사건의 결과」.

하와이동지회 총부는 10월18일 오후 2시에 와이키키 공원에서 만주사변에 대한 대중집회를 열었다. 송필만(宋必滿)이 일본의 만몽정책(滿蒙政策)을 비판하는 연설을 하고, 박상하가 일본의 시베리아정책을 비판하는 연설을 했다. 그리고 이승만은 중일 관계의 추이와 한국인의 취할 정책방향을 길게 설명했다. 그는 국제연맹이나 강대국들과의 협조가 중요하다는 것을 강조했다.[113)

이승만은 워싱턴으로 가고 싶었으나 동포들에게 자금지원을 요청할 엄두가 나지 않았다. 그는 한인기독학원에서 번뇌와 모색의 하루하루를 보냈다. 그러한 이승만을 워싱턴으로 보내기로 적극적으로 나선 사람은 이원순이었다. 그는 동지회 간부들과 상의하여 구미위원부 사무실을 다시 열기로 하고 특별 의연금을 거두었다. 이승만은 문을 닫는 사태가 오지 않을까 염려되어 망설였으나, 이원순 등의 강권으로 용기를 얻었다. 그는 다시 워싱턴으로 가기로 결심했다.[114)

이승만은 마침내 1931년 11월21일 오전 11시에 로스앤젤레스로 가는 시티 오브 로스앤젤레스 호(S. S. City of Los Angeles)에 올랐다.[115) 1929년10월 초부터 석달 동안 동지식산회사 투자모금을 위하여 미국 본토를 여행한 일 말고는 1924년11월에 하와이로 돌아온 뒤 7년 만에 다시 워싱턴으로 가는 길이었다. 또다시 언제 돌아올지 모르는 여행이었다. 이승만은 뒷날 그의 『여행일기(Log Book of S. R.)』에 이때의 일을 "동지식산회사 사업은 실패하여 포기하고 나는 조용히 워싱턴으로 갔다"라고 적어놓았다.[116)

113) 《新韓民報》 1931년11월19일자, 「하와이: 동지회 주최의 공동회」.
114) 李元淳, 『世紀를 넘어서: 海史 李元淳自傳』, pp.183~185.
115) Syngman Rhee, Log Book of S. R., 1931년11월21일조.
116) Syngman Rhee, Log Book of S. R., 1932년12월11일조.

50장

"일본 천황을 왜 못 죽입니까?"
— 이봉창의 일본 천황 저격사건

1. 밤중에 "가정부(假政府)" 찾아온 "일본 영감"

1

1931년 1월 초순의 어느 날 저녁이었다. 임시정부 청사 겸 교민단 사무실로 쓰고 있는 프랑스조계 마랑로 보경리(馬浪路普慶里) 4호의 으슥한 골목 안 집에 서른살쯤 되어 보이는 한 낯선 동포가 찾아왔다. 그는 일본말 섞인 한국말을 했다. 아래층에 있던 몇몇 청년들은 그를 수상하게 여기고 문 밖으로 내어 쫓으려 했다. 그러나 그는 물러가지 않으려고 우겨 양쪽 목소리가 높아졌다. 이 무렵 김구는 임시정부 청사에서 기거하면서 임시정부의 재무장과 교민단장을 겸하고 있었다.

2층에 있던 김구는 소란스러운 소리를 듣고 아래층으로 내려갔다. 낯선 동포는 말했다.

"저는 일본에서 노동을 하다가 독립운동을 하고 싶어 상해에 가정부(假政府)가 있다기에 일전에 상해로 왔습니다. 상해에 도착하여 여기저기 다니다 전차표 검표원에게 가정부의 위치를 물어보니 그가 보경리 4호로 가라기에 이렇게 찾아왔습니다."

"가정부"란 일본인들이 임시정부를 지칭하는 말이었다.

낯선 동포는 자기는 서울 용산 태생이며 이름은 이봉창(李奉昌)이라고 했다. 김구는 이봉창에게 상해에 독립정부가 있기는 하지만 아직 독립운동자들을 먹이고 입힐 역량이 없으므로 독립운동을 하려면 가지고 있는 돈이 있어야 한다고 말하고, 돈이 있느냐고 물었다. 이봉창은 대답했다.

"지금 소지하고 있는 돈은 여비하고 남은 것이 불과 10여원입니다."

"그러면 생활문제를 해결할 방법이 있소?"

"그런 것은 근심이 없습니다. 저는 철공장에서 작업할 수 있습니다. 그런데 노동을 하면서는 독립운동을 못합니까?"

김구는 이 말에는 대답하지 않고 오늘은 늦었으니 근처 여관에 가서 자고 다음날 다시 이야기하자고 말하고, 민단 사무원 김동우(金東宇)에게 여관을 잡아 주라고 말했다. 김구는 이봉창의 말이 절반은 일본말이고 동작도 일본인과 흡사하여 특별히 조사할 필요가 있다고 생각했다.[1]

이봉창은 자신이 임시정부를 처음 방문했을 때의 상황을 좀 다르게 진술했다. 이봉창이 1931년1월 초에 민단사무소를 찾아갔을 때에 그를 맞이한 사람은 민단 사무원 김동호[金東浩: 김동우의 착오]였다. 이봉창은 김동호에게 자기의 경력을 말하고 영국전차회사에 취직할 수 있도록 주선해 달라고 부탁했다. 김동호는 영어와 중국어를 하지 못하면 채용해 주지 않는다면서 먼저 두 나라 말을 배워야 한다고 했다. 이봉창은 그러고 싶었으나 그럴만한 돈이 없어서 결국 일본에서처럼 다시 일본인을 상대로 일자리를 구하지 않을 수 없었다고 했다.[2]

김구는 이봉창에게 자신을 백정선(白貞善)이라고 말했다. 이봉창은 김구에게도 영국전차회사에 취직할 수 있도록 도와 달라고 부탁해 보았으나 그의 대답도 김동호와 마찬가지였다.[3] 이봉창은 임시정부와 교민단의 주의, 강령, 목적이 어떤 것인지 물었다. 그것이 자기가 희망하는 한국의 독립운동에 도움이 되는 것이라면 단원으로 가입해야겠다고 생각하고 물었던 것이다. 그러나 김구는 교민단은 상해에 살고 있는 한국인들의 직업소개와 상호친목을 도모하는 것을 사업의 목적으로 하고 있고, 매월 각자 1원 정도의 회비를 모아 부인회와 아이들과 그 밖의 한국인이 개최하는 여러 가지 행사를 후원하고 있다는 정도만 말해 주었다. 이 말에 대해 이봉창은 김구가 자신이 어떤 인물인지 알지 못하기 때문에 어물어물 둘러대는 것이라고 짐작했다.[4]

---

1) 『백범일지』, pp.322~323; 金九, 「東京炸案의 眞相」, 이봉창의사장학회 엮음, 『이봉창의사와 한국독립운동』, 단국대학교출판부, 2002, p.190.
2) 「제6회 신문조서」, 단국대학교동양학연구소 편, 『이봉창의사 재판관련자료집』, 단국대학교출판부, 2005, pp.440~441.
3) 「공판조서」, 위의 책, p.511.
4) 「제2회 신문조서」, 「청취서」, 같은 책, p.395, p.534.

며칠 뒤에 이봉창이 민단 주방에서 민단 직원들과 술과 국수를 사서 같이 먹다가 술이 거나해지자 민단 직원들과 주담을 하기 시작했다. 주고받는 말소리가 문 밖까지 흘러나왔다.

"당신들은 독립운동을 한다면서, 일본 천황을 죽이기는 아주 쉬운 일인데, 왜 독립운동자들이 이 일을 실행하지 아니합니까?"

앉아 있던 사람들은 냉소했다.

"일개 문무관도 죽이기가 쉽지 않은데, 천황을 죽이기가 쉽겠소?"

그러자 이봉창이 말했다.

"내가 작년에 도쿄(東京)에 있을 때에 하루는 일본 천황이 하야마[葉山: 일본 가나가와(神奈川)현의 해수욕장으로 유명한 별장지. 천황의 별장이 있다]에 간다기에 구경하러 가서, 행인을 엎드리라고 하기에 엎드려서 생각하기를 내게 지금 총이나 폭탄이 있다면 쉽게 죽일 수 있지 않을까 싶었습니다."[5]

2층에서 이들의 대화에 귀를 기울이고 있던 김구는 그제서야 이봉창이 비범한 사람이라는 것을 깨달았다. 김구는 그날 저녁에 이봉창이 머무는 여관을 찾아갔다. 김구는 이봉창을 만나본 소감을 "과연 이봉창은 의기남아로서 살신성인할 큰 결심을 가슴에 품고 일본에서 상해로 건너와 임시정부를 찾아온 것이었다"라고 썼다.[6]

2

이봉창은 1901년 8월 10일에 서울 용산구 효창동에서 아버지 이진구(李鎭球)와 어머니 손씨 사이의 둘째 아들로 태어났다. 김구는 「도쿄작안(東京炸案)의 진상」과 『도왜실기(屠倭實記)』에서 이진구는 본래 수원에

---

5) 『백범일지』, p.323; 金九, 「東京炸案의 眞相」, 앞의 책, p.190.
6) 『백범일지』, p.323.

살았으나 선조로부터 물려받은 땅을 일본의 철도건설로 빼앗긴 뒤에 생활이 어려워 용산으로 이주했다고 썼다. 그러나 이봉창 자신의 진술에 따르면, 이진구는 건축청부업과 우차운반업으로 큰돈을 벌었으나 문란한 생활에서 얻은 몹쓸 병과 사업실패로 재산을 다 날려 버려 이봉창은 열다섯살에 4년제의 문창학교(文昌學校)를 졸업하자마자 돈벌이에 나서야 했다. 처음에는 일본인 약국의 점원으로 일하다가, 용산역의 임시인부로 일자리를 옮겼다. 그리고 이듬해에 연결수가 되었다. 그러나 몇년이 지나도록 승진이 되지 않고 월급이나 상여금 지급에서 일본인과 심한 차별을 받자 친구들의 만류를 뿌리치고 사직서를 내고 일본으로 건너가기로 결심했다. 일본으로 가기 전에 이봉창은 금정청년회(錦町靑年會)의 조직에 참가하여 감사를 맡아 하수도 청소와 야경 등 봉사활동을 했고, 남산 기슭에 있는 관제묘(關帝廟) 보존에도 힘썼다. 이봉창은 또 1925년에 조선총독부가 실시한 간이 인구조사의 조사위원으로 활동하기도 했다. 비록 이봉창이 일본의 조선인 차별정책에 불만을 갖고 있기는 했지만, 금정청년회가 유지들을 중심으로 조직된 온건한 청년단체이고, 간이 인구조사의 조사위원으로 채용되려면 그럴 만한 자격을 갖추어야 했던 점으로 미루어 보아, 이봉창은 일본으로 가기 전까지는 평범한 청년이었다.[7]

1925년11월 하순에 일본인 집 식모로 가는 조카딸과 함께 오사카(大阪)에 도착한 이봉창은 국내에 있을 때보다 더 나은 일자리를 찾을 수 있을 것으로 기대했으나, 조선인이라는 이유로 쉽게 일자리를 구할 수 없었다. 그는 자신을 일본인과 똑같은 "신일본인(新日本人)"이라고 생각하고 성실히 일했음에도 불구하고 일본인들은 이봉창의 그러한 노력을 전혀 인정해 주지 않았다. 오래지 않아 취직하게 되면서 이봉창은 평범한 노동자 생활에 익숙해졌다.

"신일본인"으로 살아가던 이봉창의 삶과 의식을 바꾸어 놓은 것은

---

7) 홍인근, 『이봉창평전』, 나남출판, 2002, pp.41~48 및 배경식, 『기노시타 쇼조, 천황에게 폭탄을 던지다: 인간 이봉창 이야기』, 너머북스, 2008, pp.52~67 참조.

"완전한 일본인"이 되기 위해서 천황 즉위식을 보러 갔다가 구금된 사건이었다. 이봉창은 1928년11월에 교토(京都)에서 히로히토(裕仁) 천황 즉위식을 거행한다는 소문을 듣고 "신일본인"으로 살고자 하는 자신이 천황의 얼굴도 모르는 것은 부끄러운 일이라고 생각하고 친구들과 함께 즉위식을 구경하러 교토에 갔다. 그러나 고향친구로부터 온 국한문 혼용의 편지가 주머니 속에 들어 있었던 것이 화근이 되어, 천황은 구경도 하지 못한 채 경찰서 유치장에 아흐레 동안이나 구금되었다가 풀려났다.[8] 유치장에 갇혀 있는 동안 이봉창은 취조를 받거나 고문을 당하지는 않았지만, 이때의 일은 이봉창의 사상을 크게 바꾸어 놓는 중요한 경험이 되었다. 이봉창은 이 사건을 통하여 비로소 자신이 조선인이라는 것을 의식하게 되었고 "신일본인"으로 살아가고자 한 것을 반성하게 되었다. 이봉창은 유치장에 갇혀 있으면서 처음으로 조선의 독립문제에 관심을 가지게 되었다. 이봉창은 뒷날 천황저격사건 이후 예심판사의 신문에 다음과 같이 대답했다.

"나는 이와 같이 지나치게 차별적인 경찰의 조치에 대해 분개도 하고 또한 여러 가지 일들을 생각하게 되었습니다. 그 결과 지금까지 조금도 관심을 갖지 않았던 조선독립문제에 관심을 갖게 되었고, 앞으로 일본으로부터 조선을 독립시키지 않으면 우리 민족은 행복을 얻을 수 없을 것이라는 것을 생각하게 되어 점차 나의 사상은 나쁜 쪽으로 변화해 갔습니다. 그리고 그때부터 사회주의에 관한 책들도 읽게 되었고 또 사회운동에 관계하려는 생각을 갖게 되었습니다.…

그러나 조선독립문제에 대해서는 끝까지 실현하지 않으면 안된다는 결심을 품게 되었기 때문에 그 당시부터 이미 조선독립을 위한 운동에는 기회가 있으면 관계하고, 더욱 나아가서는 이번에 일으킨 것과 같은 행동도

8) 「제2회 신문조서」, 「제4회 신문조서」, 「공판조서」, 『이봉창의사 재판관련자료집』, pp.392~393, pp.415~416, pp.508~509.

이봉창은 성격이 쾌활하고 친화력이 있었다. 그는 일본말도 잘했다.

한다는 결심을 갖고 있었던 것입니다."[9]

그런데 일본인 행색을 하고 평범한 노동자로 살아가는 그에게 그러한 기회는 좀처럼 오지 않았다. 결국 그는 생각을 고쳐먹고 다시 일본인으로 살아가는 길을 택했다. 이봉창은 1929년2월에 오사카의 쓰루하시(鶴橋)에 있는 일본인 비누도매상에 일본인이라고 속이고 취직했다. 그는 기노시타 쇼조(木下昌藏)라는 일본식 이름을 사용하면서 조선인과의 교제를 완전히 끊었다. 친구들도 만나지 않고, "사랑하는 조카딸의 집조차 출입하지 않고 지냈다"고 했을 만큼 철저하게 일본인으로 행세했다.

그러나 이봉창은 이내 자기의 그러한 태도가 얼마나 부질없는 것인지를 깨닫게 되었다. 비누가게에 물건을 사러 온 조선인이 일본말이 서툴러 주인한테서 곤욕을 당하는 것을 보면서도 그냥 지켜보기만 했던 것이 계기가 되었다. 그는 "조선인이 조선인으로 행세하지 않는 것은 거짓이다"라고 후회했다.[10]

이봉창은 1929년10월에 도쿄로 가서 이것저것 닥치는 대로 일을 하다가 1930년11월에 다시 오사카로 돌아왔다. 그러나 세계대공황에 따른 심각한 불경기의 영향으로 일자리를 쉽게 구할 수 없었다. 이때에 이봉창은 우연히 만난 박태산(朴泰山)이라는 친구로부터 상해의 영국전차회사

9) 「청취서」, 위의 책, pp.532~533.
10) 「상신서」, 같은 책, p.551.

에서 조선인을 우대하여 채용한다는 말을 들었다. 마침내 그는 2년 동안 일본인으로 속이고 살던 고통을 떨쳐 버리고 "본명인 이봉창으로, 차별이나 압박을 받아도 두려워하지 않는 조선인으로 생활할 각오"를 하고 상해로 갔다.[11] 그는 박태산으로부터 상해에 임시정부가 있다는 말을 처음 들었다. 그러나 이때까지만 하더라도 이봉창은 임시정부를 독립운동단체로 생각했다기보다는 조선인을 보호해 주고 취직자리를 알선해 주는 거류민단과 같은 역할을 하는 기관쯤으로 생각했다.[12]

이봉창은 1930년12월6일에 쓰이코(築港)에서 일본인 옷차림을 하고, 기노시타 쇼조라는 이름으로 여객선에 올라 나흘 뒤인 12월10일에 상해에 도착했다. 이봉창은 배 안에서 알게 된 일본인들과 같이 2~3일 동안 여관에서 지낸 다음 중국인 여인숙으로 옮겨서 일자리를 찾아 나섰다. 그러나 한달이 되도록 일자리를 구할 수 없어서 상해로 올 때에 가지고 있던 18원가량의 돈도 다 떨어졌다. 할 수 없이 그는 어느 일본인 양복점 주인이 운영하는 무료 숙박소에서 잠을 자면서 임시정부를 찾아가 보기로 했다.[13]

3

이봉창은 김구에게 다음과 같이 자신의 비장한 포부를 털어놓았다.

"제 나이 서른한살입니다. 앞으로 다시 서른한살을 더 산다 하여도 과거 반생 동안 방랑생활에서 맛본 것에 비한다면 늙은 생활이 무슨 재미가 있겠습니까. 인생의 목적이 쾌락이라면 31년 동안 육신으로 인생쾌락은 대강 맛보았으니, 이제는 영원한 쾌락을 도모하기 위해 우리 독립사업에 헌신할 목적으로 상해로 왔습니다."

---

11) 「상신서」, 같은 책, p.552.
12) 홍인근, 앞의 책, p.65~66.
13) 「제6회 신문조서」, 『이봉창의사 재판관련자료집』, pp.439~440.

김구는 이봉창의 말을 듣고 "이씨의 위대한 인생관을 보고 감동의 눈물이 벅차오름을 금할 길이 없었다"[14] 라고 기술했을 만큼 감동했다.

이봉창은 겸손한 태도로 나라 일에 몸 바칠 수 있도록 지도해 달라고 김구에게 요청했고, 김구는 쾌히 승낙했다.

"1년 이내에 군의 행동을 위한 준비를 하겠소. 그런데 지금은 우리 정부의 형편이 궁핍하여 군에게 살아갈 방도를 마련해 주기가 어렵고, 군의 장래 행동을 위해서는 우리 기관 가까이 있는 것이 불리하니 어떻게 하면 좋겠소?"

그러자 이봉창은 다음과 같이 자신의 계획을 김구에게 말했다.

"그러시다면 더욱 좋습니다. 저는 어려서부터 일본어에 익숙해서 일본에서 지낼 때에는 일본인의 양자가 되어 기노시타 쇼조라 행세했습니다. 이번에 상해로 오는 도중에도 이봉창이라는 본성명을 쓰지 않았으니 앞으로도 일본인으로 행세하도록 하겠습니다. 일을 준비하실 동안은 제가 철공일을 할 줄 아니 일본인의 철공장에 취직하면 높은 월급을 받을 수 있습니다."

김구는 그 말에 찬성하고, 특별히 다음과 같이 당부했다.

"우리 기관이나 우리 사람들과의 교제를 빈번히 하지 말고 순전히 일본인으로 행세하고, 매월 한차례씩 밤중에만 찾아오시오."[15]

일본인들이 많이 사는 홍구(虹口)로 간 이봉창은 3월쯤에 일본인이 경영하는 YMCA에서 소개해 준 명화(明華: 또는 明善)철공소에 대장장이로 취직했다. 처음에는 용돈 정도의 돈을 받았으나 두달이 지나면서 하루 2원의 임금을 받았다.[16]

일본인 철공소에 취직한 이봉창은 이 사실을 알리기 위해 다시 임시정부를 찾아왔다. 이때에 김구는 이봉창에게 일본의 사정을 이것저것 물었

---

14) 『백범일지』, p.323.
15) 『백범일지』, p.324.
16) 「제6회 신문조서」, 『이봉창의사 재판관련자료집』, p.441.

다. 일본에 거주하는 한국인의 대우와 생활상태 등을 묻고, 도쿄에서 얼마 동안 살았는지 물었다. 그러고 나서 천황이 나들이할 때에 경계가 얼마나 엄중한지, 무엇인가 세상을 놀라게 할 만한 사건을 일으킬 수 있겠는지 등을 캐물었다. 그리고 한번 더 일본에 갈 일은 없느냐고 물었다.

이봉창이 그 까닭을 묻자 김구는 진담 반 농담 반의 말투로, 폭탄을 들고 일본으로 건너가서 큰일을 한번 해볼 생각이 없느냐고 말했다. 이봉창은 하려고 마음만 먹으면 하지 못할 것도 없다고 대답했다. 이봉창은 불현듯 자신이 교토의 경찰서에 검속되었던 일이 떠올랐다. 그리고 자신이 일본인으로 속이고 살았으나 만족하지 못해 떳떳하게 한국인으로 살기 위해서 상해로 왔는데, 이곳에서도 뜻대로 살지 못하고 다시 일본인으로 속이고 살 수밖에 없게 된 자신의 처지를 말했다. 그러면서 김구에게 폭탄이든 무엇이든 적당한 무기만 있으면 일본으로 가서 '사건'을 일으켜도 좋다고 했다.[17]

천황을 죽일 수 있다는 이봉창의 말이 김구의 뇌리에 꽂혔다. 그는 곧바로 김홍일(金弘壹: 중국명 王雄)을 찾아갔다. 김홍일은 이때에 고창묘(高昌廟)의 중국군 병공창 주임으로서 중국군의 무기를 관리하는 장교로 근무하고 있었다. 두 사람은 설레는 가슴을 억누르며 장시간 진지하게 대책을 숙의했다. 김구는 김홍일에게 다음과 같은 계획을 말했다. 관병식에 참석하기 위해 천황이 마차를 타고 니주바시(二重橋)를 거쳐 큰길로 나설 때에 이봉창은 그 맞은편 길가에서 군중과 함께 일본 천황에게 공손히 절을 하는 자세로 몸을 구부리고 있다가 번개처럼 날쌔게 폭발물을 던지는 것이었다. 그런데 지금까지의 관례로 보아서 천황이 타고 가는 마차와 군중이 도열한 곳과의 거리는 적어도 100미터 이상은 될 것이었다. 김홍일은 그 점에 대하여 곰곰이 생각해 보았다. 100미터 이상이나 떨어져 있는 표적물을 보통의 수류탄으로 명중시키기는 매우 어려운

---

17) 「제6회 신문조서」, 위의 책, pp.442~443.

일이었다. 김홍일은 약간 구식이기는 하더라도 마미(麻尾)수류탄을 사용하는 것이 좋겠다고 말했다. 마미수류탄은 보통 수류탄보다 폭발력이 약한 것이 단점이기는 하나 무게가 가벼워서 멀리 던질 수 있는데다가 불발탄이 없고 휴대하기가 간편한 이점이 있었다.[18]

이봉창은 4월 말쯤에 김구를 다시 찾아왔다. 이때에 김구는 이봉창에게 정말로 일본 천황에게 폭탄을 던질 수 있겠느냐고 물었다. 김구는 전번에 만났을 때에 농담 반 진담 반으로 묻던 것과는 달리 진지하고 엄숙했다. 이봉창도 김구와 같은 어조와 태도로, 자신이 일본에 오래 살았고 도쿄의 지리도 잘 알기 때문에 폭탄만 있으면 천황이 지나갈 때에 던지는 것은 쉬운 일이라고 장담했다. 이봉창은 그러나 천황을 죽이는 일은 그다지 중요한 일이 아니라고 말했다.

"그러면 군은 누구를 죽이는 것이 좋다고 생각하오?"

이러한 김구의 말에 이봉창은 대답했다.

"천황은 신과 함께 있는 장식물에 불과하므로 그를 죽인다 해도 도움이 안 된다고 생각합니다. 그보다는 오히려 총리대신이나 그 밖에 조선에 대해 호감을 갖고 있지 않는 고관을 죽이는 편이 효과가 있지 않습니까?"

"그렇지 않소. 천황을 죽이는 편이 훨씬 효과가 있고, 또 세계 각국에도 강한 영향을 줄 것이오."

김구는 한국 독립을 위해서 일본 천황을 죽이는 일이 얼마나 중요한 일인지를 이봉창에게 설명했다.[19]

김구가 이봉창에게 일본 천황을 죽이는 일이 한국 독립을 위해서 매우 중요한 일임을 강조한 사실은 깊이 천착해 볼 가치가 있다. 그것은 기본적으로는 왕조시대의 군왕의 권위에 대한 유교적 가치관에 입각한 것

---

18) 金弘壹, 『大陸의 憤怒』, 文潮社, 1972, pp.272~273.
19) 「제6회 신문조서」, 『이봉창의사 재판관련자료집』, p.443.

이었을 것이지만, 실제로 제국주의 일본의 정치체제에서 천황의 존재가 갖는 독특한 비중을 김구는 잘 인식하고 있었음을 말해 준다. 이 무렵 일본은 이른바 "천황제 파시즘"으로 일컬어지는 특이한 체제 속에서 천황을 '현인신(現人神)'으로 신격화하고 있었는데, 그러한 천황의 폭살은 항일운동에 엄청난 반향을 불러일으킬 것이 틀림없었다. 김구의 이러한 일본 천황 인식은 탁월했다.

김구와의 만남은 이봉창의 운명을 바꾸어 놓는 결정적인 계기가 되었다. 그러나 이때까지도 이봉창은 김구의 학식이나 인품을 특별히 높이 평가하지는 않았다. 김구가 민단장이고 또 동포들이 그에게 인사하는 것 등으로 미루어 상해에 있는 조선인의 총대표자쯤으로만 생각했다.

그로부터 한달쯤 지난 5월 말에 이봉창이 다시 김구를 찾아왔다. 이봉창은 상해에 독립운동단체가 있으면 가입하고 싶다면서 그러한 단체가 있는지, 혹시 임시정부에 참가할 수는 없는지 물었다. 김구는 독립운동단체가 두세개 있기는 하나 어느 것도 착실하지 못하므로 그런 단체에 가입하는 것은 아무 소용이 없고, 임시정부도 형식적이어서 별로 힘이 없다고 설명했다. 그리고는 다음과 같이 말했다.

"천황의 목숨을 빼앗겠다는 의지만 굳건하다면 단독으로 실행할 수 있을 테니까 그러한 단체에 들어가서 거기에 기댈 필요가 없소. 단독으로 실행할 결심이 있으면 나 자신이 후원자가 되어 주겠소."

"폭탄을 구할 수 있겠습니까? 폭탄만 구할 수 있으면 일본으로 가서 일을 해보겠습니다."

김구는 폭탄을 구할 수 있다고 자신 있게 말했고, 이봉창은 폭탄이 입수되면 알려 달라고 말하고 돌아갔다.[20]

이봉창은 김구와 약속한 대로 임시정부를 자주 찾지 않았다. 어쩌다 발걸음을 할 때면 반드시 술과 고기와 국수 같은 것을 사 가지고 와서 민

---

20) 「제6회 신문조서」, 위의 책, pp.444~445.

단직원들과 어울렸다. 그는 취하면 곧잘 일본 노래를 유창하게 부르며 호방하게 놀았다. 그 때문에 여러 사람으로부터 더욱 더 의심을 받았으나 이봉창은 그런 것을 개의치 않았다. 어떤 날은 일본인 행색으로 하오리에 게다를 신고 왔다가 중국인 경비원에게 쫓겨나기도 했다. 이 때문에 사람들은 그를 "일본 영감"이라고 부르며 웃었다.

김구는 이동녕(李東寧)과 다른 국무위원들로부터 한국인인지 일본인인지 분간하기 어려운 혐의인물을 임시정부 문 안으로 출입시켜 직무에 소홀하다는 꾸중을 들었다. 김구는 조사 연구하는 사건이 있다고만 답변했다. 그리하여 여러 동지들이 크게 책망하지는 못했으나 불쾌하게 생각하기는 마찬가지였다.[21]

이봉창은 8월 말쯤에 다니던 철공소를 그만두었다. 임금 지급이 좋지 않고 일에 싫증이 나서 성실하게 근무하지 않자 주인이 그만두라고 했기 때문이다. 이봉창은 전에 있었던 무료 숙박소에서 열흘가량 머물다가 다시 일본인이 경영하는 축음기 상점 영창공사(榮昌公司)의 점원으로 취직했다. 이봉창은 이 사실을 알리기 위해 9월 중순 무렵에 민단사무소로 김구를 찾아왔다. 이봉창은 김구를 보고 따지듯이 말했다.

"폭탄을 입수할 가망이 없으면 없다고, 또 입수할 수 있으면 있다고 확실한 대답을 듣고 싶습니다."

이봉창은 폭탄입수 여부에 따라 자신의 앞날의 계획을 세워야 했다. 김구는 폭탄은 틀림없이 입수할 수 있고, 이봉창이 일본에 가는 여비도 마련할 수 있다고 힘주어 말했다. 그러고는 오히려 이봉창이 결행할 결심이 섰는지 되물었다. 이봉창은 대답했다.

"5년, 10년을 더 사는 것도 흥미 없습니다. 오히려 저는 빨리 죽고 싶다고 생각하고 있으므로 폭탄이 손에 들어온다면 반드시 책임지고 결행하겠습니다. 저는 어떤 일이든 중간에 흐지부지하는 것을 싫어합니다. 폭

---

21) 『백범일지』, p.324; 金九, 「東京炸案의 眞相」, 앞의 책, p.191.

탄이 틀림없는 것인지, 그리고 그 효력이 어떠한지를 확인한 다음 일본에 갈 생각을 하고 있으니까 폭탄이 입수되면 곧바로 알려 주시기 바랍니다. 언제든지 오겠습니다."[22]

이봉창이 폭탄의 성능을 실험할 것을 제의한 것은 천황을 반드시 처치하겠다는 확고한 의지를 보여 주는 것이었다. 김구는 폭탄은 자기의 경험으로 보아 6~7칸[13~15미터] 거리 안에 있는 물건을 모두 파괴할 수 있는 위력이 있으므로 시험하지 않아도 문제가 없으니까 믿으라고 말하고, 폭탄과 여비가 준비되면 연락하겠다고 말했다.

이봉창은 가능하면 연내에 입수되었으면 좋겠으나, 그것이 힘들면 다음해 3~4월로 연기해도 좋다고 말했다. 이봉창이 이렇게 말한 것은 그 나름대로 계산이 있었기 때문이다. 그는 그동안 김구와 접촉하면서 김구의 형편이 매우 어렵다는 것을 알았다. 거사자금이라야 기껏 여비 정도밖에는 마련할 수 없을 것이라고 판단한 그는 김구가 주는 돈을 일본까지 가는 교통비로 쓰고 일본에 가서는 적당한 일자리를 구해서 생활하면서 천황이 나들이하는 기회를 알아보아야 한다고 생각했던 것이다. 일본에서는 12월이 바쁜 시기라서 바로 일자리를 구할 수 있을 것이므로 연내로 들어가는 것이 좋을 것으로 생각했다. 그리고 1~2월은 한가한 시기로서 쉽게 일자리를 구할 수 없을 것이므로 연내에 준비가 안되면 일자리가 많이 나는 3~4월로 연기하는 것이 좋을 것이라고 판단했던 것이다. 김구는 모두 연내에 된다고 장담했다. 이봉창은 그 뒤로 민단사무소에 여러 차례 놀러 왔으나 11월 하순까지 김구를 한번도 만나지 못했다.[23]

---

22) 「제6회 신문조서」, 『이봉창의사 재판관련자료집』, p.445.
23) 「제6회 신문조서」, 위의 책, pp.446~447.

2. 한인애국단 제1호 단원

1

김구가 이봉창을 만나면서 일본 천황 폭살계획을 준비하고 있을 무렵에 중대한 사태가 발생했다. 만주와 국내는 물론 상해 동포사회에도 큰 영향을 미친 만보산(萬寶山)사건이 터진 것이다.

1931년7월2일에 중국 길림성 장춘현(吉林省長春縣)의 만보산 지역에서 한국 농민들과 중국 농민들 사이에 농수로 건설문제를 두고 발생한 충돌사건은 비록 그 규모는 사소한 것이었지만 일본인들의 모략과 관련된 것이었던 만큼 크나큰 파장을 불러일으켰다. 일본인들은 중국인 학영덕(郝永德)을 매수하여 일본 자금으로 장농도전공사(長農稻田公司)를 설립하게 하고 그를 지배인 자리에 앉혔다. 학영덕은 지주들과 만보산 지역의 미개간지 200헥타르[60만5,000평]가량을 10년 기한으로 조차 계약을 맺은 다음 장춘현 정부의 개간 승인을 얻기도 전에 이 땅을 한국 농민 이승훈(李昇薰) 등에게 10년간 조차하기로 계약을 맺었다. 이승훈은 한국 농민 180여명을 그곳으로 불러들여 관개수로 공사를 시작했다.

그런데 이 수로 개척과 제방 축조의 피해를 우려한 중국 농민들이 반대운동을 일으키고 장춘현 당국에 진정하여 공사를 강제로 중지시켰다. 그러나 한국 농민들은 일본영사관 경찰의 지원을 받아 중국 농민의 반대에도 불구하고 수로공사를 강행하여 6월 말에 완공했다. 감정이 극도로 격화된 중국 농민 400명가량이 7월2일에 관개수로를 파괴했다. 그리하여 한국 농민 및 일본영사관 경찰과 중국인 지주 및 주민 사이에 충돌이 벌어진 것이었다.[24] 그러나 이 충돌로 인명피해는 없었다.[25]

---

24) 만보산사건의 경과에 대해서는 朴永錫, 『萬寶山事件研究』, 亞細亞文化社, 1978, pp.80~97 및 長田彰文, 「万宝山事件と國際關係」, 《上智史學》 第52号, 上智大學史學會, 2007, pp.1~37 참조.
25) 閔斗基, 「萬寶山事件(1931)과 韓國言論의 對應」, 《東洋史學研究》 제65집, 동양사학회, 1999, p.154.

만주점령을 획책하던 관동군(關東軍)에게 이 사건은 여간 호재가 아니었다. 관동군 당국은 장춘 일본영사관에 지시하여 이 사건으로 많은 한국 농민들이 피해를 입은 것처럼 국내에 보도되게 했다. 그리하여 국내 몇몇 언론들은 정확한 사실 확인도 되지 않은 상황에서 민족감정을 자극하는 과장된 보도를 했고, 그 때문에 당장 화교배척운동이 광범위하게 일어났다. 화교배척운동은 7월2일 당일로 인천에서 시작하여 서울, 원산, 평양 등 각지에서 잇따랐다. 평양에서는 대낮에 화교 상점과 가옥을 파괴하고 구타 학살하는 사건이 며칠간 계속되었다. 조선총독부는 이러한 사태를 방관하면서 화교들을 서둘러 귀국시켰다. 본국으로 돌아간 화교들은 자신들의 피해상황을 중국인들에게 호소했고, 이에 따라 이번에는 만주에 있는 한국인 동포들에 대한 중국인들의 보복이 자행되었다.

사태가 점점 악화되자 민족지도자들과 사회단체 등에서 사태수습에 발 벗고 나섰다. 이들은 화교 습격의 중지를 호소하면서 피란민 구제와 화교들의 생활안전 회복, 만보산사건의 진상조사와 재만동포들의 보호를 위한 대책에 부심했다. 《동아일보(東亞日報)》와 《조선일보(朝鮮日報)》는 사건의 진상을 자세히 밝히면서 흥분한 국민들을 진정시키는 데 앞장섰다.[26]

만보산사건이 발생한 지 두달 뒤인 9월18일 밤에 관동군의 봉천(奉天: 지금의 瀋陽) 수비대는 유조구(柳條溝)에서 일본의 만철[滿鐵: 남만주철도회사] 선로를 폭파했다. 유조구는 장개석(蔣介石)과 제휴하고 있던 장학량(張學良)의 근거지인 북대영(北大營) 남쪽에 위치해 있었는데, 폭파사건은 미리 계획된 관동군의 모략으로 발생한 것이었다. 관동군은 그 폭파가 현지 중국군의 공격에 의한 것이라고 주장하고 그것을 구실 삼아 전쟁을 도발했다. 만주사변[滿洲事變: 9·18전쟁]이 발발한 것이었다.

중국 국민정부는 9월21일에 국제연맹에 이를 제소했고, 이튿날에

---

26) 《東亞日報》와 《朝鮮日報》의 보도에 대해서는 閔斗基, 위의 논문, pp.152~171 참조.

는 상해에서 반일대회가 열려 항일구국회가 결성되었다. 미국정부는 11월29일에 일본정부에 강력히 항의했고, 국제연맹은 12월에 영국의 리턴(Victor R. Lytton)을 단장으로 하는 조사위원단을 파견하기로 결의했다. 그러나 이 무렵에는 관동군은 이미 만주의 중앙부까지 점령한 때였다. 관동군은 전쟁을 도발한 지 다섯달밖에 되지 않아서 만주의 거의 대부분을 장악했다.

김구는 이때의 상황을 다음과 같이 기술했다.

> 1년 전부터 우리 임시정부에서는 운동이 매우 침체한즉, 군사공작을 못한다면 테러공작이라도 하는 것이 절대필요하게 되었다. 그런데 왜놈이 중한 두 민족의 감정을 악화시키기 위해 이른바 '만보산사건'을 날조하여 조선과 중국에서 대학살사건이 일어나게 되었다. 인천, 평양, 경성, 원산 등 각지에서 조선인 무뢰배가 일본인의 사주를 받아 가지고 중국인을 닥치는 대로 타살하였다.
>
> 또한 만주에서는 1931년에 왜가 9·18만주사변을 일으켜 중국이 굴욕적으로 왜와 강화하였다. 이 전쟁 중에 한인 부랑자들이 왜의 권세를 빌려 중국인에게 극단의 악행을 저질렀기 때문에, 중국의 무식계급은 물론이고 유식계급 인사들까지 우리 민족에 대해 종종 민족감정을 말하는 자를 보게 되었다. 사태가 이에 이르니 우리 정부에서는 지극히 우려하지 않을 수 없었다.[27]

만보산사건과 만주사변으로 상해 동포사회는 아연 긴장했다. 만보산사건이 발생하자 이동녕을 비롯한 임시정부 국무위원들과 흥사단(興士團)의 안창호(安昌浩) 등이 임시정부 청사에 모여 회의를 열고 대책을 숙의했다. 중국 국내 사태가 오로지 일본의 사주와 선동에 의한 것임을 중국

---

27) 『백범일지』, pp.326~327.

국민정부에 이해시키고, 외무장 조소앙(趙素昻)의 이름으로 중국 신문에 성명서를 발표했다. 임시정부는 7월9일에 국무회의를 열고 상해 한인각단체연합회 명의로 국민정부와 중국의 중요단체 앞으로 「통전(通電)」을 발송했다. 이튿날에는 흥사단장 안창호, 병인의용대장 이수봉(李秀峰), 한인예수교회 목사 송병조(宋秉祚), 애국부인회장 오의순(吳義橓) 등 단체대표 30여명이 교민단에 모여 상해한인각단체연합회를 조직했다.[28]

뒤이어 9월18일에 만주사변[9·18전쟁]이 발발하자 임시정부는 9월20일에 긴급회의를 열고 (1) 우선 중국의 각 기관과 신문사에 한인단체연합회 명의로 일본을 비판하는 「통전」을 보내고, (2) 이튿날 상해에 있는 각 단체 대표회의를 소집하기로 결의했다. 9월21일 오후 3시에 임시정부 청사에서 열린 대표회의에는 조완구(趙琬九), 조소앙 두 임시정부대표를 비롯하여 교민단, 병인의용대, 한국노병회, 흥사단, 애국부인회 등 9개 단체 대표들이 모였다.

김구는 교민단 대표로 이 회의에 참석했다. 회의에서는 중국을 지원하고 제국주의 일본을 타도하기 위하여 상해한인각단체연합회를 조직하기로 합의하고, 교민단과 연합회의 공동명의로 상해한교전체대회를 소집하기로 했다. 또한 회의 결의에 따라 연합회는 국민정부, 국민당 중앙당부, 중국의 각 신문사에 대하여 국제연맹에 의존하지만 말고 대일전쟁을 결행할 것을 촉구하는 「통전」을 발송했다.[29]

병인의용대는 극비리에 대원들을 소집하여 그들로 하여금 중국인으로 변장하고 일본총영사관 등 일본 관계 중요기관을 폭파하여 중일 사이의 분규를 확대시킬 것과 각 요소에 비밀 수사반을 잠복시켜 일본 탐정을 암살하기로 결의했다.[30]

9월25일에 열린 상해한교전체대회에는 300여명의 동포들이 모였다.

---

28) 「上海韓人各團體聯合會의 組織」, 「旅滬韓人通電」, 「韓國民族運動史料(中國篇)」, pp.687~688.
29) 「日本의 東北侵占에 대한 上海韓人各團體의 通電」, 위의 책, p.691.
30) 「丙寅義勇隊의 運動計劃」, 같은 책, pp.690~691.

대회장 김구의 개회사에 이어 이동녕이 의장이 되어 회의를 진행했다. 일본의 만주침략의 배경에 대한 조소앙의 자세한 보고가 있은 다음, 안창호, 조완구, 차리석(車利錫) 등의 비분강개한 연설이 이어졌다. 회의는 다음과 같은 6개항의 결의안을 채택했다.

(1) 중국 동삼성[만주]을 침략하는 일본을 대항할 일, (2) 국내외 동포는 당연히 선언서를 발표하여 한중 양 민족의 연합전선을 구체적으로 실현케 할 일, (3) 동삼성에 있는 200만 교포로 하여금 중국 민중과 생사영욕을 같이하여 걸음을 일치케 할 일, (4) 적의 세력하에 있으면서 그 침략의 도구와 사냥개가 되는 무리를 소탕할 일, (5) 중국이 일본에 대하여 속히 무력행동을 취하는 데 노력할 일, (6) 한중 양 민족의 국토 광복과 주권 회복에 공동분투하기 위하여 급히 동맹군 조직을 도모할 일.[31]

한중 양 민족의 동맹군 조직의 필요성을 강조하고 일본의 대륙침략의 앞잡이가 되고 있는 한인들의 제거를 공언하고 있는 점이 눈길을 끈다.

임시정부는 10월1일자로 「국내외 동포에게 고하노라」라는 성명서를 발표하고 "민족적 혁명역량을 최단기에 집중하여 중원의 호걸과 세계 우방의 혁명 동지로 더불어 완실한 연합전선을 체결하여 적의 심장을 직도할진저"라고 호소했다.[32]

그러나 이처럼 긴박한 상황에서도 상해에 있는 한국 독립운동자들의 태도는 일치하지 않았다. 공산주의운동 단체들은 별도로 행동했다. 그들은 등사한 인쇄물을 시내 각처에 살포하여 제국주의 일본이 세계혁명의 총본영인 소비에트 연방을 공격하기 위해 제2차 세계대전의 전초전을 개시했다고 주장하고, "제국주의의 주구 중국 국민당과 군벌을 타도하자"고 선동했다.[33]

---

31) 《新韓民報》 1931년11월5일자, 「상해한교전체대회」.
32) 《新韓民報》 1931년11월5일자, 「臨政: 國內外同胞에게 告하노라」.
33) 「日本帝國主義野蠻軍隊의 白晝强盜的行爲에 對해 中國革命軍隊에 激함」, 「韓國民族運動史料(中國篇)」, pp.691~692.

공산주의자들의 집중적인 공격 대상이 된 사람은 다름 아닌 김구였다. 그들은 상해대한교민단세불납동맹(上海大韓僑民團稅不納同盟)을 결성하고 교민단세 납부거부운동을 벌였다. 12월28일에는 교민단세불납동맹 명의로 「재상해 소위 대한교민단의 민단세 강제징수에 대하여 전상해 한인동포 제군에게 격함」이라는 성명서와 함께, 제국주의와 결탁하는 민단을 타도하고 민단세를 절대로 납부하지 말라는 「선언서」를 발표했다.[34]

상해한교연합회의 결성과 임시정부의 「선언문」은 미주 한인사회에도 큰 호응을 불러일으켰다. 중가주 한인공동회는 10월17일에 회의를 열고 (1) 상해한교연합회와 행동을 같이하여 임시정부를 후원하고, (2) 그러기 위하여 우선 후원금을 수합하여 임시정부에 보내고 응원을 계속하며, (3) 재미한인의 총역량 집중을 위하여 재미한교연합회 조직을 발기한다는 3개항의 결의문을 채택했다.[35] 중가주 한인공동회 대표 김정진은 11월2일에 국민회 총회장 및 선전부 위원들과 합석회의를 열어 재미한인들의 행동을 일치시키기로 하고, 11월9일에 미주한인연합회 발기문과 임시규약을 작성하여 공포했다.[36]

2

김구가 비밀결사로 한인애국단(韓人愛國團)을 조직한 것은 이러한 긴박한 상황 속에서였다. 그러나 한인애국단의 조직경위에 대해서는 자세한 기록이 없다. 김구 자신도 한인애국단의 조직에 관해서는 다음과 같이 아주 간략하게 적어 놓았을 뿐이다.

상해의 길거리에서도 중국과 한국 노동자들 사이에 종종 충돌이

---

34) 『朝鮮民族運動年鑑』, 1931년12월28일조.
35) 《新韓民報》 1931년10월22일자, 「중가주공동회의 결의」.
36) 《新韓民報》 1931년11월12일자, 「미주한인연합회발기문」.

일어나던 때에 나는 정부 국무회의에서 (위임을 받아) 한인애국단을 조직하여 암살, 파괴 등의 공작을 실행하게 되었다. 공작에 사용하는 돈과 인물의 출처에 대해서는 일체의 전권을 위임받았고, 다만 성공 실패의 결과는 보고하라는 특권을 얻었다. 그래서 제1차적으로 이봉 창의 동경사건을 주관하였다.[37]

그러나 최근 수년 내로는 경제의 극곤과 사상의 혼란이 계속하여 사업진행에 지장이 적지 않았고, 인재를 널리 구할 길까지 없었다. 나는 이를 개탄하여 권토중래의 세로써 나의 사업을 부흥시키고자 하여 쇄신한 정신과 삼엄한 훈련하에 한인애국단을 비밀리 조직하였다.[38]

이봉창의 거사가 있고 난 2년 뒤에 상해 주재 일본총영사가 국무위원 김철(金澈)의 조카 김석(金晳)을 체포하고 그의 진술에 근거하여 본국 정부에 보낸 보고서에 보면, 한인애국단이 조직되기까지에는 임시정부안 에서 알력이 없지 않았다. 만주사변 뒤에 임시정부는 여러 차례 국무회의 를 열어 임시정부의 퇴세를 만회하기 위한 방책을 논의했다. 그리하여 중 국 민중의 항일기세가 오른 것을 기회로 중국쪽으로부터 자금지원을 얻 어서 테러공작을 감행할 특무대를 설치했다. 김구를 대장으로 임명하고, 사업의 계획과 실행 일체를 그에게 일임함과 아울러 임시정부 수입의 반 액을 특무대에 지급하기로 했다. 조소앙은 특무대의 명칭을 의생단(義生 團)이라고 하고, 「선언」, 「강령」, 「규약」을 작성하여 김구에게 주었다. 그 러나 이 문건들은 김구가 안공근(安恭根)의 집에서 낮잠을 자는 동안 어 린아이가 찢어 버려서 없어졌다.[39] 특무대의 명칭이 한인애국단으로 바뀌 게 된 것은, 김구 자신도 술회하듯이, 이봉창이 한인애국단에 입단하면서

37) 『백범일지』, p.327.
38) 金九, 「東京炸案의 眞相」, 앞의 책, p.186.
39) 「櫻田門外 및 新公園投彈義擧에 대한 供述槪要」(1934년1월14일), 『韓國獨立運動史 資料(2) 臨政篇Ⅱ』, 1971, pp.256~258.

부터였다. 그러나 한인애국단은 철저한 비밀조직이었기 때문에 이때까지도 그 실체나 명칭은 대외적으로 공개되지 않았다. 그것이 처음으로 세상에 알려진 것은 1932년10월에 김구가 이봉창과 윤봉길(尹奉吉)의 의거 전모를 밝히는 성명서를 발표했을 때였다.

그러구러 1931년11월이 되었다. 안창호(安昌鎬), 임성우(林成雨) 등 하와이의 유지 동포들이 약속한 대로 1,000여원의 자금을 김구에게 보내왔다.[40] 이때까지는 거사에 사용할 수류탄도 확보해 놓았다. 김구는 수류탄 두개를 마련했는데, 한개는 김홍일을 통하여 중국군 병공창에서 구한 것이고 또 한개는 김현(金鉉)을 통하여 국민정부 하남성(河南省) 주석 유치(劉峙)에게서 구한 것이었다. 한개는 일본 천황에게 던질 것이었고, 또 한개는 이봉창의 자살용이었다. 마침내 12월6일 밤에 임시정부 청사에서 열린 국무회의에서 김구는 이봉창의 일본 천황 폭살계획을 보고했다.

"이봉창이라는 사람을 도쿄에 파견하여 왜황에게 폭탄을 투척하도록 하기 위한 준비를 완료했습니다. 승낙하여 주시기 바랍니다."

이 놀라운 보고에 대하여 조소앙과 김철은 반대했다. 공연히 경비만 들 뿐이고 성공할 가망이 없다는 것이었다. 그러나 이미 자금도 확보했고 모든 준비가 완료된 뒤였으므로 결국 전원이 이를 승인했다.[41]

국무회의의 승인을 받은 김구는 이봉창을 불렀다. 김구는 이때의 상황을 다음과 같이 기술했다.

때는 작년 말 12월 초이다. 우리가 고대하던 기회는 왔다. 여러 개의 작탄을 만드는 동시에 약간의 금전도 얻었다. 그 돈은 미주, 하와이, 멕시코에서 노동하는 교포들의 피땀으로 된 것이니, 본래 그들이 특무에 사용하라는 조건하에 정부에 보낸 것이다. 전월 11일에 열강

---

40) 『백범일지』, p.325; 김원용, 『在美韓人五十年史』, pp.215~216.
41) 「櫻田門外 및 新公園投彈義擧에 대한 供述槪要」(1934년1월14일), 『韓國獨立運動史 資料(2) 臨政篇Ⅱ』, p.257.

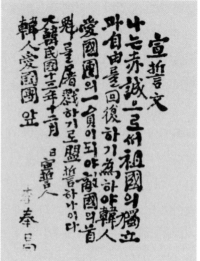

두 손에 수류탄을 들고 태극기 앞에서 기념촬영을 한 이봉창과 한인애국단 가입선서문.

의 군대는 황포(黃浦)부두 평화신상(平和神像) 앞에서 허위의 화평을 축하하였는데, 나는 진정한 화평을 실현할 준비를 하고자 중흥여관에 방을 정하고 이 의사를 불러왔다. 그에게 만반의 준비됨을 고하니 그는 매우 기뻐하였다. 그 밤에 적황(敵皇)을 작살하는 우리의 실제 계획을 의정한 뒤 나는 걸인의 의복같이 더럽고 떨어진 두루마기에서 은전 다량을 내어 주고 곧 홍구로 돌아가서 동경으로 출발할 행장을 급히 정돈하게 하였다.[42]

12월13일 밤에 이봉창은 프랑스공원 근처의 어느 한국인 집으로 김구를 찾아왔다.[43] 김구는 이봉창을 근처의 러시아인 식당으로 데려가서 저녁을 먹으면서 마침내 준비가 다 되었음을 알렸다. 김구는 이봉창에게

42) 金九, 「東京炸案의 眞相」, 앞의 책, pp.192~193; 『백범일지』, p.325.
43) 「제7회 신문조서」, 『이봉창의사 재판관련자료집』, pp.448~449.

언제 일본에 가겠느냐고 물었다.

"언제든지 좋습니다. 모든 준비가 갖추어진다면 오는 12월17일에 고베
(神戶)로 바로 가는 배가 있는데, 그 배에는 일본으로 돌아가는 방적회사
친구들이 여러명 타고 가므로 이왕이면 그 배로 가는 편이 좋겠습니다."

김구는 이봉창의 말을 듣고 나서 중국 지폐로 300달러를 이봉창에게
주면서 여비와 그 밖에 일본에 가는 데 필요한 경비에 쓰라고 했다. 이봉
창은 김구가 폭탄준비나 그 밖의 것에 대해서는 아무런 언급 없이 너무
나 갑작스럽게 거사를 실행하려고 하는데다가 생각보다 많은 돈을 주는
데 놀랐다. 저녁을 먹은 뒤에 김구는 이봉창을 어느 사진관인 듯한 집으
로 데리고 갔다. 그곳은 안공근의 사진관이었다. 그곳에는 폭탄 두개와
선서문과 태극기가 놓여 있었다. 선서문은 다음과 같은 것이었다.

　　　나는 적성(赤誠)으로써 조국의 독립과 자유를 회복하기 위하야
　　한인애국단의 일원이 되야 적국의 수괴를 도륙(屠戮)하기로 맹세하
　　나이다.

대한민국 13년12월 일
선서인 이봉창

　　한인애국단 앞

선서식이 끝나자 김구는 이봉창에게 선서문을 목에 걸고 수류탄을
양손에 들고 태극기를 배경으로 하여 사진을 찍으라고 했다. 이때에 이봉
창은 이것이 자신의 마지막 모습일 것이라고 생각하고 김구에게 고국에
있는 형 이범태(李範泰)에게 보낼 사진을 먼저 찍겠다고 했다. 김구가 그
렇게 하라고 하자 이봉창은 양복을 입은 모습으로 태극기 앞에서 사진
을 찍었다. 그러고 나서 김구의 지시대로 선서문을 목에 걸고 수류탄을
양손에 들고 사진을 찍었다. 형에게 보내기 위해 찍은 사진은 뒤에 김구
가 이봉창 의거의 진상을 밝히기 위해 쓴 「동경작안의 진상」이라는 공개

장과 함께 각 신문사에 보내면서 세상에 알려졌다. 이 사진은 국내의《동아일보》와 샌프란시스코의《신한민보(新韓民報)》에도 실렸다.[44] 선서문을 목에 걸고 찍은 사진은 이봉창이 체포될 때에 거사의 진상을 밝히는 증거자료로 이봉창이 직접 가지고 갔다. 이렇게 하여 이봉창의 한인애국단 가입 절차가 끝났다. 그는 한인애국단 제1호 단원이 된 것이다.[45]

사진을 찍고 난 뒤에 두 사람은 잠시 걸으면서 이야기를 나누었다. 이때에 이봉창은 김구에게 폭탄 사용법을 가르쳐 달라고 했으나 김구는 시간이 늦었으니 내일이나 모레쯤 오면 그때에 가르쳐 주겠다고 하고 그냥 헤어졌다.[46] 김구는 이처럼 무슨 일에나 신중하고 조심성이 있었다.

3

이봉창은 이틀 뒤인 12월15일 밤에 필요 없게 된 이불 등을 싸들고 신천상리(新天祥里) 20호로 김구를 찾아왔다. 김구는 이봉창을 중국음식집으로 데리고 가서 같이 저녁을 먹었다. 식사가 거의 끝날 무렵에 김구는 잠깐 기다리라면서 밖으로 나갔다가 무엇인가를 싼 보자기를 가지고 왔다. 신문지에 싼 수류탄 두개였다. 이틀 전에 사진을 찍을 때에 가지고 찍은 그 수류탄이었다. 저녁을 먹은 뒤에 김구는 이봉창을 중흥여관으로 데리고 가서 폭탄 사용법을 자세히 설명해 주었다.[47] 김구는 김홍일에게서 수류탄 사용법을 익혀 두었던 것 같다.

그날 밤에 두 사람은 여관에서 같이 자면서 미진한 계획을 구체적으로 상의했다. 김구는 이봉창에게 말했다.

"도쿄에 도착하자마자 전보하시면 다시 송금하리다."

44)《東亞日報》1932년9월11일자,「今年一月八日에 突發한 櫻田門外大逆事件犯人은 京城出生 李奉昌」;《新韓民報》1932년2월11일자,「이봉창의사의 략사」.
45) 金九,「東京炸案의 眞相」, 앞의 책, p.186.
46)「제7회 신문조서」,「이봉창의사 재판관련자료집」, pp.449~450.
47)「제2회 신문조서」,「제7회 신문조서」, 위의 책, p.397, pp.450~451.

인간은 자기를 신뢰하는 사람을 신뢰하고 존중하게 마련이다. 이봉창은 이렇게 말했다.

"그저께 선생께서 해진 옷 속에서 많은 액수의 돈을 꺼내 주시는 것을 받아 가지고 갈 때에 눈물이 나더이다. 일전에 제가 민단 사무실에 가보니 직원들이 밥을 굶은 듯하여 제 돈으로 국수를 사다 같이 먹은 일이 있었습니다. 그저께 같이 자면서 하시는 말씀은 일종의 훈화로 들었는데, 작별하시면서 생각지도 못한 돈뭉치까지 주시니 뭐라고 말을 못하겠더이다. 불란서 조계지에서 한걸음도 나서지 못하는 선생께서는 제가 이 돈을 가지고 가서 마음대로 써 버리더라도 돈을 찾으러 못오실 터이지요. 과연 영웅의 도량이로소이다. 제 일생에 이런 신임을 받은 것은 선생께 처음이요 마지막입니다."[48]

이봉창은 31년 동안의 방랑생활을 통하여 "인생의 쾌락"을 대강 맛보았다고 생각하면서 쉽게 목숨을 내놓은 허무주의자가 아니라 애국심이 투철한 독립투사였다. 당연히 명예욕과 자긍심도 없지 않았을 것이다. 그는 김구에게 임시정부가 송별회를 열어 줄 것을 요구했다. 그 자리를 빌려 자신의 결행의지와 거사의 의의를 밝히고 싶다고 했다. 일본인은 관헌까지도 우리 조선인을 차별대우하며 학대하고 있으므로 우리는 어떻게 해서든지 나라를 독립시켜 조선인의 국가를 갖지 않으면 안된다는 생각을 가지고 있는 터에, 김구로부터 천황을 죽이는 것이 조선의 독립을 촉진시키는 첩경이라는 말을 듣고 과연 그렇다고 생각되어 2천만 동포를 위해 천황을 죽이기로 결심하기에 이르렀다는 것과 이 일이 결코 이봉창 한 사람의 난폭이 아니라 조선민족이 전반적으로 독립을 희망하고 있기 때문에 민족을 대표한 희생자로서 결행하는 것이라는 자신의 각오를 발표하고 싶었던 것이다. 그러나 김구는 이봉창의 요구를 받아 주지 않았다.

"그런 말을 하면 시끄러워질 뿐이오. 이 일은 오직 두 사람만의 문제

---

48) 『백범일지』, pp.325~326; 金九, 「東京炸案의 眞相」, 앞의 책, p.193.

이고, 임시정부나 어떤 단체와도 전혀 관계 없는 일이오." [49]

실제로 그러한 송별회는 곧바로 일본총영사관에 알려지게 될 것이었다. 다음날 이봉창은 영창공사에 가서 짐을 싸고 신변을 정리한 뒤에 날이 저물어서 김구를 찾아왔다. 김구는 이봉창과 함께 저녁을 먹은 뒤에 시계점으로 가서 손목시계를 사서 이봉창에게 주고 같이 여관으로 갔다.

이봉창은 체포될 경우 취할 방법을 김구에게 물었다. 김구는 선서문을 가슴에 달고 수류탄을 들고 찍은 사진을 보여 주고 선서문 그대로라고만 말하고 그 밖의 일은 될 수 있는 대로 입 밖에 내지 말고 버티라고 했다. 그러나 온갖 수단을 동원한 고문과 취조로 무엇이라도 이야기하지 않을 수 없게 되면 김구 자신에 관한 것과 그 밖의 사실을 털어놓고 말해도 괜찮다고 덧붙였다. 이봉창이 거사에 관한 취의서(趣意書) 같은 것이 없으면 곤란할 것 같다고 하자, 김구는 선서문 내용이 사진에 찍혀 있으므로 모든 것은 그것으로 판명될 테니까 특별히 그런 문서를 가지고 있을 필요는 없다고 말했다.

김구는 폭탄을 지니고 가는 방법을 자세히 설명했다. 두개의 폭탄을 중국 비단으로 만든 좁고 긴 주머니에 하나씩 넣고 폭탄이 양 허벅지 사이에 끼이도록 한 다음 주머니 끝을 배에 묶고 그 위로 팬티를 입어 감추도록 했다.

이어 김구는 이봉창에게 그의 행적을 영원히 남기기 위해 이력서를 쓰라고 했다. 재판을 받을 때의 주의사항도 이야기해 주었다. 재판정에 나갈 때에는 일본인들이 선임해 준 관선 변호사를 거절하고 자신이 생각하는 것만 진술하는 것이 좋겠다고 말했다. [50]

12월17일 아침이 밝았다. 이봉창은 아침 8시30분쯤에 일어나서 김구가 가르쳐 준 대로 폭탄 두개를 사타구니에 차고 양복을 입었다. 그러고

---

49) 「제7회 신문조서」, 『이봉창의사 재판관련자료집』, p.455.
50) 「제2회 신문조서」, 「제7회 신문조서」, 「제8회 신문조서」, 위의 책, pp.396~398, pp.450~451, p.461.

는 김구와 함께 여관을 나섰다.[51] 두 사람은 중국음식점으로 가서 최후의 축배를 들어 성공을 기원하며 다음 세상에서 다시 만날 것을 기약했다. 음식점에서 나온 김구는 다시 만나지는 못할지라도 사진으로나 함께 있자는 뜻에서 마지막 기념사진을 찍기로 했다. 사진을 찍으려 할 때에 자신도 모르게 김구의 얼굴에 처연한 기색이 보였는지 이봉창이 김구에게 말했다.

"저는 영원한 쾌락을 누리고자 이 길을 떠나는 것이니, 우리 두 사람이 기쁜 얼굴을 하고 사진을 찍으십시다."

김구는 그 말에 감동되어 마음을 굳게 하고 억지로 미소를 띠고 사진을 찍었다. 두 사람은 악수로 작별하고 이봉창은 택시에 올랐다.[52]

아이러니하게도 상해부두에는 많은 일본사람들이 이봉창을 배웅하러 나와 있었다. 김구는 이봉창의 성품을 설명하면서 그가 상해부두를 떠날 때의 모습을 다음과 같이 익살스럽게 술회했다.

이 의사의 성행은 춘풍같이 화애하지마는 그 기개는 화염같이 강하다. 그러므로 대인 담론에 극히 인자하고 호쾌하되 한번 진노하면 비수로 사람 찌르기는 다반사였다. 술은 한량없고 색은 제한이 없었다. 더구나 일본 가곡은 못하는 것이 없었다. 그러므로 홍구에 거주한 지 1년도 못되어 그가 친하게 사귄 친구는 헤아릴 수가 없을 정도였다. 심지어 왜경찰까지 그의 손아귀에서 현혹되기도 하고, ○○영사의 내정에는 무상출입이었다. 그가 상해를 떠날 때에 그의 옷깃을 쥐고 눈물짓는 아녀자도 적지 아니하였지마는 부두까지 나와 가는 길이 평안하기를 기원하는 친우 중에는 왜경찰도 있었다.…[53]

이봉창은 상해 주재 일본총영사관의 경찰간부와도 친한 사이가 되어

---

51) 「제7회 신문조서」, 같은 책, p.451.
52) 『백범일지』, p.326; 金九, 「東京炸案의 眞相」, 앞의 책, p.193.
53) 金九, 「東京炸案의 眞相」, 위의 책, p.192.

그 경찰간부는 자기 명함에 이봉창을 위한 소개장까지 써 주었다. 그 소개장의 수신인은 상해에서 일본에 들어가는 관문인 나가사키(長崎)의 경찰서장이었다. 소개장에는 이봉창이 도쿄로 유학가는 착실한 청년이니 잘 인도하여 주라고 적혀 있었다. 이봉창 의거 뒤에 소개장을 써 준 영사관 경찰간부는 즉시 파면되어 일본으로 소환된 뒤에 자살했다고 한다.[54]

---

54) 金弘壹, 앞의 책, p.274.

3. "한국지사" 이봉창이 일황을 저격

1

이봉창은 12월17일 오후 3시에 고베로 가는 우편선 고오리가와마루(氷川丸)에 올랐다. 폭탄은 끌러서 트렁크에 넣었다. 12월19일 밤 8시쯤에 고베에 도착한 이봉창은 오사카를 거쳐 12월22일 저녁 9시20분에 도쿄에 도착하여 기차표에 인쇄된 광고에서 미리 보아 둔 오와리야(尾張屋) 여관에 투숙했다. 다음날 이봉창은 김구에게 100원을 송금해 달라는 전보를 쳤다. 고베에 도착했을 때만 해도 70~80원의 돈이 남아 있었으나 오사카에서 사흘 묵는 동안에 50원을 써 버려 수중에는 13~14원밖에 남지 않았다. 초조하게 기다렸으나 사흘이 지나도록 소식이 없었다. 이봉창은 마침내 수중의 돈이 다 떨어져서 12월26일에 짐을 싸서 싸구려 여인숙으로 옮기고 김구가 상해에서 사준 손목시계를 전당포에 잡혔다. 그것으로도 돈이 모자라자 이봉창은 이튿날 여관 근처의 직업소개소를 찾아가서 취직 알선을 부탁했다. 직업소개소는 초밥을 만드는 데 쓰이는 재료와 기계를 다루는 상점을 소개해 주었다. 이봉창은 그곳에서 일하기로 작정하고 짐을 찾으러 여관으로 돌아왔다가 100엔을 보냈다는 김구의 전보를 받았다.[55] 김구는 이봉창의 전보를 받고 12월24일에 100엔을 보냈는데,[56] 이봉창이 여관을 옮기는 바람에 나흘 뒤에야 그 사실을 알게 된 것이다. 돈을 찾은 이봉창은 "돈을 미친 것처럼 다 써 버려서 밥값까지 빚이 져 있었는데, 돈을 받아 빚을 다 갚고도 남겠습니다"라고 편지에 썼다.[57]

김구로부터 돈을 보냈다는 전보를 받고 여관으로 돌아온 이봉창은 《도쿄 아사히신문(東京朝日新聞)》에서 1932년1월8일에 요요기(代代木)

---

55) 「제3회 신문조서」, 『이봉창의사 재판관련자료집』, pp.404~405.
56) 「白貞善이 木下昌藏에게 송금한 Yokohama Specie Bank의 영수증」, 『白凡金九全集(4)』, p.196.
57) 『백범일지』, p.326.

연병장에서 육군시관병식(陸軍始觀兵式)이 거행되고 이 행사에 천황이 임석한다는 기사를 보고, 그날 거사를 결행하기로 결심했다. 1932년의 육군시관병식은 특별한 의미가 있었다. 만주사변을 일으켜 만주를 점령한 육군의 사기를 높여 주고 그 임무수행을 다짐받는 행사였기 때문이다.[58]

이봉창의 거사소식을 초조하게 기다리던 김구는 1932년1월 초에 "상품은 1월8일에 꼭 팔릴 터이니 안심하라"라는 전보를 받았다.[59] 그날이 거사일임을 알려온 것이었다.

거사일을 결정하자 이봉창은 김구가 지시한 대로 준비를 치밀하게 했다. 먼저 수류탄을 손질했다. 수류탄 주둥이에서 나무마개를 뽑고 쇠로 된 기계를 끼워 넣은 다음 안전핀을 뽑아서 언제 어디서든지 바로 던질 수 있게 해 놓았다. 이봉창은 1월6일에는 관병식이 열릴 요요기 연병장을 사전 답사했다. 이때에 그는 뜻밖에도 승합차 운전사로부터 도쿄 헌병대본부 소속의 한 헌병 명함을 얻어서 소중히 간직했다. 연병장은 너무 넓어서 천황에게 접근할 수 없을 것 같았다. 그는 천황이 오고 가는 길가에서 결행하기로 계획을 바꾸었다. 이날 이봉창은 여관을 옮겼다.

그는 그동안 묵던 여관에서 자신의 출생과 경력 등을 자세히 적은 수기를 썼다. 그러나 이내 그런 것을 남기는 것이 부질없다는 생각이 들어서 이날 저녁을 먹은 식당의 쓰레기통에 버려 버렸다. 그리고 사탕이 든 종이상자 두개를 사 가지고 여관으로 돌아왔다. 수류탄을 거사현장까지 담아 가지고 가기 위해서였다.

1월7일 저녁에는 가와사키(川崎)로 가서 그곳 유곽에서 잤다.[60] 관병식을 앞두고 도쿄에서는 모든 여관, 음식점, 유곽 등 일반인들이 출입하는 장소와 진자(神社), 절, 빈 집 등에 대한 경계검색이 심했기 때문이다.[61]

---

58) 崔書勉, 「이봉창의거 연구서설」, 『대한민국임시정부수립80주년기념논문집(하)』, 1999, p.150.
59) 金九, 「東京炸案의 眞相」, 앞의 책, p.194.
60) 「제2회 신문조서」, 「제3회 신문조서」, 「제7회 신문조서」, 「청취서」, 『이봉창의사 재판관련자료집』, p.391, pp.407~411, p.457, pp.538~539.
61) 崔書勉, 앞의 글, p.153.

1월 8일 아침 8시 50분에 관병식 현장인 하라주쿠(原宿)역에 도착한 이봉창은 역 앞 중국음식점에서 아침을 먹으면서 천황의 행렬을 기다렸다. 그러나 경비가 너무 엄중하여 하라주쿠에서 거사하는 것을 포기했다.[62]

이봉창은 다시 전철을 타고 요쓰야(四谷)에서 내려 거기에서 거사하기로 했다. 그러나 신문팔이 소년으로부터 천황은 그곳으로 지나가지 않고 아카사카미쓰케(赤坂見附)를 지나간다는 말을 들었다. 이봉창은 오전 9시 40분쯤에 아카사카미쓰케에 도착했다. 그러나 천황은 이미 그곳을 지나 요요기 연병장으로 간 뒤였다. 이봉창은 할 수 없이 천황이 돌아올 때에 거사하기로 했다. 천황은 정오쯤에 다시 이곳을 지나서 궁성으로 돌아간다고 했다. 이봉창은 아카사카 전철역 부근의 식당으로 들어갔다. 거기에서 음식을 시켜 먹으면서 천황이 돌아오기를 기다렸다. 이봉창은 관병식이 끝났다는 라디오방송을 듣고 시간을 맞추느라고 여유 있게 음식점을 나왔다. 그러나 이봉창이 다시 아카사카미쓰케에 갔을 때에는 천황의 행렬이 막 지나간 뒤였다.

이봉창은 "오늘은 틀렸나 보다" 하고 낙담하며 마침 옆에 있던 선로 인부에게 천황의 행렬을 보려면 어떻게 하면 되느냐고 물었다. 선로 인부는 지름길을 가르쳐 주었다. 빈 택시 한대가 이봉창이 서 있는 곳으로 다가왔다. 그는 황급히 택시에 올라 천황의 행렬을 볼 수 있는 데까지 가자고 운전사를 재촉했다.

그러나 택시는 참모본부 앞을 거쳐 내리막길이 끝나는 지점에서 경찰의 제지로 멈추어 섰다. 차에서 내린 이봉창은 경찰이 없는 쪽으로 달려서 경시청 앞에 도착했다. 거기서도 경찰이 가로막았다. 이봉창은 일본 헌병의 명함을 보여 주면서 천황의 행렬을 보게 해 달라고 말했다. 허락을 받은 그는 단숨에 경시청 현관 앞 잔디밭으로 달려갔다.

그곳에는 천황의 행렬을 보려고 사람들이 여러 겹으로 서 있었다. 이

---

62)「제3회 신문조서」,「청취서」,『이봉창의사 재판관련자료집』, p.411, p.540.

봉창은 사람들을 비집고 두세겹 앞으로 나아갔다. 천황의 행렬이 막 사람들 앞을 지나서 궁성의 남문인 사쿠라다문(櫻田門)쪽으로 가고 있었다. 이봉창은 재빨리 오른쪽 바지주머니에서 수류탄을 꺼내어 행렬을 향해서 던졌다. 수류탄은 두번째 마차 뒤쪽의 마부가 서는 받침대 아래에 떨어졌다. "꽝" 하는 소리와 함께 수류탄이 터졌다. 그러나 수류탄의 성능이 약해서 마차 밑바닥과 바퀴의 타이어가 파손되었을 뿐 인명피해는 없었다. 이봉창은 김구가 성능이 강한 수류탄이라면서 실험할 필요가 없다고 했던 것이 여간 원망스럽지 않았다.

일본경찰들이 옆에 있는 사람을 체포하자 이봉창은 "아니야! 나야!" 하고 자신이 수류탄을 던졌음을 밝히고 곧바로 체포되었다. 그는 경황이 없어서 왼쪽 바지주머니 안에 넣어 둔 또 한개의 수류탄을 던지는 것을 잊어버렸다. 이봉창은 두번째 마차가 천황이 탄 마차라고 생각했으나, 경시청에 연행되어 그곳에서 신문 호외를 보고서야 두번째 마차에 천황이 타지 않았다는 사실을 알았다. 두번째 마차에는 궁내부대신이 타고 있었다.[63]

궁성으로 돌아간 히로히토가 점심을 먹고 나자 시종장이 허리를 굽히고 보고했다.

"폐하, 오늘은 죄송합니다. 범인은 조선인으로서, 이봉창이라는 자입니다."

그러자 히로히토는 이렇게 말했다.

"아, 그는 독립당원이겠지!… 그런데 오늘 오후에 미국대사가 총리대신에게 온다고 했는데, 어떻게 되었나?"

히로히토는 그 일이 걱정스러웠던 것이다.[64] 이날 주일 미국대사는 일본 총리대신을 만나서 "미국정부는 1928년의 부전조약(不戰條約)의 약

---

63) 「제2회 신문조서」, 「제3회 신문조서」, 「청취서」, 위의 책, pp.389~392, pp.411~413, pp.539~541.
64) 崔書勉, 앞의 글, p.156.

속과 의무에 위반되는 일체의 사태, 조약, 협정을 인정하지 않는다"는 국무장관 스팀슨(Henry L. Stimson)의 선언을 전달했다. 그것이 이른바 「스팀슨 독트린」이었다.[65] 이날은 말하자면 제국주의 일본의 정책에 반대하는 미국과 한국의 뜻이 동시에 일본에 전달된 날이었던 셈이다.

이봉창의 일본 천황 저격사건은 일본사회를 진동시켰다. 신성불가침의 '현인신(現人神)'으로 추앙되는 천황에게 폭탄이 던져지고, 그것을 많은 군중이 보았다는 사실은 일본정부로서는 청천벽력이 아닐 수 없었다. 그날 오후 5시12분에 이누카이 쓰요시(犬養毅) 총리는 사건의 책임을 지고 내각 총사직서를 제출했다. 그러나 히로히토는 이누카이 내각의 사직서를 반려했다. 이누카이 내각은 와카쓰키 레이지로(若槻禮次郎) 내각이 8개월의 단명으로 물러나고 들어선 지 한달도 채 되지 않은 때였으므로 또다시 내각이 총사직하면 일본국민들에게 불안을 가중시킬 염려가 있었기 때문이다. 이누카이 내각은 유임되었으나 치안책임자들에 대한 문책은 준엄했다.[66]

이봉창은 "대역죄"의 피고로 기소되었다. 천황제를 지키기 위하여 1907년에 일본형법에 새로 규정된 "대역죄"는 통상의 범죄와 달리 3심제가 보장되지 않고 오직 대심원[현재의 최고재판소]의 심리만으로 유무죄를 가리게 되어 있었다. 그러나 1947년에 폐지될 때까지 "대역죄"로 재판을 받은 사건은 이봉창의 경우를 포함하여 4건[다른 3건은 1910년의 고토쿠 슈스이(幸德秋水) 사건, 1923년의 박열(朴烈)사건, 1923년의 난바 다이스케(難波大助) 사건]뿐이었다.[67]

---

65) Henry L. Stimson, *The Far Eastern Crisis*, Harper & Brothers, 1936, pp.91~109 참조.
66) 홍인근, 앞의 책, pp.232~234.
67) 崔書勉, 「자료의 수집경위와 가치」, 『이봉창의사 재판관련자료집』, pp.5~6.

한국 청년 이봉창이 일본 천황에게 폭탄을 던졌다는 뉴스가 전해지자 1월9일 새벽부터 중국의 각 신문과 라디오방송은 흥분을 감추지 못했다. 중국시민들도 거리로 몰려나와 웅성거리면서 제각기 한국인에 대한 찬사의 말을 한마디씩 늘어 놓았다.[68]

이봉창의 거사소식을 누구보다도 간절하게 기다린 사람은 김구였다. 김구는 거사예정일인 1월8일이 다가오자 국무원들에게 그동안의 경과와 함께 만일 거사가 예정대로 실행되면 임시정부의 입장이 좀 곤란한 지경에 처할 수도 있다고 보고했다.

고대하던 1월8일이 되었다. 김구는 상해거리에 뿌려진 중국 신문의 호외를 보고서야 이봉창의 거사가 실행되었음을 알았다. 중국 신문들은 사건이 일어난 다음날부터 1월 말까지 사실보도와 함께 그 여파에 대해서도 상세히 보도했다. 중국 신문들은 한결같이 이봉창이 일황을 폭살하지 못한 것을 매우 아쉬워했다. 상해의 국민당 기관지《민국일보(民國日報)》는 「한인이 일황을 저격했으나 맞지 않았다(韓人刺日皇未中)」라는 표제와 함께 부제로 "일황이 열병식을 마치고 도쿄로 돌아갈 때에 갑자기 저격을 받았다. 불행히도 겨우 뒤따르던 마차에 터지고, 범인은 곧 체포되었다(日皇閱兵畢返京突遭狙擊 不幸僅炸副車兇手卽被逮)"라고 보도했다. 또 청도(靑島)의《민국일보》는 「한국의 죽지 않은 의사 이봉창이 일황에게 폭탄을 던졌으나 이루지 못했다(韓國不亡義士李奉昌 炸日皇未遂)」라는 표제로 보도했고,[69] 상해에서 발행되는《신보(申報)》는 이봉창을 "한국지사(韓國志士)"로 지칭했다. 중국 신문들의 이러한 보도태

---

68) 金弘壹, 앞의 책, p.275.
69) 韓詩俊, 「이봉창의거에 대한 중국신문의 보도」,《한국근현대사연구》제36집, 한울, 1006, pp.155~162. 김구는 청도의《민국일보》가 큰 활자로 "한인 이봉창이 일황을 저격했으나 불행히도 명중하지 않았다(韓人李奉昌狙擊日皇 不幸不中)"라고 보도했다고 기술했으나 『백범일지』, p.328) 현존하는 청도의《민국일보》에 그러한 표제의 기사는 없다.

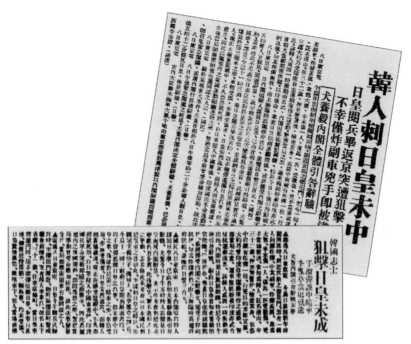

이봉창 투탄사건을 보도한 1932년1월9일자 상해의 《민국일보》와 《신보(申報)》의 기사.

도는 만보산사건으로 격화된 중국인들과 한국동포들 사이의 반감을 해
소하고 반일 연대의식을 고취하는 데 크게 기여했다.

반면에 중국에 있는 일본인들은 중국 신문들의 이러한 보도태도에 격
분했다. 청도의 일본인들은 《민국일보》의 보도에 항의하여 난동을 일으
켰다. 난동은 두 군함에 있던 일본 육전대 600여명이 상륙한 가운데 1월
12일부터 1주일 넘게 계속되었다. 중국 국민당 시당부가 파괴되고, 《민국
일보》도 큰 피해를 입어 결국 폐간되었다. 상해에서도 일본인들의 난동이
일어나 일본총영사관과 오철성(吳鐵城) 상해시장 사이에 외교분쟁이 벌
어졌다. 이를 빌미로 일본 해군 육전대가 상해를 침공하여 전쟁으로 확대
되었다. 그것이 제1차 상해사변(上海事變)이었다.[70]

김구는 당시의 상황을 다음과 같이 술회했다.

---

70) 韓詩俊, 위의 글, pp.161~164.

사쿠라다문 건너편에 있는 일본경시청 앞 거리를 현장검증하고 있는
일본경찰들.

과연 1월9일 아침에 기쁜 소식은 신문지상으로 전래되었다. 이때의 쾌감이야 과연 형언할 수 없었다. 불행히 명중치 못하고 다른 차에 떨어져 적황(敵皇)은 죽음을 면했으나 이것만으로도 우리의 정신은 충분히 발휘되고 우리의 계획은 성공하였다 할 수 있다.…71)

나는 천황을 죽이지 못한 사실이 극히 불쾌하였으나 여러 동지들은 오히려 나를 위로하였다. 그들은 일황이 즉사한 것만은 못하나, 정신적으로는 우리 한인이 일본의 신성불가침인 천황을 죽였으며, 이것은 한인이 일본에 동화되지 않은 것을 세계만방에 확실히 보여 주는 증명이니 족히 성공으로 칠 수 있다고 하였다.72)

동지들은 김구의 신변안전을 염려했다. 아니나 다를까 다음날 아침에 프랑스공부국으로부터 비밀통지가 왔다. 지난 10년 동안 프랑스는 김구를 극진히 보호해 왔으나, 이번 일로 일본이 반드시 김구를 체포하려고 협조를 구해 올 것이므로, 프랑스가 일본과 전쟁을 결심하기 전에는 김

---

71) 金九, 「東京炸案의 眞相」, 앞의 책, p.194.
72) 『백범일지』, p.327.

구를 더 이상 보호할 수 없다는 것이었다.[73] 김구는 서둘러 피신했다.

임시정부는 곧바로 국무회의를 열고 대책을 협의했다. 회의에서는 이 번 거사를 한국독립당이 한 일로 성명하기로 결정했다. 한국독립당은 1930년1월에 조직된 뒤에 이렇다 할 사업을 추진하지 못하고 있었으므 로 좋은 선전거리가 될 수 있었다.[74] 한국독립당은 1월9일에 이봉창 의거 에 대한 짤막한 성명을 발표했다. 이 성명은 1월11일에 중국인이 경영하 는《국문통신(國聞通信)》을 통하여 전문이 보도되었다.

> 본당은 삼가 한국 혁명용사 이봉창이 일본 황제를 저격하는 벽력 일성으로 전 세계 피압박민족에게 신년의 행운을 축복하고, 이것과 같은 소리로 환호하며, 바로 제국주의자의 아성을 향해 돌격하여, 모 든 폭군과 악정치의 수범(首犯)을 삼제[芟除: 없애 버림]하고 민족적 자유와 독립의 실현을 도모하기 바란다.[75]

한국독립당은 다음날인 1월10일에 다시 「이봉창이 일황을 저격한 데 대한 한국독립당선언」이라는 장문의 중국어 선언문을 발표했다.

> 한국독립당은 이번에 이봉창이 일본 천황을 저격한 사건에 대하여 한국민족과 여러 독립운동자의 입장에서 저 포악한 일본의 죄상을 파 헤쳐 이 사건이 일어나게 된 원인과 뒤이어 있게 될 결과를 밝혀 두고 자 다음과 같이 선언한다.

이렇게 시작된 「선언문」은 천황제를 중심으로 하는 제국주의 일본의

---

73) 『백범일지』, pp.327~328.
74) 「櫻田門外 및 新公園投彈義擧에 대한 供述槪要」(1934년1월14일), 『韓國獨立運動史 資料(2) 臨政篇Ⅱ』, p.257.
75) 홍인근, 앞의 책, p.161.

정치체제에 대한 상해 독립운동자들의 인식을 보여 주는 것이어서 눈여겨볼 만하다.

흉악한 저 섬나라 도적 무리는 이미 한국을 합병하고 우리 동포를 어육으로 삼았으며 만몽(滿蒙)까지도 남김없이 병탄하려고 우리의 우방을 쓸모없는 짚신 버리듯 하고 있다. 저들은 혈족끼리 서로 결혼한 괴수를 내세워 스스로 만세일계(萬世一系)라 부르며 자랑 삼고 있으며, 저들은 온갖 나쁜 짓을 자행하는 우두머리로 앉아 인민들의 고혈을 먹고 있으면서 스스로를 천황이라 일컫고 가장 높은 자리에 앉아 있다.

저들은 악덕으로써 한국과 중국을 겸병하고자 못된 짓을 더해 가고 있으면서도 뉘우치는 바 없으니 천인을 공노하게 했다. 어찌 한국인에게만 머리에 옻칠을 하려고 할 뿐이랴. 중국인도 쪼개서 물그릇을 만들고 있으나, 저 일본 황제는 본래 죽일 만한 가치도 없다. 그의 지력은 시세를 가늠하기에 모자라고, 그의 권력은 군벌을 통제하기에 모자라고, 그의 위엄은 원로와 정당 당수를 거느리기에 모자란다. 물론 명치(明治)와 대정(大正)과 소화(昭和)할 것 없이 저들은 모두가 같은 소굴의 한패거리요 괴뢰일 뿐이다.…

「선언문」은 이어 "죽일 만한 가치도 없는" 일본 천황을 죽일 수밖에 없는 이유를 다음과 같은 아홉가지로 설명했다.

그가 원수(元首)의 자리에 있으며 온갖 죄악이 모이는 자리에 있는 것이 그 첫째요, 그 적도(賊徒)를 사로잡으려면 먼저 그의 왕을 사로잡아야 하는 것이 그 둘째요, 우리 조국을 위하여 원수를 갚는 것이 그 셋째요, 천벌을 내리고 인권을 신장하는 것이 그 넷째요, 우방을 위해 치욕을 풀어 주기 위함이 그 다섯째요, 백성들이 참을 길이 없으면 무도한 임금을 주살하는 것이 그 여섯째요, 그들의 국체를 고쳐 우리 주권을 회복하기 위함이 그 일곱째요, 못된 오랑캐에게는 응당한 벌을 내리고 온 누리 사람에게는 뉘우침을 주기 위함이 그 여덟째요, 하늘에 순하고 사람에 응하며 천하를 고동케 하여 인류를 해방시키려 함이 그 아홉째이다. 이번 이봉창의 저격은 그 동기를 살펴보면 바로 이에서 나온 것이다. 이는 오직 일본 군벌과 원로와 제국주의자들의 선봉자가 밤낮으로 그 원인을 만들었다.…

「선언문」은 이봉창 의거는 30년 동안 이어져 온 장인환(張仁煥), 안중근(安重根), 이재명(李在明), 신민회(新民會), 강우규(姜宇奎), 양근환(梁瑾煥), 김익상(金益湘), 김지섭(金祉燮), 송학선(宋學先), 조명하(趙明河) 등과 같은 의인과 열사의 뜻을 계승한 것이라고 천명하고, 일본인은 실로 한국인의 손을 빌려서 자신의 천황을 죽이려 한 것이나 다름없다고 주장했다. 「선언문」은 다음과 같은 말로 끝맺었다.

> 요컨대 저들 일본인은 실로 우리 한국인의 손을 빌려서 자신의 천황을 죽이려 한 것이나 다름없다. 오직 이봉창 한 사람만이 이같은 뜻을 지니고 있는 것만은 아니며 2천3백만의 가슴속에 다 이봉창과 같은 결의가 깃들어 있어서 제2, 제3, 아니 2천만 모두가 이봉창과 같은 사람으로 될 것이다.[76]

이 「선언문」은 중국의 여러 신문에 게재되었고, 천진(天津), 봉천, 간도 등 각지에 있는 동포사회의 여러 기관에 우송되었다.[77]

---

76) 「韓國獨立黨宣言對李奉昌狙擊日皇事件」, 『白凡金九全集(4)』, pp.197~198; 홍인근, 위의 책, pp.164~166.
77) 홍인근, 같은 책, p.167.

사건의 주모자가 김구라는 사실은 이봉창의 취조과정에서 곧바로 밝혀졌다. 일본검찰은 이봉창과 함께 김구를 대심원에 기소하고, 상해 주재 일본총영사관에 김구의 수사를 지시했다.[78] 일본총영사관은 이봉창 의거가 있기 전인 1월4일(또는 5일)에도 보경리 제4호의 임시정부 청사를 수색했으나 김구는 피신하고 없었다.[79] 사건이 있고 나서 임시정부는 사무실을 옮겼다.

일본총영사관은 김구를 비롯하여 사건의 공범자로 생각되는 조소앙, 김철 등의 임시정부 간부들도 수배했다. 일본총영사는 1월9일에 상해 주재 프랑스총영사를 만나서 김구 수사에 대한 협조를 요청했다. 이어 양쪽 실무자들의 협의가 있었는데, 양쪽이 합의한 것은 우선 김구의 거처를 찾아내기 위하여 신중하게 내사를 벌인다는 것이었다. 그것은 프랑스총영사관이 일본의 요청을 사실상 거부한 것이었다. 김구에 대한 수사가 부진하자 일본 사법성은 이봉창을 취조한 도쿄 지방재판소 검사 가메야마 싱이치(龜山愼一)를 상해로 파견하여 수사를 지휘하게 했다. 가메야마는 회사원으로 위장하고 1월21일에 고베를 출발하여 1월23일 오후에 상해에 도착했다.[80]

이봉창 의거에 대한 재미동포 사회의 반응이 어떠했는지는 공교롭게도 이때의 신문이나 잡지가 거의 보존되고 있지 않아서 정확하게 알 수 없다. 유일하게 보존되어 있는 《신한민보(新韓民報)》는 사건이 나고 엿새 뒤인 1월14일에 만주사변과 관련하여 연속기사로 싣고 있던 「만주왜란기(滿洲倭亂記)」의 앞머리에서 다음과 같이 보도했다.

---

78) 「金九의 所在搜査」, 『韓國民族運動史料(中國篇)』, p.697.
79) 「櫻田門外 및 新公園投彈義擧에 대한 供述槪要」(1934년1월14일), 『韓國獨立運動史 資料(2) 臨政篇 II』, p.257.
80) 「金九의 所在搜査」, 『韓國民族運動史料(中國篇)』, p.697; 홍인근, 앞의 책, pp.122~123.

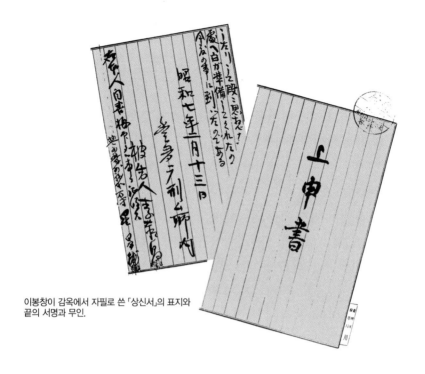

이봉창이 감옥에서 자필로 쓴 「상신서」의 표지와
끝의 서명과 무인.

동경 8일. 오늘 아침 10시경에 왜황제가 관병식을 거행하고 돌아
오는 길에 거의 궐문에 도착하자 난데없는 폭탄이 터지며 연기가 자
욱한 바람에 황제의 거동은 일시 수라장을 이루었었다. 궁내부대신
마키노가 탔던 수레가 자칫하면 맞을 뻔하였으나 피상자는 없었다
고 한다. 필경 경관대가 범인을 체포하였는데, 조선 의사 리봉창씨로
판명이 되었다. 상해임시정부에서 파견한 사람인데, 여비까지 150달
러를 주어서 보내었다고 한다. 황제가 위험하게 될 뻔한 이번 사건으
로 내각은 총사직을 하였으나, 황제의 요구로 내각은 다시 시무케 되
었다더라.[81]

그리고 1월28일자에는 치안책임자들에 대한 처벌내용만 보도했다

81) 《新韓民報》 1932년1월14일자, 「滿洲委亂記: 리봉창씨의 폭탄소리에 왜황이 놀래고」.

가,[82] 2월11일자에 이르러 이봉창의 약력을 사진을 곁들여 자세히 소개했다.[83]

이봉창 의거가 있었을 때에 이승만은 뉴욕의 한 호텔에 머물고 있었다. 1931년11월21일에 하와이를 떠난 그는 로스앤젤레스와 시카고를 거쳐서 12월7일에 워싱턴에 도착했고, 그곳에서 연말을 보내고 나서 1932년1월3일에 뉴욕으로 갔다.

이봉창 의거가 있자 이승만은 한 미국 방송국의 요청으로 2월22일에 라디오에 출연하여 일본의 만주침략을 규탄하는 연설을 했는데, 미국정부는 일본인들이 이승만을 암살할 것을 염려하여 형사 두 사람으로 하여금 그의 신변을 보호하게 했다고 한다.[84] 그러나 이승만의 『여행일기(Log Book of S. R.)』에는 그러한 기록이 보이지 않는다. 이승만이 라디오에 출연한 것은 이봉창 의거가 있고 이틀 뒤인 1월9일(미국시간)이었는데, 이 날짜 그의 『여행일기』에는 다음과 같이 기록되어 있다.

> WOR 라디오방송국 기자들은 호텔에서 누군가가 소란을 피운 사건에 대하여 알고 싶어 했다. 경찰청장은 나를 뱀버거(Bamberger) 스튜디오까지 호위할 형사 두 사람을 보냈다. 멀로니(Mulroney) 경찰청장. 펜실베이니아 호텔 부지배인은 스위트룸 710호와 708호를 권했다. 그래서 나는 그 방으로 옮겼다.[85]

이러한 기록으로 미루어 보면 이때에 미국 경찰당국은 이승만이 흥분한 일본인들로부터 위해를 받을 것을 염려하여 그의 신변보호에 특별히 신경을 썼던 것 같다.

---

82) 《新韓民報》 1932년1월28일자, 「리봉창씨 사건에 처벌」.
83) 《新韓民報》 1932년2월11일자, 「리봉창의사의 약사」.
84) 崔書勉, 앞의 글, 1999, p.156. 崔書勉씨는 이 정보를 전후에 일본에서 발행된 한 사진자료집에서 얻었다고 했다.
85) Syngman Rhee, Log Book of S. R., 1932년1월9일조.

51장

"뒷날 지하에서 만납시다!"
— 윤봉길의 홍구공원 폭파사건

1. 실패로 끝난 이즈모(出雲)호 폭파계획

1

　　상해 주재 일본총영사관 경찰은 도쿄(東京)에서 파견된 가메야마 싱이치(龜山愼一) 검사의 지휘 아래 김구를 체포하는 데 총력을 기울였지만 허사였다. 그러나 이봉창(李奉昌)의 거사 이후로 김구는 공개적인 활동을 하기 어렵게 되었다. 그는 동지들의 권유에 따라 낮에는 활동을 중지했다. 잠은 동지들의 집이나 창기의 집을 옮겨 다니면서 자고, 식사는 동포 집을 찾아다니면서 대접을 받았다.[1]

　　김구는 교민단장직도 내어 놓았다. 그는 1929년8월9일에 교민단장에 취임한 이래 교민단의 업무를 혁신하고 호구조사와 재산조사 등을 실시하여 과세의 기초를 다지는 한편, 한인사회의 치안유지를 위하여 민단 산하에 의경대를 조직하고, 프랑스공부국의 지원을 받으면서 일본 밀정의 침투와 한인 공산주의자들의 임시정부 방해공작을 저지하는 데 힘을 기울였다. 김구는 또 임시정부의 재무장을 겸하고 있었고, 교민단과 임시정부의 사무실이 같았기 때문에 동포들 사이에서는 교민단이 곧 임시정부처럼 인식되고 있었다. 그리하여 김구는 이제 상해 독립운동자사회에서 명실상부한 실권자로 인식되었다. 동포들로부터 "민단세"를 거둔 것도 그러한 인식을 확산시켰다.

　　그러나 의경대의 무리한 민단세 징수와 일본 밀정 색출을 위한 폭행 등으로 말미암아 동포들 사이에 원성이 일었다. 이러한 상황을 이용하여 공산주의자들은 민단세 납부를 거부할 것을 선동했다. 그리하여 교민단 문제는 1931년11월에 열린 제23회 임시의정원 회의에서도 논란되어,[2] 임

---

1) 『백범일지』, p.328.
2) 「主要團體現況: 大韓僑民團」, 金正明 編, 『朝鮮獨立運動 民族主義運動篇 II』, 原書房, 1967, p.512.

시정부는 12월28일에 「교민단규칙」을 개정하여 단장제를 위원제로 바꾸었다. 개정된 「규칙」에 따라 교민단은 1932년1월에 이유필(李裕弼), 김구, 김철(金澈) 세 사람을 정무위원으로, 이시영(李始榮), 안창호(安昌浩), 김사준(金思準) 세 사람을 심판원으로 선임했다.[3] 새 「규칙」에 따르면 정무위원 가운데 한 사람이 위원장을 맡고, 나머지 두 위원이 서무부장과 재무부장을 맡게 되어 있었다. 그리하여 이유필이 정무위원장을 맡고 김철이 재무부장을 맡았으나, 김구는 활동을 할 수 없었으므로 서무부장은 이유필이 겸임했다. 이유필은 대한노병회(大韓勞兵會) 이사장직도 맡고 있었고, 김철은 임시정부의 군무장이었다. 교민단 정무위원회는 1932년1월27일에 「민단세제 개정에 관하여」라는 제목의 「포고 제1호」로 지금까지 균일하게 부과하던 교민단세제를 등급제로 개정하여 1등급은 1년에 15원, 8등급은 1원을 징수하기로 했다.[4]

임시정부는 이봉창의 의거가 있은 직후에 보경리 4호의 사무실을 서문로(西門路) 123호 미신(美新)이발소 앞채로 옮겼다. 일본총영사관 경찰은 2월23일에 김구가 임시정부 사무소에 나타난 사실을 확인했으나 체포하지는 못했다. 사무소 주변 요소에 여러 명의 보초가 서서 엄중한 경계를 펴고 있기 때문이었다.[5] 임시정부 기관지 《상해한문(上海韓聞)》은 김구가 와병 요양 중이라고 보도했는데, 일본경찰은 그것을 김구가 신변 경계를 위하여 임시정부 관계 일상사무를 멀리하고 일반 동포의 눈을 피하기 위하여 취한 수단이라고 판단했다. 실제로 김구는 2월24일에는 한인 동포들이 마작하는 자리에 나타났고, 2월26일 오전 11시 반에는 서문로의 김홍일(金弘壹)의 집에 들러 점심을 먹었다.[6]

김구에 대한 일본경찰의 수사는 여러 갈래의 정보에 따라 우왕좌왕했

---

3) 『朝鮮民族運動年鑑』, 1932년1월11일조.
4) 『朝鮮民族運動年鑑』, 1932년1월27일조.
5) 「韓人獨立運動者의 櫻田門外大逆事件」, 『韓國民族運動史料(中國篇)』, p.697.
6) 위의 글, pp.697~698.

다. 일본총영사관 경찰은 프랑스조계 경찰당국에 거듭하여 협조를 요청했으나 프랑스조계 경찰은 일본인들의 요구에 적극적인 반응을 보이지 않았다. 한달 예정으로 상해에 왔던 가메야마 검사는 체류기간을 연장하며 수사를 벌였지만, 김구의 소재지조차 제대로 파악하지 못하고 귀국했다. 김구의 수사가 진척되지 않자 일본 사법성은 3월 들어 다시 가메야마 검사와 함께 대심원 검사국 검사 고다 마사타케(古田正武)를 상해로 파견했다. 이들은 3월18일에 상해에 도착했다.[7]

일본은 만주사변[滿洲事變: 9·18전쟁]에 이어 1932년1월28일에는 국제도시 상해에서 또다시 전쟁을 도발했다. 제1차 상해사변[上海事變: 1·28전쟁 또는 淞滬戰爭]이 그것이다. 만주를 장악한 일본이 '만주국' 수립 공작으로부터 열강의 눈을 돌리게 하고 국민정부로 하여금 일본의 만주점령을 인정하게 하는 동시에, 만주사변 이후에 상해 시민들 사이에서 격렬하게 전개되고 있는 항일운동을 제압하기 위하여 도발한 전쟁이었다. 만주사변을 일으킬 때와 마찬가지로 상해사변도 음모에 의하여 유발되었다. 이봉창의 의거가 있은 지 열흘 뒤인 1월18일에 일본인 일련종(一蓮宗) 승려 2명과 신도 3명이 공동조계 안에서 중국인들로부터 폭행을 당하는 사건이 발생했는데, 그것은 관동군의 지시를 받은 일본총영사관 육군무관의 보좌관이 꾸민 공작에 따른 것이었다. 승려 일행 가운데 두 사람이 죽었다.

일본총영사는 1월27일에 승려살상사건에 대해 상해시 당국에 24시간 시한부로 4개항의 요구조건을 제시했다. 그것은 (1) 시장의 사과, (2) 가해자의 체포와 처벌, (3) 피해자에 대한 위자료와 치료비 지급, (4) 항일단체의 즉시 해산의 네가지였다. 중국 당국은 이튿날 오후 3시 조금 지나서 이러한 일본의 요구를 받아들이겠다고 통고했다. 일촉즉발의 분위기 속에서 상해 공동조계 공부국은 같은 날 오후 4시에 계엄령을 선포했고, 각

---

7) 홍인근, 『이봉창평전』, pp.124~125.

국 군대는 담당 구역의 경비에 들어갔다. 그러나 일본 해군 육전대(陸戰隊)는 이때에 같이 경비에 들어가지 않고 밤 11시에 행동을 개시하여 조계 밖의 북사천로(北四川路)에서 그곳에 주둔해 있는 중국 19로군을 공격했다. 1931년 말에 상해 부근에 배치된 채진개(蔡進鍇) 휘하의 19로군은, 국민정부의 지시에 따라 무저항으로 대응한 만주의 장학량(張學良) 군벌군대와는 달리, 상해시민들의 격렬한 항일운동의 영향도 있어서 전투의식이 강했다.

중앙 직계는 아니었으나 중공군과의 전투 경험도 있는 19로군은 지세를 이용하여 잘 싸웠다. 상해시민들은 의용군과 호송대를 조직하여 19로군을 도왔고, 각지의 민중은 구원물자를 보냈다. 국민정부의 장기항전 방침에 따라 장개석(蔣介石)은 그의 군대를 전선에 투입하려고는 하지 않았지만 19로군에 대한 보급은 계속했다. 일본군은 예상 밖으로 완강한 19로군의 저항에 당황했다. 중앙직계인 장치중(張治中) 휘하의 제5군 2개 사단도 전투에 참가하여 치열하게 항전했다.

일본은 영국 및 미국 총영사의 조정에 따라 정전회담 등으로 시간을 벌면서 여러 차례 증원군을 파견한 끝에, 2월24일에는 육군대신을 지낸 육군대장 시라카와 요시노리(白川義則)를 사령관으로 하는 상해파견군을 새로 편성하여 파견했다.[8] 상해사변이 발발했을 때의 상황을 김구는 다음과 같이 술회했다.

상해사변이 개시된 후 19로군의 채진개의 군대와 중앙군의 제5군장 장치중이 용감하게 싸워 전쟁은 격렬하게 전개되었다. 그런데 일본군은 상해 갑북(閘北)에서 불을 지르고는 화염 속에 남녀노유(男女老幼)를 가리지 않고 모두 던져 넣어 잔인하게 죽이는 만행을 저질렀

---

8) 日本國際政治學會 編, 『太平洋戰爭への道(2) 滿洲事變』, 朝日新聞社, 1962, pp.116~126, pp.284~285 및 歷史學硏究會 編, 『太平洋戰爭史(1) 滿洲事變』, 靑木書店, 1971, pp.311~326 참조.

다. 참혹하여 차마 눈뜨고 볼 수 없는 비극이 벌어졌다.

프랑스조계 안에서도 곳곳에 후방 병원을 세워 전사병의 시체와 부상병들을 트럭에 가득 실어 날랐다. 나무 판자 틈으로 붉은 피가 흘러나오는 것을 목격하고 가슴 가득한 열성으로 경의를 표하니 나도 모르게 눈물이 비 오듯 흘러내렸다. 우리도 어느 때에 저와 같이 왜와 혈전을 벌여 본국 강산을 충성스러운 피로 물들일 날이 있을까. 눈물이 쉴새없이 흘러내려 길가는 사람들이 수상히 여길까 봐 그 자리를 물러났다.[9]

사상자를 수송하는 트럭을 보면서 본국 강산을 피로 물들일 대일전쟁을 전개할 날이 오기를 간절히 기원하는 김구의 이러한 모습에서 우리는 이국땅에서 처연하게 항일투쟁을 벌이는 김구의 뼈저린 고독감과 애국심을 실감할 수 있다.

김구는 전쟁의 소란 속에서 이봉창의 거사와 같은 공작을 다시 준비했다. 이봉창의 거사 뉴스가 전해지자 미주, 하와이, 멕시코, 쿠바 동포들의 재정지원이 크게 늘어났다. 임시정부에 반대하던 동포들도 이제는 태도를 바꾸어 김구를 격려했다. 이들은 김구에게 다시 한번 "우리 민족을 빛낼 사업"을 하라고 부탁했다. 이때의 상황을 김구는 "나를 애호, 신인하는 서신이 태평양 위로 눈꽃처럼 날아들었다"라고 표현했다.[10] 그리하여 김구는 1월22일에 임시정부 재무장 명의로 미주한인연합회 집행부 사무장 송헌주(宋憲澍)에게 공문 「재발 제5호」를 보내어 1932년도부터 미국, 멕시코, 쿠바 동포들의 인구세 수봉 임무를 위임했다.[11]

김구는 상해에 거주하는 청년들 가운데서 일할 만한 사람을 물색했

---

9) 『백범일지』, pp.328~329.
10) 『백범일지』, p.329.
11) 「재발 제5호: 인구세수봉에 관한 건」, 『대한민국임시정부자료집(27) 내무부·교통부·재무부·문화부』, p.153.

다. 그러면서 그는 김홍일을 자주 만나 상의했다. 일본군의 상해 침략이 있자 중국군의 상해 병공창은 시설과 부품 일체를 항주와 남경으로 옮겼다. 상해사변 중에 19로군의 후방 정보국장을 겸임하게 된 김홍일의 주된 임무는 일본군의 군사정보를 세밀하게 수집하고, 그 정보에 따라 일본군의 주요 군사시설을 파괴하는 것이었다. 김구와 김홍일은 거의 매일 저녁에 만났다.

두 사람은 마침내 일본군사령부로 사용되는 군함 '이즈모(出雲)' 호를 폭파할 계획을 세웠다. 이즈모 호가 정박한 황포강(黃浦江)의 바로 앞 홍구(虹口)부두에는 일본군 군수창고와 일본총영사관도 있어서 이즈모 호만 폭파하면 그 폭발력으로 일본군 군수품 창고와 일본군 수뇌부까지 폭파하는 큰 효과를 거둘 수 있을 것이었다. 두 사람은 이즈모 호의 밑창에 시한폭탄을 설치하여 폭파시키기로 했다. 중국인 잠수부를 보상금 1,000원을 주기로 하고 고용했다. 22킬로그램짜리 비행기용 폭탄을 잠수부들이 이즈모 호 밑에 장치한 뒤에 전깃줄을 바다 아래로 연결하여 강 맞은편의 포동(浦東)에 스위치를 설치하고 약속한 시간에 폭파시킨다는 계획이었다. 하루 전날 예행연습까지 하고 2월12일 낮 12시30분에 폭파를 시도했다. 그러나 겁을 먹은 잠수부들이 약속한 시간에 이즈모 호에 접근하지 못하고 우물쭈물한 탓에 폭탄은 이즈모 호의 10미터 밖에서 폭발하고 두 잠수부도 폭사하고 말았다. 이 일이 있은 뒤에 일본군은 이즈모 호 주변에 크고 튼튼한 그물을 치고 30분마다 수병들이 보트를 타고 주위를 순찰했기 때문에 같은 방법으로 다시는 이즈모 호를 폭파할 수 없게 되었다.[12]

---

12) 金弘壹, 「中日戰爭과 臨政」, 《思想界》 1965년5월호, p.241; 金弘壹, 『大陸의 憤怒』, pp.278~282.

이즈모 호 폭파계획이 실패하자 김구와 김홍일은 홍구 부두에 있는 일본군의 비행기 격납고와 군수품 창고를 폭파하는 공작을 추진했다. 김구가 신뢰하는 청년들 가운데는 상해사변을 계기로 "우리 민족에 영광될 만한 사업"을 해보겠다는 사람들이 있었다. 이들은 일본군이 한인 노동자를 고용하는 것을 계기로 함께 홍구 방면으로 가서 일본군 부역 노동자가 되었다. 그 가운데 더러는 일본군 군수품 창고에 일본인 노동자와 함께 출입할 수 있었다. 이들은 폭탄창고와 비행기 격납고를 조사하고 그곳에 소이탄을 장치할 계획을 세웠다. 김구는 김홍일에게 소이탄 제조를 부탁했다.[13]

그러나 일본군 비행장에는 일본군 이외에는 출입이 금지되어 있고 감시가 심했다. 군수품 창고를 폭파시키는 수밖에 없었다. 그런데 창고 밖의 하역작업에는 중국인 노동자도 고용했으나 창고 안에서의 운반작업은 일본인 노동자들에게만 시켰기 때문에 한인 노동자가 접근하기는 쉬운 일이 아니었다. 김홍일의 회고에 따르면, 군수품 창고 폭파계획에 윤봉길(尹奉吉)도 참가했다. 이들은 일본군의 군수품 창고 안에 일자리를 얻어 그곳에서 일하면서 일본군의 탄약 수급정보를 임시정부에 제공했다고 한다.[14] 그러나 『백범일지』에는 윤봉길이 일본군 군수품 창고 폭파계획에 참가했다는 이야기는 없다.

군수품 창고 안에는 성냥이나 담배 같은 것은 가지고 들어갈 수 없고 도시락과 물통만 휴대하고 들어가서 식사도 창고 안에서 하도록 되어 있었다. 김구는 연일 김홍일을 만나 머리를 맞대었다. 두 사람은 일본인들이 들고 다니는 도시락과 물통을 구해서 거기에 시한폭탄을 장치하여 창고

---

13) 『백범일지』, pp.329~330.
14) 金弘壹, 앞의 책, p.283.

안에 가지고 가서 저녁에 일을 마치고 창고 밖으로 나온 뒤에 폭파하는 계획을 세웠다. 김홍일은 일본인 인부용 도시락과 물통을 구해서 포탄장 주임 왕백수(王伯修)에게 부탁하여 시한폭탄을 만들게 했다. 그러나 이 계획도 폭탄 제조와 성능 시험에 시일이 걸려서 준비가 끝나기 전에 일본군에 전투정지 명령이 내림으로써 기회를 놓치고 말았다. 김구와 김홍일은 말할 나위도 없고 이 거사에 목숨을 걸었던 청년동지들의 실망도 이만저만이 아니었다.[15]

이 무렵 김구의 생활단면을 보여 주는 에피소드가 있다. 김구는 막노동자 행색으로 부두에 자주 나갔다. 거기에는 방울떡을 짊어지고 다니면서 파는 중국인 장사꾼들이 많았다. 그들은 저녁때면 몰려 앉아 주사위를 굴리는 놀음판을 벌였다. 김구도 슬그머니 놀음판에 끼어들곤 했다. 이상하게도 김구가 주사위를 굴릴 때면 꼭 이겼다. 하루는 어떤 친구가 주머니 돈을 몽땅 털어서 댔다. 꽤 큰 판이 벌어졌는데, 이때도 김구가 땄다. 그 친구는 울상이 되었으나 김구는 돈을 싹 쓸어 가지고 그 자리를 떠났다. 그 불쌍한 친구의 사정은 딱했지만, 김구는 허기진 동지들을 생각하고 눈을 딱 감았다. 그는 김이 모락모락 나는 만두와 반찬을 한 광주리 사 가지고 동지의 집으로 가서 한턱냈다.[16]

제국주의 일본의 만주점령과 뒤이은 상해침략은 상해의 한인 공산주의자들에게도 큰 활성제가 되었다. 그들은 거의 대부분 코민테른[국제공산당]의 「12월 테제」와 1국1당 원칙에 따라 중국공산당에 가입했는데, 중국공산당은 상해시민들의 일본상품 불매운동을 부추기는 등 국민정부보다 더 적극적으로 항일 선전활동을 벌였다. 한인 공산주의자들도 중국공산당의 재정지원을 받으며 주로 선전활동에 주력했다. 그러나 그들의

---

15) 『백범일지』, p.330; 金弘壹, 앞의 책, pp.282~285.
16) 趙一文, 「金九의 추억」, 『水邨朴永錫敎授華甲紀念 韓國民族運動史論叢』, 探求堂, 1992, p.1513. 趙一文은 金九가 이 이야기를 虹口公園 거사 뒤의 일이라고 말했다고 했으나, 그때는 그럴 겨를이 없었다.

선전활동은 불행하게도 교민단을 위시한 민족진영 독립운동자들을 규탄하는 데 주력했다.

1931년12월3일에 결성된 상해한인반제동맹(上海韓人反帝同盟)은 1932년에 접어들자 중국혁명호제회(中國革命互濟會) 상해한인분회와 공동으로 1월28일과 31일에 서문(西門)의 공공체육장에서 "일본제국주의자의 폭행"을 규탄하는 집회를 열었다.[17] 그리고 2월에는 기관지《반제전선(反帝戰線)》을 창간했다.

3월4일에 열린 중국혁명호제회 상해한인분회 제1차 각반대표대회가 채택한 「선언」은 제국주의에 투항하는 국민당 통치자를 타도하고 소련과 중화소비에트정권 및 홍군(紅軍)을 옹호할 것을 천명했다. 이 대회의 "의사 내용"에는 교민단에 반대하여 "민단세불납동맹운동"을 옹호 지지한다는 내용도 포함되어 있었다.[18] 상해한인반제동맹은 또 3월18일에 「파리꼬뮨기념선언」을 발표한 데 이어 3월25일에는 중국혁명호제회 상해한인분회와 함께 「공공버스검표원 형제에게」라는 격문을 발표했다.[19]

마침내 4월1일에는 상해대한교민단세불납동맹(上海大韓僑民團稅不納同盟) 집행위원회가 교민단의 정통성을 부정하고 나왔다. 단세불납동맹 집행위원회가 발표한 「민단세불납동맹선언」은 행동강령으로 (1) 주민의 생활을 위협하는 민단세 절대 불납을 위한 투쟁, (2) 민단의 관료적 강제징세제에 절대반대 투쟁, (3) 민단의 폭력사형(私刑)제 절대반대 투쟁, (4) 주민을 압박하고 생활을 위협하는 봉건적 통치방식 단체인 민단 타도를 위한 투쟁, (5) 주민의 의사와 이익을 대표하는 주민 자신의 민주적 협의기관 설치를 위한 투쟁을 표방했다.[20] 말하자면 교민단을 없애고 동포사회를 대표하는 "민주적 협의기관"을 새로 설립하자는 주장이었다.

---

17) 『朝鮮民族運動年鑑』, 1932년1월25일조.
18) 『朝鮮民族運動年鑑』, 1932년3월4일조.
19) 『朝鮮民族運動年鑑』, 1932년3월18일조, 25일조.
20) 『朝鮮民族運動年鑑』, 1932년4월1일조.

임시정부의 존재는 물론 무시되었다. 그리고 5월1일에는 중국공산청년 단 상해한인지부와 무정부주의 단체인 남화한인청년동맹(南華韓人靑年 同盟)이 각각 메이데이를 기념하는 「격문」과 「선언문」을 발표했다.[21]

상해사변은 화중지방에 큰 이해관계를 가진 영국과 미국을 비롯한 열강을 크게 자극했다. 이 무렵 영국은 중국에 대한 사업투자의 76.6%(7 억3,740만달러)를 상해에 집중하고 있었고, 미국은 64.9%(9,750만달러)를 상해에 투자해 놓고 있었다. 그리하여 전쟁이 발발하자 그날로 영국과 미국 총영사가 정전을 제의한 데 이어 2월2일에는 영국과 미국과 프랑스 의 주일대사가 함께 일본 외무대신을 만나 경고하는 등 열강은 적극적인 간섭을 하고 나섰다. 또한 중국의 제소에 따라 국제연맹 이사회는 일본 대표의 의견을 누르고 3월3일부터 중일 양국의 분쟁을 국제연맹총회의 의제로 상정하기로 결정했다.

이러한 국제적 압력은 일본정부로 하여금 상해사변의 종결을 서두르 게 했다. 일본군은 국제연맹총회가 개막되기 몇시간 전인 3월3일 오전에 전투중지를 성명했다. 그것은 상해와 제네바의 시차 때문에 가능했다.[22] 국제연맹 총회는 3월4일에 중일 양국에 대하여 정전회담의 개시를 권고 했고, 상해에 이해관계가 있는 영국, 미국, 프랑스, 이탈리아 4개국이 그것 을 원조하기로 결의했다. 그리하여 3월24일부터 중일 양국 및 관계 4개 국 대표가 참석하는 정전회의가 시작되었다.[23]

상해사변이 진행되는 동안 만주에서는 일본의 괴뢰국가 '만주국' 설 립공작이 관동군(關東軍)에 의해서 급속도로 진행되었다. 1월22일에 열 린 관동군 막료회의는 '만주국' 설립을 위한 「대강(大綱)」을 결정했는데, 그것은 이미 1월6일에 육군, 해군, 외무 3성의 관계과장회의에서 결정한 「지나문제처리방침요강(支那問題處理方針要綱)」에 따른 것이었다. 일

---

21) 『朝鮮民族運動年鑑』, 1932년5월1일조.
22) 重光葵, 『外交回想錄』, 每日新聞社, 1953, pp.122~131.
23) 日本國際政治學會 編, 앞의 책, pp.140~145 ; 歷史學硏究會 編, 앞의 책, pp.315~318.

본군은 만주국을 표면상 현지 중국인들의 자발적인 의사에 따른 것으로 호도하기 위하여 2월16일에는 만주 각 지방의 중국 요인들을 소집하여, 이튿날로 동북행정위원회(東北行政委員會)를 조직하게 한 다음, 2월18일에는 이 위원회로 하여금 내외에 만주의 '독립'을 선언하게 했다. 중국정부는 2월22일에 동삼성 또는 그 어떤 부분의 분리나 독립에도 동의하지 않는다는 성명을 발표했다. 그러나 그것은 제국주의 일본의 음모를 저지하는 데는 아무런 효력도 없었다.

동북행정위원장 장경혜(張景惠)는 1932년3월1일에 '만주국'의 건국을 공포했다. '만주국'의 집정(執政)으로는 청조(淸朝)의 마지막 황제였던 선통제(宣統帝) 부의(溥儀)를 앉히고, 청조의 중신이었던 정효서(鄭孝胥)를 국무총리로 임명했다. 부의는 1931년11월에 관동군의 또 다른 음모에 의한 폭동을 통하여 천진에서 만주로 옮겨져 있었다.[24]

김구는 상해사변의 정전이 몹시 안타까웠다. 뜻있는 청년들은 계속해서 비밀리에 김구를 찾아왔다. 그들은 나라 일에 헌신하고자 한다면서 김구에게 일거리를 달라고 간청했다. 김구는 청년들이 "김구의 머릿속에는 부단히 무슨 연구가 있을 것이라고" 생각하고 그런 청을 한 것 같다고 술회했다.[25] 김구는 이들을 국내와 만주에 투입하여 일본의 고위인사들을 암살하는 일을 시키기로 했다. 그는 조선총독 우가키 카즈시게(宇垣一成)를 암살하기 위해 유진식(兪鎭植)과 이덕주(李德柱)를 3월과 4월 사이에 국내로 들여보냈다. 그러나 두 사람은 4월9일에 황해도 신천에서 체포되어 총독암살 계획은 실패했다.[26]

또한 김구는 만주 안동(安東)에 독립운동자의 연락기관을 개설하기 위하여 3월27일에 여성단원 김긍호(金兢鎬: 별명 金惠一, 金佐卿)를 파

---

24) 日本國際政治學會 編, 위의 책, pp.150~180; 歷史學研究會 編, 위의 책, pp.319~324.
25) 『백범일지』, p.330.
26) 독립운동사편찬위원회, 『독립운동사자료집(11) 의열투쟁사자료집』, 독립유공자사업기금운용위원회, 1976, pp.124~125.

견했다.[27] 이어 김구는 국제연맹의 리턴(Victor A. G. B. Lytton) 조사단이 5월 하순에 만주 현지를 방문한다는 뉴스를 듣고 조사단을 맞이할 관동 군사령관 혼조 시게루(本庄繁), 남만주철도회사 총재 우치다 야수야(内 田康哉) 등을 암살하도록 3월28일에 최흥식(崔興植)을, 4월26일에 유상 근(柳相根)을 대련(大連)으로 보냈다.[28]

상해 주재 일본총영사의 정보보고에 보면, 김구는 이들에게 중국 돈 1,810달러(유진식에게 60달러, 이덕주에게 120달러, 최흥식에게 세차례에 걸쳐 580달러, 유상근에게 두차례에 걸쳐 1,000달러, 김긍호에게 50달러)를 지급했 는데, 그 돈은 이봉창 의거 뒤로 재미동포들이 보내온 성금이었다.[29]

27) 「韓國女人 金兢鎬의 在留禁止」, 『韓國民族運動史料(中國篇)』, p.738.
28) 『백범일지』, p.330; 「爆彈事件後의 金九一派其他의 動靜」, 위의 책, p.750.
29) 「爆彈事件後의 金九一派其他의 動靜」, 『韓國民族運動史料(中國篇)』, p.748, p.750.

2. 윤봉길의 홍구공원 천장절 기념식장 폭파

1

그러던 어느 날 윤봉길이 김구를 찾아왔다. 윤봉길은 홍구(虹口)시장에서 채소와 밀가루 장사를 하고 있었다.

"제가 채소 바구니를 메고 날마다 홍구 방면으로 다니는 것은 큰 뜻을 품고 천신만고 끝에 상해에 온 목적을 이루기 위해서입니다. 그럭저럭 중일전쟁[상해사변]도 중국이 굴욕적으로 동의하여 정전협정이 성립되는 형세니, 아무리 생각해 보아도 마땅히 죽을 자리를 구할 수 없습니다. 선생님은 동경사건과 같은 경륜을 가지고 계실 줄 믿습니다. 저를 믿으시고 지도하여 주시면 은혜는 죽어도 잊지 않겠습니다."

많은 청년 독립운동자들에게 조국의 독립을 위해 목숨을 바칠 기회를 얻는 것은 눈물겹게도 이처럼 "죽어도 잊지 못할" 큰 '은혜'였던 것이다. 김구는 전에 가까이 지내는 동포 박진(朴震)의 공장을 구경하러 갔다가 윤봉길을 본 적이 있었다. 그 공장은 말총으로 모자와 일용품을 만드는 공장이었다. 그때에 김구는 윤봉길을 보고 학식이 있는 성실한 청년 노동자라고만 생각했다. 그런데 이제 자기를 찾아온 그를 만나 마음을 터놓고 이야기를 나누어 보니까 그가 살신성인의 크고 의로운 뜻을 품은 대장부임을 알았다.

"유지자 사경성[有志者事竟成: 뜻이 있는 자는 반드시 일을 이룸]이라고 했으니 안심하시오. 내가 요사이 연구하는 바가 있으나 마땅한 사람을 구하지 못해 번민하던 참이었소. 전쟁 중에 연구 실행하려던 일이 있었으나 준비부족으로 실패하였소. 그런데 지금 신문을 보니 왜놈이 싸움에 이긴 위세를 업고 4월29일에 홍구공원에서 이른바 천장절(天長節) 경축식을 성대하게 거행하며 군사적 위세를 크게 과시할 모양이오. 그러니 군은 일생의 대목적을 이날에 달성해 봄이 어떠하오?"

중국으로 망명한 뒤 청도(靑島)에 있을 때의 윤봉길.

천장절이란 일본 쇼와(昭和) 천황의 생일을 지칭하는 말이었다. 김구는 일본 침략자들의 수뇌부가 모두 모이는 이 천장절 기념식이야말로 상해 점령으로 기세등등한 일본의 위세를 꺾고 침체된 독립운동의 열기를 진작시킬 수 있는 절호의 기회라고 판단했다. 그것은 김구 특유의 천황 인식에 따른 대발견이었다.

윤봉길은 흔쾌히 응낙했다.

"저는 이제부터 가슴에 한 점 번민이 없어지고 마음이 편안해집니다. 준비해 주십시오"

하고 자기 숙소로 돌아갔다.[30]

윤봉길은 1908년6월21일에 충남 예산군 덕산면 시량리에서 농민 윤황(尹璜)의 장남으로 태어났다. 그는 열한살 나던 1918년에 덕산보통학교에 입학했다가 이듬해에 3·1운동이 터지자 학교를 자퇴했다. 윤봉길은 열네살 때에 오치서숙(烏峙書塾)이라는 사숙에 들어가서 6년 동안 중국 고전과 한시를 배워 시문에 뛰어난 재능을 보였다. 열여섯살 때에는 선생의 충고를 듣지 않고 『일어속성독본』을 구하여 1년 동안 부지런히 일본어를 익혀서 일본말을 웬만큼 할 수 있게 되었다.

오치서숙을 졸업한 윤봉길은 1926년 가을부터 고향에서 야학과 독서회 등 농촌계몽운동에 열성을 기울였다. 그는 『농민독본(農民讀本)』이라는 야학교재를 만들어 아이들을 가르쳤고, 1929년에는 월진회(月進會)라는 농민운동단체를 조직하고 회장이 되었다. 그러나 그는 광주학

---

30) 『백범일지』, pp.331~332.

생운동과 함흥수리조합사건으로 한국 농민 3명이 타살되었다는 소식을 듣고 끓어오르는 울분을 참을 수 없었다. 마침내 그는 아내와 어린 두 아들을 두고 망명을 결심했다. 당시의 심정을 그는 김구에게 써 준 「이력서」에 다음과 같이 썼다.

> 23세. 날이 가고 해가 갈수록 우리 압박과 우리 고통은 증가할 따름이다. 나는 여기에 한가지 각오가 있었다. 솔직히 말하자면 뻣뻣이 말라 가는 삼천리 강산을 바라보고만 섰을 수 없었다. 수화(水火)에 빠진 사람을 보고 그대로 태연히 앉아 볼 수는 없었다. 여기에 각오는 별것이 아니다. 나의 철권으로 적을 즉각으로 부수려 한 것이다. 이 철권은 관 속에 들어가면 무소용이다. 늙어지면 무용이다. 내 귀에 쟁쟁한 것은 상해임시정부였다. 다언불요(多言不要). 이 각오로 상해를 목적으로 사랑스러운 부모형제와 젊은 아내와 사랑하는 자식들과 따뜻한 고향산천을 버리고, 쓰라린 가슴을 부여잡고 압록강을 건넜다.…31)

1930년3월6일에 집을 나선 윤봉길은 선천(宣川)에서 일본경찰에 잡혔으나 달포 만에 풀려나서 압록강을 건넜다. 가까스로 산동성(山東省) 청도(青島)에 도착했으나 상해로 갈 여비가 없어서 1년 동안 일본인 세탁소에서 일을 한 다음 1931년5월8일에 상해에 도착했다. 상해에 도착하자마자 프랑스조계로 대한교민단 사무소를 찾아갔다. 그곳에 와 있던 안명진(安明鎮)을 따라 그의 집으로 간 윤봉길은 그 집에서 1주일쯤 머문 뒤에 민단사무소의 김동우(金東宇)에게 취직을 부탁했다. 20일이 지나서 안명진의 알선으로 정안립(鄭安立)이라는 사람과 함께 말총으로 모자를 만드는 공장을 차렸으나 자금난으로 중단했다. 윤봉길은 공장을 박진

---

31) 「尹奉吉履歷書」, 『白凡金九全集(4)』, pp.221~222.

에게 넘기고 그가 경영하는 중국종품공사(中國鬃品公司)에서 직공으로 일했다. 한인 직공 17명이 같이 일했는데, 윤봉길은 한인공우친목회(韓人工友親睦會)를 조직하고 회장이 되었다. 그러나 상해사변이 발발하자 북경으로부터 재료를 반입하기가 어렵게 되어 공장은 사업을 축소하게 되었고, 윤봉길은 3월에 해고되었다.[32]

윤봉길이 해고된 뒤에 이 공장에서 일하던 직공들이 파업을 했다. 박진의 공장에 파업사태가 벌어진 것을 공산주의자들은 놓치지 않았다. 상해한인반제동맹은 3월12일에 중국종품공사 파업직공들을 지원하고, 조선노동자를 착취하는 냉혈동물 박진을 매장하며, 흡혈귀 박진과 일체가 되어 파업단을 박해하는 교민단을 박멸하라는 「성명서」를 발표했다.[33]

박진의 중국종품공사에서 해고된 윤봉길은 전차검표원 계춘건(桂春建)의 집에서 기식하면서 그와 함께 매일 오후에 공동조계의 홍구시장에 나가 채소와 밀가루 장사를 시작했다.[34]

김구가 윤봉길을 눈여겨보게 된 것은 윤봉길이 박진의 중국종품공사에서 일할 때부터였다. 김구는 1주일에 한번꼴로 박진을 찾아갔고, 그때마다 노동자들과 함께 시국문제에 대한 토론을 벌였다. 이때부터 김구는 윤봉길을 깊이 신뢰하게 되었다. 윤봉길이 박진의 공장을 그만둔 뒤에도 두 사람은 몇차례 만났고, 김구는 윤봉길에게 한인애국단이 이봉창을 파견했다는 사실도 알려 주었다.[35]

일본인들은 천장절 기념식을 승전경축식을 겸하여 대대적으로 거행하기로 했다. 상해 주재 일본총영사관에서는 《일일신문(日日新聞)》을 통하여 일본 거류민들에게 이번 경축식 때에는 장내에 매점을 설치하지 않

---

32) 「尹奉吉履歷書」, 위의 책, p.223; 內務省保安課, 「上海ニ於ケル尹奉吉爆彈事件顚末」(1932.7.), 백범학술원, 『백범과 민족운동연구』 제1집, 2003, pp.14~15.

33) 「朝鮮民族運動年鑑」, 1932년3월12일조.

34) 「尹奉吉履歷書」, 「白凡金九全集(4)」, p.223; 「上海ニ於ケル尹奉吉爆彈事件顚末」, 『백범과 민족운동연구』 제1집, pp.15~16.

35) 「上海ニ於ケル尹奉吉爆彈事件顚末」, 『백범과 민족운동연구』 제1집, p.22.

기로 했으므로 각자가 도시락과 물통을 지참하고 참석하라고 고지했다.[36]

이 고지를 보고 김구는 자신의 거사를 하늘이 도운다고 생각했다. 일본총영사관의 이런 고지를 가리켜 김구는 "운이 다하면 천복비(薦福碑)에도 벼락 친다고…" 하고 써 놓았다. 이 고지가 윤봉길의 거사를 도운 꼴이 되었다는 뜻이다. 그는 김홍일을 찾아가서, 일본인들이 사용하는 어깨에 메는 물통과 도시락을 사서 보낼

윤봉길이 던진 폭탄제조를 중국군에게 교섭한 김홍일(오른쪽)과 폭탄을 만들어 준 중국군 기술자 왕백수(王佰修)와 함께 기념촬영을 한 김구.

테니까 상해 병공창장 송식표(宋式驫)에게 교섭하여 속에 폭탄을 장치하여 사흘 안으로 보내 달라고 부탁했다. 김홍일은 송식표를 만나고 와서 말했다.

"창장이 내일 오전에 선생을 모시고 병공창으로 와서 선생이 친히 폭탄 시험하는 것을 눈으로 확인하시게 하라고 합니다."

김구는 이튿날 이른 아침에 김홍일을 따라 강남조선소를 방문했다. 병공창은 조선소 안에 있었는데, 규모가 크지 않아서 대포나 소총 등을 수리하는 것이 주된 임무인 것 같았다. 김구는 이곳에서 기사 왕백수 지휘 아래 물통형과 도시락형 두 종류의 폭탄을 시험하는 것을 보았다. 마당 한곳에 토굴을 파고 안쪽을 철판으로 두른 뒤에 그 안에 폭탄을 장치했다. 그러고는 뇌관 끝에 긴 줄을 매고는 한 사람이 줄 끝을 끌고 수십보 밖으로 기어가서 노끈을 잡아당겼다. 그러자 토굴 속에서 벽력 같은

---

36) 『백범일지』, p.332; 金弘壹, 앞의 책, p.39.

소리가 진동하면서 파편이 나는 것이 장관이었다. 뇌관 20개를 시험해서 20개 모두가 폭발한 뒤에야 실물에 장치한다고 했다. 그런데 이번 시험은 성적이 양호하다는 것이었다.

상해 병공창에서 이처럼 친절하게 20여개의 폭탄을 무료로 만들어 주는 데에는 이유가 있었다. 그것은 바로 이봉창의 거사 덕분이었다. 병공창장은 자기네가 제공했던 폭탄의 성능이 약하여 이봉창이 일본 천황을 폭살하지 못한 것을 크게 유감으로 생각했다. 그러던 차에 김구가 다시 폭탄제조를 부탁했으므로 성심으로 제조해 주는 것이었다. 이튿날 그들은 김구 일행이 위험물을 운반하기 어려울 것을 감안하여 병공창 자동차로 서문로에 있는 김홍일의 집으로 폭탄을 가져다 주었다. 폭탄 준비를 끝낸 김구는 거지 복색의 중국옷을 벗고 넝마전에 가서 양복 한벌을 사 입었다. 김구는 물통과 도시락을 한개씩 두개씩 프랑스조계에 사는 친한 동포들의 집으로 옮겼다. 그는 그 물건이 폭탄이라는 사실은 말하지 않고 그저 "귀한 약품이니까 불만 조심하게"라면서 보관을 부탁했다.[37]

2

폭탄 준비를 끝낸 김구는 윤봉길의 결의가 느즈러지지 않도록 세심한 주의를 기울였다. 그는 4월 중순 어느 날 저녁 7시 반쯤에 계춘건의 집으로 윤봉길을 찾아갔다. 김구는 윤봉길을 가까운 찻집으로 데려가서 그의 거사결행 의지에 변함이 없음을 확인한 다음 한인애국단에 입단하기 위하여 사진을 촬영할 필요가 있음을 설명했다. 윤봉길은 그러겠다고 대답했다. 며칠 뒤인 4월20일쯤의 저녁 8시 무렵에 김구는 윤봉길에게 사람을 보내어 어느 동포 집으로 데려오게 했다. 그 집 2층에서 김구는 천장절 행사 때에 사용할 물통형과 도시락형 폭탄을 윤봉길에게 보이면서

---

37) 『백범일지』, p.333.

거사 방법을 설명했다.

4월24일 오후 7시 반쯤에 김구는 다시 윤봉길을 찾아가서 사진 촬영할 때에 입을 의복 준비 등에 쓰라면서 중국돈 90달러를 주었다.[38] 윤봉길은 이날 낮에 일본인들이 「군인칙유(軍人勅諭)」 50주년 기념식을 거행하는 현장을 답사한 이야기를 했다.[39] 「군인칙유」란 메이지 천황(明治天皇)이 1882년1월에 군인들에게 내린 칙유로서, 충절과 예의 등 다섯가지 덕목을 강조하고 군인의 정치관여를 엄중히 경계한 내용이다. 두 사람은 26일에 다시 만나기로 약속하고 헤어졌다.

같은 날(또는 이튿날) 교민단은 프랑스공부국으로부터 "일본총영사로부터 프랑스총영사 앞으로 국무원 김구, 김철, 이동녕(李東寧), 조완구(趙琓九), 조소앙(趙素昻) 5명과 김석(金晳) 등 8명에 대한 체포장 집행 요청이 있었다. 프랑스총영사는 이를 승인하였으므로 각자 경계하라"는 통보를 받고, 이를 즉시 당사자들에게 알렸다.[40]

일본총영사의 정보보고에 따르면, 4월26일에 임시정부 국무회의가 열렸다. 이 자리에서 김구는 비로소 홍구공원 계획을 보고했다.

"다가오는 4월29일에 홍구공원에서 일본 육군의 열병식이 거행되므로 윤봉길이라는 사람을 시켜 폭탄을 투척케 하여 재차 중일전쟁을 발발시키도록 계획을 진행했습니다."

김구는 거사계획과 함께 윤봉길의 인물 됨됨이 등을 설명하면서 임시정부의 승인을 구했다. 그러나 조소앙과 조완구는 김구의 계획에 반대했다.

"현재 일본군이 상해에 주둔하고 있는 차제에 이와 같은 사건을 한국인이 결행한다면 한국인은 상해에 거주할 수 없게 될 것이오."

그러나 김구는 다음과 같은 말로 반대자들을 설득했다.

"본건은 한국인이 결행한 것이라는 것을 절대 비밀로 하고, 그러기 위

---

38) 「上海ニ於ケル尹奉吉爆彈事件顚末」, 『백범과 민족운동연구』 제1집, pp.24~25.
39) 「上海虹口公園에서의 爆彈投擲事件」, 『韓國民族運動史料(中國篇)』, p.714, p.716.
40) 「櫻田門外 및 新公園投彈義擧에 대한 供述槪要」, 『韓國獨立運動史 資料 (2) 臨政篇Ⅱ』, p.258.

하여 윤봉길에게는 한국인이라는 것이 발각될 우려가 있는 물건은 일체 소지하지 말고 결행과 동시에 자살할 것을 명령하여 놓았으므로 그런 염려는 없습니다."

윤봉길 의거의 직접적인 목적은 이처럼 일본과 중국의 전쟁을 다시 촉발시키는 것이었다. 이러한 사실은 홍구공원 거사에 처음부터 관여했던 김홍일의 술회로도 확인된다.

식단 뒤쪽에서 단상을 향해 첫번째 폭탄을 던진 뒤에 두번째 폭탄으로 자폭하기로 했다. 자폭하되 폭탄을 얼굴 가까이 대고 폭발시켜 범인이 누구인지 알아보지 못하게 하도록 했다. 그렇게 하면 일본군이 범인을 중국인으로 착각하든가 아니면 고의적으로라도 중국인이 한 짓이라고 억지를 부려서 그것을 빌미로 남경을 공격할지도 모르며, 만약 그렇게 되기만 하면 일본과의 전쟁을 피하려는 중국도 어쩔수 없이 전쟁을 감행하게 될 것이라고 판단했다.[41]

국무회의는 김구의 설명을 듣고 나서 홍구공원 거사계획을 승인했다. 이날 김구는 피신비용으로 국무위원들에게는 60달러씩, 비서들에게는 30달러씩 지급했다.[42] 그런데 김구 자신은 홍구공원 거사에 대하여 좀 다르게 기술했다.

어제까지 채소바구니를 메고 날마다 홍구로 다니면서 장사하던 윤봉길이 세상을 깜짝 놀라게 할 큰 사건을 연출할 줄이야 나 이외에는 이동녕, 이시영, 조완구 몇명만 이 사실을 짐작하였을 뿐이고, 그날의 거사는 나 혼자만 알고 있었다. 그런 까닭에 즉시 석오(石吾: 이동

41) 金弘壹, 앞의 책, p.287.
42) 「櫻田門外 및 新公園投彈義擧에 대한 供述槪要」, 「投彈義擧後金九一派等의 動靜에 관한 在上海日本領事館의 報告」, 『韓國獨立運動史 資料(2) 臨政篇II』, p.258, p.268.

가슴에 선서문을 걸고 두 손에는 수류탄과 권총을 들고 태극기 앞에서 기념촬영을 한 윤봉길과 친필 선서문.

녕) 선생께 가서 자초지종을 보고하고 나서 자세한 소식을 기다렸던 것이다.[43]

국무회의를 마치자 김구는 약속한 찻집에서 윤봉길을 만나서 같이 안공근(安恭根)의 집으로 갔다. 그곳에는 사진촬영 준비가 되어 있었다. 김구는 작은 트렁크에서 태극기와 수류탄 한개, 권총 한자루 그리고 선서문이 적힌 종이를 꺼냈다. 선서문은 이봉창이 썼던 것과 같은 문면이었다. 다만 공격목표가 이봉창의 선서문에는 "적국의 수괴를 도륙하기로…"라고 했던 것이 윤봉길의 선서문에는 "중국을 침략하는 적의 장교를 도륙하기로…"로 된 것이 달랐다. 윤봉길은 선서문을 쓰고 서명함으로써 정식으로 한인애국단에 가입했다. 그러나 사진촬영은 날씨가 좋지 않아서 이튿날로 미루었다. 김구는 윤봉길에게 동방공우(東方公寓)에

43) 『백범일지』, p.337.

숙소를 정하도록 하고, 시라카와 대장과 일본군 제9사단장 우에다 켄지(植田謙吉) 중장의 사진을 구해서 얼굴을 익히고 보자기 하나를 사 두라고 했다.[44)]

김구는 이날 자기도 거처를 중국지역의 봉래시장(蓬萊市場) 부근으로 옮겼다. 김구는 4월8일에 일본영사관 경찰의 습격을 위기일발로 피한 뒤에 4월16일부터 프랑스조계 환용로(環龍路) 118호의 러시아인 아스타호프(Mrs. Astahoff) 부인의 집 뒤채 2층의 방 하나를 얻어서 엄항섭(嚴恒燮)과 같이 묵고 있었다.[45)]

김구는 거사 이틀 전인 4월27일부터 29일 아침에 그를 홍구공원으로 떠나 보낼 때까지 윤봉길을 만나면서 준비상황을 직접 챙겼다. 4월27일에 윤봉길은 안공근의 집에서 양복차림의 단신 사진 한장, 자필한 선서문을 목에 걸고 오른손에 권총, 왼손에 수류탄을 들고 태극기를 배경으로 한 사진 한장, 그리고 김구와 같이 사진 한장을 찍었다. 사진을 찍으면서 김구가 말했다.

"이 폭탄은 이봉창씨가 가지고 간 것과 같은 것이오."

사진 촬영을 마친 윤봉길은 공동조계 오송로의 일본인 상점에 가서 일본 보자기 하나를 사 가지고 숙소로 돌아와서는 김구가 지시한 대로 동방공우로 숙소를 옮겼다. 저녁 7시 반쯤에 김구는 다시 윤봉길을 찾아왔다. 그는 이날도 폭탄 사용방법을 자세히 설명하지 않은 채 시라카와 대장과 우에다 중장을 폭사시켜야 한다고 강조하고, 폭탄은 안전핀을 빼면 4초 안에 폭발한다고 설명했다. 그러면서 폭탄은 4월29일 아침에 전해 주겠다고 했다. 그는 4월28일 중국YMCA 회관에서 다시 만나기로 약속하고 돌아갔다.

두 사람은 4월28일 정오에 다시 만나 점심을 같이 들었다. 김구는 오

44) 「上海ニ於ケル尹奉吉爆彈事件顚末」, 『백범과 민족운동연구』 제1집, pp.25~26.
45) 「爆彈事件後의 金九一派其他의 動靜」, 『韓國民族運動史料(中國篇)』, pp.742~743.

늘 홍구공원에서 관병식 예행연
습이 있으니까 현장에 가서 보아
두라고 말했다. 윤봉길은 오송
로의 일본인 상점에 가서 시라카
와 대장과 우에다 중장의 사진
을 한장씩 사 가지고는 곧바로
홍구공원으로 가서 일본의 관병
식 예행연습을 보고, 오후 6시 반
쯤에 동방공우로 돌아왔다. 한
시간쯤 뒤에 김구가 왔다.[46]

태극기 앞에서 마지막 기념촬영을 한 김구와 윤봉길.

윤봉길은 김구에게 홍구공원
에 갔던 일을 자세히 보고했다.

"오늘 홍구에 가서 식장 설비
를 구경하는데 시라카와 놈도 왔습디다. 제가 그놈 곁에 섰을 때에 '어떻
게 내일까지 기다리나. 오늘 폭탄을 가졌더라면 이 자리에서 당장 처죽일
텐데' 하는 생각이 문득 들었습니다."

이 말을 듣자 김구는 윤봉길에게 다음과 같이 주의시켰다.

"여보, 그것이 무슨 말이오? 포수가 꿩을 쏠 때에도 날게 하고 쏘아 떨
어뜨리고, 숲 속에서 자고 있는 사슴은 달리게 한 뒤에 쏘는 것이 사냥의
진정한 맛이오. 군이 지금 그러는 것은 내일 거사에 성공할 자신감이 미
약하기 때문이 아니오?"

"아닙니다. 그놈이 내 곁에 선 것을 보았을 때에 홀연히 그런 생각이
나더란 말씀입니다."

이처럼 김구는 윤봉길을 매일 만나서 생명을 던지는 거사에 대한 그
의 결의를 다지고 또 다졌다. 이봉창의 실패가 뼈에 사무치는 교훈이 되

---

46) 「上海ニ於ケル尹奉吉爆彈事件顚末」, 『백범과 민족운동연구』 제1집, pp.26~28.

었을 것이다. 그러고는 윤봉길을 안심시키느라고 32년 전에 자기가 치하포(鴟河浦)에서 변복한 일본인 쓰치다(土田讓亮)를 쳐 죽이던 때의 이야기를 들려주었다.

"나는 이번 거사가 확실히 성공할 것을 미리 알고 있소. 군이 일전에 하던 말씀 중 이제는 가슴의 번민이 그치고 편안해진다는 것은 성공의 확실한 증거라 믿소. 돌이켜 보면 내가 치하포에서 쓰치다를 죽이려 했을 때에 가슴이 몹시 울렁거렸지만, 고능선 선생이 가르쳐 주신 "득수반지무족기(得樹攀枝無足奇) 현애살수장부아(懸崖撒手丈夫兒)"란 구절을 떠올리니 마음이 가라앉았소. 군과 내가 거사하는 심정은 서로 같은 것 아니겠소?"

이처럼 김구는 일찍이 청계동(淸溪洞)에서 유학자 고능선(高能善)으로부터 구전심수(口傳心授)로 습득한 짧은 기간의 가르침이 평생을 통하여 결정적인 순간의 행동준거가 되어 있었다. 윤봉길도 김구의 말을 가슴에 새겨 듣는 듯한 안색이었다.[47]

김구는 이것이 마지막 길이라면서 윤봉길에게 자신의 경력과 유서를 쓰라고 했다. 갑작스러운 일이었으므로 이력서를 쓰면서도 윤봉길이 경력의 연차(年次)에 착오가 있을 수 있다고 말하자, 김구는 잘라 말했다.

"연차 같은 것은 다소 틀려도 지장이 없으니까 자기의 의사만은 명확하게 쓰시오."

윤봉길은 지니고 다니던 중국제 수첩에 연필로 자신의 간단한 이력과 고국에 있는 두 아들에게 주는 유서, 조국청년들에게 남기는 유시(遺詩), 김구를 사모하는 유시를 2시간 반쯤 걸려서 썼다. 윤봉길이 쓰는 글들을 옆에서 지켜보던 김구는 감탄했다.

"군은 참으로 소양이 있군."[48]

---

47) 『백범일지』, pp.334~335.
48) 「爆彈事件犯人尹奉吉에 대한 判決」, 『韓國民族運動史料(中國篇)』, pp.723~724.

윤봉길의 글은 김구가 감탄할 만했다. 그는 이력서의 첫 부분을 다음과 같이 썼다.

7세에 사숙에 취학하였는데, 열아홉 동기 중에 총명하였으므로 선생과 마을 부로(父老)들이 재동이라 호명하였다. 그 반면에 또 하나의 별호는 '살가지'[살쾡이]였다. 성질이 남달리 굳세고 조급하였으므로 동배들과 다툼에 패한 적이 없었으며, 혹은 접장한테 맞더라도 눈물 흘리고 울지 아니하고 도리어 욕설을 하였으며, 서당규칙 위반으로 선생이 종아리를 치려고 옷을 걷어 서라 하면 두 눈을 크게 뜨고 말똥말똥 쳐다만 보았다.…49)

이러한 서술은 윤봉길의 어릴 때부터의 오달진 성품과 함께 그의 빼어난 문장력을 보여 준다. 어린 두 아들에게 남기는 유서는 더욱 인상적이다. 유서의 전문은 다음과 같다.

강보에 싸인 두 병정에게 —— 모순(模淳)과 담(淡).
너희도 만일 피가 있고 뼈가 있다면 반드시 조선을 위하야 용감한 투사가 되어라. 태극의 깃발을 높이 드날리고 나의 빈 무덤 앞에 찾아와 한잔 술을 부어 놓아라. 그리고 너희들은 아비 없음을 슬퍼하지 말아라. 사랑하는 어머니가 있으니, 어머니의 교양으로 성공자를 동서양 역사상 보건대 동양으로 문학가 맹가(孟軻)가 있고 서양으로 불란서 혁명가 나폴레옹이 있고 미국에 발명가 에디슨이 있다. 바라건대 너희 어머니는 그의 어머니가 되고 너희들은 그 사람이 되어라.50)

---

49) 「尹奉吉履歷書」, 『白凡金九全集(4)』, p.218.
50) 「襁褓에 싸인 두 兵丁에게」, 위의 책, p.225.

"맹가"는 맹자(孟子)의 이름이며, 여기서 말하는 "문학가"란 "학자"를 뜻하는 말이다. 학자로 맹자, 혁명가로 나폴레옹, 과학자로 에디슨을 역사상 가장 훌륭한 인물들로 꼽으면서도 아내에게도 이들을 정성들여 길러 낸 유명한 세 어머니들처럼 아이들을 그렇게 키우라고 간접적으로 전한 것이다. 스물다섯살의 청년 윤봉길이 아내와 자식들의 모습을 마지막으로 떠올리는 애틋한 심경을 짐작하고도 남음이 있다. 그리고 세 위인들의 어머니들이 자식교육에 기울인 정성에 대한 유명한 일화들을 알고 있었다는 것은 윤봉길의 상식의 폭을 짐작하게 한다.

또한 「백범선생에게」라는 한시는 김구에 대한 윤봉길의 생각과 그의 시작 재능을 잘 보여 준다.

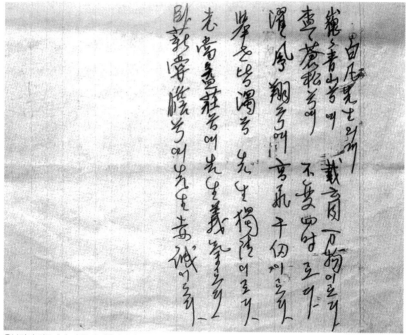

윤봉길이 김구에게 써 준 유시 「백범선생에게」.

巍巍靑山兮여　　載育萬物이로다
杳杳蒼松兮여　　不變四時로다
濯濯鳳翔兮여　　高飛千仞이로다
擧世皆濁兮여　　先生獨淸이로다
老當益壯兮여　　先生義氣로다
臥薪嘗膽兮여　　先生赤誠이도다

높고 높은 청산이여 만물을 실어 기르도다
울창한 푸른 소나무여 사시장철 변함이 없도다
저 깨끗한 봉의 날개여 천길 드높이 나는도다
온 세상 모두 흐려도 선생 홀로 맑으시도다
늙을수록 더욱 건장함이여 선생의 의기로다
와신상담이여 선생의 붉은 정성이도다

　윤봉길이 자신의 이력서와 유서 등을 적은 수첩을 받아 든 김구는 윤
봉길을 김해산(金海山)의 집으로 데리고 가서, 2층의 한 방으로 들어갔
다. 책상 위에 도시락형 폭탄이 놓여 있었고, 벽에는 물통형 폭탄이 걸려
있었다. 거기에서 비로소 김구는 폭탄 사용법을 직접 시범해 보이면서 설
명해 주었다. 그러고는 내일 아침을 그 집에 와서 먹자고 말하고 숙소로
돌려보냈다.[51]
　김구는 윤봉길을 보낸 뒤에 김해산 부부에게 말했다.
　"윤봉길군은 내일 아침 일찍 중대한 임무를 띠어 동북 3성[만주]으로
파견할 터이니, 저녁에 쇠고기를 사다가 내일 새벽에 아침을 먹도록 부탁
하오."

---

51)「上海ニ於ケル尹奉吉爆彈事件顚末」,『백범과 민족운동연구』제1집, p.28.

4월 29일의 날이 밝았다. 김구는 아침 6시쯤에 윤봉길과 함께 김해산의 집으로 가서 마지막 아침밥을 같이 먹었다. 김구는 윤봉길의 기색을 유심히 살폈다. 윤봉길은 마치 농부가 아침 일찍 논밭 일을 나가기 위해 든든히 밥을 먹듯이 태연자약한 모습이었다. 김해산은 윤봉길의 침착하고 용감한 태도를 보고 조용히 김구에게 말했다.

"선생님, 지금 상해는 우리의 행동이 있어야 민족적 체면을 보전할 수 있는 상황인데, 하필이면 왜 이런 중요한 때에 윤군을 구태여 다른 곳으로 파견하십니까?"

김구는 솔직하게 말할 수 없어서 두루뭉술하게 얼버무렸다.

"모험사업은 실행자에게 전부 맡기는 것인즉, 윤군 마음대로 어디서 무엇인가 하겠지요. 어디서 무슨 소리가 나는지 들어나 봅시다."

7시를 알리는 종소리가 울렸다. 윤봉길은 자기 회중시계를 꺼내면서 김구더러 회중시계를 바꾸자고 했다.

"제 시계는 어제 선서식을 한 뒤에 선생님 말씀에 따라 6원을 주고 구입한 것인데, 선생님 시계는 2원짜리입니다. 저는 이제 한시간 뒤에는 시계가 소용없습니다."

김구는 윤봉길의 회중시계를 받고 자기의 회중시계를 그에게 주었다.

아침을 먹고 나서 김구는 윤봉길에게 두 폭탄을 건네주었다. 윤봉길은 물통형 폭탄은 어깨에 메고 도시락형 폭탄은 보자기에 싸서 오른손에 들고 김해산의 집을 나섰다. 김구는 윤봉길과 함께 하비로까지 걸으면서 그를 배웅했다. 윤봉길은 택시를 타면서 가지고 있던 돈을 꺼내어 김구의 손에 쥐어 주었다.

"돈을 조금 가지고 있는 것이 무슨 방해가 되겠소?"

"아닙니다. 택시요금을 주고도 오륙원은 남겠습니다."

그러는 사이에 택시가 천천히 움직이기 시작했다. 김구는 목멘 소리로

윤봉길이 거사현장으로 떠나갈 때에 김구의 것과 바꾼 회
중시계(보물 제568호).

마지막 작별의 말을 건넸다.

"뒷날 지하에서 만납니다."

윤봉길이 차창으로 김구를 향해 머리를 숙이자, 택시는 홍구 공원쪽을 향해 달려갔다.[52]

윤봉길과 헤어진 김구는 그 길로 조상섭(趙尙燮)의 가게에 들러서 급히 안창호(安昌浩)에게 "오늘 오전 10시부터 댁에 계시지 마시오. 무슨 대사건이 발생될 듯합니다"라는 쪽지를 써서 점원 김영린(金永麟)을 시켜 보냈다. 그러고는 바로 정정화(鄭靖和)를 불러서 몇 사람의 점심을 준비해 달라고 부탁했다. 정정화는 바지런하고 일솜씨가 깔밋하여 임시정부 인사들은 무슨 큰일이나 중요한 자리가 있으면 그녀를 찾곤 했다. 일본경찰의 정보보고에 따르면, 김구는 이날 아침에 중국인 소사를 홍구공원에 보내어 상황을 살피게 했고, 엄항섭은 청년당원 김덕근(金德根)을 황포공원에 파견했다. 김덕근은 오전 9시부터 한시간 가량 황포공원에 있었으나 폭음이 없어서 엄항섭의 집으로 돌아와서 대기했다.[53]

윤봉길은 오전 7시50분쯤에 홍구공원 정문에 도착했다. 정문을 지키던 중국인 문지기가 입장권을 보여 달라고 요구하자, 윤봉길은 "나는 일본사람이다. 나는 입장권 따위는 필요없다"라고 말하고 바로 장내로 들어갔다.

---

52) 『백범일지』, pp.335~336.
53) 「櫻田門外 및 新公園投彈義擧에 대한 供述槪要」, 『韓國獨立運動史 資料(2) 臨政篇Ⅱ』, pp. 258~259.

이날의 식장은 일본총영사관이 공동조계 공부국에 사용료를 내고 빌린 것이었다. 그리하여 일본인이 아닌 사람들은 일본총영사관에서 발행하는 입장권이 있어야 들어갈 수 있었다. 이날의 홍구공원 기념식 폭파공작은 정화암(鄭華岩: 본명 鄭賢贊) 그룹의 아나키스트들도 계획하고 있었다. 그들은 폭탄까지 준비해 놓고도 입장권을 끝내 구하지 못하여 거사를 포기할 수밖에 없었다고 한다.[54]

윤봉길은 축하식장 연단 왼쪽에서 비스듬한 뒤쪽 일반 관람석에 자리를 잡았다. 일본군은 단상에 있는 일본고관들을 경호하기 위해 6명의 기마병을 단상 뒤로 배치하고, 그 뒤로 다시 여러 명의 보조헌병을 배치하여 일반 관람객의 접근을 막았다. 기마병들은 군중을 등지고 식장을 향하고 있었다. 식단으로부터 일반 관람석까지는 20미터쯤 떨어져 있었다.

축하식은 2부로 진행되었다. 오전 9시부터 육해군의 관병식이 시작되어 오전 11시20분쯤에 끝났고, 관병식에 참가한 각국 총영사들은 자리를 떴다. 관병식이 끝나고 일본교민단이 주최하는 천장절 경축식이 이어졌다. 단상에는 사령관 시라카와 대장을 비롯하여 제9사단장 우에다 중장, 제3함대사령관 노무라 요시사부로(野村吉三郎) 중장, 주중 일본공사 시게미쓰 마모루(重光葵) 등이 나란히 서 있었다. 식장 앞쪽에는 일본 육해군 군인들과 아동생도들이 도열하고, 뒤쪽에는 일본 거류민들과 일반 관중들이 늘어섰다. 이날 식장에는 1만여명의 군중이 참가했다.

천장절 경축식은 오전 11시30분에 시작되어 참가자들이 모두 일본국가 "기미가요(君が代)"를 불렀다. 갑자기 비가 쏟아지기 시작했다. 윤봉길은 이때가 기회라고 생각했다. "기미가요"의 마지막 소절을 부를 때에 윤봉길은 들고 있던 도시락형 폭탄을 땅에 내려 놓고 어깨에 메고 있던 물통형 폭탄을 끌러 들었다. 그러고는 가죽끈이 달린 그대로 안전핀을 뽑은 다음 두세 사람을 해치고 앞으로 뛰어나가서는 기마병 바로 뒤

---

54) 이정식 면담·김학준 편집해설, 『혁명가들의 항일회상』, pp.389~391.

윤봉길의 홍구공원 폭파사건을 전면 호외로 보도한 1932년5월1일자 《오사카 아사히신문》.

에서 시라카와와 우에다를 겨냥하여 던졌다. 폭탄은 목표지점에 정확히 떨어져서 굴렀다. 비가 억수같이 쏟아지는 가운데 장내는 벼락치는 듯한 폭음소리과 함께 삽시간에 아수라장이 되었다. 윤봉길은 땅에 내려 놓은 도시락형 폭탄을 집어 들려는 순간에 주변에 있던 일본 사람들과 군경들에게 난타를 당하면서 체포되었다.[55]

단상에 늘어서 있던 일본의 수뇌부는 풍비박산했다. 시라카와는 전신에 24군데 파편을 맞고 병원에 실려 갔으나, 5월26일에 절명했다. 우에다는 전치 6주의 중상을 입고 왼쪽 발가락 4개를 절단했다. 노무라는 오른쪽 눈을 뽑아냈고, 시게미쓰는 오른쪽 다리를 절단했다. 일본인 거류민단장 가와바다 사다쓰구(河端貞次)는 창자가 끊어지는 중상을 입고 다음날 새벽에 사망했다.[56]

정정화가 간단하게 점심상을 거의 다 차렸을 때쯤에 이동녕과 조완구가 왔고 좀 늦게 김구가 도착했다. 여느 때와 다름없는 분위기였다. 점심을 먹고 나서 김구가 정정화에게 뜬금없이 술 한병과 신문을 사오라고 말했다. 평소에 술을 입에 대는 일이 없는 김구가, 더구나 낮에 술을 찾는 것이 의아했다. 그녀가 집 밖으로 나오자 거리 분위기가 술렁거렸다. 아니나 다를까 호외가 뿌려지고 있었다. 중국 청년이 일본 침략군의 원흉 시라카와를 즉사시키고 여러 명을 부상시켰다는 것이었다. 그때서야 그녀는 김구가 왜 신문을 사오라고 했는지 짐작하고 얼른 신문과 술병을 사들고 집으로 돌아왔다. 호외를 받아든 김구는 일이 제대로 되었다면서 이동녕과 조완구에게 술잔을 권했다. 세 사람은 크게 기뻐하며 축배를 들었다.[57]

일본군 헌병들은 처음에 윤봉길의 진술을 토대로 사건의 주모자를 교민단 정무위원장 이유필로 지목했다. 윤봉길이 왜 주모자를 이유필이

55) 「上海虹口公園에서의 爆彈投擲事件」, 『韓國民族運動史料(中國篇)』, p.704.
56) 위의 책, p.703, p.718.
57) 정정화, 『녹두꽃』, pp.85~86.

라고 진술했는지는 분명하지 않다. 아마도 이유필은 교민단 정무위원장으로서 공식적으로 한국교민들을 대표했고, 또 이미 피신했을 것으로 생각하고 일본경찰의 주의를 분산시키기 위하여 그렇게 말했을 것으로 짐작된다.

일본총영사관 경찰은 곧바로 프랑스공부국 경찰에 이유필의 체포를 요청했다. 그러나 프랑스공부국 경찰이 29일 오후 2시에 하비로 보강리 54호의 이유필의 집을 습격했을 때에는 이유필은 이미 피신한 뒤였다. 프랑스공부국 경찰은 돌아가지 않고 집안에 잠복해 있다가 그 집을 찾아온 안창호를 체포했다. 안창호는 이날 이유필의 아들 만영(晩榮)을 만나서 소년단기금을 주기로 약속했기 때문에 김구의 연락을 받고도 피신하지 않고 이유필의 집을 찾아간 것이었다. 그것은 안창호의 큰 불찰이었다. 프랑스공부국 경찰은 그가 안창호인 줄 모르고 차에 태워 곧바로 일본총영사관 경찰에 인도하려고 했다. 안창호는 자신이 중국인이라고 주장하면서 프랑스 경찰들을 환용로(環龍路) 206호의 친척 집으로 데려가서 중국정부가 발급한 여권을 꺼내 보였다. 그러나 프랑스 경찰은 막무가내로 안창호를 일본총영사관에 넘겼다. 신문 결과 그가 안창호라는 사실이 밝혀졌다.[58]

일본은 프랑스조계에 거주하는 한국 독립운동자들에 대한 대대적인 검거작전에 나섰다. 4월30일 새벽에 일본총영사관 경찰 44명, 사복헌병 22명을 합하여 총 66명을 투입하고, 프랑스인 형사 12명, 중국인 형사 48명의 협력을 얻어서 철저한 수색전을 벌였다. 그러나 김구를 비롯한 중요 인사들은 이미 피신한 뒤여서 수배인물은 한명도 체포하지 못하고 홍구공원 사건과 전혀 관련이 없는 동포 11명을 체포하는 데 그쳤다. 체포된 사람들은 치과의사 한 사람과 전차검표원 두 사람, 그리고 스무살 안팎

---

58) 金九, 『屠倭實記』, 『白凡金九全集(1)』, 1999, pp.638~639;「上海虹口公園에서의 爆彈投擲事件」, 『韓國民族運動史料(中國篇)』, p.711.

의 학생들이었다.[59]

이동녕과 조완구와 헤어진 김구는 안공근과 엄항섭을 불렀다.

"이제부터 두 사람의 집안생활은 내가 책임질 테니, 오로지 우리 사업에만 전념하시오."

두 사람은 김구의 말대로 하기로 했다.

당장 급한 것은 피신처를 찾는 일이었다. 이들은 상해교통대학(上海交通大學) 체육교사 신국권(申國權)의 의견에 따라 김철과 면식이 있는 상해 외국인 YMCA 간사인 미국인 목사 피치(George A. Fitch)에게 은신처를 교섭했다. 피치의 아버지는 생전에 한국 독립운동자들에게 무척 동정적이었던 목사였으며, 그의 형도 목사로서 항주(杭州)에 살고 있었다. 중국에서 출생한 피치는 아버지의 영향을 받아서 반일사상이 강했다. 그는 이승만이 1920년 겨울에 상해를 방문하여 이듬해 5월에 하와이로 돌아갈 때에 여권이 없는 그에게 1등칸 선표를 끊어 주기도 했다.[60] 피치는 김구 일행의 피신처로 자기 집을 제공했다. 피치의 집은 프랑스조계 안에 있었다. 김구와 김철, 안공근, 엄항섭 네 사람은 피치의 집 2층에 숨어 있으면서 피치 부인의 정성 어린 식사까지 대접받았다.[61]

4

홍구공원 거사의 소식을 듣고 남경(南京)에 있던 박찬익(朴贊翊)이 급히 상해로 왔다. 박찬익이 중국인들을 상대로 활동을 벌인 결과 김구 일행은 자금지원뿐만 아니라 여러 가지 편의를 제공받았다. 김구는 피치의 집 전화를 이용하여 프랑스조계지에 남아 있는 동포들과 연락했다.

---

59) 金九, 「屠倭實記」, 『白凡金九全集(1)』, pp.639~640.
60) Syngman Rhee, "How I Went to Shanghai", p.6.
61) 「投彈義擧後金九一派等의 動靜에 관한 在上海日本領事館의 報告」, 『韓國獨立運動史 資料(2) 臨政篇Ⅱ』, p.269; 『백범일지』, p.338; George A. Fitch, *My Eighty Years in China*, Meiya Publication Co., Taipei, 1974, pp.76~77.

그는 체포된 동포들을 구제하기 위해서 돈을 주고 서양인 변호사를 고용해 보았으나 소용이 없었다. 김구는 체포된 동지들의 생계비를 지원하고, 피신하겠다는 동포들에게는 여비를 마련해 주었다. 이런 일들은 박찬익, 안공근, 엄항섭 세 사람이 나가서 했고 김구는 피치의 집 밖을 나가지 않았다. 그러다가 은주부(殷鑄夫), 주경란(朱慶瀾), 사량교(査良釗) 등 중국 저명인사들의 면담요청이 있어서 밤중에 자동차로 홍구 방면과 정안사로(靜安寺路) 방면을 돌아다녔다.[62] 프랑스조계 밖을 한걸음도 나가지 않던 김구의 행동으로서는 대담한 변화였다. 피치 집에 같이 있던 김철은 5월10일에 항주로 갔다.[63]

하마터면 큰일 날 뻔한 일도 있었다. 김구는 전차검표원으로 다니는 사리원 출신의 '박대장'이라는 젊은이의 결혼 청첩장을 받고 잠시 그 집에 들렀다. 부엌에 있는 부인들을 재촉하여 냉면 한그릇을 급히 먹고 담배를 피워 물고 문을 나왔다. 바로 이웃에 동포 가게가 하나 있었으므로, 왔던 길에 잠시 들렀다 가려고 가게로 들어갔다. 미처 앉기도 전에 주인이 김구의 옆구리를 쿡쿡 찌르며 손으로 하비로쪽을 가리켰다. 일본경찰 여남은명이 길에 늘어서서 전차가 지나가기를 기다리고 있었다. 김구는 달리 피할 수도 없어서 유리창 너머로 그들을 지켜볼 수밖에 없었다. 그들이 쏜살같이 '박대장'의 집으로 들어가는 것을 보고 급히 가게를 빠져나온 김구는 전차 선로를 따라 김의한(金毅漢)의 집으로 갔다. 김의한의 아내 정정화를 '박대장' 집으로 보내어 상황을 살펴 오게 했다. 정정화는 돌아와서 일본경찰들이 그 집에 들이닥쳐서 방금 들어온 김구가 어디 있느냐고 다그쳐 물으면서 집안을 수색하기 시작하여, 아궁이 속까지 뒤지고 갔다고 했다.[64]

일본영사관 경찰과 헌병들이 혈안이 되어 돌아다니자 임시정부와 민

62) 『백범일지』, pp.339~340.
63) 「爆彈事件犯人尹奉吉에 대한 判決」, 『韓國民族運動史料(中國篇)』, p.742.
64) 『백범일지』, pp.339~341.

단 직원들은 말할 것도 없고, 애국부인회까지 전혀 활동을 할 수 없게 되었다. 그러자 김구를 원망하는 소리가 일기 시작했다.

"이번 홍구사변의 주모 책임자는 따로 있으면서 자기가 사건을 감추고 관계없는 사람들만 잡혀가게 하는 것은 옳지 못하다."

그것은 이유필 등 안창호파 인사들의 말이었다. 윤봉길은 일본헌병들의 취조를 받으면서 계속해서 이유필이 주모자라고 주장하고 있었다. 그들은 안창호가 체포된 것에 대해서도 김구를 비난했다. 주모자가 아무 말이 없으므로 사람들이 함부로 체포된다는 원성이 점점 커져 가자 김구는 동지들에게 사건의 진상을 세상에 공개할 필요가 있다고 말했다. 그러나 안공근이 펄쩍 뛰면서 반대했다.

"형님이 프랑스조계지에 계시면서 그런 발표를 하는 것은 매우 위험합니다."

김구는 안공근의 반대를 무릅쓰고 5월10일에 한인애국단 명의로 홍구공원 폭파사건의 진상을 밝히는 장문의 성명서를 발표했다. 김구는 엄항섭에게 성명서를 작성하게 하고 그것을 피치 부인에게 부탁하여 영문으로 번역하여 중국 신문사와 로이터통신사에 보냈다. 「홍구공원작탄사건진상(虹口公園炸彈事件眞相)」이라는 제목의 이 성명서는 먼저 홍구공원사건으로 한인들이 마구잡이로 체포되고 있어서 인도와 공리에 따라 진상을 밝힌다고 말하고, 일본 침략정책의 타도를 완성하기를 바란다고 전재한 다음, "계획과 실행", "윤봉길 약력", "한인애국단", "나는 누구인가"라는 4항목에 걸쳐서 자세히 설명한 다음, 끝으로 "나라가 회복되기 전에는 이러한 투쟁을 그만두지 않겠다" 하고 천명했다.[65]

김구가 홍구공원 폭파사건의 주모자가 자기라는 것을 밝히기로 마음먹은 데에는 또 다른 이유가 있었다. 그것은 홍구공원 폭파사건을 자기네가 주모한 것이라고 중국인들에게 허위 선전하여 중국인들로부터

65) 《時報》 1932년5월10일자, 秋憲樹 編, 『資料 韓國獨立運動(2)』, 延世大學校出版部, 1972, pp.55~56.

동정적 원조를 얻으려는 사람들이 있었기 때문이다. 중국정부의 교통국에 재직하면서 임시정부의 활동을 돕던 민필호(閔弼鎬)는 중국인들을 찾아다니면서 그러한 허위선전을 바로잡으려고 애썼다. 중국화양진재위원회(中國華洋振災委員會) 위원장 주경란 장군과 그의 비서 사량교도 매일같이 찾아가서 홍구공원 폭파사건의 주모자가 김구라는 것을 간곡하게 설명했다. 그리하여 민필호는 주경란으로부터 1만원이라는 거액의 선후보조비를 얻어서 김구에게 전할 수 있었다.[66] 김구가 위험을 무릅쓰고 밤에 피치 집을 나와서 주경란 등을 만나고 다닌 것도 그 때문이었다.

일본인들은 홍구공원사건이 있고 나서 김구 체포에 현상금 20만원을 걸었다가 외무성, 조선총독부, 상해주둔군사령부의 세 기관 합동으로 현상금을 60만원으로 올렸다. 이러한 상황에서 피치 집도 마냥 안전할 수 없었다.

2주쯤 지난 5월14일 오후였다. 피치 부인이 황급히 2층으로 올라와서 김구에게 말했다.

"우리 집이 정탐꾼에게 발각된 모양이니 속히 떠나셔야겠어요."

그리고는 곧 아래층으로 내려가서 남편에게 전화를 걸었다.

피치 부인의 이야기는 다음과 같았다. 그녀는 아래층에서 문 밖을 살펴보다가 동저고리 바람의 중국인 노동자 비슷한 사람이 자기네 주방으로 들어가는 것을 보았다. 따라가서 누구냐고 묻자 그는 양복점 사람이라면서 주방에서 일하는 중국인이 양복 지을 것이 없는가 물어보러 왔다고 말했다. 피치 부인이 다그쳐 따지자 그는 프랑스공부국 경찰서의 정보원 증명을 내보였다. 외국인 집에 함부로 침입하느냐고 피치 부인이 호통을 치자 정보원은 미안하다면서 물러갔다. 김구는 자기가 피치의 집 전화를 함부로 써서 그 집이 탐정들의 의심을 받게 된 것이라고 짐작했다.[67]

---

66) 閔弼鎬, 「大韓民國臨時政府와 나」, 金俊燁 編, 『石麟 閔弼鎬傳』, 나남, 1995, p.89.
67) 『백범일지』, pp.342~344.

한편 피치의 회고록에 따르면, 피치 부인이 이러한 사실을 김구 일행에게 알려 주자 그들은 당장 떠나야겠다고 말하면서 피치 부인으로 하여금 남편에게 연락하도록 부탁했고, 사무실에 있던 피치는 곧바로 집으로 왔다. 일행은 그 길로 집을 나왔다. 운전은 피치가 했다. 피치 옆자리에 박찬익과 엄항섭이 앉고, 뒷자리에는 김구가 가운데 앉고 양쪽 옆으로 피치 부인과 안공근이 앉았다. 문 밖에는 일본인은 보이지 않았지만 프랑스인, 러시아인, 중국인 등 각국의 정탐들인 듯한 사람들이 문 앞과 주위를 에워싸다시피 하고 지켜 서 있었다. 그러나 미국사람 집이라 어찌할 수 없어서 손을 쓰지 못하고 있는 것이었다.

　　프랑스조계를 지나서 중국지역과 연결되는 다리에 이르러 피치는 자동차를 멈추었다. 그의 차는 중국지역에 들어갈 수 없었기 때문이다. 차에서 내린 네 사람은 각자의 가방과 짐 꾸러미를 들고 작별 인사를 할 겨를도 없이 뒤돌아보지도 않고 다리를 건넜다. 피치 내외는 이들이 다리를 건너 중국지역으로 사라질 때까지 차 안에 앉아 있었다.[68] 일본인들은 김구 일행이 피치 집에 피신했다는 사실을 끝까지 몰랐다. 그들은 김구가 피치와 친분이 있는 다른 어느 목사 집에 피신한 것으로 알았다.[69]

---

68) George A. Fitch, *op. cit.*, pp.76~77.
69) 「爆彈事件後의 金九一派其他의 動靜」, 『韓國民族運動史料(中國篇)』, p.742.

3. 이승만이 주미 프랑스대사에게 항의 편지

1

윤봉길의 홍구공원 폭파 뉴스는 급전으로 세계 각국으로 타전되어 《뉴욕타임스(*The New York Time*)》를 비롯하여 《런던 타임스(*The Times*)》 등 세계의 주요 신문에 크게 보도되었다. 일본인들은 격앙했다. 그러나 이날은 범인이 누구인지 당장 알려지지 않았다. 소문에는 중국인이라고도 하고 일본인 혁명주의자라고도 했다. 그러나 다음날 뉴스에서는 범인은 한국인 청년 윤봉길이라는 사실이 알려졌다. 큰 충격을 받은 일본 신문들은 호외를 발행하면서 대대적으로 보도했다. 《오사카 아사히신문(大阪朝日新聞)》은 5월1일에 전면짜리 호외를 발행하고, 폭파 순간의 식장과 연행되는 윤봉길의 사진 등을 앞뒷면에 크게 실었다.

정전협정을 빨리 체결하고 일본군이 철수하기를 희망하던 중국정부도 난감해했다. 3월24일부터 시작된 정전협상은 국제연맹의 압력을 배경으로 하여 이때는 마무리 단계에 있었다. 중상을 입은 주중 일본공사 시게미쓰는 정전협상의 일본대표였다. 사건이 나자 정전협상의 중국대표 곽태기(郭泰祺)는 곧 외교부의 정보사장(情報司長)으로 하여금 일본총영사관을 방문하게 했다. 이러한 정황을 반영이라도 하듯이 이봉창 의거 때와는 달리 중국 신문들은 일본을 자극하지 않으려고 조심스러운 태도를 보였다. 4월30일자 《대륙보(大陸報)》의 다음과 같은 「사론(社論)」은 그 대표적인 보기였다.

일반 인사는 이번 사건이 방금 순조로이 진행되는 중일 회의에 지장을 가져오지 않기를 간절히 바라고 있다 한다. 이러한 종류의 폭행은 응당 중죄에 처해야 할 것이나 민족 간의 알력이라는 것을 깊이 인식하고 있는 우리에게는 심각한 악감을 일으키게 하는 것이다.… 이

사건이 발생한 뒤로 우리는 원동 시국의 불안함을 증명할 수 있으며, 동시에 무력으로는 국내 또는 국제적 평화를 유지할 수 없고 이러한 참변의 발생이 근절될 수 없다는 것을 증명할 수 있다. 만일 정부가 민중 참정의 방법을 강구하지 않고 언제까지나 고압수단만 쓴다면 민중은 반드시 최후까지 반항할 것이요, 완전한 해방을 얻을 때까지 이 반항은 그치지 않을 것이다.

　　어제 홍구공원에서 체포된 광포한 청년은 당연히 중죄에 처해야 할 것이고, 또 사실상 극형을 받을 것은 의심할 여지도 없다. 그러나 이러한 폭행을 격발시키는 상황이 존재하는 한 방비를 엄중히 한다고 해서 이러한 참경이 절대로 감소되지는 않을 것이다.…70)

　　이러한 어정쩡한 주장은 조심스러워하면서도 기본적으로 무력침략을 비판한 것임에는 틀림없었다.

　　국내신문은 윤봉길의 홍구공원 폭파사건을 지금까지의 어떤 독립운동사건에 대한 기사보다 크게 보도했다. 《동아일보(東亞日報)》는 4월30일에 「상해 경축식장에 한 청년이 돌연 투탄. 폭탄은 백색 직경 오촌(五寸)가량. 사령관 공사 등 중상」이라는 긴 1호 활자 제목 아래 전면짜리 호외를 발행하여 사건의 경과를 상세히 보도했다. 5월1일자 《조선일보(朝鮮日報)》지면은 조선총독부의 검열로 지면이 온통 뭉개져 있었다.71)

　　《동아일보》와 《조선일보》는 연일 윤봉길의 신분, 일본인들의 피해 상황, 안창호를 비롯한 한인동포들의 체포 뉴스 등을 상세히 보도했다. 《동아일보》는 기자를 예산의 윤봉길 본가에 파견하여 윤봉길의 가족상황과 상해 망명과정을 자세히 보도하고 윤봉길의 사진, 가족 사진, 부인

70) 金九, 「屠倭實記」, 『白凡金九全集(1)』, p.642, p.737.
71) 《東亞日報》 1932년4월30일자, 「號外, 上海祝賀式場에 一靑年이 突然投彈」; 《朝鮮日報》 1932년 5월1일자, 「犯人尹奉吉 現場에서 逮捕」.

과 두 아들 사진, 초가집 본가 사진을 실었다.[72] 《조선일보》도 예산지국 발 기사로 윤봉길의 본가 이야기와 부인이 집 앞에서 두 아들과 함께 서 있는 사진을 게재했다.[73] 5월7일자 《동아일보》는 상해발 UP통신 기사로 윤봉길의 소속단체는 "○○○○당"이라는 유력한 배일단체라면서, 그 단체의 성격에 대하여 다음과 같이 보도했다.

폭탄투척 현행범으로 체포된 윤봉길의 소속단체는 ○○○○당 외에 중한재호항일동맹(中韓在滬抗日同盟)이라고 칭하는 유력한 배 일단체로서, 이 회원 중에는 ○○○○ 등의 이름도 씌어 있다. 동맹 (규)약은 11조로 되어 있고 항상 일본인 거두에 대하여 직접행동을 계획하고 있었으며, 요전 동경 야스쿠니 신사(靖國神社) 대제에도 이 단체로부터 자객을 보내어 고귀한 이에게 일대 음모를 실행하고저 선정된 자객 수명은 22일에 연락선 상하이마루(上海丸)로 도일코저 하다가 일본 관헌의 경계가 엄중하야 목적을 달하지 못하였는데, 그 사람 중의 한 사람도 윤봉길이었다고 한다. 상해에서는 무라이(村井) 총영사와 육해군 수뇌부를 노리고 있다가 필경 기회를 얻은 것이었다고 한다. 1월8일 동경의 불경사건도 이 단체원 중의 한 사람이다.[74]

윤봉길이 일본의 야스쿠니 진자의 대제일에 가서 일본 천황 이하 요인들을 격살하려 했다는 UP통신의 오보가 흥미롭다. 이렇게 자세한 보도를 하면서도 국내의 신문들은 슬프게도 아무런 논평을 하지 못했다.

윤봉길의 거사 뉴스는 재미동포사회에도 큰 반향을 불러일으켰다. 《신한민보(新韓民報)》는 5월5일에 1면 머리기사로 「호외 EXTRA! 청천

---

72) 《東亞日報》 1932년5월3일자, 「上海爆彈犯尹奉吉과 그 家族」 및 5월7일자, 「犯人은 忠南禮山出生, 父母와 弱妻稚子」, 「再昨年에 離家, 靑島거쳐 上海에」.
73) 《朝鮮日報》 1932년5월3일자, 「上海爆彈犯人家庭」.
74) 《東亞日報》 1932년5월7일자, 「上海爆彈犯尹奉吉의 所屬團은 ○○○○ 黨」.

벽력의 윤봉천[길] 의사의 폭탄 1개가 무도한 왜놈의 폭행자들을 징벌! 안창호씨가 피체되고 기타 두령도」라는 제목 아래 사건경위와 함께 안창호 등이 체포된 뉴스를 자세히 보도했다. 「장하고 쾌하다 윤봉천[길]의사!」라는 「논설」은 재미동포들의 감격이 어떠했는지를 짐작하게 한다.

> 그의 함성과 그의 애국심과 그 적개심과 그 애족성과 그 지혜와 그 희생성은 만천하 사람의 이목을 놀라게 하였으며 천만대의 역사를 빛나게 하였도다! 쾌하다. 장하다! 우리 대한의 의사며 영웅이며 열사인 윤봉천[길] 그 어른이여! 장하다 쾌하다! 그의 폭발한 한 소리에는 대한의 금수어별(禽獸魚鼈)이라도 기뻐 뛰며 춤출 것이며, 대한의 산천초목이라도 반기어 반향하고 광채날 것이며, 대한의 일월성신이라도 더욱 빛날 것인 바, 하물며 가슴에 붉은 피가 펄펄 끓는 우리들이냐! 우리 대한 사람이냐! 쾌하고 장하다 윤 의사여!…[75]

이 「논설」은 이어 일본인들이 이번 일을 기회로 삼아 우리의 혁명기관인 임시정부를 없애 버리기 위하여 공모자라는 구실을 내세워 임시정부 당국자들을 체포했다고 비난하고, 프랑스조계 당국이 일본인들의 요구를 받아들여 안창호를 비롯한 한국인 동포들을 체포해 준 것은 프랑스 혁명 정신의 위반이며 프랑스 민중의 의사가 아니라고 비판했다. 그러고는 공범자를 체포하려고 하면 임시정부 당국과 안창호만을 잡아 갈 것이 아니라 "한국 2천1백30만 동포와 중국 4억 동포가 모두 공모자인즉 모조리 잡아야 할 것이다"라고 기염을 토했다.

호놀룰루에서 발행되던 《국민보(國民報)》는 이때의 신문이 보존되어 있지 않아서 하와이 동포들의 반응이 어떠했는지는 구체적으로 알 수 없으나, 미주 본토 동포들의 경우와 다르지 않았을 것이다.

---

75) 《新韓民報》 1932년 5월 5일자, 「장하고 쾌하다 윤봉천 의사!」.

안창호의 체포소식은 그의 활동 근거지였고 그의 동지들이 몰려 사는 캘리포니아지역의 한인사회를 격분시켰다. 4월30일 새벽 6시에 상해로부터 "안창호 체포"라는 전보를 받은 로스앤젤레스 홍사단 본부는 곧바로 상해의 홍사단 원동부로 사건의 전말을 묻는 전보와 함께 상해 프랑스영사에게 안창호의 석방을 주선하기를 바라는 전보를 치고, 각 지방회에 사건뉴스를 알렸다. 북미 대한인국민회 총회에서도 상해 프랑스영사에게 항의 전보를 쳤다. 그리고 이와는 별도로 홍사단, 대한인국민회 청년부, 대한인여자애국단 등 7개 단체 합동으로 상해 프랑스영사에게 항의전보를 쳤다. 그러나 5월1일에 상해에서 홍사단 본부로 친 전보는 "프랑스 사람으로부터 왜놈에 통보. 희망 없음"이라는 것이었다.

이날 밤 8시에는 샌프란시스코 홍사단소에서 지방회의가 소집되어 임시경비로 200달러가량을 거두었다. 동포들은 또 저녁 8시에 한인 예배당에서 모임을 갖고 국민회 총회장 백일규(白一圭)의 사회로 대책을 논의했다. 그러나 장시간의 논의에도 불구하고 뾰족한 결론은 내지 못했다. 같은 날 대한인국민회 시카고지부도 긴급회의를 열고 선후 방침을 토의한 결과 즉석에서 항의문을 작성하여 워싱턴의 프랑스대사에게 타전하는 한편, 국민회 총본부 및 기타 각 단체 연합으로 프랑스 정부와 중국에 있는 프랑스공사에게 항의전문을 발송하기로 했다. 홍사단 본부에서는 5월2일 오전에 북경 프랑스공사에게 안창호의 석방을 청원하는 전보를 쳤다.[76]

이와는 별도로 미주한인연합회는 임시정부와 일반 동포들의 안부를 묻는 전보를 임시정부로 쳤는데, 5월3일에 다음과 같은 답신이 왔다.

보내신 전보는 보았소. 일이 생긴 그날에 프랑스 차량이 민단장 이유필씨를 잡으러 왔으나 이씨는 없었고 안도산이 그곳에 갔었다가

---

76) 《新韓民報》 1932년5월5일자, 「홍사단본부의 활동」, 「총회에서도 전보」, 「각 단체의 명의로」, 「시카고 지방회에서」.

불행히 잡혔소. 프랑스 사람이 그 사람이 누구인 것과 중국여권 소지자인 것을 알고도 왜적에게 넘겨주었소. 처음 있는 일이오. 왜적과 함께 한인의 집을 다 수색하여 아이까지 합 19인이 잡혔는데, 부인을 구타까지 하였소. 정부는 무사하오.[77]

로스앤젤레스에서는 5월4일에 동포 200여명이 모인 한인전체대회를 열고, 안창호를 비롯한 체포된 동포들의 석방운동을 세계 각국에 선전하기 위하여 상해사변 임시위원부를 조직하고 활동비를 모금했다.[78]

또한 미주 각지에 임시정부 후원회가 결성되면서 후원금 모금활동이 활기를 띠었다. 국민회 시카고지부도 5월12일에 대회를 소집하고, 공동전선으로 상해임시정부를 봉조할 것과 이를 위해 후원금을 거둘 것 등을 결의하고 그 자리에서 61달러를 거두었다.[79] 5월17일에는 다뉴바에서도 중가주 대한인공동회가 소집되어 임시정부를 지원하기로 하고 후원금을 거두었다.[80] 하와이에서도 기존의 후원회 이외에 홍구공원 폭탄사건을 계기로 여러 지방에서 새로이 임시정부 후원회가 조직되었다.[81]

2

《태평양주보(太平洋週報)》도 윤봉길에 관한 이야기를 「아! 장부의 철석 간장」이라는 제목 아래 자세히 보도했다. 중국으로 망명한 뒤에 청도에서 찍은 윤봉길의 사진과 그의 아내와 두 아들의 사진을 곁들인 이 기사는 《동아일보》가 보도한 것과 같은 UP통신의 내용을 토대로 하여

---

77) 《新韓民報》 1932년5월5일자, 「련합회 통신」.
78) 《新韓民報》 1932년5월19일자, 「상해사변을 들은 라성 한인사회 울분 격앙」, 「상해사변 임시위원부」.
79) 《新韓民報》 1932년5월19일자, 「시카고 재한인대회」.
80) 《新韓民報》 1932년5월26일자, 「두곳 공동회 임정후원」.
81) 《新韓民報》 1932년6월2일자, 「가와이 후원회」, 「臨時政府 와히아와 후원회」.

작성한 것이었다. 《동아일보》가 "○○○○ 당"이라고 처리했던 윤봉길의 소속단체는 "대한독립당"이라고 적었다. 《태평양주보》의 기사는 다음과 같은 말로 마무리했다.

일편단심 군은 결심을 성취한 대장부의 심사야 말로 얼마나 통쾌할까! 그러나 그를 의지한 젊은 아내와 어린 자식의 장래를 생각할 때에 철창에 얽매인 의용남아의 철석 간장인들 어찌 녹지 않을 수 있으랴![82]

이승만은 이때에 뉴욕에 머물고 있었다. 그는 평소에 자신이 찬성하지 않았던 폭력수단에 의한 독립투쟁이 미국 언론에 크게 보도되는 것을 보고 여러 가지 생각을 했을 것이다. 그러나 무엇보다도 그가 당장 취해야 했던 조치는 안창호를 비롯하여 무고하게 체포된 상해 동포들의 석방운동이었다. 그는 워싱턴의 주미 프랑스대사에게 구미위원부 명의로 다음과 같은 편지를 썼다.

워싱턴 주차 한국위원부는 아래의 사실에 대한 프랑스공화국 정부의 주의와 처결을 요구합니다.
1932년4월30일에 상해 프랑스조계 경찰은 상해 일본총영사관의 요구에 의하여 동 조계 내에 거류하는 한국인 11명을 체포하여 일본당국에 인도하였는데, 그 죄명은 4월29일의 상해폭탄사건에 관련되었다는 것입니다.

이승만은 이렇게 전제한 다음 상해 프랑스조계 당국이 취한 조치의 부당성을 다음과 같이 지적했다.

---

82) 《太平洋週報》 1932년6월1일호, 「아! 장부의 철석 간장」, pp.16~17.

재상해 대한민국임시정부와 재워싱턴 한국위원부는 전기 체포된 한국인들이 폭탄사건에 관계하였다는 것을 부인합니다. 프랑스조계에 거류하는 한국인들은 범죄자가 아니요 또한 하등의 범의(犯意)가 없이 법률을 준행하는 양민들입니다. 1919년에 그 유명한 비폭력 저항으로 조직된 대한민국임시정부는 비폭력주의를 믿으며 폭력행위를 권장하지 않았습니다.

일본 당국은 전기 한인체포에 하등의 증거가 없이 오직 그들의 상용수단으로 무고한 한국인을 모함함에 지나지 않습니다. 예를 들면 지난 1921년에 하라(原) 총리를 일본 청년이 암살한 것을 무고한 한국인에게 그 죄를 뒤집어씌우려 한 것과 같고, 또한 1923년의 동경진재(東京震災) 때에 아무 이유나 증거도 없이 무고한 다수 한국인을 학살한 것과 같습니다.…

하라 다카시(原敬)는 1921년11월에 도쿄역에서 한 일본 청년에게 단도로 극살되었다. 워싱턴군축회의가 열리기 직전이었고, 이승만은 회의에 참석하는 열국대표들을 상대로 외교활동을 벌이고 있었다. 그때에 하라가 한국인에게 살해되었다는 소문이 퍼졌던 것은 앞에서 본 바와 같다. 이승만의 편지는 일본인들의 그러한 모략을 상기시킨 것이었다. 그는 이어 체포된 한국인들을 즉시 석방할 것을 요구했다.

폭발 당시 체포하였다가 석방한 중국인, 미국인과 같이 전기 체포 한국인들도 아무 범죄 증거가 없습니다.… 그런데 이번 상해폭탄사건은 일본의 상해 한국인 압박의 구실을 주게 하였습니다. 50명의 일본 군경은 40명의 프랑스조계 경찰과 협력하여 그 조계에 재류하는 한국인들을 검거하고 있습니다. 일본은 극동의 안녕과 세계의 평화를 교란하고 있습니다. 정의와 인도의 명의로 프랑스 국기 아래 있는 가련한 한국인들이 또다시 일본의 박해를 받지 않게 되기를 기원합니다. 우리 한국인들은 프랑스공화국이 그들을 보호할 만한 권력을 가졌음을 믿습니다. 그리고 그들이 프랑스국 법률하에서 고유한 권리를 향유할 줄 믿습니다.…

비록 외교적 교섭을 위한 수사적 표현이라고 하더라도, 임시정부의 노선을 비폭력주의라고 규정하면서 체포된 한국인들은 이번 폭탄사건과 관련이 없음을 강조하고 있는 것이 인상적이다. 이승만은 다음과 같은 말로 편지를 마무리했다.

대한민국임시정부와 한국위원부는 상해 프랑스조계 안에 거류하는 한국인들은 반드시 프랑스 정부의 완전한 보호를 받아야 될 줄 믿습니다. 또 프랑스 정부는 일본에 대하여 전기 체포된 한국인을 석방하여 프랑스조계로 돌려보내도록 요구하여야 될 줄 알며, 또한 그들이 다만 한국인이라는 이유로 일본의 무법한 희생이 되게 방치해 두지 않을 것을 주장합니다. 이상의 이유로 재상해 대한민국임시정부와 재워싱턴 한국위원부는 프랑스국 정부에 대하여 전기 한국인을 즉시 석방하도록 일본 당국에 요망하고 또 그들을 적당히 보호하여 주시기를 요망합니다.[83]

이승만의 편지를 접수한 프랑스 정부는 상해 주재 프랑스영사에게 자국 조계 안에 있는 한국인들을 보호하도록 훈령하고, 그 사실을 이승만에게 통보했다. 이승만은 5월23일에 하와이의 동지회 중앙본부로 그 사실을 알렸고, 동지회 중앙본부는 즉시 프랑스 대통령에게 감사전보를 쳤다.[84]

---

83) 《太平洋週報》 1932년6월1일호, 「상해 체포한인 석방을 법국대사에게 요구한 구미위원부 공문」, pp.12~13.
84) 《太平洋週報》 1932년6월1일호, 「상해한인 체포건 선후책에 대한 동지회 태도」, p.19.

프랑스조계 공부국 경찰은 5월6일에 일본영사관 경찰에 대하여 앞으로 프랑스조계 안에서 예고 없이 사람을 검거하는 일을 정지하고 검거할 필요가 있을 때에는 늦어도 30분 전에 요청해 주기 바란다고 통고했다. 또한 프랑스영사도 일본총영사에게 일본경찰의 무통고 검거는 조계행정권 침해의 우려가 있다면서, 앞으로 피의자 검거는 일본쪽이 요구하면 프랑스쪽에서 행하고 일본쪽에는 경찰관 1명의 동행만 인정하겠다고 통고했다.[85]

뒷날 이승만은 국내에서 발행된 『도왜실기(屠倭實記)』의 「서문」에서 이봉창과 윤봉길의 거사에 대하여 다음과 같이 썼다.

『도왜실기』는 김구 선생의 자서전이며 한국 독립운동의 표면사일 뿐더러 대한임시정부의 측면사라고도 할 수 있으니, 수많은 순국열사 중에서도 본편의 주인공인 이봉창, 윤봉길 의사가 한국독립사상에 얼마나 지대한 역할과 공헌을 하였는가를 고려한다면 이 책의 의의도 또한 심상하지 않음을 알 수 있을 것이다. 왜황 유인(裕仁)을 향하여 이 의사가 던진 폭탄 한개는 비록 성공은 하지 못하였으나 한국 민족이 일본에 대하여 금일까지 꾸준히 반항하고 있다는 증거를 세계에 표명하였으며, 윤 의사의 상해사건은 중국 군대 중에서도 최정예를 자랑하는 19로군이 수개월을 두고 악전고투하였건만 일찍이 머리카락 하나 건드려 보지도 못한 왜군관민의 수뇌부를 한국의 청년이 일거에 도륙하고 말았으니, 갈수록 더 심한 침략으로 왜에 대한 원한이 골수에 사무쳤던 당시 4억만 중국 민중의 환호와 감격은 넉넉히 상상하고도 남음이 있다. 즉 자기네의 원수를 무명의 한국 청년이 갚아 준 격이니, 어시호(於是乎), 중국 관민은 한민족의 열렬한 조국혼과 한인의 독립운동이 엄연히 상존해 있음을 다시금 인식하게 되었고, 세계도

85) 「上海韓國人獨立運動者團束對策(要旨)」, 『韓國民族運動史料(中國篇)』, p.726.

또한 한국독립의 난문제가 아직도 해결되지 못하고 있음을 새삼스럽게 깨닫게 되었다.…

이로써 미루어 본다면 윤 의사가 던진 폭탄 한개는 단순히 테러사건이라고 하기에는 너무나 그 의의와 영향이 중대하니, 김구 선생이 말씀하신 바 소위 "최소의 희생으로써 최대의 효과"를 얻고도 오히려 남음이 있다고 할 것이다.…[86]

이 글은 김구의 공적을 한껏 추어올리느라고 쓴 글인데, 독립운동 기간에 그가 줄곧 반대했던 폭력투쟁의 정치적 효과를 높이 평가하는 듯한 문투여서 눈길을 끈다. 이 글을 쓸 때는 이승만과 김구의 협조가 가장 돈독하던 때였다.

김구와는 별도로 이날의 홍구공원 천장절 기념식 폭파를 준비했던 정화암은 다음과 같이 증언했다.

"윤봉길 의사의 의거가 없었으면 임시정부라는 것은 거기서 끝나게 되어 있습니다.… 저 프랑스 사람들도 이때쯤에는 왜놈들 편에 서서 왜놈들이 부탁하기만 하면 그대로 응해 줍니다. 그래 우리가 프랑스조계에도 있지 못하고 중국인 거리로 도망치고 그랬지요. 그걸 보고 중국사람들은 '임시정부라는 것이 아무것도 아니군' 하면서 돌아서기 시작해요.…"[87]

한편 김구 자신은 이때의 상황을 다음과 같이 기술했다.

왜구의 중한 양 민족에 대한 "감정악화 정책"의 일환으로 '만보산

---

86) 『屠倭實記』, 國際文化協會, 1946, pp.12~13.
87) 이정식 면담·김학준 편집해설, 앞의 책, p.387.

(萬寶山)사건'이 터졌다. 이를 기화로 중국 상인과 노동자들에 대한 감정이 폭발하여 조선 곳곳에서 한인 무뢰배들이 총동원되어 그들을 만나는 대로 때려죽이는 소동이 벌어졌다. 중류 이상의 중국인들은 만보산사건이 왜구의 간계임을 간파하였지만, 하류계급 사이에서는 "고려인이 중국인을 때려죽인다"는 악감정이 동경사건[이봉창 의거] 이후에도 좀체 사그라지지 않았다. 게다가 1·28상해전쟁으로 왜병이 민가에 함부로 불을 지르는 때에 최영택(崔英澤) 같은 악한을 사주하여 중국인 집에 들어가 많은 사람들이 지켜보는 가운데 재물을 약탈하게 하는 일들이 허다하게 일어났다. 이로 인해 주로 자동차와 전차의 한인 검표원들이 중국인 노동자들에게 아무 이유 없이 구타당하는 일이 종종 발생하였다. 그러나 4·29사건으로 인하여 중국인들의 한인들에 대한 감정은 놀랄 만큼 호전되었다.[88]

윤봉길 의거를 계기로 상해 동포사회에서 임시정부의 위상과 더불어 김구의 명성과 권위가 급격히 제고되었음은 말할 나위도 없다. 동포사회에서뿐만 아니었다. 남경에 있던 국민정부 관계자들도 김구를 만나보고 싶어 했다. 김구가 신변의 위험을 말하자 그들은 김구가 온다면 비행기라도 보내겠다고까지 했다고 한다.[89]

피치가 모는 자동차를 타고 중국지역으로 피신한 김구는 안공근과 함께 기차역에 가서 가흥(嘉興)으로 가는 표를 끊었다. 가흥에는 박찬익이 민필호를 시켜 은주부와 저보성(褚輔成) 등 중국 유력 인사들과 교섭하여 마련해 놓은 피신처가 있었다.[90] 이렇게 하여 김구는 13년 동안 그 자신의 말대로 "죽자꾸나" 하고 살아온 상해의 프랑스조계를 허둥지둥 떠났다. 또 다른 고난의 운명이 시작된 것이다.

---

88) 『백범일지』, p.340.
89) 『백범일지』, p.342.
90) 『백범일지』, p.343; 閔弼鎬, 앞의 글, pp.88~89.

52장

중국농촌 보고 사대사상 통박

1. 남호의 여사공과 피신생활

1

황급히 피치(George A. Fitch) 집을 나와서 안공근(安恭根)과 함께 호항선[滬杭線: 상해와 항주 사이의 철도] 열차에 오른 김구는 피란처가 마련되어 있는 가흥(嘉興)에 내리지 않고 가흥에서 두시간쯤 더 지나서 있는 항주(杭州)로 갔다. 항주에는 피치 집에 같이 피신해 있다가 나흘 전에 먼저 떠난 김철(金澈)이 청태(淸泰)제2여사에 머물면서 그곳에 임시정부 판공처를 개설해 놓고 있었다. 조완구(趙琬九)와 조소앙(趙素昂)도 항주에 가 있었다. 김구는 1932년5월14일 늦게 항주에 도착하여 취영여사(聚英旅舍)에 거처를 정했다.[1]

5월15일과 16일 이틀 동안 국무위원회의가 열렸다. 그것은 윤봉길의 홍구공원 폭파사건이 있고 나서 처음 열린 국무회의였다. 가흥에 피신해 있던 이동녕(李東寧)도 항주로 와서 국무위원 다섯 사람 전원이 참석했다. 홍구공원 폭파사건은 임시정부의 활로에 획기적인 전기를 마련해 주었음에도 불구하고, 국무위원들은 저마다 심기가 예민해져 있었다. 김구혼자만 천하의 영웅이 되고 자신들의 신상에는 위험만 들이닥쳐 허둥지둥 상해를 떠나와야 했기 때문이었다. 홍구공원 폭파계획을 보고한 국무회의에서 그와 같은 행동을 한다면 한국인들, 특히 임시정부 요인들은 상해에 거주할 수 없게 될 것이라면서 반대했던 조소앙과 조완구의 주장이 현실이 된 셈이었다.

회의에서는 선후조치와 앞으로의 활동계획 등에 대한 논의가 있은 다음, 자금문제와 관련하여 김구와 김철 사이에 논쟁이 벌어졌다. 김철, 조소앙 등은 홍구공원 폭파사건 직후에 중국쪽에서 임시정부에 지급한 은

---

1) 「爆彈事件後의 金九一派其他의 動靜」, 『韓國民族運動史料(中國篇)』, p.742.

김구의 피신을 도와준 저보성(褚輔成).

화 5,000달러를 김구가 임시정부에 내놓지 않는다는 이야기를 들었고, 한편 김구는 김구대로 김철과 조소앙 및 김철의 조카인 한인청년단 이사장 김석(金晳)이 상해시상회(上海市商會)가 윤봉길(尹奉吉)과 안창호(安昌浩)의 가족에 대한 위로금으로 거두어 준 은화 7,000달러를 움켜쥐고 있다는 말을 들었기 때문이었다.[2]

이때에 김구와 김철 등이 각각 받은 자금에 관해서는 정확한 기록이 없다. 민필호(閔弼鎬)는 자기가 중국화양진재위원회(中國華洋振災委員會) 위원장 주경란(朱慶瀾)에게서 1만원을 받아 김구에게 전했다고 기술했다.[3]

한편 1932년5월22일자로 발행된《대한민국임시정부공보》호외에는 5월21일에 열린 국무회의는 각종 중요사항을 결의한 뒤에 국무위원들의 담당부서를 새로 결정했는데, 내무장 조완구, 외무장 조소앙, 법무장 이동녕은 유임되고, 군무장 김철은 재무장으로, 재무장 김구는 군무장으로 자리가 엇바뀌었다.[4] 이러한 조치는 아마도 중국인들이 자기 개인에 대해서뿐만 아니라 임시정부에 제공하는 자금의 관리권도 재무장인 자신에게 있다는 김구의 주장을 배제하기 위하여 김철과 조소앙이 조완구를 설득하여 결정한 것으로 짐작된다. 조완구는 이때에 국무회의의 주석이었다.

---

2) 金正明 編, 『朝鮮獨立運動 民族主義運動篇 II』, p.499.
3) 閔弼鎬, 「大韓民國臨時政府와 나」, 『石麟 閔弼鎬傳』, p.89.
4) 《大韓民國臨時政府公報 號外》(1932년5월22일), 『대한민국임시정부자료집(1) 헌법·공보』, p.174.

임시정부 가족들이 함께 피신해 있던 가흥의 수륜사창.

　김구 및 그와 가까운 임시정부 관계자들의 피신처를 가흥에 마련할
수 있었던 것은 중국국민당의 배려 덕분이었다. 김구 일행에게 피신처를
제공해 준 사람은 가흥 명문의 저보성(褚輔成)이었다. 저보성은 일찍이
일본에 유학한 뒤에 손문(孫文)을 따라 신해혁명(辛亥革命)에 참가했고,
중화민국 초엽에는 중의원(衆議院) 의원, 북벌전쟁 시기에는 절강성(浙
江省) 정무위원회 주석대리 등을 역임했으며, 이 무렵에는 상해 법정학원
(法政學院) 원장이면서 동북의용군 후원회장으로 활동하고 있었다.[5] 동
북의용군 군사후원회는 일본군의 만주침략에 대항하여 싸우는 동북의
용군의 경제적 후원을 목적으로 조직된 의연금 모금단체였다. 연설과 선
전에 뛰어난 재능을 가진 저보성은 상당한 자산가였으나 항일운동에 그

---

5) 劉壽林外 編, 『民國官職年表』, 中華書局, 1995, p.424; 徐友春 主編, 『民國人物大辭典』, 河北人
　民出版社, 1991, p.1347; 朱宏達・吳潔敏, 「김구의 남북호 피난기」, 한국민족운동사연구회 편,
　『한국독립운동과 중국』, 국학자료원, 1998, pp.280~282.

의 재산을 모두 써 버렸을 정도로 반일의식이 강한 인물이었다.[6]

저보성에게 김구 일행의 피신을 부탁한 사람은 민국 초기에 중의원 의원, 북경정부의 재정부 차장 등을 지내고 남경정부의 복건성(福建省) 정무위원 등을 역임한 은여려(殷汝驪: 殷鑄夫)[7]였는데, 홍구공원 폭파사건 뒤에 김구는 민필호의 주선으로 은여려를 몇차례 만났다. 국민정부의 정무위원과 감찰원 부원장 등을 역임하고 1933년에 강소성(江蘇省)정부 주석이 된 중국국민당의 실력자 진과부(陳果夫)[8]가 부하 소쟁(蕭錚)을 은여려에게 보내어 저보성에게 부탁하도록 했다는 이야기도 있다. 소쟁은 절강성 보안처장 소백성(蕭伯誠)을 은밀히 만나서 김구를 잘 보호해 줄 것을 부탁했고, 소백성은 "가슴을 두드리며 안전에 관한 책임을 지겠다고 대답했다"는 것이다.[9]

임시정부 관계자들이 피신한 곳은 수륜사창(秀綸紗廠)이라는 허술한 공장이었다. 수륜사창은 저보성의 아들 저봉장(褚鳳章)이 경영하는 면사공장인데, 세계공황으로 공장 문을 닫고 있었기 때문에 피신처로는 안성맞춤이었다.[10] 저봉장은 연대(煙臺)해군학교를 졸업하고 제1함대에 파견되어 근무하다가 그만두고 미국으로 유학하여 매사추세츠공과대학(Massachusetts Institute of Technology: MIT)에서 석사학위를 받고 귀국한 엘리트였다. 1930년에 가흥의 민풍(民豊)제지공장 공정사로 임명되었고, 1933년에는 항주의 화풍제지공장 공정사를 겸직했다.[11] 수륜사창에는 이동녕과 이시영(李始榮), 엄항섭(嚴恒燮) 가족, 김의한(金毅漢) 가족 등이 먼저 와 있었다.[12]

---

6) 「爆彈事件後의 金九一派其他의 動靜」, 『韓國民族運動史料(中國篇)』, p.746; 朱宏達·吳潔敏, 앞의 글, pp.280~282.
7) 『民國官職年表』, p.1357; 『民國人物大辭典』, p.729.
8) 『民國官職年表』, p.689, p.1392; 『民國人物大辭典』, p.1032.
9) 朱宏達·吳潔敏, 앞의 글, p.266.
10) 정정화, 『녹두꽃』, pp.87~88.
11) 朱宏達·吳潔敏, 앞의 글, p.280.
12) 정정화, 앞의 책, p.87.

저보성의 집은 남문 밖에 있었는데 구식 집으로 그다지 크지는 않았으나 사대부 저택의 위엄이 있었다.

저보성은 양자 진동손(陳桐蓀: 陳桐生)의 별장 한곳을 김구의 숙소로 정해 주었다. 그 정자는 호숫가에 반양식으로 정교하게 지은 건물로서 수륜사창과 마주 보는 가까운 곳에 있었고, 경치도 매우 아름다웠다. 이때부터 김구는 본명을 숨기고 변성명을 썼다. 성은 조모의 성을 따서 '장(張)'이라고 하고 이름은 '진구(震球)' 또는 '진(震)'이라고 쓰면서 광동사람으로 행세했다. 김구의 실체를 아는 사람들은 저씨 내외와 그의 아들 저봉장 내외, 그리고 양자 진동손 내외뿐이었다.

김구가 가장 답답한 것은 언어문제였다. 김구는 중국말이 매우 서툰데다가 광동말은 상해말과 또 달라서 벙어리나 다름없었다. 그러나 언어문제 한가지를 빼놓고는, 13년 동안이나 상해 프랑스조계 안에서 한 발자국도 나가지 못했던 김구에게 가흥 생활은 자유스럽고 행복했다. 가흥은 상해와는 사뭇 다른 별천지였다. 김구는 가흥을 다음과 같이 묘사했다.

김구가 처음 피신해 있던 가흥의 진동손(陳桐蓀: 陳桐生)의 집.

김구가 피신해 있으면서 둘러본 가흥의 명소들. 왼쪽부터 연우루(烟雨樓), 삼탑(三塔), 낙범정(落帆亭).

가흥에는 산이 없으나 호수가 낙지밭같이 사방으로 통하여, 일여 덟살 어린아이라도 다 노를 저을 줄 알았다. 토지는 극히 비옥하여 각 종 물산이 풍부하며 인심과 풍속이 상해와는 딴 세상이었다. 상점에 에누리가 없고 가게에 고객이 무슨 물건을 놓고 잊어버린 채 갔다가 며칠 후 찾으러 오면 잘 보관하였다가 공손히 내어주는 것은 상해에 서 보기 힘든 아름다운 풍습이었다.[13]

김구는 진동손 내외의 안내로 명나라의 임진난리 때의 유적지인 남호 (南湖)의 연우루(烟雨樓)와 서문 밖의 삼탑(三塔) 등을 구경했다. 그곳 은 명나라의 임진난리 때에 왜구들이 이곳에 침입하여 근처 부녀자들을 잡아다가 절에 가두고 한 승려에게 감시하도록 했는데, 승려는 밤중에 왜구들 몰래 부녀자들을 모두 풀어 주었다. 이 사실을 안 왜구들이 승려 를 살해하여 그 핏자국이 아직도 돌기둥에 나타났다 없어졌다 한다는 전 설이 전해져 오고 있다고 했다.

동문 밖 10리 되는 곳에 있는 한나라 때의 문신 주매신(朱買臣)의 무

─────────
13) 『백범일지』, p.344.

덤과 북문 밖에 있는 낙범정(落帆亭)도 구경했다. 낙범정에는 주매신과 그의 아내 최씨 부인 사이의 애틋한 전설이 전해져 온다고 했다. 주매신은 글만 알고 세상일에는 문외한이었다. 하루는 부인 최씨가 그에게 마당에 늘어놓은 보리나락을 잘 보라고 당부하고 농사일을 나갔다. 그런데 최씨가 일을 마치고 돌아와서 보니까 주매신은 소낙비에 보리나락이 떠내려가는 것도 모르고 글만 읽고 있었다. 최씨는 더 참지 못하고 목수에게 개가하고 말았다. 그 뒤에 주매신은 과거에 급제하여 회계태수(會稽太守)가 되어 돌아오던 길에 도로를 수리하는 여자를 보았다. 최씨였다. 주매신은 최씨를 뒷수레에 타게 한 다음 관사에 도착하여 불렀다. 그때서야 주매신이 귀하게 된 것을 안 최씨는 다시 아내 되기를 원했다. 주매신은 최씨에게 물 한동이를 길어 와서 땅에 엎질렀다가 다시 퍼 담아 한 동이가 되거든 같이 살자고 대답했다. 그리하여 최씨는 그만 낙범정 앞 호수에 빠져 죽었다고 했다.

2

김구는 그러나 유유자적하고 있을 수만은 없었다. 김구가 가흥에 도착하고 며칠 지나지 않은 5월21일자 중국 신문《시사신보(時事新報)》에 안창호를 비방하는 글이 실렸다. "안창호는 이미 비혁명적 경지에 전락한 사람으로서 미국으로부터 돌아온 뒤에 그가 통솔하는 단체에는 많은 친일적 주구가 섞여들고 있다. 4월29일 폭탄사건 당일도 안창호는 그 사실을 모르고 만연히 배회하고 있었으므로 체포된 것이다"라는 요지의 글이었다.[14] 그것은 김철의 조카 김석이 익명으로 투고한 것이었다. 격분한 김구는 남경에 있는 박찬익(朴贊翊)을 통하여 홍구공원 폭파사건 이후로 소원해져 있는 안창호의 측근 이유필(李裕弼)과 상의했다. 이유필은 항

---

14) 「中國人의 獨立運動後援金」, 「韓國獨立運動史 資料(3) 臨政篇Ⅲ」, 1973, p.552.

주로 피신했다가 상해로 돌아가서 교민단사무소를 중국지역으로 옮기고 안창호 석방운동을 벌이고 있었다.

김구는 안공근과 교민단 의경대원이던 박창세(朴昌世), 김동우(金東宇), 문일민(文逸民)을 5월28일에 항주로 보냈다.[15] 일설에는 박찬익이 박창세와 이수봉(李秀峰) 등 병인의용대원 5명을 데리고 항주로 갔다고도 한다. 이들은 임시정부 판공처에서 김철, 조소앙, 김석 세 사람을 만나 홀닦아 세우고 구타까지 했다. 그러고는 그들이 가지고 있던 돈을 뺏어 왔다. 그러나 이날 뺏어 온 돈은 조소앙이 가진 900원과 김석이 가진 100원뿐이었다고 한다.[16]

금전문제를 둘러싼 이러한 분규는 중국인들의 신망을 잃을 위험이 있었다. 6월 상순에 가흥에서 두차례 열린 국무회의는 항주 판공처 습격사건을 심의하기 위하여 한국독립당 이사회를 열기로 결의했다. 6월 하순에 항주시내의 한 소학교에서 열린 한국독립당 이사회에는 김구를 포함하여 이동녕, 이시영, 조소앙, 이유필, 김철, 송병조(宋秉祚) 등 16명이 참석했다. 한국독립당 이사 전원이 모인 것이었다. 회의는 격론이 벌어져 나흘 동안이나 계속되었으나 좀처럼 해결책을 찾지 못했다. 결국 회의는 가해자인 박창세와 김동우를 출석시켜 판공처 습격사건의 전말을 보고하게 한 다음, 박찬익, 김두봉(金枓奉), 엄항섭 세 사람을 진상조사위원으로 선출하는 것으로 타협하고 해산했다.[17]

김구는 일본총영사관 경찰의 집요한 추적 때문에 가흥에 오래 머물 수 없었다. 어느 날 상해로부터 비밀연락이 왔다. 일본총영사관 경찰이 상해에 김구의 흔적이 없는 것으로 보아 반드시 호항선(滬杭線)이나 경호선[京滬線: 북경과 상해 사이의 철도] 방면으로 숨었을 것이라면서 정탐꾼을 양 철도 방면으로 파견하여 몰래 정탐하기로 하고, 오늘 아침에 수색대가

15) 金正明 編, 『朝鮮獨立運動 民族主義運動篇 II』, pp.499~500.
16) 「中國人의 獨立運動後援金」, 『韓國獨立運動史 資料(3) 臨政篇 III』, p.550.
17) 「爆彈事件後의 金九一派其他의 動靜」, 『韓國民族運動史料(中國篇)』, p.744.

항주 방면으로 출발했으니까 만일 김구가 그쪽에 피신해 있거든 근처 정거장에 사람을 보내어 일본경찰의 거동을 살펴보라는 것이었다. 김구는 정거장 부근에 사람을 보내어 몰래 살펴보게 했다. 과연 변장한 일본경찰이 기차에서 내려 눈에 불을 켜고 이곳저곳을 살피다가 돌아갔다.[18]

일본경찰의 동향에 대한 이러한 정보는 일본총영사관에 근무하는 일본인 관리가 몰래 안공근에게 알려 준 것이었다. 김구가 일본인 관리를 매수하여 일본인들의 동향에 대한 정보를 입수하고 있었다는 이야기는 눈여겨볼 만하다. 이때의 상황을 김구는 다음과 같이 써 놓았다.

> 세상에 기괴한 일도 다 있다. 4·29 이후에 상해 일본인의 전단에 "김구 만세"라는 내용이 배포되었다는데, 실물을 얻어 보지는 못하였다. 일본인으로서 우리 금전을 먹고 밀탐하는 자도 여러명 있었다. 위혜림(韋惠林)군의 알선으로도 여러명 알게 되었는데, 이들은 매우 신용이 있었다.[19]

일본총영사관에 근무하는 복수의 일본인 관리를 안공근에게 정보원으로 알선한 위혜림은 평양 부호의 아들로서 외국유학을 하고 하얼빈에서 러시아은행에 근무했고, 상해에 와서 안공근에게 포섭되었다가 뒤에 무정부주의자가 된 사람이었다.[20] 상해에서 활동하던 일본 무정부주의자들의 전단에 "김구 만세"라는 내용이 들어 있었는지는 알 수 없으나, 만일 그것이 사실이라면 "매우 신용이 있게" 정보를 제공한 일본인 관리의 존재와 함께, 놀라운 일이 아닐 수 없다.

김구는 진동손의 별장에 느긋하게 머물면서도 남몰래 초조하게 기다리는 일이 있었다. 그것은 대련(大連)으로 파견한 한인애국단원들의 활

---

18) 『백범일지』, p.346.
19) 위와 같음.
20) 이정식 면담·김학준 편집해설, 『혁명가들의 항일회상』, pp.426~427.

동소식이었다. 김구는 가흥으로 온 뒤에도 프랑스조계 신천상리(新天祥里) 20호의 안공근의 집을 통신연락처로 삼아 대련으로 파견한 동지들과 연락을 취하고 있었다. 최흥식(崔興植) 등은 리턴(Victor A. G. B. Lytton)조사단이 5월26일 오후 7시40분에 대련역에 도착할 때에 관동군사령관 혼조 시게루(本庄繁), 남만주철도 총재 우치다 야수야(內田康哉), 관동청 장관 야마오카 만노스케(山岡萬之助) 등 만주의 일본 수뇌부가 먼저 와서 기다릴 것이므로 그 기회를 이용하여 폭살하기로 계획하고 있었다. 만일 그 기회를 놓치면 조사단이 대련을 떠나는 5월30일 오전 9시에 거사를 단행할 계획이었다. 그러나 5월9일에 중국 안동에서 여단원 김긍호(金兢鎬)가 체포된 데 이어 5월24일 새벽에는 대련에서 최흥식이, 이튿날에는 역시 대련에서 유상근(柳相根) 등 세 사람이 체포되고 말아 이 계획은 실패했다. 5월 중순에 대련 우체국에서 상해로 보낸 중국식 비밀전문이 단서가 되어 일본경찰에 적발된 것이었다.[21]

일본경찰은 김긍호와 최흥식이 체포된 사실을 숨기고 두 사람을 이용하여 김구의 피신처를 알아내려고 했다. 일본경찰은 두 사람을 시켜 김구에게 거짓편지를 쓰게 했고, 그 사실을 알지 못한 김구는 두 사람이 체포된 뒤인 5월30일에도 최흥식에게 다음과 같은 편지를 썼다.

흥식군에게.
그동안 상해는 일대수라장이 되어 출입이 극히 불편하며 교통은 단절되고 상업은 부진하나, 그곳에서라면 영업이 되지 않을까 생각하고 일화 200원을 보내두어 소상업이라도 경영하게 했는데, 아직 돈을 받았는지 못받았는지 분명치 않아 매우 노심초사하고 있네. 상품은 군이 기초를 정하고 통신하든지 군이 와서 가지고 가든지 형편에 좋을 대로 하게. 나는 이번 전쟁하에서 투기영업을 하여 대성공했네. 지

---

21) 金九, 「大連炸案之眞相」, 『白凡金九全集(1)』, p.611, p.717.

금부터는 좀 더 대규모의 영업을 경영 중이나 군들에게는 상업의 기초가 정해져야만 큰 신용이 있을 것일세. 무엇이든 생각대로 잘 해보게. 반드시 신용에 중점을 두지 않으면 안되네.

매우 암시적인 내용이었다. 같은 날 김구는 김긍호에게도 편지를 썼다.

4월8일에 보낸 편지는 어제 겨우 받아 보았네. 생활상 노고가 많을 줄 짐작하고 100원을 준비했으나 인편이 없어서 못 보내고 있네. 내 몸이 좀 자유스러워지면 보내겠네. 이전의 50원을 받았다면 송금은 어렵지 않네. 상해는 대소란 중으로 홍구에서 대사건이 일어나 10여명이 체포되고 집에는 계집애와 어린애뿐이라네. 군이 무사한지 근심하고 있네. 애쓰는 김에 끝까지 해주기 바라네. 여비는 충분히 보내겠네. 편지를 가끔 해주게. 그리고 편안하게 보양하고 있기를 기도하네. 나의 이름은 '곽윤(郭潤)'이라고 봉투에 써 주게.

이처럼 김구는 이때까지도 두 사람이 일본경찰에 체포된 사실을 몰랐다. 일본경찰은 김긍호로 하여금 5월26일에 김구에게 두번째 편지를 쓰게 했고, 김구는 6월4일에 다시 답장을 썼다. 이 편지는 6월11일에 안동에 도착했다.

돈도 받지 못하고 고생하여 미안하네. 이곳에서 대풍파가 일어난 뒤로 여기저기 주소를 정하지 않고 방황하고 있네. 편지는 친구가 먼저 보고 나에게 전달되므로 편지에 노골적인 일을 쓰지 않아 도리어 잘됐네. 편지가 내 손에 직접 들어오게 되거든 겁내지 말고 마음껏 써 주게. 성의를 알리기 위해 생활비로 매월 20원을 보내는데, 송금이 불편하여 사람을 시켜 한번에 많이 보낼 생각이니 가거든 믿고 받아 주게.

최홍식과 유상근 등이 체포된 사실은 5월31일자 국내 신문에 보도되었다. 그제서야 김구는 편지를 중단했다.[22]

3

일본경찰이 역 주변을 다녀가는 것을 본 김구는 가흥도 안전한 피신처가 될 수 없다고 생각했다. 저봉장은 김구의 피신문제를 아내 주가예(朱佳蕊)와 상의한 끝에 김구를 해염현(海鹽縣) 성내에 있는 처갓집 산당으로 피신시키기로 했다. 주씨네 산당은 해염현에서 서남쪽으로 40여리 거리에 있었는데, 그곳은 주씨 집안의 피서 별장이었다. 미인인 주가예는 가흥여자사범학교를 졸업하고 해염여자소학교에서 교사생활을 한 재원으로서, 스물일곱살에 저봉장의 재취로 시집와서 첫아들을 낳은 지 대여섯달밖에 되지 않은 때였다.[23]

김구는 주가예와 동행하여 배를 타고 반나절 걸려서 해염성 내 무원진(武原鎭)에 있는 주가화원(朱家花園)에 도착했다. 주가화원은 현성 신교롱(新橋弄) 서쪽에 있었는데, 청나라 동치(同治)년간의 진사이며 일찍이 광동 조주지부(潮州知府)를 지낸 주가예의 할아버지 주병수(朱丙壽)의 개인 유원지였다. 화원 안은 담장으로 앞뒤 두 부분으로 나뉘어져 있었다.[24] 김구는 주가화원의 모습을 다음과 같이 적었다.

주씨 사택은 해염현 내 최대 가정으로 규모가 광대한데, 나의 숙소는 집 뒤편에 있는 양옥 한곳이었다. 사택의 대문 앞은 돌길[石馬路]이고, 그 외는 모두 호수로 배들이 지나갔다. 대문 안에 정원이 있고, 다시 좁은 문으로 들어가면 사무실이 있어서 그곳에서 집안일을

22) 「金九一黨의 動靜과 逮捕計劃」, 『韓國民族運動史料(中國篇)』, pp.733~735.
23) 『백범일지』, p.347; 朱宏達·吳潔敏, 앞의 글, pp.279~280.
24) 朱宏達·吳潔敏, 위의 글, p.268.

담당하는 총경리가 매일 주씨댁 생계를 맡아 꾸려 나갔다. 종전에는 400여명 식구가 공동식당에서 식사를 했는데, 근래에는 식구 대부분이 사, 농, 공, 상 직업에 따라 분산하였고, 남아 있는 사람들도 개별 취사를 원하여 물품을 분배하여 각각 취사한다고 했다.

사택의 가옥구조는 벌집과 같은데, 가옥마다 서너개의 방이 있고, 앞에는 화려한 객청 한칸씩이 딸려 있었다. 이러한 구식건축 뒤에 몇 개의 2층 양옥, 그 뒤에 화원(花園), 그 뒤에 운동장이 있었다. 해염의 삼대 화원 중 주가(朱家)화원이 제이요 전가(錢家)화원이 제일이라 하기에 나는 전가화원도 구경하였다. 전가의 화원은 주가화원보다 낫고, 건축물은 주가화원보다 못했다.[25]

김구가 전가화원이라고 한 것은 서가(徐家)화원의 착오이고, 가장 큰 화원은 빙가(憑家)화원, 곧 기원(綺園)이다. 기원은 현재 성급 문물보호 단위가 되어 있다.[26]

김구는 주씨집에서 하룻밤을 묵고 다음날 주가예와 함께 자동차를 타고 주씨네 산당으로 향했다. 두 사람은 남북호에서 5~6리쯤 떨어진 노리언 (盧里堰)[27]에서 차를 내렸다. 여기서부터는 오솔길이라서 걸어가거나 가마를 타야 했는데, 두 사람은 사람들의 이목을 피하기 위하여 걷기로 했다. 노리언에서 5~6리쯤 걸어서 야압령(野鴨嶺)에 도착했다. 야압령은 관음산과 구기산 사이에 있는 높이 80미터쯤 되는 고개였다. 옛날부터 해마다 가을과 겨울에 들오리 떼가 몰려와서 깃들였기 때문에 "들오리 고개"라는 뜻의 이 이름으로 불리게 되었다고 한다.[28] 고갯길을 걷는 주가예의 모습이 김구는 무척이나 안쓰럽고 고마웠다. 그는 이때의 일을 다음과 같이 적었다.

---

25) 『백범일지』, p.347.
26) 朱宏達·吳潔敏, 앞의 글, p.268.
27) 盧里堰은 向里堰를 말한다. 지금은 도로가 나 있어서 중형버스가 직접 통하고 있으나, 김구가 넘었을 때에는 한갈래의 오솔길밖에 없었다(朱宏達·吳潔敏, 위의 글, p.269).
28) 朱宏達·吳潔敏, 같은 글, pp.269~270.

저씨 부인은 굽 높은 구두를 신고 칠팔월 불볕더위에 손수건으로 땀을 씻으며 산 고개를 넘었다. 저씨 부인의 친정 여자 하인 하나가 내가 먹을 음식과 고기류를 들고 우리를 뒤따랐다. 나는 우리 일행이 이렇게 산을 넘어가는 모습을 활동사진기로 생생하게 담아 영구 기념품으로 제작하여 만대자손에게 전해줄 마음이 간절하였다. 그러나 활동사진기가 없는 당시 형편에서 어찌할 수 있으랴. 우리 국가가 독립이 된다면 우리 자손이나 동포 누가 저씨 부인의 용감성과 친절을 흠모하고 존경치 않으리오. 활동사진은 찍어 두지 못하나 문자로나마 기록하여 후세에 전하고자 이 글을 쓴다.[29]

『백범일지』의 이러한 서술은 김구가 『백범일지』 상권을 집필할 때와는 달리, 하권을 집필할 때에는 자기 행동에 대하여 강한 자긍심을 가지고 있었고, 또 특별한 역사의식을 가지고 있었음을 짐작하게 한다.

주가예의 인품은 그녀의 아들 저정원(褚政元)의 다음과 같은 회상기가 실감나게 말해 준다.

우리 이 대가족에서 모친은 시부모를 놓고 말하면 큰며느리요 나의 부친의 여섯 동생과 누이들을 놓고 말하면 큰아주머니였다. 모친께서는 또 후처이기도 하였는데 전처가 낳은 자녀들이 여섯이나 있었다. 이런 위치에서 집안일을 알뜰히 처리하고 친지들과 서로 어울려 화목하게 지낸다는 것은 그리 쉬운 일이 아니다. 모친께서는 천성이 겸손하고 상냥하며 사리에 밝고 태도가 또한 점잖고 의젓하여 사람을 대하거나 일을 처리함에 경우가 밝고 예의를 다 갖추었다.…[30]

---

29) 『백범일지』, p.348.
30) 朱宏達·吳潔敏, 앞의 글, p.279에서 재인용.

산마루에 오르자 주씨가 지어 놓은 길가 정자가 있었다. 두 사람은 거기에서 잠시 쉬었다가 다시 걸었다. 아래쪽으로 수백 걸음을 더 걸어 가자 산허리에 그윽하고 아담한 양옥집 한채가 보였다. 집을 지키는 고용인 가족들이 나와서 주가예를 공손하게 맞이했다. 주가예는 고용인에게 친정에서 가지고 온 고기류와 채소와 과일을 건네주면서 김구의 식성은 이러이러하니 주의하여 모시라고 말하고, 또 등산하면 안내값으로 하루에 3각을 받고, 응과정(鷹窠頂)에 가면 4각을 받으라는 등 세세한 사항까지 지시했다. 그러고 나서 그녀는 김구에게 작별인사를 하고 그날로 해염의 친정집으로 돌아갔다.

김구가 든 산당은 주가예의 숙부 주찬경(朱贊卿)이 1916년에 지은 별장이었다. 별장은 본채 세칸, 부엌 한칸, 응접실 한칸으로 된 남북호의 첫 근대식 별장이었다. 건물은 호수 면보다 10미터쯤 높은 곳에 있으며 누런 돌로 쌓은 베란다가 있어서 호수와 산의 경치를 한눈에 바라볼 수 있었다. 별장을 짓고 얼마 되지 않아서 주찬경은 폐병을 얻어 별장에서 요양하다가 스무살 남짓한 젊은 나이에 요절했고, 부인과 함께 별장 서쪽에 묻혔다. 그 뒤로 이 별장은 주찬경 내외의 묘소에 제사를 지내는 제청으로 사용되었다.[31]

김구는 묘지기 오금산(吳金山)을 데리고 날마다 산과 바다의 풍경을 구경하러 다녔다. 서른살이나 되어 보이는 오금산은 그곳에서 대대로 농사를 지으면서 살아온 순진한 농부로서, 스스로 일을 찾아서 하는 부지런한 성격 탓에 별장 주인의 신임이 두터웠다.[32] 김구는 상해생활 14년 만에 비로소 한가하게 자연을 즐길 수 있는 여유를 갖게 되었다. 이때의 감상을 그는 다음과 같이 술회했다.

---

31) 『백범일지』, p.348; 朱宏達·吳潔敏, 위의 글, p.271.
32) 朱宏達·吳潔敏, 같은 글, p.283.

본국을 떠나 상해에서 생활한 14년간 다른 사람들이 남경, 소주, 항주의 산천을 즐기고 이야기하는 말도 들었으나, 나는 상해에서 한 걸음도 밖으로 나서지 못해 산천이 극히 그립던 차에 매일 산에 오르고 물에 나가는 취미는 비할 데 없이 유쾌하였다.

산 앞으로 바다 위에는 범선(帆船) 윤선(輪船)이 오가고, 산당의 좌우에 푸른 소나무와 가지가지 붉은 잎[紅葉]이 어우러진 광경은 떠도는 사람에게 더욱 가을 바람의 쓸쓸함을 느끼게 하였다. 세월 가는 줄 모르고 매일 산에 오르고 물구경 하는 것이 나의 일과였다. 14년 동안 산수(山水)에 주렸는데, 10여일 사이에 실컷 산수를 즐겼다.[33]

하루는 묘지기를 따라 유명한 응과정에 올랐다. 응과정은 남북호의 서남쪽에 있는 해발 180미터의 야트막한 봉우리인데, 아흔아홉개의 봉우리로 둘러싸여 있고 매가 그 사이를 날아다닌다고 하여 응과정이라고 불리게 되었다고 한다. 산봉우리에 올라서면 멀리 호수 가운데 긴 둑을 일직선으로 쌓아 호수를 남북으로 갈라놓은 남북호의 경치가 한눈에 들어왔다. 두 호수는 마치 은쟁반 같고 호수 가운데 있는 작은 흙무지는 쟁반 속의 보석처럼 반짝이고, 산 앞으로 멀리 일망무제의 항주만이 내려다보였다.[34]

응과정에는 비구니 암자가 있었다. 늙은 비구니 한 사람이 김구를 맞이했다. 묘지기는 그 비구니와 잘 아는 사이인 모양이었다. 김구는 이때의 일을 인상적으로 적어 놓았다.

　　"저 귀한 손님은 해염 주씨댁 큰아가씨가 모셔온 분으로 광동인이고, 약을 드시기 위해 산당에 오셔서 머물고 계시며, 구경하러 여기 왔습니다"

---

33) 『백범일지』, pp.348~349.
34) 朱宏達·吳潔敏, 앞의 글, pp.248~349.

라고 보고하니, 노비구니는 나를 향하여 고개를 끄덕이며 말했다.

"아미타불, 멀리서 잘 오셨는지요? 아미타불, 내당으로 들어갑시다. 아미타불."

나는 감사해 마지않으며, 그치지 않고 염불하는 도력 있는 여성을 따라 암자 안으로 들어갔다. 암자의 각 방에는 붉은 입술과 분 바른 얼굴에 승복을 맵시 있게 입고, 목에는 긴 염주를 매고, 손에는 짧은 염주를 쥔 젊은 여승들이 나와 고개 숙여 추파식 인사를 했다. 그 모습을 보니 상해 팔선교(八仙橋)에 있는 하등 창녀촌인 야계굴(野鷄窟)을 구경하던 광경이 회상되었다.[35]

이 암자는 송나라 때에 창건된 운수암(雲岫庵: 본명은 雲鷲寺)이고, 김구를 맞이한 늙은 비구니는 운수암의 주지 자신사태(慈信師太)였다. 자신사태는 환갑 가까이 되어 있었다. 그녀는 세상물정에 밝고 절을 운영하는 수단이 좋아서 불당에 향불이 꺼질 날이 없었다. 귀빈이 오면 꼭 설보(雪寶)샘물로 불전차[佛前茶: 불상에 올리는 여린 차]를 풀어 대접했다. 설보천은 물맛이 좋고 일년 내내 마르지 않으며 바닥이 보이도록 맑아서 절에서는 이 샘물로 산에서 나는 차잎을 끓였는데, 맑은 향기가 그윽하여 절간 참배자들과 귀빈들이 그 맛을 칭찬한다고 했다.[36]

묘지기는 김구의 시곗줄 끝에 작은 지남침이 있는 것을 보고 말했다.

"뒤쪽 산자락에 바위가 하나 있는데, 그 바위 위에 지남침을 놓으면 금방 바뀌어 지북침이 된답니다."

김구는 밥을 먹고 나서 묘지기를 따라가 보았다. 뒤쪽 산자락에 이르러 바위 위에 동전 한개를 들여놓을 만한 옴폭하게 파인 자리가 있었다. 거기에 지남침을 올려놓자 묘지기 말대로 지북침이 되었다. 이때에 김구

---

35) 『백범일지』, p.349.
36) 朱宏達·吳潔敏, 앞의 글, pp.274~275.

가 구경한 것은 남북호 특유의 도침석(搗砧石)이었다. 도침석은 응과정에 있는 것이 아니라 북목산(北睦山) 꼭대기에 있는 넓고 평평한 돌인데, 나침반으로 옴폭한 곳을 누르면 돌 속에 자석이 있어서 바늘이 거꾸로 북쪽을 가리킨다고 한다.[37]

하루는 묘지기가 해염 성 밖으로 5리쯤 떨어진 해변에 있는 진(鎭)의 장날이라면서 구경가지 않겠느냐고 하기에 김구는 따라나섰다. 둑길을 따라 강을 건너 서문으로 들어가서 남북호 동북쪽에서 가장 큰 마을인 감포(澉浦)의 장마당에 도착했다. 감포는 네개의 성문이 있는데, 성문은 구름다리를 통하여 성 밖으로 통하도록 되어 있고, 성벽 위에는 포대가 있었다.[38] 성 안에는 십자거리가 있었다. 김구는 성 안을 한바퀴 돌면서 대충 구경했다. 외진 곳에 있는 진이라서 그런지 장꾼은 많지 않았다.

김구는 어떤 국수집에 들어가서 점심을 시켜 먹었다. 그런데 김구의 모습을 본 노동자와 경찰과 여러 사람들이 수군거리면서 김구를 유심히 훑어보았다. 경찰은 묘지기를 불러내고, 김구에게도 직접 캐물었다. 김구는 서투른 중국말로 광동상인이라고 대답하고, 벽 너머로 묘지기와 경찰이 주고받는 말에 귀를 기울였다. 경찰은 김구가 광동사람이 아니라 일본사람이 아니냐고 물었다. 묘지기는 김구는 해염 주씨댁 큰아가씨가 산당에 모셔온 손님이라고 설명했다. 그러면서 묘지기가 "주씨댁 큰아가씨가 일본인과 동행하겠느냐"고 당당하게 되묻자 경찰은 아무 말도 하지 못했다. 김구는 묘지기가 그렇게 말하는 것을 보고 해염 일대에서의 주씨 집안의 위력을 실감했다.

경찰은 김구를 놓아 준 뒤에도 산당을 몰래 감시하기 시작했다. 그러나 여러 날을 감시해도 별다른 단서를 잡지 못하자 경찰국장이 직접 해염 주씨댁에 출장 나와서 산당에 머무는 광동인의 정체를 조사했다. 주

---

37) 위의 글, pp.275~276.
38) 같은 글, p.277.

가예의 부친이 사실대로 말하자 경찰국장은 크게 놀라면서 "그렇다면 힘써 보호하겠다"고 하고는 돌아갔다.

김구는 자신의 신변이 노출되었다고 생각하고 산당을 떠나기로 했다. 며칠 뒤에 김구를 데려가기 위해 안공근과 엄항섭이 진동생과 함께 산당으로 찾아왔다. 김구는 그들과 함께 응과정의 빼어난 경치를 다시 한번 둘러보고, 해염현성에 들러서 청나라 건륭(乾隆)황제가 남쪽 지방을 순시했을 때에 술을 마셨다는 누방(樓房)도 구경하고 나서 가흥으로 돌아왔다.[39]

4

가흥으로 돌아온 김구는 남문 밖에서 운하로 10리 남짓 떨어진 곳에 있는 엄가빈(嚴家浜)이라는 농촌에 가서 잠시 머물렀다. 그곳에는 진동생의 농토가 있었다. 김구는 진동생과 아주 가까운 사이인 농부 손용보(孫用寶)의 집에서 시골 늙은이처럼 한가로이 지냈다. 날마다 식구들이 농삿일을 나가고 나면 혼자 빈집에 남아서 아이를 보다가 아이가 울면 우는 아이를 안고 일하는 아이 엄마를 찾아가곤 했다. 그러면 아이 엄마는 당황하여 어쩔 줄 몰랐다. 이때에 김구는 중국의 농촌사회를 자세히 살펴볼 수 있었다.

오뉴월은 양잠철이었다. 김구는 집집마다 돌아다니면서 누에치는 것과 부녀자들이 실 뽑는 광경을 유심히 살펴보았다. 예순살가량이나 되어 보이는 노파가 일하는 모습이 특이했다. 물레 곁에 솥을 걸어 놓고 물레 밑에 발판을 달아서 오른발로 눌러 바퀴를 돌리고, 왼손으로 장작불을 지펴 누에고치를 삶으면서 오른손으로는 물레에 실을 감는 것이었다. 그것은 김구가 어려서부터 보아 온 한국 농촌 아낙네들의 실 뽑는 방법

---

39) 『백범일지』, pp.354~355.

보다는 훨씬 생산성이 높았다. 김구는 노파에게 나이가 얼마나 되었느냐고 물어보았다. 예순이 좀 넘었다고 했다. 김구는 그녀에게 다시 몇살 때부터 이 기계를 사용했느냐고 물었다. 일곱살 때부터라고 했다. 그렇다면 60년 이전에도 고치 켜는 기계가 있었단 말인가. 김구는 적이 의아스러웠다. 노파는 기계가 달라지지 않았다고 했다. 김구는 실제로 일여덟살쯤 된 아이가 고치 켜는 것을 보고 노파의 말을 의심하지 않았다.

누에고치를 켜는 기계뿐만이 아니었다. 다른 농기구의 사용법도 마찬가지였다. 비록 구식 농기구라도 한국 농기구에 비하면 퍽 발달된 것 같았다. 논밭에 물 대는 것만 보아도 그랬다. 나무 톱니바퀴를 소나 말에 걸고 남녀 여러 사람이 밟아 굴려서 한길 이상이나 호숫물을 끌어올려 물을 대었다. 모내기는 한국 농촌의 모내기보다 훨씬 합리적이었다. 모 심는 날에 미리 벼 베는 날짜를 계산했다. 올벼는 80일, 중간 벼는 100일, 늦벼는 120일이라고 했다. 김구는 그때까지 한국에서 사용하는 줄모를 일본사람이 발명한 것으로 알고 있었는데, 중국에서는 고대부터 줄모를 심었다는 것을 김매는 기계를 보아 알 수 있었다. 이처럼 선진적인 중국 농촌의 영농방법을 살펴본 감회를 김구는 다음과 같이 매우 인상적으로 기술해 놓았다.

농촌을 시찰한 나는 한마디 하지 않을 수 없다. 우리나라에서 한, 당, 송, 원, 명, 청, 각 시대에 관개사절(冠蓋使節)이 중국을 왕래하였다. 북쪽지방보다 남쪽지방 명조시대에 사절로 다니던 우리의 선인들은 대부분 눈먼 사람이었던가. 필시 환상으로 국가의 계책이나 민생이 무엇인지를 생각지도 못하였던 것이니, 어찌 통탄스러운 일이 아니리오.

문영(文永)이란 조상은 면화씨를, 문로(文勞)란 조상은 물레를 중국에서 수입하였다 하나, 그 나머지는 말마다 오랑캐라 지칭하면서 돌아보지 않았다. 또한 명대 시절 우리나라 의관문물은 모두 중국제도에 따른다 하고서, 실제는 아무 이익도 없이 불편하고 고통스럽기만 한 망건, 갓 등 망할 놈의 기구[亡種器具]만 들여왔으니, 생각만 하여도 이가 시리다.

"관개"란 높은 벼슬아치가 타던 말 네필이 끄는 수레를 말한다. 그처럼 권위를 과시하면서 중국을 내왕한 사절들이 중국의 앞선 실용적인 문물을 제대로 들여오지 못한 것을 통탄한 것이다. 고려 말에 원나라에 갔다가 돌아오는 길에 목화씨를 가지고 들어온 사람은 문익점(文益漸)이었고, 문영은 문익점의 손자로서 무명 짜는 법을 고안한 인물이다. 김구는 문익점과 문영을 혼동한 것이다. 그리고 문로는 물레를 처음 만든 문익점의 아들 문래(文來)를 가리키는데, 물레라는 말은 그의 이름에서 연유한 것이라고 전해진다.

김구는 위와 같은 사실을 지적하면서 한국 민족의 비운은 사대사상의 산물이라고 다음과 같이 비판했다.

우리 민족의 비운은 사대사상의 산물이라 하지 않을 수 없다. 실질적인 국리민복을 도외시하고, 주희(朱熹)학설 같은 것은 원래 주희 이상으로 강고한 이론을 주창하여 사색 당파가 생겨 수백년 동안 다투기만 하다 민족적 원기는 다 소진하고, 발달된 것은 오직 의뢰성뿐이니, 망하지 않고 어찌하리오.

김구는 중국의 농촌을 둘러보고 난 소감으로 공리공론에 빠져서 실용주의를 외면했던 조선조 성리학자들의 폐풍을 통렬히 비판한 것이다. 그것은 물론 청계동에서 그에게 평생의 교훈이 된 의리의 철학을 가르쳤던 화서학파 고능선(高能善)의 '존중화양이적주의(尊中華攘夷狄主義)'도 포함되는 것이었음은 말할 나위도 없다.

또한 눈길을 끄는 것은 김구가 조선조 성리학자들의 사대사상을 신랄하게 비판하고 나서 다음과 같이 공산주의 사상에 물들어 가는 한국

청년들의 태도를 통박한 사실이다.

　슬프도다. 오늘날도 청년들은 늙은이들을 노후(老朽)니 봉건잔재니 하며 비판하는데, 긍정할 점이 없지 않으나 그들 또한 문제가 적지 않다. 사회주의자들은 "혁명은 유혈사업이니 한번은 가하거니와 민족운동 성공 후에 또다시 사회운동을 하는 것은 절대 반대"라고 강경하게 주장하였다. 그러다가 러시아 국부 레닌(Vladimir I. Lenin)이 "식민지 민족은 민족운동을 먼저 하고 사회운동은 후에 하는 것이 가하다"고 말하자, 그들은 조금도 주저 없이 민족운동을 한다고 떠들지 않는가.

　정주[程朱: 程顥, 程頤 형제와 朱熹]가 방귀를 뀌어도 "향기롭다"고 한다고 비웃던 그 입과 혀로 레닌의 방귀는 "달다"고 할 듯하니, 청년들이여, 좀 정신을 차릴지어다. 나는 결코 정주 학설의 신봉자가 아니고 마르크스(Karl H. Marx)와 레닌주의 배척자가 아니다. 우리나라의 국민성과 민도에 맞는 주의와 제도를 연구 실시하려고 머리를 쓰는 자 있는가? 만일 없다면 이보다 더 슬픈 일이 어디 있으랴.[40]

　김구는 조선조 성리학자들의 교조주의와 한국 공산주의자들의 소련 볼셰비키에 대한 맹목적 추종을 같은 사대주의로 신랄하게 비판하고, 우리나라의 국민성과 민도에 적합한 주의와 제도를 연구해야 한다고 역설한 것이다. 이처럼 김구의 민족주의나 애국사상은 제국주의 일본에 대한 저항의식과 함께 중국인들의 실용주의적인 생활양식과 한국인들의 허례허식의 비교, 그리고 한인 공산주의자들의 교조주의적인 소련 추수태도에 대한 비판의식을 통하여 심화되었다.

　김구는 엄가빈에서 사회교(砂灰橋)에 있는 엄항섭의 집으로 옮겼다

---

40) 『백범일지』, pp.351~353; 金九, 『金九自敍傳 白凡逸志』(親筆 影印版), 集文堂, 1994, p.198.

가 다시 오룡교(五龍橋) 진동생의 집에 묵으면서 생활했다. 낮에는 남호에 나가 주애보(朱愛寶)라는 여사공이 젓는 작은 배를 타고 가까운 운하로 다니며 이곳저곳의 농촌을 구경했다. 시골마을에서 닭을 사다가 배 안에서 삶아먹는 맛이 아주 좋았다.[41] 남호는 잘 알려진 명승지로서 호수에는 놀잇배들이 많았는데, 그 놀잇배는 여자 사공들이 노를 젓고 다녔다. 손님들은 낮에는 관광을 하고 밤에는 배 위에서 마작놀이를 하며 음식을 먹고 놀다가 밤이 늦으면 배 안에서 잠을 자기도 했다. 이들 노 젓는 여자들을 선랑(船娘)이라고 했다.[42]

김구는 틈나는 대로 가흥 성 안에 있는 유적지들도 구경했다. 옛날에 재물을 모아 부자가 된 것으로 유명한 도주공(陶朱公)의 집터라는 진명사(鎭明寺)도 구경했다. 도주공은 춘추전국 시대에 월(越)나라의 왕 구천(句踐)을 도와 오(吳)나라를 멸망시키고 구천을 천하의 패자로 만든 범려(范蠡)를 말하는데, 그는 벼슬을 버리고 교통의 중심지인 도(陶)로 가서 큰 부자가 되었으므로 사람들은 그를 '도주공'이라고 불렀다고 한다.

하루는 무료하여 동문으로 가는 큰길가 광장으로 나가 보았다. 그곳에는 군경의 조련장이 있었다. 군대가 훈련을 받고 있었는데, 오고 가는 사람들이 몰려 그 광경을 구경하고 있었다. 김구도 사람들 틈에 끼어 훈련광경을 구경했다. 그러자 훈련장에 있던 한 군관이 김구를 유심히 쳐다보다가 갑자기 뛰어와서 어디서 온 사람이냐고 물었다. 김구는 광동사람이라고 얼른 둘러댔다. 그러나 그 군관이 바로 광동사람이었다. 곧바로 보안대 본부로 연행되어 조사를 받았다.

"나는 중국인이 아니오. 당신들 단장을 만나게 해주면 본래 신분을 직접 필담으로 설명하겠소."

그러나 단장은 오지 않고 부단장이 얼굴을 내밀었다. 김구는 다시 말

---

41) 『백범일지』, p.350, p.353.
42) 정정화, 앞의 책, p.88.

했다.

"나는 한국인이오. 상해 홍구공원사건 이후로 상해에 거주하기가 곤란하여 이곳 저봉장의 소개로 오룡교 진동손의 집에 잠시 묵고 있소. 성명은 장진구요."

경찰은 곧바로 남문 저씨 집과 진씨 집에 가서 엄밀한 조사를 한 모양이었다. 네시간쯤 지나서 진동손이 와서 보증을 서고 난 뒤에야 풀려났다.

이 일이 있고 난 뒤에 저봉장은 김구에게 결혼할 것을 권했다.

"김 선생은 마침 홀아비시니까, 나의 친우 중에 과부로 나이 서른 가까이 된 중학교 선생이 있습니다. 만나 보시고 마음에 드시면 얻으시는 것이 김 선생의 피신 방법인 듯한데, 어떠십니까?"

그러나 김구는 저봉장의 제의를 정중하게 거절했다.

"중학교 선생이라면 즉각 나의 비밀이 탄로 날 터이니 아니 되오. 차라리 여사공을 가까이 하여 의탁하면 좋겠소. 주씨[주애보] 같은 일자무식이면 나의 비밀을 보호할 수 있을 것이오."

이때부터 김구는 주애보와 아예 선상생활을 시작했다. 오늘은 남문 호수에서 자고 내일은 북문 강변에서 자며, 낮에는 육지에 올라 돌아다녔다. 주애보는 김구가 정말로 광동사람인 줄로만 알고 정성을 다했다. 이렇게 시작된 관계가 5년 가까이 계속되는 동안 두 사람은 부부나 다름없는 사이가 되었다.[43]

5년 가까이 김구의 피신생활을 도운 중국인 여사공 주애보(朱愛寶).

---

43) 『백범일지』, pp.353~354.

2. 「대련폭탄사건의 진상」과 「동경작안의 진상」 발표

1

대련에서 체포된 최흥식과 김긍호를 이용하여 김구의 소재를 파악하려고 한 공작이 수포로 돌아가자 일본경찰은 7월 초에 두 사람이 체포된 사실을 신문에 발표하여 대련사건을 역이용하려고 했다. 김구가 최흥식 등을 보낸 목적이 관동군사령관이나 남만주철도 총재 등 만주의 일본고관들이 아니라 리턴조사단을 암살하려 한 사건으로 신문에 보도하게 한 것이다. 그동안 김구는 최흥식 등 4명의 단원이 체포된 상황이었으므로 사건의 진상을 공개하는 것이 그들에게 불리한 결과를 초래할 것을 염려하여 발표를 미루고 있었다. 그러나 이제 일본의 역공세에 대처하기 위해서는 사건의 진상을 발표하지 않을 수 없었다.

김구는 8월10일에 대련사건의 진상을 밝히는 「한인애국단선언」을 발표했다. 「선언」은 다음과 같은 말로 대련폭탄사건의 진상을 발표하게 된 이유를 설명했다.

> 본단은 일찍부터 실행을 중하게 여기고 발언을 피하여 왔다. 그런 까닭으로 이번 대련사건에 대하여도 일체 침묵을 지켰으나, 놈들 간악한 적은 여러 가지로 요언[謠言: 뜬소문]을 만들어 내고 또 본단의 대련폭탄사건은 국제연맹조사단원을 암살하려는 음모라고 선전하고 있으니, 이는 본단원으로서 용인(容忍)할 수 없는 바이다.

「선언」은 이어 이봉창과 윤봉길 등 한인애국단의 활동을 간단히 설명하고 나서 일본인들의 주장을 다음과 같이 반박했다.

(가) 왜적은 본단을 가리켜 싸움하기를 즐긴다 하나 우리는 진정한

행복을 위하여 싸우기를 희망할 뿐이고 침략성을 가진 이름 없는 싸움을 바라는 자가 아니다. 우리가 허다한 희생을 돌아보지 않고 끝끝내 폭렬한 행동으로 대항하는 것은 우리 손에는 아무런 무기가 없고 사선으로 쫓기어 난 우리 한국 사람인지라 이 길을 버리고는 또 다른 길이 없는 까닭이다. 그러므로 한국의 독립이 성공되지 못하는 날까지는 이런 폭렬한 행동은 절대로 없어지지 않을 것이다.

(나) 본단은 왜적 이외에는 어느 나라 사람이나 다 같이 친우로 대하려 하며 절대로 이들을 해치려 하지 않으니, 이것은 홍구공원사건이 증명하고 있는 바이다.

(다) 최흥식, 유상근 두 의사의 사명은 동북을 침략하려는 적수, 즉 관동군사령관 혼조 시게루, 남만주철도 총재 우치다 야수야, 관동청 장관 야마오카 만노스케 등을 죽이려 함에 있고 결코 국제연맹조사단에 해를 가하자는 것이 아니다.

(라) 우리 한민족은 신성한 민족의 후예이요 본단은 순수한 애국단체이다. 비록 죽는 한이 있더라도 왜놈들과 같은 야만적 방법을 흉내 내어 국제문제를 일으키려고 하지 않는다.

(마) 본단은 철저한 구국단체로 오직 견고한 자립정신을 가지고 끝까지 분투할 뿐이요 결코 어느 외국인이나 어느 외국 정부를 의뢰하지 않는다. 그러나 왜인들은 이것을 모르고 요언을 만들어 이런 사실을 부인함으로써 놈들 자신의 죄상을 덮어 버리려는 것이다. 기실 일본은 국제연맹조사단에 대하여 외강내구(外剛內懼)의 태도를 가지고 극도로 이들을 혐오 또 기피하고 있으니, 그중에도 현재 정부를 지배하는 군벌들이 더욱 심하다. 놈들은 암암리에 파시스트단에 명하여 조사단을 위협하려고 했고, 그중에는 놈들의 사주를 받고 동 조사단에 대하여 암살을 획책한 분자도 있으니, 이에 왜놈의 정부는 몹시 낭패하여 이 죄상을 본단에 전가시키려고 하는 것이다.

대련으로 파견한 뒷줄 왼쪽부터 최흥식, 유상근 등 한인애국단 동지들과 김구.

실제로 7월15일에 도쿄에서는 리턴조사단을 살해할 목적으로 실탄이 장착된 권총을 휴대하고 기회를 노린 자가 체포되기도 했다.

「선언」은 끝으로 리턴조사단에 대하여 한인애국단의 입장을 다음과 같이 천명했다.

국제연맹조사단의 임무는 일본제국주의의 만행을 철저히 조사하고 본단이 반박하는 왜놈들의 허위선전을 은밀히 조사함에 있으니, 우리로서는 동 조사단에 대하여 한국인의 분함을 직접 호소해 보려했으나, 그 시기가 적절치 못하여 그 효과를 기대하기 어려우므로 그대로 멈췄던 것이다. 그러나 우리는 동 조사단이 그들의 임무를 철저히 이행할 때에는 본단의 호소함이 없다 하더라도 한국이 완전히 독립해야 한다는 필요성을 깊이 인식할 것이다. 한국은 동양평화의 관건을 쥐고 있으니 이것은 역사상으로, 지리상으로 다 같이 증명되는 바이다. 그러므로 중일 충돌의 영구한 해결을 희망한다면 한국문제의 완전한 해결이 없이는 성공하기 어려운 것이다. 만일 조사단이 이 중요성을 관찰하지 못한다면 그들의 일세를 놀라게 한 위대한 노력도 결국은 수포에 돌아가고 말 것이다.[44]

이러한 주장은 리턴조사단의 활동에 대한 한국 독립운동자들의 기대가 얼마나 컸던가를 보여 준다.

9월이 되자 이봉창의 공판에 관한 뉴스가 전해졌다. 구속된 지 8개월 만에 열린 공판이었다. 9월16일에 열린 일본 대심원의 구형공판에서는 이봉창에게 사형이 구형되었다. 9월30일에 열릴 선고공판에서도 사형이 선고될 것이 뻔했다. 김구는 이봉창이 사형되기 전에 일본 천황 저격사건의 전말을 밝히기로 했다. 「홍구공원폭탄사건의 진상」을 발표하면서도 이봉창사건에 대한 자세한 사실은 다음 기회에 밝히겠다고 말했었다. 일본 천황 저격사건의 진상에 대해서는 중국인들도 큰 관심을 가지고 있었고 재미동포들도 사건 당시에는 보도가 제대로 되지 않아서 궁금해 하고 있었다. 김구는 가흥에 같이 있는 엄항섭과 함께 이봉창사건의 진상을 밝히는 글을 작성했다. 이봉창의 선고공판이 있기 이틀 전인 9월28일자로 된 장문의 「동경작안의 진상」이 그것이었다. 발표 명의는 "한인애국단 단장 김구"로 되어 있다. 「홍구작안의 진상」보다 더 자세한 「동경작안의 진상」은 "발표의 이유"로 시작하여 마지막의 "장엄한 그의 의기"에 이르기까지 12개 항목으로 나누어 자세히 기술했다.[45] 김구는 발표의 이유를 다음과 같이 설명했다.

내가 늘 성명한 바와 같이 절박한 환경의 필요를 인식하는 특수한 경우를 제한 외에 일정한 시기까지 나는 내 사업에 대하여 절대로 함묵

---

44) 金九, 「大連爆彈事件의 眞相」, 『白凡金九全集(1)』, pp.716~721.
45) 홍인근, 『이봉창평전』, pp.333~346. 원문 제목에 '眞相'이 '眞狀'으로 표기되어 있는 것은 오류이다.

(緘黙)하기로 하였다. 그러면 이에 동경작안의 진상을 발표하는 이유는 어디에 있느냐. 본월 16일에 일본 대심원에서 이의 본안에 대한 제1회 공판이 열리고 그 결과로 이 의사가 미구에 이 세상을 떠나게 된 것은 즉 본안의 진상을 영원히 몽롱한 안개 속에 감출 필요가 없을 뿐 아니라 본안에 관련된 언론으로 왜적에게 청도의 (국민당) 시당부(市黨部)가 파괴되고 상해의 《민국일보(民國日報)》가 영구 폐간됨으로써 중국 4억만 민중이 그 진상을 알고자 하는 요망이 더욱 큰 까닭이다.

「동경작안의 진상」은 이어 거사의 자초지종을 설명한 다음 재판과정에 대해 다음과 같이 기술했다.

적관이 이른바 심문을 행하려고 하면 의사는 준엄한 말로 "나는 너희 임금을 상대로 하였거늘 너희 쥐새끼 같은 놈들이 감히 나에게 무례히 하느냐" 하였다. 그러므로 안건 발생 후 9개월에도 필경 예심을 행하지 못하고….

「동경작안의 진상」은 끝으로 동포들에게 이봉창이 사형되는 날 한끼 밥을 굶자고 다음과 같이 제의했다.

듣건대 적은 본월 말에 이 의사에게 사형을 선고하리라 한다. 이 영광의 죽음! 억만인이 흠앙(欽仰)치 아니할 리 없을 것이다. 그가 비록 단두대상의 한 점 이슬이 될지라도 그의 위대한 정신은 일월로 더불어 천추에 뚜렷이 살아 있을 것이니, 우리는 오히려 우준[愚蠢: 어리석고 굼뜸]한 적을 일소할 것뿐이다. 그러나 우리 한인은 그의 육신이 이 세상을 떠남을 기념하기 위하여 적이 그에게 형을 집행하는 날에 전체가 한끼의 밥을 끊기로 결정하였다. 만천하 혁명동지여! 그날에 우리와 희비를 함께 하자!46)

이봉창의 사형은 10월10일에 도쿄 이치가야(市ヶ谷) 형무소에서 집행되었다. 김구는「동경작안의 진상」을 이봉창의 사형집행이 있기 하루 전인 10월9일에 중국어 번역문과 함께 중국통신사 상해지부에 우편으로 발송했다. 그리고 10월11일에는 이 글을 발표하여 주기 바란다는 편지를 따로 부쳤다.47)

김구의 편지를 받은 중국통신사는 13일에 중국어 번역문 여러 부를 등사하여 중국 신문사에 보냈다. 중국통신사는「동경작안의 진상」을 각 신문사에 보내면서 "이 성명서는 애국단 단장 김구가 최근에 원문 2부를 우송하면서 번역 발표를 의뢰하였으므로 이를 번역하여 각 신문사에 보내어 우리 국민들로 하여금 분기케 한다"는「중국사부언(中國社附言)」을 달아 중국 국민들의 항일정신을 고취하고자 했다. 이렇게 하여「동경작안의 진상」은 10월15일자《신강일보(申江日報)》에 게재되었다.《신강일보》는 손문의 아들 손과(孫科)가 발행하는 신문이었는데, 이「중국사부언」까지 함께 실었다. 그러나「동경작안의 진상」을 게재한 신문은 유감스럽게도《신강일보》뿐이었다. 다른 신문들은 이봉창사건이 있고 난 직후에 청도의《민국일보》가 일본인들의 습격을 받아 파괴되고 뒤이어 상해의《민국일보》가 총영사의 협박으로 폐간되었던 일을 감안하여 극도로 자제했기 때문이다.48) 이봉창보다 먼저 일본의 상해파견군 군법회의에서 5월25일에 사형이 선고된 윤봉길은 11월18일에 오사카(大阪) 위수형무소에 수감되었다가 12월19일에 가나자와(金澤) 교외의 미고우시(三小牛) 공병작업장에서 총살되었다.49)

46) 金九,「東京炸案의 眞相」, 홍인근, 앞의 책, pp.337~346.
47)「大逆事件에 關한 金九의 聲明」,「韓國民族運動史料(中國篇)」, pp.753~754.
48) 위와 같음.
49) 金學俊,「梅軒 尹奉吉評傳」, 民音社, 1992, pp.423~428.

백방으로 김구의 행적을 추적하던 상해 주재 일본총영사관은 「동경작안의 진상」이 《신강일보》에 보도되자 여간 긴장하지 않았다. 그들은 그것이 중국통신사나 《신강일보》의 위작이 아닌가 의심하고 통신사를 찾아가서 원고와 원고를 넣어 부친 봉투까지 조사했다. 김구가 보낸 것이 확실하자 그들은 김구가 자신의 이름을 높이는 동시에 중국인들의 동정에 따른 신변보호와 물질적 원조를 얻기 위한 수단으로 「동경작안의 진상」을 발표한 것이라고 본국 정부에 보고했다.50) 그러나 김구의 행적에 대해서는 광동으로 간 것 같다느니, 멀리 남양으로 도피했다는 풍문이 있다느니, 홍콩에 왔다 간 것 같다느니, 남경의 국민당 당사에 나타났다고 한다느니 하면서 계속 갈피를 잡지 못했다.51)

한편 김구는 대련폭탄사건이 실패한 뒤에도 폭력투쟁 계획을 계속해서 추진하고자 했다. 상해에는 여전히 의기가 넘치는 청년투사들이 많았지만 막상 목숨을 내어놓겠다는 사람을 찾기가 쉽지 않았다. 9월 하순에 안공근을 시켜 상해의 전차차장 감독 유일평(劉一平)에게 보낸 다음과 같은 편지는 김구가 일을 결행할 사람을 찾느라고 매우 고심하고 있었음을 짐작하게 한다.

유군에게

요즈음 생활 곤란이 어떠한가. 요사이 듣건대 버스회사 사변을 그토록 강경하게 진행시키려고 하는 군의 입지에는 무한히 찬성하나, 좀 더 큰 사건을 결행하기 바라네. 가족의 생활문제는 고려할 것 없이 일을 하는 데 노력했으면 하네. 금전은 문제가 아니네. 이 편지를 보는 대로 곧 의향을 통지하기 바라네. 백범52)

---

50) 「大逆事件에 關한 金九의 聲明」, 『韓國民族運動史料(中國篇)』, p.753.
51) 「爆彈事件後의 金九一派其他의 動靜」, 「金九의 行動에 관한 그後의 情報」, 위의 책, p.751, p.770; 「上海民族系韓國人의 動靜」, 『韓國獨立運動史 資料(3) 臨政篇 Ⅲ』, p.554.
52) 「爆彈事件後의 金九一派其他의 動靜」, 『韓國民族運動史料(中國篇)』, p.747.

가족들의 생활은 자신이 책임질 테니까 노동쟁의보다 "좀 더 큰 사건"을 결행하지 않겠느냐고 권유한 것이다. 그러나 유일평은 김구의 제의에는 응하지 않고 남경으로 가서 한국독립당 남경지부 당원으로 활동했다.[53]

2

이봉창과 윤봉길의 의거가 있고 나서 혈안이 된 일본경찰을 피하여 민족주의자들이 사방으로 흩어지자 상해 한인사회에서는 공산주의운동이 활기를 띠었다. 이 시기의 상해 한인공산주의운동을 주도한 사람은 중국공산당 상해한인지부 책임비서인 조봉암(曺奉岩)이었다. 조봉암은 1931년12월3일에 홍남표(洪南杓), 강문석(姜文錫) 등과 상해한인반제동맹을 결성하고, 기관지《반제전선(反帝戰線)》을 창간하는 등 활발한 선전활동을 벌였다. 조봉암의 동생 조용암(曺龍岩)도 중국혁명호제회(中國革命互濟會) 상해한인분회 책임자로 활동했다.[54]

상해의 공산주의자들은 5월25일에 '원조일가비기 급홍군위원회(援助一架飛機給紅軍委員會)'를 열고 비행기 한대를 홍군[중공군]에 원조하기로 결의하고, '상해공인호(上海工人號)'라는 비행기 이름까지 결정했다.[55] 같은 날 이들은 "전상해 한교일동" 명의로 상해 주재 프랑스영사 및 프랑스 정부에 한국교민들의 거주권 확보, 혁명가 보호, 한국교민의 무리한 체포 및 가택수사 반대, 프랑스조계 안의 일본경찰의 구축 등을 요구하는 항의문을 발송했다.[56]

또한 중국공산당 상해한인지부는 6월10일자로 《붉은기》라는 등사

---

53) 「不逞鮮人團體一覽表」, 『韓國獨立運動史 資料(3) 臨政篇 Ⅲ』, p.573.
54) 『外務省警察史 支那之部〈未定稿〉6』, p.758, pp.776~777.
55) 『朝鮮民族運動年鑑』, 1932년5월25일조.
56) 위와 같음.

판 잡지 창간호를 발행하고, 같은 날 6·10운동을 기념하여 "중국노동군
중"과 "혁명적 일본병사형제"에게 보내는 격문을 발표했다.[57]

상해한인반제동맹 집행부는 7월1일부터 상해 한인동포들을 상대로
의연금 모금을 시작하면서 "혁명단체를 재정적으로 원조하라. 혁명적 민
족으로서 의무를 다하라"라는 격문을 발표했다. 또 같은 날 상해한인반
제동맹, 중국혁명호제회 상해한인분회, 상해한인소비에트 친우회, 재상
해 혁명적한국부녀 일동의 4개 단체 연서로 준비한 홍기를 홍군에 기증
하는 식을 거행한다고 공표했다. 이어 8월3일에는 중국혁명호제회 상해
한인분회 등 4개 단체 명의로 "제국주의자의 반소비에트연방 전쟁은 개
시되었다. 모든 투쟁을 옹호소비에트투쟁에 결부시켜라"라는 격문을 발
표했다.[58] 한인 공산주의자들은 8월 말부터는 일본군의 상해 재진격을
반대하는 캠페인을 벌였다.[59] 그러나 이들의 활동은 9월28일에 조봉암이
조선총독부가 파견한 일본경찰과 프랑스공부국 경찰에 체포된 데 이어
주도 인물들이 잇따라 체포됨으로써 크게 약화되었다. 조봉암은 10월10
일에 일본경찰에 인도되어 11월27일에 국내로 압송되었다.[60]

한편 중국인들의 관심과 성원이 증대하자 민족주의자들 사이에는 임
시정부 초창기와 같은 당동벌이[黨同伐異: 같은 패끼리는 서로 돕고 다른
패는 물리침]가 두드러졌다. 교민단의 정무위원장 이유필은 교민단 사무
소를 중국지역 노서문 금가방(老西門金家坊) 112호로 옮기고, 7월8일에
재무부장 최석순(崔錫淳), 서무부장 엄항섭, 의경대장 박창세, 간사 이수
봉을 새로 임명했다. 엄항섭을 제외한 나머지 사람들은 모두 이유필 그
룹의 사람들이었다. 9월20일자로 엄항섭이 사표를 제출하자 후임에 김
두봉이 임명되었다. 이로써 교민단에서 김구 세력은 완전히 배제되고 이

---

57) 『朝鮮民族運動年鑑』, 1932년6월10일조.
58) 『朝鮮民族運動年鑑』, 1932년6월10일조, 7월1일조, 8월1일조.
59) 『朝鮮民族運動年鑑』, 1932년8월31일조, 9월11일조, 9월12일조.
60) 『外務省警察史 支那之部〈未定稿〉6』, p.769, p.774.

유필 그룹 일색이 되었다.

이유필은 교민단 기관지《상해한문(上海韓聞)》을 통하여 자파선전에 힘쓰는 한편 중국 항일단체의 지원을 얻어 폭력투쟁을 전개하려고 했다. 또한 이유필은 10년의 목표기간이 경과했다는 이유로 10월 말에 한국노병회를 해산했다. 노병회는 회비와 그 밖의 자금 약 2,000여달러를 일야은행(日夜銀行)에 예금해 놓고 있었는데, 은행의 파산으로 회수가 불가능하게 되고 말았다. 이유필 그룹은 김구가 홍구공원사건 이후로 거주의 위협을 받고 직장을 떠나서 돌아다니는 무고한 동포들을 돌보지 않는다고 비난했다.[61]

김구와 김철 및 조소앙 등의 알력도 그대로 계속되었다. 항주 판공처 습격사건의 진상조사가 흐지부지되고 있었기 때문이다. 한국독립당은 김구가 상해로 와서 협력할 것을 요망했다. 그러나 일본경찰이 그를 체포하기 위해 혈안이 되어 있는 상황에서 김구가 상해로 간다는 것은 위험하기 짝이 없는 일이었다. 김구는 한국독립당의 요청에는 응하지 않고, 도리어 한국독립당과 대립적 관계에 있는 한국혁명당(韓國革命黨)을 편드는 듯한 입장을 취했다. 한국혁명당은 임시정부 초창기에 열성적으로 활동했던 인사들이 1932년2월에 창당한 단체로서 이사장 윤기섭(尹琦變), 총무 정태희(鄭泰熙), 외교부장 신익희(申翼熙), 재정부장 김홍일(金弘壹) 등의 진용으로 조직되었다. 이 무렵 신익희는 남경에서 중국국민당 중앙당부에 근무하고 있었다. 한국혁명당은 당원이 40명쯤 되었는데, 상해와 남경에 반쯤씩 거주했다. 김구는 이들도 다시 임시정부에 참여해야 한다고 생각했던 것 같다.[62]

김구가 상해로 가기를 거부하자 한국독립당 이사장 송병조(宋秉祚)가 김구와 이동녕을 찾아왔다. 송병조는 10월5일에 항주로 가서 그곳에

---

61) 「爆彈事件후의 金九一派其他의 動靜」, 『韓國民族運動史料(中國篇)』, pp.744~746.
62) 「爆彈事件後의 金九一派其他의 動靜」, 위의 책, pp.750~751.

있는 조완구에게 두 사람과의 면담을 주선해 줄 것을 부탁했고, 조완구는 이튿날 가흥으로 두 사람에게 편지를 보내어 항주로 오라고 했다. 그러나 김구는 가흥에 없고, 이동녕은 병이 나서 갈 수 없다면서 면담을 거절했다. 송병조는 10월12일에 크게 분격하여 상해로 돌아갔는데, 조완구는 그 사실을 상해로 돌아가 있던 김철에게도 알렸다.

상해로 돌아간 송병조는 이유필, 김철, 박창세 등 한국독립당 간부들과 회의를 열었다. 김구의 태도에 관한 대책을 논의하기 위해서였다. 그들은 김구의 금전문제를 조사하여 발표하기로 했다. 이렇게 하여 김구와 한국독립당의 관계는 소원해졌다. 알력의 이유는 김구가 가지고 있는 자금이었다. 일본총영사는 이 무렵 김구가 6만달러가량의 자금을 가지고 있는 것으로 전해진다고 본국 정부에 보고했는데,[63] 그것은 물론 과장된 액수였을 것이지만 한국 독립운동자들 사이에 그렇게 소문이 나 있었던 것 같다.

천진(天津)에 있던 김규식(金奎植)과 만주에서 활동을 할 수 없게 된 최동오(崔東旿)가 10월 상순에 상해에 나타남으로써 한국 독립운동자들은 새로운 활로를 모색하게 되었다. 김규식은 1927년에 천진으로 가서 그곳 북양대학(北洋大學)의 교수로 생활하고 있었고, 최동오는 만주에서 조선혁명당(朝鮮革命黨) 대표로 활동하고 있다가 만주사변으로 활동이 어렵게 되자 상해로 온 것이었다. 상해에 도착한 두 사람은 교민단 사무소에서 이유필을 만나 앞으로의 대책을 숙의했다. 두 사람은 각지에 설치된 한인교민단을 연합하여 상해에 한교연합회를 조직하고 중국쪽의 화교연합회와 제휴하에 중한연합회를 조직하자고 제안했다. 그러나 이유필은 한교연합회를 새로 조직하는 것보다는 각지에 있는 기성단체를 연결하여 그것을 중심으로 중한연합을 도모하는 방안을 제안했다. 결국 후자쪽으로 의견이 모아져서, 10월12일에는 김규식, 최동오 두 사

---

63) 위와 같음.

람과 한국독립당, 한국혁명당, 조선의열단의 대표 9명이 민국로 소동문(民國路小東門)에 있는 동방여사(東方旅舍)에 모였다.

이들은 각단체주비위원회를 구성하기로 하고 주비위원 5명(김규식, 김두봉, 신익희, 최동오, 박건웅(朴建雄))을 선정했다. 주비위원들은 10월23일에 동방여사에 다시 모여 연합회의 명칭을 대일전선통일동맹(對日戰線統一同盟)으로 정하고 연합회의 성격을 협의기관으로 할 것 등을 결정했다. 그리고 이틀 뒤인 10월25일에는 각 단체의 위임장을 가진 대표 9명이 모여 통일동맹을 정식으로 성립시키고, 대회선언과 규약을 기초할 위원들을 선정했다. 이러한 결성절차를 거쳐서 11월10일에 「선언문」과 「규약」을 공포함으로써 통일동맹을 정식으로 발족시켰다.[64]

통일동맹의 성격은 3개의 「강령」에 잘 나타나 있다. 규약 제2조에 천명된 통일동맹의 「강령」은 (1) 우리는 혁명의 방법으로써 한국의 독립을 완성코자 한다, (2) 우리는 혁명 역량의 집중과 지도의 통일로써 대일전선의 확대 강화를 기한다, (3) 우리는 필요한 우군과 연결을 기한다는 것이었다.[65] 통일동맹은 이러한 「강령」 아래서 중국지역뿐 아니라 국내, 미국 본토, 하와이, 시베리아까지 포괄하는 조직체가 될 것을 「결성선언문」을 통하여 발표했다.[66]

통일동맹을 주도한 김규식은 동맹이 한인 독립운동자들의 통일전선 기관이 될 뿐만 아니라 그것을 주체로 하여 항일공동투쟁 기운이 고조되고 있는 중국인들과의 연대도 구축하고자 했다. 그리하여 통일동맹 결성작업과 병행하여 상해에 있는 중국인 항일단체인 중화민중자위대동맹(中華民衆自衛隊同盟)과의 제휴를 교섭했다. 그 결과 11월14일에 대일전선통일동맹과 중화민중자위대동맹은 합동으로 중한민중대동맹(中韓民

---

64) 「韓國對日戰線統一同盟」, 『韓國獨立運動史 資料(3) 臨政篇Ⅲ』, p.478; 「韓國對日戰線統一同盟」, 『韓國民族運動史料(中國篇)』, p.774.
65) 「韓國對日戰線統一同盟」, 『韓國獨立運動史 資料(3) 臨政篇Ⅲ』, p.474.
66) 韓相禱, 「韓國對日戰線統一同盟과 民族協同戰線運動」, 『尹炳奭教授華甲紀念韓國近代史論叢』, 지식산업사, 1990, p.922.

衆大同盟)을 결성했다.[67]

　민족주의운동의 중심정당인 한국독립당과 1920년대 후반 이래 상당히 좌경해 있던 의열단(義烈團)의 주도로 결성된 통일동맹은 민족유일당운동에 뒤이은 좌우익 연합의 통일전선운동체였다.[68] 그러나 이동녕, 이시영, 조완구 등 임시정부옹호파들과 특히 이제 한국 독립운동의 실력자로서 중국과 미주 지역의 동포들뿐만 아니라 중국국민당을 비롯한 각계의 중국인들의 성원을 받게 된 김구가 참여하지 않는 통일운동은 처음부터 한계가 있게 마련이었다.[69]

　1932년11월28일에 항주에서 개회된 제24회 임시의정원 회의에는 정원 20명 가운데 9명이 참석했다. 의장 이동녕도 참석하지 않아서 부의장 차리석(車利錫)이 사회를 보았다. 임시의정원법에는 정기회의는 10월 첫째 화요일에 열게 되어 있었으나 두달 가까이 연기된 것이었다.

　새로운 위기상황 속에 개회된 정기회의였음에도 불구하고 의안은 이동녕의 「의장사직청원서」 처리문제를 비롯한 몇몇 의원들의 자격심사와 국무위원 선거가 전부였다. 그동안 국무위원들은 전원이 차례로 사표를 제출했다. 임시정부 판공처 습격사건이 있고 난 직후인 5월30일에는 조소앙이, 가흥에서 국무회의가 열린 뒤인 6월22일에는 이동녕, 조완구, 김철, 김구가 모두 임시의정원 의장 앞으로 사표를 제출했다. 이날의 의정원회의는 이들 국무위원들의 사표를 처리하기보다는 다섯 사람 국무위원들의 임기가 만료된 것으로 간주하고 전원을 새로 선출하기로 했다. 그리고 국무위원 수도 9명으로 늘려 이동녕, 김구, 이유필, 조성환(曺成煥), 윤기섭, 차리석, 신익희, 최동오, 송병조를 새 국무위원으로 선출했다. 국무위원 선거를 마친 임시의정원 회의는 그 자리에서 폐회했다. 폐회

---

67) 秋憲樹 編, 『資料 韓國獨立運動(3)』, p.27.
68) 韓相禱, 앞의 글, p.921 ; 강만길·심지연, 『우사김규식의 생애와 사상 ① 항일독립투쟁과 좌우합작』, 한울, 2000, p.100.
69) 李庭植, 『金奎植의 生涯』, 新丘文化社, 1974, p.104 참조.

식도 생략했다.[70] 회의가 얼마나 황망한 분위기였는지를 짐작하게 한다.

그런데 이날의 국무위원 선거는 국무위원 임기에 대한 계산착오로 그 뒤에 무효화되었다. 임시약헌(제33조)에 국무위원의 임기는 3년으로 규정되어 있었으므로 다음해, 곧 1933년11월에 가야 개선할 수 있었다.

---

70) 「臨時議政院會議 제24회」, 1932년11월, 『대한민국임시정부자료집(2) 임시의정원 I 』, 2005, pp. 276~277.

53장

제네바로, 모스크바로

1. 구미위원부 이전하고 제네바로

1

이승만이 하와이를 떠난 것은 법정쟁의 사태까지 벌어지고 있는 동포 사회의 분규에서 벗어나서 만주사변[9·18전쟁] 이후의 극동사태를 논의할 국제연맹회의에 참석하라는 동지들의 권유에 따른 것이었지만, 막상 워싱턴에 와서 보니까 그전에 해야 할 일들이 한두가지가 아니었다. 워싱턴에는 윤치영(尹致暎)이 구미위원부를 지키고 있었다. 윤치영은 김현구(金鉉九)가 할부로 구입했다가 은행소유로 넘어간 노스웨스트 파크 로드(Park Road NW) 1310번지의 2층 단독주택인 구미위원부 건물에서 나와 개인 집에서 살고 있었다.

이승만이 워싱턴에 도착하자마자 착수한 일은 새로운 극동사태와 관련하여 미 국무부를 상대로 한 문서외교였다. 그는 워싱턴에 도착한지 열흘 뒤인 1931년12월16일에 미 국무부를 방문하여 스팀슨(Henry L. Stimson) 국무장관 앞으로 쓴 긴 편지를 제출했다. 이 편지에서 이승만은 먼저 국내의 2,000만명, 시베리아의 200만명, 만주의 60만명, 하와이의 7,000명, 미국 본토와 쿠바의 4,500명 한국인을 대표하여 청원한다고 전제하고, 일본의 만주 침략에 대한 그의 견해와 미국정부에 대한 요망을 피력했다. 일본은 만주를 점령함으로써 만주의 풍부한 자원을 손에 넣게 되어 더욱 강대해지고 더욱 침략적인 방향으로 나아가게 될 것이기 때문에 세계문명의 적으로 간주해야 한다고 그는 주장했다. 이승만은 특히 그러한 일본은 미국의 안전을 위협하게 될 것이므로, 새로운 세계대전이 일어나기 전에 미국이 강경한 행동을 취할 단계에 이르렀다고 말했다. 그리고 일본의 계속적인 팽창은 한국의 독립을 더욱 멀게 하는 것이고, 또 일본의 만주점령은 만주에 있는 한국인들에게 심대한 고통을 주고 있으므로, 후버(Herbert C. Hoover) 대통령이 1932년의 연두교서를 통하여

강력한 입장을 표명하는 것이 한국인을 비롯한 아시아인들에게 힘을 줄 것이라고 주장했다.[1]

이 편지에 대해 국무부 극동문제 담당관은 그의 메모에서 "이 편지는 한국의 독립운동 지도자들이 아직 활동하고 있는 증거이며 또 만주사변에 대한 그들의 입장을 보여 주고 있어서 읽을 가치가 있다"고 지적했다. 극동문제 담당관의 이러한 메모로 미루어 보면 이승만의 편지는 1932년1월7일에 스팀슨 국무장관이 발표한 일본의 만주점령을 인정하지 않는다는 "불인정 선언(스팀슨 독트린)"[2]에 참고가 되었을 개연성이 없지 않다.

1932년 새해가 되자 이승만은 1월3일에 뉴욕으로 가서 남궁염(南宮炎), 김용중(金龍中) 등과 앞으로의 활동을 상의했다. 그동안 뉴욕에서 《삼일신보(三一申報)》를 발행하면서 이승만을 적극적으로 도왔던 허정(許政)은 며칠 전에 귀국길에 올랐다.[3] 뉴욕에서 이승만은 유학생 등의 동포들뿐만 아니라 영향력 있는 중국인들과 미국인들을 상대로 한 활동에도 힘을 기울였다. 1월7일에 미국 외교정책에 대한 가장 영향력 있는 연구단체인 미국 외교정책협회(Foreign Policy Association)에서 "극동문제에 대한 한국인의 견해"라는 주제로 강연을 한 것이 대표적인 행사였다. 외교정책협회는 미국의 지도급 정치인, 실업가, 학자들을 회원으로 하는 연구단체였다. 30분가량 연설을 한 다음 한국의 산업, 교육, 경제에 대한 일본의 정책과 만주에 대한 일본의 정책에 대한 질의응답이 있었다.[4] 1월7일(현지시각)에 이봉창(李奉昌)의 일본 천황 저격사건이 일어났고, 사건 이틀 뒤인 1월9일에 이승만이 라디오방송 연설을 한 것은 앞에서 본 바와 같다.

뉴욕의 손꼽히는 기관들의 이승만 초청강연이 잇달았다. 2월3일에는

1) 미국무부문서 793. 94 P.C./42, 방선주, 「1930년대의 재미한인 독립운동」, 국사편찬위원회 편, 『한민족독립운동사(8)』, 국사편찬위원회, 1990, pp.440~441에서 재인용.
2) Henry L. Stimson, *The Far Eastern Crisis*, Harper & Brothers, 1936, pp.91~109 참조.
3) 《新韓民報》 1932년1월7일자, 「허정씨 귀국하는 길에 등정」.
4) 《太平洋週報 號外》 1932년2월17일호, 「동양시국에 대한 리 박사의 활동」, p.3.

뉴욕의 가장 큰 교회와 뉴욕대학교(New York University)에서 강연을 했다. 초청을 받고도 응하지 못하는 경우도 있었다.[5]

허드슨 강변에 높이 자리 잡은 국제관에서 열린 뉴욕한인학생회 주최의 강연회에는 300~400명의 청중이 모였는데, 이승만은 일본의 만주침략을 비판하면서 미국 각 지역에 산재한 한국, 중국, 인도 등 동양학생들의 연맹회를 조직하여 일본상품 배척운동을 벌일 것을 제의했다.[6] 바쁜 일정 때문에 동지회 뉴욕지부 주최의 이승만 환영회는 2월14일에야 열렸다. 환영회에는 동지회 관계자 남녀 60여명이 모였다. 이 자리에서 이승만은 "이번에 내가 미국에 와서 여러 방면 인사들과 담화하여 본 결과 그들은 모두 일본의 양심을 비난하는 동시에 원동문제 중의 하나인 한민족의 독립운동에 많은 관심을 가지고 있다. 이러한 천재일우의 기회에 우리가 좀 더 분발하는 것이 평시에 거대한 공헌을 하는 것보다 많은 효과가 있을 것이다"라고 역설했다.[7]

2월26일까지 뉴욕에 머물던 이승만은 워싱턴으로 돌아오는 길에 뉴저지주의 캠던(Camden)시에 들러 해던출판사(Haddon Publishing Co.)를 찾아갔다.[8] 스코필드(Frank W. Schofield, 石虎弼)의 책 출판문제를 알아보기 위해서였다. 스코필드는 1916년에 캐나다 연합장로교의 의료선교사로 한국에 와서 세브란스 의학전문학교(Severance 醫學專門學校) 교수로 재직하면서 세브란스병원에 근무하던 이갑성(李甲成)과 가까이 사귀었고, 그 인연으로 3·1운동 때에는 현장을 돌아다니면서 찍은 사진을 외국 신문에 보내어 3·1운동에 대한 세계여론을 환기시키는 데 크게 이바지했다.

스코필드는 1920년5월에 귀국했는데, 한국을 떠날 때에 3·1운동 관

---

5) 《太平洋週報 號外》 1932년2월17일호, 「리 박사와 백인사회」, p.4.
6) 《太平洋週報 號外》 1932년2월17일호, 「동양시국에 대한 리 박사의 활동」, p.1.
7) 《太平洋週報 號外》 1932년2월24일호, 「리 박사 환영회」, p.1.
8) Syngman Rhee, *Log Book of S. R.*, 1932년2월26일조.

계 사진과 자신이 직접 보고 들은 사실을 자세히 기술해 놓은 원고를 불편한 다리에 감은 붕대 속에 감추어 가지고 갔다. 그는 그것을 『끌 수 없는 불꽃(Unquenchable Fire)』이라는 제목으로 출판하고자 했다. 원고를 검토한 런던의 한 출판사는 내용이 매우 소중한 것이기는 하나 영일동맹 아래 있는 영국의 출판사로서는 출판할 수 없다고 했다. 스코필드는 생각 끝에 워싱턴에 있는 이승만을 찾아갔다. 이승만은 무척 기뻐하면서 그가 아는 뉴욕의 플레밍 리벨(Fleming Revell) 출판사를 소개했다. 그러나 출판사는 출판비 부담을 요구했다. 두 사람은 미국선교회에 상의해 보기로 했다. 선교회는 출판비 부담은 문제가 되지 않지만 자기네 처지로서는 그런 책을 출판했다가는 앞으로 선교회가 하는 사업에 대해 일본인들이 어떤 방해를 할지 모른다면서 거절했다. 이승만과 스코필드는 출판비가 마련되는 대로 플레밍 리벨에서 출판하기로 하고 원고를 그 회사에 맡겼다.[9]

이승만이 10년이나 지나서 다시 스코필드의 저서 출판문제를 알아보려고 한 것은 일본의 만주침략을 계기로 다시 한번 제국주의 일본의 침략성과 한국인의 희생을 세계에 홍보하기 위한 것이었음은 말할 나위도 없다. 이승만이 해던출판사를 찾아간 것은 그동안 플레밍 리벨에 맡겨 두었던 스코필드의 원고를 찾아다가 그 출판사에 맡겨 두었거나 구미위원부 또는 다른 친지가 보관하고 있었던 것으로 짐작된다. 그러나 이 원고는 그 뒤에도 출판되지 못했다.

워싱턴으로 돌아온 이승만은 3월7일에 구미위원부 사무실을 노스웨스트 H 스트리트(H Street NW) 1343번지의 인민생명보험회사 빌딩(People's Life Insurance Bldg.) 1010호로 옮겼다.[10] 이승만은 새 구미위원부 사무실에서 다시 활동을 시작했다.

---

9) 이장락, 『한국땅에 묻히리라: 프랭크 윌리엄 스코필드 박사 전기』, 정음사, 1980, pp.139~142.
10) Syngman Rhee, *Log Book of S. R.*, 1932년3월7일조.

　리턴(Victor A. G. B. Lytton)조사단의 활동이 본격적으로 진행되고 중국문제를 다룰 임시총회가 소집되는 등 극동사태에 관한 국제연맹의 움직임이 활발해지자 이승만은 국제연맹을 상대로 외교활동을 벌이기 위하여 제네바를 방문할 결심을 굳혔다. 이승만이 제네바로 가기로 결심할 수 있었던 것은 하와이의 동지회 간부들의 강력한 권고가 있었기 때문이다. 이원순(李元淳)은 침체에 빠진 구미위원부가 다시 문을 닫아야 할 형편에 놓여 있었으므로 "슬럼프에 빠져 있는 그에게 큰 충격과 자극을 주리라"고 생각하고, 이승만에게 제네바행을 권했고, 여행경비도 동지회 회원들로부터 나중에 의연금을 걷기로 하고 자기가 3,000달러가량을 먼저 보냈다.[11]

　리턴조사단은 2월29일에 도쿄(東京)에 도착하여 이누카이 쓰요시(犬養毅) 총리를 비롯한 일본의 각계 인사들을 만나고 중국으로 건너가서 3월14일부터 6월28일까지 상해, 남경, 양자강 연안, 북경, 그리고 만주 각지를 방문하면서 왕정위(汪精衛: 본명 兆銘) 행정원장, 장개석(蔣介石) 군사위원장 등 중국 각계의 요인들뿐만 아니라 혼조 시게루(本庄繁) 일본 관동군사령관, '만주국' 집정(執政) 부의(溥儀) 등 광범위한 인사들을 만났다. 조사단은 만주에 머물던 4월29일에 예비보고서를 작성하여 제네바로 보낸 다음, 6월29일에는 한국을 거쳐 도쿄로 다시 가서 새로 부임한 사이토 마코토(齊藤實) 총리 등을 만나고 7월20일 이후에는 북경에 머물면서 보고서를 작성했다. 9월4일에 완성된 보고서는 10월1일에 중국과 일본 및 국제연맹에 제출되고 이튿날 공표되었다.

　18만 단어에 이르는 방대한 분량의 『리턴보고서(Lytton Report)』는 먼저 중국이 통일국가의 길을 걷고 있는 점을 논증하고, 만주가 중국의

---

11) 李元淳, 「世紀를 넘어서: 海史 李元淳自傳」, pp.189~190.

한 부분이라는 것을 인정하며, 9월18일의 일본군의 군사행동[만주사변]은 정당방위라고 볼 수 없으므로, '만주국'은 승인할 수 없다고 판정했다.『리턴보고서』는 중국문제에 대한 해결책으로서 만주를 포함한 중국의 문호개방원칙의 유지 및 국제협력에 의한 중국의 통일과 근대화의 촉진이 필요하고, 만주에 자치적 지방정부를 설립하여 이 지역을 비무장지대로 하며, 이 지역의 유일한 군사력인 헌병대에 의하여 치안을 유지하는 한편, 일본인이 다수를 차지하는 외국인 고문을 자치정부의 정치, 경찰, 재정 및 만주 중앙은행의 고문으로 임명할 것을 제안했다. 이러한 제안은 만주를 일본을 주축으로 한 열강의 국제관리 아래 둠으로써 일본과 다른 열강과의 타협을 꾀하려는 것이었다.[12]

『리턴보고서』는 12월6일부터 열리는 국제연맹총회에 제출될 것이므로 이승만은 이번 국제연맹총회가 한국의 독립문제에 큰 영향을 줄 중요한 국제회의가 될 것으로 판단했던 것 같다.

그러나 제네바행에 앞서 소리소문 없이 하와이를 떠나온 이승만으로서는 미국 본토 동포사회의 지지기반을 점검하고 확충하는 일이 절실히 필요했다. 그는 3월29일에 다시 뉴욕으로 가서 두달 넘게 머물면서 뉴욕 일대의 동포들을 규합하여 동지회 운동을 활성시키려고 부심했다. 동지회 뉴욕지회가 7월16일자로 《뉴욕동지회보》를 창간한 것도 이승만의 이러한 노력의 결과였다. 《뉴욕동지회보》는 한달에 두번씩 발행하기로 했는데, 창간호는 「특별부록」으로 구미위원부 관련 뉴스를 자세히 보도했다.[13]

이승만은 8월부터는 주로 동부 각 지방의 동포들을 찾아다니면서 제네바의 국제연맹총회에 가는 문제를 상의했던 것 같다. 이 무렵 이승만은 더지 자동차를 구입하여 직접 몰고 다녔는데, 여행의 내용에 대해서는 그의 『여행일기』에도 간략하게 메모만 적어 놓았다. 강왕조와 함께 8월1일

---

12) F. P. Walters, *A History of the Leage of Nations*, Oxford University Press, 1952, pp.490~496; 海野芳郎,『國際聯盟と日本』, 原書房, 1977, pp.217~227.
13) 《太平洋週報》 1932년8월10일호,「뉴욕동지회보를 정기로 발행」.

에 뉴욕으로 가서 남궁염을 만난 이승만은 8월5일에 세 사람이 함께 뉴저지주의 윤병구(尹炳求)를 찾아가서 하룻밤을 같이 지냈다. 윤병구는 뉴저지주의 앨런타운(Allentown) 근처에 농장을 가지고 있었다. 이승만은 1904년에 처음으로 미국에 와서부터 윤병구와는 변함없이 협력관계를 유지하고 있었다.

8월8일에는 펜실베이니아주의 체스터(Chester)로 가서 박범구를 만나 같이 미디어(Media)에 있는 서재필을 찾아갔다.

이승만은 마음이 착잡하고 울적할 때면 미국 부인들과 어울려 시간을 보냈다. 8월20일에는 스쿨리(Schooley) 부인과 그녀의 아들, 그리고 그녀의 친구 스톤(Stone) 부인과 함께 버지니아주의 루레이(Luray)에 있는 유명한 동굴을 구경하러 갔다. 그곳은 워싱턴에서 서쪽으로 151킬로미터쯤 떨어져 있었는데, 아침 7시30분에 출발하여 저녁 9시30분에 돌아왔다. 돌아올 때에는 블루리지(Blue Ridge) 산을 넘어 남북전쟁 때의 여러 전적지들을 거쳐서 왔다.[14]

이 시기의 이승만의 국제정세에 대한 생각은 11월11일자로 발표한 그의 「기회를 이용하자」라는 글에 잘 표명되어 있다. 그는 한국의 독립기회는 언제나 미일의 충돌에 있다면서 다음과 같이 기술했다.

우리 광복사업에 절대한 기회는 언제든지 일미 충돌에 있다. 다른 나라들은 다 강토의 욕심을 가진 고로 그 야심이 일본이나 다름이 없으되, 오직 미국은 동양에서 상권과 덕의상 세력을 세우는 것이 더 유력할뿐더러 미국이 필리핀을 찾은 뒤로 손해를 많이 본 고로 민심이 원동에 강토를 점령하는 것을 절대로 반대하는 고로, 중국과 만주의 강토를 보호하야 타국이 점령치 못하게 하는 것이 연래로 미국의 일정한 원동정책이라. 그러므로 우리가 그 덕의상 응원을 얻는 것이 곧

14) Syngman Rhee, *Log Book of S. R.*, 1932년8월30일조.

대세를 순응함이요….

곧 우리가 독립을 달성하기 위해서는 영토의 야심이 없는 미국의 도덕적 지원을 얻는 것이 무엇보다도 중요하다는 것이었다. 이승만은 미국의 도덕적 지원을 얻는 것이 다른 나라의 지원을 얻는 것보다 더 유력한 이유를 다음과 같이 설명했다.

예를 들어 말하건대 아일랜드를 자유국으로 만든 것과 인도국의 비폭력운동이 다 미국인의 공론을 얻어 가지고 되는 것이라. 만일 미국인의 공론을 기탄치 않았다면 영국이 아일랜드 사람들과 간디의 운동을 병력으로 진압하기를 거리끼지 않았을 것이며, 국제연맹회도 미국의 덕의상 응원을 얻어 가지고야 능히 자체를 보유하는 터이라. 영국이 미국세력이 자라는 것을 시기하야 연래로 친일정책을 지켜 왔으나, 그 영지(領地)에서는 절대 친미하는 감상을 가진 고로 미국의 공론을 영국도 무시하지 못하는 내용이라.…

이처럼 이승만은 아일랜드가 1921년에 자유로이 된 것이나 인도의 비폭력운동이 미국 여론의 지지가 있었기 때문에 가능했다고 강조했다. 이승만은 이어 이제 미국의 친일주의가 변하고 있고, 미일의 충돌이 날로 증대하게 될 것이라고 다음과 같이 전망했다.

지금은 미국의 친일주의가 변하는 시가가 온 것이다. 일러전쟁 때에 미국이 러시아의 세력을 제일 의려[疑慮: 의심하여 염려함]했는 고로 루스벨트(Theodore Roosevelt) 대통령이 일본을 후원하야 러시아를 방어하게 하고, 평화시의 중국과 만주독립을 보호하기 위하야 조선을 희생한 것이니, 조선을 일본에 주면 일본은 조그마한 나라이므로 다른 야심이 없어서 동양의 평화를 유지하고 미국의 이익이 확장되는 것을 막을 자가 없으리라 한 것이다. 지금 와서는 일본의 육해군 세력이 러시아보다 앞서고 상업상과 정치상으로 중국과 만주를 다 병탄하려는 야심이 드러난 고로 미국의 대등적 강국으로 인정을 받게 된 것이라. 그러므로 지금부터는 일미의 충돌이 날로 자랄 것은 면치 못할 사실이다.…

그렇기 때문에 우리의 광복을 위한 큰 기회가 점점 가까워 온다는 것이었다. 그리고 이러한 기회를 맞아 우리가 할 급선무는 무엇보다 민족 합동이라고 이승만은 강조했다.

한국독립은 한족의 합동을 이룬 후에야 찾을 것이요, 합동이 못 되면 독립을 찾지도 못하려니와 찾아도 우리 것이 아니며, 독립은 고사하고 민족의 생존을 유지할 수 없을 것이다. 여기저기서 남에게 몇 십명, 몇백명씩 밟혀 죽어도 세상에서 알지도 못할 것이니, 이것은 우리가 수십년래로 당하여 온 것이며 장래도 점점 더 심할지언정 나을 수는 여영 없을 것이다.…

마지막으로 이승만은 앞으로의 구미위원부의 활동방향을 다음과 같이 천명했다.

구미위원부로 인하야 하려는 것은 말과 글로 미국인의 동정을 얻어서 루스벨트 대통령 적에 불공평한 대우를 받아 억울함과 미국의 친일정책이 실책인 사실과 한족을 덕의상으로 응원하는 것이 미국 정책에 도움이 될 것을 차차 깨닫게 하야 비공식, 무형식한 동맹적 연락을 맺는 것이 큰 외교정책이니, 이것이 남을 의뢰하는 것이 아니라 피

차에 후원을 얻는 것이다.[15]

이승만은 이처럼 구미위원부의 역할을 강조하는 한편으로 임시정부
의 권위를 중요시하는 데는 변함이 없었다. 그는 임시정부의 전권대표 자
격으로 국제연맹회의에 참석하고자 했다. 이승만은 항주로 피신한 조소
앙에게 임시정부의 신임장을 만들어 보내라고 전보를 여러 차례 쳤는데,
이승만이 친 전보 가운데는 엉뚱한 곳으로 잘못 배달되었다가 몇달 뒤에
야 항주로 전해진 것도 있었다.

3

국무원들이 뿔뿔이 흩어져 있고 또 서로 반목하고 있는 상황에서, 임
시정부의 신임장에 국무원 다섯 사람이 한자리에서 서명 날인을 하는 것
은 불가능한 일이었다. 조소앙은 당시에 국무회의 주석이던 조완구(趙琬
九)와 외무장인 자신의 공동명의로 이승만의 간단한 '특명전권수석대표'
신임장을 한문으로 작성하여 파리로 보냈다.[16] 그랬다가 이승만의 상세
한 전보를 받아 보고 비로소 "훌륭하신 계획과 격식을 알고" 격식을 갖
춘 신임장을 다시 작성하여 우편으로 국무위원 한 사람 한 사람의 서명
을 받아 가지고 제네바로 바로 보냈다.[17]

조소앙은 위임장을 제네바로 보낸 사실을 이승만에게 알리면서, 남경
의 국민정부와 교섭하여 제네바에 파견된 중국대표들에게 이승만과 협
력하도록 훈령하게 하겠다고 말하고, 그러나 현재의 정세로 보아 뜻대
로 될지는 의문이라고 말했다. 조소앙은 1월 중순에 자기가 직접 남경으

15) 리승만, 「기회를 리용하자」, 『美洲韓人民族運動資料 美洲篇④』, p.304.
16) 「信任狀: 國際聯盟派遺特命全權首席代表」, 『雪南李承晚文書 東文篇(六) 大韓民國臨時政府關
聯文書1』, 1998, pp.437~439; 『대한민국임시정부자료집(44) 사진자료』, 2011, p.185.
17) 「趙素昻이 李承晚에게 보낸 1932년12월26일자 편지」, 『대한민국임시정부자료집(42) 서한집 I』,
pp.296~297.

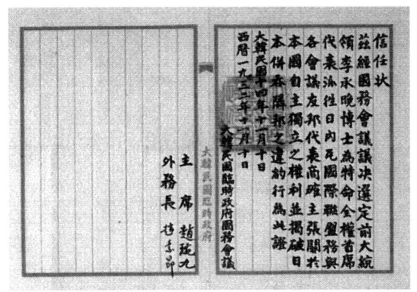

信任状

茲經國務會議議決選前大統
領李承晚博士爲特命全權首席
代表派往日內瓦國際聯盟務與
各會謀友邦代表商確主張關於
本國自主獨立之權利並揭破日
本併呑關邪之違約行爲此證

大韓民國十四年十一月十日

西曆一九三二年十一月十日

大韓民國臨時政府國務會議

大韓民國臨時政府

主席 趙琬九

外務長 趙素昂

파리로 보낸 주석 조완구와 외무장 조소앙 명의로 된 이승만의 '특명전권수석대표' 신임장.

로 가서 나문간(羅文幹) 중국 외교부장을 만나 보겠다고 말했다. 그는
또 한국의 국제연맹 회원국 가입 자격이 영연방에 속한 자치국으로서 국
제연맹에 가입한 아일랜드, 캐나다, 인도와 같은 것이 되는 것은 임시정부
동료들이 원치 않는다고 덧붙였다. 완전독립국이라야 한다는 것이었다.
14년 전의 이승만의 위임통치 청원문제로 벌어졌던 논란 같은 일이 재발
하지 않도록 하라는 뜻이었다. 조소앙의 편지에는 "내지에 유포하는 일
은 별 문제가 없을 듯합니다. 마땅히 적극적으로 선전하여 일체를 찬조
하겠습니다"라는 대목도 있어서 눈길을 끈다. 이승만은 조소앙에게 보낸
전보에서 국내에 연락하여 국내동포들에게 널리 알리게 하고 유지들의
자금지원을 얻도록 힘써 줄 것을 당부했던 것 같다. 조소앙도 "경비가 응
당 군색하실 것입니다. 규정을 만들어 후원하고 싶으나 이루어질지 모르
겠습니다" 하고 걱정했다.[18] 그런데 이승만은 유럽으로 떠날 때까지 조소

18) 위의 편지, p.297.

앙의 이 편지를 받지 못했다.

제네바로 떠나기에 앞서 이승만은 워싱턴에서 열린 손문(孫文) 기념
강연회에 토론자로 초청되었다. 이날의 강연회에서 이승만은 청중들로
부터 박수갈채를 받았다.[19]

하와이에서는 이승만의 여행경비 마련을 위한 의연금 모금이 시작되
었다. 이승만은 미국 본토에 있는 동포들로부터는 구미위원부의 활동경
비를 지원받고 있었기 때문에 또다시 여행경비 지원을 부탁하기가 어려
웠을 것이다. 이승만이 떠나온 뒤에 하와이의 동지회 중앙이사부는 안현
경(安玄卿)과 이원순을 서무대판으로 선정하여 임시정부에 보낼 인구세
수합과 구미위원부 지원을 위한 의연금 수합사업을 벌이고 있었는데,[20]
1932년11월 들어서는 이승만의 국제연맹회의 참가를 위한 여비를 모금
했다.《신한민보(新韓民報)》는 그 사실을 다음과 같이 못마땅하게 보도
했다.

　　《국민보(國民報)》에 의하면 "근일 호놀룰루 항내에 전하는 말
　　을 들은즉, 리승만씨가 국제연맹회의에 가서 참여하겠다 하야 노비
　　3,000달러를 거두는 중이라더라" 운운하였으나, 미주에서는 구미위
　　원부를 위하야 돈을 거두는 것이 적확한 사실인즉, 호놀룰루항에서
　　전하는 소식은 낭설일 것 같다.[21]

《신한민보》의 이러한 기사는 이승만이 국제연맹회의에 참가한다는
이야기에 대한 반대파들의 반응이 얼마나 부정적이었는지를 말해 준다.

한편 하와이교민단은 1931년10월에 자체조직과는 별도로 부장 정두

---

19) Syngman Rhee, *Log Book of S. R.*, 1932년7월15일조.
20) 《太平洋週報》 1931년12월19일호, 「社說: 동지회에 내정방침, 신정부를 응원, 구미위원부에 전
　　력」.
21) 《新韓民報》 1932년11월17일자, 「하와이: 리승만 박사 유럽여행설」.

옥(鄭斗玉), 서기 김현구(金鉉九), 재무 차신호(車申灝), 교섭위원 한길수(韓吉洙) 등으로 하는 선전부를 구성했는데,[22] 이들은 1932년 11월 14일에 정두옥과 김현구의 공동명의로 국제연맹 사무총장 드러먼드(James E. Drummond)에게 한국의 독립과 세계평화를 위해 일본의 불법침략 행위를 저지시켜 줄 것을 요망하는 편지를 보냈다.[23] 그러면서 그들은 이승만이 제네바로 직접 가서 같은 취지의 운동을 하는 것은 못마땅했던 것이다.

이승만은 12월 11일에 미국 국무부를 방문하여 혼벡(Stanley K. Horn-beck) 박사를 만났다. 여권발급을 부탁하기 위해서였다. 위스콘신대학(Wisconsin College)에서 박사과정을 마치고 중국에 가서 항주의 절강대학(浙江大學)과 봉천법과대학(奉天法科大學)에서 교편을 잡았고, 귀국하여 『극동의 현대국제정치(Contemporary Politics in the Far East)』라는 저서를 내기도 한 혼벡은 파리강화의회, 워싱턴회의 등에서 '전문가' 또는 경제고문 스태프 등으로 활동했다가 1928년에 국무부 극동국장이라는 요직에 발탁된 사람이었다.[24] 이승만이 혼벡을 처음 만난 것은 1925년 여름에 하와이에서 열린 제1회 태평양문제연구회 회의 때였다.

미국 국무부로서는 미국시민권이 없는 이승만에게 여권을 발급하기는 어려운 일이었다. 이승만은 14년 전에 대한인국민회 대표 자격으로 파리강화회의에 참석하기 위하여 미국 국무부에, 그리고 나중에는 대학 은사인 윌슨 대통령에게까지 직접 여권발급을 간곡하게 부탁했다가 끝내 뜻을 이루지 못했던 쓰라린 경험이 되새겨졌다. 그러나 이번에는 국무부의 태도가 달랐다. 이승만에게 여권발급신청서를 써 내라고 했다. 이승만은 그대로 하고 돌아왔다. 하루인가 이틀 지나서 그 여권발급신청서가 반송되어 왔는데, 그 문서에는 미국 법무장관이 국무장관에게 이승만의 여

---

22) 鄭斗玉, 「在美韓民族獨立運動實記」, 《한국학연구》 3 별집, p.81.
23) 홍선표, 『재미한인의 꿈과 도전』, pp.81~82.
24) 細谷千博 外 編, 『開戰に至る十年 1931~1941(1) 政府首腦と外交機關』, 東京大出版會, 2000, pp.142~143.

권을 발급해 줄 것을 권고하는 공문이 첨부되어 있었다. 그리고 문서 끝에는 스팀슨 국무장관의 서명이 있었다. 이렇게 하여 그 문서가 이승만의 외교관 여권이 되었다. 이 특별한 여권을 발급하기 전에 혼벡은 다른 국무부 스태프들과 함께 상의했다고 하는데, 이승만이 전년 12월16일에 스팀슨에게 보낸 편지가 이들로 하여금 이승만에게 여권을 발급해 주는 것이 미국정부에 도움이 될지 모른다는 판단을 하게 했을 수 있다.

이승만의 이 특별한 문서여권은 영국, 프랑스, 이탈리아, 독일 및 그밖의 나라 대사관과 공사관에 발송되었다. 입국비자를 받기 위해서였다. 여러 장의 서류 앞뒷면에 각국 영사 담당관들의 스탬프가 찍혔다. 그러나 프랑스는 이 무렵에 일부 프랑스 여권 소지자들이 미국 이민국으로부터 입국이 거부되었기 때문에 이승만에게 비자를 내주지 않았다. 그리하여 이승만은 프랑스 비자는 유럽에 가서 기차 안에서 받았다. 이승만은 이 문서여권으로 여행하는 동안 내내 거의 모든 곳에서 외교관의 예우와 특권을 제공받았다.[25]

이승만은 드디어 1932년12월23일 오후 5시에 영국의 리버풀(Liverpool)로 향하는 라코니아 호(S. S. Laconia)를 타고 뉴욕항을 떠났다. 크리스마스이브 전날이었다. 부두에는 많은 친지들이 나와서 이승만을 배웅했다.[26] 이승만은 이제 필마단창[匹馬單槍: 홀로 한필의 말을 타고 창 하나를 비껴 든 차림]으로 격동하는 국제정치 무대에 뛰어들고 있었다.

---

25) Syngman Rhee, *Log Book of S. R.*, 1932년12월11일조.
26) Syngman Rhee, *Log Book of S. R.*, 1932년12월23일조.

2. 국제연맹에 일본의 만주침략 비판문서 제출

1

이승만은 몇해 만에 남부 아일랜드를 휩쓸고 지나가는 큰 폭풍 속의 밤바다 위에서 1933년의 새해를 맞았다. 이승만이 이제 쉰여덟살이 되는 해였다. 멀리 등댓불이 비치고 있었다. 그가 탄 라코니아 호는 오후 3시에 아일랜드 남해안의 퀸스타운(Queenstown)항에 닻을 내리고 승객과 우편물을 작은 배로 옮겨 실었다. 이튿날 오전 8시10분에 리버풀항에 상륙하여 기차를 타고 오전 10시에 런던에 도착했다. 런던에서는 이활(李活)을 만나서 하루를 같이 지냈다. 1월4일 오전 8시에 런던을 떠난 이승만은 파리와 리옹(Lyon)에서 비행기를 갈아타고 제네바로 갔다. 제네바에는 파리에 있는 서영해(徐嶺海)가 미리 와서 기다리고 있었다. 서영해는 호텔 드 뤼시(Hotel de Russi)에 이승만이 묵을 방을 예약해 놓고 있었다. 그 방은 레만[제네바]호의 전경이 한눈에 들어오는 스위트룸이었다. 그

런던에서 제네바로 가는 도중 1933년1월4일에 비행기를 갈아타기 위하여 파리비행장에 내리는 이승만.

레만[제네바]호의 몽블랑교 위에 서 있는 이승만. 뒤의 건물은 이승만이 묵었던 호텔 드 뤼시.

러나 이승만은 이튿날 작은 방으로 옮겼다.

1902년에 부산에서 태어난 서영해는 3·1운동에 참가한 뒤에 상해로
망명했다가 이듬해에 프랑스로 건너가서 유학하고, 프랑스어로『어느 한
국인의 삶과 주변(*Autour d'une vie Coreenne*)』이라는 책을 출판하기
도 했다. 그는 1927년에 '한국통신사(Agence Korea)'를 설립하고, 구미
위원부와도 연락을 취하고 있었다.[27]

제네바에서는 국제연맹총회가 1932년11월에『리턴보고서』를 심의하
기 위하여 구성한 19인위원회가 일본대표의 완강한 항의를 받으면서 활
동하고 있었다. 이 위원회는 총회 의장인 벨기에 대표를 위원장으로 하
고, 14개 이사국 가운데 분쟁 당사국인 중국과 일본을 제외한 12개국(벨
기에, 영국, 프랑스, 이탈리아, 독일, 스페인, 파나마, 아일랜드, 과테말라, 노르웨
이, 페루, 유고슬라비아)과 선출된 다른 6개국(스위스, 체코슬로바키아, 콜롬
비아, 포르투갈, 헝가리, 스웨덴)의 대표로 구성되었다.

---

27)『獨立有功者功勳錄(12)』, 1996, p.716.

이승만은 제네바에 도착하고 이틀 뒤부터 곧바로 활동을 시작했다. 이승만은 이때부터 8월16일에 뉴욕으로 돌아올 때까지 매일 있었던 일을 그의 『여행일기』에 아주 자세히 기록해 놓았다. 그만큼 그는 이때에 유럽에서 활동한 일을 중요하게 생각했던 것이다. 그는 1월6일에 중국대표단 본부를 찾아가서 안혜경(顏惠慶, W. W. Yen) 대표단장을 만나 장시간 의견을 나누었다. 회담은 서영해가 주선한 것이었다.

이승만은 제네바에 도착하자마자 미국 언론인들의 적극적인 협조를 받았다. 이승만과 미국 언론인들의 친분 덕이었다. 먼저 1월7일에 AP통신 특파원 립시(Pluntus J. Lipsey Jr.)가 호텔로 이승만을 찾아왔다. 그는 워싱턴에 있는 러셀(Charles E. Russel)의 친구였다. 립시는 이승만을 소개하는 러셀의 편지를 받았다. 이승만은 그에게 국제연맹에 청원서나 의견서를 제출할 때에 국제연맹 안에서 그것을 제출해 줄 사람을 원한다는 것과 한달가량 자신들의 홍보활동을 맡아서 일할 경험 있는 사람이 있으면 한다고 말했다. 립시는 무엇이든지 돕겠다고 말했다.

1월8일은 일요일이었다. 이승만은 호텔 근처에 있는 미국성공회 교회에 가서 예배를 보았다. 그곳에서 배재학당의 은사 아펜젤러 목사의 학교 친구였던 와드워스(Julian S. Wadworth) 등 여러 미국사람들을 만났다. 와드워스의 점심 초대를 받고 오후 늦게까지 이야기를 나누며 같이 지냈다.

이튿날 이승만은 드루 피어슨(Drew Pearson)이 워싱턴에서 보낸 편지를 받았다. 편지에는 제네바 주재 미국총영사이며 국제연맹 옵서버인 길버트(Prentiss B. Gilbert), 《뉴욕타임스(The New York Times)》 특파원 스트라이트(P. I. Streit), 《뉴욕월드(The New York World)》의 전 특파원 존슨(Albin E. Johnson) 등에게 보내는 소개장이 들어 있었다. 이승만은 그날로 스트라이트를 만났다. 심스(Philip Simms)도 전 UP통신 특파원 우드(Harrt Wood)에게 보내는 소개장을 부쳐 왔다.

이승만은 1월11일에 중국대표단장 안혜경을 다시 찾아갔다. 안혜경은 처음에 이승만을 돕기 위해 무엇을 해야 할지 몰랐다. 그리하여 이승만은 그에게 한국문제는 만주문제와 직결되는 것이므로 한국문제를 국제연맹에 제출하는 것은 일본을 다른 각도에서 공격하는 것이 될 것이라고 말했다. 안혜경은 곧 찬성하고, 한국인들이 바라는 어떤 성명서든지 국제연맹에 제출하겠다고 약속했다. 그는 주영공사 곽태기(郭泰祺, Quo Tai Chi)와 또 한 사람의 중국대표인 고유균(顧維鈞, Wellington Koo)이 현재 제네바에 있다면서 만나 보라고 했다. 곽태기는 상해사변[1·28전쟁]이 발발했을 때에 중국정부의 외교사장으로서 일본공사 시게미쓰 마모루(重光葵)를 상대로 정전협상을 했던 외교관이었다.

1월12일은 긴 하루였다. 이승만은 아침에 곽태기의 아파트를 찾아갔다. 곽태기는 중한 양국 국민의 협동을 위한 이승만의 노력에 경의를 표하고 나서, 안혜경과 고유균과 자기는 이승만이 어떤 문서든지 준비해 주면 국제연맹에 제출하기로 합의했다고 말했다. 이승만은 여러 가지 대화 끝에 스코필드의 원고를 출판하는 문제도 이야기했다. 어떤 출판사가 1,000부를 출판하는 데 500달러를 요구한다고 말했다. 곽태기도 이 안건을 자기네 대표단과 상의해 보겠다고 말하고, 자기는 그 책이 출판되는 것이 좋겠다면서 이승만에게 고유균과 상의할 것을 권했다.

오후에 존슨이 호텔로 찾아왔다. 그러나 이승만은 그가 일본 신문들과 관계하고 있는 것을 알았으므로 자기 계획을 구체적으로 밝히지 않았다. 그러나 존슨은 길버트 미국총영사가 어느 때든지 이승만이 자기 사무실을 방문해 주면 감사하겠다고 한 전갈을 가지고 온 것이었다. 존슨은 이승만에게 약소국 대표들과 접촉하도록 노력해 보겠다고 말했다.

이승만은 오후 늦게 국제연맹의 보건기구 책임자인 라흐만(Rachmann) 박사를 찾아갔다. 안혜경이 그를 꼭 만나야 한다고 추천했기 때문이다. 라흐만은 처음에 한국문제를 제출하기에는 좋은 기회가 아니라고 말했다. 이승만은 다음과 같이 반박했다.

"우리는 지금이 한국문제를 만주문제와 한묶음으로 제출하기에 가장 좋은 때라고 생각합니다. 한국이 첫 단계이고 만주는 그다음입니다.…
우리는 국제연맹이 우리를 독립시켜 주기를 기대하는 것이 아니라 우리
의 문제를 현실적인 쟁점으로 만들어 줄 것을 기대하는 것입니다."

그러자 라흐만은 말을 바꾸어 한국을 도와줄 대표를 찾아보겠다고
말했다.

이승만은 저녁 6시30분에 고유균의 집을 찾아갔다. 오래전에 이승만
과 만난 적이 있는 그는 이승만을 보자 무척 반가워했다. 고유균도 역시
중국대표단은 이승만이 국제연맹에 제출할 목적으로 작성하는 어떤 문
서도 국제연맹에 제출하겠다고 장담했다. 그러면서 그는 성명서에 두가
지 점, 곧 일본의 조약파기와 한국의 항의 및 일본이 한국에서 자행하고
있는 잔학행위를 자세히 기술해 줄 것을 당부했다. 그리고 나서 그는 최
근에 하와이의 몇몇 한인단체가 연명으로 자기에게 국제연맹에 제출해
달라고 보낸 편지가 있다면서 이승만에게 먼저 보아야 하지 않겠느냐고
물었다. 그것은 물론 이승만의 반대파들이 보낸 것이었다. 이승만은 대답
을 주저했다. 그러자 그는 자기가 어떻게 했으면 좋겠느냐고 물었다. 이
승만은 "내가 모든 우리 동포들을 대표하여 여기에 와 있으므로 선생은
그것을 국제연맹에 제출할 필요가 없습니다"라고 대답했다. 고유균은
그것이 가장 낫겠다면서, 자기는 대답하지 않겠다고 말했다. 이승만은
이어 스코필드의 책을 출판하는 문제를 이야기했고, 그는 기꺼이 돕겠다
고 약속했다.[28]

하와이의 반대파들은 이승만이 국제연맹과의 교섭을 위하여 제네바
로 간 줄 알면서도 이처럼 오히려 방해가 되는 행동을 하고 있었다. 이승
만이 하와이를 떠나온 뒤에도 동지회와 소송을 벌이면서 격심하게 대립
하던 하와이교민단은 드디어 1933년1월8일의 이사회에서 교민단을 해체

---

28) Syngman Rhee, *Log Book of S. R.*, 1933년1월1일조~12일조.

하고 하와이국민회를 부활시키기로 결의하고,[29] 국민회 창립기념일인 2월1일에 새로 대한인국민회 하와이지방총회를 발족시켰다.[30]

2

이승만은 1월13일에 미국총영사 길버트를 찾아갔다. 길버트는 매우 친절했다. 그는 먼저 이승만의 직함에 대해서 물었다.

"피어슨의 편지는 선생을 '지방대통령(Provincial President)'이라고 했는데, '지방'이라는 말은 '임시(Provisional)'라는 말의 착오겠지요?"

그러고 나서 그는 이승만에게 누구의 여권으로 여행하고 있느냐고 물었다. 이승만은

"나 자신의 여권으로 여행하고 있소이다. 그것은 나 자신이 작성한 것입니다"

하고 대답했다. 두 사람은 같이 빙그레 웃었다.

"거기에 비자를 받으셨군요."

"그래요."[31]

이러한 대화는 이승만이 제네바에 도착하자마자 '대한민국임시정부 대통령'을 자처하면서 활동을 시작했음을 말해 준다. 길버트는 그러한 사실을 국무장관 스팀슨에게 보고했다.[32]

길버트는 이승만에게 무슨 일을 하려고 하는지 물었다. 이승만은 다음과 같이 대답했다.

"우리는 연맹과 중국과 세계평화를 도우려고 여기에 왔습니다. 한국

---

29) 《新韓民報》 1933년1월26일자, 「하와이: 교민단을 국민회로」.
30) 《新韓民報》 1933년2월9일자, 「국민회 창립 제24주년 기념경축식. 하와이국민회에 축하전보를 보내」.
31) Syngman Rhee, *Log Book of S. R.*, 1933년1월13일조.
32) 미국무부문서 895.01/36 및 895.00/718, Gilbert to Stimson, Feb. 9, Apr. 28, 1933, 유영익, 『건국대통령 이승만』, 일조각, 2013, p.50 주99)에서 재인용.

은 중일문제의 본질적인 부분이며 지금은 우리가 그것을 현실적인 쟁점으로 만들기에 적당한 때입니다. 1910년에 열강은 일본이 한국을 지배하고 만주에 대한 문호개방정책만 확보하면 만족할 것이라고 믿고, 일본의 세계정복의 진정한 정책을 알지 못했어요. 우리는 세계가 미몽에서 깨어날 때가 올 것이라는 것을 알고 있었습니다. 이제 세계는 한국은 첫단계였고, 만주는 두번째 단계이며, 그것은 결코 마지막이 아니라는 것을 분명히 알았습니다. 지금은 극동의 평화를 구하기 위하여 국제연맹 열강은 일본을 본래의 섬나라로 돌려놓기 위하여 협력해야 한다고 우리는 세계에 말해야 할 때입니다. 나는 우리의 요구를 지원해 줄 대표를 원합니다."

길버트는 약소국들은 모두 일본에 반대한다고 말하고 "그들은 자연히 선생의 '동맹자'들일 것입니다"라고 말하면서, 그들의 긴 명단을 보여주었다. 그러고는 국제연맹총회가 다시 열려 그들이 제네바로 돌아오면 만나게 해주겠다고 약속했다.[33]

호텔로 돌아온 이승만은 서영해와 함께 중국대표단의 지시를 듣고 찾아온 중국신문국의 양광손(C. Kuanhson Young)과 점심을 같이 했다. 저녁에는 블랑코(Blanco)의 집에 초대받았다. 마약퇴치운동가인 블랑코는 AP통신 특파원 립시가 이승만의 홍보활동을 돕도록 소개한 사람이었다. 그는 보수를 받지 않고 이승만의 일을 돕겠다고 말했다.

1월15일 오후에 AP통신의 립시가 이승만을 찾아왔다. 그는 이승만의 계획에 대해 기뻐하면서, 사진을 대여섯장 찍으라고 했다. 사진이 뉴스밸류를 높이는 데 도움이 된다고 그는 말했다. 그는 이승만의 사진을 뉴욕 본사로 보내겠다고 했다.

오후 늦게 중화통신사(Chines News Agency)의 특파원 과공진(戈公振)이 이승만을 인터뷰하러 왔다. 그는 임시정부의 조소앙과도 아는 사이였다. 인터뷰에서 이승만은 중국인들이 서로 통일해야 하고 한국인

---

33) Syngman Rhee, *Log Book of S. R.*, 1933년1월13일조.

들은 그들과 함께 일해야 한다고 강조했다. 그래야 성공적으로 일본에 대항할 수 있다고 했다. 과공진은 이승만을 중국 국민에게 소개하겠다면서, 큰 사진 한장과 각각 다른 자세로 앉아 있는 사진 여섯장과 약력을 달라고 했다.

이튿날 이승만은 서영해와 함께 사진관으로 갔다. 유달리 추운 날씨였는데도 일요일이어서 사진관에는 불을 피우지 않았다. 언론인들의 요구대로 여섯가지 다른 자세로 사진을 찍는 데 45분 이상이나 걸렸다. 그러는 동안 이승만은 너무 한기를 느껴서 교회에는 서영해 혼자 갔다. 교회에 다녀온 서영해는 교회에서 멀 데이비스(Merle Davis)라는 미국인을 소개받았다고 말했다. 데이비스는 1925년에 하와이에서 열린 제1회 태평양문제연구회 회의의 간사로 활동하면서 이승만을 자주 만났던 사람이었다. 이승만은 데이비스에게 전화를 걸었다.

"하와이에서 온 사람을 만나도 괜찮으시겠습니까?"

"누구시지요?"

"나 이승만입니다."

데이비스는 뛸 듯이 반가워하면서 이튿날 오후 4시30분에 찾아오겠다고 말했다.

오후에 블랑코가 왔다. 이승만은 그와 함께 조용한 방에서 연맹에 제출할 청원서의 초고를 검토했다.

1월17일에 이승만은 연맹에 제출할 문서의 개요를 완성했다. 안혜경 중국대표단장은 곽태기 대표를 만나 보라고 했다. 이승만은 곽태기에게 중국대표단의 법률고문으로 하여금 자신이 작성한 청원서를 검토해 보게 하여 연맹에 제출할 준비를 해달라고 부탁했다. 그는 그러마고 말하고, 안혜경과 고유균과 자기가 상의하겠다면서 고유균을 만나 보라고 했다.

이튿날 이승만은 고유균을 다시 만났다. 그런데 뜻밖에도 고유균은 다른 말을 했다. 지금은 한국문제를 제출할 때가 아니라는 것이었다. 이승만은 여러 가지로 설득해 보았으나, 그는 중국대표단은 한국문제를 연맹에 제출할 근거가 없기 때문에 그렇게 하지 않기로 결정했다는 것이었다. 이승만은 거듭 반론을 폈지만 밤이 너무 늦었으므로 돌아와야만 했다.

이승만은 1월19일에 중국대표단의 고문이며 곽태기의 개인교사인 콜린스(Collins)의 전화를 받았다. 콜린스는 곽태기가 자기에게 이승만을 만나 보라고 했다면서, 만나 줄 수 있느냐고 물었다. 그리하여 이승만은 국제연맹에 대하여 대한민국임시정부를 승인하고 연맹의 정회원으로 가입시킬 것을 요구하는 문서를 작성하여 그에게 건넸다. 그러자 콜린스는 연맹규약에는 회원국이라야만 그와 같은 문제를 연맹에 제출할 수 있다고 말했다. 이승만은 전략을 바꾸어 임시정부의 승인요구를 철회하고 만주에 사는 한국인문제를 만주문제와 결부시켜 제기하는 것이 우선 정당화될 수 있고 폐기될 위험이 없을 것이라는 생각이 들었다.[34] 그것은 현실주의자 이승만의 현명한 판단이었다.

중국대표단의 태도변화는 만주의 군사정세와 관련이 있었다. 일본 관동군이 열하작전(熱河作戰)을 개시하기 직전인 1933년 벽두에 산해관(山海關)에서 중일 양국 군대의 충돌사건이 발생했다. 이때의 충돌사건도 역시 산해관의 일본 수비대의 모략에 의하여 조작된 것이었다. 1월3일에 일본 수비대는 병력을 증강하고 산해관을 침공하여 대번에 그곳을 점령해 버렸다. 열하지방 관동군의 군사도발은 국제연맹의 분위기를 더욱 자극할 위험이 있었으므로 일본정부는 크게 당황했으나, 호전적 태도를 취하고 있던 일본군부는 본격적으로 열하작전을 시작한 것이었다.[35]

중국대표단의 태도변화에 실망한 이승만은 다른 약소국 대표들과의 접촉을 시도했다. 그는 먼저 아일랜드 대표를 만나 보기로 했다. 이승만은 1월20일 아침에 아일랜드 대표 레스터(Lester)에게 전화를 걸고 서영

---

34) Syngman Rhee, *Log Book of S. R.*, 1933년1월13일조~19일조.
35) 歷史學硏究會 編, 『太平洋戰爭史(2) 日中戰爭1』, 1971, pp.54~55; 日本國際政治學會 編, 『太平洋戰爭への道(3) 日中戰爭(上)』, 1987, pp.5~6.

해와 함께 대표단 본부로 찾아갔다. 레스터는 이승만을 친절하게 맞이했다. 그러나 그는 자기는 좋아하는 일을 다 할 수는 없고 자기의 공식입장과 부합되는 일이라면 무엇이든지 하겠다고 말했다. 그는 다음과 같이 말했다.

"선생들이 제출하는 어떤 청원서도 묵살될 것이고, 사무총장은 그것을 배포하지도 않을 것입니다."

"어떤 회원국이 그것을 제출하고 배포를 요구할 준비를 하고 있습니다."

이승만의 대답에 그는 다른 제안을 했다.

"선생들은 먼저 신문기자들에게 연락해서 문서가 제출되는 대로 바로 세계에 알리도록 해야 합니다."

레스터는 이승만을 대한민국 대통령으로 받아들이지 못한다는 것을 표명하는 데도 매우 조심스러워했지만, 만일에 그렇게 할 기회가 있으면 개인적으로 무엇이든지 하겠다고 말했다. 그러고는 이승만이 만나볼 만한 몇몇 대표들의 이름을 알려 주고, 한국에 관한 좋은 책이나 문학 작품을 빌려 달라고 했다. 이승만은 그러겠다고 약속했다.

이승만은 곽태기로부터 이날 점심을 초대받아 서영해와 함께 그의 집으로 갔다. 그 자리에서 곽태기는 임시정부의 승인 같은 것보다 만주의 한인 이주민 등의 문제를 제기해야 한다고 주장했다. 이승만은 그렇게 함으로써 독립문제를 제기하는 길을 열 것이므로 괜찮겠다고 말했다.

이튿날 곽태기는 이승만의 작업을 돕도록 콜린스를 다시 보냈다. 콜린스는 이전에 펜실베이니아대학교의 교수였다. 국제연맹에 제출할 문서 작성 작업을 도울 일이 없는지 알아보고, 또 이승만이 작성한 청원서 초안을 그 편에 전해 달라는 것이었다. 이승만은 청원서 초고와 함께 1919년의 파리강화회의에 보낸 청원서와 1921년의 워싱턴회의 때에 배포한 청원서를 건네주었다. 이승만은 일찍이 자신이 다른 중요한 국제회의에 제출하기 위하여 작성했거나 대표들에게 배포한 문서들도 소중히 지니고 다녔다.

1월22일은 일요일이었다. 이승만은 서영해와 함께 호텔 가까이에 있는 성공회 교회에 갔다. 예배가 끝나자 데이비스가 와서 저번에는 호텔을 잘못 찾아갔다고 사과하고, 자기 집으로 초대하겠다면서 호텔로 데리러 오겠다고 말했다. 한국에 갔던 선교사 내외가 이승만을 보면 반가워할 것이라고 했다. 오후 4시에 데이비스가 호텔로 자동차를 가지고 와서 이승만은 서영해와 같이 데이비스의 집으로 갔다. 데이비스와 부인과 아이들과 함께 서울YMCA의 부총무인 번허트(Byron P, Barnhart, 潘河斗)가 와 있었다.

3

1월23일에 콜린스가 청원서 초고를 가지고 와서 이승만에게 검토하라고 주면서 곽태기가 읽고 좋다고 했다고 말했다. 이승만이 승인한 뒤에 안혜경과 고유균이 찬성해야 한다고 했다. 요컨대 중국대표들은 한국임시정부의 승인을 요구하는 청원서는 제출할 수 없으므로, 한국문제는 만주사변의 일부라고 분명히 밝힌 『리턴보고서』에 입각하여, 연맹에 한국문제를 만주문제와 관련하여 다루도록 건의해야 한다는 것이었다. 그리하여 만주에 사는 한국인은 일본의 주장과는 달리 귀화한 중국인 문제로 다루도록 연맹에 요구해야 한다는 것이었다. 이승만은 만주의 한국인 문제가 중일 사이의 쟁점이 되면 그것은 당장 하나의 새로운 세계적인 쟁점이 될 것이라고 생각했다. 연맹이 이 문제를 주목하게 되면 대한민국의 승인을 요구하는 청원서를 제출할 회원국도 물색할 수 있을 것이었다. 그렇지 않고 만일에 독립승인 청원서를 곧바로 연맹에 제출하면 그들은 접수조차 거절할 것이고, 그렇게 되면 일은 끝장이 나고 말 것이었다.

이승만은 길버트 총영사를 찾아가서 상의했다. 길버트는 '만주국'의 사절단이 와서 그들의 청원서를 직접 제출했는데, 사무총장은 접수를 거부했다고 말하고, 만일에 그들이 일본이나 다른 회원국으로 하여금 대신 제출하게 했더라면 거절할 수 없었을 것이라고 말했다. 그리하여 이승만은 자신의 청원서도 만주에 있는 100만명 한국 이주민문제에 초점을 맞추어 만주문제의 일환으로 작성하기로 하고, 그러한 내용으로 청원서를 수정하여 중국대표들에게 보냈다.[36]

이승만은 기자들과도 활발히 접촉했다. 1월26일자 프랑스어 신문 《주르날 드 주네브(Journal de Geneve)》에는 이승만의 기고문이 실렸다. 일본 압제자들 밑에 다시 놓이게 된 만주에 있는 한국인들의 참상을 소개한 긴 글이었다. 그것은 이승만이 준비한 내용이었다.[37] 그리고 그것은 중국대표들과 함께 준비하고 있는 청원서의 내용을 부각시키기 위한 것이었다.

1월26일 오전 10시에 콜린스가 찾아왔다. 어제 오후에 안혜경 박사가 불러서 갔더니 청원서는 중국대표단이 연맹에 제출하겠지만, 한국의 청원서가 아니라 중국인이 직접 작성한 청원서로 제출해야 하고 그렇기 때문에 그 내용은 한일 사이의 조약이나 일본의 한국병합 등의 모든 역사적 서술은 생략하고 오직 만주의 한국인문제에 국한해야 된다고 말하더라고 했다. 안혜경은 자기가 곽태기와 상의하겠다면서, 중국대표단이 그들 자신의 성명서로서 제출할 문서를 준비하라고 말하고, 그리고 총회가 아니라 이사회에 제출할 것이므로 앞으로 열흘 이내 정도면 되니까 서두를 필요가 없다고 말하더라는 것이었다.

이승만은 중국대표단의 우유부단한 태도가 여간 실망스럽지 않았다. 그는 콜린스에게 불만을 털어놓았다.

"처음에 나는 안혜경 박사에게 우리는 서너가지 계획을 추진하겠다고 말했어요. 그것은 연맹에 우리 정부의 승인을 요구하거나, 우리나라

---

36) Syngman Rhee, *Log Book of S. R.*, 1933년1월20일조~23일조.
37) Robert T. Oliver, *Syngman Rhee: The Man Behind the Myth*, Dodd Mead and Company, 1960, p.160.

가 연맹에 가입할 것을 신청하거나, 만주의 우리 이주민문제 또는 그 밖의 아무것이나 중국대표들이 제기해 주기를 부탁했습니다. 우리는 그가 어느 문제든지 선택해서 연맹에 제출해 주기를 바랐던 것이지요. 그러자 안 박사는 '좋습니다. 선생들이 바라는 어떤 것이든지 우리가 제출하겠습니다' 하고 말했어요. 곽태기 박사를 만났더니, 그도 같은 말을 했습니다. 그 뒤에, 당신도 알다시피, 우리는 곽태기 박사 집에서 만났는데, 나에게 정부승인이나 연맹가입은 그만두고 만주의 한국인문제만을 다룸으로써 중국대표들이 만주의 한국인문제를 별개의 문제가 아니라 만주문제의 일환으로 연맹에 제출하는 데 동의하겠느냐고 묻더군요. 그래서 나는 그것은 원래 내가 안혜경 박사에게 제안했던 것의 하나였으므로 찬성한다고 말했지요. 중국대표들이 우리를 위해 문제를 연맹에 제출해 놓으면, 그다음에는 우리 자신이 다른 요청서를 제출할 수 있습니다. 그러한 양해 아래 곽태기 박사는 당신에게 20 내지 25페이지가량의 문서를 작성하라고 했던 것 아닙니까. 그리하여 우리는 이 중요한 시기를 차일피일하다가 이제 그들은 전혀 딴소리를 하는군요. 그들의 제안을 받아들여서 일주일이나 한 열흘까지 기다리다가 그때 가서 다시 또 다른 제안을 하면 우리는 어떻게 합니까. 이러한 상황에서는 중국대표들에게는 그들이 생각하는 가장 좋은 방안대로 조처하게 하고, 우리는 무슨 일이고 우리가 할 수 있는 일을 해보아야 하겠소이다."

콜린스는 이승만에게 중국대표들이 다만 너무 염려가 되어서 그러는 것뿐이고 고의로 늦추는 것은 아니라면서, 그들의 권고에 따르라고 말했다. 콜린스는 곽태기와 이야기해 보고 알려 주겠다고 약속하고 돌아갔다.

오후에 콜린스가 다시 와서 곽태기의 말을 전했다. 곽태기는 안혜경의 제안이 좋다고 하더라는 것이었다. 안혜경의 제안이란, 중국대표들이 먼저 중국 또는 만주 문제 60%, 한국문제 40%를 제기하면 일본대표들의 응답이 있을 것이므로, 그다음에는 한국문제 60%, 중국문제 40%를 제기하고, 그러면 일본대표들이 반드시 다른 응답을 할 것이므로, 그때에는 한국문제 80%, 중국문제 20%를 제기한다는 것이었다. 구차한 제안이었다. 이승만은 콜린스에게 말했다.

"좋겠지요. 우리는 이제 중국대표들과 상관하지 않을 테니까, 그러는 것이 합당하다고 생각한다면 그렇게 하라고 하십시오. 그러나 우리는 우리 문제를 우리 자신이 제출하겠소이다."

콜린스는 이승만에게 아무튼 중국대표들이 며칠 안으로 청원서를 제출할 테니까 이승만이 독자적으로 청원서를 제출하더라도 중국대표들이 먼저 제출하고 나서 하라고 권했다. 그러는 것이 훨씬 효과적일 것이라고 했다. 잠시 논란을 하다가 이승만은 그의 권고를 받아들였다.

"그들이 며칠 안으로 제출한다면 기다리지요. 그러나 우리는 그들이 어떤 일을 하기 전에 얼마나 기다려야 하는지 전혀 알지 못하면서 막연히 기다릴 수는 없어요."

콜린스는 말했다.

"오늘 저녁으로 문서작성을 마치고 내일 아침에 안혜경 박사를 만나보고 나서 선생을 찾아뵙겠습니다."

이승만은 콜린스에게 자기의 일을 도와줄 수 없겠느냐고 물었다. 그는 곽태기가 찬성하면 기꺼이 돕겠다고 말했다.

1월27일에《워싱턴 스타(*The Washington Star*)》지와 몇몇 일본 신문 통신원인 존슨이 전화를 걸어와서 자기가 주선해 주겠다면서 핀란드공사와 에스토니아공사를 만나겠느냐고 물었다.

이튿날 이승만은 서영해를 대동하고 핀란드공사 관저를 방문했다. 루돌프(Holsti Rudolph) 공사는 매우 호의적이었다. 슈미트(A. Schmidt) 에스토니아공사 내외와 함께 존슨도 그곳에 와 있었다. 이승만은 루돌프 공사에게 맘베이(Malmbey) 여사를 아느냐고 물었다. 그녀는 1918년에 열린 소약속국민족회의(The Conference of Small and Subject Races)에 참석하기 위하여 뉴욕으로 가는 길에 하와이에 들러서 이승만이 주관한 회의에서 연설을 했었다. 루돌프는 그녀가 실명했다면서 그녀의 주소를 가르쳐 주었다. 루돌프와 슈미트는 한국에 대하여 큰 관심을 가지고 여러 가지를 물었다. 두 사람은 우리는 모두 동맹이며 서로 최대한 협력해야 한다고 말했다. 루돌프는 이승만에게 체코슬로바키아 수상 베네시(Edvard Benes)를 만나도록 시간약속을 하겠다고 말했다.

핀란드공사 관저를 나온 이승만은 곧바로 곽태기의 집으로 갔다. 곽태기는 중국대표단이 며칠 안으로 만주에 있는 한국인들의 시민권문제를 제출하겠다고 말했다.

4

일요일인 1월29일에 이승만은 서영해와 함께 제네바의 베드로 성당을 둘러보고 점심을 먹고 나서 기차로 로잔(Lausanne)으로 갔다. 메릴랜드에서 와서 로잔대학교에서 공부하는 메리엄(Anne W. Meriam)양을 보러 간 것이었다. 그들은 긴 호숫가 길과 로잔에 인접한 에시(Oeuschy)의 공원을 거닐면서 이야기를 나누었다. 이승만과 서영해는 저녁 기차로 제네바로 돌아왔다.

이튿날 이승만은 중국대표들이 만주에 있는 한국인문제를 국제연맹에 제출한 뒤에 한국대표 명의로 제출할 청원서를 준비하느라고 바빴다. 이승만은 콜린스에게 말했다.

"중국대표들이 한국문제를 제출하는 것을 주저하는 데는 상당한 이유가 있을 것이오. 우리는 그들이 먼저 제출하기를 기다리느라고 더 이상 시간을 낭비할 수 없소이다."

그러나 콜린스는 중국대표들이 제출할 때까지 이승만은 기다려야 한다고 주장했다. 그것이 호의적인 신문기자들의 공통적인 의견이기도 하다는 것이었다. 그러는 사이에 곽태기는 한 일주일 예정으로 다녀오겠다면서 런던으로 떠났고, 콜린스는 그동안 이승만을 돕기 위해 남았다.

2월1일에 콜린스가 이승만에게 와서 안혜경을 빨리 만나서 한국문제를 즉시 제출하도록 요구하라고 했다. 그는 '만주국'을 지지하는 만주인 대표자 586명의 이름으로 모든 회원국 대표들에게 배포한 성명서 사본을 가지고 있었다. '만주국'은 인민에 의하여 창건되었다고 성명한 성명서의 서명자 명단에는 길림(吉林)지방의 한국인 이름도 들어 있었다. 이승만은 반박문을 작성하여 서영해로 하여금 그의 한국통신사 이름으로 중국신문국에 가져가서 등사하게 했다.

이튿날 이승만은 안혜경에게 전화를 걸어 언제 서류를 제출할 것이냐고 물었다. 그는 하루나 이틀 안에 제출할 것이지만, 좀 더 걸리더라도 자기들이 먼저 제출할 때까지 기다려야 한다고 말했다.

이승만은 기가 막혔다. 오후에 블랑코를 찾아갔다. 블랑코는 마약퇴치연맹(Anti Opium Leage) 명의로 국제연맹에 제출한 그의 편지를 보여주면서 말했다.

"나는 지난 3년 동안 이 일을 해왔습니다. 이제야 지난 1월27일에 한 회원국 대표가 사무총장에게 내 편지를 배포할 것을 요구했고 사무총장은 그렇게 했습니다. 이제 나는 공식적인 자격을 얻었습니다. 만일 선생이 어떤 일을 하시려면 선생 자신이 직접 하십시오. 레스터씨를 만났는데, 한국문제에 관심이 많더군요. 그에게 편지를 써서 연맹 사무총장에게 배포하도록 요구하라고 하시면 어떻습니까? 만일 레스터씨가 그렇게 해준다면 사무총장은 그 문서를 배포하고 공식적인 계류 안이 될 것입니다."

이승만은 그에게 연맹에 제출할 편지를 작성해 줄 것을 부탁했다. 그는 그렇게 하겠다고 말하고 전화로 연락하겠다고 했다.

이승만은 2월4일 아침에 데이비스를 찾아가서 리튼 경을 만날 수 있는 무슨 방법이 없겠느냐고 물었다. 데이비스는 그 자리에서 친우회(Friends' Society)의 피카드(Picard)에게 전화를 걸고 긴 통화를 했다. 그러고는 이승만에게 바로 그를 만나 보라고 했다.

피카드는 이승만에게 데이비스의 전화를 받고 리튼 경을 만나는 길을 터줄 만한 몇 사람에게 전화를 해 보았으나, 모두 리튼 경이 이승만을 만나려 할지 의문이라고 말하더라고 했다. 그들이 시도하는 것은 중일 분쟁을 어떤 방법으로든지 수습하는 것인데, 이미 매우 어렵게 되었기 때문이라는 것이었다. 한국문제는 그보다 한걸음 더 나아간 것이고 또 소급적인 것이며 어떤 회원국도 지금 그 문제를 거론하려 하지 않으므로 그들도 그렇게 할 수 없다고 한다고 피카드는 말했다. 이승만은 다음과 같이 반박했다.

제네바의 국제연맹 본부 앞에 선 이승만(1933년 5월 2일).

"우리의 생각은 독립문제를 들고 와서 평화기구를 방해하는 것이 아니라 『리턴보고서』가 만주에 있는 한국인들의 상황이 얼마나 심각한가를 분명히 보여 준다는 것을 알리자는 것입니다. 그런데 일본은 가능한 모든 방법을 동원하여 『리턴보고서』에 기술된 내용과 반대되는 인상을 꾸며내려 했습니다. 그러한 목적에서 일본은 만주로부터 '만주국'을 지지하는 이른바 「586인 자료」라는 것을 내놓았습니다. 이 자료의 서명자 명단에는 한국인 두 사람의 이름도 들어 있습니다. 그래서 나는 그곳에 있는 한국인들은 '만주국'에 반대한다는 증거를 제시하는 것이 마땅하다고 생각합니다.…"

"그러한 증거가 있다면 리튼 경은 선생을 만나려고 할지 모르겠습니다."

피카드는 이렇게 말하고, 다른 방에 가서 전화를 하고 돌아올 때까지 기다리라고 했다. 그는 돌아와서 이승만에게 월요일 오전 11시에 호텔 드 리치먼드(Hotel de Richmond)에서 영국대표 세실(Robert G. Cecil) 경을 만나도록 약속했다고 말했다.

"만일 선생이 '만주국'에 반대 입장에 있는 만주의 한국인들에 대한 충분한 증거를 제시한다면 세실 경은 리턴 경과 만나도록 주선해 줄 것입니다."

그러면서 피카드는 또 스웨덴 대표 랑그(Christian L. Lange)와 만날 약속을 만들어 보겠다고 말했다. 랑그는 『리턴보고서』의 심의를 위한 국제연맹의 19인위원회 멤버였다.

그날로 랑그와 약속이 되어 이승만은 서영해와 함께 오후에 그의 집을 방문했다. 랑그는 영어가 유창했다. 그는 이승만의 개략적인 이야기를 듣고 나서 중일문제로 미묘한 이 시기에 한국문제를 제기할 사람은 아무도 없다고 말했다. 그러고는 앞으로 한국독립문제를 논의하게 될 때가 올 것이라고 덧붙였다. 이승만은 결연히 말했다.

"적어도 지금은 나는 선생이나 다른 어느 연맹 멤버에게도 한국독립 문제를 제기해 달라고 부탁하지 않습니다. 나는 여러분들 앞에 놓인 문제와 관련된 약간의 중요한 정보를 제공함으로써 연맹과 중국을 돕기를 원합니다. 여러분 앞에 놓인 문제는 연맹이 『리턴보고서』를 채택해야 할 것인지, 일본의 요구에 응할 것인지 하는 것입니다. 그런데 일본은 연맹 안에서뿐만 아니라 온 세계에 『리턴보고서』가 틀렸다는 인상을 만들어 내기 위해 온갖 일을 벌이고 있습니다. 그들은 '만주국'이 일본에 의해서가 아니라 인민에 의해서 창건되었음을 증명하기 위한 「586인 자료」를 만들었고, 그 자료의 이른바 서명자 명단 가운데는 몇 사람의 한국인 이름도 들어 있습니다. 나는 일본 자료를 반증할 증거를 가지고 있습니다. 그것을 연맹에 제시하고 싶습니다. 그러나 그 증거에 어느 정도 공식적인 성격을 부여하고 그렇게 함으로써 뉴스밸류를 갖게 하기 위하여 나는 중국대표보다 다른 어떤 회원국 대표가 그것을 배포하도록 사무국에 요청하기를 원합니다. 그것이 지금 내가 부탁하는 전부입니다."

그러자 랑그는 이승만의 취지를 알겠다고 말하고, 스웨덴 대표 단장

인 수상이 아마도 그렇게 할 의사가 있을 테니까 그와 만나도록 주선하겠다고 했다.[38]

이승만은 2월6일 오전 11시에 호텔 드 리치먼드로 가서 세실 경을 만났다. 그는 이승만에게 한국인들과 중국인들은 우호적인지, 만주에 있는 한국인들이 '만주국'에 반대한다는 것을 보여 줄 어떤 증거자료가 있는지 등을 물었다. 그는 이승만에게 이러한 증거자료를 어떤 소국이 사무총장으로 하여금 보도기관에 배포하도록 요구하게 하는 것이 어떻겠느냐고 말했다. 그는 이승만에게 스페인 대표 마다리아가 이 로호(Salvador de Madariaga y Rojo)를 만나 보라면서 소개장을 써 주었다. 이튿날 이승만은 마다리아가 이 로호를 만나려고 했으나 그는 군축회의의 중요한 분과위원회 위원장을 맡고 있어서 하루 종일 호텔에 돌아오지 않았다.

이승만은 2월7일에 한국의 성명서 작업을 완료했다. 그것은 국제연맹 사무총장 드러먼드에게 보내는 이승만의 장문의 편지와 『리턴보고서』의 주요내용을 발췌한 것이었다. 각각 150부씩 등사했다. 이승만은 먼저 길버트 총영사와 상의했다. 길버트는 스페인 대표 마다리아가 이 로호를 먼저 만나라고 했다. 마다리아가 이 로호나 아일랜드 대표 레스터가 그것을 제출해 줄지 모른다고 했다. 이승만은 하루 더 기다리기로 하고 있는데, 서영해가 안혜경 박사의 요구로 연맹 사무총장이 배포한 회람문 사본을 가지고 왔다. 그것은 하와이동지회가 안혜경에게 보낸 이른바 「586인 자료」를 반박한 전보에 관한 것이었다. 하와이동지회는 이승만의 지시에 따라 이 전보를 안혜경에게 보낸 것이었다. 이 사실은 몇몇 신문에 보도되었다.

이승만은 2월8일에 아일랜드 대표 레스터에게 전화를 걸고 찾아갔다. 레스터는 이승만이 국제연맹 사무총장에게 보내려고 작성한 편지를 읽어

---

38) Syngman Rhee, *Log Book of S. R.*, 1933년1월26일조~2월4일조.

보고는 아주 잘되었다고 칭찬하고, 그러나 자기로서는 본국의 훈령이 없이는 그것을 국제연맹에 제출할 수 없다면서 본국에 훈령을 요구하겠다고 말했다.

19인위원회에서는 논란이 계속되고 있었다. 이승만은 준비된 서류를 직접 국제연맹 사무국에 제출하기로 결심했다. 그리하여 오후에 등기우편으로 부치고, 사본 60부를 모든 국제연맹 회원국 대표들에게 부쳤다. 나머지는 신문과 방송 기자들에게 배포했는데, 모자라서 50부씩 두번이나 더 주문해야 했다.

서영해는 제네바에서 발행되는 모든 프랑스어 신문들이 오는 금요일에 한 방송국에서 영어와 프랑스어로 우리의 항의를 방송할 것이라고 보도했다고 이승만에게 보고했다. 서영해는 또 자기가 국제연맹에서 《동아일보》에 간단한 전보를 치고 있는데 일본신문국 책임자가 와서 자기네가 이미 이승만의 편지내용을 거의 그대로 서울에 타전했으니까 돈을 낭비할 필요가 없다고 하더라는 말도 했다.

"우리는 일본의 비용으로 우리 일을 국내에 알린 것입니다."

서영해는 이렇게 말하면서 웃었다.[39] 그러나 그것은 조선총독부의 압력으로 국내신문에는 보도되지 않았다.

한국대표단장 명의로 드러먼드에게 보낸 이승만의 편지는 레스터가 칭찬할 만큼 격조 높고 설득력 있는 문장으로 작성된 것이었다. 그는 먼저 "만주문제에 대한 어떠한 해결도 현재의 중일 분쟁과 기본적으로 밀접하게 관련된 한국문제의 정의롭고 공정한 해결 없이는 최종적이고 영구적인 것이 될 수 없다"고 단언하고, 그 이유를 다음과 같은 네가지 사실을 들어 설명했다.

  (1) 만주에 있는 많은 한국인의 존재가 제기하는 문제들, 곧 "이중국적", "토지소유권", "민족과 문화의 특성" 등에 대하여 『리턴보고서』에

---

39) Syngman Rhee, *Log Book of S. R.*, 1933년2월6일조~8일조.

언급된 수많은 증거들은 한국인의 "소수민족" 문제가 불가분한 주제의 일부임을 공식으로 인정한 것이다.

(2) 중국, 러시아, 일본과의 관계에서 한국의 지리적 위치는 한반도를 무대로 한 국제적 충돌에 비추어 볼 때에 한국이 극동문제의 열쇠를 쥐고 있다는 사실을 분명히 해준다. 일본은 한국을 군사기지로 하여 1894년에는 중국에, 1904년에는 러시아에 승리했고, 이제 만주에서 중국에 승리했다. 한국의 독립이 회복되면 아시아의 군사점령이라는 일본의 명확한 정책은 크게 지장을 받을 것이다.

(3) 공공연한 조약파기에 따른 1910년의 한일합병은 일본의 만주침략의 첫걸음에 지나지 않았고, 1931년의 조약파기는 아시아의 군사점령이라는 일본의 궁극적인 목표의 둘째걸음이었다. 일본은 한국독립의 파괴를 "기정사실"이라면서 토론을 불가능하게 했듯이 '만주국'의 건설을 "기정사실"이라면서 토론을 불가능하게 했다. 한국과 만주의 점령에 대한 어떠한 승인도 사실상 국제연맹의 기반인 민족자결의 원칙을 무효로 만드는 것이다.

(4) 억제할 수 없이 분기하는 한국 민족주의 정신의 물결은 머지않아 국제정의의 어떤 의미에서도 무시할 수 없을 것이다. 『리턴보고서』와 그 부록은 의심의 여지없이 그 사실을 확인해 줄 것이다.[40]

이승만은 2월10일에 국제연맹 사무총장에게 제출한 편지 사본을 길버트 미국총영사에게 보내면서 스팀슨 장관과 리트비노프(Maksim M. Litvinov) 소련대표에게 전해 달라고 부탁했다. 이승만은 스팀슨 장관에게 보낸 편지에서도 한국문제는 만주문제의 일부분으로 다루어져야 한다고 말하고 미국이 1882년의 한미수호통상조약에 따른 거중조정을 실

---

40) "Communication to the Secretariat of the League of Nations by the Korean Deligation", *The Korean Student Bulletin*, May‒June, 1933, p.2.

천해 줄 날이 올 것을 믿는다고 강조했다.[41]

5

국제연맹 사무총장에게 보낸 이승만의 편지는 때가 때인 만큼 큰 반향을 불러일으켰다. 2월11일에는 뉴욕으로부터 《뉴욕타임스》에 이승만에 관한 기사가 실렸다는 전보가 왔다. 같은 날 '스위스 뉴스 신디케이트(Swisse News Syndicate)'를 대표하는 데브리스(E. Debries) 박사가 찾아와서 이승만을 인터뷰하고 독일과 프랑스 신문들에 긴 기사를 쓰겠다면서 사진과 약력을 가지고 갔다.

2월13일에는 존슨이 전화를 해서, 신문기자들과 마찬가지로 국제연맹 회원국 대표들도 이승만의 편지를 어떻게 다루어야 할지 토론하고 있다고 알려 주었다. 이승만의 편지가 화제가 된 것은 편지의 격식이나 내용도 좋았을 뿐 아니라 타이밍이 절묘하게 맞아떨어졌기 때문이었다. 19인위원회는 이튿날 '만주국'의 불승인을 천명한 9개국(벨기에, 프랑스, 독일, 이탈리아, 스페인, 영국, 스웨덴, 스위스, 체코슬로바키아) 소위원회의 원안을 만장일치로 가결했는데,[42] 이승만의 편지는 이러한 19인위원회의 결의에도 일정한 영향을 끼쳤을 것이 틀림없다.

서영해가 와서 보고했다.

"중국대표단이 고유균씨 명의로 박사님에게 경의를 표하는 성명서를 배포하고 있습니다."

이승만은 퉁명스럽게 대답했다.

"우리 문제를 제출하겠다는 그들의 약속을 이행하지 못했기 때문에 우리를 달래려고 선심을 쓰는 거요."

---

41) 방선주, 앞의 글, p.441 주13).
42) 海野芳郎, 앞의 책, pp.250~253.

이승만은 2월13일부터 『리턴보고서』에 입각하여 국제연맹이 만주에 있는 모든 한국인은 일본사람이 아니며 적어도 중국이나 또는 그들이 선택하는 다른 나라에 귀화할 권리가 있다고 선언할 것을 요구하는 문서를 작성하는 작업을 시작했다.

2월16일에 고유균의 비서라는 사람이 이승만에게 전화를 걸어 중국 대표들이 한국을 위하여 국제연맹에 성명서를 제출하려 한다면서 상의하러 갔으면 한다고 말했다. 이승만은 2월18일 오후 3시에 오라고 대답했다. 이날은 이승만이 국제연맹의 방송시설을 통하여 연설을 하기로 예정되어 있었기 때문이다.[43]

"극동의 분쟁과 한국"이라는 제목의 이 연설은 국제연맹 사무총장에게 보낸 편지 내용을 한결 구체적으로 설명한 것이었다. 그것은 장래의 한국의 이상적인 국제정치적 지위에 관한 그의 비전을 보여 주는 것이기도 하여 자세히 검토해 볼 가치가 있다.

그는 극동문제에 대해서는 먼저 한민족의 권리 및 정치문제를 논급하지 않고는 확실한 해답은 할 수 없다고 전제하고, 다음과 같이 말했다.

"일본은 3세기 전부터 중국 대륙에 세력을 뻗치려는 야심을 품고 그 목적을 달성하기에 앞서 먼저 한국을 탈취하고 중국 국경에까지 군대를 진군시켰습니다. 그런데 이번에 또다시 같은 목적의 사업을 계획하고 그것을 수행하려는 것이 이번 만주사변입니다.…"

요컨대 만주사변[9·18전쟁]은 일본이 임진왜란 이래 일관되게 추구해 온 대륙침략정책의 연장선에서 자행된 행동이라는 것이었다.

"돌이켜 보건대 중국은 일본의 친구임에도 불구하고 일본이 이처럼 배신적 태도로 나오는 것은 도무지 이해할 수 없는 행동이라고 생각합니다. 또 일본은 한국을 강력한 군대를 가지고 침략하고 한민족을 압박하고 있지만 무장이 없는 한국은 전투의 준비도 없어서 일본군대에 저항하

43) Robert T. Oliver, *op. cit.*, p.160.

지도 못하고 그들이 유린하는 대로 오늘에 이르렀습니다. 그리고 그것이 지금은 일본이 중국에까지 군대를 진군시키는 데 도움이 되고 있는 것이 사실입니다. 한국은 침략자 일본이 대륙의 토착민족을 구축하는 데 유리한 원인이 되었던 것입니다. 그러나 그러기 위해서 한국은 결코 스스로 자진해서 일본의 대륙정책을 가능하게 했다거나 중국을 침략하기 위하여 협조했다고는 말할 수 없습니다. 한국은 오히려 일본의 대륙침략정책을 방해해 왔다고 할 수 있을 것입니다. 한일합병은 결국 중국합병을 위한 발판이며, 일본의 목적수행을 위한 수단이자 정책으로서 오늘에 이른 것이며, 일본의 반도침탈이야말로 대륙정책인 침략적, 적극적 정책으로 치닫게 된 원인이라고 생각합니다.…"

이승만은 이어 명(明)나라가 멸망하기까지의 극동의 역사를 일본의 대륙침략정책과 연관시켜 설명했다.

"역사적으로 고찰하면 중국의 명제국은 1592년에서 1598년에 걸쳐 일본의 야심을 억누르기 위하여 전쟁을 했지만, 그 때문에 중국은 피폐하고 만주군으로 하여금 쉽게 침략하여 정복하게 했습니다. 이제 한국은 일본의 대륙정책의 발판이 되어 있는데, 일본은 이에 만족하지 않고 다시 만주사변이라는 평화를 유린하는 난문제를 야기했습니다. 오늘날 한국은 완전히 일본의 지배권에 굴복하고 있는 것 같고, 따라서 만주인문제를 논의할 여지는 없다고 생각할지 모르겠습니다만 결코 그렇지 않습니다.…"

이승만은 그러므로 한국은 열국 군대의 보장 아래 중립국으로 독립시켜야 한다고 다음과 같이 주장했다.

"일본의 아시아 대륙 침탈은 자연히 세계가 한국에 대하여 열국 군대의 보장 아래 중립국으로서 독립하는 것을 승인하지 않는다면 언제까지 기다리더라도 일본의 침략은 멈추지 않고 우리 한국을 마치 거점인 것처럼 생각하여 아시아의 안전과 평화를 보장하는 일은 영구히 불가능할 것입니다. 일본은 러일전쟁의 결과로 내정도 개선했습니다. 그리고 당시는 한국과 중국 양국과도 우호관계를 맺고 조약까지 체결하여 극동의 평화와 발전을 위하여 협력하여 왔습니다. 그러나 그 뒤에 일본은 원한 있는 자에게 가혹하고 잔인한 행동을 자행하고 게다가 이기적이 되어 전 극동을 위협하기에 이르렀습니다. 바꾸어 말하면 동양의 나쁜 지도자가 되고 운전자가 된 것입니다.…"

한국을 열국 군대의 보장 아래 중립국으로 독립시킴으로써 일본의 대륙침략을 막고 아시아의 안전과 평화를 유지할 수 있다는 이승만의 주장은, 1919년에 파리강화회의에 보낸 청원서에서 한국을 독립시키는 전제 아래 일본으로부터 분리시켜 국제연맹의 위임통치 아래 둠으로써 모든 나라에 혜택을 줄 "중립적 상업지역" 내지 아시아의 평화유지를 위한 "완충국"으로 만들어야 한다고 했던 주장을 한층 발전시킨 개념이라고 할 수 있다. 이승만은 다시 이렇게 말했다.

"일본의 한국침탈은 직접 중국의 안전과 평화를 위협하고 있습니다. 이것이 결정적으로 되면, 극동의 패권은 일본인에 의하여 지도될 것입니다. 이기, 탐욕, 야만적 강제가 평화와 문명을 파괴하는 것은 역사가 충분히 증명하고 있는 바입니다. 일본은 자기의 지위를 지키기 위하여 열강에 반대하여 침략에 침략을 거듭하고, 게다가 무익한 강제를 국민의 정의와 안전을 위해서라고 말하면서 감행하고 있습니다. 현재 세계경제는 극도로 불경기의 고통을 받고 있습니다. 그런데도 일본은 이 범주에서 벗어나서 호경기라고 자만하고 세계 인류의 의견에 반대의 행동을 취하고 있지만 이제 세계는 정의의 이름 아래 일본의 현재의 진로를 자멸시키게 될 것입니다.…"

이승만의 이 연설원고는 미국에서 출발할 때에 준비해 가지고 간 것이었다. 일본경찰은 이승만의 이 연설원고를 본국에 보고하면서 그것이 "일중 분쟁을 기화로 제네바의 국제연맹회의의 활동으로서 중대한 역할을

하고 있다"고 썼다.[44]

2월18일 오후 3시에 킹 운쓰(Wunz King)라는 고유균의 비서가 이승만을 찾아왔다. 준비된 성명서 초안을 내놓으면서 이승만에게 서명하라고 했다. 만주에 있는 한국인들을 위하여 독립된 '만주국'을 건립하는 것을 반대한다는 내용이었다. 국제연맹총회가 화요일인 2월21일에 개회되기 때문에 이 문서는 늦어도 월요일 오후까지는 제출해야 된다고 그는 말했다. 이승만은 검토해 보겠다면서 한 시간쯤 뒤에 오라고 했다. 성명서의 내용이 너무 불만스러웠으므로 이승만은 전부 새로 쓰려고 했다. 그러나 서영해는 성명서 전체를 바꾸지는 말라고 조언했다. 이승만은 그것이 현명한 의견이라고 생각하고 몇몇 문단을 삭제하고 만주에 있는 한국인들의 상황과 그들의 의견만 첨가했다. 이승만은 저녁에 안혜경의 비서 집으로 가서 그와 함께 세밀히 검토한 다음 이튿날 오후에 그가 정리해 온 성명서에 서명했다.

이승만은 2월20일 온종일 만주의 한국인문제를 다룰 문서를 작성하는 데 몰두했다. 이날 하와이에서 더 진전된 것이 있는지 묻는 전보가 왔다. 이승만은 다음과 같은 답전을 쳤다.

연맹은 아직도 일본을 연맹 안에 붙들어 놓으려고 하고 있어서 우리의 목적은 지지를 받을 수 없음. 기회는 뒤에 올 것임. 자금을 더 부칠 수 있겠소.『리턴보고서』발췌를 출판해야겠소.[45]

2월21일은 19인위원회의 보고서를 심의하기 위하여 국제연맹총회가 열린 날이었다. 이날 아침에 로잔대학교에 다니는 메리엄양과 브라운

44) 「李承晚ガ昭和八年滿洲事變ニ關スル壽府國際聯盟ノ會議前後ニ於テゼネバ及各國ニ於テ朝鮮獨立ノ爲ニ演說シタル原稿(極秘: 地檢秘 昭和十三年六月九日), 제934호; 朝鮮總督府警務局, 『最近に於ける朝鮮治安狀況 昭和十三(1938)年』, 巖南堂影印版, 1966, pp.378~379.

45) Syngman Rhee, *Log Book of S. R.*, 1933년2월9일조~20일조.

제네바에서 격주간으로 발행되는 《라 트리뷴 도리앙》지의 1933년2월22일자 머리기사로 실린 이승만 인터뷰 기사.

(Brown) 부인이 제네바에 왔다. 이승만은 이들을 점심에 초대한 다음 함께 국제연맹총회장으로 갔다. 총회는 오후 3시30분에 개회되었다. 모든 창문이 호수쪽으로 나 있는 총회장은 만원이었다. 하이먼(Paul Hyman) 의장이 프랑스말로 개회사를 했고, 연설문이 배포되었다. 의장의 개회사가 끝나자 금요일(2월24일)에 회의를 속개한다는 안내방송이 있고 나서 산회했다. 그러나 많은 사람들은 실망스러워했다.

제네바에서 발행되는 격주간지 《라 트리뷴 도리앙(*La Tribune D'*

Orient)》은 국제연맹총회의 개막에 맞추어 2월22일자 1면의 거의 전면에 걸쳐서 이승만의 인터뷰 기사를 그의 사진과 함께 크게 실었다. 기사는 만주문제와 동양의 정치에 대한 이승만의 견해와 그의 경력 등을 자세히 소개한 것이었다. 이승만은 기사에서 "한국이 독립해야 아시아의 평화가 이룩될 수 있다"고 역설했다. 2월23일에는 베른에서 발행되는 독일어 신문《데어 분트(*Der Bunt*)》에도 비슷한 내용의 기사가 실렸다.[46]

안혜경은 2월22일에야 독립된 '만주국'의 창립에 반대하는 한국의 성명서를 연맹에 제출하여 사무국으로 하여금 배포하게 했다. 이승만은 이날도 『만주의 한국인들』의 원고준비에 몰두했다.

드디어 2월24일의 국제연맹총회는 '만주국'을 부인하는 19인위원회의 보고서를 41대 1의 표결로 채택했다. 반대 1표는 일본대표의 것이었음은 말할 나위도 없다. 이승만이 국제연맹 사무총장에게 보낸 편지와 함께 그가 작성하여 안혜경으로 하여금 제출하게 한 한국대표단의 성명서도 국제연맹총회가 이러한 결정을 내리는 데 기여했을 것이다.[47] 이승만은 흡족했다.

---

46) Robert T. Oliver, *op. cit.*, p.161.
47) 유영익, 『이승만의 삶과 꿈』, 중앙일보사, 1996, p.176.

3. 레만 호반에서 만난 프란체스카 도너

1

이날 행운의 여신이 이승만에게 가져다 준 선물은 국제연맹회의 성과보다도 이후의 그의 생애에서 가장 의지하는 반려자가 된 총명한 "쉬네 비너린[비엔나 미인]" 프란체스카 도너(Francesca Donner)를 만난 일이었다. 국제연맹총회가 개막된 2월21일의 저녁식사 때였다. 호텔 드 뤼시의 식당은 만원이었다. 식당 지배인은 4인용 테이블에 앉아 있는 두 여성에게 가서 동양에서 온 귀빈과 합석해도 괜찮겠느냐고 물었다. 그들은 파리를 거쳐 스위스를 여행하는 오스트리아인 모녀였다.

지배인의 안내를 받으며 모녀가 앉아 있는 식탁으로 간 이승만은 프랑스말로 "합석을 허락해 주셔서 감사합니다" 하고 점잖게 인사를 하고 자리에 앉았다. 그리고 메뉴판을 가지고 온 웨이터에게 샤워크라프트와 작은 소시지 하나, 감자 두개를 주문했다. 이승만은 시큼한 샤워크라프트를 김치 대신으로 곧잘 먹었다. 당시 유럽을 여행하는 동양 귀빈들의 화려한 식사와는 달리 이승만의 소박한 식사주문을 보고 프란체스카는 적이 놀랐다. 숙녀들에게 예의로 먼저 말을 거는 서양신사들과는 달리 이승만은 온화한 표정으로 말없이 앉아 있다가 음식이 오자 들기 전에 "본 아페티(맛있게 드십시오)!" 하고 인사를 한 다음에는 조용히 식사만 했다. 프란체스카는 자기도 모르게 이승만의 식사하는 모습을 바라보다가 그만 그와 눈이 마주쳤다. 무안해진 그녀는 미소를 지으며 "동양 어느 나라에서 오셨나요?" 하고 물었다. 이승만은 "코리아"라고 대답했다. 프란체스카는 여행을 떠나기 직전에 독서클럽에서 보내 주어 읽고 있던 『코리아』라는 책에서 본 '금강산'과 '양반'이라는 말이 생각났다.

"코리아에는 아름다운 금강산이 있고 양반이 산다지요?"

이승만은 속으로 깜짝 놀랐다. 이렇게 하여 대화가 오가고 있을 때에 지

배인이 이승만에게 다가와서 베른
에서 온 기자가 찾는다고 말했다.

"덕택에 즐거운 시간을 가졌습
니다. 실례합니다."

이승만은 점잖게 인사를 하고
급히 자리를 떴다.

이튿날 《라 트리뷴 도리앙》지
에 난 이승만의 기사를 본 프란체
스카는 이 기사를 잘라서 봉투에
넣어 가지고 자기 이름은 적지 않
은 채 이승만에게 전해 달라면서
호텔 안내인에게 맡겼다.

소녀시절의 프란체스카 도너.

이승만은 바로 답장을 보냈다.

"나에 관한 신문 스크랩을 보내 주신 친절에 감사드립니다. 이승만."

이튿날 다른 신문에도 한국독립문제에 관한 기사가 또 났으므로 프
란체스카는 다시 그 기사들도 잘라 보냈다. 이승만은 답례로 차 대접을
하겠다고 했다. 프란체스카는 처음에 사양하다가 이승만의 차 초대에 응
했다. 이렇게 하여 두 사람은 아름다운 호수를 바라보면서 담소를 나눌
기회를 갖게 되었다.

프란체스카는 이때에 서른세살의 독신이었다. 그녀는 1900년6월15
일에 오스트리아의 수도 비엔나(Vienna: 독일어 이름 Wien)시의 교외 인
저스도르프(Inzersdorf)에서 소다수 제조공장을 경영하는 루돌프 도너
(Rudolph Donner)와 어머니 프란체스카의 셋째 딸로 태어났다. 막내였
다. 가톨릭교를 믿는 그녀의 가정은 순수한 게르만 혈통을 자부하면서
"정치적 무입장"을 견지해 온 보수 중산층이었다. 집에서 부르는 프란체
스카의 애칭은 파니(Fanny)였고, 가톨릭 영세명은 마리아(Maria)였다.

프란체스카는 어릴 때에 의사가 되는 것이 꿈이었으나, 루돌프는 사

업을 물려줄 아들이 없었으므로 막내를 강하게 길러 사업을 물려줄 요량
으로 그녀가 초등학교를 마치자 상업학교에 진학시켰다. 그녀는 영어와
프랑스어에 홍미가 있었다. 상업학교를 마치고 한동안 농산물중앙관리
소에서 일한 그녀는 스코틀랜드에 가서 영어를 익히고 국제통역사 자격
을 땄다. 동글동글하고 오동포동한 이상형의 "쇠네 비너린"이었던 프란
체스카는 스무살 나던 1920년에 헬무트 뵈링이라는 자동차경주 선수와
결혼했다. 자동차경주 선수는 화려한 인기직업이었다. 뵈링은 신교도였
으므로 프란체스카는 인저스도르프 성당에서 제적되었다. 두 사람은 3
년가량 결혼생활을 하다가 이혼했다. 이혼의 사유는 남편의 경주여행이
너무 잦은 데 대한 프란체스카의 불만 때문이었다고 전해진다. 두 사람
사이에 아이는 없었다. 루돌프는 1921년에 사망했고, 소다수 제조공장은
큰딸 마리아가 물려받았다.[48]

　　이승만과 프란체스카의 사이는 이내 가까워졌다. 프란체스카가 더
적극적이었다. 어머니 프란체스카는 딸이 이승만을 만나는 것이 여간 못
마땅하지 않았다. 그리하여 그녀는 예정을 앞당겨서 프란체스카를 데리
고 바로 비엔나로 돌아갔다. 일부러 딸이 이승만과 작별할 시간도 주지
않았다. 그러나 프란체스카는 어머니 몰래 이승만이 좋아하는 샤워크라
프트를 한병 사서 이승만에게 전해 주도록 호텔 직원에게 맡기고 떠났
다. 프란체스카는 집으로 돌아가서도 아메리칸 익스프레스(American
Express)편으로 이승만과 편지를 주고 받았다.[49]

<hr>

48) 리 푸란세스카 지음, 조혜자 옮김, 『대통령의 건강』, 도서출판 촛불, 1988, pp.15~16; 崔禎鎬,
　　「李承晚博士의 베일을 벗은 새 資料: 프女史親庭과 그의 랑데부時節①」 및 「프女史의 行方」,
　　《한국일보》 1965년8월5일자, 10월17일자.
49) 리 푸란세스카 지음, 조혜자 옮김, 위의 책, pp.16~17.

이승만은 3월4일에 반가운 전화를 받았다. 취리히에 있는 이한호(李漢浩)의 전화였다. 이한호는 며칠 전에 이승만에게 편지를 보냈었다. 자기는 옛날 이승만이 서울YMCA 학원 학감 때의 제자이며 유럽에 와서 10년 넘게 살고 있는데, 독일신문에 이승만의 사진이 난 것을 보고 제네바에 와 있는 줄 알았다는 내용이었다. 이한호의 전화를 받고 이승만은 파리에 가 있는 서영해에게 예정대로 도착하지 못한다는 전보를 쳤다. 이한호는 취리히에서 유도사범으로 생활하면서 하키선수로 널리 알려져 있었다. 일요일마다 다른 팀과 시합하러 다니는데, 오는 일요일은 베른에서 경기가 있을 예정이었지만 운동장이 젖어 있어서 경기가 취소되었기 때문에 이승만을 찾아오겠다는 것이었다. 그는 하룻밤을 이승만과 같이 지내고 돌아갔다.

이튿날 이승만은 파리로 갔다. 이승만은 서영해와 함께 주로 전차와 지하철을 타고 다니면서 부아 드 불로뉴(Bois de Boulgogne) 숲도 보고 저녁에는 고몽(Gaumont) 극장에서 영화를 보았다. 그러나 이승만이 파리로 간 목적은 영어로 된 『리턴보고서』를 입수하여 자기가 쓴 「만주의 한국인들」이라는 글과 함께 파리에서 발행하는 일이었다. 이승만은 제네바에서 국제연맹 사무국에 『리턴보고서』의 열람을 정중하게 요청했으나 거절당했다. 파리에서도 영어로 된 『리턴보고서』 전문을 구하지 못하자 이승만은 바로 제네바로 돌아가서 그곳에서 입수해 가지고 서영해에게 부치기로 했다.

이승만은 파리에 있는 동안 호놀룰루에서 친 동지들의 전보를 받았다. 제네바에서 전송된 것이었는데, 내용은 이승만이 앞으로 1년 동안 제네바에 더 머무는 비용을 부담하기로 했다는 것이었다. 하와이의 동지들은 불경기 속에서도 이처럼 열성적이었다. 이승만은 3월9일에 제네바로 돌아왔다.

3월4일에 민주당의 루스벨트(Franklin D. Roosevelt) 행정부가 출범하면서 장기간 하원의원과 상원의원을 지낸 헐(Cordell Hull)이 국무장관에 임명되었다. 이승만은 3월20일에 헐 장관에게 편지를 썼다. 헐에게 쓴 편지도 스팀슨 장관에게 쓴 편지와 마찬가지로 1882년의 한미수호통상조약에 따른 미국의 거중조정의 의무를 강조하는 내용이었다.[50]

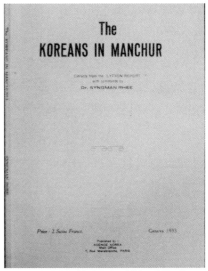

제네바에서 발행된 이승만의 팸플릿 『만주의 한국인들』.

2월24일의 국제연맹총회에서 19인위원회 보고서가 채택되자 일본정부는 이튿날로 「진정서」를 발표하고 완강히 저항했다. 「진정서」는 만주를 중국으로부터 분리시키는 것은 놀라운 세력으로 침투하는 극동의 공산주의의 위협에 대한 장벽을 구축하는 것이라고 주장하면서 연맹의 태도변경을 촉구한 것이었다. 그러나 아무 효과가 없었다.

이승만이 공들여 집필한 만주의 거류하는 한국인들을 주제로 한 글은 『만주의 한국인들(The Koreans in Manchuria: Extracts from the Lytton Report with Comments by Dr. Syngman Rhee)』이라는 35페이지 분량의 팸플릿으로, 파리의 한국통신사 이름으로 제네바에서 발행되었다. 이승만은 만주분쟁과 복잡하게 얽혀 있는 만주의 한국인문제에 대한 국제연맹의 이해를 돕기 위하여 팸플릿을 작성했음을 밝힌 다음, 현사태의 원인, 한국문제와 만주문제의 불가분의 관계, 만주의 한국인 인

50) 방선주, 앞의 글, p.443 주13).

구, 쌀농사, 일본에 대한 한국인의 증오, 한국인에 대한 중국인의 태도, 분쟁의 발단, 일본을 만족시키기 위한 중국의 노력, 조약상의 권리, 이중 국적, 만보산(萬寶山)사건, 한중 우호, 일본에 불가결한 만주, 일본의 보호, 러시아에 있는 한국인들, 한국민족주의, 인류애에 대한 호소의 차례로 『리턴보고서』의 여러 부분을 적절하게 인용하면서 요령 있게 서술하고, 부록으로 (1) 일본인의 잔혹성, (2) 1920년의 훈춘(渾春)사건, (3) 1923년의 도쿄 대학살을 첨부했다.[51]

이승만은 3월20일에 드러먼드에게 『만주의 한국인들』과 함께 이 팸플릿을 국제연맹 회원국 대표들에게 배포해 줄 것을 부탁하는 정중한 편지를 보냈다. 편지에서 그는 팸플릿과 관련하여 다음의 세가지 점을 강조했다.

(1) 리턴조사단은 그들의 보고서에서 한국문제를 충분히 논의했고, 보고서를 통하여 한국문제가 중일 분쟁의 실질적인 요인의 하나임을 인정했다.

(2) 우리는 한국의 민족문제를 다루는 것은 다음 기회로 미루고, 이 팸플릿에서는 현시점에서 국제연맹이 토의하는 주제에 관계되는 만주에 있는 한국인의 문제에만 우리의 입장을 엄격히 국한했다.

(3) 우리가 국제연맹에 요청하는 것은 한국인들이 다른 모든 인류가 누리고 있는데도 그들에게만 부인되고 있는 권리, 곧 어느 나라에서나 그 나라의 국적법에 따라 귀화하는 불가침의 권리를 가진 민족인지 아닌지를 판단해 달라는 것이다.[52]

51) 『만주의 한국인들』, 『대한민국임시정부자료집(18) 구미위원부 II』, pp.332~362, pp.390~425.
52) Syngman Rhee to Eric Drumond, Mar. 20, 1933, Young Ick Lew et al. ed., *The Syngman Rhee Correspondence in English 1904~1948*, vol.1., Institute for Modern Korean Studies Yonsei University, 2009, p.504.

이승만의 이러한 활동은 일본이 마침내 국제연맹에서 탈퇴하는 분위기를 조성하는 데 기여했다고 할 수 있을 것이다. 일본정부는 3월27일에 국제연맹에 정식으로 탈퇴를 통고했다.

국제연맹은 일본을 국제연맹으로부터 탈퇴시키기는 했지만, 일본의 침략행위를 제재하는 효과적인 조치는 아무것도 취하지 못했다. 그러나 일본의 국제연맹 탈퇴는 스스로 국제적 고립화의 길로 들어섰음을 의미했다. 그리고 그것은 이승만이 희망적으로 예측했던 미일의 충돌을 불가피하게 만드는 선택이었다.

국제연맹 활동을 일단 마무리한 이승만은 잠시 유럽의 여러 지방을 관광하며 휴가를 보냈다. 4월9일에는 아침 일찍 로잔으로 가서 메리엄 양과 브라운 부인과 그녀의 아들과 함께 몽트뢰(Montreux) 근처의 로슈 드 네(Roche de Naye)에서 열린 춘계스키대회를 구경했다. 로슈 드 네는 해발 2,600미터나 되는 곳이었다. 몽트뢰는 이승만이 지금까지 본 어떤 곳보다도 아름다웠다. 그곳에는 영국의 시인 바이런(George G. Byron)이 유명한 「시옹성의 수인(*The Prisoner of Chillon*)」이라는 시를 썼던 시옹성(Chateau de Chillon)이 있었다.[53]

이어 이승만은 이한호의 초청으로 부활절 주말을 취리히에 가서 보내기로 하고, 4월13일 아침에 급행열차로 취리히로 갔다. 역에는 이한호가 마중 나와 있었고, 그의 동서 뮐러(Muller)가 큰 포드차를 몰고 와서 함께 이한호의 집으로 갔다. 뮐러는 건축가이자 취리히 하키팀의 주장이었다. 이튿날 이승만과 이한호는 취리히 호수에서 산책도 하고 보트도 타면서 여러 가지 이야기를 나누었다. 이한호는 최근에 시베리아에 다녀온 이야기를 하면서 이승만에게 시베리아 방문을 강력히 권했다. 그는 이승만이 시베리아를 방문한다면 소련에서는 독일어가 더 잘 통하니까 자기가 통역으로 수행하겠다고 했다. 이승만은 이 기회에 소련 당국자들을

---

53) Syngman Rhee, *Log Book of S. R.*, 1933년4월6일조~9일조.

이승만은 1933년 부활절(4월16일)에 옛 제자 이한호 내외와 그의 동서 뮐러 내외와 함께 드라이브를 했다.

만나 보고 시베리아 동포들과도 관계를 맺고 돌아오는 것이 독립운동에
도움이 될 것이라는 생각이 들었다. 저녁을 먹고 나서 이한호 내외와 함
께 라인 폭포(Rhein Fall)를 구경하고 왔다. 라인 폭포는 취리히에서 50마
일쯤 떨어져 있는 중부유럽에서 가장 장관인 폭포이다.

　4월15일에는 이한호와 뮐러가 출전한 취리히팀과 스페인팀의 하키시
합을 구경했다. 4월16일은 부활절이었다. 이승만은 이한호 내외와 뮐러
내외와 함께 뮐러의 차로 관광을 했다. 오전 8시30분에 출발하여 취리히
호수의 남쪽 길을 돌아 여러 도시를 지그재그로 통과하면서 드라이브를
하고, 돌아올 때에는 북쪽 길을 따라 저녁 9시15분에 취리히에 도착했다.
높은 산 속에 있는 발렌제(Wallensee)의 경관이 특별히 아름다웠다. 날
씨도 아주 좋았다. 이승만은 이날의 여행을 "결코 잊을 수 없다"라고 그
의『여행일기』에 적어 놓았다. 그만큼 마음 편안한 시간이었다. 이날 드라
이브를 하다가 추르 계곡(Chur Valley)에서 찍은 사진에 보이는 이승만
의 모습은 이때의 그의 심경을 짐작하게 한다. 손에 부활절 달걀을 든 채
이한호의 부인 애니(Anni)의 다리를 베고 모로 누워 있는 모습이 마냥 편

안해 보인다.

　4월18일 오전에 이승만이 탄 기차가 취리히역을 떠나올 때에는 이한호의 부인과 밀러의 부인은 눈물을 흘리고 있었다. 기차가 로잔에 도착하자 이승만은 차에서 내려 메리엄 양과 브라운 부인에게 전화를 걸었으나, 두 사람 다 외출하고 없어서 급히 차에 다시 올랐다. 이러한 행동으로 미루어 보면 이때까지도 그는 프란체스카에게 완전히 경도되지는 않았던 것 같다.

4. 소련은 비자 내주고도 입국 거부

1

이승만은 4월25일에 길버트 미국총영사를 초청하여 점심을 같이 했다. 소련방문문제를 상의하기 위해서였다. 두 사람은 길버트의 차로 조금 떨어진 조그마한 시골로 나갔다. 길버트는 그곳이 조용히 이야기하기 좋은 곳이라고 생각했던 것이다. 두 사람이 식당에 자리를 잡고 앉자 일본사람 한패가 들어와서 다음 방의 테이블을 차지했다. 두 사람은 말없이 점심을 먹고 다시 시골로 나가서 길가에 차를 세우고 문을 잠갔다. 길버트는 한국문제를 국제연맹에서 다루는 일은 중국대표 이외의 다른 회원국의 협조를 얻기는 어렵다고 말했다. 이승만은 자신의 소련방문 계획에 대해 이야기했다.

"한국인들은 지금의 극동정세의 추이에 큰 관심을 가지고 있고, 일본이 열강과 충돌사태로 가게 될 상황이 일어나기를 희망하고 있습니다. 그렇게 되면 한국의 독립을 되찾을 기회가 생기기 때문이지요. 이러한 관점에서 시베리아에 거주하는 100만 한인들은 비밀리에 러시아인 사관 밑에서 군사훈련을 받고 있습니다. 나는 전에 블라디보스토크에 오래 살았고 현재 취리히에 살고 있는 한 한국인과 동행하여 시베리아에 가서 그곳의 한인지도자들과 만나 재정원조문제를 협의하려고 합니다. 소련 주재 중국대사 안혜경씨가 소련관리들을 설득하여 협조와 보호를 받기를 희망합니다. 소련은 일본을 반대하고 있으니까 나의 이러한 행동에 호의적일 것으로 생각합니다."

길버트는 이승만의 소련방문 계획이 흥미 있는 일이라고 말했다. 이승만은 그에게 이 이야기를 비밀에 부쳐 달라고 했으나, 길버트는 이승만의

말을 그대로 본국 정부에 보고했다.[54]

길버트와 헤어진 이승만은 오후에 국제연맹 상주 중국대표 호세택(胡世澤, Hoo Chi Tai)을 만났다. 이승만은 그에게 구한국이 세계 각국과 맺은 조약문이나 그 밖의 적당한 자료들이 국제연맹에 등록되어 있는지 알아보아 달라고 부탁했다. 호세택은 전부터 이승만을 만나고 싶었다면서, 고유균이 이날 오후에 워싱턴으로 떠나는데 이승만이 부탁하는 일은 그가 떠나기 전에 그와 상의해야 한다고 말했다.

이승만은 4월28일에 호세택을 점심에 초대했다. 호세택은 안혜경 주소대사를 통하여 소련 당국자들을 만나고 시베리아로 가서 그곳에 있는 한국지도자들과 협의하겠다는 이승만의 소련방문 계획을 극구 찬성하면서 소련 비자를 받아 주겠다고 약속했다. 이튿날 호세택이 전화를 걸어 왔다. 소련대표가 파리와 베를린 가운데 어느 쪽이든지 편한 대로 추천장을 보내겠다고 했다는 것이었다. 이승만이 다음 주에 파리로 가겠다고 말하자, 그는 파리의 소련대사관에서 비자를 주게 하겠다고 말했다.

이승만은 소련방문 준비를 하면서도 국제연맹을 대상으로 활동을 계속했다. 5월2일에는 중국대표단 본부로 호세택을 찾아가서, 국제연맹이 규약 제16조에 따라 일본에 대한 "제재" 조치를 취할 것을 촉구하는 성명서를 제출하는 문제를 상의했다. 그리고 이튿날 『리턴보고서』 채택 이후에 국제연맹에 새로 설치된 중일문제에 관한 자문위원회의 의장으로 선출된 스웨덴 대표 크리스찬 랑그를 사무실로 방문했다. 자문위원회는 3월15일부터 활동하고 있었다. 두 사람은 극동상황에 대하여 긴 대화를 나누었다. 랑그는 이승만에게 일본에 관해서 많은 것을 묻고, 일본에 대한 제재조치에 대해서는 이렇게 말했다.

"일본은 어떤 나라하고도 전쟁을 하고 싶어 하는 것 같습니다. 연맹은 모종의 조치를 준비하고 있습니다. 연맹은 일반이 생각하는 것보다 훨씬

---

54) 미육군부 정보문서 51-370, "Alleged Project of Dr. Syngman Rhee Respecting Siberia", 방선주, 앞의 글, p.444에서 재인용; Robert T. Oliver, *op. cit.*, p.162.

빨리 그러한 조치를 취할 것입니다."

이승만은 한국의 연맹가입 가능성을 물었다. 그러나 랑그의 대답은 부정적이었다.

"연맹 안에서 그 문제에 관한 비공식 토의가 있었습니다. 그러나 한국은 가입할 수 없다는 데 합의를 보았습니다. 여러분이 지금 문제를 제기하는 것은 시간낭비가 되리라고 생각해요."

랑그는 겸손하고 친절했다. 그는 이승만에게 찾아 주어서 고맙다고 거듭 인사를 했다.

이승만은 5월5일에 소련을 제외하고, 일찍이 한국과 통상조약을 체결한 모든 나라 정부에 그 조약문 등을 국제연맹에 등록할 준비를 하기 위해 필요하다면서 자기에게 부쳐 달라는 편지를 보냈다.[55]

이때의 이승만의 편지에 대한 미국정부의 반응은 흥미롭다. 이승만은 5월8일에 헐 국무장관에게 1882년의 조미수호통상조약 사본 2통을 보내 달라는 편지를 보냈는데, 이승만에게 동정적인 혼벡 극동국장은 길버트 총영사에게 한 나라의 정식 대표가 아닌 이승만에게 조약문 사본을 직접 송부할 수는 없지만 총영사관에서 간접으로 전달하는 것은 무방할 테니까 그렇게 해달라고 편지를 썼다. 그러나 길버트 총영사는 반대했다. 이승만이 조약문 사본을 원하는 진심을 알아보아야 한다는 것이었다. 이승만이 사본을 받으면 자기에게 수교증을 써 달라든가 하여 미국정부가 공식적으로 이른바 '대한민국임시정부 대통령'에게 문서를 송부한 증거로 삼으면서 중국대표단의 도움을 얻어 그것을 국제연합에 등록시키려 하지 않겠느냐는 것이었다.

이 편지를 받은 혼벡은 길버트에게 감사를 표하면서 조약문 사본을 주지 말도록 지시했다. 그러고는 이승만의 시베리아행에 관한 보고는 국

---

55) Syngman Rhee, *Log Book of S. R.*, 1933년4월13일조~5월5일조.

무부 직원들의 흥미를 끌었다고 덧붙였다.[56] 이때에 이승만에게 조약문 사본을 보내온 것은 벨기에 정부뿐이었다.[57]

이승만은 5월18일에 제네바를 떠났다. 그는 트렁크와 밀러(Miller) 박 사의 신간 『내일의 시작(*Beginnings of Tomorrow*)』을 호텔 직원에게 맡겨 두었다. 이승만은 바쁘게 사람들을 만나면서도 중요한 신간 서적 을 호텔방에서 읽고 있었던 것이다. 호세택이 베를린에 있는 독일 주재 중 국공사 진소(塵蘇)에게 소개장을 써 주었다.

이승만은 파리로 출발하기에 앞서 레만호 동쪽 끝에 위치한 유명한 휴 양지 몽트뢰에서 이틀 동안 묵었다. 그곳에서 다음과 같은 시도 지었다.

好鳥啼何早　예쁜 새는 어찌하여 일찍 우는고
樓中遠客眠.　누각에 멀리 온 객이 잠이 들었다.
津湖無限景　레만호의 무한 광경은
最是曉山天.　산 너머 새벽 하늘이 가장 아름다워.[58]

이승만은 5월21일 오후 2시4분에 밀라노-파리(Milan-Paris) 급행열 차의 3등칸을 타고 몽트뢰를 출발하여 밤 11시10분에 파리에 도착했다. 그는 5월23일에 소련공사관을 찾아가서 제네바에서 보낸 추천서가 와 있는지 물었다. 추천서는 와 있지 않았다. 이승만은 호세택에게 전보를 치고 편지를 두번이나 했으나 5월30일까지 회답이 없었다. 그는 베르사 유에도 다녀오고 루브르박물관, 노트르담, 파리박람회, 중국미술전람회 등을 구경하고, 국제 테니스시합도 관람하면서 소식을 기다렸다.[59]

5월27일에 하와이에서 여비 650달러를 전송해 왔다. 이 전보를 받고

---

56) 미국무부문서 F/G 711. 952/3. 방선주, 앞의 글, p.445.
57) Syngman Rhee, *Log Book of S. R.*, 1933년6월10일조.
58) Syngman Rhee, *Log Book of S. R.*, 1933년5월20일조.
59) Syngman Rhee, *Log Book of S. R.*, 1933년5월5일조~30일조.

하와이로 보낸 이승만의 편지는 이때에 그가 얼마나 군색한 여행을 하고 있었는지를 짐작하게 한다.

금일에 귀 전보를 받고 또 돈 650원을 받았으나 어려운 동포들의 재정을 비용하게 되는 것 심히 민망하오. 귀 전보 중 모국만 가고 타처는 종차 다시 작정하자 한 바, 우리 일이 자연 형편을 따라 작정할 수밖에 없는 고로 이곳서 동행할 사람도 그만두고 혼자 떠날 터인데, 여행권 주선을 인하야 일자가 지체되는 고로 돈은 점점 줄어지게 되매, 제네바에서는 차마 값싼 여관으로 옮기기가 외면소시(外面所視)에 창피하야 못하고 파리에 와서 한 주일에 6원짜리 방을 얻어 가지고 있으며, 여행권 수속을 준비 중이오. 리한호씨라는 친구가 독일어를 잘 아는 바 모국서는 영어보다 독일어가 더 필요한 고로 리씨와 동행하려 하였으나 여비부족으로 인하야 독행이라도 하겠고, 하등을 타고라도 꼭 가야 되겠소.…

그러면서 이승만은 소련 방문이 "원대한 계획"이 될 것이라고 다음과 같이 설명했다.

좌우간 우리 일은 일미 충돌이 나는 때라야 활동력이 생길 터이요, 일미 충돌은 조만간 면할 수 없을 것이며, 이 충돌이 나는 때에는 모국이 미국과 응원될 터인데, 시베리아 한인이 한 힘을 쓰게 될 터이라. 그러므로 모 당국과 협의하고 미국에 돌아와야 원대한 계획이 될 것이오. 이만한 준비가 없이는 장래 기회가 온다 하여도 군물(軍物)이나 경제력에 타 방면 응원을 얻기 불능인고로 모험적으로 가볼 작정이외다.[60]
미국이 아직 소련을 승인하지 않는 상황에서도 미일 충돌의 불가피성

---

60) 동지회 중앙부, 「사실통고서」, 『美洲韓人民族運動資料 美洲篇④』, p.306.

을 예견하고, 그렇게 되면 미국과 소련이 협력할 것이므로 러시아 당국과 협조할 필요가 있다고 주장한 것은 국제정세에 대한 이승만의 형안(炯眼)이라고 할 만했다. 그러나 그러한 예측이 실현되기까지에는 10여년의 세월을 더 기다려야 했다.

이 글을 공개한 동지회 중앙부의「사실통고서」는 또 이승만의 여비를 모금하는 동지회 중앙부의 고충이 어떠했는지도 실감나게 말해 준다.

여비문제에 대하야 또 말씀드리기 미안하나 사정이 이와 같이 절박한 경우를 당하고 본즉 어찌할 수 없이 또 말씀케 되오니, 미안키 층량 없소이다. 그러나 일이 이만침 된 바에 중지할 수는 없는 처지인즉 일반이 한번 더 힘써 보시기를 바라나이다.

게다가 이러한 모금운동은 비밀히 추진해야 했다.「사실통고서」의 앞머리에 "이 글을 보신 후에 없이 하는 것이 필요"라는 문구가 적혀 있는 것이 그러한 사정을 짐작하게 한다.[61]

이러한 상황에서 워싱턴의 장기영(張基永)으로부터 그곳의 딱한 소식을 알리는 편지가 또 왔다. 재정난 때문에 구미위원부의 문을 닫고 뉴욕으로 간다면서 연락은 뉴욕으로 해 달라고 했다. 이승만은 그 자리에서 하와이로 구미위원부를 살리기 위해서 워싱턴으로 돌아가겠다고 타전하고, 뉴욕에도 구미위원부를 살릴 것을 당부하는 전보를 쳤다. 이튿날 하와이로부터 미국으로 돌아오기 전에 계획된 여행을 계속하라는 답전이 왔다.[62]

---

61) 위와 같음.
62) Syngman Rhee, *Log Book of S. R.*, 1933년6월3일조.

2

초조하게 주말을 보낸 이승만은 월요일에 소련영사관으로 가서 안토노프(Antonov) 총영사를 만났다. 제네바에서는 아무런 추천서도 보내오지 않았다고 했다. 이승만은 그에게 자신의 신청서를 본국 정부에 전송해 줄 것을 부탁했다. 소련영사관을 나온 이승만은 독일영사관으로 갔다. 독일영사관에서는 이승만의 여권이 정상적인 여권이 아니라면서 비자를 내주지 않았다.

6월6일에 아메리칸 익스프레스에 가 보았더니 전보 두통이 와 있었다. 하나는 제네바의 호세택이 친 것이었고, 다른 하나는 하와이에서 온 것이었다. 호세택의 전보는 소련대표가 파리로 추천서를 보내겠다고 약속했다는 것이었고, 하와이 전보는 돈을 더 보낼 테니까 소련에 갔다 오라는 것이었다. 이승만은 곧바로 소련공사관으로 가서 이한호의 비자신청서를 썼다. 그러나 이승만은 기재사항을 다 기입할 수 없었기 때문에 여권과 비자신청서를 항공편으로 이한호에게 부쳤다.

이승만은 6월11일에 런던으로 건너갔다. 런던에서는 이튿날부터 세계경제회의(The World Monetary and Economic Conference)가 열렸다. 국제협력에 의하여 세계의 불황을 일거에 타개할 것을 목표로 미국과 소련 등 국제연맹의 비회원국까지 포함하여 64개국 대표 168명이 참가한 대규모 회의였다. 중국에서는 주영공사 곽태기는 물론 주소대사 안혜경과 행정원 부원장 송자문(宋子文, T. V. Soong)도 참석했다. 이들은 무척 바빴다.

이승만은 영국 국왕과 수상의 연설을 라디오로 들었다. 두 사람의 연설을 들으면서 그는 유럽에는 일본에 대항할 나라가 없고, 언젠가 일본에 도전할 나라는 오직 미국뿐이라는 것을 절감했다. 이승만은 6월14일에 영국 의회의 한국친우회(The League of the Friends of Korea) 의장이었던 귀족원 의원 맘헤드(Mamhead) 경을 예방하고, 이튿날 저녁에는

《런던 타임스(*The Times*)》의 편집인 그레이(Gray)를 만났다.[63]

이승만은 6월14일에 하와이로 전보를 쳐서 내주에 파리로 돌아간다고 알리고, 6월16일에는 자기가 런던에 온 것은 중국 주소대사 안혜경 박사를 만나 볼 필요가 있고, 영국 의회 안의 한국친우회 회원들이 지금은 활동할 시기가 되었으므로 영국을 다녀가라는 연락을 했기 때문이라는 편지를 써 보냈다.[64]

이승만이 런던에 간 주된 목적은 중국공사관에 소련의 입국비자 교섭을 부탁하기 위해서였다. 그러나 곽태기는 소련공사와 좀처럼 연락이 되지 않았다. 그리하여 이승만은 6월23일에 파리로 돌아왔다.

이튿날 이승만은 주프랑스 소련공사관을 찾아갔다. 그러나 소련공사관 문은 닫혀 있었다. 토요일이었던 것이다. 월요일에도 소련공사관 문은 닫혀 있었다. 월요일은 휴무라는 안내표지가 나붙어 있었다. 화요일인 6월27일에야 만난 안토노프 총영사는 모스크바로부터 회답이 왔다면서 이승만에게 입국 비자를 내어 주었다. 이처럼 어렵사리 소련 입국비자를 받은 이승만은 그 길로 체코슬로바키아영사관으로 갔다. 체코슬로바키아영사관은 폴란드 비자를 먼저 받아 오라고 했다. 폴란드 비자를 받아 가지고 다시 가서 체코슬로바키아의 트랜지트 비자를 받았다.

이튿날 이승만은 다시 소련공사관에 가서 이한호의 입국허가가 나는 대로 취리히로 보내 달라면서 이한호의 여권을 맡겼다. 그리고 나서 영사에게 자기가 누구인지를 모스크바의 정부 당국자에게 소개하는 편지를 써 달라고 부탁했다. 그러자 영사는 본국 정부는 이미 이승만이 누구인지 알고 있고, 그래서 외무인민위원회는 어려운 비자를 내주도록 자기에게 명령했다고 말했다. 그러므로 모스크바에 도착하여 외무인민위원회에 알리면 그들은 기꺼이 이승만을 만날 것이라고 했다. 이승만은 이한호

---

63) Syngman Rhee, *Log Book of S. R.*, 1933년6월6일조~15일조.
64) 동지회 중앙부, 「사실통고서」, 『美洲韓人民族運動資料 美洲篇④』, p.306.

의 비자에 대한 통보가 올 때까지 제네바로 가서 기다리기로 했다. 그는 6월29일에 파리를 떠나 제네바의 호텔 드 뤼시에 도착했다.[65]

이튿날 그는 하와이로 타전하여 비자가 나왔다면서 여비를 부치라고 했다.[66] 이승만은 7월4일에 취리히로 가면서 다시 돈을 스위스의 어느 미국인 앞으로 부치라고 하와이로 타전했다. 취리히에서는 이한호 집 가까이의 개인 펜션에 묵으면서 이한호의 소련 비자를 기다렸으나 감감 소식이었다. 이승만은 하는 수 없이 혼자 떠나기로 했다.

이승만은 7월7일 아침에 3등석 기차로 취리히를 떠나서 저녁 늦게 비엔나에 도착했다. 떠나기 전날 그는 다시 하와이로 여비를 재촉하는 전보를 쳤고, 하와이로부터 1주일만 기다리라는 답전이 왔다.

밤 10시20분에 비엔나에 도착하여 호텔방에 들어가자마자 이승만은 프란체스카에게 편지를 썼다. 이튿날 아메리칸 익스프레스로 가 보았더니 프란체스카의 편지가 기다리고 있었다. 이승만은 오후에 중국공사관으로 가서 동덕건(董德乾, Dekien Taung) 공사를 만났다. 이승만은 자신의 여행계획을 말하고 독일과 헝가리 비자를 받아 달라고 부탁하면서 여권을 맡겼다. 동덕건 공사는 친절했다. 그는 비엔나에 와 있는 소련대사와 인도 국민회의 의장 파텔(Vallabhbhai J. Patel)이 자기 친구들이라면서 이승만이 비엔나에 머무는 동안 만나 보라고 권했다.

이승만은 7월9일 저녁에야 프란체스카를 만났다. 두 사람은 함께 비엔나의 대표적 고궁 헤르메스 빌라(Hermes Villa)를 구경했다. 이승만이 프란체스카에게 청혼한 것은 이날 저녁의 데이트 때였던 것 같다.[67] 불행한 결혼생활을 경험한 이승만에게 프란체스카의 이혼 전력은 문제가 될 수 없었다. 오히려 스물여섯살이나 나이 차이가 나는 것이 프란체스카로 하여금 더 망설이게 했을지 모른다. 이때의 일을 뒷날 프란체스카는 다음

---

65) Syngman Rhee, *Log Book of S. R.*, 1933년6월16일조~29일조.
66) 동지회 중앙부, 「사실통고서」, 『美洲韓人民族運動資料 美洲篇④』, p.306.
67) 유영익, 『이승만의 삶과 꿈』, p.184.

과 같이 썼다.

그분은 한국의 독립문제로 만날 사람이 많아서 늘 바빴고 나도 어머니의 감시 때문에 우리가 서로 만나기는 쉽지 않았다. 그렇지만 우리는 비엔나의 명소와 아름다운 시적인 숲 속을 거닐기도 했다. 어린 소녀처럼 순수하고 거짓 없는 그분의 성실한 인품은 나에게 힘든 선택을 하도록 용기를 돋우어 주었다. 나는 "사랑"이라는 아름답고 로맨틱한 한국말을 알게 되었고, 조용한 아침의 나라를 동경하게 되었다.[68]

한편 이승만은 그의 『여행일기』에서 이때의 데이트를 가리켜 "비엔나 연애사건(Vienna affair)"이라고 표현했다.[69]

이승만은 7월10일에 아메리칸 익스프레스에 다시 갔다. 하와이에서는 여전히 아무 연락이 없었다. 그동안 달러 환율은 급속히 떨어지고 있었다. 이승만은 마지막으로 다시 한번 하와이로 송금을 요청하는 전보를 쳤다. 하와이에서 돈이 오기를 기다리면서 이승만은 7월11일에 부다페스트에 갔다가 이튿날 돌아왔다. 아메리칸 익스프레스에는 아무런 기별도 와 있지 않았고, 달러 환율은 50%나 떨어졌다. 7월14일에 아메리칸 익스프레스로부터 연락이 왔다. 하와이에서 500달러를 송금했다는 전보가 와 있었다. 이날 이승만은 동덕건 공사의 주선으로 페테르우스키 (Peterwsky) 비엔나 주재 소련공사와 오찬을 같이 하면서 장시간 대화를 나누었다. 이승만은 페테르우스키 공사에게 점점 증대되는 일본의 위협에 대처하기 위하여 미국, 소련, 중국, 한국 사이의 협조가 필요하다는 그의 비전을 설득력 있게 피력했다. 페테르우스키는 본국 정부로 이승만의 소련 방문을 알리고 이승만이 모스크바에 도착할 때에 합당한 예우를

---

68) 리 푸란세스카 지음, 조혜자 옮김, 앞의 책, p.18.
69) Syngman Rhee, *Log Book of S. R.*, 1934년1월10일조.

하도록 곧 전보를 치겠다고 말했다.

이승만은 드디어 비장한 결의로 7월15일에 비엔나를 출발했다. 역에 조금 늦게 도착한 이승만은 매표구 앞에 사람들이 길게 줄을 서 있는 것을 보고 난감했다. 그러자 몸집이 큰 한 미국인이 앞을 가로막아 서면서 "임백극(林柏克)"이라고 찍힌 한자 명함을 내밀었다.

"이 이름을 아시겠습니까?"

그는 중국정부의 고문이었다. 1932년 겨울에 워싱턴에서 손문기념강연회가 열렸을 때에 그는 첫번째 연사였다. 이승만은 그때 논평자로 나중에 등단하여 상해사변 때에 일본군에 맞서 싸운 중국 19로군 이야기를 하여 큰 박수를 받았었다.

"나는 알겠습니다만 선생이 나를 아시겠습니까?"

"오, 선생은 닥터 리시지요. 워싱턴에서는 정말로 훌륭한 연설을 하셨어요."

사람들이 두 사람을 쳐다보면서 그들의 대화를 듣고 있었다. 이승만은 그에게 기차시간 때문에 무척 바쁘다고 양해를 구했다.

"모든 일이 선생이 바라는 대로 되어 갑니다. 선생은 대통령이 될 겁니다."

이렇게 말하면서 그는 줄 서 있는 부인들에게 이승만이 얼마나 시간에 쫓기는가를 말했고, 그들은 한쪽 옆으로 비켜서면서 이승만에게 길을 터 주었다.

이승만의 짐은 프란체스카가 역까지 가지고 와서 발디딜 틈이 없는 바르샤바행 열차 3등칸에 실었다. 동덕건 공사는 역에까지 나와서 이승만을 배웅하면서 말했다.

"선생의 여행은 매우 중요합니다. 선생이 중국과 한국을 위해서 하시는 일이 모두 잘되기 바랍니다."

프란체스카는 동덕건 공사 뒤에 서 있는 전송객들 속에 묻혀 기차가 커브를 돌 때까지 손을 흔들었다.

바르샤바에 도착한 이승만은 소련의 비자 기한이 7월12일까지로 되어 있는 것을 발견하고, 한달 동안의 관광비자를 새로 받았다.

이승만은 7월18일 아침 7시10분에 바르샤바를 출발하여 러시아 시간으로 저녁 6시쯤에 폴란드와 소련 국경지대에 도착했다. 양쪽 국경지대는 경계가 삼엄했다. 총검을 한 제복군인들이 망원경을 들고 감시하고 있었다. 그곳에서 저녁 7시45분발 특급열차로 갈아타고 러시아 시간으로 7월19일 오전 9시30분에 모스크바에 도착했다. 이승만은 혹시 있을지 모를 소련 당국의 검색을 염려하여 소련 경내로 들어가서부터는 그의 일기에 돈 사용내역이나 인상기는 적지 않았다.

외국인여행자사무소 직원이 역 안으로 들어와서 이승만과 미국인 두 사람을 맞이했다. 그는 세 사람의 짐을 받아들고 그들을 대형 링컨차로 뉴 모스크바 호텔(New Moscow Hotel)로 안내했다. 호텔은 크레믈린 궁전과 붉은 광장 바로 건너편의 모스크바 강둑에 있었는데, 모스크바에서는 삼류 호텔로 알려진 호텔이었다. 많은 미국인들이 그곳에 투숙했다. 눈에 띄지 않기 위하여 이승만은 다른 관광객들과 함께 자동차로 시내관광을 하고 오후 2시에 돌아왔다. 외국인여행자사무소 직원인 토빈슨(G. Tobinson)양이 로비에서 이승만을 보자

"외무인민위원회에서 나온 분이 선생님을 찾고 있습니다. 방에서 기다리시면 올려 보내 드리겠습니다"

하고 말했다. 이승만은 비엔나의 페테르우스키 공사의 전보를 받고 외무인민위원회에서 사람을 보낸 것이라고 생각하고 방에서 기다렸다. 그는 외무인민위원회 앞으로 편지를 썼다.

외무인민위원회 귀중
바르샤바로부터 도착했습니다. 나는 외무인민위원회의 합당한 당

국자 분들과 되도록 빨리 비밀회합을 갖기를 원합니다. 비엔나에 머물면서 페테르우스키 소련공사에게 나의 모스크바 방문 목적을 설명했고, 그는 찬성을 표하면서 나에게 이곳에 도착하는 대로 여러분에게 알리라고 했습니다. 나는 뉴 모스크바 호텔에 머물고 있습니다. 여러분의 친절한 회답을 기다리겠습니다.

이승만

오후 4시30분 가까이 되어 이승만이 편지를 거의 끝냈을 때에 누군가가 문을 노크했다. 문을 열자 토빈슨양이 한 젊은이와 같이 들어오면서 말했다.

"이분이 외무인민위원회를 대표해서 오신 공무원입니다. 제가 통역을 하겠습니다."

자리에 앉자 젊은이는 퍽이나 정중하게 말했다.

"외무인민위원회가 선생의 러시아 입국을 허락하는 비자를 발부한 것은 착오였고, 따라서 선생께서 이 나라를 떠나시도록 말씀드리는 것을 대단히 송구스럽게 생각합니다."

이승만은 어처구니가 없었다. 그는 파리의 소련공사관이 비자를 발부하기까지의 경위와 비엔나의 영사와 나눈 이야기, 바르샤바영사관에서 기한이 넘은 관용비자를 1개월짜리 관광비자로 재발부해 준 일 등을 설명하고 나서 다음과 같이 말했다.

"그러므로 나는 소련에 입국해서 한달 동안 머물 수 있는 완전한 권리를 가졌소."

그러자 외무인민위원회 관리는 조용히 대답했다.

"외무인민위원회는 선생이 누구이시고 선생의 목적이 무엇인지 압니다. 그리고 비자는 잘못된 것이 아니지만 그것은 착오로 발부된 것입니다. 그렇기 때문에 선생께 떠나시기를 요구하지 않을 수 없습니다."

이승만은 물었다.

"비자를 받은 뒤에 내가 당신들이 이런 결정을 내리게 할 만한 무슨 행동을 한 것이 있단 말이오?"

"개인적으로나 다른 어떤 점으로나 선생께 반대할 아무 이유가 없습니다. 선생께 반대할 이유가 있다면 정부는 군대 장교에게 선생을 외국으로 추방하라고 명령했을 것입니다. 그러나 이번 일은 경우가 다릅니다. 그래서 외무인민위원회는 그들의 공식대표로 저를 보내어 이러한 상황에 대해서 유감을 표하고 이런 시기에 비자를 발부한 것을 사과하도록 한 것입니다."

이승만은 미소를 지으면서 말했다.

"배후에 무엇이 있는지 다 알 것 같소. 당신네 외무인민위원회의 진정한 태도를 알려고 왔고, 이제 그것을 알았소. 이곳에 하루도 더 머물고 싶지 않소."

그러면서 그는 자기가 쓴 편지를 들어 적당한 당국자에게 전해 달라고 젊은이에게 건네주었다.

"그렇게 하겠습니다만 제가 말씀드린 내용이 바뀌지는 않습니다."

그는 이승만의 편지를 호주머니에 넣고 정중하게 절을 하고 돌아갔다. 토빈슨양은 입국비자를 받은 이승만에게 어떻게 입국을 거부할 수 있는지 모르겠다면서 친구에게 도움을 요청하라고 말했다.

"어떤 친구도 이 일을 도울 수 없어요. 왜냐하면 이 일은 일본공포증이 그들로 하여금 나를 그들 나라에 입국하지 못하게 한 것이고, 또 그들의 잘못을 인정하고 나에게 공식으로 사과까지 했소. 내가 시간을 낭비할 상황이 아니오."

그러고 나서 이승만은 바로 하와이로 모스크바의 상황에 대해서 전보를 쳤다.

이승만은 전보를 치고 나서 중국대사관을 찾아갔다. 안혜경의 조카라는 젊은이가 나와서 오남주(吳南州, Wu Nan-ju) 공사와 위간성(魏艮聲, K. S. Weigh) 대리공사가 외출 중인데 곧 돌아온다면서 들어와서 기다리라고 했다. 두 사람은 오후 8시쯤에 돌아왔다. 이승만은 그들에게 비엔나의 동덕건 공사가 써 준 소개편지를 건넨 다음 낮에 있었던 일을 대충 말해 주고, 그들을 만나고 떠나야겠다고 생각해서 왔다고 했다. 두 사람은 진심으로 동정을 표하면서 자기네가 할 수 있는 일이 없겠느냐고 물었다. 이승만은 단정적으로 말했다.

"지금은 동지나철도(東支那鐵道) 문제로 중소 관계가 대단히 긴장되어 있는 때이므로 두 분이 나를 위해 하실 수 있는 일은 아무것도 없소이다."

그러자 그들은 마쓰야마(松山)를 단장으로 하는 일본철도 대표단이 동지나철도의 매입협상을 위하여 모스크바에 와 있고, 중국은 소련이 그 철도를 매각할 권리가 없다고 격렬히 반대하고 있다고 말했다. 그 말을 듣고 이승만은 다음과 같이 생각했다고 『여행일기』에 적어 놓았다.

　　일본인들은 나의 행방을 추적하고 있었고 내가 모스크바에 도착하자 일본과 어떤 마찰이나 충돌도 조심스럽게 피하려고 하는 소련정부에 압력을 넣은 것이 분명하다. 얼핏 생각한 것은 모든 것을 세상에 공표하여 센세이션을 일으킬 뉴스거리가 되게 하는 것이었다. 그러나 더 나은 생각이 떠올랐다. 그리하여 나는 그 일은 나 혼자 알고 덮어 두었다가 적당한 시기에 그것을 더 효과적으로 이용하기로 했다.[70]

이승만은 두 사람의 권유로 그들과 저녁식사를 같이 하고 호텔로 돌아왔다. 미국정부도 관심을 가지고 그의 활동을 지켜보고 있는 이승만에게 소련정부가 어떤 판단에서 입국비자를 내주었는지는 분명하지 않다. 그리고 모스크바까지 간 이승만에게 입국을 거부한 이유도 이승만의 추측한 대로였는지 확인할 수 없다. 동지나철도의 매각교섭은 5월2일에 발

---

70) Syngman Rhee, *Log Book of S. R.*, 1933년7월19일조.

표한 리트비노프(Maksim M. Litvinov) 외무인민위원의 전격적인 제의에 따라 일소 양국의 외교경로를 통하여 급속히 진전되었다. 아무튼 이때의 소련정부의 입국거부 조치가 이승만의 소련에 대한 불신감을 결정적으로 심화시킨 것은 틀림없다.

이튿날 아침에 이승만은 기차표를 끊고 비자에 대해 알아보려고 외국인여행자사무소에 갔다가 오후 2시쯤에 호텔로 돌아왔다. 토빈슨양이 어제 본 외무인민위원회 직원이 왔다 갔다고 했다. 점심을 먹고 호텔 로비에 있는데, 토빈슨양이 그 젊은이와 같이 와서 이승만을 호텔 매니저 방으로 안내했다. 외무인민위원회 직원은 주머니에서 전날 이승만이 외무인민위원회에 전해 달라고 준 편지를 꺼내어 이승만에게 돌려 주면서 말했다.

"외무인민위원회는 죄송하지만 이 편지를 받지 못하겠다고 합니다."

이승만은 그에게 편지봉투에 이름을 쓰라고 했다. 젊은이는 플리겔탄(Fligeltane)이라고 적었다. 토빈슨양에게도 이름을 쓰게 했다.

"나는 아무런 불쾌한 생각을 가지지 않고 오히려 외무인민위원회가 나에게 보여 준 매너에 감사하면서 귀국을 떠난다는 것을 그들에게 전해 주시오. 당신이 말하기를 나에게 반대할 아무런 이유가 없으나 상황이 지금은 그들이 나를 받아들일 수 없다고 했소. 그들의 공식적인 존경과 사과의 표시에 오히려 나는 만족하오."

이승만은 이렇게 말하고 자리에서 일어났다. 두 사람도 따라 일어났다. 그날 밤 11시에 이승만은 모스크바를 출발했다. 7월21일 저녁 11시30분에 바르샤바에 도착하여 하룻밤을 자고, 이튿날 아침 7시30분에 바르샤바를 출발하여 저녁 8시30분에 비엔나에 도착했다. 처음에는 모스크바에 가기 전에 묵었던 호텔 쿠머(Hotel Kummer)에서 하룻밤을 묵으면서 동덕건 중국공사에게 연락하려고 생각했다. 동덕건은 이승만의 모스크바 여행 이야기를 관심 있게 들을 것이었다. 이승만은 프라하에 가 볼 생각도 했다. 그는 동덕건 공사가 체코슬로바키아의 베네시 수상에게 써 준 소개장을 지니고 있었다. 베네시를 통하여 워싱턴에서 알고 지내던 마사리크(Tomas G. Masaryk) 대통령을 만날 기회도 있을 것이었다. 그러나 그러자면 경비가 수월찮게 들 것이므로 돌아갈 여비가 모자라게 될지 몰랐다. 그리하여 그는 모든 것을 단념하고, 비엔나 교외의 온천 휴양지 바드 보슬란(Bad Voslan)의 싼 호텔에서 하룻밤을 보냈다.

이승만은 7월25일에 그곳을 떠나서 그날 저녁 10시30분에 취리히에 도착했다. 취리히에는 두가지 슬픈 소식이 이승만을 기다리고 있었다. 그의 성실한 지지자였던 힐로의 김성기(金星基) 목사가 사망하고, 동지식산회사에 대한 저당물 반환권 상실 소송이 제기되었음을 알리는 7월6일의 하와이 전보가 아메리칸 익스프레스에 와 있었던 것이다.[71]

이한호 내외는 이승만이 편하게 쉴 수 있도록 정성을 다했다. 이승만은 이한호 내외와 뮐러 내외와 같이 드라이브도 하고 아름다운 렌스(Renss)호의 연례 불꽃놀이도 구경하면서 며칠 동안 푹 쉬었다. 이승만이 밀라노를 향하여 취리히를 떠난 것은 7월31일 아침 7시45분이었다. 이승만이 탄 기차가 천천히 움직이자 이한호 부인과 뮐러 부인은 소리를 내어 울었다.

오후 1시30분에 밀라노에 도착한 이승만은 1주일 동안 이탈리아의 명소를 주마산간으로 두루 관광했다. 그는 이때에 여행한 도시와 돌아본 관광명소의 모습과 유명한 건축물 등에 관한 내용을 꼼꼼히 적어 놓았다. 플로렌스, 로마, 바티칸, 피사, 제노아를 차례로 돌아보고 8월8일 오전에 지중해 연안의 프랑스 항구도시 니스(Nice)로 향했다. 기차가 프랑스 국경의 벤티미글리아(Ventimiglia)역에 도착하자, 세관원이 이승만에게 미국여권 소지자는 프랑스에 입국할 때마다 비자를 새로 받아야 한다고 말했다. 여기서도 이승만의 서류여권이 세관원들에게 화젯거리가 되었다. 니스에는 조지 황(George Whang)과 정석해(鄭錫海)가 와 있었다.

---

71) Syngman Rhee, *Log Book of S. R.*, 1933년7월26일조.

조지 황이 누구였는지는 확인할 수 없다. 조지 황은 니스에서 가장 큰 호텔의 하나인 호텔 뤽상부르(Hotel Luxembourg)에 방을 예약해 놓고 있었다. 이승만은 그곳에서 사흘 동안 묵으면서 8월9일에는 조지 황과 함께 모나코도 관광했다. 이승만의 니스 체류비용은 조지 황과 정석해가 부담해 주었다.

이승만은 이렇게 8개월 동안의 유럽여행을 마치고 8월10일 오후 3시 30분에 니스의 외항 빌라프랑슈(Villafranche)에서 대서양을 건너는 이탈리아 선적의 렉스 호(*S. S. Rex*)에 올랐다.[72]

---

72) Syngman Rhee, *Log Book of S. R.*, 1933년8월16일조.

54장

낙양군관학교의 한인특별반

1. 장개석과 필담으로 비밀회담

1

김구가 주애보(朱愛寶)의 배를 타고 피신생활을 하는 동안에도 박찬익(朴贊翊), 엄항섭(嚴恒燮), 안공근(安恭根) 세 사람은 부지런히 움직였다. 중국국민당 당원인 박찬익은 주로 국민정부와의 교섭을 담당했고, 안공근은 상해를 오가면서 한국 독립운동자들과 프랑스공부국과의 연락과 정보수집 및 중국인들을 상대로 한 모금활동에 주력했다. 엄항섭은 가흥(嘉興)에 있으면서 정세분석과 선전활동을 하고, 김구의 활동 구상을 도왔다.

이봉창(李奉昌)과 윤봉길(尹奉吉)의 투탄사건을 계기로 국민정부의 한국 독립운동자들에 대한 관심은 눈에 띄게 달라졌다. 이 두 사건을 통하여 드러난 한국인의 용맹성과 항일투쟁 역량을 그들의 반만항일(反滿抗日) 투쟁에 연계시키고자 했던 것이다. 장개석(蔣介石)이 김구를 지원하기 시작한 사실과 관련하여 실무를 맡았던 등걸(滕傑)은 다음과 같이 증언했다.

1932년7월15일 밤에 장공[蔣公: 蔣介石]이 무한(武漢)에서 나에게 전보로 "속히 3인을 공패성(貢沛誠)에게 파견하여 근무케 하고 그의 지휘를 반드시 받도록 할 것"이라는 명령을 내렸습니다. 이 전보 명령문은 장공의 그날 일기에 기재되어 있습니다. 나는 즉시 청년장교 세 사람을 공 선생에게 파견하여 그의 일을 돕도록 했습니다. 듣기에 이 세 사람은 그 뒤에 김구 선생이 동북[만주]에 보내어 지하공작에 종사하게 했다고 합니다. 이것으로써 소쟁(蕭錚) 선생의 공작도 역시 매우 적극적이었던 것을 알 수 있습니다.[1]

---

1) 滕傑, 「三民主義力行社의 韓國獨立運動에 대한 援助」, 韓國精神文化研究院 編, 『韓國獨立運動史資料集』, 博英社, 1983, p.65.

중국 국민정부의 본격적인 지원을 먼저 받은 의열단의 김원봉.

등걸은 이때에 삼민주의역행사(三民主義力行社)의 5인 상무간사의 한 사람이자 서기였다. 흔히 '남의사(藍衣社)'로 통칭되는 삼민주의역행사는 장개석이 초대 교장이었던 광동(廣東)의 황포군관학교(黃埔軍官學校) 출신들을 중심으로 1932년2월29일에 결성된 중국국민당 안의 특무공작 조직이었다. 남의사라는 이름은 옛 중국의 평민복장이 남색 옷이던 점을 감안하여 남색 옷을 삼민주의역행사의 예복으로 정한 데서 유래한 것이었다. 창설 때에 정식명칭 자체를 남의단(藍衣團)으로 하자는 주장도 있었다.[2]

한국 독립운동자들 가운데 중국 국민정부의 본격적인 지원을 먼저 받은 사람은 의열단(義烈團)의 김원봉(金元鳳)이었다. 김원봉은 장개석이 교장으로 있던 1926년3월에 다른 여러 의열단원들과 함께 황포군관학교에 4기생으로 입학했는데, 등걸은 이들과 동기생이었다. 국민정부의 한국 독립운동자들에 대한 관심이 높아지자 김원봉은 남의사의 실무를 맡은 등걸에게 「중한 합작항일운동에 관한 건의」, 「한국혁명의 과거정세와 의열단의 책략」 등의 문서를 제출하여 반만항일을 위한 공동투쟁의 필요성을 강조하면서 지원을 요청했고, 중국군사위원회는 1932년 6~7월쯤에 이를 승인했다.[3] 그러면서 국민정부는 김원봉에 대한 지원업무를 남의사가 담당하도록 했다.

2) 波多野乾一, 『中國國民黨通史』, 大東出版社, 1943, pp.462~466.
3) 村田左文, 「上海及ビ南京方面ニ於ケル朝鮮人ノ思想狀況」, 金正柱 編, 『朝鮮統治史料(十)』, p.705.

남의사는 1932년4월에 한국을 포함하여 대만, 베트남, 인도 등 아시아 피압박 약소민족들의 독립운동을 전담할 기관으로 민족운동위원회를 설치했는데, 때마침 4월29일에 윤봉길의 홍구공원(虹口公園) 폭파사건이 터졌다. 그리하여 의열단은 1932년9월에 제6차 정기대표대회를 열고 "한중 합작으로 군관학교를 설립하여 조선혁명당 조직에 필요한 전위투사를 양성함과 함께 '만주국'을 교란할 지사를 훈련하고 아울러 의열단의 세력을 부식한다"는 방침을 결정하고, 10월20일에 남경 교외 탕산(湯山)에 있는 선수암(善壽庵)이라는 절에서 조선혁명군사정치간부학교를 발족했다.[4] 그러나 일본인들에게 알려질 것을 우려하여 표면적으로는 중국군사위원회 간부훈련반 제6대로 하여 중국의 군인교육기관인 것처럼 위장했다.[5] 김원봉을 비롯한 의열단 간부들이 연고를 통해 모집한 훈련생 20명과 교관 12명으로 개교한 조선혁명간부학교는 뒤에 6명이 추가로 입학하여, 6개월 과정의 훈련을 마치고 1933년4월20일에 제1기생 26명이 졸업했다.[6]

국민정부에서 김구의 지원을 담당한 기관은 중국국민당의 핵심세력인 진과부(陳果夫)와 진립부(陳立夫) 형제를 중심으로 한 CC단이었다. CC단은 장개석(蔣介石)의 군사쿠데타로 남경국민정부가 수립되고 석달 뒤인 1927년7월에 조직된 비밀정치결사였다.[7] CC는 흔히 진과부 형제를 가리키는 'Chen Chen'의 약자인 것으로 알려져 있지만 'Central Club'의 약자라는 설도 있다. 진과부를 도와서 김구를 지원한 책임자가 소쟁이었고, 소쟁을 협조한 사람이 공패성이었다. 소쟁과 공패성은 함께 독일에 유학한 사이였다. 저보성(褚輔成)에게 부탁하여 그의 고향집으로 김구를 피신하도록 주선한 사람도 소쟁이었다. 절강성 당부의 주임위원을 지

4) 朝鮮總督府警務局, 「軍官學校事件ノ眞相 昭和九(1934)年十二月」, 韓洪九·李在華 編, 『韓國民族解放運動史資料叢書(3)』, 京沅文化社, 發行年度未祥, pp.145~147.
5) 김영범, 『한국근대민족운동과 의열단』, 창작과비평사, 1997, p.299.
6) 한상도, 『韓國獨立運動과 中國軍官學校』, 문학과지성사, 1994, pp.264~265.
7) 波多野乾一, 앞의 책, pp.460~463.

낸 소쟁은 자신이 김구를 만나러 저보성의 집을 자주 드나들 경우 김구의 신변이 노출될 위험이 있다고 판단하여 공패성으로 하여금 김구와 접촉하게 했다.[8]

중국군사위원회는 김원봉의 조선혁명간부학교 설치안을 검토하면서 김구에 대한 지원책도 함께 검토했던 것 같다. 소쟁은 1932년7월 무렵에 김구에게 한국독립운동에 대한 장래 계획을 제출하라고 했다. 이때에 김구는 구체적인 계획은 제출하지 않고 장개석과의 회담과 한국인이 많이 살고 있는 만주에 기병학교를 설립하는 두가지 사항을 요망했다. 이때까지 김구는 장개석을 만난 적이 없었다. 김구가 만주지역에 기병학교의 설립을 제안한 것은 눈여겨볼 만하다. 이 시기에는 기병부대가 매우 기동성 있는 전투력이었기 때문이다. 김구는 노병회 이사장으로 활동할 때부터 어려운 재정형편에도 불구하고 몇몇 청년들을 중국무관학교에 입교시키는 등 청년장교 양성에 관심을 기울였다. 그는 동포들이 많이 사는 만주지역에서 동포청년들에게 군사훈련을 시키는 일을 매우 중요하게 생각하여, 박찬익을 통하여 이 문제를 소쟁에게 자주 건의했다.[9]

2

김구가 장개석과의 회담을 요청하고 있을 무렵 장개석은 중국군사위원회 위원장 겸 하남성, 호북성, 안휘성의 전비[戰匪: 공산당 소탕전투] 총사령관으로서 한구(漢口)에 가 있었는데, 소쟁은 공패성으로 하여금 한구에 가서 김구의 요망사항을 장개석에게 직접 보고하게 했다.[10] 공패성의 보고를 받은 장개석은 비서실을 통하여 8월10일에 남경에 있는 진립

---

8) 蕭錚, 「中國國民黨과 金九」, 『韓國獨立運動史資料集』, pp.150~151.
9) 蕭錚, 「蔣介石, 金九 그리고 나」, 《月刊朝鮮》 1985년1월호, p.427.
10) 蕭錚, 「中國國民黨과 金九」, 앞의 책, p.151; 蕭錚, 「蔣介石, 金九 그리고 나」, 《月刊朝鮮》 1985년1월호, pp.425~426.

부에게 다음과 같은 극비
전보를 쳤다.

> 남경 진립부 선생이
> 소청평[蕭靑萍: 靑萍은
> 소쟁의 호] 형에게 전하
> 십시오. 7234 총좌[總
> 座: 장개석]께서 말씀하
> 시기를, 김구 등이 남경
> 에서 기다렸다가 만나
> 는 것은 가함. 기병학교
> 건은 거론하지 말 것.[11]

김구와 장개석(蔣介石)이 회담한 중국 중앙육군군관학교 구내의 장개석 관저.

장개석은 김구의 기병
학교 설립계획은 실현성이
없다고 판단했던 것이다.[12] 그리하여 김구의 기병학교 설립제안은 받아
들여지지 않았으나, 장개석과의 회담은 그가 남경으로 돌아온 뒤에 이루
어졌다. 소쟁은 당시의 상황을 다음과 같이 회고했다.

> 김구 선생이 남경에 와서 장 총통과의 만남을 기다린 것은 그해
> (1932년) 9월인지 10월인지 잘 기억되지는 않으나, 그 일도 진과부 선
> 생의 주선하에서 박찬익 선생이 김구 선생을 모시고 가흥으로부터 남
> 경에 왔던 것입니다. 접대는 나와 공패성이 맡았습니다. 『백범일지』에
> 장 총통과 만날 때에 국민당 요인 진과부 선생, 소쟁, 공패성 등도 동

---

11) 蕭錚, 「中國國民黨과 金九」, 위의 책, pp.162~163; 秋憲樹 編, 『資料 韓國獨立運動(3)』, p.268.
12) 蕭錚, 「蔣介石, 金九 그리고 나」, 《月刊朝鮮》 1985년1월호, p.426.

석했다고 기재되어 있습니다. 확실하게 기억되지 않으나, 장 총통이 9월 어느 날 남경으로 돌아오고 김구 선생도 가흥으로부터 와서 만난 결과는 매우 성공적이었습니다.…13)

소쟁의 이러한 증언으로 미루어 보아, 김구가 장개석을 만난 것은 1932년9월의 어느 날이거나, 늦어도 10월 초의 어느 날이었다. 『백범일지』에는 김구가 장개석을 만난 날짜가 적혀 있지 않다.14) 그뿐만 아니라 방대하기로 유명한 『장개석일기(蔣介石日記)』에도 이날의 김구와의 회담에 관해서는 기록이 없다. 『장개석일기』는 현재 스탠퍼드대학교 후버연구소에 장기대여되어 있는데, 2006년부터 공개되고 있으나 손으로 옮겨 적는 것만 가능하다.15)

김구는 장개석과의 면담 이야기를 다음과 같이 술회했다. 진과부로부터 장개석의 면담통지를 받은 김구는 안공근과 엄항섭을 대동하고 남경으로 갔다. 박찬익은 중국국민당 당원으로서 남경의 중앙당부에 취직해 있었다. 소쟁과 공패성 등 국민당 인사들이 진과부를 대신하여 마중 나와 중앙반점에 숙소를 정했다. 다음날 저녁에 김구는 박찬익을 통역으로 대동하고, 진과부의 자동차를 타고 중앙육군군관학교 구내에 있는 장개석의 관저로 갔다.

중국옷 차림의 장개석은 온화한 낯빛으로 김구를 맞이했다. 간단한 인사말이 끝나자 장개석이 말했다.

"동방 각 민족은 손중산[孫中山: 孫文] 선생의 삼민주의(三民主義)에 부합되는 민주정치를 하는 것이 마땅할 듯합니다."

---

13) 蕭錚, 「中國國民黨과 金九」, 앞의 책, p.151.
14) 지금까지의 연구는 김구가 장개석을 만난 시점을 1933년 초, 1933년 봄, 1933년 5월, 1933년 8월 등으로 추정하고 있으나 이는 모두 오류이다; 한상도, 「해제」, 『대한민국임시정부자료집(9) 군무부』, 2006, p.xiii.
15) 李相哲, 「『蔣介石일기』에 나타난 한국독립운동 관계 사료」, 《月刊朝鮮》 2010년11월호, pp. 530~536. 이상철 교수는 두 사람의 회담일을 1932년8월10일 전후일 것이라고 추정했으나 소쟁의 회고와는 배치된다.

"그렇습니다. 일본의 마수가 시시각각으로 중국 대륙으로 침입하니, 좌우를 물리쳐 주시면 필담으로 몇 마디 올리겠습니다."

"좋습니다."

진과부와 박남파가 문 밖으로 나간 뒤에 장개석이 붓과 벼루를 친히 가져다 주었다. 김구는 다음과 같이 썼다.

"선생께서 100만원 돈을 허락하시면 2년 이내에 일본, 조선, 만주 세 방면에

김구와 회담했을 무렵의 장개석.

서 대폭동을 일으켜 대륙침략을 위한 일본의 교량을 파괴하겠습니다. 선생의 생각은 어떠하십니까?"

장개석이 붓을 들었다.

"서면으로 상세히 계획을 작성하여 보고해 주시오."

김구는 그러겠다고 대답하고 물러나왔다.[16]

그런데 이때의 김구와 장개석의 면담내용에 대해서는 『백범일지』의 이러한 기록보다 소쟁의 증언이 훨씬 더 자세하다. 소쟁의 말에 따르며, 장개석은 김구에게 주로 일본군대의 인원과 활동에 대한 정보를 탐지해 달라고 했고, 김구는 경상비의 지원과 대규모의 군사학교 설립을 요청했다. 자금에 대해서는 김구 자신은 100만원을 요청했다고 했으나, 소쟁은 김

---

16) 『백범일지』, pp.355~356.

국민정부에서 김구 지원을 담당한 진과부(陳果夫).

구가 200만원을 요청했다고 회고했다.[17] 장개석은 자금지원은 허락했으나 독자적인 군사학교를 설립하면 일본에 노출될 위험이 크기 때문에 대신 중국의 군관학교 안에 한인특별반을 설치하는 것이 좋을 것 같다고 말했다. 그러면서 장개석은 김구에게 구체적인 공작계획을 제시해 줄 것을 요구했다는 것이다.[18]

다음날 김구는 간략한 계획서를 작성하여 보냈다. 이 계획서에는 천황을 비롯한 일본정부 요인들과 군간부들의 암살계획이 포함되어 있었던 것 같다.

김구와 장개석의 면담이 있은 뒤에 진과부는 소쟁을 자기 집으로 불러서 김구에 대한 지원방침을 논의하고 다음과 같은 방침을 결정했다고 한다.

(1) 김구에게 경상비로 매달 5,000원을 지급한다.

(2) 사업비는 김구의 계획 가운데 장개석의 비준을 받은 것에 한하여 진과부가 별도로 마련해 준다.

(3) 김구의 안전문제 및 그의 집무실은 소쟁이 책임지고 마련하도록 한다.

(4) 김구의 한국독립운동 계획은 소쟁이 서명한 뒤에 진과부에게 올려

---

17) 蕭錚, 「蔣介石, 金九 그리고 나」, 《月刊朝鮮》 1985년1월호, p.427.
18) 蕭錚, 「中國國民黨과 金九」, 앞의 책, pp.152~153; 蕭錚, 「蔣介石, 金九 그리고 나」, 《月刊朝鮮》 1985년1월호, p.427.

장개석의 결재를 받는다.

(5) 공패성으로 하여금 소쟁을 도와 한국관계 사무를 처리하게 한다.

진과부는 김구를 그의 별장으로 초청하고 연회를 베풀었다. 그는 장개석을 대신하여 김구를 만난 것이었다.

"특무공작으로 천황을 죽이면 천황이 또 있고, 대장을 죽이면 대장이 또 있지 않습니까? 장래에 독립하려면 군인을 양성하는 것이 좋지 않겠습니까?

그러자 김구가 말했다.

"고소원(固所願)이나 불감청(不敢請)[본디 바라던 바이나 감히 청하지 못함]입니다. 문제는 장소와 재력입니다."[19]

이때에 진과부는 소쟁과 결정한 지원방침을 말했다.[20]

매달의 경상비 5,000원은 엄청난 금액이었다. 김구는 매우 만족했다. 소쟁은 당시의 상황을 다음과 같이 술회했다.

> 그때의 5,000원은 매우 큰 금액입니다. 내 기억에 한때에 김구 선생은 매우 기쁜 심정으로 이승만 선생이 미국에서 약간의 모금을 보내 왔다고 알려 주기에, 얼마나 되는가 하고 물었더니 200달러라고 했습니다. 이 200달러가 김구 선생을 그렇게도 기쁘게 할 수 있었다는 것에 비하면 5,000원이라는 액수가 얼마나 큰 것이었는지 알 수 있을 것입니다.[21]

당시 원(元)화와 달러화의 환율은 2 대 1 정도였다. 국민당의 원조금은 소쟁이 김구에게 지급했다. 김구는 박찬익을 소쟁에게 보내어 자금을 받아 오도록 했고, 소쟁은 김구의 인감을 확인하고 지불했다. 경비는

---

19) 『백범일지』, p.356.
20) 蕭錚, 「蔣介石, 金九 그리고 나」, 《月刊朝鮮》 1985년1월호, p.426.
21) 蕭錚, 「中國國民黨과 金九」, 앞의 책, p.152.

1933년2월부터 진과부의 자금으로 지급하다가 1934년 이후에는 중국국민당 중앙당부 특별예산에서 지급되었다.[22]

이렇게 하여 마침내 김구는 하남성 낙양(洛陽)에 있는 중국 중앙육군 군관학교 낙양분교 안에 한인특별반을 설치하게 되었다.

그런데 이때의 김구와 장개석 회담에서 주목되는 점은 장개석이 김구를 임시정부의 대표로 만난 것이 아니라는 사실이다. 국민정부는 대한민국임시정부를 승인하고 있지 않았다. 그러므로 매달 5,000원의 경상비 지원이나 낙양 군관학교 분교에 한인특별반을 설치하는 일은 임시정부에 대한 지원이 아니라 이봉창과 윤봉길의 거사를 실행한 개인 김구와 그의 한인애국단에 대한 지원의 성격이 강했다. 임시정부의 권위와 지도력이 김구에게 쏠리는 것은 당연했다. 반면에 한국독립당 인사들을 비롯한 상해의 한국 독립운동자들이 김구를 시의하는 것도 어쩔 수 없는 일이었다.

---

22) 蕭錚, 「蔣介石, 金九 그리고 나」, 《月刊朝鮮》 1985년1월호, p.426.

2. 무정부주의자들과 손잡고 친일파 처단

1

가흥에 피신해 있으면서 독자적인 행보를 취하는 김구와 상해의 독립운동자들, 특히 한국독립당과 교민단을 장악한 송병조(宋秉祚), 이유필(李裕弼), 최석순(崔錫淳), 차리석(車利錫) 등 서북 출신의 흥사단(興士團) 그룹과의 알력은 1933년에 접어들면서 한결 심화되었다.

흥사단 그룹은 연말연시를 계기로 망년회 또는 신년회 명목으로 차리석의 집과 김규식(金奎植)의 동서 김홍서(金弘敍)의 집 등에서 모임을 가졌다. 1월4일 저녁에 김홍서의 집에서 열린 신년회는 부부동반이었다. 같은 날 저녁에 프랑스조계의 한 음식점에서 옥관빈(玉觀彬)의 주동으로 열린 신년회에는 30명이나 모였는데, 이들은 일정한 직업이 있는 사람들이었다.[23] 이 무렵 옥관빈은 친일파로 변신해 있었다. 그는 1월2일에 김홍서의 집에서 열린 신년회에도 참석했다.

이러한 일련의 단합모임을 가지고 나서 1월15일에 중국인 거리에 있는 소년선강단(少年宣講團)에서 재상해 한국독립당대표회가 열렸다. 이날의 회의에는 송병조와 이유필을 비롯하여 조상섭(趙尙燮), 김두봉(金科奉), 차리석, 김홍서, 최석순, 안경근(安敬根), 박창세(朴昌世) 등 간부 18명이 참석했는데, 이들은 대부분 서북 출신 인사들이었다. 이날의 회의는 김구에 대한 그들의 입장을 분명히 한 것으로서 눈길을 끈다.

회의는 이사장 송병조의 개회사로 시작되어 이봉창과 윤봉길에 대한 묵도에 이어, 지난 기간의 수지가 1,500원이라는 최석순의 재무보고와 7개구[상해의 5개구와 남경구 및 특구]의 제안을 듣고 대민중운동 방책, 군사, 외교, 경제의 네 문제로 나누어 토론을 진행했다. 내밀히 추진하던 당

---

23) 「在上海民族派韓人의 最近動靜」, 『韓國民族運動史料(中國篇)』, pp.767~768.

의 민중운동 방책을 차제에 근본적으로 개혁해야 한다는 열띤 토론이 있었으나, 그 구체적 결정은 이사장에게 위임했다. 운동의 활성화를 위해서는 재정의 확대가 필수적이었다. 그리하여 필요한 자금조달을 위해 경제위원회를 설치하기로 했다.

회의에서 가장 문제가 된 것은 김구와 박찬익, 안공근, 엄항섭 등 김구와 김구 측근들의 처리문제였다. 갑론을박으로 쉽게 결론이 나지 않았다. 결국 김구는 당의 원로이자 독립운동에 공헌한 바가 큰 인물로서 부득이한 이유로 상해를 떠나 있고, 또 지난번의 임시의정원 회의에서 국무위원으로 선출되었을 때에도 즉석에서 직임을 다할 수 없다는 이유로 사의를 표명했으나 한국독립당에 대해서는 도리어 당적을 보유하겠다고 특별히 희망해 왔던 정황 등이 고려되어, 예외적으로 그 지위를 인정하기로 했다. 그러나 나머지 사람들은 이사에서 해임하기로 결정했다. 또한 《시사신보(時事新報)》를 통한 안창호(安昌浩)의 명예훼손문제와 그것과 관련된 임시정부 판공처 습격문제에 대해서는 조소앙(趙素昻)과 김철(金澈)에게 책임이 없다고 결론을 내렸다. 이렇게 하여 김구는 한국독립당의 이사직은 계속 보유하게 되었지만 그의 측근들이 모두 배제됨으로써 실질적으로 한국독립당과 결별하게 되었다. 대회는 송병조를 이사장으로 유임시키고 이동녕(李東寧)과 김구를 포함한 10명의 이사를 선출한 다음, 이유필을 총무주임, 최석순을 재무주임, 조소앙과 문일민(文逸民)을 감사로 선임했다.[24]

독립운동자들 사이의 길항과 일본경찰의 집요한 추적 속에서 상해 정국은 또다시 침체의 늪에 빠졌다. 1932년11월에 독립운동단체의 연합조직으로 결성된 대일전선통일동맹도 주도자인 김규식이 1933년1월 하순에 미국으로 떠난 뒤에는 이렇다 할 활동을 하지 못했고, 임시정부의 기능도 중단된 상태였다. 임시정부의 기능이 중단된 것은 1932년11월28일

---

24) 金正明 編, 『朝鮮獨立運動 民族主義運動篇Ⅱ』, p.502; 「在滬韓國獨立黨大會開催」, 『韓國民族運動史料(中國篇)』, pp.768~769.

의 임시의정원 정기회의의 국무위원 선거에 대해 국무회의의 주석인 조완구(趙琬九)가 임시약헌에 위배되는 조치이므로 무효라고 공식적으로 문제를 제기함으로써[25] 사실상 무정부 상태가 되어 있었기 때문이다.

북경에 가 있던 최동오(崔東旿)가 그곳에서 활동하던 조성환(曹成煥: 曹煜)과 함께 2월 중순에 상해로 오고, 광동에 가 있던 의정원 상임위원 김붕준(金朋濬) 등도 상해로 와서 일련의 회합을 가졌다. 이들은 2월 하순에 항주로 가서 이동녕, 김구, 조완구, 조소앙 등과 만나고 임시정부 정상화 문제에 대한 의견을 교환했다. 이렇게 하여 임시정부의 기능 중단에 대한 위기의식과 단합의 필요성에 대한 공동인식이 형성되는 가운데 윤기섭(尹琦燮) 등 의원 7명의 요청에 따라 1933년3월6일에 임시의정원 임시회의가 열렸다.[26]

차리석, 윤기섭, 김붕준, 김현구(金玄九), 박진(朴震) 등 의원 9명이 출석한 이날 회의는 저녁 6시 반에 개회하여 이튿날 새벽 2시에 폐회된 마라톤 회의였다. 의장 이동녕이 출석하지 않아서 부의장인 차리석이 사회를 보았다. 회의는 먼저 1932년11월28일의 정기회의가 (1) 국무위원들의 임기가 만료되지 않은 것을 만료된 것으로 오인하여 국무위원들의 사면을 사면으로 처리하지 않고 개선의 절차를 취한 것, (2) 국무위원 선거가 법정수 미달이었던 것, (3) 의장사면청원을 처리한 것이 법정수 미달이었던 것, (4) 상임위원을 사면한 것은 과거 의회결의안에 위반되는 것이었다는 이유로, 네가지 처리가 모두 무효임을 선포했다.

임시회의의 가장 중요한 안건은 국무위원 보선이었다. 그에 앞서 그동안 문제가 되었던 국무위원들의 사표를 처리했다. 또한 보류했던 의정원 의장 이동녕의 의장직 사면청원안을 준허하기로 가결하고 새 의장 선출은 보결되기까지 보류했다. 그리고 조완구, 조소앙, 김철 세 국무위원의 사표

---

25) 『독립운동사(4) 임시정부사』, p.620.
26) 「臨時議政院會議 제25회」(1933.3.), 『대한민국임시정부자료집(2) 임시의정원 I 』, pp.278~279.

는 수리하고, 이동녕과 김구의 사표는 반려했다. 이어 국무위원의 수를 11명으로 늘리기로 하고 이승만, 김규식, 조성환, 송병조, 윤기섭, 신익희(申翼熙), 최동오, 차리석, 이유필 9명을 새로 선출했다.[27] 이 국무위원들은 정기회의까지의 원임기의 잔여임기만 채우는 조건으로 선출되었다.[28]

11명의 국무위원은 그동안 임시정부에 참여했던 다양한 정치세력 가운데 이러저러한 경위로 중국 관내를 떠난 공산주의자들을 제외한 모든 정파를 망라한 인선이라는 점에서 돋보인다. 다만 항주 판공서 습격사건의 당사자였던 조소앙과 김철은 배제되었다. 이때의 국무위원 선거에서 특별히 눈길을 끄는 것은 1925년3월에 임시의정원의 결의로 임시대통령직에서 면직시킨 이승만을 다시 국무위원으로 선출한 일이다. 이승만은 이때에 제네바에 가서 국제연맹을 상대로 외교활동을 벌이고 있었는데, 조소앙의 주선으로 이승만에게 '전권수석대표'의 신임장을 보냈던 임시정부로서는 그의 활동이 임시정부의 권위를 회복하는 데 도움이 되리라고 판단했을 것이다. 그리고 그렇게 함으로써 하와이와 미주의 이승만 지지자들이 임시정부의 재정을 지원해 줄 것도 기대했을 것이다.

기존의 국무위원 가운데 이동녕과 김구만 유임시킨 것도 흥미롭다. 초창기부터 임시정부의 간판을 지켜 왔고, 특히 이봉창과 윤봉길의 의거로 국내외 동포들 사이에서 높은 성가와 신뢰를 받고 있는 김구와 그의 후견인이자 임시의정원 탄생의 산파역을 했던 이동녕을 배제했다가는 임시정부의 권위에 큰 손상을 입게 될 것이었다. 그러나 그보다도 더욱 절박한 관심사는 김구가 확보하고 있는 자금이었을 것이다. 김구는 이동녕과 함께 임시의정원 회의에도 참석하지 않았고, 국무위원직도 수락하지 않았다.

김구는 전년의 임시의정원 정기회의에서 국무위원에 선출되었을 때에

27) 「臨時議政院會議 제25회」(1933.3.), 위의 책, pp.278~279.
28) 「臨時議政院會議 제25회」(1933.10.~1934.1.), 같은 책, p.280.

도 안공근을 통하여 제명해 줄 것을 요망했었다. 이때에 새로 국무위원으로 선출된 신익희도 김구와 마찬가지로 제명해 줄 것을 요망했었다.[29] 일본경찰의 집요한 추적을 받는 김구가 공개적인 활동을 하는 것은 극히 위험한 일이었다. 게다가 교민단과 한국독립당의 주도권을 장악하고 있는 송병조, 이유필 등 서북파와 김규식, 최동오 등 한국대일전선통일동맹 주동자들이 임시정부에 대거 참여하게 된 것도 통일동맹을 반대하는 김구로서는 달갑지 않은 일이었다.

김구와 이동녕이 국무위원직을 수락하지 않자 임시정부는 3월22일에 국무회의를 열고 2개월 이상 계속 자리를 비웠다는 이유로 임시약헌의 규정(제34조)에 근거하여 이동녕의 법무장직과 김구의 군무장직을 해임했다. 그러고는 3월21일에 송병조를 재무장에 선임한 데 이어, 22일에는 차리석을 내무장에, 신익희를 외무장에, 윤기섭을 군무장에 선임함으로써 조각을 완료했다.[30]

이 무렵에 하와이의 이승만 반대파들이 김구에게 이승만과 관련된 편지를 보냈다는 상해 주재 일본총영사의 보고가 있어서 눈길을 끈다. 하와이에서 안공근의 집으로 부쳐져 온 이 편지는 이승만이 제네바의 국제연맹회의에 가서 한국 임시대통령이라고 자칭하는 것이 옳으냐 아니냐의 문제를 놓고 2월7일에 "하와이 임시정부" 총회에서 논란을 벌였다는 내용이었다. 그리하여 (1) 이승만의 행동에 따를 것인가, (2) 이승만이 자기의 주의를 버리고 우리에게 귀순해 오면 우리는 종전대로 그를 따를 것인가, (3) "하와이 임시정부"의 관계자는 모두 상해에 근거한 임시정부를 절대적으로 믿고 그 정부 지휘에 따라 동일한 행동을 취할 것인가 하는 세가지 방안을 놓고 토의를 거듭한 결과 세번째 방안을 따르기로 결의했다는 것이었다.

---

29) 「臨時政府國務員動靜에 관한 日本領事館報告」, 『韓國獨立運動史 資料(2) 臨政篇 Ⅱ』, p.282.
30) 《大韓民國臨時政府公報 제55호》(1933년6월30일), 『대한민국임시정부자료집(1) 헌법·공보』, p.175.

일본총영사의 보고는 또 의경대원 이수봉(李秀峰)이 교민단 기관지 《상해한보(上海韓報)》에 이승만이 제네바에서 대한공화국 대통령이라고 자칭했다고 비난하는 기사를 게재했다는 말도 덧붙였다.

흥미로운 것은 하와이 동포들의 편지가 다른 사람이 아닌 김구에게 송부되었다는 사실이다. 그것은 하와이 동포들에게는 김구가 임시정부의 실질적인 지도자로 인식되고 있었음을 뜻한다. "하와이 임시정부"란 이승만의 반대파가 주동하던 하와이 교민단이 해체하고 2월1일부로 복설된 국민회 하와이지방총회를 지칭하는 것 같다.

그러나 일본총영사의 보고의 초점은 위에 든 바와 같은 내용보다는 김구의 행방이었다. 보고서는 이 편지가 3월17일에 김구에게 전달된 것 같다고 말하고, 그것을 통해서 김구의 소재를 예의 내탐 중이라고 썼다. 그러면서 여러 가지 정황으로 미루어 김구는 상해에 잠복 중이라고 생각된다고 한 것을 보면,[31] 김구가 얼마나 철저하게 일본경찰의 추적을 따돌리고 있었는가를 짐작할 수 있다. 김구의 행방에 대해서는 1933년8월까지는 일본의 어떤 기관의 정보보고서에도 보이지 않는다.

2

1933년3월9일에 상해교민단의 정무위원장 이유필이 행방불명되는 사건이 발생했다. 항주에서 열린 임시의정원 회의에서 국무위원으로 선출된 지 사흘 만의 일이었다. 그리고 이유필이 일본경찰에 체포된 것인지 어쩐지도 불확실했기 때문에 상해 동포사회는 더욱 어런더런했다. 교민단 간부들이 모인 것은 사건이 발생하고 20여일이나 지난 뒤였다.

3월28일에 최석순, 박창세, 이경산(李景山)과 그 밖의 네댓 사람이 모였다. 이 자리에서 최석순은 다음과 같이 보고했다.

---

31) 「金九에게 보낸 來信」, 『韓國民族運動史料(中國篇)』, p.772.

"춘산(春山: 李裕弼의 호)이 누구의 손에 잡혔는지 아직 판명되지 않았으나, 극비리에 조사해 보았는데 일본 관헌에 체포된 것 같지는 않소. 춘산이 피포된 지 사나흘 뒤에 어떤 중국사람으로부터 춘산 부인에게 1만원을 요구하는 협박장이 송부되었는데, 중국사람이나 한국사람 부랑자가 민단에 상당한 자금이 있는 줄 알고 이를 탈취하기 위해 인질로 납치한 것이 아닌가 합니다. 만약 그렇다면 구출은 용이할 것이오. 중국인 유력단체로부터 인질보상금은 지급하겠다는 언질을 얻었소이다."

이 보고에 따라 대책을 협의한 결과, 중국인 유지와 중국쪽 각 단체에 대해 이유필이 부랑자들에게 납치되었음을 성명하고 그를 구출하기 위한 청원서를 각 기관에 제출하는 한편 그 사실을 널리 선전하기로 했다. 한편 4월13일자 한자신문《민보(民報)》는 일본이 불법으로 이유필을 체포한 것에 항의하는 동시에 구출을 요구하기 위해 시정부에 제출한 이유필 가족들의 진정서 전문을 게재하고 사건경위의 개략을 상상적으로 보도했다.[32]

이유필은 3월9일 새벽 6시에 중국인 거리에서 상해 파견 일본헌병에게 체포되었는데, 그가 체포된 것은 여러모로 의혹을 불러일으켰다. 이유필은 3월31일에 상해 주재 일본총영사관에 송치되었다가 4월3일에 평안북도 경찰부로 이송된 다음, "개전의 정이 현저하다"고 하여 4월30일에 석방되었다. 앞으로 절대로 해외에 가지 않을 것과 본인 또는 가족 등으로부터 일절 해외에 통신하지 않을 것을 조건으로 조선총독부 경찰이 기소를 보류한 것이었다.[33]

이유필의 체포로 상해의 한인사회는 큰 혼란에 빠졌다. 교민단은 4월 중순에 이유필의 후임으로 차리석을 정무위원장에 선출했으나 그는 이내 사임했다. 그리하여 4월27일에 다시 열린 이사회는 송병조를 정무위

---

32) 「大韓僑民團의 近況」, 위의 책, p.773.
33) 「韓國獨立運動者首魁李裕弼의 釋放」, 같은 책, p.771.

원장으로 선출했다. 송병조는 기독교 목사이며 상해의 한인민족주의자 가운데 비교적 온건파에 속하는 인물이었다. 일본총영사는 교민단이 송병조를 이유필의 후임으로 선출한 것은 일본경찰의 단속을 완화하려는 목적에서 취한 조치일 것이라고 판단했다.[34]

한편 임시정부 인사들은 이유필이 일본에 귀순한 것이라고 단정했다. 그리하여 임시정부는 6월30일자로 된 《대한민국임시정부공보》 제55호를 통하여 "국무위원 이유필은 적에게 귀순한 증거가 있는 바, 차기 의회 때까지 기다릴 사태가 아니므로 국무회의에서 그의 직을 파면한다"라고 공포했다.[35]

이유필의 친일행적 논란과 관련하여 김구가 어떤 생각을 가지고 있었는지는 안공근이 7월23일에 프랑스공부국에 제출한 「한국인 사회의 현상에 관하여」라는 러시아문 진정서에 잘 드러나 있다. 안공근은 진정서에서 홍구공원 폭파사건을 계기로 한국 혁명가들은 14년 동안 활동하던 상해를 떠났고, 아직까지 상해의 외국 조계에 거주하는 자는 일본에 충실한 자이거나 일본 옹호자인 밀정들이라고 단언했다. 그는 상해의 한인 사회는 늘 신구 두 혁명 당파로 확연히 구분된다고 전제한 다음, 수십년 동안 반일투쟁을 해온 김구와 같은 노혁명가가 진정한 혁명가이며, 1919년의 3·1운동 이후에 혁명운동에 뛰어든 신혁명가는 오늘날 적에게 투항하여 독립운동을 포기한 부류라고 말하고, 이유필도 바로 그러한 부류에 속하는 인물이라고 단정했다. 안공근은 홍구공원 폭파사건 이후의 이유필의 행동에 대해서 다음과 같이 비판했다.

전 혁명당원이 외국 조계에서 중국 영내로 피신한 뒤에도 이유필은 조계 내에 잔류하고 있었는데, 그것은 그가 아무런 위험도 느끼지

34) 「大韓僑民團의 近況」, 같은 책, p.773.
35) 《大韓民國臨時政府公報 제55호》(1933년6월30일), 「대한민국임시정부자료집(1) 헌법·공보」, p.175.

않았기 때문이다. 그리고 스스로 한국혁명운동의 수령이라 자칭하고 홍구공원사건은 자기가 계획한 바라고 자찬했다. 홍구공원사건은 그와 그 일당이 특히 중국인 사이에 금전을 모으는 데 —— 물론 자기 사용으로 쓰기 위해 —— 이용되었다.…

안공근은 이유필이 5년 동안이나 프랑스조계의 증권거래소에서 증권 거래업을 하면서도 한번도 일본인들에게 체포되지 않았다는 것은 의심스러운 일이며, 이번의 납치사건은 이미 그가 상해에서 거류할 수 없게 된 결과 일본인과 공모한 계획이라고 단정했다. 또한 안공근은 상해에 있는 이유필 일당은 모두 표면적으로 혁명가를 가장하고 있으나 실제로는 일본인의 이익을 위해 그들의 명령에 따라 일하고 있다고 주장했다. 그러고는 김구의 근황에 대하여 다음과 같이 설명했다.

김구 그룹은 현재 상해에서 아무런 혁명운동도 하고 있지 않다. 또 하려고 생각하고 있지도 않다. 이 운동은 전부 중국 오지로 옮겨져 있다. 테러행동에 대해서는 김구는 작년의 사건으로 일본인 및 우리 혁명운동과 그 공작의 능력을 믿지 않았던 모든 사람들 앞에 우리의 공작능력을 증명하고도 남음이 있는 것이었다고 생각한다. 이 기회를 통하여 우리는 일본인들에게 한국혁명기관의 활동과 실행력을 확인시킬 수 있었으며 일본인들에게 한국혁명운동은 그들의 폭력으로 근절할 수 없다는 것을 인식시키기에 충분한 것이었다. 만약 또 일본인들에게 그것을 증명해 보일 필요가 있다면 그것을 나타내 보이는 데 주저하지 않을 것이다. 그러나 그것은 상해에서는 아니다.… 홍구공원 폭파사건 뒤에 김구는 상해를 떠나서 거의 상해에 있지 않았다. 그의 부하는 때때로 단기간 상해에 왔으나 그것은 특히 상해에 잔류하는 가족과의 연락을 위해서이며 혁명운동과는 아무런 관련이 없다.…

안공근의 진정서는 마지막으로, 상해에 있는 한국혁명가의 가족은 일본의 자금과 지시에 따라 활동하고 있는 이유필 일파의 선전을 벗어나기가 불가능한 착잡한 상태에 놓여 있다고 말하고, 따라서 한국혁명가는 "프랑스 경찰 당국이 한국동포들과 관계되는 모든 사건에 대하여 그것이 일본인의 선전에 기인하는 것인지 아닌지를 면밀하고 공평하게 규명해 주기를 간절히 바란다"라고 강조했다.[36]

안공근의 이 진정서는 이 무렵 김구가 안공근을 통하여 무정부주의자 그룹과 함께 추진하던 친일파 옥관빈의 암살계획에 대하여 사전에 프랑스 경찰의 이해를 촉구한 것이었다고 볼 수 있을 것이다.

3

중국에 대한 일본의 경제 진출이 급격히 증대하고 특히 상해사변[1·28전쟁]으로 일본군이 상해에 진주함에 따라 상해 한인사회의 판도도 크게 달라졌다. 많은 독립운동자들은 상해를 떠났고, 경제활동이나 그 밖의 목적으로 상해로 유입되는 일반 동포들의 인구가 늘어났다. 한인기업체도 급격히 증대하여, 1924년에는 14개밖에 없던 것이 1930년에는 91개로 급증했다. 한인동포들이 종사하는 직업도 다양해져서 이전에는 전차나 버스의 차표검표원이나 부두노동 등이 고작이고 화이트칼라 직종은 아주 드물었는데, 1930년 현재 40개 업종에서 일하고 있었다.[37] 경제력을 가진 사람들이 늘어나면서 자신들의 이익추구를 목적으로 한 단체도 생겨났다. 안창호를 중심으로 "경제적 혁명단체"를 표방하면서 1930년2월에 조직된 동인호조사(同人互助社)는 같은 취지의 단체조직을 계획하고 있던 애국부인회와 함께 1931년3월25일에 공평사(公平社)를 발족시키고, 1

---

36) 安恭根, 「韓國人社會의 現狀에 關하여」, 『韓國民族運動史料(中國篇)』, pp.778~780.
37) 孫科志, 『上海韓人社會史 1910-1945』, p.115.

년 동안의 자금모집 끝에 1932년10월1일부터 영업을 시작했다.[38] 서북파인 조상섭이 이사장 대리, 장덕로(張德櫓)가 경리를 담당했다.[39]

친일단체도 생겨났다. 그 대표적인 것이 공동조계에 거주하는 "다소 여유가 있는" 한인들이 "친일과 동족 상애"를 표방하면서 1931년3월에 결성한 상해조선인친우회였다.[40] 이 무렵 대표적인 친일파로 독립운동자들의 지탄을 받던 인물이 옥관빈이었다. 그는 일찍이 김구와 함께 관서지방 교육계몽운동에 앞장섰으며, 3·1운동 뒤에는 상해로 건너와서 안창호의 측근으로서 임시정부 활동에도 참여했다가, 임시정부 활동이 쇠퇴해지자 임시정부를 떠나서 '자약창(慈藥敞)'이라는 제약회사와 '삼덕양행(三德洋行)' 등을 운영하여 상당한 재산을 모아 상해의 유지로 알려졌다. 그는 돈으로 신문사를 포섭하고, 상해정부의 고급관리는 물론 경제계와 종교단체와도 교분을 넓혔다. 그는 호화주택을 가지고 고급 승용차를 타고 다니면서 위세를 부렸다.[41] 그는 독립운동기관에는 자금을 제공하지 않으면서 일본군대를 위하여 2만원 상당의 재목을 제공하고 일본관헌에게 혁명운동에 관한 정보를 밀고하는 등 밀정행위를 했다.[42]

민족주의자들과 공산주의자들이 떠나고 없는 상해에서 가장 활발하게 움직인 독립운동단체는 무정부주의자들의 조직인 남화한인청년연맹(南華韓人靑年聯盟)이었다. 1930년4월20일에 유자명(柳子明), 백정기(白貞基) 등을 중심으로 상해에서 조직된 남화한인청년연맹은 1931년9월에 정화암(鄭華岩), 이강훈(李康勳) 등이 만주에서 상해로 집결하면서 본격적인 활동을 벌였다. 무정부주의자들은 제국주의 일본을 타도하고 조선을 해방시킨 뒤에 무정부 공산주의사회를 실현시키는 것을 이상으로 삼고 있었다. 이들은 중국과 일본의 무정부주의자들과 연대하여 1931

38) 위의 책, pp.87~88.
39) 「上海獨立運動團體一覽類」, 『韓國獨立運動史 資料(3) 臨政篇Ⅲ』, p.562.
40) 孫科志, 앞의 책, pp.84~87.
41) 鄭華岩, 『이 조국 어디로 갈 것인가: 나의 回顧錄』, 자유문고, 1982, pp.159~160.
42) 『독립운동사자료집(11) 의열투쟁사자료집』, p.834.

년11월 중순에 한일구국연맹(韓日救國聯盟)을 결성하고, 일본의 주요기관 파괴, 요인 암살, 친일분자 숙청, 배일 선전 등을 실행할 연맹의 행동대로 흑색공포단(黑色恐怖團)을 조직했다. 1932년12월16일에 천진의 일본 주둔군 병영과 일본총영사관 관사와 상해의 일본총영사관 관사에 폭탄을 던지고, 1933년3월17일에 주중 일본공사 아리요시 아키라(有吉明)를 암살하려고 시도했다가 사전에 계획이 드러나서 실패했다.[43]

김구는 남화한인청년연맹과 협력하여 옥관빈을 처단하기로 했다. 김구는 중국인들과 국민정부의 지원으로 자금은 확보했으나 일을 수행할 마땅한 인물이 없었고, 남화한인청년연맹은 사람은 있으나 돈이 없었다. 그리하여 말하자면 김구의 자금과 남화한인청년연맹의 인력이 합작한 것이었다. 이 일은 김구와 안공근, 정화암 세 사람만 알고 비밀에 부치기로 했다.[44]

김구로부터 자금을 지원받은 정화암은 자전거 몇대를 구입하여 옥관빈의 신원추적에 나섰다. 두달 동안 추적한 끝에 그의 은신처를 알아냈다. 옥관빈은 프랑스조계 공부국 경찰로 근무하는 그의 종형 옥성빈(玉成彬)의 집 뒤쪽 정자칸 방에 사는 홍사단원 이아무개의 부인과 내연관계를 맺고 있었다. 그리하여 일주일에 한두번씩 그 집에 드나들었다. 이아무개는 한구에서 소규모의 세발자전거 공장을 차리고 있어서 집을 비우고 있었다. 옥관빈 암살은 김구의 심복으로 남화한인청년연맹에 가입한 오면직(吳冕稙)과 엄형순(嚴亨淳: 嚴舜奉)이 맡았다. 8월1일 저녁 9시 무렵 옥관빈이 옥성빈의 집에서 나올 때에 기다리고 있던 엄형순이 자동차로 접근하여 권총 세발을 쏘았고, 옥관빈은 그 자리에서 즉사했다.[45]

옥관빈의 피살은 한인동포사회뿐만 아니라 중국인들에게도 큰 충격

43) 朴桓, 「南華韓人靑年聯盟의 결성과 그 활동」, 『水邨朴永錫敎授華甲紀念 韓民族獨立運動史論叢』, pp.952~981 참조.
44) 鄭華岩, 앞의 책, pp.160~161.
45) 위의 책, pp.162~163.

을 주었다. 옥관빈을 암살한 뒤에 김구쪽에서는 8월8일에 '한인제간단(韓人除奸團)' 이름으로 「역도 옥관빈의 죄상을 선포함」이라는 "참간장(斬奸狀)"을 작성하여 프랑스조계에 있는 한인 신문과 중국 신문에 배포했다.[46] 옥관빈이 암살되자 옥성빈은 동생을 살해한 범인을 찾으려고 애를 썼다. 그 역시 독립운동을 방해하던 친일파였다. 옥성빈도 넉달 뒤인 12월18일 오후 6시에 프랑스조계 김해산(金海山)의 집 입구 길가에서 암살되었다.[47]

옥관빈이 암살되고 2주일이 지난 8월17일에는 밀정 이진룡(李珍龍)이 상해교민단 의경대에 의해 사살되었다. 이진룡은 나남(羅南)헌병대 무산(茂山)분대 소속의 헌병보로서, 홍구공원 폭파사건 직후에 상해로 파견되어 주로 김구의 소재 파악을 하고 있었다. 이진룡은 '석현구(石鉉九)'라는 가명을 쓰면서 1933년1월부터 공동조계에서 인삼장사나 서적 판매상으로 위장하고 프랑스조계와 중국인 거리를 드나들고 있었다. 그러나 그는 공동조계에 거주하는 것은 밀정 혐의를 받기 쉽고 정탐활동에도 불리하다고 생각하여 8월8일에 프랑스조계 하비로(霞飛路)에 있는 임득산(林得山)의 빈 집을 지키는 김광진(金廣鎭)과 같이 있기로 하고 그곳으로 거처를 옮겼다. 그러고는 송병조, 차리석, 박창세 등 교민단과 독립당 간부들에게 접근하여 내밀히 수사를 진행했다. 그러다가 8월17일 새벽 5시에 의경대원 이경산과 이운환(李雲煥)에게 사살되었다.[48] 의경단이 이진룡을 처단한 것은 김구를 보호하기 위한 것이었다. 이때에 교민단은 의경대의 강화를 위하여 3,900달러의 예산을 책정하고 자금조달과 행동대원을 모집했다.[49]

---

46) 金正明 編, 『朝鮮獨立運動 民族主義運動篇 Ⅱ』, pp.50~504; 「在滬有力韓人玉觀彬暗殺事件」, 『韓國民族運動史料(中國篇)』, p.780.
47) 『독립운동사자료집(11) 의열투쟁사자료집』, p.127.
48) 「憲兵補李珍龍 暗殺의 件」, 「韓人獨立運動團體一覽表」, 『韓國民族運動史料(中國篇)』, p.781, p.825.
49) 「上海韓國人親友會委員長柳寅發狙擊事件」, 위의 책, p.785.

옥관빈과 이진룡의 피살로 한인동포사회는 말할 나위도 없고 프랑스 공부국과 일본총영사관 경찰들이 아연 긴장한 속에서 다음 차례는 상해 조선인친우회 간부들이라는 소문이 퍼졌다. 두 사건이 독립운동단체와 조선인친우회의 대립에서 기인한 것으로 인식되었기 때문이다. 친우회 위원장 유인발(柳寅發)은 앉아서 암살되는 것을 기다리는 것보다는 적극적으로 부딪쳐 보는 것이 낫겠다고 판단하고, 8월27일 밤에 권총을 숨겨가지고 프랑스조계로 갔다. 그는 독립운동자로 지목되는 사람들을 집집마다 찾아가서 조선인친우회에 대한 태도 등에 대해서 물어보았으나 아무도 구체적인 말을 하지 않았다. 어떤 사람은 유인발에게 위험하다고 속히 돌아가라면서 만나기조차 꺼렸다. 마침내 유인발은 암살계획의 핵심인물로 알려진 의경대장 박창세(朴昌世)를 찾아갔다. 마침 이수봉도 함께 있었다. 두 사람은 깜짝 놀라면서 무슨 일로 왔느냐고 물었다.

"최근에 프랑스조계의 한인들이 친우회를 불쾌하게 생각하고 나를 암살하겠다는 말을 지껄인다기에 그 이유를 따지려고 왔소."

두 사람은 손을 저으면서 자기들은 그런 말을 한 적이 없다면서 악수를 청했다. 그러자 유인발도 감정을 누그러뜨리고 밤늦게까지 이야기를 하다가 헤어졌다. 이때에 박창세와 이수봉은 유인발에게 김구에 대해 다음과 같은 말을 했다고 한다.

곧, 옥관빈 암살사건은 안공근, 박찬익, 엄항섭 등이 무정부주의자들과 손잡고 감행했다는 것, 중국공안국에 재직하는 배천택(裵天澤)이 김구와 안공근 등의 활동에 편의를 제공하고 있다는 것, 김구는 항주에 잠복하여 남경에는 자주 왕래하는 모양이나 상해에는 오는 일이 없다는 것, 현재 김구파는 상해의 반일구국회가 제공한 자금 3만달러를 소지하고 있다는 것, 김구파는 옥관빈 암살사건으로 반일구국회로부터 많은 자금을 받고 다시 제2의 계획으로 중국인을 매수하여 홍구 방면에서 암살을 결행할 계획인데, 제일 먼저 유인발이 그 대상이라는 것 등의 이야기를 했다는 것이었다. 그러고는 유인발에게 자기네와 함께 김구 일당을 처치해 버리자고 제안했다고 한다.

"선생은 미국 군인으로 유럽대전에 참가한 경험도 있고, 자동차 운전도 잘하고 권총도 잘 다루므로 무슨 일이든지 할 수 있지 않습니까?"

그러자 유인발은 다음과 같이 대답했다.

"김구와 안공근 일파를 암살하기 위해서는 상당한 자금이 필요합니다. 당장 비용으로 5,000달러가 필요해요. 자동차 한대를 구입하고, 안공근 등의 소재를 파악하여 암살을 결행하는 동시에 자동차번호를 바꾸어야 해요. 당신들은 이런 자금이 있습니까? 자금이 없다면 그 말은 쓸데없어요."

자정이 넘어서 박창세의 집을 나온 유인발은 그 길로 옥성빈의 집을 찾아갔다. 옥성빈은 유인발을 근처 중국요리점으로 데려갔다. 반시간 남짓 동안 서로 이야기를 나누는 사이에 옥성빈도 박창세와 이수봉이 했던 것처럼 김구 등을 암살할 뜻을 비쳤다. 유인발은 박창세 등과 옥성빈이 맥락이 닿아 있는 것을 감지했으나, 모른 척하고 다시 만날 것을 약속하고 헤어졌다.

나흘 뒤인 8월31일 새벽 6시쯤에 스물네댓살쯤 되는 청년이 유인발의 집에 뛰어들어 그에게 총을 쏘았다. 총알은 왼쪽 가슴을 관통했으나 유인발은 곧바로 병원으로 옮겨져서 목숨은 구했다. 사건현장에서 압수한 탄피를 확인한 결과 이진룡 암살에 사용된 것과 같은 것이었다.[50] 의경대가 한 일이었다.

8월 한달 동안에 세건의 암살사건이 잇달아 발생하자 상해 한인사회는 공포분위기에 휩싸였다. 유인발은 자기가 살아 있는 것이 알려지면 다시 습격을 받을 것이라고 판단하고 잠자리를 옮겨 다니면서 피신했다. 다른 조선인친우회 관계자들도 마찬가지였다.

일본총영사관이 대응에 나섰다. 일본총영사는 9월2일에 프랑스총영

---

50) 「上海韓國人親友會委員長柳寅發狙擊事件」, 같은 책, pp.782~785.

사대리를 찾아가서 빈발하는 흉폭행위는 프랑스조계 안에 있는 한인 독립운동자들의 소행으로 판단된다면서 철저히 조사해 줄 것과 우선 암살사건의 원흉으로 인정되는 자들의 체포인도를 요구했다. 프랑스총영사대리도 그러마고 대답했다. 일본총영사는 9월4일에 안공근, 엄항섭, 박찬익 세 사람을 살인 및 강도 피의자로, 박창세, 이수봉, 이경산 세 사람을 살인 및 살인 미수자로 지목하고 이들에 대한 구인장을 프랑스총영사대리 앞으로 송부했고, 그날로 프랑스총영사의 집행승인을 받았다. 그리하여 먼저 거처가 판명된 박창세와 그와 함께 있는 이수봉을 검거하기로 하고 일본영사관 경찰 6명이 프랑스공부국 경찰의 협조를 얻어서 9월6일 오전 6시40분쯤에 박창세의 집을 덮쳤다. 그러나 두 사람은 이미 몸을 숨긴 뒤였다.[51]

일본경찰이 이진룡과 유인발 저격사건의 배후로 교민단 의경대를 지목하고 간부들에 대한 검거에 나서자 정무위원장 송병조를 비롯하여 교민단의 주요 간부들은 상해를 떠났다. 혼자 상해에 남아 있던 이수봉은 10월12일에 프랑스조계 하비로 백제약방에서 체포되었고, 이수봉에 이어 11월26일에는 상해한인청년단 이사장인 김석(金晳)도 체포되었다. 이수봉과 김석이 일본경찰에 체포되자 교민단 사무소도 폐쇄했다.[52]

51) 「上海韓國人親友會委員長柳寅發狙擊事件」, 같은 책, pp.785~786.
52) 「兇暴한 韓人 金晳의 逮捕」, 「韓國獨立運動者金晳의 檢擧」, 「大韓僑民團의 近況」, 같은 책, pp. 787~789, p.800.

3. 중국군관학교 낙양분교에 한인특별반 설치

1

일본경찰의 정보보고에 김구의 동향에 대한 내용이 보이는 것은 이무렵부터이다. 홍구공원 폭파사건이 있은 지 1년3~4개월이나 지난 때였다. 그것은 낙양군관학교 분교에 입교시킬 청년들을 모집하느라고 김구 휘하의 사람들이 적극적으로 한인청년들을 만나고 있기 때문이었을 것이다. 9월16일자의 일본총영사관 경찰의 정보보고에는 다음과 같은 이야기가 적혀 있다.

> 북경에 갔던 밀정이 돌아와서 안공근을 접촉하려고 했으나 안공근은 상해를 떠나고 없어서 김동우(金東宇)에게 연락했다. 그와 동행하여 항주에 가서 김구를 만나고자 했던 것이다. 그러나 김동우는 8월20일쯤에 혼자서 항주를 다녀왔다. 김동우는 밀정에게 김구 선생은 최근에 건강이 나빠져 있다고 말하고, 만주에 가서 양서봉(梁瑞鳳)을 만나 그 단체조직의 상황과 앞으로의 연락에 관해 협의하고, 아울러 '만주국'의 시정, 만주 원주민들의 정황 등을 조사해 올 의사가 없는지 물었다. 김동우는 "김구 선생은 형에 대해 마음이 좋은 사람이면 앞으로 동지로서 밀어 주어야 한다고 말씀하셨소"라고 말했다. 밀정은 만주행을 결심하고 9월14일 밤에 김동우를 다시 만났다. 김동우는 김구의 건강이 조금 좋아졌다고 말하고, 만주에 가면 어떻게 해서든지 양서봉을 꼭 만나 보고, 또 돌아올 때에 동지 몇명이라도 데리고 오라고 당부했다.[53]

---

53) 中野勝次, 「最近二於ケル金九一味ノ動靜二關スル件」, 金正柱 編, 『朝鮮統治史料(八)』, pp.451~452.

양서봉이란 1929년12월에 조선혁명당의 당군으로 조직되어 이 무렵에는 남만주 일대에서 중국군과 연합하여 항일전을 벌이고 있던 조선혁명군사령관 양세봉(梁世奉)[54]을 지칭하는 것이었을 것이다. 김동우는 물론 이 밀정의 정체를 파악하지 못했다.

뒤이어 9월26일에 열린 상해 일본인들의 관계 각 기관 협의회에서 김구에 대한 이색적인 첩보보고가 있었다. 김구는 9월15일에 안경근과 함께 배편으로 항주를 떠나 남경으로 갔는데, 그의 밀정인 중국인 여자가 우연인 것처럼 함께 배에 올라 남경까지 같이 갔다는 것이었다. 남경에 도착한 김구와 안경근은 여관에서 하룻밤을 자고 호텔로 옮겨 이틀을 묵었는데, 그동안에도 그 여자는 같이 있었다. 김구가 정양을 구실로 적당한 병원을 찾자 그 여자는 친구 남편이 경영하는 삼민의원(三民醫院)이라는 병원을 소개했다. 김구는 크게 감사하면서 그 병원으로 옮겼고, 여자는 간호원 경험이 있다는 구실로 김구의 신변을 돌보고 있다는 것이었다. 이러한 보고를 들은 상해 일본총영사관 경찰은 9월29일에 밀정을 남경으로 급파했으나, 김구의 행방을 찾지 못했다.[55]

이러한 일본경찰의 첩보보고의 내용은 물론 사실이 아니었다. 어쩌면 그것은 김구와 함께 선상생활을 하던 주애보의 남경행에 관한 첩보였는지 모른다. 『백범일지』에는 김구가 언제 가흥에서 남경으로 옮겨 갔는지가 명확하지 않다. 김구는 남경생활에 대하여 다음과 같이 간략하게 적어 놓았을 뿐이다.

　　　　나의 남경생활도 점점 위험해졌다. 왜구가 나의 족적이 남경에 있다는 냄새를 맡고 상해에서 암살대를 남경으로 파견한다는 보도를 접했다. 공자묘 근처에 사람을 파견하여 시찰해 보니 과연 사복 일본

---

54) 張世胤, 「조선혁명군총사령 梁世奉연구」, 우송조동걸선생정년기념논총간행위원회, 『于松趙東杰先生停年紀念論叢 II 韓國民族運動史研究』, 나남출판, 1997, pp.619~652 참조.
55) 「金九一味ノ動靜ニ關スル件」, 金正柱 編, 『朝鮮統治史料(八)』, 1971, pp.456~457.

경찰 7명이 대오를 지어 순찰하더라고 하였다.

　나는 부득이 가흥의 여자 뱃사공 주애보를 매월 15원씩 본가에 주고 데려와, 회청교(淮淸橋)에 방을 얻어 동거하였다. 나는 직업을 고물상이라고 하고, 여전히 광동 해남도(海南島) 사람으로 행세하였다. 경찰이 호구조사를 와도 애보가 먼저 설명하고, 나는 직접 말하는 것을 삼갔다.[56]

이 무렵 국민정부는 남경의 호구조사를 철저히 시행하고 있었다. 김구의 남경생활과 관련하여 소쟁은 다음과 같이 증언했다.

　그 당시는 김구 선생이 남경에 거주하는 것만 해도 위험성이 매우 컸습니다. 중국쪽에는 일본 낭인들이 각 지방에서 정찰하고 있는 것이 불안하여 호구조사를 엄하게 했던 것입니다. 김구 선생은 중국말을 할 줄 모르기 때문에 호구조사를 하는 사람이 많을수록 곤란했습니다. 그래서 나는 그때에 강소성 주석으로 있던 진과부 선생과 상의한 바 강소성 관할하에 있는 강녕실험실(江寧實驗室)의 현장(縣長)을 불러 김구 선생과 기타 중요한 사람들의 안치(安置)를 분부한 결과 모두 강녕현 경내 향촌에 거주하게 되어 남경시내에 거주하는 것보다 안전했습니다.[57]

남경생활에 대한 두 사람의 기술 내용은 다르지만 이때 실시된 호구조사가 철저했던 것은 두 사람의 기술로 짐작할 수 있다. 1933년10월3일에 항주에서 개원된 임시의정원 제26회 정기회의는 의원 네 사람이 모여 부의장 차리석의 사회로 개원했다. 그동안 임시의정원은 의장 이동녕이

---

56) 『백범일지』, p.360.
57) 蕭錚, 「中國國民黨과 金九」, 앞의 책, p.150.

사임한 뒤에 의원보충이 되지 않아 후임 의장도 선출하지 못하고 있었다. 부의장 차리석의 개회사에 이어 의원을 대표해서 김철이 의원들의 책임을 강조하는 인사말을 했다. 그리고 국무위원을 겸하고 있는 차리석이 이번 국무위원들의 임무는 전임자들의 임기를 보충하는 데 지나지 않는 것이므로 현상유지에 치중했다는 보고가 있었다. 이렇게 개원한 임시의정원은 계속 성원이 되지 않아 해가 바뀌도록 회의를 열지 못했다. 송병조가 교민단장을 사임하고 상해를 떠난 뒤에 사실상의 후임자로 활동하던 차리석은 항주, 가흥, 남경, 진강을 왕래하면서 사람들을 만나고 또 문일민, 김홍서 등을 파견하여 각파 사이의 갈등을 조정하는 데 많은 힘을 쏟았다.[58]

임시의정원이 정상화된 데에는 10월4일에 다시 상해로 온 원로 양기탁(梁起鐸)의 영향이 컸다. 일찍이 만주에서 고려혁명당(高麗革命黨)을 조직하여 활동했던 양기탁은 1930년12월에 상해에 와서 이듬해 2월에 안창호, 김규식 등과 함께 남양의 보르네오 섬에 한국인 이민계획을 추진하기도 했다. 그러다가 윤봉길의 홍구공원 폭파사건으로 안창호가 일본 경찰에 체포되자 강소성 표양현(漂陽縣)에 있는 누운사(樓雲寺)에 들어가 있었다. 그는 상해지역 각파 독립운동자들의 요청으로 상해에 온 것이었다.

임시의정원 회의는 1934년1월2일에 진강(鎭江)에서 다시 열렸다. 그동안 임시정부는 대폭적인 의원 보선을 실시하여 16명을 선출했으나 이날의 회의에서는 참석자 9명에 대해서만 자격심사를 하여 모두 적격자로 판정했다. 이들 9명을 포함한 15명의 의원이 참석하여 성원이 되었다. 먼저 송병조를 의장으로 선출한 다음, 정무 보고, 예산 보고, 국무위원 사표수리 등의 안건을 처리하고, 앞으로 3년 동안 임시정부를 맡아서 일할 국무위원을 선거했다. 우선 국무위원 수를 11명에서 9명으로 다시 줄이

---

58) 「臨時議政院會議 제26회」(1933.10.~1934.1.), 『대한민국임시정부자료집(2) 임시의정원 I』, p.280; 「大韓臨時政府의 近況」, 『韓國民族運動史料(中國篇)』, p.802.

기로 하고 후보자 12명을 전형하여 무기명 연기식으로 투표한 결과 송병조, 윤기섭, 조소앙, 양기탁, 김규식, 김철, 조성환, 최동오, 성주식이 선정되었다.

이날의 국무위원 선거에서 가장 눈에 띄는 점은 2개월 이상 직무에서 떠나 있다는 이유로 1933년3월22일의 국무회의에서 각각 법무장과 군무장에서 해임된 이동녕과 김구가 후보자 명단에서조차 완전히 배제된 것이었다. 이승만의 이름도 빠졌다. 반면에 항주 판공처 습격사건 이후로 국무위원직에서 제외되었던 조소앙과 김철이 다시 국무위원에 선정되고, 독립운동의 원로 양기탁이 처음으로 국무위원에 선정되었다.

이동녕, 김구, 엄항섭 세 사람은 임시의정원 의원직에서도 탈락되었다.[59] 이로써 김구는 1919년4월에 임시의정원 의원으로 임시정부에 참여한 지 14년9개월 만에 임시정부를 떠나게 되었다.

1934년1월20일에 상해의 중국지구에서 열린 제1회 국무회의에서 행정부서장을 호선한 결과 내무장에 조소앙, 외무장에 김규식, 군무장에 윤기섭, 법무장에 최동오, 재무장에 송병조가 선임되었다. 이들은 같은 날 국무위원 아홉 사람의 연명으로 일종의 시정방침이라고 할 수 있는 이례적인 「취직서사(就職誓辭)」를 발표했다.

「취직서사」는 임시정부의 당면한 외교정책과 군사정책을 모두 대일 전쟁준비에 집중할 것을 천명했다. 외교정책과 관련해서는, 우리의 우방은 역사적인 관계나 지리적 조건이나 정치체제의 같고 다름에 있지 않고 원수 일본의 침략적 무력과 직접 충돌이 불가피한 모모국으로 상정하여 이들 나라와의 교섭과 협조를 강화하고 또 약소민족과의 연대를 촉진시키겠다고 천명했다. 그리고 군사정책과 관련해서는 특수적 직접행동을 고무하고 집단적 무력전쟁을 전개하며, 민중운동의 무장적 조직화와 동시에 장교양성과 기술교련, 무기확보 등 구체적인 사업을 최고속도로 추

---

59) 「臨時議政院會議 제26회」(1933.10.~1934.1.), 『대한민국임시정부자료집(2) 임시의정원 I』, pp. 280~283.

진하여 실전 시기로 돌진하게 하겠다고 비장한 결의를 표명했다.[60]

그러나 그러한 비장한 「취직서사」가 얼마나 공허한 것이었는가는 이때의 임시정부의 재정규모를 보더라도 짐작할 수 있다. 1933년도 세입과 세출을 보면 하반기 총수입이 양은 663원4각, 총지출이 양은 525원9각이었고, 잔액이 135원9각이었다.[61] 이러한 재정규모는 김구나 김원봉이 국민정부로부터 지원받는 자금에 비하여 너무나 빈약한 것이었다.

국무위원들의 「취직서사」에서 천명한 외교 및 군사 정책을 실현하기 위한 방안으로 임시정부가 고안해 낸 것이 미국 본토와 하와이에 외무행서(外務行署)와 재무행서(財務行署)를 설치하는 것이었다. 1934년4월2일에 열린 국무회의는 임시의정원의 해당 상임위원회에서 마련한 「외무행서규정」과 「재무행서규정」을 심의 의결했다. 국무회의는 국무위원 조소앙과 최동오, 전 국무위원 이승만과 신익희 네 사람을 외무위원에 선임하는 한편, 이승만을 주미 외무행서 외무위원에 선임했다. 재무행서는 미국의 5개 지역에 설치하기로 했는데, 제1, 제2 행서는 하와이에, 제3행서는 샌프란시스코에, 제4행서는 로스앤젤레스에, 제5행서는 뉴욕에 두기로 하고, 이정건(李正健: 제1행서), 이원순(李元淳: 제2행서), 백일규(白一圭: 제3행서), 송헌주(宋憲澍: 제4행서), 장덕수(張德秀: 제5행서)를 각각 재무위원에 선임했다. 이러한 재무행서 설치는 임시정부의 재정수입을 미주동포들의 인구세와 애국의연금에 전적으로 의지하는 상황에서 재미동포들의 징세기반을 확대하기 위하여 취해진 조치였다. 이어 임시정부는 국무위원 연서로 「국내외의 단체와 민중전체에게 고함」이라는 포고문과 재정지원을 호소하는 「재무부 포고」를 잇달아 발표했다. 그러나 이러한 노력의 성과는 보잘것이 없었다. 1934년1월에서 10월까지의 임시정부의 재정지출은 200~300여원에 지나지 않았고, 그나마 거의 빚으로 충당되

---

60) 「국무회의 기사 · 취직서사」(1934.1.20.), 『대한민국임시정부자료집(8) 정부수반』, 2006, pp. 202~203.
61) 위의 책, p.281.

었다는 사실이 그러한 사정을 말해 준다.[62]

2

김구가 낙양에 있는 중국 중앙육군군관학교 낙양분교 안에 한인특별반을 개교한 것은 1934년2월에 이르러서였다. 장개석과 회담하고 나서 1년2~3개월이나 지난 시점이었다. 교관과 학생들을 모집하는 데 시일이 그만큼 걸렸던 것이다. 이에 대하여 김구는 다음과 같이 아주 간략하게 써 놓았을 뿐이다.

그리하여 장소는 낙양분교(洛陽分校)로 하고, 학교 발전에 따라 자금을 지원한다는 약속하에 1기에 군관 100명씩을 양성하기로 결의하였다. 이에 따라 동북 3성[만주]에 사람을 파견하여 옛 독립군들을 소집하니, 이청천(李靑天), 이범석(李範奭), 오광선(吳光鮮), 김창환(金昌煥) 등 장교와 그 부하 청년 수십명, 중국 관내지역의 북경, 청진, 상해, 남경 등지에 있던 청년들을 총집결하였다. 100명을 제1차로 학교에 진학케 하고, 이청천과 이범석은 교관(敎官), 영관(領官)으로 근무케 하였다.[63]

김구는 처음에 한인특별반 운영을 김홍일(金弘壹)에게 맡기고자 했다. 이 무렵 김홍일은 중국 공병학교 부관처장으로 근무하고 있었다. 그러나 김홍일은 자신이 중국 중앙정부가 있는 곳에서 일을 보아야 중국정부요인들과 접촉하여 그들의 지원을 받아서 한국 독립운동단체들의 일을 뒷받침할 수 있을 것이라면서 반대했다.[64] 그리하여 김구는 일본 육

62) 『독립운동사(4) 임시정부사』, pp.634~638.
63) 『백범일지』, pp.356~357.
64) 金弘壹, 『大陸의 憤怒』, p.297.

군사관학교 출신으로서 만주에서 한국독립군 총사령으로 활동하던 이청천(본명 池大亨, 일명 池靑天)을 교관으로 초빙하기로 했다. 김구가 만주에 사람을 보내어 이청천과 접촉하고 있던 사실에 대하여 샌프란시스코의《신한민보(新韓民報)》가 다음과 같이 보도한 것이 흥미롭다.

> 독립당 군사위원장 김구씨는 최근에 자기가 조직한 극비밀 폭력단체인 독립단을 약 7대로 나누어 만주 방면으로 파견하야 파저동북 의용군 특무대 대장 리청천씨 일파와 연락하야 전만 요하의 책동을 진행 중인데, 최근에 함경북도 국경지방에서 수비대와 충돌한 군대는 곧 리청천 부하라 한다. 김구씨 일파가 속속 만주 방면으로 잠입한다는 정보에 의하야 상해 일본영사관 경찰부는 만주와 조선 방면 경찰 당국에 전보하여 상해 방면으로 들어가는 자를 엄중 취체케 하였다.
>
> 김구 부하는 조선을 목적하고 들어간 단원들도 다수에 달하는데, 그들의 행동은 절대 비밀이므로 알기 어려우나, 김구 일파의 만주와 조선에 대한 모종 계획이 있다 하야 상해 일본영사관 경찰서에서는 여러 가지로 활동을 지시하는 동시에 만주와 조선 경찰과의 연락에 노력 중이라 하였더라.[65]

이러한 기사는 아마 김구쪽에서 보낸 정보에 따른 것으로 여겨진다. 같은 날짜《신한민보》가 중국 신문의 기사라면서 김구가 일본경찰에 체포되었다는 설이 있다는「별보」를 머리기사로 크게 보도한 것을 보면, 홍구공원 폭파사건 이후 소식이 없는 김구의 안위에 대해 재미동포들이 몹시 궁금해 하고 있음을 알 수 있다.

김구는 이청천을 초빙하기 위하여 서너차례나 밀사를 파견했다. 그러나 이 무렵 이청천은 중국군과 연합하여 일본군과 교전을 벌이면서 계속

---

65)《新韓民報》1932년9월22일자,「遠東消息: 전만에 혁명계획으로 비밀활동」.

해서 근거지를 이동하고 있었기 때문에 좀처럼 뜻을 이루지 못했다.[66] 이청천은 1930년7월26일에 길림성 위하(葦河)에서 홍진(洪震), 신숙(申肅), 오광선 등과 함께 한국독립당(韓國獨立黨)을 결성하고 1931년11월에 독립당의 군대로 한국독립군을 조직하여 총사령으로 지휘했다. 한국독립군은 중국의용군과의 연합작전으로 1932년9월에서 11월에 걸쳐 쌍성보(雙城堡) 전투에서 승리를 거두는 등 북만주 일대에서 일본군과 치열한 교전을 벌였다. 1933년1월에는 경박호(鏡泊湖) 전투, 사도하자(四道河子) 전투 등을 치르고, 6월 말에서 7월 초에는 대전자령(大甸子嶺)에서 철수하는 일본군 수송부대를 기습 공격하여 많은 군수물자를 빼앗는 대승을 거두었다. 그러나 일본군의 대륙침략이 날로 강화되고, 게다가 중국 구국군 대리총사령 오의성(吳義成)과의 알력으로 이청천은 한때 구금당하는 곤욕을 치르기도 했다.[67]

만주에서 활동하기가 어렵게 된 이청천은 한국독립군의 관내 이동을 결정하고 1933년 전반기에 오광선, 이우정(李宇精), 김상덕(金尙德) 등을 남경에 파견했다. 이청천의 밀사로 남경에 온 오광선은 김구를 만나고 만주한국독립당과 한국독립군의 관내 이동문제를 협의했다. 김구는 "이제야 조국광복의 날이 왔구나" 하고 기뻐하면서, 오광선에게 한국독립군의 이동비용으로 4,000원을 지급했다고 한다. 오광선은 만주로 돌아가서 이청천에게 김구의 뜻을 전했다. 그리하여 총사령 이청천을 비롯하여 오광선, 조경한(趙擎韓), 공진원(公震遠), 김창환 등 한국독립군 간부들과 군관학교 입학지원자 등 50여명은 중국인 복장으로 변장하고 북경을 거쳐 남경으로 왔다.[68]

이렇게 하여 만주에서 이동해 온 한국독립군 청년들과 김구와 그 측

---

66) 池憲模, 『靑天將軍의 革命鬪爭史』, 三星出版社, 1949, p.157.
67) 張世胤, 「韓國獨立軍의 抗日武裝鬪爭研究」, 《한국독립운동사연구》제3집, 독립기념관 한국독립운동사연구소, 1989, pp.317~374 참조.
68) 池憲模, 앞의 책, pp.163~168; 한상도, 『한국독립운동과 국제환경』, 한울아카데미, 2000, pp.150~160.

중국 중앙육군군관학교 낙양분교 사령부 내부(위)와 사령부 안에서 본 군관 숙소와 사령부 건물.

근들이 상해, 북경, 천진 등지에서 모집한 청년들을 합쳐서 1934년2월에 중국 중앙육군군관학교 낙양분교에 한인특별반이 개교했다.

한인특별반이 개교한 뒤에도 김구는 훈련생 모집에 힘을 기울였다. 그 가운데 눈에 띄는 일은 4월 초순에 안공근을 대동하고 김원봉의 조선혁명간부학교를 찾아간 일이었다. 조선혁명간부학교는 제2기생 55명이 4월20일에 졸업할 예정이었는데, 이 졸업예정자들을 낙양군관학교의 한인특별반에 입교시키기 위해서였다. 김구는 김원봉의 소개를 받고 학생들에게 일장 연설을 했다. 자신은 지난 30년 동안 "정의" 두 글자를 염두에 두고 고투를 해 왔는데, 최후의 승리와 안락은 머지않아 반드시 있을 일소의 개전 때에 달성될 것으로 생각한다고 말하고, 졸업하면 여러분이 혁명을 위해 끝까지 분투하기를 간절히 바란다는 요지였다. 이승만이 한국독립의 결정적인 최후의 기회는 미일 개전이고 그것은 머지않은 장래에 필연적으로 도래한다고 확신한 것처럼 김구는 그 계기가 소일전쟁이 될 것이라고 전망하고 있는 것이 눈길을 끈다. 이는 두 사람의 오랜 정치적 환경의 경험에 따른 지정학적 인식의 차이에 기인하는 것이었음은 말할 나위도 없다.

연설을 마친 김구는 학생 일동에게 태극 마크가 새겨진 클립이 달린 만년필을 한개씩 선물했다. 그리하여 조선혁명간부학교의 2기생 졸업예정자 가운데 20명이 낙양군관학교 분교로 파견되었다. 이러한 곡절 끝에 낙양군관학교 한인특별반은 학생 92명으로 교육훈련을 시작했다.[69]

낙양군관학교 분교는 낙양시가에서 북쪽으로 60리쯤 되는 지점에 있었다. 한인특별반의 정식 명칭은 중국 중앙육군군관학교 낙양분교 제3총대 제4대대 육군군관훈련반 제17대였다. 그것은 김원봉의 조선혁명간부학교의 경우와 마찬가지로 일본인들이 눈치채지 못하게 하기 위해서였다. 16대까지는 모두 중국인들이었는데, 한인특별반도 중국인들의 훈

---

69) 朝鮮總督府警務局, 「軍官學校事件ノ眞相 昭和九(1934)年十二月」, 韓洪九·李在華 編, 앞의 책, pp.213~214, pp.379~380.

런반의 하나인 것처럼 편성한 것이었다. 한인특별반은 그 운영과 교육훈련의 책임이 구분되어 있었다. 운영은 김구가 고문 자격으로 총괄하고 실무는 안공근, 안경근 등이 맡았다. 운영비는 국민정부에서 김구에게 직접 지급되었다. 대원들에게는 피복 등을 지급하고 봉급으로 한달에 12원씩 지급했다. 교육훈련은 총교도관 이청천과 교관 오광선, 이범석, 한헌(韓憲: 일명 宋虎, 宋弘萬) 등이 맡았다. 이범석은 학생대장을 겸했다. 흑룡강성 주석 제1군사령관 마점산(馬占山) 부대의 참모로 활동했고 시베리아에서 러시아군에 억류되기도 했던 이범석은 독일에 갔다가 상해로 돌아와 있었다.

교육은 지형학, 전술학, 병기학, 통신학, 정치학 등의 학과와 체육, 무술, 검술, 사격 등으로 각종 포와 기관총을 다루기까지의 술과[術科: 일반군사교육]로 나누어 학습을 받았다. 특수한 것은 한인특별반에만 군마 40필을 배치하여 한인훈련생들에게 기마훈련을 시킨 것이었다.[70] 이것은 기병학교의 설립을 제의했던 김구의 주장에 따른 것이었을 것이다. 한인특별반 교육내용을 두고 낙양분교 교장 축소주(祝紹周)가 삼민주의 정치교육을 주장하여 이청천과 마찰을 빚기도 했으나,[71] 훈련생들은 대체로 한인교관들이 주도하는 교육을 받았다.

이렇게 교육을 받은 한인특별반 졸업생들은 몇년 뒤로 예상되는 대규모의 대일전이 발발하면 만주와 국내로 파견되어 일본의 군사시설과 교통, 통신기관의 파괴, 중요건물의 폭파, 고관 암살 등의 작전을 감행하여 일본군과 본국의 연락을 교란하고 일본을 패전시킴으로써 마침내 만주의 탈환과 한국의 독립을 성취한다는 목표였다. 그리고 졸업생 가운데 자격 있는 청년들을 선발하여 남경의 중앙육군군관학교의 보병, 기병, 포병, 항공의 각과에 편입시키고 소정의 과정을 마친 졸업자는 중국군 장교

---

70) 「金九一味ノ動靜ニ關スル件」, 金正柱 編, 『朝鮮統治史料(八)』; 朝鮮總督府警務局, 『軍官學校事件ノ眞相 昭和九(1934)年12月』, p.382.
71) 趙擎韓, 『白岡回顧錄 國外篇』, 韓國宗敎協議會, 1979, p.217.

로 임명하여 한중 합작의 핵심으로 대일전에 대비하기로 했다.[72] 이러한 낙양분교의 한인특별반에 김구가 얼마나 큰 기대를 걸었을 것인지는 짐작하기에 어렵지 않다.

---

72) 村田左文, 「上海及ビ南京方面ニ於ケル朝鮮人ノ思想狀況」, 金正柱 編, 『朝鮮統治史料(十)』, pp.858~859.

4. "'너'라는 말을 고쳐 '자네'라고 하겠네"

1

김구는 낙양분교 한인특별반의 개교준비가 마무리될 무렵에 고국에 있는 어머니와 두 아들을 다시 중국으로 오게 했다. 이봉창의 일본 천황 저격사건이 터지자 일본경찰이 곽낙원(郭樂園) 여사의 집 주변을 포위하고 며칠 동안 감시했고, 윤봉길의 홍구공원 폭파사건이 있고 나서는 감시가 더욱 심했다. 이러한 소식을 들은 김구는 곽낙원 여사를 중국으로 모셔오기로 결심하고, "어머님께서 아이들을 데리고 다시 중국으로 오셔도 이전과 같이 굶지는 않을 테니, 나오실 수 있으면 오십시오"라고 연락했다.

곽낙원 여사는 안악경찰서에 가서 출국허가를 신청했다. 너무 늙어서 죽을 날이 며칠 남지 않았기 때문에 생전에 두 손자를 제 아비에게 맡기겠다는 것이 구실이었다. 그녀는 일흔여섯살이 되어 있었다. 뜻밖에도 안악경찰서는 순순히 곽낙원 여사와 두 손자의 출국을 허락했다. 그리하여 그녀는 집을 처분하고 살림살이도 정리했다. 그녀를 돌보던 김씨네 집안에서는 전별금을 거두어 주었다. 그러나 곽낙원 여사가 한창 떠날 준비를 하고 있을 때에 서울의 조선총독부 경무국에서 안악으로 형사가 파견되어 그녀를 위협하고 설득했다.

"상해에서 우리 일본경관들이 당신 아들을 체포하려고 해도 찾지 못하는 터에 노인이 말할 수 없이 고생할 것 없소. 상부 명령으로 당신 출국은 허락지 않으니 그리 알고 집으로 돌아가서 안심하고 지내시오."

곽낙원 여사는 격노했다.

"내 아들을 찾는 데는 내가 그대네 경관보다 나을 것이다. 언제는 출국을 허가한다기로 집과 살림살이를 다 처분했는데, 이제 와서 출국을 허락하지 않는다 하니, 남의 나라를 빼앗아 이같이 정치를 하고도 오래

갈 줄 아느냐!"

곽낙원 여사는 이렇게 말하고는 너무 흥분한 나머지 기절했다. 일본 경찰은 그녀를 김씨네 집에 맡겼다. 1933년11월1일의 일이었다.[73]

우선 김용진(金庸震)이 곽낙원 여사를 맡아 안악읍 소천리에 있는 이전의 공립학교 분교 교실에서 거처하도록 했다. 그리고 1934년2월18일에 집안회의를 열고 곽낙원 여사의 생활보장책으로 김용진과 김용정(金庸鼎), 김홍량(金鴻亮) 등 다섯 사람의 공동소유인 논에서 생산되는 벼 가운데 열섬을 그녀의 식량으로 제공하고, 잡비와 땔감은 김용진의 장남 김원량(金元亮)과 김구의 옛 제자 우기범(禹基範)이 부담하기로 했다.[74] 일본경찰은 수시로 곽낙원 여사의 동정을 살피러 왔다.

"여전히 출국할 뜻이 있으시오?"

"그같이 말썽 많은 출국은 하지 않겠소."

그녀는 목수를 불러 집을 수리하고 살림살이를 새로 준비하는 등 마치 오래 살 것처럼 꾸몄다.[75] 곽낙원 여사는 일본경찰의 허락을 얻어 출국하는 것은 불가능하다고 생각하고 비밀리에 출국하기로 결심한 것이었다. 김씨 집안의 약속도 잘 지켜지지 않아서 살림살이는 주로 우기범과 교회 신도들에게 의존하는 형편이었다. 그녀는 김선량과 상의했다. 김선량은 1920년에 상해에 유학하는 동안 김구를 자주 만났고, 1923년에 안악으로 돌아온 뒤에는 곽낙원 여사를 가장 열성적으로 도왔다. 그러나 그는 동생 김근량(金勤亮)과 진남포에서 곡물과 비료장사를 하다가 실패한 뒤로는 그녀의 살림을 돌보기가 어려운 처지가 되었다. 그는 곽낙원 여사의 중국행을 적극 권했다. 김선량은 그가 중국유학 시절부터 알고 지내던 《조선중앙일보(朝鮮中央日報)》 사장 여운형(呂運亨)과 《조선일

73) 「金九一味ノ動靜ニ關スル件」, 金正柱 編, 『朝鮮統治史料(八)』; 朝鮮總督府警務局, 「軍官學校事件ノ眞相 昭和九(1934)年十二月」, 韓洪九·李在華 編, 앞의 책, p.585.

74) 「金九一味ノ動靜ニ關スル件」, 위의 책, pp.535~536.

75) 『백범일지』, p.366.

보(朝鮮日報)》의 주요한(朱耀翰) 등에게 부탁하여 인천에서 중국으로 떠나는 선편 제공을 부탁해 보기도 하고,《동아일보(東亞日報)》에도 협조를 부탁하는 편지를 보내 보기도 했으나 뜻대로 되지 않았다.[76]

곽낙원 여사가 낙심하고 있을 때에 중국에 갔던 마을 청년 최창한(崔昌漢)이 돌아왔다. 안악공립보통학교를 졸업한 최창한은 남경금릉대학(南京金陵大學) 부속중학교에 입학할 뜻을 품고 일본경찰의 눈을 피해 출국하여 1933년12월16일에 남경에 도착했으나, 동향인 백낙칠(白樂七)로부터 입학시기가 맞지 않고 남경어를 하지 못하면 입학하기 어렵다는 이야기를 듣고 이듬해 1월8일에 고향으로 돌아온 것이었다.

최창한은 곽낙원 여사에게 김구의 최근 상황을 자세히 알려 주고, 평양의 숭실학교에 재학 중인 김구의 큰아들 김인(金仁)에게도 여러 차례 편지를 보내어 중국행을 권유했다.[77] 김인은 숭실학교 교장 매큔(George S. McCune, 尹山溫)의 배려로 입학 때부터 학비면제생으로 3학년까지 다녔으나, 3학년을 끝내고는 학자금 때문에 퇴학할 예정이었다. 김인도 중국으로 가기로 결심했다.

곽낙원 여사는 3월17일에 안악 예수교예배당에서 김선량을 만났다. 김인이 3월19일까지 평양으로 오라는 연락을 했다면서 19일에 출발했으면 한다고 말했다. 이튿날 곽낙원 여사는 예배당으로 가서 목사 정일선(丁一善)에게 내일 신천 온천에 갔다 오겠다고 말했고, 정일선은 여비 1원을 보태 주었다. 이날 밤 그녀의 집으로 김선량과 최창한이 와서 함께 탈출방법을 구체적으로 상의했다. 최창한이 길안내를 하기로 했다. 김선량은 곽낙원 여사와 최창한이 같이 안악을 떠나는 것이 다른 사람들이 보기에 위험하다면서 최창한을 먼저 재령으로 떠나보냈다. 곽낙원 여사는 김원량에게 맡겨 두었던 집 판 돈과 김씨네의 전별금 등 240원을 찾아

---

76) 「金九一味ノ動靜ニ關スル件」, 金正柱 編, 『朝鮮統治史料(八)』, pp.539~540.
77) 위의 책, pp.522~523, p.541.

가지고 이웃 마실이라도 가는 것처럼 문단속도 하지 않은 채 김선량의 집으로 가서 우기범의 어머니와 같이 점심을 먹고, 오후 5시40분에 열두 살 난 손자 김신(金信)을 데리고 안악읍 남단의 인적이 없는 곳에서 김선량을 기다렸다가 같이 신천으로 갔다.

신천에서 오후 6시7분발 열차를 탄 세 사람은 재령에서 최창한과 합류하여 사리원을 거쳐서 밤 11시30분에 평양에 도착했다. 이튿날 아침 9시에 김선량이 숭실학교 기숙사로 가서 김인을 일행이 묵은 여관으로 데려왔다. 김인도 침구와 책 등을 그대로 둔 채 가방 하나만 들고 나왔다.

정오쯤에 평양역에 나갔다. 최창한은 김선량에게 자기는 대련까지 동행하여 일행을 배에 태우고 바로 돌아올 생각인데, 곽낙원 여사가 억지로 상해까지 동행하자고 하면 어쩔 수 없이 그렇게 해야 할지 모르겠다고 말했다. 김선량은 곽낙원 여사에게 열차 안에서나 신의주 또는 안동현에서 검문을 받을 때에 경우에 따라서 최창한과 따로 행동해야 할 필요가 있을 것이라면서 지닌 돈 240원 가운데서 30원을 최창한에게 주라고 했다. 그리고 최창한에게는 안동현을 무사히 통과하면 "송금바람", 관헌에게 발각되면 "돈 도착하지 않아 곤란"이라고 타전하고, 대련에 무사히 도착하면 "돈 받았으니 안심하라", 만일 발각되었을 때에는 "돈 도착하지 않아 곤란"이라고 타전하라고 말했다.[78] 김선량은 평양역에서 일행을 배웅하고 안악으로 돌아갔다.

일행은 3월21일 아침 7시에 대련에 도착했다. 대련은 일본군의 군사기지였으므로 경계가 삼엄했다. 배편이 있는 대로 상해가 아닌 곳이라도 떠나야 했다. 일행은 동포가 경영하는 여관에서 아침과 저녁 두끼를 먹고, 변성명을 하고 오후 7시에 떠나는 제36 공동환(共同丸)편으로 위해위(威海衛)로 떠났다. 상해 직행 선편이 없었기 때문이다. 최창환도 같이

78) 같은 책, pp.537~538.

9년 만에 만난 가족들. 가흥 시기의 김인, 곽낙원, 김구, 김신.

떠났다. 떠나면서 김선 량에게 "돈 받았으니 안 심하라"고 타전했다.[79]

대련에서 검문을 당 했을 때에는 김인이 나 서서 위기를 모면했다.

"어린 동생과 늙으 신 할머니를 위해위의 친척 집에 맡기러 가는 길입니다."

그러자 일본경찰은 잘 가라면서 허락해 주 었다.[80]

3월22일 오후 2시 에 위해위에 상륙한 일 행은 곧바로 천주교당 으로 가서 그곳에 사는 한국인을 찾았다. 마침 그곳에서 발동기선 어업을 하고 있는 안정근(安 定根)의 사위 조세훈(趙世勳)의 열네살 난 딸을 만났다. 곽낙원 여사는 조세훈에게 안정근의 소재를 물었으나 그는 3개월 전에 상해로 떠난 뒤 에 아직 돌아오지 않았다고 했다. 곽낙원 여사는 안정근을 만나면 아들 의 소식을 알 수 있을 것이라고 생각했던 것이다. 일행은 조세훈의 안내 로 공원 앞에 있는 중국여관에 들어가서 변성명을 하고 쉬었다가, 그날 밤 8시에 상해로 가는 중국 초상국(招商局) 기선 신풍(新豊)호에 갑판객

79) 같은 책, pp.545~550.
80) 『백범일지』, pp.366~367.

으로 승선했다. 갑판객에게는 음식물도 제공되지 않았고, 승객명부에 이름을 기재할 필요도 없었다.[81]

어렵사리 상해에 도착한 일행은 안공근의 집에서 하룻밤을 자고, 다음날 가흥의 엄항섭네 집으로 갔다. 김구는 기별을 받자마자 남경에서 곧바로 가흥으로 가서 어머니와 두 아들을 만났다. 9년 만에 더욱 주름이 진 어머니의 얼굴을 대하는 김구는 만감이 교차했다. 큰아들 인은 온갖 어려움 속에서도 훤칠한 미남으로 성장해 있었다. 김구는 어머니에게서 고국에서 지낸 형편을 자세히 들었다. 고향에서 지내던 일을 대강 설명하고 나서 곽낙원 여사는 정색을 하고 말했다.

"나는 지금부터 시작하여 '너'라는 말을 고쳐 '자네'라고 하고, 잘못하는 일이라도 말로 꾸짖고 회초리를 쓰지 않겠네. 듣건대 자네가 군관학교를 하면서 많은 청년들을 거느리고 남의 사표가 된 모양이니, 나도 체면을 세워 주자는 것일세."

김구는 이런 이야기를 소개하고 나서 "이로 인해 나는 나이 육십에 어머님이 주시는 큰 은전을 입었다"라고 적어 놓았다.[82]

김구는 어머니를 남경으로 모셔다가 따로 집을 마련해 드렸다. 김인은 안악의 김선량에게 무사히 목적지에 도착했고, 안악 김씨 일문이 베풀어 준 은혜에 깊이 감사하며, 특히 김선량의 가세가 기우는 것이 마음 아프다는 편지를 썼다. 이 편지는 4월13일에 김선량에게 배달되었다. 곽낙원 여사도 안악읍 예수교회 교우들 앞으로 극진한 인사 편지를 썼다.[83]

---

81) 「金九一味ノ動靜ニ關スル件」, 金正柱 編, 『朝鮮統治史料(八)』, pp.558~559.
82) 『백범일지』, p.367.
83) 「金九一味ノ動靜ニ關スル件」, 金正柱 編, 『朝鮮統治史料(八)』, pp.545~546.

55장

"하와이에는 이 박사 혼자만 오십시오"

1. 자동차 몰고 47일 동안 서부여행
2. 프란체스카와 결혼하고 다시 하와이로

1. 자동차 몰고 47일 동안 서부여행

1

1933년8월16일 오전 9시에 뉴욕항에 입항한 렉스 호(*S. S. Rex*)는 대서양 횡단의 신기록을 수립했다. 승객 1,118명을 태우고 지브롤터를 출발하여 뉴욕까지 3,210마일의 항로를 4일15시간30분에 항해한 것이다. 그리하여 이탈리아가 독일을 제치고 기록보유국이 되었다.

이승만은 미국시민들의 입국검사가 끝날 때까지 다른 외국인들과 섞여 차례를 기다렸다. 얼마쯤 있다가 한 검사원이 다가와서 여권을 보자고 했다. 문제의 외교관 여권을 내보이자 검사원은 이승만을 책임자에게 데리고 가서 여권을 건네주면서 뭔가를 이야기했다. 책임자가 말했다.

"기다리게 해서 죄송합니다. 그러나 누구인지 말씀을 안 하시면 우리가 어떻게 알겠습니까?"

그는 이승만에게 워싱턴의 한국위원부(Korean Commission) 위원장 직함의 서명을 하라면서 자기 책상 위에 있는 큼직한 기록부를 가리켰다. 그러고는 한 제복직원에게 이승만을 부두의 세관사무실까지 안내하라고 지시했다. 제복직원은 사람들을 헤치고 나가 렉스 호 직원들이 이승만의 배표를 받을 시간도 주지 않고 트랩을 내려가서 세관사무실로 그를 안내했다. 세관직원은 입국검사원의 기록부에 적은 것과 같은 직함으로 세관기록부에 서명하게 하고 나서 검사원에게 이승만의 트렁크들을 검사 없이 통과시키라고 지시했다. 이러한 조치는 미국정부가 이승만에게 완전한 외교관 예우를 한 것이었다. 이승만은 자신을 이처럼 예우한 것은 "미국정부의 일본에 대한 인식의 변화를 보여 주는 분명한 증거"라고 그의 『여행일기(*Log Book of S. R.*)』에 기술해 놓았다.[1] 이승

---

1) Syngman Rhee, *Log Book of S. R.*, 1933년8월16일조.

만의 이 문제의 여권은 그가 돌아와서 뉴욕의 펜실베이니아 호텔(Hotel Pennsylvania)에 머물고 있을 때에 그 호텔에서 일하는 한 젊은 일본인 종업원에게 도둑맞았다.

최용진이 부두까지 들어와 있었고, 동포 여남은명은 입구에서 기다리고 있었다.

토요일인 8월19일 저녁에 뉴욕에 있는 모든 한인단체들이 이승만 환영회를 열어 주었다. 장덕수(張德秀)가 환영사를 했고, 이승만은 제네바와 다른 곳에서 벌인 외교활동과 유럽 여러 나라들을 여행한 소감을 이야기했다. 그리고 앞으로의 계획에 대해서도 설명했다.

이튿날 저녁에는 뉴욕 중화공소(中華公所)의 화교지도자들이 이승만을 환영하는 만찬회를 열었다. 모인 사람들은 오건초(吳乾初), 양여천(梁麗天) 등 각각 별도의 화교단체들을 대표하는 인사들이었다. 이들은 이승만이 제네바에서 중국대표단과 협력하여 외교활동을 벌인 사실을 두고 그에게 큰 관심을 갖게 된 것이었다. 이날 이승만과 간담회를 가진 화교지도자들은 8월26일에 국민당(國民黨) 빌딩에서 이승만의 연설회를 열었다. 주최자들은 《민중일보(民衆日報)》에 두차례나 이승만이 제네바에서 벌인 활동에 관한 기사와 함께 이날의 연설회 광고를 냈다.

이날은 일요일이었다. 이승만은 장덕수와 남궁염(南宮炎)을 대동하고 강연장으로 갔다. 그는 제네바와 그 밖의 지역에서 중국대표단이 거둔 외교적 승리와 그들이 자신에게 베풀어 준 만족스러운 협조에 대해 설명하고, 미국에서의 일본의 선전에 대응하기 위한 홍보활동의 필요성을 강조했다. 제네바에서 만난 중국대표들의 행동이 결코 만족스러운 것이 아니었음에도 불구하고, 이승만은 자신이 구상하는 선전사업에 뉴욕 화교지도자들의 협조를 얻기 위하여 이렇게 말한 것이었다. 연설회가 끝난 뒤에 중국 인사들은 이승만에게 수요일 저녁까지 뉴욕에 있으라고 요청했다. 이승만은 캘리포니아의 동포들을 방문하기 위하여 이튿날 떠나기로 했던 여행일정을 연기했다. 이날의 모임이 계기가 되어 이승만은 중국인들의 재정지원으로 극동문제를 다룰 영문잡지를 발행하는 작업을 추진하게 되었다.

8월30일 저녁에 국민당 빌딩에서 열린 만찬회에는 뉴욕지역의 많은 화교 지도자들이 참석하여 성황을 이루었다. 그러나 그 자리에서는 서부와 중서부 지방에 있는 그들의 지부에 이승만의 여행일정을 알리고 이승만을 접대하도록 추천장을 보내겠다는 것 말고는 잡지발행 문제와 관련하여 구체적으로 결정된 것은 없었다.[2]

한편 샌프란시스코의 《신한민보(新韓民報)》는 이승만의 귀환소식을 한달도 더 지나서 그가 로스앤젤레스를 방문하고 있던 9월28일에야 다음과 같이 간략하게 보도했다.

과거 7~8개월 동안 제네바 국제연맹에서 활동하시던 리승만 박사가 지난 8월16일에 뉴욕시에 회환(回還)한 바 당지 한국대일전선통일동맹에서는 8월20일에 성대한 환영회를 열고 간곡한 정을 표하야 리박사의 원로를 위안하얏으며, 그의 금번 활동경력과 앞으로의 방침에 대한 좋은 말씀을 들었다. 그리고 당지 중국인측에서도 각 방면으로 성대한 환영회가 있어서 의견을 많이 교환하였다더라.[3]

이 기사는 "뉴욕 8월31일발 통신"으로 되어 있다. 8월31일발 통신이 어떻게 한달이나 지나서야 보도되었는지 알 수 없다.

이승만은 9월1일 오전 9시30분에 장기영(張基永)을 대동하고 동포방문 여정에 올랐다. 미국 본토 각 지역에 흩어져 사는 동포들을 찾아보고 제네바와 모스크바에 갔던 일도 보고할 겸 앞으로 동지회 조직을 확충하는 방안도 상의하기 위해서였다. 중서부지역의 중국인들을 만나서 잡

2) Syngman Rhee, *Log Book of S. R.*, 1933년8월30일조.
3) 《新韓民報》 1933년9월28일자, 「리승만 박사 환영회」.

이승만이 장기영과 함께 직접 운전하고 다닌 윌리스 자동차.

지발행 등 구체적인 협력 방안을 상의하는 일에 대해서도 기대가 컸다. 장기영은 인디애나대학교(Indiana University)에서 국제법을 전공한 뒤에 버지니아대학교(University of Virginia) 대학원에 진학하여 공부하다가 이승만의 요청으로 1931년부터 구미위원부 일을 맡아 보고 있었다.[4)]

뉴욕에서 시카고까지는 세이프 웨이 버스(Safe Way Bus)를 탔다. 이승만은 이때의 밤 버스여행이 퍽 인상적이었던 것 같다. 피츠버그에서 시카고까지는 광활한 평야가 펼쳐져 있었는데, 달빛이 쏟아지는 망망한 들판을 내다보면서 이승만은 거의 뜬눈으로 밤을 새웠다.

이튿날 낮 12시에 시카고에 도착했다. 시카고지역 동지회 회장 김홍기(金鴻機)와 오한수가 버스터미널에 마중 나와 있었다. 점심을 먹은 뒤에 이승만과 장기영이 투숙할 호텔을 알아보았으나 좀처럼 구할 수 없었다. 시카고 만국박람회가 열리고 있는데다가 마침 노동절이라서 50만명이 넘는 여행객이 몰려들어 모든 호텔의 객실이 차 있었기 때문이다. 이리저리 전화를 해본 끝에 YMCA 호텔의 방 하나를 구했다. 오후에 만국박람회장을 둘러보다가 그곳에서 우연히 몇몇 동지들을 만났다.

9월3일 저녁에 열린 동지회의 이승만 환영회에는 시카고지역 동지회회원 전원이 참석했다. 이 자리에서 이승만은 제네바에 갔던 이야기를 했

4) 張基永, 「OSS의 韓國人」, 《新東亞》 1967년9월호, pp.285~286.

다. 참석자들은 시카고 시내의 모든 한인들을 초청하여 대규모의 환영회를 개최할 것을 제의했으나, 이승만은 서부에 다녀올 때까지 연기하자고 했다. 참석자들은 여비에 보태라면서 100달러를 거두어 주었다. 이튿날 이승만은 윌리스 중고차 한대를 200달러를 주고 구입했는데, 100달러는 할부로 지불하기로 했다. 그 차를 몰고 서부를 여행할 계획이었다.

이승만은 9월6일 오후 3시30분에 위스콘신주의 밀워키(Milwaukee)를 향해 시카고를 떠났다. 운전은 이승만이 하고 장기영은 지도를 보면서 길을 찾았다. 저녁 7시에 밀워키에 도착하여 C.C.조가 경영하는 동양음식점을 찾아갔다. 그 집에서 저녁을 먹고 나서 호놀룰루에서 온 C.C.조의 동서 마영(Young Mah)이 이승만을 자기 차에 태우고 그랜드 호텔 슈뢰더(Grand Hotel Schroeder)로 안내했다. 루스벨트(Franklin D. Roosevelt) 대통령이 묵었던 이 호텔은 시내에서 가장 좋은 숙소였다.

이튿날부터 이승만은 난폭운전을 계속하면서 별의별 일을 경험했는데, 그는 그것을 『여행일기』에 꼼꼼히 적어 놓았다.

9월7일 아침 10시에 밀워키를 출발했다. 그런데 시내를 벗어나기 직전에 교통경찰이 따라왔다. 시내를 시속 50마일로 몰았기 때문이다. 이승만의 차를 세운 교통경찰은 수첩을 꺼내어 들고 물었다.

"주소가 어디십니까?"

"워싱턴 D.C.요."

"그곳에서 무슨 일을 하십니까?"

"우리는 외교활동을 하고 있소."

"미국의 외교활동인가?"

"한국위원부 활동이오."

그러자 경찰은 주위를 한바퀴 살펴보고는 목소리를 바꾸어 말했다.

"두분은 내가 처음 만난 한국인입니다."

경찰은 이승만에게 조심해서 운전하라고 말하고 되돌아갔다.[5]

그날 저녁은 아이오와주의 시더래피즈(Cedar Rapids)시 바로 가까이의 민박집에서 자고, 이튿날 새벽 5시에 다시 길을 떠났다. 낮 12시쯤에 미시시피강을 가로지르는 높은 다리를 지나서 네브래스카주의 링컨 하이웨이를 탔다. 하이웨이는 어떤 곳은 좋고 어떤 곳은 아주 나빴다. 카니(Kearney)에 도착하기까지 15마일쯤 남은 지점은 자갈밭길이었는데, 길이 구부러지면서 모래 구덩이들이 있었다. 이승만의 차는 미끄러져서 길옆 개울에 빠졌다. 다행히 개울가는 부드러운 모래톱이어서 큰 돌덩이나 딱딱한 진흙이 없었으므로 앞 범퍼가 조금 휘어졌을 뿐 다른 큰 손상은 없었다. 지나가던 큰 트럭이 이승만의 차를 끌어내 주었다.

9월9일 아침 8시45분에 카니를 떠나서 와이오밍주의 샤이엔(Cheyenne)에 도착했을 때에는 어둑어둑했다. 두 사람은 주유소에서 기름탱크를 채우고 덴버를 향해 출발했다. 덴버까지 75~80마일쯤 되었다. 비가 내리기 시작했다. 사흘 전에 덴버에 폭우가 쏟아져서 도시 일부가 물에 잠겨 있었다. 도로는 좁고 꾸불꾸불했고, 헤드라이트는 희미했다. 칠흑같이 어두운 밤에 비는 억수로 퍼부었다. 이승만은 조심하느라고 시속 20~30마일로 차를 몰았다. 그러나 두 사람은 세상없어도 그날 밤 안으로 덴버까지 가기로 했다. 그래야 몬태나주의 뷰트(Butte)까지 가는데 하루를 벌 수 있었기 때문이다.

별안간에 자동차가 강물 또는 수영장 속 같은 곳에 잠겼다. 마치 하늘과 땅이 뒤집히는 것 같았다. 자동차는 이내 그 강물 속을 빠져나왔고, 망가진 데는 없었다. 그러나 더 이상의 주행은 무리였다. 드디어 두 사람은 콜로라도주의 뉴엄(Nuam)이라는 조그마한 마을에 도착하여 옥호도 없이 '호텔'이라고만 간판을 내단 집에 들어갔다. 주인 노파가 두 사람에게 햄에그를 만들어 주었다. 두 사람이 햄에그를 먹는 동안 노파는 사흘

---

5) Syngman Rhee, *Log Book of S. R.*, 1933년9월7일조.

전의 무서운 폭우 때에 캘리포니아에서 왔던 한 가족 이야기를 들려주었다. 그들은 새 차와 새 옷을 사 가지고 뉴욕으로 가는 길이었는데, 그들의 자동차도 이승만의 차가 빠져나온 강물 혹은 수영장 같은 물속에서 완전히 뒤집힌 채 언덕으로 굴러 떨어졌다. 아무런 상처 없이 육지에 닿았으나, 자동차 안에는 물이 가득 찼다. 그래서 그들도 이 '호텔'에 와서 모든 것이 잘 마를 때까지 묵고 갔다고 했다.

2

9월10일에 덴버에 도착한 이승만은 여러 사람들로부터 환대를 받았다.《덴버 포스트(*The Denver Post*)》는 이승만을 인터뷰하고 사진과 함께 긴 기사를 실었다. 이승만은 호텔로 찾아온 덴버대학교(University of Denver)의 교수 첼링턴(Chellington) 박사와 극동정세에 대하여 오랜 이야기를 나누었다.[6)]

이승만과 장기영은 9월12일 아침 8시에 덴버를 출발하여 몬태나주의 뷰트로 갔다. 도중에 콜로라도주의 포트콜린스(Fort Collins)에 도착하여 화이테이커(Whitaker) 내외와 다른 한 부부를 만났다. 화이테이커 내외는 호놀룰루에 살았었다. 덴버를 떠나올 때에 이승만의 친구들은 그에게 포트콜린스와 옐로스턴 파크(Yellowstone Park) 사이의 드라이브 코스가 아름답다면서 옐로스턴을 거쳐 가라고 말했다. 그러나 두 사람은 아무 말도 하지 않았다. 왜냐하면 덴버에서 자동차를 수리하고 나자 휘발유값이 없었기 때문이다. 그리하여 뷰트까지 최단거리의 길로 가야 했다. 험한 길을 하루 종일 달려 밤 12시45분에 와이오밍주의 소도시 버펄로(Buffalo)에 도착했다. 입구에 '여인숙(Tourist Inn)'이라고 적혀 있는 작은 집 앞에 차를 세우고 주인 노파와 흥정 끝에 1달러를 주고 두 사람

---

6) Syngman Rhee, *Log Book of S. R.*, 1933년9월10일조.

이 한 침대에서 잤다.

두 사람은 이튿날 아침 6시30분에 버펄로를 떠났다. 아침 요기를 하러 작은 식당에 들어갔을 때였다. 장기영이 잠시 실례하겠다면서 자기의 코닥카메라를 들고 나갔다. 그는 얼마 있다가 카메라를 든 채 돌아와서 웃으면서 말했다.

"이제 뷰트까지 갈 휘발유를 넉넉히 살 수 있습니다."

장기영은 코닥카메라를 들고 보석상을 찾아가서 주인에게 카메라를 사든지 아니면 카메라를 잡고 뷰트까지 가는 데 넉넉할 만큼 휘발유를 살 수 있는 돈 몇달러를 꾸어 달라고 말했다. 자동차가 고장이 나서 고치느라 예상 밖의 돈을 써 버렸기 때문이라고 사정을 설명했다. 그러자 보석상은 낯선 동양인에게 2달러를 그냥 꾸어 주었던 것이다. 두 사람은 로스앤젤레스에 도착하고 나서 이 2달러의 빚을 갚았다. 장기영은 보석상에게 두 사람의 깊은 감사의 뜻을 전하는 편지를 썼다. 이승만은 이때의 일을 회상할 때마다 감사하는 생각이 들었고, 또 이 일을 오래도록 잊지 않겠다고 마음먹었다.[7] 미국인들의 친절의 본보기로 여겨졌던 것이다.

9월13일 저녁에 뷰트에 도착한 이승만은 윌슨 홍(Wilson Hong) 내외의 안내로 뷰트에서 40마일쯤 떨어져 있는 램지(Ramsay)와 화이트홀(Whitehall)을 방문했다. 그곳에는 한국인 10여 가구가 살고 있었다. 뷰트에서 발행되는《몬태나 스탠더드(The Montana Standard)》지 9월16일자에는 이승만의 방문과 그곳 한국인들의 동향 등을 알리는 기사가 실렸다. 이 신문은 이승만이 "모든 미국시민은 루스벨트의 계획, 특히 미국은 그 자신을 위하여 준비가 되어 있다고 천명한 외교정책을 지지할 의무가 있다"라고 말했다고 보도했다.[8]

토요일인 9월16일 오후에 중국인 교회에서 이승만 환영회가 열렸다.

---

7) Syngman Rhee, *Log Book of S. R.*, 1933년9월13일조.
8) Robert T. Oliver, *Syngman Rhee: The Man Behind the Myth*, p.165.

이승만은 유럽을 방문했던 일을 설명하고, 큰 기회가 다가오고 있다고 역설했다. 참석자들은 이승만의 여비로 200달러를 거두어 주고, 또 구미위원부를 지원하겠다고 약속했다.

이승만과 장기영은 이튿날 아침 일찍 그곳을 떠나서 웨스트옐로스턴(West Yellowstone)에 도착하여 옐로스턴 국립공원을 구경했다. 군데군데 있는 올드 페이스[Old Faith: 옐로스턴

이승만이 장기영과 함께 중서부지방을 여행하면서. 가운데는 몬태나주 뷰트에서 만난 유학생.

국립공원의 명물인, 지하에서 솟는 뜨거운 자연 분수], 간헐 온천, 온천, 부글부글 끓는 연못 앞에서 잠깐씩 자동차를 멈추었다. 여러 곳, 특히 그랜드캐니언[Grand Canyon: 애리조나주에 있는 국립공원과 같은 이름의 옐로스턴 국립공원의 대협곡]가의 도로는 좁고 꾸불꾸불하여 이승만은 매우 조심해서 운전하지 않으면 안되었다. 그래서 뒷날 친지들이 옐로스턴 국립공원을 구경한 일을 물을라치면 이승만은 "공원 경치는 장기영이 보고 나는 길만 보았소" 하고 우스갯소리를 하곤 했다.

두 사람은 9월18일 저녁 10시50분에 유타주의 솔트레이크시티(Salt Lake City)에 도착하여 하룻밤을 자고, 이튿날 아침 7시20분에 네바다주의 라스베이거스(Las Vegas)를 향하여 떠났다. 라스베이거스의 호텔에서는 2달러에 방 둘을 썼다. 그동안 두 사람은 시카고와 덴버에서 말고는 1달러를 주고 방 하나에서 같이 잤다. 넓디넓은 네바다 사막의 작은 도시 라스베이거스는 오아시스처럼 보였다. 가로변의 거의 모든 건물들은 무

슨 클럽이었고, 밤에는 간판 조명이 휘황찬란했다. 클럽들은 모두 도박장이었다. 두 사람은 세군데를 둘러보았다.

두 사람은 9월20일 아침 7시25분에 라스베이거스를 출발하여 오후 4시10분에 로스앤젤레스에 도착했다. 동지들은 뉴로슬린 호텔(Hotel New Rosslyn)에 방을 예약해 놓았다. 두 사람은 로스앤젤레스에서 일주일 동안 머물면서 김순권, 김종림(金宗林) 등 많은 사람들의 환대를 받았다.

9월21일에 전진영의 집에서 로스앤젤레스지역 동지회 임원회가 열렸는데, 그 자리에서 이승만은 유럽을 방문했던 일을 비롯하여 여러 가지 이야기를 했다. 동지회 임원들은 로스앤젤레스의 중국인들이 뉴욕으로부터 이승만이 온다는 연락을 받고 환영회 준비를 하고 있다고 말했다. 이날 저녁에 중국영사관의 부영사와 중국인 상공회의소 회장이 이승만을 특별한 중국만찬에 초대했다. 중국인들은 일요일 저녁에 만찬회와 대중집회를 열려고 했다. 그러나 이승만은 이미 그날 저녁에 한국인들과 만찬 겸 집회를 갖기로 약속했으므로 중국인들의 환영회는 취소해 달라고 말했다. 그러자 그들은 이승만이 1주일 더 로스앤젤레스에 머물 수 없느냐고 물었다. 그러한 집회를 열기 위해서는 일요일 저녁이 좋기 때문이라는 것이었다. 그러나 이승만은 그럴 여유가 없었다.

"저는 로스앤젤레스를 다시 방문할 계획을 하고 있습니다. 어떤 법률문서에 서명할 일이 있어서 서둘러 뉴욕으로 돌아가야 합니다."

실제로 그는 며칠 전에 호놀룰루로부터 뉴욕으로 빨리 가서 한인기독교회 문제 재판관계로 법원에 제출할 공술서에 서명을 하라는 전보를 받았다. 이용직(李容稷) 일파는 이승만 등이 1929년에 1만7,500달러에 매각하려고 내놓은 교회 부지를 저당 잡혔던 것이다.

중국영사관이 이승만이 로스앤젤레스에 왔다는 것을 《로스앤젤레스타임스(The Los Angeles Times)》에 알려서 기자와 사진기자가 호텔로 찾아왔고, 이튿날 아침에 이승만의 사진과 함께 그에 관한 기사가 크게 실렸다. 「불가능한 일에 집념하는 한국의 이승만씨, 이곳에 오다」라는 표제의 이 기사는 첫머리를 다음과 같이 썼다.

불가능한 일에 집념하는 동양의 지도자이며 한국 임시정부의 대통
령인 이승만 박사가 중국 경제인들과 지도자들을 만나서 한국의 자
유를 위한 그의 캠페인을 지원하는 데 협력하도록 교섭하기 위해 로
스앤젤레스에 왔다.[9]

일요일인 9월24일 저녁에 중국식당에서 열린 환영회에는 남녀동포
100여명이 참석했다. 한국인 오케스트라의 연주와 노래, 연설, 꽃다발과
기념품 증정 등으로 환영회는 활기가 넘쳤다. 그러나 이날의 환영회에 대
해《신한민보》는 "나성지국 통신"으로 다음과 같이 아주 짤막하게 보도
하는 데 그쳤다.

리승만 박사는 지난 21일경에 동방으로부터 나성[로스앤젤레스]에
내류(來留) 중인데, 당지 동지회에서는 지난 24일 저녁에 성대한 환영
회가 있었다더라.[10]

《신한민보》의 이러한 보도태도는 이때의 대한인국민회의 이승만에 대
한 입장을 짐작하게 하는 것이었다.

9월25일 오후에 이승만은 장기영과 함께 조승렬 내외를 보러 100마
일쯤 떨어진 산타바바라(Santa Barbara)로 차를 몰았다. 그곳에서 김영
우도 만났다. 점심을 먹고 돌아올 때에는 조승렬 내외가 하이웨이까지 길
을 안내해 주었다.

이승만은 저녁에 지방대학의 후원으로 열린 한 국제포럼 모임에서 연

---

9) ibid.
10) 《新韓民報》 1933년9월28일자, 「리승만 박사 나성에 내류 중」.

설을 했다. 하턴(Harton) 교수 및 이순기와 그의 두 딸을 포함한 몇몇 젊은이들이 이승만과 모임에 같이 갔다. 그들은 이승만이 좀 더 머물면 큰 집회를 마련하겠다고 했으나, 이승만은 다음에 방문할 때에 미리 알리겠다고 말했다.

3

이승만과 장기영은 9월27일에 귀로에 올랐다. 아침 9시에 로스앤젤레스를 떠나서 유타주의 솔트레이크시티로 향하는 도중에 업랜드(Upland)에 들러 스튜어트 부인(Mrs. Stuwart)을 만나 보고, 저녁 6시20분에 라스베이거스에 도착했다. 이튿날 아침 6시50분에 라스베이거스를 출발한 두 사람은 애리조나주와 네바다주의 사막을 거쳐서 저녁 8시50분에 솔트레이크시티에 도착했다. 그곳에서 1박한 두 사람은 9월29일 아침 9시10분에 그곳을 출발했다. 이승만은 도시 뒤로 이어진 산의 계곡을 지나면서 천천히 자동차를 몰았다. 마침 가을 단풍 경치가 절정이었다. 두 사람은 자이언(Zion) 국립공원의 일부를 다시 지나갔다. 오후 6시20분에 와이오밍주의 롤린스(Raulins)에 도착하자 너무 피곤하여 그곳에서 잤다.

두 사람은 이튿날 아침 6시50분에 롤린스를 출발하여 오후 1시40분에 덴버에 도착했다. 이날 저녁에 장기영은 혼자서 인디애나폴리스(Indianapolis)로 떠났다. 두 사람은 시카고에서 만나기로 했다.

이승만은 덴버에서 혼자 나흘 동안 묵으면서 여러 미국인 친구들을 만났다. 볼더대학교(Boulder University)의 로저 윌리엄스(Roger Williams) 교수를 만나러 얼마 떨어지지 않은 볼더까지 갔다 오기도 했다.

이승만은 10월4일 아침 7시30분에 캔자스시티(Kansas City)를 행해 덴버를 떠났다. 이때부터는 혼자서 자동차를 운전해야 했다. 덴버에서 100마일쯤 달려서 한 작은 다리에 이르렀을 때쯤에 앞에서 그레이더[땅

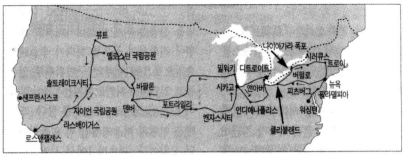

1933년 9월에 장기영과 함께 중서부 및 서부를 여행한 코스.

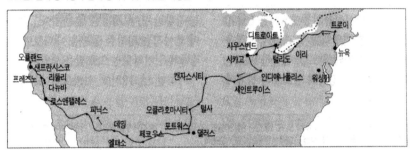

1934년 11월에 프란체스카와 함께 대륙을 횡단한 코스.

고르는 기계] 한대가 다가왔다. 이승만은 그것을 트럭으로 오인했다가 다리 위에서야 그레이더임을 알아차렸다. 그는 자동차를 세울 수 없었다. 그레이더는 계속해서 다가와서 이승만의 자동차 뒷바퀴를 쳤다. 자동차는 지그재그로 마구 튕기다가 깊은 모래 개울에 빠졌다. 이승만은 가까스로 자동차를 도로까지 끌어냈다. 허허벌판에서 일어난 일이었다. 인가도 없고 가까이에 마을도 없었다. 이 지방의 자갈밭 도로는 너무나 험해서 이승만은 속도를 낼 수 없었는데, 그것이 그로 하여금 다리에서 더 큰 사고를 당하지 않게 해 주었던 것이다.

마침 젊은이 다섯 명이 탄 자동차가 뒤따라와서 이승만의 차를 자기네 차에 매고 끌었다. 30마일쯤 가자 콜로라도주의 샤이엔웰스(Cheyenne Wells)라는 작은 마을이 나타났다. 마을에 도착한 것은 오후 4시. 이승만은 자동차 정비소에 수리를 맡기고 그곳 호텔에 들어갔다. 호텔 지배인은 덴마크 사람이었는데, 매우 친절했다. 이승만은 거기에서 지나가는 차에 편승하여 무전여행을 하는 사람을 만났다. 그는 캔자스시티까지 태워 주기를 바랐다.

10월5일 오전에 자동차 수리가 끝나서 이승만은 낮 12시15분에 무전여행자와 함께 샤이엔웰스를 출발했다. 오후 늦게 무전여행자에게 운전을 맡기고 밤새껏 계속해서 달렸다. 캔자스시티 못미처에 있는 포트라일리(Fort Riley)에는 그곳이 미합중국의 중심 지점임을 표시하는 표지석이 세워져 있었다. 캔자스시티에 도착한 것은 새벽 3시15분. 무전여행자는 시내 한복판에서 내렸고, 이승만은 가까이에 있는 라파예트 호텔(Hotel Lafayette)에서 눈을 붙였다.

이튿날 아침에 이승만은 동양식당을 찾아가서 이관수와 이성식의 대접을 받았다. 이승만은 식당 근처의 프린스턴 호텔(Hotel Princeton)로 옮겨 하룻밤을 쉬고 10월7일 아침 8시에 그곳을 떠나서 저녁 7시20분에 일리노이주의 블루밍턴(Bloomington)에 도착했다. 이튿날 아침에 블루밍턴을 떠나 시카고에 도착한 것은 오전 11시쯤이었다. 이날은 일요일이었다. 오한수 내외와 김홍기, T.E.정 등 여러 사람들과 점심을 같이 먹었다. 인디애나폴리스로 갔던 장기영도 그곳에 와 있었다.

이날 저녁에 한인교회에서 성대한 이승만 환영회 및 강연회가 열렸다. 동지회 회장 김홍기가 사회를 보았다. 남궁탁의 환영사에 이어 등단한 이승만은 제네바의 국제연맹회의에서 중국대표들과 협동하여 활동했던 일이며 모스크바에 가서 있었던 일 등을 보고했다. 이승만의 보고연설에 이어 김태선(金泰善)이 인사를 하고 회의는 밤 10시에 끝났다.[11] 이승만은 동지회 간부들과 함께 다시 한번 시카고 만국박람회를 구경했다. 동지들은 그를 중국관으로 안내했는데, 관람객은 모두 중국사람들이었다.

이승만은 장기영과 함께 10월9일 오후 3시15분에 시카고를 떠나서 6시30분에 인디애나주의 세인트조셉(St. Joseph)에 도착하여 하룻밤 자

---

11) Syngman Rhee, *Log Book of S. R.*, 1933년10월8일조; 《新韓民報》 1933년11월2일자, 「리승만박사환영회」.《新韓民報》는 강연회가 10월15일에 있었다고 보도했으나 이는 착오이다.

고, 이튿날 아침 6시30분에 그곳을 떠나서 낮 12시15분에 디트로이트(Detroit)에 도착했다. 정양필, C.C.안, 조오형, 조대형 등이 기다리고 있었다. 디트로이트에서는 C.C.안의 집에서 잤다.

10월11일 아침에 이승만은 정양필 내외의 안내로 미시간주의 앤아버(Ann Arbor)로 가서 미시간대학교(University of Michigan)의 칼 루퍼스(Carl Rufers) 교수를 예방했다. 루퍼스는 이승만 일행에게 대학클럽에서 점심을 대접했고, 점심이 끝난 뒤에 일행을 여학생 기숙사 식당으로 안내했다. 그곳에서 손창희의 딸을 만났다. 저녁 8시에 클리블랜드에 도착한 두 사람은 한국식당에서 저녁을 먹었다. 그곳에서 몇몇 한국인을 만났는데, 그들은 두 사람이 묵은 암스테르담 호텔(Hotel Amsterdam)의 숙박비를 지불해 주었다.

10월12일 아침 7시45분에 클리블랜드를 출발한 두 사람은 도중에 잠깐 나이아가라 폭포를 구경하고 밤 11시50분에 시러큐스(Syracuse)에 도착했다. 두 사람은 주유소 근처의 민박집에 들어 1달러를 주고 한방에서 같이 잤다.

이튿날 아침 7시50분에 시러큐스를 출발한 두 사람은 낮 12시10분에 뉴욕주의 트로이(Troy)에 도착하여 그곳에 사는 동포들을 만났다. 그리고 10월14일 아침 7시15분에 트로이를 떠나서, 올버니(Albany)를 거쳐, 밤 12시15분에 뉴욕에 도착했다. 두 사람은 이승만의 트렁크와 짐을 맡겨 놓은 호텔 마르세일스(Hotel Marseilles)에 들었다. 뉴욕에 머무는 동안 남궁염과 최영진 등이 이승만을 접대했다. 이승만은 호놀룰루의 한인기독교회 재판과 관련한 공술서에 서명하기 위하여 호놀룰루의 변호사들이 지정한 변호사 사무실을 몇차례 찾아갔다.[12]

뉴욕의 용무를 마친 이승만은 10월17일 오후 2시40분에 장기영과 함께 밤 12시10분에 출발하여 볼티모어(Baltimore)에 도착하여 쉬고, 이튿

---

12) Syngman Rhee, *Log Book of S. R.*, 1933년10월14일조.

날 아침 7시45분에 워싱턴으로 돌아와서 프랭클린파크 호텔(Franklin Park Hotel)에 여장을 풀었다.[13)]

이렇게 하여 이승만은 47일 동안에 9,000마일[1만4,400킬로미터]이 넘는 자동차 여행을 했다. 그것은 만 59세 노령의 놀라운 기록이었다. 이러한 기록은《오리엔트 매거진(*The Orient Magazine*)》의 발행에 대한 이승만의 강한 집념과 함께 그의 초인적인 건강을 보여 주는 것이었다.

워싱턴에 돌아온 이승만은 구미위원부 활동을 재개했다. 이때에 벌인 활동 가운데 가장 눈길을 끄는 것은 11월16일에 미국정부가 소련을 정식으로 승인하자 국교수립 교섭을 위하여 워싱턴에 와 있던 소련 외무인민위원 리트비노프(Maksim M. Litvinov)와 스키베르스키(Skiverskey)에게 축하편지를 보낸 사실이다. 리트비노프는 1930년대의 소련 외교의 이른바 "리트비노프 외교" 시대를 펼쳤던 인물로서, 1932년의 국제연맹 주최 군축회의와 1933년의 런던 세계경제회의에 소련대표단의 단장으로 참석했고, 이번에는 워싱턴에 와서 루스벨트 대통령과 회담하고 두 나라 사이에 국교를 수립하기로 합의했다. 이승만은 미국과 소련의 국교수립은 자신이 넉달 전에 모스크바를 방문할 때에 구상했던 미국, 소련, 중국, 한국의 4개국 협력체제를 실현시키는 데 도움이 될 것으로 생각한 것이었다.

이승만의 편지에 대해 리트비노프는 신중한 반응을 보였다. 이승만의 『여행일기』에는 다음과 같이 적혀 있다. 12월7일 이승만이 외출하고 없을 때에 로렌스 토드(Lawrence Todd)라는 사람이 구미위원부 사무실로 찾아와서 소련대사관이 이승만이 보낸 편지에 대해 감사의 뜻을 전하라면서 자기를 보냈다고 말했다. 토드는 소련대사관이 공식적으로 감사의 뜻을 표시하지 못하는 것을 유감으로 생각하며, 그들의 입장을 감안하여 양해해 주기 바란다고 말했다고 전했다.[14)] 이러한 소련대사관의 태도

---

13) Syngman Rhee, *Log Book of S. R.*, 1933년10월17일조.
14) Syngman Rhee, *Log Book of S. R.*, 1933년12월7일조.

는, 모스크바에 도착한 이승만에게 입국을 거부했던 사실과 함께, 일본에 대하여 불가침조약을 거듭 제의하던 소련의 입장을 반영한 것이었다. 그러나 그것은 또 소련정부가 이승만의 존재를 신중하게 유념하고 있었음을 보여 주는 것이기도 하여 흥미롭다.

같은 날 이승만은 스태거스(John W. Staggers) 변호사를 만났다. 이승만은 그에게 구미위원부의 고문직을 부탁했다. 스태거스는 노스웨스트(Northwest) D와 E 사이의 5가에 있는 컬럼비안 빌딩(Columbian Building)의 소유주였다. 그는 이승만에게 자기 빌딩의 312호 사무실을 월세 15달러로 1년 동안 빌려 주겠다고 했다. 기한은 연말에 형편을 보아 연장할 수 있다고 했다. 그리고 구미위원부의 법률자문은 특별히 많은 시간을 요구하는 경우 이외에는 무보수로 해주겠고, 보수를 받아야 할 경우에는 사전에 액수를 협정해 놓자고 했다.

이승만은 장기영과 상의하여 12월11일에 컬럼비안 빌딩 312호실로 사무실을 옮겼다. 그동안 구미위원부가 있던 인민생명보험 빌딩 지배인은 이승만이 유럽여행을 하는 동안 밀린 집세 130달러의 지불을 연기해 주었다.[15]

---

15) Syngman Rhee, *Log Book of S. R.*, 1933년12월11일조.

2. 프란체스카와 결혼하고 다시 하와이로

🔳

　1934년에 접어들자 이승만은 뉴욕 화교 지도자들과 약속한 극동정세에 관한 영문잡지 발행준비에 몰두했다. 그는 먼저 한국협회(The Korea Society)나 한국친우회(League of the Friends of Korea)를 재조직하는 작업을 추진했다. 그리하여 온건사회주의자이면서 필리핀 독립을 강력히 주장하는 미국 언론계의 원로 러셀(Charles E. Russell)을 편집인으로 초빙했다. 러셀과 스태거스 변호사의 초청으로 열린 오찬회에는 워싱턴의 많은 저명인사들이 모였다. 이승만은 워싱턴에서 잡지를 발행할 생각이었다. 이날 이승만은 제이 제롬 윌리엄스(Jay Jerom Williams)와 점심을 같이 하면서 그에게 계획서를 보이고 명칭에 관해 논의했다. 한국협회라는 것보다 극동협회(The Far Eastern Association) 같은 이름이 더 포괄적이지 않느냐고 말하자 윌리엄스는 전적으로 동의했다. 그리하여 잡지 제호도 《뉴 오리엔트(The New Orient)》로 정했다.

　이승만은 이날 윌리엄스에게 프란체스카와 약혼한 사실을 털어놓았다. 윌리엄스는 비엔나의 미국영사에게 부탁하여 프란체스카의 미국 입국비자를 내주도록 해야 한다면서, 자기가 뉴욕에 갔다 와서 모든 것을 처리하겠다고 말했다. 윌리엄스는 INC라는 통신사를 운영하는 저널리스트였다.

　이승만은 1월21일에 스태거스와 함께 자신의 자동차로 뉴욕으로 갔다. 운전은 거의 스태거스가 했다. 중도에 브린모어(Bryn Mawr)에 들러서 브린모어대학(Bryn Mawr College)의 밀러(Rudolf A. Miller) 교수 집을 방문해 오랫동안 이야기를 나누었다. 밀러는 이승만이 《뉴 오리엔트》의 편집위원으로 위촉한 대학교수였던 것 같다.

　두 사람의 뉴욕 방문은 화교 지도자들과 《뉴 오리엔트》 잡지의 발행

문제를 협의하기 위해서였다. 중국 인사들은 잡지를 뉴욕에서 발행하기를 원했다. 그들뿐만 아니라 미국 친구들도 그러기를 바랐다. 중국 인사들은 뉴욕 차이나타운의 여러 단체 지도자들로 한 위원회를 조직했다. 그리하여 한국인들도 장덕수와 이철원(李哲源)이 나서서 위원회를 조직했다.

이승만은 4월7일부터 바우어리 저축은행(Bowery Saving Bank) 빌딩 612호실에서 《뉴 오리엔트》 잡지발행 작업을 시작했다. 그는 공식편지도 이 잡지의 이름이 인쇄된 용지를 사용했다.

이승만은 화교 지도자들에게 뉴욕 화교들과 다른 도시에 있는 수천명의 화교들로부터 연간 구독료 4달러의 약정서 1,000장을 확보해 줄 것을 요망했다. 그러고는 인스피레이션 출판사(Inspiration Publishing Co.)의 울먼(W. T. Ulman) 사장과 교섭했다. 울먼은 이승만이 우선 400달러를 내고 앞으로 6개월 내지 8개월 동안 출판비 총계가 8,000달러가 될 때까지 《뉴 오리엔트》 1만부를 출판사가 발행한 다음, 그것이 성공하면 출판사가 이익의 절반을 갖는다는 조건으로 정식계약을 체결하는 데 동의했다.[16]

이승만은 일찍이 고종의 특사로 활동했던 헐버트(Homer B. Hulbert)를 초청하여 한달 동안 뉴욕에 머물면서 잡지의 원고작성 작업을 도와달라고 부탁했다. 불행하게도 울먼이 갑자기 병이 나서 4주일 동안 누워 있는 바람에 5월10일에 창간호를 발행하려던 계획에 차질이 생겼다. 이승만은 화교들의 확실한 구독약정서를 손에 넣고자 했다. 그러나 차일피일하는 동안에 중화공소의 오건초 회장이 임기만료로 물러나고, 후임자는 잡지발행 사업에 별로 관심이 없었다. 또한 차이나타운의 화교 지도자들이 조직한 위원회는 구독약정서를 전혀 확보하지 못했다. 이승만은 차이나타운에서 열린 몇차례의 만찬회 석상에서 현금이든 구독약정서든 어느 정도 확실한 화교들의 지원 없이 한국인들만으로는 잡지발행을 시

---

16) Syngman Rhee, *Log Book of S. R.*, 1934년4월7일조.

작할 수 없다고 말했다. 서너 사람의 중국 인사들이 뉴욕에서 먼저 구독 캠페인을 시작하고 나서 다른 지역도 커버하겠다고 약속했다. 이승만은 6월7일에 혼자서 자동차를 몰고 워싱턴으로 갔다. 그는 먼저 러셀을 만나서 잡지문제를 의논했다.

그런데 이 무렵에 이승만이 잡지문제보다도 더 애를 태운 것은 프란체스카의 입국비자문제였다. 이승만은 국무부로 혼벡(Stanley K. Hornbeck) 극동국장을 찾아갔으나 만나지 못하고 명함만 놓고 왔다. 국무부 사증과에 따르면, 프란체스카는 이민수속을 하지 않고 결혼을 위한 초청입국을 기다리고 있었기 때문에 비자발급이 지연되고 있었다. 오스트리아의 이민 할당 인원수가 차지 않아서 이민신청만 하면 쉽게 비자가 나올 수 있었다.[17] 물론 이승만이 미국시민권을 얻으면 문제는 더욱 간단했다. 프란체스카는 뒷날 이렇게 썼다.

> 그분과 결혼하러 비엔나에서 미국으로 건너갈 때에도 나는 입국 비자를 받기 위해 남다른 고충을 겪어야 했다. 그분이 끝까지 미국시민권을 거부했기 때문이다. 이 당당한 무국적의 남편과 내가 이로 인해 겪은 고초는 그분이 대한민국 건국을 이룰 때까지 계속되었다.[18]

프란체스카의 가족들은 그녀가 이승만과 결혼하는 것을 극구 반대했다. 그녀의 어머니는 "나이가 지긋한 동양신사라서 아무 일 없을 줄 알고 합석을 했었는데, 내 귀한 막내딸을 그토록 멀리 시집을 보내게 되다니…" 하고 회한 섞인 한숨을 내쉬곤 했다고 한다.[19] 프란체스카는 가족들의 빈축을 받으면서 미국의 입국비자가 나오기를 초초하게 기다려야 했다.

---

17) 방선주, 「1930년대의 재미한인독립운동」, 『한민족독립운동사(8)』, p.447.
18) 리 푸란세스카 지음, 조혜자 옮김, 『대통령의 건강』, p.23.
19) 위의 책, p.18.

월리엄스는 저명한 칼럼니스트 피어슨(Drew Pearson)을 움직였다. 피어슨은 알렌(Robert S. Allen)과 함께 미국 각지의 여러 유력지에 「워싱턴 메리고라운드(Washington Merry-Go-Round)」라는 신디케이트 칼럼을 가지고 주로 내막폭로와 가십기사로 워싱턴 정계에 큰 영향력을 행사하고 있었다. 피어슨은 한 유명한 동양신사가 비엔나의 어떤 숙녀를 미국으로 초청하여 결혼하려고 그녀의 입국비자를 신청했는데 비엔나 주재 미국영사가 늑장을 부리고 있다고 폭로했다.[20]

이승만은 워싱턴과 뉴욕을 오가면서 잡지발행과 프란체스카의 입국비자문제로 애를 태웠다. 7월22일에 혼자서 자신의 자동차를 몰고 워싱턴에 도착한 이승만은 이튿날 국무부로 혼벡을 방문했다. 그는 극동정세와 아울러 자신의 잡지발행 계획에 대해 대화를 나눈 다음, 프란체스카의 입국비자문제를 부탁했다. 혼벡은 사증과장 쿨터(Coulter)를 소개해주었다. 쿨터는 비엔나 주재 미국영사에게 다시 전보를 치겠다고 약속했다. 그동안 국무부는 비엔나 주재 미국영사에게 프란체스카의 입국비자를 내주도록 두번이나 전보를 쳤다.

이승만은 여름 내내 잡지발행 작업에 골몰했다. 프란체스카의 입국비자는 좀처럼 나오지 않았다. 이승만은 8월9일에 프란체스카로부터 "거절됨. 노동부 1905호 용지 필요. 수입과 하와이의 재산증명. 은행보고 최단 시일. 사랑"[21]이라는 전보를 받았다. 이승만은 다음과 같은 내용의 재정보증서를 국무부에 제출했다.

한국위원부(Korean Commission)의 창설자이자 영구적 위원장, 호놀룰루 한인기독학원의 설립자이자 교장, 한인중앙기독교회의 설립자이자 12지교회의 총감독, 뉴욕《뉴 오리엔트》지의 경영자로서 1

---

20) Syngman Rhee, *Log Book of S. R.*, 1934년6월8일조.
21) 미국무부문서 811.111 Fanny Donner철, 방선주, 앞의 글, p.447에서 재인용.

주일 수입이 최소 40달러가 되며, 여행수당 및 그 밖의 수당은 별도로 계산된다. 가족이 생기면 늘어나도록 되어 있다. 개인 재산은 3만 2,000달러가량인데, 그 가운데 1만7,000달러의 재산은 다달이 물고 있고 부채는 없다. 도너 양이 본인과 결혼하고 싶어 하는 것은 첨부한 그녀의 편지로 분명하다.[22]

이승만이 개인 재산을 3만2,000달러라고 적은 것은, 호놀룰루의 한인기독교회 부지를 1만7,500달러에 매각하려고 내놓았던 것으로 미루어, 한인기독학원과 한인기독교회의 부지를 말하는 것이었던 것 같다.

이승만의 미국인 친지들과 비엔나 주재 미국영사 사이에 전보가 오갔다. 8월29일에는 이승만이 첫 결혼에서 적법하게 자유로워졌다는 증명이 필요하다는 비엔나 주재 미국영사의 전보가 왔다. 미국총영사는 9월17일에도 그 일이 해결되면 입국비자를 바로 내주겠다고 타전했다. 그러나 그러한 증명은 얻을 수 없는 것이었다. 피어슨은 9월23일자 「워싱턴 메리고라운드」에 다시 이승만의 약혼녀 입국비자문제를 거론하면서, 국무부의 관료주의적 태도를 맹렬히 비판했다. 마침내 이승만은 9월26일에 프란체스카에게서 미국 입국비자가 나왔고, 9월28일에 유로파 호(S. S. Europa)로 떠난다는 전보를 받았다.[23]

2

유로파 호는 10월4일 오후 3시에 뉴욕항에 도착했다. 선박은 예정시간에 입항했으나 부두에는 그녀를 마중 나온 사람이 아무도 없었다. 이승만은 남궁염의 부인과 킴벌랜드(Kimberland) 부인과 함께 마중 나갔

---

22) 위와 같음.
23) Syngman Rhee, *Log Book of S. R.*, 1934년9월26일조; 방선주, 앞의 글, p.447.

프란체스카의 결혼반지. 이승만이 준비한 제주도산 진주 반지(위)와 프란체스카 자신이 산 작은 다이아몬드가 박힌 반지.

는데, 도중에 교통정체로 늦게 도착하는 바람에 프란체스카는 한시간 넘게 부두에서 기다리면서 여간 당황하지 않았다.

이승만은 만사를 제쳐 놓고 결혼식을 서둘렀다. 두 사람은 이튿날로 킴벌랜드 부인과 함께 시청에 가서 결혼허가서를 발부받았다. 그리고 이튿날인 10월6일에는 남궁염의 부인과 함께 메이시(Macy) 백화점에 가서 면사포와 결혼반지를 샀다. 보석상에 들렀을 때에 이승만은 주머니에서 녹두알만 한 제주도 진주를 꺼내면서 이틀 안으로 신부가 낄 반지를 만들어 달라고 말했다. 이승만이 언제 제주도 산 천연진주를 장만했는지는 알 수 없다. 프란체스카는 깨알 같은 다이아몬드 서른여섯개가 한 줄로 박힌 백금 반지가 마음에 들어서 끼어 보았더니 꼭 맞았다. 그녀는 그 반지가 갖고 싶었으나 이승만은 제주도 진주알에만 마음을 쓰고 있었다. 프란체스카는 제주도 진주알을 세공하도록 먼저 맡기고 자기가 고른 반지에 "S. R. to F. D. 1934.10.8."이라고 새기게 하고 보석상을 나왔다. 그 반지 대금은 프란체스카 자신이 지불했다. 그리고 그 사실은 가족들에게는 물론 아무에게도 말하지 않았다.[24]

이승만은 프란체스카가 결혼식 때에 한복을 입기 바랐다. 그리하여 프란체스카는 집에서 가지고 온 하얀 천으로 남궁염의 부인과 함께 한

---

24) 曺惠子, 「人間李承晚의 새 傳記⑥」, 《女性中央》 1983년6월호, p.343.

복을 지어 보았으나 실패했다.[25] 프란체스카는 눈이 붓도록 울었다고 한다.[26]

10월7일은 일요일이었다. 이승만은 프란체스카를 데리고 잡지사 사무실로 갔다. 거기에서 그는 동지회 일을 맡아 보고 있는 안현경(安玄卿)과 한인기독학원의 감독 김노디에게 프란체스카와의 결혼을 자세히 설명하는 긴 편지를 썼다. 그리고 하와이로 신혼여행을 가겠다고 했다.

이승만과 프란체스카는 10월8일 월요일 저녁 6시30분에 렉싱턴 애비뉴에 있는 몽클레어 호텔(Hotel Montclair) 특별실에서 윤병구(尹炳求) 목사와 존 홈스(John H. Holms) 목사의 공동주례로 결혼식을 올렸다. 킴벌랜드 부인과 남궁염 부인이 신부 들러리를 섰고, 킴벌랜드 대령과 프린스턴대학교(Princeton University) 시절의 친구 레이머(Reimer) 목사가 신랑 들러리를 섰다. 혼인서약은 한국어와 영어 두가지로 했다. 결혼식에 참석한 미국인, 중국인, 한국인 친구들은 모두 방명록에 서명을 하여 결혼식 내용을 자세히 알게 해주었다. 결혼식이 끝나자 참석자들은 만찬장으로 내려갔고, 만찬이 진행되는 동안 호텔 오케스트라가 웨딩마치를 연주했다.[27] 이승만은 만 59세였고 프란체스타는 34세였다. 두 사람의 결혼식은 10월27일자《국민보(國民報)》에 보도되어 하와이 동포들이 모두 알게 되었고,《신한민보》는《국민보》의 기사를 받아 다음과 같이 보도했다.

《국민보》10월27일 발행호에 의하면, 지금 뉴욕시에서 영문잡지 출판사업을 하고 계신 리승만 박사는 오스트리아 여자(26)와 결혼 하였다고 호놀룰루 기독교회, 부인구제회, 동지회에서는 지난 21일에 공동대회를 열고 축하전보를 보내었다더라.

---

25) 리 푸란세스카 지음, 조혜자 옮김, 앞의 책, p.22.
26) 曹惠子 증언.
27) Syngman Rhee, *Log Book of S. R.*, 1934년10월8일조.

전설에 의하면 리 박사가 연전에 제네바에 갔을 때에 우연히 전기 오스트리아 여자와 로맨스의 연애가 있었다가 금년에 그 여자가 미국으로 건너와서 결혼하였다고 하더라.[28)]

《신한민보》가 프란체스카의 나이를 스물여섯살이라고 잘못 보도한 것은 동포들의 오해를 더욱 부채질했을 것이다. 이승만은 프란체스카를 데리고 신혼여행을 겸해서 가까이에 사는 친지들을 방문했다. 10월9일 오후에 필라델피아로 가서 하룻밤을 자고, 이튿날 펜실베이니아주의 브린모어대학의 밀러 교수 내외를 방문했다. 밀러는 자기 집에서 이승만 내외에게 점심을 대접한 다음 브린모어대학 캠퍼스를 안내했다. 밀러와 헤어진 이승만 내외는 미디어(Media)의 서재필(徐載弼) 내외를 예방했고, 이어 체스터(Chester)의 박범구 박사 집을 찾아갔다.

워싱턴에는 10월11일 오후 6시에 도착했다. 이승만은 프란체스카에게 미국 국회의사당 등을 구경시키고, 이튿날 아침에 내외가 함께 국무부로 혼벡을 예방했다. 그러나 혼벡은 자리에 없었다. 두 사람은 쿨터 사증과장에게 비자가 나오게 도와 주어서 고맙다는 인사를 했다.

이승만 내외는 「워싱턴 메리고라운드」를 통하여 프란체스카의 입국 비자 발급을 도와준 피어슨과 윌리엄스에게 줄 선물을 샀다. 그리고 이날 저녁에는 윤치영(尹致暎) 내외와 윤홍섭(尹弘燮)을 만났다. 윤치영의 부인은 자기의 쪽빛 치마와 연분홍 저고리를 프란체스카에게 선사했는데, 한복을 입은 프란체스카를 보고 이승만은 여간 흐뭇해하지 않았다. 프란체스카도 한복이 아름답다고 느꼈다. 윤치영의 부인과 프란체스카는 체구가 비슷했다. 프란체스카는 키가 159센티미터였다. 프란체스카는 이때의 일이 계기가 되어 그 뒤로 한복을 즐겨 입게 되었다고 한다.[29)]

---

28) 《新韓民報》 1934년11월8일자, 「리승만 박사의 결혼」.
29) 리 푸란세스카 지음, 조혜자 옮김, 앞의 책, pp.21~22; 曺惠子 증언.

이튿날 내외는 워싱턴 근교에 있는 윌리엄스의 집을 방문하고, 이어 피어슨과 윤홍섭 내외도 만났다. 또 10월15일에는 버니(P. Douglas Birnie)의 집으로 찾아갔다. 이처럼 이승만은 미국의 저명한 언론인과 학자들 사이에 많은 지지자들이 있었고, 또 그들을 잘 관리하고 있었다. 그것은 이승만 개인의 자산이었을 뿐 아니라 한국독립운동의 자산이기도 했다.[30)

이승만 내외는 10월16일 오전 10시에 워싱턴을 떠나서 앨런타운(Allentown)으로 주례를 해준 윤병구 목사 농장을 방문하고, 밤 10시에 뉴욕에 도착했다.

처음에 《뉴 오리엔트》로 정했던 잡지 제호는 《오리엔트 매거진(The Orient Magazine)》으로 확정되었는데, 잡지는 10월20일에 제2호가 발행되었다. 제2호는 바로 재판을 찍어야 했다. 잡지가 그만큼 인기가 있었던 것은 「한국인과 필리핀인」이라는 기사 때문이었다. 이날 이승만은 병상에 있는 《오리엔트 매거진》의 편집인 러셀을 찾아가서 위문했다.[31)

이승만은 안현경과 김노디에게 보낸 자신의 긴 편지를 통하여 하와이 동포들이 자신의 결혼을 충분히 이해하고 축복해 주리라고 기대했을 것이다. 그러나 10월23일에 보낸 동지회 간부들의 전보는 너무나 실망스러웠다. 전보내용은 결혼을 축하한다고 하면서도 하와이에 올 때에는 프란체스카는 뉴욕에 남겨 두고 이승만 혼자만 오라는 것이었다. 이틀 뒤에 똑같은 내용의 전보가 또 왔다. 이때의 실망을 프란체스카는 다음과 같이 써 놓았다.

우리의 신혼생활은 행복했지만 온 민족의 사랑과 기대를 한 몸에 받고 있던 독립투사의 국제결혼에는 남다른 어려움과 말 못할 사연

---

30) 방선주, 앞의 글, pp.447~448.
31) Syngman Rhee, *Log Book of S. R.*, 1934년10월20일조~21일조.

이 많았다. 특히 결혼 직후에 나를 가장 서글프게 했던 일은 하와이 동포들이 남편에게 "혼자만 오시라"는 전보를 보내왔을 때였다. 그분을 보필했던 동지들이 "서양 부인을 데리고 오시면 모든 동포들이 돌아설 테니 꼭 혼자만 오시라"는 전보를 두번씩이나 보내왔을 때에 나는 수심 가득한 친정어머니의 얼굴을 생각하면서 남몰래 눈물도 많이 흘렸다.[32]

동포들의 거부감은 이승만도 어느 정도 예상했던 일이었다. 그래서 안현경과 김노디에게 긴 편지를 썼던 것이다. 이승만의 국제결혼 소식을 들은 하와이 동포들, 특히 이승만의 지지자들 사이에서는 찬반의 논란이 분분했다.[33] 동지회 간부들이 이승만에게 혼자만 오라는 전보를 친 것은 그 때문이었다. 이때의 상황을 안현경과 함께 동지회 운영을 맡고 있던 이원순(李元淳)은 다음과 같이 말했다.

　　솔직히 말해서 이 박사의 결혼은 큰 충격이었습니다. 어떤 사람은 독립운동 지도자가 외국인과 결혼할 수 있느냐고 분개하면서 이 박사가 오더라도 환영할 것 없다고 흥분했습니다. 더구나 부인들의 경우는 이 박사와 악수만 해도 감격할 만큼 그를 따르는 사람이 많았던 터라 모두가 섭섭해했었지요.[34]

실은 이승만 자신도 자기가 가르치는 동포 아이들에게 한국인과 결혼할 것을 강조하지 않았던가. 그러나 만사에 자기 행동의 정당성을 믿는 이승만은 하와이 동포들의 반응이 못마땅했다. 올리버(Robert T. Oliver)는 이승만과 프란체스카의 결혼에 대해 "그들의 결혼은 모든 면

32) 리 푸란세스카 지음, 조혜자 옮김, 앞의 책, p.20.
33) 李元淳, 『世紀를 넘어서: 海史 李元淳自傳』, pp.192~193.
34) 李元淳 증언, 「人間李承晩百年(97)」, 《한국일보》 1975년8월8일자.

에서——결혼이라는 관계에서 있을 수 있는 최대한의 힘으로 작용하는 동지애를 확인시켜 주는, 완벽하고 효과적인 것이었다"[35] 라고 기술했는데, 이 말은 프란체스카와의 결혼에 대한 이승만의 생각을 그대로 표현한 말일 것이다.

독일어가 모국어이면서 프랑스어와 영어를 잘하고, 속기와 타자에 능숙하고, 게다가 정치에 관심이 많은 프란체스카는 이승만에게 더할 나위 없는 비서이자 동지가 될 수 있었다. 또한 백인 여성과의 결혼은 이승만으로 하여금 동포사회에 구애되지 않고 국제적인 활동을 하는 데도 도움이 될 수 있으리라고 생각했을지 모른다. 그는 이미 대학생 시절부터 백인들, 그것도 미국 동부 백인사회의 여성들과 교제하는 데 익숙해져 있었고 그들의 도움을 받았다. 그러한 그가 백인 여성인 프란체스카와 결혼한 데에는 그의 눈에 문명과 힘의 상징인 백인들과의 동일시라는 신경증적인 동기도 작용했을 수 있다.[36]

3

이승만은 프란체스카와 함께 여행길에 올랐다. 그는 동지회 간부들의 권고에도 불구하고 프란체스카와 같이 하와이로 가기로 결심한 것이었다. 자기 자동차를 직접 몰고 샌프란시스코까지 가면서 각지의 동포들도 방문하기로 했다.

11월2일 아침 9시30분에 뉴욕을 출발하여 페리를 건너 허드슨(Hudson)강의 아름다운 경치를 바라보면서 달렸다. 킹스턴(Kingston)에서 점심을 먹고, 올버니를 지나, 오후 4시에 트로이에 도착했다. 트로이에서는 그곳 동지들과 저녁을 같이 했다.

---

35) Robert T. Oliver, *op. cit.*, p.164.
36) 李丙允, 「精神醫學者가 본 李承晩博士」, 《新東亞》 1985년9월호, p.211.

이튿날 아침 8시30분에 트로이를 떠나서 가는 길에 몇 군데 호수를 구경하고 저녁 8시30분에 나이아가라 폭포(Niagara Falls)에 도착했다. 그곳에서는 민박을 했다. 11월4일 오전에 나이아가라 폭포를 구경한 다음 캐나다를 거쳐서 디트로이트로 가려고 했으나, 이승만이 여권이 없었기 때문에 캐나다로 들어가지 못하고, 오후 1시30분에 이리(Erie)호의 연안도로를 따라서 이리로 향했다. 도중에 심한 폭풍과 비를 만났다. 이리에는 오후 5시30분에 도착하여 조그마한 여인숙에서 잤다.

　11월5일 아침 7시30분에 그곳을 출발한 두 사람은 오전 11시에 클리블랜드에서 하이웨이를 바꾸어 타고 오후 4시에 오하이오주의 털리도(Toledo)에 도착했다. 거기에서 다시 하이웨이를 바꾸어 타고 6시30분에 디트로이트에 도착하여 그랜우드 호텔(Hotel Granwood)에 들었다. 디트로이트에서는 사흘 동안 머물렀다. 도착 이튿날 안재창의 집에서 점심을 먹고, 저녁에는 조대홍의 집에서 저녁을 대접받았다. 저녁을 먹고 나서 이승만은 그곳 화교지도자들을 만나서《오리엔트 매거진》에 관한 이야기를 나누었다.

　이승만 내외는 11월7일 아침밥도 안재창의 집에 가서 먹었다. 이날 저녁에는 디트로이트에 거주하는 동포 지도자들이 연회를 베풀고 결혼 선물로 실버세트를 선사했다.

　11월8일 아침 10시30분에 디트로이트를 떠난 이승만 내외는 앤아버의 루퍼스(Rufus) 박사를 찾아보고 인디애나주의 사우스벤드(South Bend)로 갔다. 그곳에서는 한백선의 집에서 잤다.

　11월9일 오전 10시에 사우스벤드를 출발한 이승만 내외는 오후 1시에 시카고에 도착하여 메트로폴 호텔(Hotel Metropol)에 들었다. 시카고에서는 1주일 동안 머물렀다. 도착하던 날은 동지회 회장 김홍기 내외, 남국택 내외와 저녁을 같이 하면서 여러 가지 이야기를 나누었다.

　이튿날은 오한수의 부인과 함께 몬태나주에서 이사 온 농가들을 찾아보러 베네스빌(Benesville)로 갔다. 그리고 저녁에는 실(Shill) 부인 집의 초대를 받았다. 이승만은 그녀에게《오리엔트 매거진》의 판매에 관심을 갖도록 설득했다. 이러한 사실은 이 무렵 이승만이《오리엔트 매거진》을 유지하려고 안간힘을 쓰고 있었음을 말해 준다.

11월11일 오후에는《농업지도자 다이제스트(*Agricultural Leaders Digest*)》지의 발행인 테일러(Tailor) 내외를 만나고, 저녁 7시에 시카고의 화교 지도자들을 만나서《오리엔트 매거진》에 관해서 협의했다.

11월12일 저녁에 한국식당 '파고다'에서 이승만 내외를 환영하는 동포들의 만찬회가 열렸다. 만찬회가 끝나고 나서 저녁 11시에 이승만은 중국대사관이 주최하는 손문(孫文) 탄신 축하파티에 참석했다. 또 11월13일 저녁에는 차이나타운의 화교대표들과 회합을 가졌다.[37]《오리엔트 매거진》보급문제를 상의하기 위해서였다.

이승만 내외는 11월16일 오후 1시30분에 시카고를 떠나서 5시20분에 인디애나폴리스에 도착하여 링컨 호텔(Hotel Lincoln)에 여장을 풀고, 그곳에 와 있던 장기영 등 몇 사람과 저녁을 같이 했다. 이튿날 이승만 내외는 비치그로브(Beach Grove)의 샌트 프린스 병원으로 가서 김영대 박사와 점심을 먹고, 저녁에는 몇몇 동지들과 함께 방사겸의 식당에서 저녁을 같이 했다. 그 자리에는 임병직(林炳稷)도 와 있었다. 이승만은 참석자들에게 제네바에 갔던 일과《오리엔트 매거진》에 대하여 자세히 설명했다.[38]

이승만 내외는 11월18일 아침 9시에 인디애나폴리스를 출발했다. 오전 11시에 테러호트(Terre Haute)를 13마일쯤 지났을 때에 폭우를 만났다. 길이 물에 잠겼다. 이승만의 차는 미끄러지고 타이어가 헛돌았다. 뒷바퀴 하나가 고장이 나서 다음 마을에서 스페어 타이어로 갈아 끼워야 했다. 오후 2시에 다시 출발하여 세인트루이스(St. Louis)로 가다가 A.A.A. 캠핑장에서 하룻밤을 잤다.

---

37) Syngman Rhee, *Log Book of S. R.*, 1934년11월2일조~13일조.
38)《新韓民報》1934년12월6일자,「리승만 박사 환영」.

11월19일 오전 10시30분에 그곳을 출발하여 캔자스시티 조금 못미처의 분빌(Boonville)에서 점심을 먹었다. 캔자스시티로 들어가기 직전에 심한 비바람을 만났다. 오후 6시에 캔자스시티에 도착하여 프린스턴 호텔에 들었다. 이튿날 파이어스톤(Firestone)에서 자동차를 수리하고 타이어 두개를 새로 산 다음 해리스빌(Harrisville)로 갔다.

이승만 내외는 11월21일 아침 7시30분에 오클라호마주의 털사(Tulsa)를 향해 떠났는데, 이날도 비바람이 무섭게 쳤고 길은 엉망이었다. 9월에 여행했을 때와는 반대로 이번에는 남부지방을 거쳐서 로스앤젤레스로 가는 코스를 택했다.

11월22일 아침 7시에 털사를 출발하여 오전 10시30분에 오클라호마 시티에 도착한 이승만 내외는 30분 동안 쉬었다가 다시 텍사스주의 포트워스(Fort Worth)를 향하여 차를 몰았다. 오후 6시30분에 그곳에 도착하여 러크웨이코트(Rockway Court)의 자동차여행자용 캠프장에서 잤다. 이날 이승만은 407마일[651.2킬로미터]을 운전했다.

이승만은 이튿날 아침 7시에 다시 운전대를 잡았다. 경치가 아열대식물들로 바뀌었다. 하루 종일 409마일을 달려 밤 11시에 텍사스주의 서쪽 끄트머리에 있는 페코우스(Pecos)의 캠핑장에 도착했다.

11월24일 아침 7시에 다시 그곳을 출발하여 몇시간 동안 내내 사막지대를 달렸다. 켄트(Kent)를 지나자 높은 산들이 나타났다. 로키산맥의 끝자락인 새크라멘토(Sacramento) 산맥이었다. 계속 아열대식물 지대를 달려 오후 2시쯤에 뉴멕시코주 남단의 국경도시 엘패소(El Paso)에 도착했다. 엘패소를 떠나 라스크루시스(Las Cruses)를 거쳐 모래사막 지대를 지날 때에는 무서운 모래바람을 만났다. 저녁 7시에야 데밍(Deming)의 자동차 캠핑장에 도착했다.

이튿날 아침 7시10분에 그곳을 떠나서 애리조나주의 주도 피닉스(Phoenix)로 가면서는 멋진 드라이브를 즐겼다. 오후 6시쯤에 피닉스에

도착해서 애덤 호텔(Hotel Adam)에 들었다.[39]

　이승만 내외는 11월26일에 드디어 로스앤젤레스에 도착했다. 많은 동포들이 두 사람을 환영했다.

　로스앤젤레스에서는 일정이 바빴다. 11월29일은 추수감사절(Thanksgiving Day)이었다. 이승만 내외는 전효택 내외의 저녁초대를 받았고, 식사를 한 뒤에 한인교회의 예배에 참석했다. 이튿날은 김용중(金龍中) 내외와 저녁을 같이 한 다음 저녁 8시에 감리교회에서 열린 리셉션에 참석했다. 12월1일에는 그곳에 와 있는 중국의 장발규(張發奎) 장군 내외와 할리우드의 루스벨트 호텔(Hotel Roosevelt)에서 오찬회동을 가졌고, 저녁은 김용중 내외와 같이 했다.

　이승만 내외는 12월3일에는 동포들이 많이 사는 리들리(Reedley)에서 온 김형순 내외와 아침을 같이 했다. 리들리에서 사업을 하면서 동포들의 노동인력을 공급하는 일도 하고 있는 김형순은 열성적인 이승만 지지자였다. 이승만이 전년에 제네바에 갈 때에 많은 사재를 털어서 이승만을 지원했던[40] 김형순은 이 무렵에는 자동차를 몰고 캘리포니아의 여러 지방을 순방하면서 구미위원부 유지를 위한 의연금 모금운동을 했다.[41] 이승만 내외와 김형순 내외는 이튿날 오후 4시20분에 로스앤젤레스를 떠나서 리들리로 갔다. 밤 10시쯤에 그곳에 도착하여 위니스 호텔(Hotel Winne's)에 들었다. 이튿날 저녁 7시30분에 인근 다뉴바(Dinuba)의 한인교회에서 리셉션이 열렸다. 이 교회에서는 이승만의 오랜 지지자 이살음(李薩音)이 사역을 했다. 이튿날 저녁에는 이승만 내외를 환영하는 만찬회가 열렸다.

　이승만 내외는 12월7일 아침 9시에 그곳을 떠나서 오후 3시에 샌프란시스코만 동쪽 연안의 오클랜드(Oakland)에 도착했다. 리들리의 김형

---

39) Syngman Rhee, *Log Book of S. R.*, 1934년11월16일조~25일조.
40) 張基永, 앞의 글, p.258.
41) 《新韓民報》 1933년12월28일자, 「김형순씨 구미위원부 일로 순행」.

순이 동행했다. 그들은 세인트마크 호텔(Hotel St. Mark)에 방을 정하고, 저녁 8시에 오근원의 주선으로 열린 동포들의 환영 만찬회에 참석했다. 만찬회에는 20여명의 동포들이 모여 여러 가지 재미있는 순서를 진행했다.[42]

12월8일 오전 10시30분에 오클랜드에서 페리를 타고 샌프란시스코에 도착한 이승만 내외는 차이나타운 가까이의 워싱턴 호텔(Hotel Washington)에 들었다. 여기에서 이승만은 시카고 동포들이 거두어 준 150달러를 뉴욕으로 송금했다.

이튿날 이승만은 프란체스카에게 샌프란시스코 시내를 구경시켰다. 전차를 타고 바닷가까지 갔다. 태평양을 바라보는 이승만의 머리에는 30년 전에 처음으로 이 부두에 상륙한 이래로 몇차례 오가면서 있었던 가지가지 일들이 주마등처럼 지나갔을 것이다. 이제 벽안의 새신부를 대동하고 저 바다를 건너서 제2의 고향 하와이로 다시 가는 길이었다.

이날 저녁에 이승만 내외는 백일규(白一圭) 내외와 저녁을 같이 했다. 백일규는 일찍이 대동보국회 회장으로서 이승만의 『독립정신』을 출판하느라고 동분서주했고,[43] 대한인국민회의 간부와 《신한민보》의 주필직을 역임하면서도 이승만에 대해서는 호의적인 입장을 취해 왔다.

이튿날 이승만 내외는 중국의 채정해(蔡廷楷) 장군을 예방했다. 채정해는 상해사변 때에 19로군의 군장으로서 일본군에게 용감하게 항전했던 인물이었다. 미국을 방문한 그는 중국인들뿐만 아니라 미국인들과 한국인들로부터 대대적인 환영을 받았다. 채정해 장군의 동정에 대해서는 《신한민보》도 연일 크게 보도하고 있었다.

샌프란시스코까지 이승만 내외와 동행했던 김형순은 12월13일에 리들리로 돌아가고, 이승만 내외는 세밑까지 샌프란시스코에 머물렀다. 그

---

42) 《新韓民報》 1934년12월13일자, 「리승만 박사 환영」.
43) 方善柱, 「在美3·1運動總司令官 白一圭의 鬪爭一生」, 『水邨朴永錫教授華甲紀念. 韓民族獨立運動論叢』, p.1358.

러나 대한인국민회는 이승만에 대하여 냉랭했다. 아무런 환영행사도 없었고,《신한민보》는 이승만의 동정을 전혀 보도하지 않았다.

이승만 내외는 12월14일 저녁 7시30분에 기독교자선협회(Christian Benevolent Association)의 모임에 참석했다. 12월15일에는 하루 종일 크리스마스 카드를 쓰고, 12월20일에는 페리를 타고 오클랜드에 다녀왔다. 그리고 12월22일에는 숙소를 빅토리아 호텔(Hotel Victoria)로 옮겼다.

크리스마스에는 한인교회의 저녁 8시 예배에 참석하여 동포들을 만났다. 이튿날 이승만 내외는 버클리(Berkely)의 매클로이(N. Maclaghey) 교수 내외와 저녁을 같이 했다. 이승만은 12월28일 오후 4시에 장발규 장군을 다시 만나서 극동정세에 대한 의견을 교환하고, 이어《샌프란시스코 크로니클(The Sanfransisco Chronicle)》지의 편집장 로웰(Chester Rowell)을 만났다.[44] 이 날짜《크로니클》지는 이승만이 "일본에 대한 반항을 진작시키기 위해" 태평양을 건너서 모처로 가고 있다고 보도했다.[45]

4

두달 동안의 미국여행은 프란체스카에게 뜻깊은 '한국의 발견'이었다. 각지에 흩어져 사는 가난한 한국인들의 애국심과 이승만에 대한 존경은 그녀를 크게 감동시켰다. 이때의 일을 프란체스카는 뒷날 다음과 같이 썼다.

남편과 내가 방문했던 미주의 우리 동포들은 대부분 생활이 어려웠다. 어떤 집에서는 먹을 것이 없어서 젖을 빨리고 있는 엄마와 아기가 다 영양실조에 걸린 것을 보았다. 나는 그때에 너무나 가슴 아파하

---

44) Syngman Rhee, *Log Book of S. R.*, 1934년12월26일조~28일조.
45) Robert T. Oilver, *op. cit.*, p.165.

이승만 내외는 1935년1월25일에 호놀룰루항에 도착했다.

던 남편의 모습을 지금도 잊을 수가 없다. 그리고 그토록 어려운 생활 속에서도 오직 나라의 독립을 찾겠다는 일념으로 독립운동자금을 모아서 보내는 한국동포의 뜨거운 애국심에 나는 절로 머리가 숙여졌다. 그리고 한국의 독립운동가로 유명한 남편이 왜 3등 열차나 3등 선실만 골라서 타고 다니며 그토록 오랫동안 필사적인 독립투쟁을 계속하였는지 이해할 수 있게 되었다.[46)]

그러나 말롤로 호(S. S. Malolo)를 타고 하와이로 가는 동안 프란체스카는 줄곧 불안해했다. 그러한 프란체스카를 보고 이승만은 말했다.

"이번에는 우리를 환영해 줄 동지가 아무도 없겠지만, 다음 여행 때에는 달라질 것이오. 힘을 내오."[47)]

그러나 그것은 기우였다. 그동안 동지회 간부들은 각처의 회원들에게 이승만 내외를 환영하자는 설득작업을 벌였다. 이원순도 동포들에게 전보와 편지를 보내고 직접 방문도 하면서 이승만 내외가 도착하는 날 모두 부두로 나와서 내외를 환영할 것을 부탁했다. 그리하여 1935년1월 25일에 이승만 내외가 호놀룰루항에 도착했을 때에는 3,000여명의 동포

---

46) 리 푸란세스카 지음, 조혜자 옮김, 앞의 책, p.22.
47) 위의 책, p.20.

이승만 내외를 환영한 하와이의 이승만 지지자들. 이승만의 오른쪽이 이종관, 왼쪽 맨끝이 이원순.

가 부두에 나와서 두 사람을 환영했다고 한다. 이승만이 서양 부인을 데
리고 온다는 소식을 듣고 호기심에서 구경 삼아 몰려나온 사람들도 없
지 않았겠지만, 이 무렵 하와이 여러 섬에 흩어져 사는 동포들의 총수가
7,000명 남짓이었던 사실을 감안하면 엄청난 인파였다.[48] 이튿날 한인기
독교회에서 벌어진 잔치에는 900명이 넘는 동포들이 모였다고 한다.[49] 이
러한 수는 얼마쯤은 과장된 것일 것이나, 그것은 이승만의 결혼이 하와이
동포사회가 형성된 이래로 가장 큰 화젯거리였음을 말해 준다.

　이승만의 결혼에 대한 반응 가운데 하와이 동포들의 가장 큰 입방아
거리가 된 것은 김노디의 거취였다. 한인기독학원을 졸업하고 이승만의
주선으로 오하이오주의 오벌린대학(Oberlin College)에 유학했던 김노

───────
48) 李元淳, 앞의 책, p.193.
49) 《新韓民報》 1935년2월21일자, 「하와이: 리승만 박사가 귀포」.

디는 대학 재학시절부터 이승만의 일을 헌신적으로 도왔고, 이승만도 그녀에게 여러 가지 일을 맡겼다. 썩 미인은 아니었으나 성격도 활달하고 일처리 솜씨도 야무졌다. 그녀는 1923년에는 민찬호(閔燦鎬)와 함께 한인기독학원 학생 고국방문단을 인솔하고 와서 전국을 순회하면서 국내 동포들에게 깊은 인상을 남기기도 했다. 반대파들과 분쟁이 있을 때에는 앞장서서 싸웠고, 미국 본토의 각지를 순방하면서 이승만의 사업지원을 위해 모금운동을 벌이기도 했다. 그리하여 하와이 동포들 사이에서는 이승만이 결혼한다면 김노디를 택할 것이라고 쑥덕공론이 많았다. 그러나 이승만은 김노디를 총애하기는 했으나 결혼상대로까지는 생각하지 않았던 것이다.

오랫동안 독신생활을 하던 김노디는 이승만 내외가 호놀룰루에 도착한 뒤에 곧 상처한 동포실업가 손승운(孫承雲, Syung Woon Peter Sohn)과 결혼했다. 이때에 김노디에게는 여덟살 난 딸이 있었다. 위니플레드 리(Winifled Lee: 한국이름 이보경)라는 이름이었다. 이승만의 반대파들은 위니플레드가 이승만의 딸일 것이라고 의심했지만, 그 아이는 1927년에 결혼했던 사업가 이병원(Pyeung Won Lee)의 딸이었다.[50]

하와이 동포들 사이에서는 김노디의 결혼에 대해서도 말이 많았다. 사람들은 김노디가 이승만에게 보이기 위해 아무나 하고 결혼한 것이 아니겠느냐고 수군거렸다. 이원순은 "많은 사람들이 김노디에 대하여 동정적인 말도 했어요. 이 박사가 너무했다, 그런 투였습니다"라고 회고했다.[51]

이승만은 뒷날 정부수립 뒤에 김노디를 초청하여 1953년11월24일부터 1955년2월까지 외자구매처장직을 맡겼다. 김노디는 그 자리를 물러난 뒤에도 대한적십자사 부총재, 대한부인회 섭외간사, 인하대학교 이사

---

50) 유영익, 『이승만의 삶과 꿈』, p.170.
51) 李元淳 증언, 「人間李承晚百年(76)」, 《한국일보》 1975년7월8일자.

이승만의 결혼과 관련하여 하와이 동포들의 가장 큰 관심사는 이승만을 헌신적으로 도운 김노디의 거취였다. 처녀시절의 김노디.

등으로 활동하다가 1958년에 하와이로 돌아갔다.[52]

이승만과 프란체스카의 신혼생활은 행복했다. 이승만의 습관대로 두 사람은 매일 새벽에 함께 성경을 읽고 기도를 했다. 두 사람이 같이 새벽에 성경을 읽고 기도하는 습관은 이승만이 1965년7월19일에 하와이의 마우나라니(Mauna Lani) 요양원에서 운명할 때까지 계속되었다.

프란체스카는 신혼 초에는 신경성 위병에다 변비로 고생했다. 그러나 그녀의 위병과 변비는 이승만이 권하는 대로 새벽마다 냉수를 마시고 완쾌되었다.[53]

프란체스카는 이승만의 짐을 챙기면서 또다시 놀랐다. 밤낮 바쁘게 돌아다니는 독신생활이었으므로 초라하기는 했으나, 너무나 깔밋하고 단정하게 정리되어 있었기 때문이다. 그녀는 속으로 "어쩌면 남자가 이렇게 꼼꼼하고 알뜰한 면이 있을까?" 하고 혀를 내둘렀다. 이승만은 "내 짐은 내가 알아서 정리할 테니 염려하지 말라"면서, 프란체스카의 도움을 오히려 성가시어했다.[54]

52) 유영익, 앞의 책, p.170.
53) 리 푸란세스카 지음, 조혜자 옮김, 앞의 책, p.23.
54) 위의 책, p.30.

결혼한 뒤의 이승만의 생활에서 가장 큰 변화는 식사를 제때에 할 수 있게 된 것이었다. 그동안 이승만은 샌드위치 한쪽이나 식초에 날달걀 한 알을 풀어서 끼니를 때우거나 사과 한개로 하루를 버티며 끼니를 거를 때가 많았다. 생일날 굶은 적도 있었다. 이승만은 가끔 프란체스카에게 "적게 먹고 재치 있는 여자로 생각되어 아내로 맞았다" 하고 우스갯소리를 하곤 했다. 이승만은 또 프란체스카에게 "굶을 줄 알아야 훌륭한 선비이며 봉황은 아무리 배가 고파도 죽순 아니면 안 먹는다"라는 속담을 설명하면서, 가난한 생활을 품위 있게 이겨내는 지혜와 절도를 가르쳤다고 한다.[55]

이승만은 유럽을 다녀온 뒤로는 장기영과 자취생활을 했다. 생활비를 줄이기 위해서였다. 그리하여 하루 평균 25센트 내지 30센트로 마련하는 식탁은 햄버거와 양배추를 썰어 넣은 국과 빵이 고작이었다. 이런 밥상을 받으면서 이승만은

"오늘도 이것뿐인가?"

하고 껄껄 웃고는

"하기야 우리 백성은 이것조차 마음 놓고 못 먹고 사는 백성이지"

하며 찬 없는 식사도 맛있게 먹었다고 한다.[56]

프란체스카는 한국음식 만드는 법을 곧 터득했다. 제일 먼저 배운 것은 이승만이 좋아하는 김치 담그는 법이었다. 그리하여 이승만의 생일날이면 미역국과 쌀밥과 잡채와 물김치를 차려서 그를 기쁘게 했다.[57]

진취적이고 자상한 이승만이었으나, 선비의 생활양식을 지키는 데에는 엄격했다. 신혼생활을 시작하면서 이승만은 프란체스카에게 한국 남자들은 부엌에 들어가서 아내를 도와주는 일은 하지 않는다고 일러 주었다. 프란체스카의 대답도 미국 여성들의 일반적인 생각과 달랐다. 자신도

55) 같은 책, p.22~23, p.25.
56) 張基永, 앞의 글, pp.259~260.
57) 리 푸란세스카 지음, 조혜자 옮김, 앞의 책, p.19.

집에서 정숙한 부인은 남편에게 부엌일을 도움받지 않는다는 가르침을 받았다는 것이었다. 이승만은 또 한국에서는 남편이 아내를 칭찬하거나 아내가 남편 자랑을 하면 '바보'로 여기기 때문에 어떠한 경우라도 남편을 칭찬해서는 안된다는 말을 여러 번 되풀이하여 일러 주었다.[58] 이렇게 하여 프란체스카는 이승만의 명민한 비서이자 동지일 뿐만 아니라, 주부이자 반려자이고 열렬한 후원자, 조언자, 관리자가 되었다.

58) 위의 책, p.21.

56장

남호에 배 띄우고 임시의정원 회의

1. 1기생으로 중단된 낙양군관학교 한인특별반

1

　김구가 중국국민당의 지원을 받아서 1934년2월에 개설한 중국 중앙육군군관학교 낙양분교(洛陽分校)의 한인특별반은 한국 독립운동자들의 큰 기대의 대상이 되었다. 그것은 한달 전에 새로 구성된 임시정부 국무위원들의 「취직서사」에서 천명된 것과 같이 임박한 제국주의 일본과의 전면전 수행을 담당할 실질적인 군사력이 될 수 있을 것이기 때문이었다. 이청천(李靑天), 이범석(李範奭), 오광선(吳光鮮) 등 한인특별반 교관들은 그러한 대일전을 가리켜 "한국혁명"의 발발이라고 말했다.

　　지금의 정세에서는 한국 민족만으로는 강적 일본제국의 타도는 지난하므로 같은 압박 아래 있는 중국의 수뇌부와 우리 동지 사이에 제휴가 이루어져 중한 합작으로 반일항만(反日抗滿)의 운동을 일으켜 목적을 달성해야 한다. 앞으로 다가올 1935~1936년의 일본제국의 국제적 위기는 반드시 제2차 세계대전을 발발시킬 것이다. 개전에 즈음하여 적국 일본제국에 대적하고, 일본군의 후방연락의 중요 지대이며 동아시아 대륙과 일본 본토의 교량적 역할을 하는 한국과 남만주지방에서 일본군 군사시설의 파괴, 고관의 암살, 교통 통신기관 및 중요 건물 등의 폭파를 행하고, 노동자 농민 대중의 폭동을 유발시켜 그것을 지도하고, 중국군과 합동하여 그 전면적 지원 아래 숙원을 달성해야 한다. 그때에는 국외의 모든 민족이 단결하고 여러분들도 소집될 것이므로 즉시 응소할 수 있도록 모든 준비를 갖추어 놓아야 한다. 본교는 우리 한국 민족이 열망하는 한국독립을 위하여 한국혁명

이 발발할 때에 긴요한 간부양성을 목적으로 하여 설립된 것이다.[1]

이처럼 이 무렵 중국에 있던 한국 독립운동자들은 1~2년 안에 일본을 상대로 한 전면전이 발발한 것으로 전망했다. 그것은 김구도 마찬가지였다. 실제로 3년 뒤인 1937년7월7일에는 중일전쟁이 발발했다.

개교하고 처음 맞은 3월1일에는 교관들과 학생들이 낙양분교 강당에 모여 3·1절 기념식을 거행했는데, 이 자리에서 이청천은 다음과 같은 요지의 의욕적인 기념사를 했다.

"오늘은 한국 민족이 독립운동의 첫소리를 울린 날로서 잊어서는 안될 기념일이다. 우리는 지난날의 오늘의 의기를 가지고 목적 달성을 위해 적극적 활동을 하지 않으면 안된다. 오늘은 이 자리에서 간단하게 식을 거행하는 데 그치지만 본국에서 성대하게 기념축전을 거행할 날, 곧 한국 독립도 가까웠다고 믿는다."

이청천의 기념사에 이어 학생대표 이이흥(李利興)과 양철산(梁鐵山)이 일치단결하여 한국독립을 관철시키자는 연설을 한 다음 1분간 묵도를 하고 해산했다.[2]

9년 만에 다시 중국으로 건너온 어머니와 두 아들을 만나고 남경(南京)에 어머니의 거처를 마련하느라고 바빴던 김구는 4월 중순에 낙양군관학교로 갔다. 그는 훈련생 전원을 학교 뒤 숲으로 소집하고 일장 연설을 했다. 그는 자신이 한국의 독립을 목적으로 30년 넘게 해외에서 활동해왔음을 강조하고, 앞서 이청천 등 교관들이 했던 것과 같은 내용의 연설을 한 다음, 앞으로의 한국혁명운동에 관해서는 자기의 의사를 존중하고 자기의 명령에 절대로 복종해야 된다고 엄중히 말했다. 훈련생들은 모두 김구의 이 말에 찬성했다. 그러나 이청천은 이때에 김구가 "자기의 명령에 절

1) 「金九一味ノ動靜ニ關スル件」, 金正柱 編, 『朝鮮統治史料(八)』, pp.495~496.
2) 「金九一味ノ動靜ニ關スル件」, 위의 책, pp.503~504.

대 복종하라"고 훈련생들에게 한 말에 크게 분개했다고 한다. 일본경찰은 이때부터 '김구파'와 '이청천파' 사이에 반목이 시작되었다고 판단했다.[3)]

김구파와 이청천파의 반목은 낙양군관학교 한인특별반 운영의 주도권 다툼 때문에 빚어진 것만은 아니었다. 그것은 이 무렵에 한국대일전선통일동맹(韓國對日戰線統一同盟) 주도로 추진되던 단일신당 결성운동과 깊이 관련되어 있었다.

독립운동단체들의 협의기구로 1932년11월에 결성된 통일동맹은 결성 주동자였던 김규식(金奎植)이 9개월 동안 미국을 방문했던 기간뿐 아니라 그가 돌아오고 나서도 별다른 활동을 하지 못했다. 그러다가 1934년에 접어들면서 독립운동의 구심력을 강화해야 할 필요성을 절감하고, 3월1일부터 사흘 동안 남경에서 제2차 대표대회가 소집되었다. 통일동맹의 이러한 움직임은 조국광복의 기회가 될 대일 전면전이 임박했다는 국제정세 인식과 아울러 중국국민당의 두터운 신임과 재정지원을 받고 있는 김구 그룹에 대한 대항책으로 나온 것이었다.[4)] 움직임의 핵심인물은 의열단(義烈團)의 김원봉(金元鳳)이었지만, 이청천도 적지않은 영향력을 행사하고 있었다.

이청천, 홍면희(洪冕熹: 洪震), 신숙(申肅) 등이 만주에서 결성했던 한국독립당(韓國獨立黨) 대표들과 남경에 있는 윤기섭(尹琦燮), 신익희(申翼熙) 등의 한국혁명당(韓國革命黨) 대표들은 1934년2월25일에 남경에서 신한독립당(新韓獨立黨)을 결성하고, 통일동맹에 참가하여 단일신당운동에 앞장섰다.[5)] 이청천은 새로 결성된 신한독립당의 군사위원장이 되었다.[6)]

이러한 분위기는 낙양군관학교 한인특별반의 훈련생 사이에도 어쩔

---

3) 「金九一味ノ動靜ニ關スル件」, 같은 책, p.496.
4) 「昭和十年夏以降に於ける中華民國在留不逞鮮人團體の情況」, 社會問題資料硏究會 編, 『思想情勢視察報告集(2)』, 東洋文化社, 1976, pp.30~31.
5) 위와 같음.
6) 지복영, 『역사의 수레를 끌고 밀며: 항일무장독립운동과 백산 지청천장군』, 문학과지성사, 1995, p.303.

수 없이 그대로 반영되었다. 김구는 자파 훈련생에게 기밀비를 별도로 지급했고,[7] 이청천은 자신의 세력강화를 위해 자파 인물 고운기(高雲起: 公震遠)를 중심으로 '한국군인회'라는 비밀결사를 조직했는데, 회원은 30명가량 되었다.[8]

통일동맹 제2차 대표회의는 한국독립당[김철(金澈), 김두봉(金枓奉), 송병조(宋秉祚)], 신한독립당[홍진, 윤기섭, 신익희], 조선혁명당[최동오(崔東旿)], 의열단[김빈(金斌) 외 2명] 등 각 단체 대표 12명이 참석하여 대동단결체 조성방침안을 중심의제로 하여 논의를 진행했다. 이때에 통일동맹 중앙위원회는 (1) 종래와 같은 중앙간부만의 기관으로 하지 말고 가입단체들로부터 다수 투사를 집결시켜 적극적 공작을 전개하거나, (2) 가맹단체는 물론 그 밖의 각 혁명단체를 전부 해체하고 혁명동지 곧 단원을 통일동맹에 합류시켜 단일 대동맹을 조직할 것, (3) 그러기 위해서는 혁명단체 밖에 있는 대한민국임시정부도 폐지할 것이라는 세가지를 결정할 필요가 있다고 제의했다. 이 제의를 놓고 토론을 거급한 결과 이론이 있어서 가결은 보지 못했지만 대체로 그 취지는 양해하고, 각자 되도록 이에 따르기로 하되 일단 소속단체에서 협의하여 그 단체의 의견을 정리한 다음 다시 통일동맹 간부회의를 열어 논의하기로 하고 일단 해산했다.[9]

4월12일에는 통일동맹의 중앙집행위원회 상무위원 김두봉 외 5명의 연명으로 "가장 완전한 대동단결체 조성"에 관한 방안을 토의하기 위한 각혁명단체대표회의를 1935년3월1일 이전에 소집할 것을 제의하면서, 이에 동의하는 단체는 대동단결체를 조성하는 방안과 대표회의에서 결정될 방안에 따라 성립될 단체의 「주의」, 「강령」, 「정책」 등에 관한 초안을 보내라고 통보했다. 이어 4월22일에는 이에 대한 각 단체의 의견을 9월1

---

7) 內務省警保局 編, 『社會運動の狀況(8)』, 三一書房, 1972, p.1548.
8) 『독립운동사자료집(11) 의열투쟁사료집』, p.828.
9) 「一九三四年の上海を中心とする朝鮮人の不穩策動狀況」, 金正明 編, 『朝鮮獨立運動 民族主義運動篇Ⅱ』, p.514.

일까지 보내 줄 것을 추가로 통보했다.[10]

단일신당 조직에 가장 열성적인 그룹은 의열단의 '김원봉파'였다. 김원봉은 통일동맹에 가입하지 않은 단체까지 망라하여 단일신당을 조직함으로써 공산주의 이데올로기에 입각한 신당의 주도권을 장악할 수 있고, 그렇게 함으로써 중국국민당과의 관계에서 자기보다 우위에 있는 김구 그룹의 영향력을 꺾을 수 있을 것이라고 생각했던 것이다.[11] 이때에 있었던 한 에피소드를 김구는 다음과 같이 술회했다.

이때에 우리 사회에서는 또다시 통일바람이 일어나 대일전선통일동맹의 발동으로 의논이 분분하였다. 하루는 의열단장 김원봉군이 특별면회를 청하기로 남경 진회(秦淮) 강가에서 밀회하였다. 김군이 나에게 물었다.

"현재 발동되는 통일운동에 참가 아니할 수 없으니 선생도 동참하시는 것이 어떻습니까?"

"통일하자는 대원칙은 같으나 그 내용이 동상이몽으로 간파되니, 군의 소견은 어떠하오?"

"제가 통일운동에 참가하는 주요 목적은 중국인들에게 공산당이란 혐의를 면하고자 함이올시다."

"나는 그런 목적이 각기 다른 그런 통일운동에는 참가하기를 원하지 않소"

나는 이렇게 말하면서 거절하였다.[12]

이처럼 김구는 공산주의자들과의 타협이나 제휴는 계속해서 거부했

10) 「上海及ビ南京方面ニ於ケル朝鮮人ノ思想狀況」, 金正柱 編, 『朝鮮統治史料(十)』, pp.714~715.
11) 「昭和十年夏以降に於ける中華民國在留不逞鮮人團體の情況」, 『思想情勢視察報告集(2)』, pp.30~31.
12) 『백범일지』, pp.357~358.

다. 1927년 7월에 상해에서 의열단을 정비한 김원봉은 1929년 초에 북경으로 가서 안광천(安光泉)과 함께 조선공산당재건동맹(朝鮮共産黨再建同盟)을 조직하고, 부설 교양기관으로 레닌주의정치학교를 설립했다. 그리고 동맹의 기관지로 《레닌주의》를 발간하여 청년들의 공산주의 이념교육에 힘썼다. 1931년에 만주사변[9·18전쟁]이 터지자 그는 본거지를 남경으로 옮기고 중국국민당과 접촉하는 한편, 통일동맹의 결성을 주도했다.[13] 이러한 김원봉을 김구는 공산주의자로 단정했다. 그리하여 안공근(安恭根)은 중국인들에게 "의열단은 코민테른[국제공산당]으로부터 원조를 얻어 한국혁명운동의 통일을 획책하고 있다"라고 말했다고 한다.[14]

김구가 신당에 참여하지 않기로 하자, 김구로부터 격려연설을 듣고 만년필을 선물받기도 했던 의열단 청년들은 김구를 "민족운동의 적"이라고 극언했다고 한다.[15]

김원봉을 공산주의자라고 생각한 것은 김구만이 아니었다. 신당결성운동에 참여한 민족주의자들도 대체로 그렇게 생각했다. 조선혁명당 대표로 신당 결성에 참여했던 김학규(金學奎)는 김원봉이 통일을 주장한 것은 "자기네 공산주의가 중국국민당에 드러나는 것이 불리한 까닭에 그것을 카무플라주하자는 것이었다"라고 적었다. 김학규는 김구가 신당결성에 참여하지 않은 이유도 "통일이란 미명하에 공산주의자들인 김원봉일파의 권모가 내포해 있으니 그렇게 불순한 공산주의자들과 통일운동을 하는 것은 결국 그들에게 기만, 이용만 당할 것이라는 것을 간파하였기 때문이라고 한다"라고 술회했다.[16]

김구가 자신이 입학시킨 낙양군관학교 분교의 한인특별반 훈련생 25명을 1934년 8월에 남경으로 철수시킨 것은 위와 같은 여러 가지 상황을

---

13) 김영범, 『한국근대민족운동과 의열단』, pp.270~299 참조.
14) 「不逞鮮人團體의 新黨樹立運動의 概況竝金九一派의 動靜」, 『思想情勢視察報告集(2)』, p.9.
15) 염인호, 『김원봉연구』, p.187.
16) 金學奎, 「白波自敍傳」, 《한국독립운동상연구》 제2집, 독립기념관 한국독립운동사연구소, 1988, pp.594~595.

종합해서 내린 판단에 따른 것이었다. 김구는 자신이 확실히 믿을 수 있는 항일투사 양성을 바랐던 것이다. 철수한 훈련생 가운데는 곽낙원(郭樂園) 여사가 두 손자와 함께 고국을 탈출할 때에 길안내를 했던 최창한(崔昌漢)과 김구의 장남 김인(金仁)도 포함되어 있었다. 김구가 자파 훈련생들을 철수시킨 데 뒤이어 이청천, 이범석, 오광선 세 교관도 사직하고, 한인훈련생 62명은 중국인 훈련생 60명과 함께 제3대에 편입되어 중국인 교관의 교육을 받았다.[17]

2

때를 같이 하여 김구를 크게 상심하게 하는 일이 또 한가지 벌어졌다. 그것은 중국국민당과의 연락을 맡아 온 박찬익(朴贊翊)과 결별하게 된 일이었다.[18] 김구는 낙양군관학교 분교에 한인특별반 훈련생들을 입교시킨 뒤에 중국 인사들을 자주 만나느라고 김홍일(金弘壹)의 집에 두어 달 동안 머물렀는데, 그럴 무렵에 이청천과 박찬익으로부터 편지를 받았다. 이청천의 편지는 교관직을 그만두고 조선민족혁명당 군사위원장으로 일하기로 했으므로 그렇게 알아 달라는 것이었고, 박찬익의 편지는 임시정부 관계 가족들의 생활안정에 관한 김구와의 의견 차이를 거론하면서 불평을 털어놓은 것이었다. 김구는 두 편지를 김홍일에게 보이면서 실망을 감추지 않았다.

김구는 특히 박찬익의 편지에 큰 충격을 받았다. 그는 밤새껏 생각한 끝에 이튿날 아침에 안공근을 불렀다. 김구는 안공근에게 앞으로는 중국정부나 중국국민당과의 연락업무를 박찬익 대신에 맡으라고 말했다. 그리고 김홍일에게는 그러한 사실을 중국 군정당국에 알리고 안공근을 소개해 주

---

17) 「金九一味ノ動靜ニ關スル件」, 金正柱 編, 『朝鮮統治史料(八)』, p.496.
18) 南波朴贊翊傳記刊行委員會, 『南波 朴贊翊傳記』, 乙酉文化社, 1989, pp.221~222.

라고 부탁했다. 김홍일은 즉시 중국국민당 비서장과 군관학교 교육장에게 각각 만날 시간을 약속하고 김구와 안공근을 안내했다.[19] 김구는 도장도 새로 새겼음을 중국국민당의 연락 창구인 소쟁(蕭錚)에게 알리고, 앞으로는 새 도장을 지닌 안공근에게만 자금을 지급해 달라고 통보했다.[20]

박찬익이 말한 임시정부 관계 가족들의 생활안정에 관한 의견차이란 가흥에 있는 이동녕(李東寧)과 엄항섭(嚴恒燮) 가족의 생활비 보조문제에 관한 것이었다. 김구는 그때까지 두 사람에게 매달 200원을 송금했는데, 안공근이 재정을 맡은 뒤로는 매달 120원으로 감액해서 보냈다. 이 무렵 이동녕은 폐결핵에 걸려 각혈을 하고 있었고, 엄항섭은 가족들의 병수발로 고생하고 있었다.[21] 200원이라는 돈은 결코 적은 액수가 아니었으므로 박찬익의 불평은 김구를 격분시켰을 것이다.

김구는 낙양군관학교 분교에서 철수시킨 훈련생들 가운데 가장 신뢰할 만한 사람들은 특무공작을 맡겨 각처로 보내고, 나머지 훈련생들은 남경에 있는 중국 중앙육군군관학교의 10기, 11기생으로 전입시켰다. 그러나 그들을 중국 중앙육군군관학교에 보낸 것은 일시적인 방편이었다. 김구는 이들을 집단적으로 수용하여 훈련시킨 다음 특무공작에 투입할 생각이었다. 그리하여 1934년12월 하순에 중국 육군군관학교에 재학중인 훈련생들을 중심으로 하여 한국특무대독립군을 조직했다. 본부는 남경성 안의 목장영고안리(木匠營高安里) 1호에 두었는데, 본부는 "김구구락부"라고도 불렸다.[22] 외부에서는 2층으로 보이지만 실제로는 3층인 5칸 크기의 중국식 다세대 건물이었다. 김구는 그 건물의 한칸을 임대한 것이었다.[23]

한국특무대독립군의 조직목적은 "첫째로 본 조직은 한국특무대독립

19) 金弘壹, 「大陸의 憤怒」, pp.299~300.
20) 「金九가 蕭錚에게 보낸 1934년10월30일자 편지」, 『대한민국임시정부자료집(42) 서한집 I 』, p.298.
21) 「昭和十年夏以降に於ける中華民國在留不逞鮮人團體の情況」, 『思想情勢視察報告集(2)』, p.222.
22) 「上海及び南京方面ニ於ける朝鮮人ノ思想状況」, 金正柱 編, 『朝鮮統治史料(十)』, pp.708~709.
23) 한상도, 『韓國獨立運動과 中國軍官學校』, p.334.

군이라 칭하고, 군사적 무장과 수양을 목적으로 한다. 둘째로 조직 목적 또는 수령의 명령을 배반하고 다른 당파와 통교하여 동지를 적에게 파는 경우에는 혁명 반역자로서 처분한다. 셋째로 우리는 한국혁명을 위해 전원 무장하고 일본제국주의와 그 정책을 파괴하는 것을 목적으로 하고, 군사적 조직을 완성한다"라는 것이었다.[24]

한국특무대독립군은 김구의 리더십에 절대적으로 복종하는 개인조직의 성격이 강했다. 참모 안공근, 비서 오면직(吳冕植), 중대장 겸 조사부장 김동우(金東宇: 盧鍾均), 조사부원 안경근(安敬根) 등 핵심인물은 모두 김구의 심복으로 활동해 온 사람들이었다. 본부에는 《동아일보(東亞日報)》, 《대판매일신문(大阪每日新聞)》, 《상해매일신문(上海每日新聞)》, 영자신문 등 국내외의 각종 신문을 비롯하여 《신동아(新東亞)》, 《킹(キング)》 등 잡지류와 무기와 탄약 등이 비치되어 있었다. 김구는 대원들에게 각종 자료를 읽히고 정신교육을 하면서 대원들의 반일의식을 고취했다.[25] 한국특무대독립군에서 훈련받은 청년들 가운데는 기밀탐지의 임무를 띠고 국내로 파견된 사람도 있었다.[26]

통일동맹 집행위원회가 "가장 완전한 대동단결체 조성"을 위한 제의서에 대한 찬부와 의견의 회신을 요망하면서 그 시한으로 통지했던 9월1일이 되도록 회답을 보낸 단체는 많지 않았다. 가맹단체들의 내부 의견이 쉽사리 정리되지 않았기 때문이다. 그러자 통일동맹은 9월2일에 각 단체에 독촉장을 보내어 1935년2월20일에 각혁명단체대표회의를, 이어 2월25일에는 통일동맹 제3차 대표대회를 남경에서 개최하기로 결정했다고 통보했다. 그러고 나서 10월1일부로 기관지 《전선(戰線)》 제1호를 발행하여 "대동단결체 조성"의 필요성을 강조했다.[27]

---

24) 「上海及ビ南京方面ニ於ける朝鮮人ノ思想狀況」, 金正柱 編, 『朝鮮統治史料(十)』, p.709.

25) 한상도, 앞의 책, pp.334~335.

26) 「金九一味ノ動靜ニ關スル件」, 金正柱 編, 『朝鮮統治史料(八)』, pp.501~502.

27) 「一九三四年の上海を中心とする朝鮮人の不穩策動狀況」, 金正明 編, 『朝鮮獨立運動 民族主義運動篇Ⅱ』, pp.514~515.

"대동단결체 조성"이란 단일신당 결성을 뜻하는 것이었음은 말할 나위도 없다. 그러나 협의기구에 지나지 않았던 통일동맹이 단일신당으로 전환하는 과정에는 주도권 장악을 둘러싼 알력이 있게 마련이었고, 또 이데올로기의 대립에 따른 불신과 갈등이 불가피했다. 가장 심한 동요를 겪은 것은 임시정부의 실권을 장악하고 있는 한국독립당이었다. 한국독립당은 1934년3월1일에 제2차 대표회가 열릴 무렵까지만 해도 "대동단결체 조성"을 촉구하고 있었지만, 막상 이 대회에서 임시정부 폐지론이 대두되자 당론이 흔들리게 되었다. 임시정부가 폐지되면 상해 동포사회에서 누리는 유리한 기반이 무너지게 되고 미주와 하와이 동포들의 지지도 통일신당으로 흡수될 것이었다. 그리고 현재의 지도부는 자연히 도태될 운명에 봉착하게 될 것이었다.

한편 1934년10월2일에 항주의 임시판공처에서 개원한 제27회 임시의정원은 성원이 되지 않아 한달이나 유회되다가 10월30일과 31일 이틀 동안 열렸는데, 「대정방침(大政方針)」을 두고 장시간 토론을 벌였으나 아무런 결론 없이 폐원하고 말았다. 이때에 모인 의정원 의원 13명 가운데는 통일신당운동에 적극적으로 참여하고 있는 사람이 여럿 있었기 때문이다. 그런데 이때의 회의록에 "30일 하오 7시 반에 다시 모여서 계속 개회하였다가 정회하고, 비공식회의에서 전 국무위원 김구가 서류와 회계에 대한 일체를 아직까지 완전히 인계치 아니하는 데 대하야 많은 토의가 있고…"[28]라고 기록되어 있는 것이 눈길을 끈다. 임시정부 인사들의 가장 절실한 관심사는 김구가 가지고 있는 자금이었던 것이다.

해가 바뀌어 통일동맹이 통보한 각혁명단체대표회의 날짜가 닷새 앞으로 박두한 1935년2월15일부터 17일 오후 10시까지 한국독립당은 항주에서 당론결정을 위한 제7차 당대표대회를 개최했다. 구회와 지회 대표 17명이 참석한 이 회의는 임시정부 존폐문제로 의견의 일치를 보지 못하

---

28) 「臨時議政院 會議 제27회」(1934.10.), 『대한민국임시정부자료집(2) 임시의정원 I』, p.287.

고 논란을 벌인 끝에, 결국 신당 참가 반대파[송병조, 조완구(趙琬九), 차리석(車利錫), 박창세(朴昌世), 김붕준(金朋濬)]가 중립파[양기탁(梁起鐸), 김사집(金思潗), 박경순(朴敬淳), 이세창(李世昌), 문일민(文逸民), 김홍서(金弘敍)]와 합세하여 찬성파[김두봉, 이광제(李光濟), 강창제(姜昌濟), 유진동(劉振東), 구익균(具益均)]를 누르고 한국독립당의 해체 불가와 신당 불참가를 결의하고, 3월 1일에 통일동맹이 소집한 각혁명단체대표회의에 불참할 것을 천명하는「제7차대표대회선언」을 발표했다.[29]

　　본당은 5개성상을 경과하는 도중에서 항상 우리의 근본책인 대당 조성에 노력하여 왔다.… 그러나 운동선상 각개의 모순과 결점과 집착은 변함이 없이 의연히 존재할 뿐 아니라 가일층 강화되어 전환할 여지가 보이지 않게 되니, 이는 일시의 구합[苟合: 분별 없이 남의 말에 찬동함]으로써 전철을 다시 밟아 뜻 아닌 분규와 혼란을 야기하느니보다 차라리 시간을 참아 성숙을 기다리는 것이 우리 운동선상의 이(利)라고 보는 견해 아래 지극히 유감스럽기는 하나 그 회의에 참가하는 것을 중지한 소이다.…[30]

독립운동자들 사이의 고질적인 병폐인 각자의 모순과 결점과 집착이 없어지기는커녕 오히려 심화되는 현재의 상황에서 단일당 조직은 시기상조라는 것이었다.

한국독립당이 불참을 선언하자 통일동맹은 2월 20일로 예정했던 각혁명단체대표회의를 6월 20일로 연기했다.

---

29)「昭和十年夏以降に於ける中華民國在留不逞鮮人團體の情況」,『思想情勢視察報告集(2)』, p.32, p.60.
30)「한국독립당 제7차대표대회선언」(1935.3.1.),『대한민국임시정부자료집(33) 한국독립당Ⅰ』, 2002, pp.63~64.

2. 한국특무대독립군과 학생훈련소

1

1935년 들어 김구는 일본 수사기관의 집중적인 추적 속에서도 대일전 선통일동맹 그룹의 임시정부 폐지책동을 저지하고 각지에서 응모해 오는 청년들을 훈련하고 관리하는 일에 힘을 기울였다. 일본검찰의 다음과 같은 보고는 이때의 김구의 활동상황을 집약해서 설명해 준다.

김구가 이끄는 (한인)애국단은 의열단 및 그 밖의 각 단체와는 전현 연락이 없고… 의열단 및 그 밖의 각 단체의 김구 일당에 대한 질시 반목은 더욱 격화되어, 앞에서 말한 신당수립운동도 그 근원은 김구에 대한 압박에서 연유한 사실을 명백히 간취할 수 있다.

이러한 주위의 적대시에도 불구하고 김구 일파는 의연히 이러한 종류의 단체 사이의 큰 세력의 위치를 잃지 않고, 중국쪽의 보조자금은 월액 5,000원이라고 한다. 그리고 아나키스트 그룹에 속하는 흑색공포단을 수중에 장악하고 있어서 실행력이 가장 강하고 자금도 풍부하여, 해마다 많은 조선인 자제를 권유하여 중국 군관학교에 유학시켜 군사교련을 실시하는 한편, 민족의식의 앙양에 힘을 기울여 졸업한 자들은 내지[일본], 조선, 만주 각지로 보내어 기회 있을 때마다 테러행위를 실행하게 하고 또 기도하는 등 가장 무서운 단체이기 때문에, 현지의 각 기관은 김구 일당에 대한 수사와 경계에 전력을 기울이고 있다고 해도 과언이 아니다.[31]

일본정부가 김구의 소재를 파악하기 위하여 얼마나 혈안이 되어 있었

---

31) 「不逞鮮人團體の新黨樹立運動の槪況竝金九一派の動靜」, 『思想情勢視察報告集(2)』, pp.3~4.

는가를 짐작하게 하는 보고문이다.

　김구는 한국특무대독립군과는 별도의 조직으로 1935년2월에 학생훈련소를 설치했다. 이 학생훈련소의 설치는 안공근의 건의에 따른 것이었다. 장소는 남경성 안 동관두(東關頭) 23호의 중국식 단층건물 2동이었다. 이 훈련소는 중국 중앙육군군관학교에 입교시키기 위하여 각처에서 모집한 한인 청년들에게 예비교육을 실시할 목적으로 설립된 것으로서, '특무대 예비훈련소' 또는 '몽장훈련소(蒙藏訓練所)'라고도 불렸다.[32]

　김구가 학생훈련소를 설치한 것은 낙양군관학교 분교의 한인특별반이 제1회 졸업생만 내고 폐쇄되었기 때문이다. 낙양군관학교 분교는 1935년4월9일에 한인특별반 훈련생들을 모두 졸업시킨 다음 더 이상 한인훈련생을 받지 않기로 한 것이다. 1년 전에 입교할 때에는 모두 92명이었으나, 김구의 명령으로 퇴교한 25명과 병으로 퇴교한 사람 등을 제외한 62명이 졸업했다.[33] 김구는 김원봉, 안공근, 김홍일 등과 함께 졸업식에 참석했다. 그러나 이청천과 이범석은 참석하지 않았다.[34]

　처음에 국민정부는 한인특별반 학생들이 졸업하면 그들을 '중한혁명군'이라는 이름 아래 별도로 '재낙양 중국군교도대(在洛陽中國軍教導隊)'로 편성하여 국민정부 휘하의 무장단체의 하나인 반만항일공작별동대(反滿抗日工作別動隊)에 배속시키기로 했었는데, 한인지도부의 분열로 말미암아 한인특별반 학생들의 졸업 후 진로는 자신들의 소속당파에 따라 갈라지게 되었다. 이청천과 김원봉 계열의 훈련생들은 남경으로 가서 군정부학병대라는 이름으로 남경성 중화문[남문] 밖에서 잠시 함께 대기하다가, 이청천 계열의 졸업생들은 신한독립당 산하의 청년군사간부특별반으로 편입되고 김원봉 계열의 졸업생들은 1935년7월에 결성된

32)「金九一味ノ動靜ニ關スル件」, 金正柱 編,『朝鮮統治史料(十)』, p.482;「在支不逞鮮人の靑年養成情況」,『思想情勢視察報告集(2)』, p.387.
33)「在支不逞鮮人の靑年養成情況」,『思想情勢視察報告集(2)』, pp.382~386.
34) 金弘壹, 앞의 책, p.300.

민족혁명당에 흡수되었다.[35)]

낙양군관학교 한인특별반이 폐쇄된 것은 김구와 이청천의 알력 때문만은 아니었다. 그보다는 일본의 방해가 더 큰 원인이었다. 이 무렵에는 일본과 국민정부 사이에 친선공작이 본격적으로 진행되고 있었기 때문이다. 그리하여 1935년1월21일과 22일 이틀 동안 남경에서 열린 왕조명(汪兆銘) 외교부장과 수마 야키치로(須磨彌吉郎) 남경 주재 일본총영사 사이의 회담에서 (1) 배일 및 일화배척의 근절, (2) 한인 독립운동자들의 인도와 그 책동 방지, (3) 제3국으로부터의 고문 및 교관의 초청, 무기수입, 자본수입의 중단과 그 분야에서의 일본과의 합작이라는 일본의 3개항 요구사항에 대해 중국정부가 긍정적 반응을 보인 것이었다.[36)]

수마 총영사는 낙양군관학교 한인특별반 문제를 중국정부에 항의하고, 곡정륜(谷正倫) 중국 경비총사령에게 김구 체포문제를 교섭했다.

"대역 김구를 우리가 체포하려는데 입적(入籍)이니 무엇이니 딴 말을 해선 안되오."

김구가 중국 국적을 취득했다는 등의 핑계로 자기네가 김구를 체포하는 것을 방해하지 말라는 것이었다.

"일본에서 고액의 현상금을 걸었는데, 김구를 내가 체포하면 그 상금을 내게 주시오."

곡정륜은 이러한 수마와의 교섭내용을 김구에게 알려 주면서 남경에서는 각별히 조심하라고 일렀다. 이렇게 하여 낙양군관학교 한인특별반은 제1기 졸업생을 낸 뒤에 다시 수용하지 말라는 상부의 명령을 받았다고 한다.[37)]

낙양군관학교 한인특별반의 1년 과정반에는 신체에 이상만 없으면 입학할 수 있었다. 그러나 다른 중국 군관학교에서는 입학을 허락한다

---

35) 한상도, 앞의 책, pp.326~327.
36) 日本國際政治學會 編, 『太平洋戰爭への道(3) 日中戰爭(上)』, p.85.
37) 『백범일지』, p.359.

하더라도 중국어는 말할 것도 없고 중학 졸업 이상의 학력이 있어야 했다. 그리하여 김구는 각처에서 모집해 온 한인청년들을 중국 군관학교에 입학할 수 있을 만한 실력을 갖추도록 훈련시키기 위하여 학생훈련소를 설치한 것이었다.

학생훈련소 설치 사실은 대외적으로 철저하게 비밀에 부쳐졌다. 한국특무대독립군 대원들조차 학생훈련소의 무단출입이 금지되었고, 학생훈련소 훈련생들 역시 특무대독립군 본부에 마음대로 내왕하지 못했다. 학생훈련소에는 《동아일보》, 《조선일보(朝鮮日報)》, 《대판매일신문》, 《대공보(大公報)》 등의 신문들과 잡지류 및 각종 서적들이 비치되어 있었다. 훈련생들은 오전 7시에 일어나서 오후 10시에 취침했는데, 이들에게 실시된 예비교육은 일정한 수업시간이 편성되지 않았고, 학식이 있는 대원의 주도 아래 중국어, 기하, 대수 등의 자율학습을 했다.[38] 훈련생의 지도감독은 김동우(金東宇)가 맡았고, 김구의 아들 김인과 안공근의 친척되는 하응무(賀應武)가 훈련생들과 합숙하면서 훈련생들의 일과를 관리했다.[39]

김구 그룹이 반대하는 상황에서 한국독립당마저 불참한다면 대동단결 조직은 아무런 실효를 기대할 수 없었다. 그리하여 김원봉을 비롯한 통일동맹 주동자들은 김두봉을 통하여 한국독립당 간부들을 설득하고 회유했다. 국내신문에 다음과 같은 기사가 보도된 것도 그러한 설득과 회유공작에서 연유했을 것이다.

모처착 정보에 의하면 해외에, 특히 상해, 남경, 북경 등지의 민족운동자와 공산주의자들이 최근에 이르러 대동단결을 하야 가지고 단일대당(單一大黨)을 조직하기로 되었다 한다. 곧 상해를 근거로 하고

---

38) 송우혜, 『윤동주평전』, 열음사, 1989, p.131; 「金九派學生訓練所の情況」, 『思想情勢視察報告集(2)』, p.223.
39) 한상도, 앞의 책, pp.341~342.

民族共産 各派가 提携

單一大黨組織說

中心은 金九、金元鳳、李靑天 等

當局、各派行動을 嚴戒

直接派養成은

李靑天이 直接擔當

南京에있는 軍官校를 利用

金九·李靑天도 活動

虛僞强盜告發

老婆自殺

急行列車

김구, 김원봉, 이청천 등의 제휴에 의한 단일대당 조직설을 보도한 1935년 3월 1일자 《동아일보》.

있는 민족주의자로 직접 행동파의 거두인 김구 일파와 공산주의적 색채가 농후한 의열단 수령 김원봉 일파가 최근에 이르러 합작을 하고 신한독립당의 수령 이청천과도 최근에 전기 2파가 합작을 하였다 한다. 그리하여 종래에는 민족주의자와 공산주의자가 각기 반목 질시하는 경향이 현저하던 것이 최근에 이르러 합동이 되고 또는 다소의 포용되지 아니하던 민족당들도 모두 합동하야 단일대당을 조직하고 있는 것은 비상한 주목을 끌게 되었다. 그 까닭에 경무국에서는 각파의 행동을 엄밀히 내사하기로 하고 상해 이시이 이타로(石射猪太郎) 총영사에게 민족 공산 등 각파의 태도를 조사하여 보내도록 발첩을 하였다. 이 회보를 기다려 경무국으로서도 상해, 남경, 북경 등 각지에 근거를 둔 공산주의자와 민족주의자의 단일대당에 관한 대책을 세우

리라 한다.[40)

"모처착 정보"의 출처가 어디였는지는 분명하지 않으나, 기사의 내용으로 보아 단일신당 결성을 추진하는 쪽에서 제공한 정보였던 것이 틀림없다. 이 기사는 한달 뒤에 그대로 샌프란시스코의 《신한민보(新韓民報)》에 전재되었다. 《신한민보》에는 이 기사 뒤에 다음과 같은 기사가 함께 실려 있어서 눈길을 끈다.

　　모처착 정보에 의하면 신한독립당의 군대양성계획은 이청천씨의 수중에서 실현되고 있다 한다. 그리하야 종래에 사이가 좋지 않던 김구와 이청천도 근간에 대활동이 실현되어, 이청천은 이미 남경군관학교의 교관이 되어 가지고 각지에서 군관생을 모집하야 군관학교에 입학 졸업케 한 후 각지에 파송하야 그 임무를 다하게 한다 하며, 이청천은 물론 김원봉과도 완전히 합일되었다고 한다.[41)

이 기사로 미루어 보면 앞의 기사도 이청천파에서 보낸 정보였던 것으로 짐작된다.

2

임시정부 폐지문제로 독립운동자들 사이에 논란이 분분하자 김구는 임시정부를 적극적으로 옹호하고 나섰다. 김구는 낙양군관학교 한인특별반 운영에 힘을 기울이면서 독자적인 활동을 하는 동안 임시정부 인사들과는 소원해져 있었지만, 그렇다고 위기에 처한 임시정부를 나몰라라 하고 바라보고 있을 수만은 없었던 것이다. 그것은 자신이 심혈을 기울

---

40) 《東亞日報》 1935년3월2일자, 「民族共産黨各派가 提携 單一大黨組織說」. 같은 날짜의 《朝鮮日報》와 《每日申報》에도 비슷한 기사가 실렸다.
41) 《新韓民報》 1935년4월4일자, 「민족 공산 각파가 지휘: 김구, 김원봉, 리청천 중심으로 단일당」.

여 지켜 온 임시정부에 복귀하는 계기도 될 수 있을 것이었다. 김구는 5월 19일에 「임시의정원 제공에게 고함」이라는 편지를 직접 써서 임시의정원에 보냈다. 그는 이 편지에서 자신이 지금 추진하는 활동이 임시정부에서 맡긴 임무라는 점을 강조했다.

　　구(九)는 연전에 임시정부에서 특위[特委: 특별위임]의 임무를 봉승하여 그 지정 범위 내에서 지금까지 능력 미치는 대로는 충성을 다하여 사명을 욕되지 않도록 노력 진행하는 바, 지금 전문에 의하면 아직 명실이 상부하지 않은 대당 조직의 미명을 가지고 임정 법인의 해소를 기도하는 인사들이 있다 하니 과연 그런가 아닌가. 아직까지는 우리 독립운동계에 대단체들과 정부라는 거짓 이름을 가지고 나타났던 일까지 있었으나, 우리 임정같이 위대한 업적을 이룩한 자는 아직 견문하지 못하였다.…

김구는 이봉창과 윤봉길의 투탄사건도 임시정부의 업적이라고 강조하면서 다음과 같이 주장했다.

　　동양 화난의 괴수인 일황을 꾸짖어 벌하고 그의 장수와 신하를 처형한 것이 우리의 신성한 임시정부이다. 한족의 피를 가지고 국권 국토를 광복하려는 한인은 거개 임정을 성심 옹대할 의무가 있다. 우리 정계에는 세상에 보기 드문 악례가 있다. 자기 필요로 임정 직원이 되었다가도 개인의사에 불만이 있는 때에는 헌신짝처럼 벗어 던지고 반역을 꾀함이 한두 사람에 그치지 않았다. 지금 여러분이 구(九) 역시 그런 무의무신배(無義無信輩)로 같이 간주하는가. 구는 비록 직임을 가지기는 불능하나 국민된 책임만은 명심각골(銘心刻骨)하고 모험 분투한다.… 구는 일심으로 임무를 다하여 위로 선열의 혼령을 위로하고 다음으로 임정의 책임을 다하고저 노력 중이다.…

김구가 임시의정원 의원들에게 보낸 1935년 5월 19일자 친필 편지.

김구는 자신은 결코 민족통일을 반대하는 것이 아니라 진정한 통일을 요망하지만, 임시정부를 해체하는 것은 천만부당하다고 강조했다.

구는 결코 민족통일을 반대하지 않고 진정한 통일을 요망한다. 그러나 과거에 군통[軍統: 군사통일회의], 국대[國大: 국민대표대회] 등에서보다 질적 양적으로 확실한 신념이 생길 때까지는 임정에서 위임해준 특무에 본의를 수행할 것을 미리 말하여 둔다. 전례에 의하여 우리의 금후 통일은 해외 몇개 단체나 몇몇 인사의 책동으로만 넉넉지 않고 내외지를 통하여 전 민족의 대표적 의사로 되지 못하면 과거 연극

이 도로 될까 염려한다.… 임정 법인문제는 용이하게 제거[提擧: 다룸]함은 천만부당하다.…[42]

이처럼 김구는 대일전선통일동맹이 주도한 통일운동은 1921년의 군사통일회의나 1923년의 국민대표회의와 마찬가지로 전 민족의 통일된 의사를 반영한 진정한 통일운동체가 아니라고 비판했다.

김구의 이러한 경고성 편지에도 불구하고 한국독립당은 5월25일부터 사흘 동안 항주에서 임시대표대회를 열어 석달 전의 제7차 대표대회의 결의를 번복하고 각혁명단체대표회에 참석하기로 결의했다. 그것은 그동안 김두봉, 김규식 등 신당참여파들이 중립파들과 조소앙 등 반대파들을 집요하게 설득한 결과였다.[43] 그러나 송병조, 차리석, 조완구, 이동녕, 이시영(李始榮), 김붕준 등은 극력 반대했다. 통일이란 미명 아래 공산주의자인 김원봉 일파의 권모가 내포되어 있으므로, 공산주의자들과 통일운운하는 것은 결국 그들에게 기만 이용만 당하는 것이라는 판단에서였다.[44] 그러나 반대파였던 조소앙, 박창세 등도 찬성쪽으로 바뀌어 한국독립당을 해체하고 신당 결성에 참여하기로 결정되어, 당원 70여명이 신당에 합류했다.[45] 그리고 이사장 송병조를 비롯한 반대파들은 신당참여파들과 결별을 선언하고 임시정부를 사수하기로 결의했다.[46]

이렇게 하여 1년 넘게 우여곡절을 겪은 신당조직운동은 마침내 1935년7월5일에 조선민족혁명당(朝鮮民族革命黨)의 결성을 보게 되었다. 이때의 일을 김구는 다음과 같이 설명했다.

그로부터 소위 5당 통일회의가 개최되니 의열단(義烈團), 신한독

---

42) 金九, 「臨時議政院諸公에게 告함」(1935.5.19.), 『대한민국임시정부자료집(8) 정부수반』, p.211.
43) 「昭和十年夏以降に於ける中華民國在留不逞鮮人團體の情況」, 『思想情勢視察報告集(2)』, p.32.
44) 金學奎, 앞의 글, p.595.
45) 「昭和十年夏以降に於ける中華民國在留不逞鮮人團體の情況」, 『思想情勢視察報告集(2)』, p.38.
46) 위의 책, p.32, pp.65~66.

립당(新韓獨立黨), 조선혁명당(朝鮮革命黨), 한국독립당(韓國獨立黨), 미주대한인독립단(美洲大韓人獨立團)이 통합하여 조선민족혁명당(朝鮮民族革命黨)이 탄생하였다.

5당 통일 속에는 임시정부를 눈엣가시로 보는 의열단원 김두봉, 김약산(金若山: 金元鳳) 등의 임시정부 취소운동이 극렬하였다. 당시 국무위원 김규식, 조소앙, 최동오, 송병조, 차리석, 양기탁, 유동열 7인 중 김규식, 조소앙, 최동오, 양기탁, 유동열 다섯 사람은 통일에 심취하여 임시정부 파괴에 무관심하였다. 이것을 본 김두봉은 임정의 임시 소재지인 항주에 가서 송병조, 차리석 양인을 보고, "5당 통일이 되는 차제에 명패만 남은 임시정부를 존재케 할 필요가 없으니 취소하여 버리자"고 강경하게 주장하였으나 송, 차 두 사람은 강경 반대를 하였다. 국무원 7인 중 다섯 사람이 직책을 내놓으니 국무회의를 진행시킬 수가 없었다.[47]

김구가 김두봉을 의열단원이라고 한 것은 착오이다. 김두봉은 한국독립당의 대표로 통일동맹의 신당결성 작업에 참가했다. 국무위원 다섯 사람은 따로따로 임시의정원에 사표를 제출하고 민족혁명당 결성 작업에 참여했다. 조소앙은 사직하게 된 경위를 가장 자세하게 써 놓았는데, 그는 이번의 신당운동은 종래의 임시정부 방침이었다고 주장했다. 그러면서도 그는 의정원 의원직은 사임하지 않았다. 그는 김규식과 김두봉과 함께 신당의 규약제정위원으로 선임되었다.[48]

양기탁은 4월27일에, 김규식은 5월25일에, 조소앙은 6월19일에, 최동오는 각혁명단체대표회의가 열린 6월26일에 각각 임시정부의 국무위원 사직서를 제출했다. 유동열의 사직서 제출 날짜는 확실하지 않다.[49] 조소

---

47) 『백범일지』, p.358.
48) 『독립운동사 (4) 임시정부사』, p.647.
49) 「國務委員의 辭職請願處理의 件」, 『韓國獨立運動史 資料(1) 臨政篇Ⅰ』, 1970, pp.415~417.

앙과 함께 한국독립당 대표로 참석한 양기탁은 신당 위원장에 내정되었
고, 대일전선통일동맹 결성 때부터 주동적 역할을 했던 김규식은 신익희
와 함께 미국 대한독립당 위임 대표 자격으로 참여했다. 최동오와 유동
열은 만주에서 결성된 조선혁명당 대표였다.

3. 통일동맹의 "당치않은 국가론, 같잖은 혁명론…"

1

1935년6월 초순 들어 대일전선통일동맹 중앙간부 등이 국민정부의 군정부 당국에 "새로 조직되는 재중 한국인 독립운동단체의 행동은 종래와 같은 지리멸렬한 것이 아니라 하나의 통제 아래 원대한 이상을 향하여 매진하는 것으로서, 비단 한민족의 이익뿐만 아니라 나아가서는 중국 전체의 민중을 행복으로 이끌 것은 명백하다. 따라서 중국정부는 상당한 원조를 해주기 바란다"라는 청원서를 제출했다.[50] 그것은 신당운동의 직접적인 동기가 다가오는 대일 전면전에 대비하여 김구파에 맞서서 국민 정부의 지원을 기대한 데에 있음을 말해 준다.

6월25일부터 28일까지 열린 신당창립예비회의에 이어 6월28일부터 7월4일까지 신당창립대표회가 열려 신당의 「당명」, 「당의」, 「당강」, 「정책」, 「당장」이 결정되었다.

가장 논란이 된 것은 「당명」문제였다. '민족혁명당' 앞에 '한국'이라는 국명을 붙일 것인지 '조선'이라는 국명을 붙일 것인지를 두고 의견이 대립되었다. 의열단쪽에서는 '조선'을 주장하고, 한국독립당쪽에서는 '한국'을 주장하여 회의가 결렬될 위기에까지 몰리자 김두봉이 '조선'도 '한국'도 떼어 버리고 그냥 '민족혁명당'으로 하자고 중재안을 제안하여 그대로 채택되었다. 그리하여 중국쪽에 대해서는 '한국민족혁명당'으로, 국내 민중에 대해서는 '조선민족혁명당'으로, 서양 여러 나라에 대해서는 'Korean Revolution Association'으로 쓰기로 했다.[51]

신당창립대회에 대한 일본검찰의 정보보고서에 다음과 같은 내용이

50) 「上海及ビ南京方面ニ於ケル朝鮮人ノ思想狀況」, 金正柱 編, 『朝鮮統治史料(十)』, p.715.

51) 「昭和十年夏以降に於ける中華民國在留不逞鮮人團體の情況」, 『思想情勢視察報告集(2)』, p.33; 金學奎, 앞의 글, p.593; 강만길, 『증보 조선민족혁명당과 통일전선』, 역사비평사, 2003, p.65.

포함되어 있어서 눈길을 끈다. 앞서 열렸던 신당창립예비회의에서는 양기탁이 위원장으로 내정되었는데, 코민테른에서 파견되어 이 회의를 이면에서 지도하던 장권상(張權相)이 "코민테른에서는 김구를 민족파 거두로 인정하고 있다"고 주장하면서 김구를 위원장으로 선출하도록 종용했으나, 김구파가 응할 태세가 아니어서 위원장 자리는 당분간 결원으로 두기로 하고 양기탁은 감찰부장으로 임명하게 되었다는 것이었다.[52]

장권상이란 이 무렵 중국공산당에 가입하여 상해에서 활동하던 장건상(張建相)[53]을 지칭하는 것 같으나, 확인할 만한 다른 자료는 발견되지 않는다. 이 무렵 장건상은 의열단의 고문으로 활동했으므로 김구문제를 두고 김원봉과 상의했을 개연성은 충분히 있다. 장건상의 권고설과는 관계없이 김원봉이 김구에게 당의 위원장과 군관학교의 최고지위를 주겠다면서 입당을 간청했으나, 김구는 "경제적으로 유리한 입장에 있고, 또 혁명운동은 역량집중이 아니고 투쟁에 있다"면서 입당을 거부했다는 증언은 있다.[54]

신당창립대회에서는 11개의 결의안이 채택되었는데, 그 가운데는 임시정부를 옹호하고(제1항), 임시정부의 헌법을 개정한다(제2항)는 항목이 포함되어 있었다. 그것은 임시정부옹호파들의 주장을 반영한 것처럼 보이지만, 임시정부의 헌법을 개정한다고 결의한 것은 이때에 시행되던 임시약헌의 규정에 근거해서 합법적으로 임시정부의 기능을 정지시킬 수 있다고 판단했기 때문이었을 것이다. 유일 독립당의 출현을 전제로 하고 1927년에 개정된 임시약헌은 "대한민국의 최고권력은 임시의정원이 이를 가짐. 단, 광복운동자의 대단결인 당이 완성된 때에는 국가의 최고권력이 이 당에 있음"(제2조)이라고 규정했고, 헌법 개정 조항에서도 "광복운동자의 대단결인 당이 완성된 때에는 이 당에서 개정함"(제49조 제2항)이라

---

52) 「不逞鮮人團體의 新黨樹立運動의 槪況과金九一派의 動靜」, 『思想情勢視察報告集(2)』, p.13.
53) 張建相, 「獨立運動 半世紀의 回顧」, 《月刊中央》 1968년8월호 참조.
54) 「義烈團과 民族革命黨의 組織」, 『韓國民族運動史料(中國篇)』, p.865.

고 규정했다.[55] 그리고 새로 결성되는 민족혁명당이 "독립운동자의 대단결인 당"이 될 것이므로 국가의 최고권력, 곧 임시정부의 권능도 자신들이 행사할 것이고, 그것에 필요한 헌법 개정도 자신들이 할 수 있다고 생각한 것이다.

민족혁명당은 7월5일에 결당식을 거행했다. 결당식에서는 「당의」, 「당강」 등을 채택하고 중앙집행위원 15명과 후보위원 4명, 중앙검사위원 5명과 후보위원 1명을 선출했다. 중앙집행위원에는 김원봉, 김두봉, 김규식, 이청천, 최동오, 윤기섭, 조소앙, 신익희 등이 망라되었고, 중앙집행위원장 선출은 보류되었다. 양기탁과 홍진은 중앙검사위원으로 선출되었다.

이튿날 열린 제1차 중앙집행위원회는 당을 실제로 이끌어 갈 부서를 결정하고 그 책임자를 선정했는데, 당무를 총괄하고 예산결산을 편성하고 재정수지를 관장하는 서기장에는 의열단장 김원봉이 선정되었다. 김두봉은 조직부장, 최동오는 선전부장, 이청천은 군사부장, 김규식은 국내외 동포문제를 담당할 국민부장, 윤기섭은 조련부장에 선정되었다. 조소앙과 신익희는 국민부 부원으로 선정되었다.

신당 결성에 참가한 각 단체들은 기존의 당원과 재산을 모두 민족혁명당에 인계하도록 되어 있었다. 그리하여 7월25일까지 인계작업을 완료했는데, 그 내역은 이 무렵의 독립운동단체들의 실상을 짐작하게 하는 것이어서 자세히 살펴볼 만하다.

의열단은 그때까지 양성한 군관학교 훈련생 및 졸업자 100여명과 군관학교 재학생 등을 포함한 단원 200여명, 그리고 재산은 중국국민당 중앙당부로부터 매달 지급되는 월수 정액 3,000원, 한국독립당은 당원 70여명과 인쇄기계 및 그 밖의 비품, 월수 정액 600원을 인계한다고 했다. 이 600원의 월수 정액은 한국독립당 광동지부가 중국국민당 광동성 당부로부터 받는 300원, 강소성당부로부터 받는 150원, 절강성 항주당

---

55) 「大韓民國臨時約憲」(1927.4.11.), 『대한민국임시정부자료집(1) 헌법·공보』, p.15, p.18.

부로부터 받는 150원을 합친 것이었다. 신한독립당이 인계한 것은 군관학교 훈련생 및 졸업자 50여명, 만주지방에 있는 당원들을 포함한 당원 600여명, 월수 정액은 불명이었다. 그리고 미국에 있는 대한인독립단은, 단원은 200여명이고 수입과 비품은 자세하지 않다고 했다.[56]

민족혁명당의 이념과 운동방향은 「당의」와 「당강」에 잘 표명되어 있다. 먼저 「당의」에서는 혁명적 수단으로 일본의 침략세력을 박멸하여 국토와 주권을 회복하고 "정치, 경제, 교육의 균등을 기초로 한 진정한 민주공화국을 건설하여, 국민 전체 생활의 평등을 확보하고, 나아가 세계 인류의 평등과 행복을 촉진한다"고 하여 이 무렵 중국 관내 지역의 독립운동단체들이 공통적으로 표방하던 삼균주의(三均主義)를 기반으로 한 민주공화국 건설이 당의 기본노선임을 천명했다.

이어 「당강」에서는 독립한 뒤에 수립할 국가의 기본방향과 정책을 17개조로 제시했는데, 가장 주목되는 것은 "봉건세력 및 일체의 반혁명세력을 숙청하고, 그럼으로써 민주집권제(民主集權制)의 정권을 수립한다"(제2항)라고 하여, 민주집권주의에 의한 정권수립을 표방한 것이었다.[57]

"민주집권제" 또는 "민주집중제"란 레닌(Vladimir I. Lenin)이 볼셰비키당 조직활동의 원칙으로 제창한 이른바 민주적 중앙집권주의(Democratic Centralism)를 뜻하는 것이었다. 그것은 당원에 의한 민주적 선거에 따라 선출된 지도부를 중심으로 중앙집권주의적으로 당조직을 운영하는 것이었다. 스탈린(Josef V. Stalin) 시대의 반대파에 대한 대량숙청도 바로 이 민주적 중앙집권주의의 이름으로 단행되었던 것은 두루 알려진 사실이다. 그리고 그러한 제도에 의한 정권이란 소비에트 체제를 뜻하는 것이었음은 말할 나위도 없다.

---

56) 「昭和十年夏以降に於ける中華民國在留不逞鮮人團體の情況」, 『思想情勢視察報告集(2)』, pp. 33~39.
57) 「昭和十年夏以降に於ける中華民國在留不逞鮮人團體の情況」, 위의 책, p.88; 「一九三五年の上海を中心とする朝鮮人の不穩策動狀況」, 金正明 編, 『朝鮮獨立運動 民族主義運動篇 Ⅱ』, p.540.

경제제도로는 토지는 국유화하여 농민에게 분급하고, 대규모의 생산 기관과 독점적 기업은 국영으로 하며, 국민의 일체의 경제활동은 국가의 계획 아래 통제한다고 하여 사회주의 경제체제를 표방했다. 이러한 주장은 신당 창당에 참여한 다른 정당들의 강령에도 천명되어 있었다.

일본검찰의 정보보고는 민족혁명당의 결성에 대해 동포사회의 지식인들은 각파의 독립운동단체들이 김구파의 전횡을 견제하고 자신들의 재정난을 타개하기 위하여 조선민족운동의 통일이라는 명분 아래 소련과 중국 좌파혁명세력의 원조를 받고 있는 의열단과 합동하여 운동자금 마련을 기대하고 신당을 조직한 것이라고 판단한다고 기술했다. 그러나 가장 유력한 민족주의 세력인 김구파 및 대한인국민회, 동지회 등 재미 각종 단체와 신당에 참여한 정당이나 단체의 간부이면서도 신당에 참여하지 않은 인사들의 반대도 만만치 않기 때문에 앞으로 신당과 김구 일파 사이에는 맹렬한 쟁투가 벌어지리라는 것이 그들의 전망이라고 했다.[58]

2

남경에서 신당 결성 작업이 진행되는 동안 김구는 학생훈련소문제로 노심초사했다. 6월 무렵이 되어 학생수가 30명가량 되자 장소가 협소하고 또 훈련소의 존재가 일본경찰에 알려지게 되어 시급히 훈련소를 옮겨야 했기 때문이다. 김구는 낙양과 그 밖의 지역에 사람을 파견하고, 또 자신이 직접 낙양을 시찰하고 장소를 물색한 끝에 남경에서 100리쯤 떨어진 강소성 의홍현 장저진(宜興縣張渚鎭)의 용지산(龍池山)에 있는 징광사(澄光寺)를 훈련소로 정하고 6월22일에 학생들을 버스에 분승시켜 그곳으로 옮겼다.

엄항섭과 학생 6명과 함께 징광사에 도착한 김구는 전날 먼저 도착

---

58) 「昭和十年夏以降に於ける中華民國在留不逞鮮人團體の情況」, 『思想情勢視察報告集(2)』, p.15.

해 있던 학생 10명도 같이 불러 모아 놓고 한시간 동안 훈화를 했다. 김구는 이때에 치하포사건 이야기를 학생들에게 들려주었다. 변장한 일본인을 보고 명성황후(明成皇后)를 살해한 왜놈일 것이라고 생각하고 죽일 결심을 했고, 그를 처치한 다음 집에 돌아와서 대기하다가 체포되어 해주 감옥에 투옥되었다가 인천감옥으로 이송되었으며, 사형선고를 받자 소문을 듣고 많은 사람들이 찾아왔던 일, 특히 강화도의 김주경(金周卿)이 전 재산을 털어서 석방운동을 벌였으나 끝내 실패하고 블라디보스토크로 도망쳤고 자신은 탈옥했던 일 등을 자세히 이야기했다. 그 뒤의 일은 뒷날 이야기해 주겠다고 말했다.[59]

김구의 이야기가 끝나자 엄항섭은 감동하고 있는 학생들에게 다음과 같이 말했다.

"여러분은 김구 선생의 훈시를 잘 지켜서 앞으로 한국독립을 위해 정성을 다하는 훌륭한 혁명가가 되기 바랍니다."

김구는 징광사에서 두세 밤 묵고 나서 학생들이 다 모이자 그곳을 떠났다.[60]

학생훈련소 설립 초기에는 김동우가 대원들의 감독 책임을 맡고 있었으나, 징광사로 옮긴 뒤에는 엄항섭이 가흥(嘉興)에서 와서 학생 총감독을 맡아 학생들과 함께 지냈다. 엄항섭은 김구의 자금지원이 줄어들자 이동녕과 함께 김구와 안공근에게 불만을 품고 있었고, 그 때문에 안공근은 이동녕과 엄항섭이 신당조직에 참가하는 것이 아닌가 의심하여 지원금을 중단하기까지 했다. 1935년6~7월경부터 중국국민당은 김구에게 매달 5,000원씩 지급하던 원조금을 2,500원 내지 3,000원으로 감액하여 김구도 활동자금이 넉넉하지 못했다.[61] 그러나 두 사람은 관망적 태도

59) 위의 책, pp.234~235.
60) 같은 책, p.233.
61) 「一九三六年の在支不逞朝鮮人の不穩策動狀況」, 金正明 編, 『朝鮮獨立運動 民族主義運動篇 II』, p.585.

를 보이고 있을 뿐이었고, 엄항섭은 항주의 중국 공안국 등에 취직운동을 해보았으나 뜻대로 되지 않았다. 그리하여 그는 5월쯤에 김구에게 사정하여 매달 100여원씩 다시 지원받게 되었다.[62]

7월 중순이 되어 김구는 다시 징광사를 방문했다. 이때에 그는 학생들에게 지난번 훈화의 후속 편을 들려주었다. 그는 절에 오니까 옛날 생각이 난다면서 인천감옥을 탈옥하여 삼남지방을 방랑하던 끝에 마곡사에서 머리를 깎고 승려가 되었던 이야기를 자세히 했다. 이야기를 마치면서 김구는 다음과 같이 말했다.

"여러분은 부모 곁을 떠나 타향에서, 더구나 이와 같은 절간에서 생활하는 것이 여간 처량하지 않을 것이오. 한편으로 어쩌면 이러한 생활이 무의미한 것 같은 생각이 들지도 모르겠소. 그러나 이 모든 것이 조국광복을 위한 준비교육이기 때문에 열심히 공부해 주기 바라오. 아마 여러분도 긴 머리카락을 자를 때에는 매우 원통하고 슬픈 느낌이 들었겠지만, 이 역시 조국광복을 위한 것으로 생각해 주기 바라오."

김구는 사흘 동안 징광사에 묵으면서 주변상황을 둘러보고 나서 혼자서 남경으로 돌아왔다.[63]

김구는 이 해 추석을 징광사에 가서 훈련생들과 함께 지냈다. 북간도 용정의 은진중학 졸업생으로서 은진중학 교사 명희조(明熙朝)의 감화를 받고 남경으로 와서 학생훈련소에 입소하여 훈련을 받았던 나철(羅哲: 본명 羅士行)은 이때의 일을 다음과 같이 회상했다.

"1935년8월 추석날 밤이 아주 인상 깊게 기억에 남아 있습니다. 김구선생을 비롯한 여러 독립운동 지도자들이 그날을 우리와 함께 지내려고 용지사[징광사]에 오셨지요. 그래서 중국의 추석음식인 월병(月餠)을 먹어 가면서, 밤이 새도록 여러 이야기를 나누었지요. 지나간 나랏일들을

62) 「昭和十年夏以降に於ける中華民國在留不逞鮮人團體の情況」, 『思想情勢視察報告集(2)』, p.222.
63) 위의 책, pp.228~229.

되새기다가 그만 격앙하여 모두들 목을 놓고 통곡하는 바람에 큰 울음 판이 벌어지기도 했지요. 또 이탈리아의 에티오피아 침공 가능성 등 국제적으로 세계전쟁이 다시 일어날 기미가 보인다 하여, 그렇게만 되면 우리도 독립할 가능성이 생긴다는 등의 세계정세 이야기도 많이 나누었고요. 또 김구 선생이 명성황후를 시해한 원수를 갚느라고 치하포에서 일인을 죽여 그 피를 마시던 이야기를 소상하게 해주시는 걸 듣기도 했지요."[64]

학생훈련소 학생들은 문학에 재능이 있는 송몽규가 중심이 되어 300여쪽에 이르는 등사판 잡지를 만들기도 했다. 김구는 이를 몹시 칭찬하면서 자신이 참여했던 신민회의 경험을 회상하여 대원들 모두가 "새로운 백성이 되어야 한다"는 뜻에서 잡지 이름을 《신민(新民)》이라고 지어 주었다.[65]

그러나 징광사 생활은 오래가지 못했다. 9월에 징광사와의 임대계약 기간이 만료됨에 따라 대원들은 다시 남경으로 돌아와야 했다. 엄항섭이 먼저 9월 초에 돌아오고, 이어 9월16일부터 18일까지 사흘 동안에 훈련생 27명이 3대로 나뉘어 철수했다. 일부 훈련생들은 목장영 고안리 1호 한국특무대독립군 본부에 수용되었으나, 대부분은 곽낙원 여사가 거처하는 팔보후가(八寶後街) 23호의 집에서 합숙했다. 그러다가 훈련생 4명이 차례로 남경 주재 일본총영사관 경찰에 체포되는 바람에 10월 초순에 전원이 남경 성내 남기가(藍旗街) 8호로 다시 옮겼고, 곽낙원 여사도 다른 곳으로 거처를 옮겼다.[66]

김구는 학생훈련소의 예비훈련이 어느 정도 진척되자 이들을 중앙육군군관학교에 입학시키기 위하여 국민정부와 교섭했다. 그러나 일본의 집요한 압력과 국민정부의 소극적인 입장 때문에 그 일은 실현되기 어려웠다. 김구는 차선책으로 학생훈련소 대원들을 중국기술학교에 입학시

---

64) 송우혜, 앞의 책, pp.131~132.
65) 위의 책, p.132.
66)「昭和十年夏以降に於ける中華民國在留不逞鮮人團體の情況」,『思想情勢視察報告集(2)』, p.230.

키려고 했다. 그러나 그것도 여의치 않았다.[67] 그리하여 김구는 10월3일
쯤과 10월25일쯤에 학생들이 합숙하는 곳을 방문하여 학생들을 군관학
교에 입학시키지 못한 것에 대해 유감의 뜻을 표시하고, 학생들에게 15원
에서 20원씩의 여비를 지급하여 해산시켰다. 이로써 학생훈련소는 사실
상 폐쇄되었다.

김구는 다른 한편으로 특무대독립군 대원들에게 특무활동 지침을 하
달하여 국내, 만주, 일본 등지로 파견했다. 그는 1935년9월20일부터 11월
14일까지 50여일 동안 열한차례에 걸쳐서 19명의 대원을 상해, 간도, 국
내로 파견했다. 그러고도 훈련생 9명이 남아 있었다.[68]

3

민족혁명당이 결성되자 김구는 임시정부를 적극적으로 옹호하면서
민족혁명당을 규탄했다. 그는 광동 중산대학(中山大學)의 한국인 학생
들이 발행하는 《빛(光)》 7월호에 「임시정부에 대하여」라는 글을 기고했
다.[69] 이 글에서 김구는 "임시정부를 구성하는 자연인에 대해서는 얼마
든지 질책할 수 있지만 법인인 임시정부의 정부 자체에 대해서는 누구든
지 손을 댈 수 없음을 정중히 언명한다"라고 임시정부의 정통성을 강조
하고, 신당결성운동에 대해서는 "과거 통일운동의 실패는 같은 자리에
서 맹약하고 단체를 조직하면서, 조직한 뒤에는 표변하여 탈퇴하고, 다시
신단체를 조직한다. 신단체를 조직하면 이를 제지하는 것이 당연함에도
불구하고 그것과 손잡고 일을 한다. 이것이 곧 지난날의 통일운동이었

---

67) 한상도, 앞의 책, pp.343~344.
68) 「昭和十年夏以降に於ける中華民國在留不逞鮮人團體の情況」, 『思想情勢視察報告集(2)』, pp.
230~231.
69) 「一九三五年の上海を中心とする朝鮮人の不穩策動狀況」, 金正明 編, 『朝鮮獨立運動 民族主義
運動篇Ⅱ』, p.538.

다"[70]라고 통박했다.

김구는 이어 7월8일에 다시 「임시정부에 대하여」라는 편지 형식의 긴 글을 써서 샌프란시스코의 《신한민보》에 보냈다. 《신한민보》는 「논설 (論說)」란에 이 글 전문을 실어 비중 있게 다루었다. 김구는 이 글에서 먼저 "지금 우리 운동계의 괴이한 현상이 너무나 (많아) 함묵을 계속할 길 없이 귀보를 통하야 내외동포에게, 더욱 미주, 하와이, 멕시코 재류 동지 동포에게 간략한 말씀을 드리나이다" 하고 이 글을 쓰게 된 동기를 밝힌 다음, 통일동맹의 통일론을 "당치않은 국가론, 같잖은 혁명론"이라고 신랄하게 비판했다.

구(九)는 연래 환경관계로 모든 일에 참관이 없이 다만 일종 책임을 힘쓸 뿐이요 모든 것은 현명한 동지들께 허□하심을 감사할 뿐입니다. 근일에 통일동맹으로서 국외 각 단체의 통일을 도모하는 바, 이 활동에 대하여 누구나 그 완전하게 자리가 집히어 우리 민족적 광복 운동의 총집중될 기본 역량이 되기를 충심으로 기대하지 않으리오. 유감이나마 당치않은 국가론, 같지않은 혁명론, 투기적 과대평가가 임시정부 존폐문제를 가지고 예전 연극을 거듭하려 하니, 진실로 가석한 일입니다. 더욱 냉정한 안목으로 원칙을 붙잡고 본의 아닌 자가 말살의 후회를 없도록 할 이 때가 아닙니까. 이를 잘 살피는 이도 많지마는 현란한 관념으로 자가의혹을 면치 못하는 이도 없지 않은 사실인 까닭에 임시정부의 존재한 의의와 공적이며 통일의 진체와 현 운동자의 착오며 미주, 하와이, 멕시코 재류 동포의 지난날의 공로와 장래에 더욱 면려할 희망 등을 짧은 지면이나마 들어 말씀코자 하오니 힘써 이해하시기를 거듭 바랍니다.

---

70) 「不逞鮮人團體의 新黨樹立運動의 槪況竝金九一派의 動靜」, 『思想情勢視察報告集(2)』, pp.9~10.

"예전 연극"이란 군사통일회의나 국민대표회의와 같은 통일을 빙자한 임시정부 해체론을 지칭한 것이었다. 김구는 임시정부를 해체할 수 없는 이유로 이봉창과 윤봉길 등의 희생에 의해서 17년 동안이나 지켜온 "피의 임시정부 역사"의 중요성과 의의를 다음과 같이 강조했다.

임시정부는 나라가 망한 후 십여년 동안 모든 열혈의 결정으로 누가 이론을 가졌거나 토론이 없이 내외 각지의 각개 계급이 두말없이 성립시킨 것이 아닙니까. 선뜻 들어 이는 우리 주권행사의 최고 집중체이며, 국토의 일편을 못 찾았으나 내외국인의 스스로 승인코 주저없는 한국민의 대표기관이고 적의 통치에 대립된 적대단체로 해석 없이 표명된 것이 아닙니까. 그뿐 아니라 당시 우리 동포로서는 극소수를 제한 외에는 전국적으로 직접 간접, 명시 묵시로 일치하였던 사실을 누가 부인하겠습니까.

그 후로 다소간 여러 가지 운동이 그를 압도코저 하였으나 사실상 그만한 기초 역량이 없으므로 자기네의 한 부인 연극만 지었던 것이 아닙니까. 비록 여러 사정이 처음과 같지 않아 임정의 진행이 부족한 것도 사실이나, 엄연한 정체가 계속하여 17년을 내려온 것이 어찌 우연한 일일까요. 이는 물을 것 없이 정체가 그런 정체인 까닭인 것입니다. 이런 고로 우리의 특수한 사명을 가진 이 정체는 비록 명의뿐일지라도 그 중대함이 이러하거든 하물며 대다수의 국민의 마음속에 사라지지 않은 것이리까.…

민국 6~7년 이래로 안팎 정세가 점점 핍박이 심하였으나 엄연히 지켜올 뿐 아니라 형세가 악렬할수록 운동은 더욱 맹렬하여, 14년1월 8일과 4월29일의 이봉창, 윤봉길 양 의사의 탁절[卓絕: 남보다 훨씬 뛰어남]한 사업이 얼마나 찬란 조요[照耀: 밝게 비치어 빛남]하였습니까. 광명하고 거룩한 피의 임시정부입니다. 역대의 이런 의사네들의 열혈이 어찌 사라지리까.

그러면서 김구는 대일전선통일동맹이 주도하는 통일론을 반대하는 이유를 다음과 같이 밝혔다.

임시정부도 통일을 진심 갈력[竭力: 있는 힘을 다하여 애씀]하여 왔습니다. 실제로 힘썼습니다. 그러나 매양 시배(時輩)들은 다른 꿈의 통일을 그립니다. 사상상으로, 정감상으로 갖은 기세를 합류하야 마치 통일은 자기네들이요, 임정만이 방해하는 듯이 의식적 선전, 무의식적 착각으로 분열과 괴상이 너무 혼란하였습니다. 그러나 정부는 통일의 진체를 받잡아 약헌에 분명한 조문으로 대당(大黨)의 최고권을 긍정하였습니다. 다만 대당은 완전한 집중체, 즉 내외 통합의 실질을 가질 것으로 순정한 민족적 국가사상이 박힌 그 요소라야만 능히 그 임무를 질 것입니다. 질적 원칙이 선명치 못하거나, 응당 집중하여야 할 양의 결함이 있거나, 일시적 결합으로 기초의 실질이 박약한 등으로는 통일체의 미성(未成)이요, 더욱 대당 운운의 임무를 가질 수 없으니, 광복운동자의 도덕과 양심으로는 당연히 시험적 과대평가를 못할 것입니다. 그런즉 정세가 허하는 정도에서 순정한 운동역량을 크게 하기 위해 통일을 노력할 것이요, 사상으로 정감으로 불쾌할지라도, 그를 희생하고 이를 더욱 충실히 광명케 하는 것이 진정한 오늘 우리의 깊이 각오할 계라 합니다.…

이처럼 김구는 민족혁명당이 임시약헌에 규정된 "독립운동자의 대단결인 당"이 결코 아니라고 강조했다. 그러한 대당은 "순정한 민족적 국가사상"에 바탕을 둔 통일체라야 한다는 것이었다. 그는 자신은 비록 임시정부의 직책을 맡고 있지는 않지만 임시정부에 대한 책임은 다할 것이라고 강조하고, 미주동포들의 임시정부에 대한 성원을 당부했다.

우리 광복운동에 대한 미주, 하와이, 멕시코 재류 동포의 깊은 관계와 또 거대한 공헌은 긴말할 것 없이 원년도로부터 지금까지 18년 동안에 거룩한 임무를 이행하야 온 바이 아닙니까. 더욱 임정에 대하야 오로지 정신과 물질로 옹호와 유지의 주추[柱礎: 기둥 밑에 괴는 물건]임은 사실입니다. 앞으로도 임정에 대한 위기가 깊어 가는 이때이라 더욱 면려하며 대의를 굳게 잡고 흔들림 없이 전시전종의 공명정대한 뿌리박힌 국수의 민덕을 빛내실 줄 믿습니다.

구는 임정의 책임은 스스로 믿는 바이 누구에 사양치 않습니다. 비록 직접 직무는 없다 하여도 자기의 책임감과 여러 의사들의 보여준 바를 사무쳐 스스로 면려하며 있습니다.

김구는 다시 한번 이봉창, 윤봉길 등의 "여러 의사들의 보여준 바"를 강조하고 나서, 다음과 같은 말로 글을 맺었다.

이상 여러 말씀은 너무 지리한 듯합니다. 현하에 되어 가는 정세는 참으로 순하게 보이지 않습니다. 그리하여 밀절하게 주의하며 또는 임정 자신의 능률을 힘 있게 하며 굳세게 지킴을 돕는 데 오늘의 힘쓸 바입니다. 그리하야 진정한 통일도 촉성될 줄 믿으며 사나운 바람과 급한 비에 능히 끄떡없이 목적을 이루리라 합니다.

아! 내외 동포, 더욱 미주, 하와이, 멕시코 재류 동지 동포네의 굳센 힘을 거듭 빌며 이 말을 마칩니다.[71]

이 글은 김구가 민족혁명당과의 대결에서 미주동포들의 지지를 얼마나 갈구하고 있었는지를 여실히 보여 준다. 연전에 미국을 방문하고 한길수(韓吉洙) 등 이승만과 임시정부에 대한 반대자들과 중한민중동맹(中韓民衆同盟)을 결성하고 온 김규식에 대한 견제심리도 크게 작용했

---

71) 김구, 「림시정부에 대하야」, 《新韓民報》 1935년8월8일자.

을 것은 말할 나위도 없다. 이 글은 김구가 민족혁명당의 임시정부 해체 주장에 맞서 임시정부에 복귀할 결심을 굳히고 재미동포들의 지지를 요망한 것이었다.

김구의 임시정부 옹호와 민족혁명당 규탄 캠페인은 신당 결성에 참여하지 않은 다른 독립운동자 그룹을 임시정부쪽으로 집결시키는 힘이 되었다. 민족혁명당 불참을 선언하고 임시정부를 고수하던 송병조와 차리석은 민족혁명당 반대세력들과의 연대방안을 적극적으로 모색했다. 먼저 형식상 민족혁명당에 참가는 했으나 사실상 독자적인 입장을 견지하는 한국독립당 광동지부장 김붕준과 간사 양명진(楊明鎭)과 연락을 취하고, 민족혁명당에 참가하지 않은 신한독립당의 민병길(閔丙吉)과 협력하여 내부분열 공작을 벌이고, 신당의 지도부 구성에 불만을 품고 있는 조소앙 등 한국독립당계 인사들의 탈당을 유도하면서, 이시영, 조완구 등을 통하여 김구와의 제휴를 교섭하기로 한 것이다.[72]

한편 민족혁명당은 출범하자마자 당의 주도권문제를 둘러싸고 분열되었다. 중앙집행위원장도 선출하지 않고 서기장 김원봉과 조직부장 김두봉이 당무의 주도권을 행사했다. 김두봉은 한국독립당 소속이면서도 정치적으로는 의열단과 같은 입장을 취해 왔는데, 이러한 사실은 통상적인 당무에서뿐만 아니라 당의 앞으로의 진로 전반에 관해서도 의열단의 뜻이 강력하게 반영될 것임을 예시하는 것이었다.[73]

민족혁명당이 결성된 지 석달 만에 조소앙, 박창세, 문일민 등 한국독립당계 인사 6명이 탈당을 선언했다. 조소앙의 직접적인 탈당 동기는 인사문제에서 소외되었기 때문이었을 것이지만, 그가 내세운 가장 근본적인 탈당 이유는 이념의 차이였다. 조소앙 등 6명은 9월25일에 「한국독립당재건선언」을 발표한 데 이어 10월5일에는 한국독립당 임시 당무위원회

72) 「不逞鮮人團體の新黨樹立運動の槪況竝金九一派の動靜」, 『思想情勢視察報告集(2)』, p.42.
73) 김영범, 앞의 책, p.402.

명의로 「당원동지에게 고함」이라는 장문의 성명서를 발표했다. 이 글에서 조소앙 등은 민족혁명당을 유물론에 입각하여 무산계급의 독재적 정치를 유일수단으로 하는 공산주의 정당이라고 규정하고, 자신들의 탈당 이유를 다음과 같이 밝혔다.

민족주의의 독립운동은 원칙상 사회주의자의 국제관과는 판연히 다른 감정과 이론을 가지는 것이다. 민족의 경제문제만을 중심으로 하여 국가의 말살과 주권의 포기와 자기 민족의 과정을 무시하는 공산주의자와는 한층 빙탄불상용(氷炭不相容)의 혈분적 상반성을 가지는 것이다. 만일 원칙상 상치되는 것을 서로 양해해서 일시적으로 대적전선을 확대과장하려는 공동정책에서, 또는 자기중심의 진로를 획득하기 위한 동상이몽적 상호이용의 천박한 소견만으로는 백발백중의 결과에 이사아우[爾詐我虞: 너를 속이고 나는 즐김]의 환극(幻劇)을 산출할 뿐이니, 국내의 신간회와 국외의 촉성회의 합동이 곧 그러한 환극이었다.…[74]

이처럼 조소앙이 민족혁명당의 중심세력인 의열단을 "혈분적 상반성을 가진" 공산주의자들로 몰아붙이면서 민족혁명당을 국내의 신간회운동이나 중국 관내의 민족유일당 촉성운동과 같은 "환극"이라고 비판한 것은 그의 민족혁명당 참여 동기를 의아스럽게 하는 주장이었다.

민족혁명당은 조소앙 등의 「한국독립당재건선언」이 발표되자 김두봉, 최석순 등 한국독립당 출신을 항주로 급파하여 설득작업을 벌였다. 그러나 뒤이어 「당원동지에게 고함」이 발표되는 것을 보고는 설득가망이 없다고 판단하고, 10월 중순에 한국독립당의 원로 양기탁 명의로 「조소앙 등 6명의 반당사건에 관하여 일반 동지에게 고함」이라는 성토문을

---

74) 「不逞鮮人團體の新黨樹立運動の槪況竝金九一派の動靜」, 『思想情勢視察報告集(2)』, p.165.

발표한 데 이어 10월20일에는 이들을 「반당분자, 반혁명분자, 주구」라고
규정하고 제명했다.[75]

조소앙 등 한국독립당 대표 6명에 이어 신한독립당의 대표로 민족혁
명당 결성에 참가했던 홍진과 조성환(曺成煥)도 탈당하여 처음부터 신
당 참여를 거부한 같은 당의 민병길과 함께 한국독립당 재건에 참여했
다.[76]

75) 위의 책, p.46.
76) 같은 책, p.162.

4. 임시정부에 복귀하고 한국국민당 결성

1

송병조와 차리석은 1935년10월로 다가온 제28회 임시의정원 회의를 통하여 임시정부의 기능을 정상화시키기로 결심했다. 두 사람은 남아 있는 두 국무위원이면서 송병조는 임시의정원 의장, 차리석은 부의장을 겸하고 있었다. 임시정부의 기능을 정상화시키기 위해서는 김구의 임시정부 복귀가 결정적으로 필요했다. 두 사람은 항주에 있는 이시영과 조완구 등의 내응을 얻고 가흥에 있는 이동녕과 연락하여 김구의 협조를 교섭했다. 김구의 협조란 무엇보다 먼저 자금지원이었다. 김구는 이동녕을 통하여 임시의정원 회의 경비로 500원을 송병조에게 보냈다. 송병조는 각 지방에 흩어져 있는 임시의정원 의원들에게 회의소집을 통보하면서 출석자들에게는 여비를 보냈다.[77]

10월19일 오후 2시에 항주의 이전 한국독립당 사무소에서 거행된 제28회 임시의정원 개원식에는 재적의원 14명 가운데 8명이 참석했다. 10월22일에 속개된 회의에서는 국무위원 5명의 사직안을 처리했다는 상임위원회의 보고와 1935년도(1934.10.1.~1935.8.31.) 재정상황 보고가 있었는데, 재정상황 보고는 이때의 임시정부의 궁핍상을 그대로 보여 준다. 수입총액은 1,547원이었는데, 부채 1,505원6각9분에서 550원5각1분을 갚고, 남은 부채가 590원1각8분이었다. 의원 7명이 참석한 이튿날의 회의는 비공식 간담회로 진행되었다.[78] 간담회의 내용은 공식회의록에는 생략되어 있지만, 일본경찰의 정보보고에는 다음과 같이 기술되어 있다.

---

77) 「一九三五年の上海を中心とする朝鮮人の不穩策動」, 金正明 編, 『朝鮮獨立運動 民族主義運動篇 II』, pp.531~532.

78) 「臨時議政院會議 제28회」(1935.10.~11.), 『대한민국임시정부자료집(2) 임시의정원 I』, pp.289~293.

송병조는 임시정부의 재정 궁핍상을 설명하고, 김구의 협조를 얻어야 할 필요성을 역설했다. 그러나 조소앙, 박창세 등 한국독립당 재건파는 극력 반대했다. 항주의 임시정부 판공처 습격사건 때에 김구의 측근들에게 봉변을 당한 이래로 김구에게 반감을 가지고 있던 조소앙은 김구가 임시정부에 복귀하는 것은 곧 임시정부의 주도권을 김구에게 넘겨주는 것이라고 생각한 것이다. 그때에 같이 봉변을 당했던 김철은 1934년6월에 사망하고 없었다.[79]

임시의정원은 조소앙 등의 불참으로 성원이 되지 못하여 11월까지 유회를 거듭했다. 그러자 일부에서는 조소앙 일파는 민족혁명당 탈당을 가장하여 그 당의 밀명을 받고 임시정부를 붕괴시키기 위하여 합류한 것이 아니냐고 의심하면서 그들의 행동에 대해 다시 심의할 필요가 있다고 주장하기까지 했다.

송병조는 김붕준과 양명진과 함께 조완구와 이시영을 만나 대책을 협의한 결과, 조소앙 등은 나중에 설득하기로 하고 이동녕을 통하여 김구의 임시정부 복귀를 교섭하기로 했다. 그리하여 마침내 11월2일에 열린 의정원 회의에서 윤기섭 등 장기 결석의원 5명을 임시약헌규정(제23조)에 따라 제명함으로써 법정 정족수를 만든 다음 국무위원 보선을 실시하여 김구, 이동녕, 이시영, 조완구, 조성환 5명을 국무위원으로 선임했다. 국무위원의 임기는 1년이 남아 있었다. 조소앙은 김붕준, 양명진과 함께 임시의정원 상임위원으로 선출되었다.[80]

이때의 일을 김구는 다음과 같이 간략하게, 그러나 퍽 실감나게 적어놓았다.

79) 「金澈死亡과 抗州大韓臨時政府, 韓國獨立黨事務廢止의 件」, 『韓國民族運動史料(中國篇)』, p.834.
80) 「臨時議政院會議 제28회」(1935.10.~11.), 『대한민국임시정부자료집(2) 임시의정원 I』, p.293;
「上海及ビ南京方面ニ於ケル朝鮮人ノ思想狀況」, 金正柱 編, 『朝鮮統治史料(十)』, pp.775~776.

이 무렵 나는 임시정부가 무정부상태라는 조완구 형의 친서를 받고 심히 분노하여 급히 항주로 달려갔다. 그곳에 주재하던 김철은 이미 병사하였고, 5당 통일에 참가하였던 조소앙은 벌써 민족혁명당에서 탈퇴하였다.

그때 항주에 주거하던 이시영, 조완구, 김붕준, 양소벽[양명진, 양묵], 송병조, 차리석 등 의원들과 임시정부 유지 문제를 협의하였다. 그 결과 의견이 일치되어 일동이 가흥에 도착하여 이동녕, 안공근, 안경근, 엄항섭, 김구 등이 남호에 놀잇배 한척을 띄우고 선중에서 의회를 개최하였다. 이 회의에서 이동녕, 조완구, 김구 3인을 새로 국무위원으로 보선하니, 기존의 송병조, 차리석을 합하여 모두 5인이 되어 비로소 국무회의를 진행할 수 있게 되었다.[81]

처연한 임시의정원 회의 광경이었다. 성원 미달로 임시의정원이 공전을 거듭하고 있을 때에 조완구가 김구에게 임시정부의 위기상황을 알리는 편지를 썼던 것 같다. 그런데 이때에 보선된 국무위원은 위의 세 사람에 이시영과 조성환을 더하여 다섯 사람이었고, 기존의 송병조와 차리석과 함께 국무위원은 모두 7명이 되었다.[82] 이튿날 신임 국무위원 취임식을 거행한 데 이어 국무회의를 열어 책임주무원을 호선한 결과 주석에 이동녕, 내무장에 조완구, 외무장에 김구, 군무장에 조성환, 법무장에 이시영이 선임되었다. 송병조와 차리석은 각각 재무장과 비서장으로 유임되었다.[83]

이렇게 하여 김구는 윤봉길의 홍구공원 폭탄사건으로 1932년5월에 상해를 떠난 지 3년6개월 만에, 그리고 법적으로는 1933년3월22일의 국무회의에서 2개월 이상 직무를 이탈했다는 이유로 국무위원직에서 해임된 지 2년8개월 만에 임시정부에 복귀했다. 임시정부 초창기부터 임시의

---

81) 『백범일지』, pp.358~359.
82) 《大韓民國臨時政府公報 제60호》(1935.11.25.), 『대한민국임시정부자료집(1) 헌법·공보』, p.190.
83) 위와 같음.

1935년 11월에 새로 구성된 임시정부 국무위원들. 앞줄 오른쪽부터 이시영, 이동녕, 조완구, 뒷줄 왼쪽부터 송병조, 김구, 조성환, 차리석.

정원 의장, 국무위원 등의 직책을 맡아서 고난을 겪어 온 원로들로 다시 구성된 임시정부는 국무위원 연명으로 동포들에게 보내는 「임시정부포고문」을 발표했다. 「포고문」은 임시정부를 말살하려는 책동에 맞서 그것을 사수하기 위해 분기할 것을 호소했다.[84]

11월25일에 발행된 《임시정부공보》의 다음과 같은 기술은 이때의 임시정부의 위기상황을 짐작하게 한다.

임시정부는 그동안 여러 국무위원들의 사직에 인하여 정무가 많이 침체되는 중에 있더니 이번 의회에서 우리 운동의 중진인 선배 제씨로 국무위원을 보선하여 국무회의를 충실 견고케 하였는데, 국무위원에 당임(當任)한 이들은 대용기로써 동심동덕(同心同德)하여 국무에 분려(奮勵)하기를 서로 굳게 맹약하고 부서를 정돈하여 금후 우리의 운

84) 「림시정부포고문」, 《大韓民國臨時政府公報 제60호》(1935.11.25.), 『대한민국임시정부자료집(1) 헌법·공보』, p.191.

동을 적극 추진하기로 결심한 바 특히 내무, 외교, 군사에 대하여 더욱 치중하여 맹활동을 개시하였다.[85]

조직을 재정비한 임시정부는 11월 말에 항주에 있던 판공처를 중국국민당 강소성당부 소재지인 강소성 진강(鎭江)으로 옮기기로 했다. 이에 따라 11월 하순에 송병조, 차리석, 조성환, 조완구 등 국무위원들은 진강으로 이사하고, 김구는 남경으로 돌아왔다. 이렇게 하여 임시정부는 3년 반 동안의 항주시대를 마감하고 진강시대를 맞이했다.

2

김구는 어떤 일을 결심하기까지는 우유부단하다는 평을 들을 정도로 신중했지만, 마음먹은 일을 실천할 때에는 물불을 가리지 않았다. 김구의 복귀와 더불어 임시정부는 자금 면에서나 인적자원 면에서나 그의 지도력이 주축이 될 수밖에 없었다. 김구는 민족혁명당에 대항하여 임시정부를 옹호하고 나갈 강력한 단체의 필요성을 절감하고, 임시정부의 재건에 참여한 인사들과 협의하여 11월에 항주에서 한국국민당(韓國國民黨)을 창당했다. '한국국민당'이라는 당명은 국민정부의 지주정당인 중국국민당을 의식하고 지은 것이었다. 김구는 한국국민당을 결성하게 된 동기를 다음과 같이 썼다.

5당 통일이 형성될 당시부터 동지들은 단체 조직을 주장하였으나, 나는 극히 만류하였다. 그 이유는, 다른 이들은 통일하자는데 내용이 복잡하여 아직 참가하지는 않았으나, 내가 어찌 차마 딴 단체를 조직하겠느냐 하는 것이었다. 그러나 지금은 조소앙이 한독당 재건설을

---

85) 위와 같음.

추진하니, 내가 단체를 조직하여도 통일의 파괴자는 아니며, 임시정부
가 종종 위험을 당하는 것은 튼튼한 배경이 없었기 때문인데, 이제 임
시정부를 옹호하는 단체가 필요하다 생각하고 한국국민당을 조직하
였다.[86]

한국국민당 지도부는 김구를 이사장으로 하고, 7명의 이사(이동녕,
송병조, 조완구, 차리석, 김붕준, 안공근, 엄항섭)와 3명의 감사(이시영, 조
성환, 양명진)로 구성되었다. 이는 국무위원 전원과 조소앙을 제외한 임
시의정원 상임위원 두 사람이 모두 포함된 것이었다. 김구의 핵심측근인
안공근과 엄항섭이 이사에 포함되었고, 엄항섭은 또 중앙본부의 선전부
장을 겸했다. 조직부장에는 김구파가 아닌 차리석이 선임되었다.[87]

한국국민당의 이념과 독립운동 방략은 「창립선언」과 「당의」 및 「당
강」에 잘 표명되어 있다. 「창립선언」은 다음과 같이 천명했다.

조국의 촌토를 회복하지 못하고 원수의 쇠사슬 아래 유린되야 애
호(哀號)하는 동포의 울음소리는 의연하다. 이 어떤 까닭인가. 적의
세력이 강함도 원인의 하나이지마는 자가의 착오가 중요한 성분을
지었도다. 사상의 차이와 견해의 같지 않음과 조직의 무능한 것 등이
또한 적지 않은 원인의 하나이며, 기본적 정의 도덕의 산란, 현대적 종
횡술책의 난용이 최대 원인이라 긍정치 아니치 못하리라.[88]

그것은 한국국민당의 창립 동기가 민족혁명당에 맞서서 임시정부를
수호하는 데 있음을 명확히 밝힌 것이었다.

그리고 「당의」에서는 정치, 경제, 교육의 균등이라는 삼균주의에 입

---

86) 『백범일지』, p.359.
87) 朝鮮總督府警務局, 『最近に於ける朝鮮治安狀況 昭和十三(1938)年』, p.280.
88) 《新韓民報》 1936년1월16일자, 「한국국민당선언서」.

각한 신민주공화국의 건설을 천명하고, 9개항의 구체적 사항을 표방했는데, 중요한 것을 보면, (1) 국가주권 광복의 혁명적 의식을 국민에게 고취 환기하여 민족적 혁명역량을 총집중할 것, (2) 엄밀한 조직하에 민중적 반항과 무력적 파괴를 적극적으로 진행할 것, (3) 우리의 광복운동을 우호적으로 원조하는 국가 및 민족과 긴밀히 연락할 것, (5) 토지와 대생산기관을 국유로 하고, 국민의 생활권을 평등하게 할 것, (8) 독립운동에 대한 사이비 불순적 이론과 행동을 배격할 것, (9) 임시정부를 옹호, 진전시킬 것 등이었다.[89]

민족혁명당의 주장과 행동을 겨냥하여 "사이비 불순적 이론과 행동"을 한다고 비판하고 임시정부를 옹호 진전시킨다고 천명한 것이 눈길을 끈다. 이러한 항목들은 1930년에 조직된 한국독립당의 「당강」과 기본적으로 맥이 같은 것이었다.

구체적 행동의 여건이 어려울수록 중요한 것은 선전활동이다. 한국국민당은 민족혁명당에 대항하여 독립운동을 임시정부 중심으로 끌고 가기 위해서는 기관지를 발행하여 선전활동에 주력해야 했다. 그리하여 1936년3월15일자로 기관지《한민(韓民)》을 발행했다. 신문 형태로 매달 한번씩 발행된《한민》은 임시정부가 중경(重慶)으로 옮겨 간 뒤에도 중문으로 발행되었다.[90] 《한민》의 다음과 같은 「창간사」는 공산주의에 반대하면서도 토지와 기간산업의 국유화와 같은 사회주의제도를 표방하지 않을 수 없는 상황에서 느끼는 한국국민당의 이념적 고민을 잘 보여 준다.

자본제국주의가 발흥하기 시작한 뒤부터는 침략과 약탈의 방식이 가장 과학적으로, 가장 조직적으로, 가장 치밀하고 교활하게 행하야 정의 인도의 가면하에 약육강식의 악칙(惡則)은 점점 첨예화하며 심

---

89) 「一九三五年の在支不逞朝鮮人の不穩策動狀況」, 金正明 編, 『朝鮮獨立運動 民族主義運動篇Ⅱ』, pp.644~645.
90) 한시준, 「해제」 『대한민국임시정부자료집(35) 한국국민당Ⅰ』, 2009, pp.ⅲ~ⅹⅹ.

각화하여 왔다. 과거의 약탈자는 남의 나라를 병탄함에 그 통치권을 강취할 뿐이더니 현대 제국주의자는 그것만에 만족하지 아니하고 그 민족까지 멸하고 만다. 그러나 총과 검으로써 이 목적을 달성하려 하지 아니하고 정치적 압박과 경제적 착취에 의하야 피정복자를 자멸하게 하나니… 그러므로 현대에 처한 우리는 국가가 없으면 민족을 보존하기 불능하고, 민족을 보존하지 못하면 (개인의) 삶은 획득할 수 없다. 그런즉 우리 혁명운동의 궁극 목적이 (개인의) 삶을 추구하는 일에 다름 아니라는 것은 삼척동자라도 분명히 아는 바이어늘 오늘날 이른바 무슨무슨주의자배는 (개인의) 삶을 추구하면서도 국가를 홀시한다. 이것은 장사를 지내는 자가 시체를 망각하는 경우와 같으니, 이것이 이른바 본령을 잃은 운동이다.[91]

《한민》 창간호에는 또 "우민(愚民)"이라는 필명으로 「우리 독립운동의 동향」이라는 기고문이 실려 있는데, 이 글은 탁월한 중심인물의 영도력 아래 단결할 것을 강조하면서, 그러한 인물의 보기로 이탈리아의 무솔리니, 독일의 히틀러, 터키의 케말 파샤, 중국의 장개석(蔣介石), 러시아의 스탈린을 들었다.[92] 그것은 김구를 이들과 같은 존재로 받들어야 한다고 암시한 것이었다.

《한민》은 매호에서 한국의 독립을 선전하고, 특히 이봉창과 윤봉길을 순국의사로 찬양함으로써 청년들의 애국심을 고취하는 한편, 민족혁명당을 공산주의 단체로 규정하고 공산당 토벌정책을 취하는 국민정부에 민족혁명당에 대한 지원의 단절 또는 감소를 종용했다.[93]

김구는 임시정부에 복귀한 뒤에도 일본경찰과 밀정들의 추적을 피하면

---

91) 「《韓民》 創刊號」, 「創刊辭」, 『대한민국임시정부자료집(35) 한국국민당 I 』, p.158, p.211.
92) 愚民, 「我獨立運動의 動向」, 위의 책, p.170, p.214.
93) 「一九三六年의 在支不逞朝鮮人의 不穩策動狀況」, 金正明 編, 『朝鮮獨立運動 民族主義運動篇 II 』, p.566.

서 청년들을 모집하고 훈련
시키고, 필요한 임무를 주
어 각지로 파견하는 일에
힘을 기울였다. 그리고 그
렇게 훈련시켜 파견한 젊은
이들이 일본경찰에 체포되
었다는 소식을 들을 때면
김구는 마음속으로 더욱
칼을 갈았다.

1936년4~5월 무렵에 이
르러 새로 응모해 온 청년
들이 20명쯤 되었다. 이때
에 한국특무대독립군의 훈
련을 맡고 있던 김동우, 오
면직, 한도원(韓道源) 등
이 안공근의 전횡에 불만을

1936년3월15일에 창간된 한국국민당 기관지 《한민(韓民)》.

품고 이탈한 것은 김구로서는 여간 큰 손실이 아니었다. 이들은 상해로 가
서 한국맹혈단(韓國猛血團)을 조직했다. 김동우와 오면직은 김구의 고향
인 황해도 안악 출신으로서, 1921년11월에 상해로 와서 김구의 지시에 따
라 공산주의자인 국무원비서장 김립(金立)을 처단한 이래로 김구의 심복
으로 고락을 같이해 왔다. 그런데 한국맹혈단 단원들은 2월22일에서 3월
5일 사이에 김동우를 제외하고는 모두 상해 일본영사관 경찰에 체포되고
말았다.[94]

김구는 한국특무대독립군에 속해 있던 남경군관학교 졸업생 17명과
학생훈련소 훈련생 20여명 등을 규합하여 7월11일에 남경의 엄항섭 집에

---

94) 위의 책, p.569.

서 한국국민당청년단을 조직했다.[95] 한국국민당청년단이 김구의 직접적인 지도 아래 결성된 것은 그들의 「창단선언」에 구체적으로 표명되었다. 「창단선언」은 지난날의 독립운동에 대해 "회고하면 우리의 피눈물을 자아낼 뿐이요, 파탄과 분열은 우리 운동의 큰 치욕이 되고 말았다. 피가 끓는 대한의 젊은이여! 암담한 환경에 빠진 조국은 실망과 비애 속에서 방황하고 있다. 우리는 이것을 원망만 하고 있으랴!"라고 개탄하고 다음과 같이 선언했다.

> 이에 느낀 바 있어서 우리 혁명운동의 정통이며 토적총사령부(討敵總司令部)가 되어 있는 한국국민당에 모인 청년투사들은 과거 40여년 동안 일관된 정신으로 혁명운동에 분투 노력하신 백범 김구 선생의 영도를 받아 그의 손과 발이 되어 그의 정신과 사업을 계승하고 순수하고 진지한 열정으로 분기하여 한국국민당청년단을 창립하였다.…

그리고 이날 그들이 채택한 '구호' 가운데는 "내지 전선으로 들어가자", "반동사상과 파벌귀를 청소하자", "일체의 반동조직을 방지하자", "우리의 영수를 옹호하자" 등이 포함되어 있었다.[96]

이렇게 창립된 국민당청년단은 한달 뒤인 8월27일에는 기관지 《한청(韓靑)》을 창간하여 《한민》보다 더욱 격렬한 이론투쟁을 벌이면서 한국국민당의 전위단체이자 선전 및 교육기관의 역할을 담당했다.

1937년2월에는 광동에서 한국청년전위단(韓國靑年前衛團)이 조직되었다. 일찍이 한국독립당의 지부 등이 설치되어 있던 광동지방에서는 민족혁명당이 결성된 뒤에는 김구와 함께 임시정부 재정비에 참가한 김붕

---

95) 「한국국민당청년단의 결성」, 『대한민국임시정부자료집(35) 한국국민당 I』, p.20; 조범래, 「韓國國民黨硏究」, 《한국독립운동사연구》 제4집, 독립기념관 한국독립운동사연구소, 1990, p.21.
96) 「한국국민당청년단의 창립선언」, 『대한민국임시정부자료집(35) 한국국민당 I』, pp.19~20.

준과 양명진 등의 일부 세력을 제외하고는 거의가 민족혁명당에 참여했었다. 그리하여 한국국민당은 학생훈련소를 관리하던 김구의 아들 김인과 안공근의 아들 안우생(安禹生)을 광동에 파견하여 임시정부의 지지세력 만회를 위한 활동을 벌이게 했다. 이들은 중산대학생인 김창만(金昌滿)과 김덕목(金德穆), 김용(金鏞), 마초군(馬超軍) 등과 협력하여 민족혁명당 광동지부 당원인 안병무(安炳武), 한태인(韓泰寅) 등을 끌어들여 한국국민당과 국민당청년단을 지원하는 단체로 한국청년전위단을 조직한 것이었다. 민족혁명당에서는 간부를 파견하여 사태를 수습하고자 했으나, 민족혁명당 지부는 해체되고 말았다. 한국청년전위단도 기관지로 《전선(前線)》을 발행했다.[97] 이러한 청년단원들의 활동이 임시정부를 비롯한 독립운동자들 사이에서 김구의 지도력의 강력한 기반이 되었음은 말할 나위도 없다.

---

97)「中華民國南京及上海地方に於ける不逞朝鮮人團體の文書活動」,『思想情勢視察報告集(5)』, 1976, p.32;「民族主義派團體」,「韓國青年前衛團宣言」,『대한민국임시정부자료집(35) 한국국민당 I』, pp.70~71, pp.342~343.

57장

새 예배당 건축하고 하와이 떠나

1. 광화문 본뜬 예배당 새로 건축

1

3년 남짓 동안 떠나 있던 이승만이 1935년1월24일에 하와이로 돌아오자 그동안 침체했던 대한인동지회와 부인구제회 등 이승만 지지 단체들은 다시 활기를 찾게 되었다. 이승만 내외는 한인기독학원의 기숙사에 거처를 정하고, 이승만은 교장직을 맡고 프란체스카는 사감직을 맡아서 김노디가 하던 일을 계속했다. 한인기독학원은 설립 이후로 이승만이 처음으로 교장직을 맡아야 할 정도로 학교운영이 어려웠고, 개인적으로도 프란체스카와의 신혼 생활을 할 거처를 따로 마련할 수 없을 만큼 궁핍했다.

한인기독학원은 갈리히 계곡에 새 교사와 기숙사가 건축된 1923년부터 김노디가 교장(학감)직을 맡아 고생스럽게 운영해 왔는데, 1932년에 김노디가 교장직을 사임한 뒤로는 학과과정을 가르치지 않고 기숙사로만 사용되었던 것 같다. 그러다가 이승만이 하와이로 돌아온 뒤에 학교는 다시 정상적으로 운영되었다. 그러한 사정은 1928년 이후로 발간되지 못했던 학교의 『재정보고서』를 1936년7월에 다시 발간하면서 이승만이 "금년에 우리가 학교를 다시 주장하게 된 첫해에"라고 쓴 것으로 미루어 짐작할 수 있다.[1]

3월20일에 호놀룰루 선교기념관에서 열린 동지회 주최의 이승만 특별 강연회에는 300여명의 청년들이 모였다. 이 자리에서 이승만은 유럽을 여행했던 일을 자세히 설명하면서 청년들의 장래 문제에 대해 영어로 긴 연설을 했다.[2] 그러나 이승만에 대한 하와이 동포사회의 신망은 많이 달라져 있었다. 많은 동포들이 어려운 생활 속에서도 조국의 독립을 기대하면서 이승

---

1) 이덕희, 『한인기독교회·한인기독학원·대한인동지회』, pp.279~281.
2) 《新韓民報》 1935년4월11일자, 「하와이: 리 박사 강연회」.

만의 외교활동을 지원했는데도 아무런 가시적 성과가 없을 뿐 아니라, 동지식산회사 사업의 실패와 그와 관련된 막대한 소송비용의 낭비 등이 이승만의 신망을 크게 떨어뜨렸다. 게다가 이미 동포인구의 절반이 훨씬 넘은 2세들은 거의 한국어나 한국문화 또는 한국독립운동에 대한 관심보다도 미국시민으로 교육받고 미국시민으로 성장하기를 희망했다.

이승만 내외는 학생들과 생활을 같이 하면서 학원 일에 열성을 쏟았다. 이승만이 학생들을 보살피는 데 얼마나 정성을 기울였는가를 말해주는 에피소드가 전해진다. 기숙사에 있는 학생들은 방과 후에는 기숙사에서나 학교 밖으로 나가서 아르바이트를 했는데, 개중에는 백인 집에 가서 가정부 일을 하는 학생도 있었다. 릴리하 스트리트(Liliha Street) 끝머리에 있는 백인 집에 가정부로 일하러 다니는 한 4학년 반 여학생이 어느 날 오후 늦게 일을 마치고 학원으로 돌아가려고 버스정류장으로 가는 도중에 갑자기 폭풍우가 휘몰아쳤다. 소녀는 가까스로 버스정류장까지 가서 폭풍우를 피했다. 그러나 날씨가 너무나 사납고 버스도 오지 않아서 소녀는 캄캄한 정류장에서 겁에 질린 채 오도 가도 못하고 서 있을 수밖에 없었다. 소녀는 그렇게 몇시간 동안 발이 묶여 있었다.

그때에 멀리서부터 이승만이 그녀의 이름을 부르며 나타났다. 소녀는 이승만의 목소리가 "천사의 부름"으로 들렸다. 이승만은 저녁식사를 할 때에 그 학생이 보이지 않자 여기저기로 연락하여 그녀의 행방을 알아보았으나 찾을 수 없었다. 할 수 없이 그는 폭풍우를 무릅쓰고 6.5킬로미터나 되는 버스길을 따라 소녀의 이름을 부르면서 찾아 나선 것이었다. 이학생은 뒷날 이 무렵의 이승만은 학생들을 아주 따뜻하고 세심하게 돌보아 주었다고 회상했다.[3]

---

3) Yŏng-ho Ch'oe, "Syngman Rhee in Hawaii: His Activities in Early Years, 1912~1915", Yŏng-ho Ch'oe ed., *From the Land of Hibiscus: Koreans in Hawaii, 1903~1950*, University of Hawaii Press, 2007, pp.73~74.

한인기독학원은 1938년 가을 학기에는 학생이 40명 있었고 그 가운데 36명이 기숙사에서 생활했다. 학생 가운데는 남녀 고아가 여러 명 포함되어 있었다.[4] 이 무렵의 한인기독학원의 궁핍상은 《태평양주보(太平洋週報)》의 다음과 같은 기사로도 짐작할 수 있다.

갈리히 산골에 있는 한인기독학원은 여일 발전 중에 이사부에서는 더욱 확장키 위하야 3,993원을 모집키로 결정하고 금월 20일에 청연문 500여장을 내외 친구들에게 발송하였다.

기독학원 설비는 원만하되 미흡한 것을 개량하며 더욱 확장키 위하야 청연하는 것이다. 지금 설비는 남녀학생 36명으로 40명이 기숙하는 학원이며 다수 남녀 고아 학생을 양육함으로 부족한 것이 많으며, 지금 청하는 목적은 파상된 침상과 풀요를 보충하며 식물을 보존키 위하야 주방을 널리며 물 데우는 기계와 이불, 홑이불, 수건, 재봉침 두대, 의자, 공부하는 책상, 전기다리미 등속의 경비와 두명 간호선생의 월급을 위하야 후원을 청하는 것이다.…

매년 성탄을 당하면 관하 영문보 석간신문 주필 알렌씨의 주최로 기독학원 학생들을 위하야 성탄 연금을 모집하야 보내더니, 금년에 또 계속코저 하는 고로 리 박사 부인께서는 극력 거절하며 금년에는 한인 중에서 학원에 대하야 성탄연을 모집한다고 하였으되 다소간 백인 친구들이 연금을 기부하였다더라.[5]

1939년에는 남학생 20명, 여학생 17명이 기숙사에 들어 있었고, 시내에서 통학하는 학생이 3명이었다.[6] 이승만은 수업시간이 끝난 뒤에는 직접 목수가 되고 석공이 되어 학생들과 함께 기숙사를 중수했다. 그리고

---

4) 이덕희, 앞의 책, p.282.
5) 《太平洋週報》 1938년12월31일호, 「기독학원발전」, pp.12~13.
6) 《太平洋週報》 1939년4월1일호, 「기독학원 기숙하는 남녀학생」, pp.12~13.

돌과 시멘트로 정원에 도로 공사도 새로 했다. 그리하여 1939년부터는 9반 과정을 복설하게 되었다.[7]

2

이승만이 하와이에 돌아와서 가장 힘들여 추진한 사업은 한인기독교회 예배당을 새로 건축하는 일이었다. 하와이 동포사회의 분열의 여파로 두 파로 갈라진 한인기독교회는 3년이 넘도록 담임 목회자도 없이 지내왔다. 예배는 교회 부설의 신흥국어학교에서 보고 있었다. 그동안 김태희 목사, 이종관(李鍾寬) 목사, 감리교회에서 퇴직한 김이제(金利濟) 목사, 제일한인감리교회의 임두환 목사 등과 교회의 여러 평신도 지도자들이 예배를 인도했다. 그러다가 1936년6월1일에 한국에서 김형식(Herbert S. Kim) 목사가 부인과 세 자녀들과 함께 부임해 온 뒤로 웬만큼 정돈이 되었다.

윤치호(尹致昊)가 운영하는 개성의 한영서원(韓英書院, Anglo-Korean Academy)을 1911년에 졸업한 김형식은 1922년에 고베(神戶)의 간사이가쿠잉(關西學院) 신학과를 졸업하고 미국에 건너와서 1925년에 켄터키웨슬리언대학(Kentucky Wesleyan College)에서 학사, 테네시주의 스캐릿대학(Scarritt College for Christian Worker)에서 석사학위를 받고 귀국하여 서울에서 감리교회 목사로 사역하다가 하와이로 왔다. 김형식이 하와이로 온 것은 한인기독교회의 초대 목사였던 민찬호(閔燦鎬)와 하와이 한인감리교회 목사의 주선에 따른 것으로 짐작된다. 왜냐하면 이승만이 장기간 하와이를 떠나 있는 동안 한인기독교회가 도움을 받을 수 있는 목회자들은 감리교회 목사들이었기 때문이다. 그전에도 감리교회 목사들이 한인기독교회에서 설교하는 등으로 도와주었을 뿐 아니라

---

7) 《太平洋週報》 1939년5월14일호, 「기독학원 확장」, pp.14~15.

목회자도 소개했다.[8]

이승만은 1931년11월에 미국 본토로 떠나기에 앞서 자신을 포함하여 정인수(회장), 최백렬(서기), 김윤배(재무) 등으로 예배당건축위원회를 구성하고 새 교회당 건축기금 모금운동을 벌였다. 동포들은 열성적으로 호응하여 몇달 지나지 않아 1만2,000달러라는 거액의 응모가 있었다. 이승만이 미주로 떠난 뒤 모금운동은 한동안 침체되었다가 김형식 목사가 부임해 오고 교회부지 재판문제도 원만히 해결됨에 따라 안현경(安玄卿), 이원순(李元淳), 김노디, 김영기(金泳琦), 김학성 등이 위원으로 선정되어 건축기금 모금운동을 다시 벌였다.

이승만이 하와이로 돌아오자 새 교회당 건축기금 모금운동은 다시 활기를 띠었다. 이승만은 기금 모금 대상을 미국인들에게까지 확대하기로 하고 1935년 가을에 특별건축기금위원회(Special Building Fund Committee)를 구성했다. 유망한 청년지도자 양유찬(梁裕燦)을 특별건축기금위원장으로, 호놀룰루 중앙연합교회(Central Union Church)의 부목사 던스턴(J. Leslie Dunstan)을 위원으로 위촉하고, 하와이사회에 잘 알려진 재력가 리빙스턴(Chester Livingston)과 김윤배를 기금의 공동이사로 위촉했다.[9] 그때까지 동포들로부터는 교회신축기금으로 모두 3,700달러가 모금되었다.[10] 백인사회에 기부금을 모집한 결과 1936년 1월까지 저술가이자 사회활동가인 웨스터벨트(William D. Westervelt)가 5,000달러, 트러스트(Juliette H. A. Trust)가 1,000달러, 호놀룰루의 재벌 캐슬(George p. Castle)의 부인이 1,500달러, 카우아이 섬의 사탕수수 농장주 윌콕스(George N. Wilcox)의 딸 엘시 윌콕스(Elsie N. Wilcox)가 100달러를 기부했다. 이러한 사실은 하와이 백인사회의 이승만에 대한 신망은 변함이 없음을 보여주는 것이었다. 백인들의 기부금은 동포들

---

8) 이덕희, 앞의 책, p.82.
9) 「예배당 건축연혁에 대하야」, 『호항한인기독교회 례배당봉헌식 기념』, 호항한인기독교회, 1938, p.4.
10) Y. C. Yang, "The building of the Korean Christian Church", 위의 책, p.2.

에게 큰 자극이 되었다. 그리하여 1936년2월12일에는 릴리하 스트리트에 62,495피트[1.4에이커, 약 1,800평]의 부지를 하와이 천주교단으로부터 1만 2,750달러에 구입할 수 있었다.[11]

이때부터 호놀룰루의 영자신문 종교란의 한인기독교회에 관한 보도 태도도 바뀌었다. 지난 몇년 동안 내분과 관련된 부정적인 내용 일색이던 것이 예배시간, 설교자의 이름, 청소년들의 활동상황 등을 소개함으로써 안정되어 가는 한인기독교회 사정을 하와이사회에 알리게 된 것이다. 이 승만이 설교한다는 예고기사도 실렸다. 이 무렵부터 한인기독교회의 주 일예배는 오전 10시30분에 영어로 진행되는 청년들 위주의 예배와 오전 11시15분에 일반 장년들을 위한 한국어 예배시간을 따로 가졌는데, 청년 들의 예배시간에는 이승만이 설교를 했고, 장년들의 예배시간에는 김형 식 목사가 설교를 했다. 그리고 거의 노인들이 참석하는 저녁 예배시간에 는 이승만이 한국어로 설교를 했다.

청년들은 또 주일마다 "기독교인이 되고자 하는 나는 무엇을 해야 하 는가?(What I, as a Christian endeavourer, should do?)", "삶을 귀하게 만드는 것은 무엇인가?(What makes life worthwhile?)" 등의 주제를 놓 고 토론회를 열었다. 토론회는 아마 이승만이 배재학당 시절의 협성회 토 론회를 상기하면서 청년들에게 권장했을 것이다. 또한 1936년에는 김학 성의 지도로 교회 안에 보이스카우트 19분대(Boy Scouts Troop 19)가 결성되었다. 한인소년들의 보이스카우트는 1919년5월에 한인중앙학원 에 조직되었다가 1935년에 없어졌던 것인데, 이때에 결성된 한인기독교 회의 보이스카우트는 1965년까지도 존속했다. 보이스카우트 단원들은 매주 목요일에 교회에 모였다.

1936년12월20일 주일에는 교회마당에 1,000명이 들어갈 텐트를 치 고 교회 창립 18주년 기념행사를 거행했다. 주일학교 학생 300명이 크리

---

11) 이덕희, 앞의 책, p.84.

스마스캐럴을 불렀고, 부인보조회가 한국음식으로 점심을 준비했다. 보이스카우트 대원들의 묘기와 씨름과 한국 전통게임 프로그램도 있었다. 교회 부설 신흥국어학교도 계속해서 잘 운영되어 1937년6월에는 졸업생 10명을 냈다.[12]

그러나 1936년이 가고 또 한해가 거의 다 가도록 예배당 신축공사는 착공도 하지 못했다. 이승만은 각 섬을 순회하면서 동지회에 활력을 불어넣고 한인교회 예배당 신축을 위한 모금운동에 주력했다.[13] 동지회도 모든 사업을 제쳐두고 기독교회 건축을 위한 모금운동에 온 힘을 다했다. 교인들의 헌신도 눈물겨웠다. 육칠십 된 노부인들은 떡장사와 묵장사를 하여 푼푼이 기금을 벌어들였고, 중년부인들은 부대에서 연극으로, 청년 남녀들은 음악회로 모금운동을 벌였다. 심지어 어린 학생들까지 나서서 아이스크림, 소다수, 피넛 등을 팔아서 예배당 건축비로 내어 놓았다.[14] 또 놀려 두고 있는 교회부지에 잡초가 무성하게 자라자 1937년6월에 교인들이 나서서 잡초를 뽑았다.

마침내 1937년10월3일에 시티 밀(City Mill) 회사가 새 교회당 건축을 시작했다. 기공식을 10월3일에 거행한 것은 개천절에 맞춘 것이었다. 교회당의 앞면은 경복궁의 정문인 광화문(光化門)을 본떠서 설계했다. 설계한 사람은 한인중앙학원의 첫 졸업생인 한국인 최초의 건축사이며 토목기사인 김찬제였다. 그는 형님 김이제를 따라 1903년의 이민 첫 배로 하와이에 왔는데, 그때에 그는 여덟살이었다. 그러므로 김찬제는 광화문에 대한 특별한 기억이 있을 수 없었다. 그는 광화문의 사진을 보고 교회당 외형을 설계했다. 광화문은 조선왕조의 왕실과 국가 권위의 상징적 건물이다. 그러한 광화문 모습으로 교회당을 짓는 구상을 누가 했는지에 관한 기록은 없으나, 이승만의 구상이었던 것이 틀림없을 것이다. 이승

---

12) 위의 책, pp.84~86.
13) Robert T. Oliver, *Syngman Rhee: The Man Behind the Myth*, p.166.
14) 김형식, 「예배당 건축에 대하야」, 《太平洋週報》 1938년1월22일호, p.15.

1938년 부활절(4월24일) 헌당식이 거행된 릴리하 스트리트의 한인기독교회 예배당. 앞면을 경복궁의 정문인 광화문을 본떠서 설계했다.

만은 어려서부터 광화문을 보면서 자랐고, 독립협회의 자주민권운동 때에는 광화문 앞에서 열린 만민공동회를 주도하기도 했다. 이승만이 1910년에 로스앤젤레스에서 출판한 논설집 『독립정신』에도 북악산을 배경으로 한 광화문의 사진이 크게 실려 있다. 그러한 이승만이었으므로 1927년에 일본인들이 경복궁의 여러 전각을 헐고 그 자리에 조선총독부를 지으면서 동쪽의 건춘문 북쪽으로 옮겨놓은 광화문만큼 한국의 주권을 상징하는 건물이 없다고 생각했을 것이다.[15]

건축공사가 진행되는 동안 교회는 다시 이종관이 각 섬들을 순방하면서 교회건축 상황을 설명하고 추가성금을 독려하게 했다.[16] 웨스터벨트는 1938년 들어 또다시 1,000달러를 희사하여 한인교인들을 감동시켰다.[17]

반년 동안의 공사 끝에 1938년 4월24일 부활절 주일 오후 4시에 헌당

---

15) 이덕희, 앞의 책, pp.87~88.
16) 김형식, 「공고」, 《太平洋週報》 1938년1월15일호, p.15.
17) 《太平洋週報》 1938년2월12일호, 「웨스터벨트의 감사한 일」, p.16.

식이 거행되었다. 처음에는 예수가 마지막으로 예루살렘에 입성한 4월10일 주일에 맞추어 헌당식을 거행할 예정이었지만,[18] 준비부족으로 부활절 주일로 맞춘 것이었다. 헌당식에는 아이들까지 포함하여 1,500명의 인파가 몰렸다.[19]

이날의 주인공은 말할 나위도 없이 "선교부장" 이승만이었다. 이날 배포된『호항한인기독교회 례배당봉헌식 기념』팸플릿에는 이승만의 사진과 함께 영문과 국문으로 다음과 같은「봉정(Dedication)」문이 실렸다.

> 우리의 경애하는 리승만 박사께 이 작은 책을 드리나이다. 선생은 우리 전 민족의 인도자이시요 하와이 한인기독교회의 창설자이시다. 그의 개척정신은 우리들로 하여금 아름답고 고귀한 사업을 할 수 있게 하며, 그의 지도적 감화는 하와이 남녀 청년들의 앞길에 광명을 비춰 준다.[20]

그리고 목사실에는 이승만의 사진이 걸렸다. 이 사진 거는 비용은 소년회가 부담했다. 봉헌식의 개회기도는 초대 담임목사였다가 교회를 떠나 있는 민찬호 목사가 했고, 마무리 기도는 상해에서 이승만의 비밀통신원 역할을 했고 하와이에 와서는 한인기독교회의 지교회인 힐로(Hilo)교회에서 사역하는 장붕(張鵬) 목사가 했다. 설교는 중앙연합교회 목사 레빗(Horace H. Leavitt) 목사가 했고, 이승만은 봉헌식의 의의를 설명하는 강연을 했다.

양유찬은 다음과 같은 내용의 재정보고를 했다.

---

18) 김형식,「호항한인기독교회소식」,《太平洋週報》1938년5월19일호, p.15.
19) 《太平洋週報》1938년5월7일호,「기독교회 새 예배당봉헌식 후문」, p.10.
20) 「봉정」,『호항한인기독교회 례배당봉헌식 기념』, p.1.

예배당 건축에 대한 재정보고

(단위: 달러)

수입		지출	
백인연조금	13,245.00	부지값	12,750.00
한인연조금	17,576.73	건축비	22,843.73
차입금	1,000.00	(인근 집수리비 포함)	
부족금	9,000.00	내부설비 및 비품	5,228.00
총계	40,821.73	총계	40,821.73

팸플릿은 한인기독교회의 존재 의의와 현황을 다음과 같이 자부했다. 먼저 한인기독교회의 민족교회로서의 의의를 다음과 같이 강조했다.

세계 각 인종이 섞여 사는 이 시대에 우리도 남과 같이 살려면 남들이 하는 일을 해야 될 것인데, 남들이 하는 일을 보면 보통 중요히 여기는 몇가지 사업 중에 종교사업이 한가지다. 모든 민족이 각각 저의 믿는 바 종교를 숭상하야 저의 신앙적 복락과 덕의상 발전을 구하나니, 이것이 다 까닭 없이 되는 것이 아니다.

하물며 우리 한인은 정치상이나 경제상이나 덕의상이나 여지없이 타락된 중에서 생맥이 나게 하려면 예수 그리스도의 교를 내어 놓고 어디서 구하리오. 그러므로 우리 기독교회를 세운 목적이 다만 우리 장래 영생의 복을 얻는 것으로만 방한한 것이 아니다.

남들은 각각 저의 일을 다하야 저의 사는 세상을 거의 천국같이 만들어 놓아 자유행복을 누리며, 따라서 다른 인종을 구원하고 선교사업까지 힘쓰는데, 우리는 이 처지에서 이 목적을 가지고 우리의 생명길로 아는 종교사업을 남에게 의뢰하야 남이 잘해 주면 고맙다 하고 잘못해 주면 원망이나 하며 가만히 앉았으리오.…

"우리의 생명길"인 종교사업을 외국인들에게 의존할 수 없어서 한인기독교회를 창시했다는 것이다. 그러고는 한인기독교회의 재산과 역할을 다음과 같이 설명했다.

그러므로 하와이의 영성
소수인 가난한 남녀 교우들의
신심과 성심으로 모든 반대와
장애를 불계하며 여러 번 풍파
를 치르고 여전히 쌓아 놓은
결과로, 호놀룰루에 대지와 건
물이 수만여원 가격에 달하며,
수만원 경비로 회당을 건축하
며, 힐로와 와히아와에 각각
부지와 회당이 성립되어 물질
로도 우리의 소유가 적지 않게

한인기독교회의 신축을 기념하여 발행한 팸플릿 「호항한
인기독교회 례배당봉헌식 기념」 표지.

되었고, 또한 본국에 선교구역을 정하야 기독교회의 정신을 선전한 지
10년이 된지라. 그러므로 이왕에 의심하며 반대하던 백인친구들도 지금
은 성심껏 도우며 두호하나니, 이 어찌 우연히 됨이리오.…

팸플릿은 한인기독교회의 교세를 숫자를 들어 구체적으로 보고했다.
1918년12월23일에 설립된 이래로 현재는 호놀룰루의 본교회를 비롯하여
와히아와, 힐로, 파이아 및 미주의 로스앤젤레스까지 분교회가 설립되어
있는데, 이 다섯 교회의 세례 교우가 1,263명이고, 유년주일학생이 573명
이며, 면려청년회원이 145명이라고 했다. 그리고 호놀룰루 본교회에서는
1년 전부터 청년 영어예배까지 보게 되었는데, 평균 출석이 100여명에 이
른다고 했다.

끝으로 한인기독학원까지도 이 교회 교우들의 힘으로 발전하고 있다
면서, 하와이의 동포들도 죄악의 멍에를 벗고 천국백성이 되도록 힘쓰라
고 다음과 같이 천명했다.

부인보조회, 국어학교, 여자소년군 등 각 기관이 이 교회에 직속하여 있을 뿐 아니라 멀리 본국에 있는 장로교 구역 하나를 담당하야 과거 10년 동안을 후원하였고, 갈리히 산곡에 위치한 기독학원도 이 교회 교우들의 성력으로 발전하고 있는 터이다. 하와이 각 지방 형제자매들은 끝까지 더욱 더 성심성의로 남과 같이 잘 살기를 도모하는 동시에 죄악의 멍에를 벗고 천국백성이 되도록 힘쓰기를 간절히 바라는 바이다.[21]

이러한 한인기독교회의 교세와 그것을 상징하는 새 예배당의 건축은 이승만이 고독한 1930년대에 이룩한 가장 큰 성취였다. 위의 교회 설명도 이승만의 문투이다.

3

한인기독교회의 새 예배당 헌당식이 있고 한달 뒤인 5월28일 저녁에는 또 다른 면에서 이승만을 흐뭇하게 하는 행사가 있었다. 그것은 동지회, 독립단, 기독학생회, 기독교, 감독교[성공회]의 연합주최로 동포자녀 가운데 이 해의 대학 및 중학 졸업생을 위한 만찬회가 맥켄리중학교에서 열린 일이었다. 이승만은 이 자리에 참석하여 그 특유의 능란한 행동으로 학생들에게 깊은 인상을 심어 주었다. 1938년에는 하와이대학교(University of Hawaii) 졸업생 12명을 비롯하여 각급학교 졸업생 323명을 배출했다. 하와이대학교 졸업생이 12명이나 된 것은 처음 있는 일이었다. 수적으로 늘어났을 뿐만 아니라 여러 분야에서 두각을 나타내는 2세들도 있었다. 호놀룰루 상업회의소와 우체국과 하와이 비행회사가 공동주최로 하와이 각 예비중학생과 중학생들을 상대로 실시한 작문 경시에서 한인 남녀 학

---

21) 「한인기독교회」, 『호항한인기독교회 례배당봉헌식 기념』, p.3.

생이 1, 2등을 차지한 것도 여간 대견스럽지 않았던 것 같다.

300명가량이 모인 이날 저녁 만찬회는 양유찬의 사회로 진행되었다. 학생대표들의 연설과 노래 등의 순서가 있고 난 다음 양유찬은 하와이대학교 총장 크로포드(David L. Crawford)에게 연설을 청했다. 크로포드는 "세계가 학식 발달로 경쟁하므로 한인 학생들도 학술을 연마하고 각국인들과 동화하며 각국인들로부터 고상한 문화를 취택하라"고 말했다. 요컨대 훌륭한 미국시민으로서 전문지식을 함양할 것을 강조한 것이다. 이어서 양유찬은 이승만의 경력을 길게 소개하고 나서 그에게 연설을 청했다. 이승만은 연설을 시작하다 말고, 지난 5월22일의 한미수호통상조약 기념일에 슬라덴 박사가 라디오방송 연설을 하는 것을 재미있게 들었다면서, 자신의 남은 연설시간을 슬라덴 박사에게 제공하겠다고 말했다. 슬라덴은 호놀룰루 석간신문의 정치담당 주필이었다. 슬라덴은 활기차게 일어나서 학생들에게 "나는 크로포드 박사의 말에 반대한다. 한인 학생들은 미국시민이기는 하지만 한국의 역사와 한국말을 뇌수에 기억하라. 역사와 언어는 영혼이다. 사람이 영혼이 없으면 죽은 사람이다"라고 역설했다. 이승만은 슬라덴이 이런 말을 할 것을 예상하고 그에게 발언기회를 주었던 것이다. 이승만은 다시 일어나서 두 사람의 연설 요지를 설명하고 나서, 크로포드 총장에게 하와이대학교에 한인 교수를 초빙하여 한국의 역사와 문화를 가르치라고 권고했다.[22]

이승만은 한인기독교회의 예배당 신축공사에 몰두하는 동안 임시정부와 동지회의 활동에는 전혀 관여하지 않았다. 이승만은 이때의 자신의 그러한 태도를 다음과 같이 설명했다.

나는 1935년에 구미를 달하여 호놀룰루로 온 후로 교회나 사회의 내막을 완화주의로 교정하기를 바라고 1년 반을 두고 힘써 오다가,

---

22) 《太平洋週報》 1938년6월4일호, 「사설: 한인학생계의 영광」, pp.1~4.

필경 또 싸우지 않고는 되지 못할 것을 간파하고, 그때부터 사회나 교회 간에 도무지 간섭을 끊고 상관 않기를 결심하여 글과 말로 여러 번 선언하였으나, 40여년 적공하여 오던 우리 민족운동을 어찌 졸지에 거절하고 말고자 함이었으리오. 다만 여러 번 풍파를 지낸 결과로 새로이 깨달은 바, 내가 혼자 인도자 책임을 가지고 동포의 재정을 모손(耗損)하며 독립은 회복하지 못하고 보니 자연 내게 대한 악감이 심해서, 내 신분에만 어려울 뿐 아니라 우리의 하고자 하는 일을 해갈 수 없을 만치 되고 보니, 차라리 내가 물러앉아서 다른 이들이 해도 될 기회도 있고 재정도 거두어 쓸 수 있게 하는 것이 가하다는 생각으로 이렇게 한 것이니, 독립을 못할지언정 동족 간에 싸우지는 말아야 하겠다는 각오를 얻게 된 까닭이다.…[23]

그리하여 중일전쟁이 발발하고 나서도 특별한 행동을 취하지 않았다고 했다.

한편 진강(鎭江)에 옮겨 가 있던 임시정부는 1936년7월6일의 국무회의에서 2년 전에 주미외무행서(駐美外務行署)를 설치하면서 외무위원으로 임명했던 이승만을 "사정에 인하여 그 직을 해임"하기로 결정했다.[24] 그리고 넉달 뒤인 11월3일에는 하와이 군도에 선유위원(宣諭委員)을 한 사람 두기로 하고, 11월19일에 이승만의 격렬한 비판자가 되어 있는 카우아이 섬의 현순(玄楯) 목사를 선유위원으로 임명했다.[25] 임시정부는 하와이의 재무행서 재무위원도 이승만의 측근인 이원순에서 문인화(文寅華)로 바꾸었다.[26]

김구를 주축으로 한 새 내각이 구성되자 동지회는 정무원 문인회(文

23) 《太平洋週報》1939년4월8일호, 「리 박사 려행담」, pp.1~2.
24) 《大韓民國臨時政府公報 제61호》(1936.11.27.), 「대한민국임시정부자료집(1) 헌법·공보」, p.193.
25) 위와 같음.
26) 위의 책, p.194.

仁會) 명의로 임시정부 재무장 송병조(宋秉祚)에게 동지회는 임시정부의 명령에 절대 복종하며 앞으로는 인구세를 적극적으로 수합하여 보내겠다고 통보했고, 한국국민당 기관지《한민(韓民)》이 발행되자 동지회 간부들 명의로 축하문을 보냈다.[27]

중일전쟁의 발발을 계기로 임시정부에 대한 후원을 단합해서 추진할 필요성이 절실해지자 대한인동지회와 국민회 하와이지방총회의 합동문제가 대두되었다. 그리하여 1937년10월10일에는 두 단체 교섭위원회가 합동결의안까지 작성했다. 결의안의 골자는 두 단체는 각각 지방의원의 동의를 얻어서 두 단체의 사단법인관허장을 취소하고 합동한다는 것이었다.[28] 그러나 국민회 하와이지방총회가 법인관허장 취소와 관련한 조항을 수정할 것을 제의하고 동지회가 이를 거부함으로써 합동논의는 더 진전되지 못하고 해를 넘겼다.

한인단체의 합동문제에 대한 이승만의 입장은 1938년의 3·1절 기념 연설에 표명되어 있다.

"한인들이 합동을 부르는 이때에 내가 참여하면 합동이 못된 후에는 허물을 나에게로 돌릴 터인즉, 나는 한인들의 합동이 잘되어 대사업이 성공하기를 희망하는 것이외다. 그러나 합동이 되고라도 일은 아니하고 거저 붙잡고 앉았기만 하면, 나는 일 아니하는 백만 동지를 못 얻을지라도 일하고자 하는 한두 사람이라도 붙들고 나가려 합니다."[29]

이러한 언설은 합동문제에 대하여 이승만이 그다지 탐탁하게 여기고 있지 않았음을 보여 주는 것이다. 이때까지도 이승만은《국민보(國民報)》의 주필이면서 국민회쪽 교섭대표로 활동하고 있는 김현구(金鉉九) 등 국민회 간부들에 대하여 쾌씸한 생각을 떨쳐 버리지 않고 있었다. 그

---

27) 《韓民》 第五號(1936.7.30.), 「대한민국임시정부자료집(35) 한국국민당 I」, p.225, p.230; 「昭和十一年夏以降に於ける中華民國在留不逞鮮人團體の情況」, 「思想情勢視察報告集(3)」, 1976, p.388, p.390.
28) 《國民報》 1937년10월13일자, 「국민회·동지회 양 단체 대표 결의안」.
29) 《太平洋週報》 1938년3월5일호, 「3·1절 경축성황」, p.12.

러나 합동문제는 협의가 계속되어 이윽고 1938년9월8일에는 다음과 같은 합의가 이루어졌다.

> 양 회의 법인관허장은 그대로 두고 합동하되, 단체 이름은 공결하며, 규칙을 수정하며, 임원을 공선하고, 회원의 권리와 의무를 꼭 같이 한다. 앞으로 양 단체의 법인관허장을 취소할 필요가 있을 때에는 법인관허장을 없앨 단체의 1938년도 임원의 동의 아래 진행한다.[30)]

이러한 합동방안을 가지고 국민회 하와이지방총회와 대한인동지회는 연합의회를 소집했다. 11월18일부터 시작된 연합의회는 그러나 이내 난관에 부딪혔다. 먼저 회의 참가자의 자격문제를 두고 의견이 대립된 데이어 국민회와 동지회의 재산보고문제와 그와 관련되어 제기된 합동단체의 지도자 선임방식문제를 놓고 대립이 첨예해졌기 때문이다. 그것은 결국 새 단체의 주도권 다툼이었다. 국민회 하와이지방총회는 회비를 납부한 순수 회원들만으로 선거할 것을 주장했고, 동지회는 회원과 비회원을 가리지 말고 중립적 인사들을 포함한 모든 하와이 한인들에게 투표권을 주자고 주장했다.

이러한 주장의 대립은 국민회 하와이지방총회가 자기네 회원수가 훨씬 많다고 생각했기 때문이다. 국민회쪽에서는 자신들의 회원수가 463명인 데 비하여 동지회 회원수는 80명에 불과하다고 보았다.[31)] 그러나 국민회 하와이지방총회의 이러한 주장은 정확한 것이 아니었다. 앞에서 본 대로 1930년부터 1938년 사이에 작성되었을 것으로 보이는 『대한인동지회회적(大韓人同志會會籍)』에 수록된 12세 이상의 회원 수는 934명이

---

30) 《國民報》 1938년9월14일자, 「제5차 회의 공함」; 《太平洋週報》 1938년9월24일호, 「합동에 대한 공함」, p.9.
31) 김리제, 「동지와 동포전에」, 《太平洋週報》 1938년12월17일호, pp.4~5; 《國民報》 1938년12월14일자, 「사설: 연합의회 정회」.

었다.[32] 동지회는 합동논의를 시작할 때부터 하와이 한인사회단체의 대
동단결을 염두에 두고 시작했고,[33] 그러한 노력은 연합의회의 제2차 회
의 때부터 카우아이 단합회와 대조선독립단의 대표 참가를 요청하는 것
으로도 표명되었다. 그러므로 동지회가 투표 자격을 모든 동포들에게 주
자고 한 것은 하와이 한인사회의 합동이라는 대의명분에 입각한 일관된
주장이었다. 결국 연합회의는 합동으로 결성될 새 단체의 주도권을 어느
쪽이 장악할 것인가의 문제를 두고 벽에 부딪혔다. 그리하여 제11차 회의
와 제12차 회의는 서로 입장 차이만 확인했고, 12월7일에 열린 제13차 회
의에 동지회 대표들이 출석하지 않음으로써 합동운동은 중단되고 말았
다.[34]

32) 이덕희, 앞의 책, pp.331~332. 고정휴는 이들 가운데 상당수가 교민단과의 분쟁이 발생하자 동
　　지회를 떠났을 것으로 추정했다(고정휴, 「이승만과 한국독립운동」, p.185).
33) 《太平洋週報》 1938년11월26일호, 「임시대표회 순서와 결의사항」, pp.3~5.
34) 홍성표, 「재미한인의 꿈과 도전」, pp.98~119 참조.

2. 구미위원부의 문을 다시 열기로

1

중일전쟁의 전황에 관심을 기울이던 하와이의 동지회 간부들은 한 인기독교회 예배당 신축이 끝나자 이승만의 외교활동 재개를 위한 준비를 서둘렀다. 그것은 이승만이 하와이에 온 뒤로 문을 닫고 있는 워싱턴의 구미위원부 활동을 재개하는 것이었다. 이승만은 워싱턴을 떠나올 때에 스태거스(John W. Staggers) 변호사 소유의 컬럼비아 빌딩(Columbia Building) 312호의 구미위원부 사무실 집세 120달러를 지불하지 못하고 왔는데, 이 돈을 1937년10월21일에 몬태나 지방의 동지들이 보내와서 동지회 상무원 김광재 이름으로 스태거스에게 부쳤다. 11월6일부로 보내온 스태거스의 다음과 같은 편지는 동지회 인사들의 용기를 북돋우었다.

경애하는 김 선생

이 편지는 우편으로 부송하신 120달러 금액을 접수하여 한인위원부 사무실세를 전수 청장(淸帳)한 영수증이외다. 내가 당신께 감사하는 동시에 권고하는 것은 트렁크들과 문건들을 잘 보수하였습니다. 이 박사께서 언제든지 쓰시기에 편리하외다.

이 박사와 부인께 문안하여 주시오. 나 개인으로 당신께 부탁하는 것은 원동형편은 한인들의 희망하고 기다리던 바이외다.[35]

그러나 이승만은 워싱턴행을 망설였다. 부동산 사업을 하면서 동지회를 주관해 온 이원순은 자신이 설득하여 이승만 내외를 워싱턴으로 보냈다고 술회했다. 이원순은 동지회 간부들과 함께 이승만이 워싱턴에 가서

35) 스태커쓰, 「감사장」, 《太平洋週報》 1938년2월5일호, p.1.

조용히 독립운동에 관한 책을 집필하도록 하자고 합의하고, 이승만을 찾아가서 동지회의 의견을 전달하자 이승만은 "글쎄 말이야. 그건 나도 원하는 바였어"라고 말하면서 쾌히 승낙했다고 한다.[36]

동지회 간부들 가운데는 구미위원부가 임시의정원에 의하여 폐쇄령이 내려졌던 사실을 들어 임시정부와의 마찰을 염려하면서 구미위원부 문을 다시 여는 데 반대하는 의견도 없지 않았던 것 같다. 동지회 중앙부장 김이제(金利濟)의 다음과 같은 주장이 그러한 사실을 반증해 준다.

거듭 말씀코저 함은 기왕 여러분이 잘 아시는 바와 같이 한성임시정부 조직될 때에 외교선전의 사명을 외양에 있는 우리에게 부탁하였다. 그리하여 임시정부 대통령이신 리승만 박사의 주선으로 구미위원부를 설치하고 여러 가지로 활동한 결과 우리 광복사업에 대한 많은 정치적 계획의 동정을 연락하야 놓았었다. 그러나 재력부족으로 한참 정지된 것은 유감이나, 중일전쟁으로 보든지 세계형편의 변천과 인심의 동향점을 보아 사명대로 하여 오던 외교선전부 문을 열고 활동할 시기가 오늘인 고로….[37]

김이제는 구미위원부가 3·1운동 뒤에 서울에서 선포된 한성정부의 약법에 따라 이승만이 1919년8월25일에 「집정관총재공포문」 제2호로 설치한 기구임을 강조한 것이었다. 그것은 상해임시정부의 구미위원부 폐지령은 정당성이 없다는 것을 강조하고자 한 것이었다. 이승만 자신은 워싱턴으로 가게 된 경위를 다음과 같이 썼다.

이렇게 침묵하고 앉은 이 사람의 속이 탈 동시에 여러 동포들의 관

---

36) 李元淳, 『世紀를 넘어서: 海史 李元淳自傳』, pp.209~210.
37) 김이제, 「위원부 문을 개방하자」, 《太平洋週報》 1939년2월4일호, p.2.

찰이 또한 나와 같아서, 필경은 참다 못하여 나에 대한 원망과 질문이 들어와서 리 박사가 아니하면 누구더러 하라고 그저 앉았느냐 하는지라. 그런즉 이런 좋은 기회를 가지고 세계를 대하야 한마디 못하고 앉아서 내게 돌아오는 원망과 죄책은 면할 수 없이 되나니, 내가 차라리 나의 힘대로 직책이나 행하며 시비를 듣는 것도 도리어 낫겠다는 각오를 가지게 된 고로, 수차 공동회를 불러서 토의하게 된 결과가 나에게 책임을 지우기에 이르렀나니, 나는 이때부터 다시 결심하고 불시로 짐을 묶어서 미주로 건너갑니다.…[38]

이러한 서술은 이승만이 워싱턴행을 결심하기에 앞서서 여러 차례 동포들의 회의를 열어 자신의 거취문제를 상의했음을 시사해 준다. 그만큼 그는 의기소침해 있었다.

이승만은 1939년3월30일에 호놀룰루를 떠났다. 이승만은 처음에는 3월31일에 샌프란시스코로 가는 배를 탈 계획이었으나, 샌프란시스코와 인근 지역 선원들의 파업이 계속되고 있어서 하루를 앞당겨 시애틀로 가는 영국 기선을 탔다.[39] 이승만은 시애틀과 몬태나주의 뷰트(Butte)를 거쳐서 1939년4월13일에 워싱턴에 도착했다.[40] 이승만은 결혼한 뒤에 처음으로 떨어져 있는 프란체스카에게 마음이 쓰였다. 뷰트에서 편지를 보내고 워싱턴에 도착해서는 다시 "별일 없는지 궁금하오. 전보하오"라고 타전했다. 프란체스카는 "뷰트에서 주신 편지 고마워요. 기분 아주 좋아요. 사랑"이라는 애정 어린 답전을 보내왔다.[41]

워싱턴에 도착하자마자 이승만은 뉴욕의 중국인들로부터 그곳에서

---

38) 리승만, 「리 박사 려행담」, 《太平洋週報》 1939년4월8일호, p.2.
39) 《太平洋週報》 1939년4월1일호, 「리 박사 전별회」, p.1.
40) 《太平洋週報》 1939년5월6일호, 「리 박사 문안」, p.13.
41) Syngman Rhee to Mrs. Syngman Rhee, Apr.17, 1939 and Mrs. Syngman Rhee to Koric, Apr.19, 1939, The Institute for Modern Korean Studies ed., *The Syngman Rhee Telegrams*, vol.Ⅳ., pp.560~561.

열리는 중국 후원을 위한 집회에 참석해 달라는 전보를 받았다. 그는 뉴욕으로 가서 비슷한 성격의 세 집회에 참석했다. 한 집회에서는 최근에 중국을 방문하고 온 미국인 연사가 남경 함락 때에 일본군 비행기가 투하한 폭탄 가운데 폭발하지 않은 것이 있었는데, 그것은 펜실베이니아의 한 폭탄제조창에서 만든 것임이 판명되었다면서 미국의 대일 무기판매를 규탄하자, 수천명의 청중이 흥분하여 어쩔 줄 몰라 하는 광경을 목격했다.

한편 일본정부의 역선전도 만만치 않았다. 일본이 선전하는 말은 "중일전쟁에서 만일 중국이 승리하면 중국 전체가 공산화할 것이고, 그렇게 되는 경우 외국인들이 중국에서 취할 수 있는 이익이 무엇이냐"는 것이었다. 이러한 주장은 특히 중국에 이해관계가 있는 미국의 사업가들에게 설득력이 있었다. 이승만은 이러한 분위기를 보면서 중국 지원을 위한 선전의 필요성을 다시금 절감했다.[42]

이승만은 5월7일에 인민생명보험회사 빌딩(People Life Insurance Bld.) 204호에 사무소를 개설했다. 언제나 그랬듯이 언론인들은 이승만에 대하여 협조적이었다. 프란체스카를 미국에 오게 하는 일을 도와준 피어슨(Drew Pearson)과 알렌(Robert S. Allen)은 이때에도 그들의 유명한 신디케이트 칼럼 「워싱턴 메리고라운드(Washington Merry-Go-Round)」 5월9일자에 이승만의 사무소 개설 사실을 소개했다. 이 칼럼 기사와 관련하여 《신한민보(新韓民報)》는 다음과 같이 보도했다.

세계 논조가 험악하고 국내외 경제가 핍박할 뿐 아니라 불뚝불뚝하는 한국 민심에 초민[焦悶: 속이 타도록 몹시 고민함]되는 왜적은 요새 새 걱정거리가 또 한가지 생겼으니, 5월9일에 미국 48개주, 30개 도시 각 신문 지상에 널리 전파된 기사를 보면, 왜적들의 한국 독립운동에 대한 근심이 얼만큼 크며 저들의 신경이 얼마나 번민함을 가히 짐

---

42) 김형식, 「리 박사 환영기」, 《太平洋週報》 1939년9월2일호, pp.14~15.

작할 것이다.

위에 말한 신문기사는 미국에서 제일 유명한 기자 피어슨과 알렌이 전국 각 신문에 발표한 글이요 대지는 아래와 같다.

그러면서 《신한민보》는 「워싱턴 메리고라운드」가 소개한 이승만의 사무소 개설에 관한 이야기를 그대로 전재했다. 이야기의 내용은 다음과 같았다. 이승만이 사무소를 개설한 이튿날 마흔살쯤 된 미국인 한 사람이 이승만을 찾아왔다. 정중하게 인사를 하는 그에게 이승만이 찾아온 까닭을 묻자 그 미국인은 다음과 같이 대답했다.

"선생께서 워싱턴에 무슨 사무를 띠고 오셨는지 알고 싶어서 일본대사관에서 저를 보내서 왔습니다."

이승만은 그 미국인에게 꾸짖듯이 말했다.

"나는 지난 30년 동안 하던 사업을 계속하는 사람이오. 나의 목적은 일본이 압박하고 학대하는 2,300만 우리 동포들의 독립과 자유를 회복하는 데 헌신하는 바이니, 얼른 말하면 곧 일본을 반박하는 일이오."

그러자 일본대사관에서 온 미국인은 이승만에게 감사하다는 뜻을 표하고 물러갔다. 「워싱턴 메리고라운드」는 이러한 이야기를 소개하고 나서 다음과 같이 덧붙였다.

한국은 1910년에 일본이 병탄하였지만 한국 인민들은 영원히 일본에 반항하며, 이승만 박사의 인도를 따르고 있다.[43]

위의 이야기는 워싱턴의 또 한 사람의 저명한 기자 힐(Edwin S. Hill)에 의해서도 보도되었다. 힐의 피처기사는 5월17일자로 킹스 피처스 회사(Kings Features Inc.) 제공으로 전국의 여러 신문에 게재되었다. 힐은

---

43) 《新韓民報》 1939년5월18일자, 「일본대사의 새 걱정거리」.

기사의 마지막을 "이승만은 한국인들의 자유를 위하여 45년 동안 투쟁했고, 이제 전력 질주하기 시작했다고 말하고 있다"라고 썼다.[44]

「워싱턴 메리고라운드」에 대한 《신한민보》의 기사는 《태평양주보》에 그대로 전재되어,[45] 이승만의 사무소 재개에 관한 뉴스는 미주와 하와이 동포들에게 함께 전해졌다. 호놀룰루에서 발행되는 《스타 불러틴(*The Honolulu Star Bulletin*)》지는 워싱턴 주재 특파원 기사로 이승만이 미국 대통령에게 대일 무기수출을 금지할 권한을 주자는 운동을 후원한다고 보도했다.[46] 또한 이승만의 활동은 체코슬로바키아의 베네시(Edvard Beneš) 전 대통령의 그것과 비견되는 것으로 소개하는 신문도 있었다.[47] 워싱턴에서 발행되는 주간지 《세너터(*The Senator*)》 5월20일호는 이승만이 젊어서 《매일신문》을 발행하던 때부터의 경력을 길게 소개하는 인터뷰 기사를 실었다.[48] 《태평양주보》는 미국 신문들의 이러한 보도를 낱낱이 소개하면서, "리 박사의 독립운동 소식이 각 신문에 전파된 것만 하여도 그 가치를 재정으로는 비교할 수 없다"면서 동포들의 자금지원을 독려했다.[49]

2

그러나 이제 워싱턴에서 한국의 독립운동을 대표하는 인물로 알려지기는 이승만 한 사람만이 아니었다. 1937년10월에 호놀룰루에서 열린 하와이의 주(州) 승격문제에 대한 연방의회 상하 양원 합동위원회의 공청회에 출석하여 증언했던 일을 계기로 갑자기 미국인들의 주목을 받게 된 수수

---

44) Robert T. Oliver, *op. cit.*, p.166.
45) 《太平洋週報》 1939년6월10일호, 「일본대사의 새 걱정거리」, pp.3~4.
46) 《太平洋週報》 1939년5월27일호, 「상등인물들과 무엇하는 것」, pp.4~5.
47) 위의 글, p.4.
48) 《太平洋週報》 1939년6월3일호, 「동양: 리 박사 자유를 위하야 싸움」, pp.3~5.
49) 《太平洋週報》 1939년6월3일호, 「리 박사 외교소식」, p.14.

이승만의 대미 선전활동에서 가장 강력한 라이벌이
된 옛 제자 한길수.

께끼의 인물 한길수(韓吉洙)가 상
원의원 질레트(Guy Gillette)의 도
움으로 1938년12월에 미국 본토로
건너가서 중한민중동맹단(中韓民
衆同盟團) 워싱턴 대표라는 명의로
미국인들을 상대로 활동하고 있었
기 때문이다. 한길수는 워싱턴에 사
무소를 두고 정력적으로 강연여행
을 하고 다녔고《중한동맹단선전
문》이라는 등사판 기관지도 발행
하고 있었다. 그는 1941년4월까지
35개 주의 90개 도시를 순회하면서
167회의 강연과 7회의 라디오 강연

을 했다고 한다. 강연을 통하여 그는 일본의 중국 침략을 비판하고, 석유
와 군수물자의 대일 수출금지와 일본의 파나마 운하 사용금지 등을 미국
정부에 촉구하면서, 미국시민들에게는 중국에 대한 지원과 동시에 한국독
립의 지원을 호소했다. 그리고 1939년에는 국무부의 권유에 따라 중한민
중동맹단의 워싱턴 외국인 로비스트로 등록했다.[50]

　이승만이 워싱턴에 도착했을 때에 한길수는 미국의회 외무위원회에
출석하여 토머스 의원의 괌섬 무장방비안에 대한 찬성 증언을 하고 있었
다.[51] 그런데 이때까지만 해도 한길수는 이승만에 대하여 정중했다. 그러
한 사정은 동지회 뉴욕지부 기관지의 다음과 같은 기사로도 짐작할 수
있다.

---

50) 稻葉强, 「太平洋戰爭中の在米朝鮮人運動: 特に韓吉洙の活動を中心に」, 《朝鮮民族運動史硏究》
　　7号, 不二出版, 1991, pp.39~88 및 방선주, 「한길수와 이승만」, 유영익 편, 『이승만 연구: 독립
　　운동과 대한민국건국』, 연세대학교출판부, 2000, pp.323~357 참조.
51) 《중한동맹단선전문》(제10호) 1939년5월8일자, p.1.

저간 워싱턴에 한중연맹 사무소를 두고 각 방면으로 활동하는 한 길수씨는 리승만 박사를 협조함이 많고, 또한 어떠한 방면으로는 적지 않은 편의도 많다고….52)

이승만은 워싱턴에 사무소를 다시 열면서, 미국인들의 권유대로 체코인들의 국민외교부를 본떠서 대한국민위원부(Korean Nationalist Mission)라는 명칭을 사용했는데,53) 일반적으로는 구미위원부가 사용하던 대로 그냥 한국위원부(Korean Mission)로 알려졌다.54) 처음에는 대한독립위원부(Korean Independence Mission)라는 명칭이 어떨까 하고 호놀룰루의 동지회 본부와 동지회 로스앤젤레스지부로 전보로 상의하기도 했다가,55) 대한국민위원부로 결정했다. 구미위원부라는 명칭을 사용하지 않기로 한 것은 임시정부와의 마찰을 피하기 위한 것이었다. 호놀룰루를 떠나올 때만 해도 구미위원부의 명칭을 바꿀 생각은 하지 않았으나, 워싱턴으로 오는 동안 동포들과 미국인 친구들의 의견을 참작하여 바꾸기로 한 것 같다. 그리고 체코인들의 국민외교부를 본뜨려고 한 것은 1939년3월에 체코슬로바키아가 독일군에 점령된 뒤에 미국에 사는 체코인들의 독립운동 열기가 고조되어 국민외교부를 조직하고 활발한 활동을 벌이고 있었기 때문이다.

대한국민위원부 사무소를 개설한 뒤에 이승만이 가장 먼저 착수한 작업은 1919년에 구미위원부를 개설하고 나서 미국 전역에 걸쳐서 미국인들로 조직했던 한국친우회(League of the Friends of Korea)를 부활시키는 일이었다. 한국친우회를 부활시키는 목적은 첫째로 일본의 선전

---

52) [제호미상잡지] 1939년6월1일호, 『雩南李承晩文書 東文篇(十二) 하와이・美洲僑民團體關聯文書』 p.560.
53) 《太平洋週報》 1939년6월3일호, 「리 박사 외교소식」 p.14; [제호미상잡지] 1939년6월1일호, 『雩南李承晩文書 東文篇(十二) 하와이・美洲僑民團體關聯文書』 p.560.
54) Robert T. Oliver, op. cit., p.167.
55) Syngman Rhee to Dongjihoi, May 4, 1939 and Syngman Rhee to Peter Hyun, May 5, 1939, The Syngman Rhee Telegrams, vol.Ⅳ., pp.562~563.

에 대항하여 한국과 극동에 관한 진정한 사실을 알리고, 둘째로 한국 안에 있는 기독교인들의 종교의 자유를 보호하며, 셋째로 태평양 연안의 평화를 확립하기 위하여 동양에 민본주의의 세력을 확장하는 것이라고 천명했다.[56] 그러나 이승만에게는 이러한 사업보다도 더 절실한 목적이 있었다. 그것은 8월에 하와이로 돌아가서 동지들에게 한 이승만의 보고연설로도 짐작할 수 있다.

"내가 가서 지나간 몇달 동안 한 일은 이전에 있던 한국친우회를 복설한 일이외다. 구미위원부의 문을 닫고 이른바 짐짝은 다 몰아다가 남의 곳간에 쌓아 두었다가 이제 다시 끌어내다가 먼지를 털어 가며 사무실이라고 차리고 보니, 이전에 하던 일을 모두 되풀이하게 되었소. 체코슬로바키아 사람은 시카고를 중심으로 150만명이나 살고 보니 세력이 굉장하지마는 우리의 세력이야 말할 것 무엇 있소. 이 운동을 계속해 가야만 할 터인데, 우리의 재력만 의지할 수 없어서 친우회를 복설한 것이외다. 회원 1만명만 얻고 회원마다 1년에 1달러씩만 준다면 1만달러는 될 터이니, 1만달러 돈만 가지게 되면 문 닫힐 일은 없지 않습니까.…"[57]

이처럼 이승만이 한국친우회를 부활시키는 일에 주력한 것은 미국인들의 여론 환기와 아울러 그에 따른 자금 확보가 더욱 절실한 목적이었다.

중일전쟁의 발발과 함께 임시정부에 대한 관심과 지지가 높아지면서 재미동포들은 인구세, 애국금, 특연금 등 각종 성금모금에 호응함으로써 조국광복에 대한 그들의 열망을 표명했다. 이러한 상황에서 이승만도 동지회 이외의 일반 동포들로부터 자금지원을 받기 위해서는 임시정부와의 관계회복이 필요했다. 그는 하와이의 동지회 중앙부장 김이제로 하여금 김구에게 구미위원부의 활동 재개를 통보하고 구미위원부의 부활을 승인해 줄 것을 요청했다. 그러나 임시정부는 이를 승인하지 않고 이승만의

---

56) [제호미상잡지] 1939년6월1일호, 『雩南李承晚文書 東文篇(十二) 하와이·美洲僑民團體關聯文書』, p.559.
57) 김형식, 「리 박사 환영기」, 《太平洋週報》 1939년9월2일호, pp.15~16.

활동에 대해서는 일찍이 이승만이 국민회에 대하여 "민간단체"라고 규정했던 것처럼 "민간외교"로 규정했다. 1939년10월에 사천성 기강(綦江)에서 개최된 제31회 임시의정원 회의에 정무위원 겸 국무원 비서장 차리석(車利錫)이 제출한 「정무보고」는 "하와이에 있는 이승만씨도 외교의 필요를 느끼고 워싱턴에 가서 각 요로 인사와 교제하면서 본정부에 향하야 구미위원부의 부활을 요구하였으나, 구미위원부는 이미 의회에서 그의 폐지를 결정한 것이므로 오늘 갑자기 부활시킬 수 없다는 취지로 회답하였음"[58]이라고 기술했다.

임시정부가 구미위원부의 부활을 승인하지 않은 것은 이승만이 강조하는 외교선전론, 특히 그의 비폭력주의 주장에 대한 기본적인 불신 때문이었지만, 그 밖에도 현실적으로 신중하게 고려해야 할 또 한가지 이유가 있었다. 그것은 한길수 문제였다.

---

58) 「臨時議政院會議 제31회」(1939.10.~12.), 『대한민국임시정부자료집(2) 임시의정원 I』, p.304.

3. "선생의 이번 길은 기약 없는 길"

1

이승만은 한인기독학원의 여름방학 동안 프란체스카를 워싱턴에 와 있게 했다. 프란체스카는 이승만이 워싱턴으로 떠난 뒤 6월4일에 거행된 한인기독학원 졸업식에 임시교장으로 참석했다. 이날의 졸업식에는 6학년 졸업생이 5명이었고 9학년 졸업생이 6명이었다.[59]

프란체스카의 워싱턴행은 이래저래 동포들의 눈치가 보이는 일이었으나, 이승만으로서도 여러 가지로 생각하는 것이 있었다. 그러한 사정을 《태평양주보》는 다음과 같이 설명했다.

총재께서 외교사업을 다시 신설케 되시므로 지금에는 얼마간 조력하는 사무원이 있는 것이 필요하며, 경비도 객지에서 독신 생활비에 얼마를 더 요구하지 않아도 될 것이라 한다. 그래서 미주 대륙에 계신 동지들이 리 박사 부인께서 워싱턴에 가시는 여행비를 판비(辦備)하야 리 박사 부인께서 이달 2일 선편에 발정케 되었으니, 외교부에 많은 도움이 될 것이다. 리 박사께서는 한국친우회를 다시 복설키에 분망 중인즉, 부인의 금번 여행은 큰 도움이 많을 바이며, 리 박사 부인께서는 개학 전에 속히 8월2일에 회환하신다더라.[60]

프란체스카가 워싱턴에 온다는 소식은 미주 동포들에게도 곧 알려졌다.[61] 프란체스카는 6월 초에 호놀룰루를 출발하여 6월9일에 시카고에

---

59) 《太平洋週報》 1939년5월20일호, 「기독학원졸업식」, p.14.
60) 《太平洋週報》 1939년6월3일호, 「리 박사부인 여행」, pp.13~14.
61) [제호미상잡지] 1939년 6월1일호, 「雩南李承晩文書 東文篇(十二) 하와이・美洲僑民團體關聯文書」, p.559.

도착했다. 이승만은 한국친우회 회원모집을 위하여 하루 전에 시카고에 도착해 있었다. 이승만은 동지회 시카고지부 인사들을 중심으로 여러 동포들을 만나서 한국친우회 복설에 대한 취지를 설명하고, 10일에는 한국에서 귀국한 매큔(George S. McCune, 尹山溫)을 오찬에 초청하여 시카고에 한국친우회를 결성하는 일을 주동해 줄 것을 부탁했다. 평양 숭실전문학교 교장으로 활동하던 매큔은 1936년에 신사참배를 거부하고 귀국해 있었다. 매큔은 이승만의 요청을 기꺼이 받아들였다.[62] 이승만은 6월 11일에는 한인교회에 가서 광복운동에 관한 연설을 했다.[63] 이승만 내외는 이튿날 디트로이트에 들러서 동포들을 만나 보고, 곧바로 워싱턴으로 갔다.

그러나 한국친우회를 다시 조직하는 일은 기대했던 것만큼 진척되지 않았다. 휴가철이어서 미국의회도 폐회되어 사람들을 만나기 어려웠다. 경비만 허비하면서 워싱턴에 머무는 것은 어렵사리 경비지원을 하는 동포들에게 여간 민망스러운 일이 아니었다. 호놀룰루의 동지회 중앙부는 5월10일에 400달러를 보낸 데[64] 이어, 프란체스카 편에도 200달러를 보냈다.[65] 그렇기 때문에 이승만은 하와이를 떠나오기 전에도 여름 동안 워싱턴 등지에서 유력한 백인 친구들을 만나기가 어렵게 되면 하와이로 돌아왔다가 가겠다는 말을 했었다. 이승만은 프란체스카와 함께 하와이로 돌아가서 한인기독학원의 개학준비도 보아 주고, 또 신축한 한인기독교회의 운영과 동지회의 활동방안에 관해서도 확실한 대책을 강구해 놓고 돌아오기로 했다. 그는 뉴욕에 갔다가 로스앤젤레스의 동지회 지부와 호놀룰루의 동지회로 그 사실을 통보했다.[66]

---

62) 《太平洋週報》 1939년6월24일호, 「리 박사 부인 안착」, p.14; 김승태·박혜진 엮음, 『내한선교사총람』, 한국기독교역사연구소, 1994, p.365.
63) 《太平洋週報》 1939년7월1일호, 「리 박사 외교소식」, p.1.
64) Changsoo Kim to Syngman Rhee, May 10, 1939, *The Syngman Rhee Telegrams*, vol.Ⅳ., p.567.
65) Syngman Rhee to Dongjihoi, Jun.10, 1939, *The Syngman Rhee Telegrams*, vol.Ⅳ., p.586.
66) 《太平洋週報》 1939년7월22일호, 「통신래착」, p.17.

이승만은 대한국민위원부의 일을 장기영(張基永)에게 맡기고 프란체스카와 함께 워싱턴을 떠나서 7월22일에 로스앤젤레스에 도착했다. 동지회 로스앤젤레스지부 주최로 7월25일 저녁에 신축한 한인장로교회 예배당에서 열린 환영회에는 동포들 150여명이 모였다. 이 자리에서 이승만은 3·1정신을 강조하고, 동양의 장래와 재미한인의 장래문제에 대하여 연설을 했다. 이튿날 저녁에는 국민회 중앙상무위원회가 이승만을 초대하여 만찬회를 열었다.[67]

이 무렵 동지회 로스앤젤레스지부는 현순의 아들인 현 피터(Peter Hyun)가 회장을 맡아서 활동하고 있었다. 이승만 내외는 7월27일에 로스앤젤레스를 떠나서 8월2일에 호놀룰루에 도착하는 매소니아 호(S. S. Massonia)를 탈 예정이었으나 프란체스카가 병이 나서 연기되었다. 이때에 이승만 내외에게 "안전하고 행복한 항해가 되시기를 충심으로 빕니다"라는 한길수의 전보가 전달되었다.[68] 이 무렵까지는 한길수의 태도가 이처럼 정중했으므로 동지회는 한길수에게 동지회에 입회할 것을 권유하기까지 했다. 동지회의 손창희에게 보낸 한길수의 편지는 이때의 이승만과 동지회에 대한 한길수의 태도를 잘 보여 준다.

불행히 리 박사가 오늘 오후 5시에 하와이로 떠났습니다. 물론 리 박사의 회정이 상당한 이유가 있는 줄 믿습니다. 할 수 있는 대로 선생과 동지회에서 모든 일을 지혜롭게 처사하셔서 속히 이곳으로 오시도록 하야 주시오. 원동 시세가 우리 기회를 주는 첫걸음입니다. 그런고로 리 박사가 워싱턴에 있어서 같이 일하는 것이 필요합니다.…

---

67) 《新韓民報》 1939년8월3일자, 「잡보: 리승만 박사의 환영회」; 《太平洋週報》 1939년9월2일호, 「라성통신: 리 박사 라성 심방 여록」, p.6.

68) Kilsoo Hahn to Dr. and Mrs. Rhee, Jul.26, 1939, *The Syngman Rhee Telegrams*, vol.Ⅳ., p.591.

한길수의 이러한 말은 이승만이 하와이로 돌아간 이유가 단순히 여름 휴가철이어서 미국인들을 만나기가 어려웠기 때문만은 아니었음을 짐작하게 한다. 한길수는 동지회에 가입하라는 권유에 대해서는 자신은 중한 민중동맹단의 워싱턴 대표로 일하고 있음을 상기시키면서, "그러나 만일 나 같은 못생긴 놈이 동지회원이 되는데 양 단체가 서로 양해로 한국을 위하야 일을 전보다 더 잘 할 수 있을 것으로 전망되면, 우리 단체 간부와 공의하야 동지회원이 되겠습니다"라면서 유연한 태도를 보였다. 그러나 그러면서도 《태평양주보》가 자신의 활동을 전혀 보도하지 않는 사실을 은근히 비판했다.

　　이곳의 일본놈들을 위하야 일하여 주는 어떠한 백인들은 《태평양주보》와 《국민보》를 가지고 다니면서 말하기를 한국사람 단체들은 민족적 일이 아니라 몇 사람들이 자기네 밥벌이하기 위하야 한국사람을 충동하여 말로 독립운동한다고 하며, 보아라 리 박사의 말이 미국 신문과 잡지상에 났지마는 저희 《국민보》에서는 소문도 아니낸다고 비평합니다. 또한 《태평양주보》에서는 한길수가 무엇을 하든지 소문도 아니낸다 하며 비평하고, 재미있게 떠들며… 또한 리 박사와 한길수가 몇 날이 못 되어서 싸운다고 하였습니다.…[69]

　이처럼 한길수는 이때까지도 이승만과의 협조를 기대했던 것 같다. 그러나 이승만은 한길수의 존재 자체를 의식적으로 무시했다.

　이승만 내외는 8월10일에야 로스앤젤레스를 출발했다. 떠나기 전날 저녁에 동지회 로스앤젤레스지부는 성대한 환송만찬회를 마련했다. 이승만 내외가 탄 매소니아 호가 호놀룰루항에 도착한 것은 8월16일 아침

---

69) 《중한동맹단선전문》(제22호) 1939년8월18일자.

7시30분.[70] 8월18일 저녁에 킹 스트리트의 동양청찬관에서 열린 환영만 찬회에서 이승만은 다음과 같이 말했다.

"내가 워싱턴으로 갈 때에 선편의 사정으로 시애틀로 직행하야 시카고를 들러서 워싱턴으로 향하는 연도에서 다수 동포들을 만나 보았소이다. 워싱턴에 있는 동안 모모 백인 친구들이며 정객들과 교제하여 보았는데, 여러 친구들의 말이 1919년에 당신이 조선문제를 일으킬 때에 우리들은 친구된 의리로 동정하면서도 이것은 과거에 장사한 죽은 문제이니 어찌할 도리가 없느니라는 의심을 가졌는데, 오늘날 와서 지나간 일을 회고하니 당신의 각오가 과연 정당한 것을 깨달았소이다 하는 동시에, 정객들은 미국이나 영국이나를 물론하고 우리가 과거에 한국에 대한 모든 태도를 이제 뉘우치노라 합디다. 그렇게 완강하던 중국사람들도 제 설움에 못 이겨서 한국과 중국은 죽든지 살든지 다 한길로 서십시다 합디다.…"

이승만은 이처럼 그동안의 자신의 활동을 그럴듯하게 설명하고 나서, 하와이 동포들이 단결하여 "동지회의 정신대로" 민족운동을 계속할 것을 역설했다.

"시카고에서 두분 청년의 의향을 들어본 일도 있거니와 어디를 가든지 동포들의 일반 심리가 지방별이니, 당파심이니, 나니 너니 하던 것은 다 떨어 버리고, 민족의 원대한 목적을 위하야는 공동 일치하게 서자는 것이 1919년 이후에 처음 되는 현실임을 깨달았소이다. 일본이 동양이나 세계를 다 삼키지 못할 것이 명백한 대세인 동시에 조선의 친구들이 늘어가는 터이니 우리의 희망은 과연 많소이다. 여러분께서는 사사 감정이나 의견의 충돌을 피하고 다 하나이 되어서 동지회의 정신대로 민족운동을 계속합시다.…"[71]

70) 《太平洋週報》 1939년8월19일호, 「광고」, p.1.
71) 김형식, 「리승만 박사 환영기(1)」, 《太平洋週報》 1939년8월26일호, p.11.

이튿날 저녁에 한인기독교회에서 열린 환영 연설회에는 넓은 장내가 빽빽이 차도록 동포들이 모였다. 이 자리에서 이승만은 워싱턴에 가서 한국친우회를 다시 조직하는 일에 주력했던 일을 강조하여 이야기했다. 그는 연설 마지막에 다음과 같이 잘라 말했다.

"대세가 이만한 형편이나 무슨 일이든지 인력으로 다 되는 법은 없고, 하나님의 경륜이 계신 줄 분명히 믿을 수밖에 없소이다. 우리 사람은 본래 총명한 민족인즉, 그저 남에게 매여서만 살게 될 줄을 나는 믿지 않소이다."[72]

2

한인기독학원 기숙사에는 방학 동안에도 35명의 남녀 학생들이 기숙하고 있었다. 프란체스카가 없는 동안 국어교사 이춘만이 학교사무를 맡아 보았고, 백인 남자 선생 한 사람과 백인 여자 선생 두 사람이 기숙사에서 기거하면서 학생들을 거두었다.[73]

이승만은 9월5일에 한인기독학원이 개학한 뒤에도 호놀룰루를 떠나지 못했다. 이번에는 프란체스카와 함께 떠나기로 했기 때문에 자신이 없는 동안에도 학교와 교회와 동지회의 사업이 차질 없이 진행될 수 있는 확실한 대책을 세워 놓기 위해서였다. 그는 이용직(李容稷) 목사와 김현구 등의 배신 때문에 빚어졌던 교민단과 교회 분규의 쓰라린 경험을 잊을 수 없었다. 이용직은 1935년에 귀국하고 없었지만, 김현구는 여전히 《국민보》의 주필로 있으면서 이승만의 활동상황은 전혀 보도하지 않고 있었다. 그리하여 궁리해 낸 것이 세 기관의 재산에 관한 일을 공동으로 책임질 '고문부(顧問部)'라는 별도의 조직체를 구성한 것이었다. 그것은 세

---

72) 김형식, 「리 박사 환영기」, 《太平洋週報》 1939년9월2일호, p.16.
73) 《太平洋週報》 1939년6월3일호, 「기독학원 처리순서」, p.15.

기관의 운영에 직접 개입하거나 간섭하지는 않으면서도 기관의 명칭이나 목적이나 사업의 성격을 변경하거나 재산소유권이나 사무처리 권한의 변동 등의 일이 발생할 때에는 '고문부'의 동의를 얻어야 되도록 한 것이다. 고문부의 부원으로는 양유찬(회장), 이원순(부회장), 김영기, 황원태, 김학성 등 이승만이 신임하는 청년 사업가 12명을 선정했는데, 그 가운데는 김노디 등 여성 세 사람도 포함되었다.[74] 이들은 앞으로 20년 동안 세 기관의 운영을 실직적으로 책임질 것이었다.

동지회 연례 대표회도 이승만의 일정에 맞추어 두 달이나 앞당겨 10월 16일부터 사흘 동안 호놀룰루에서 개최되었다. 동지회 대표회는 워싱턴의 외교부를 계속할 것과 임시정부를 극력 봉대할 것 등과 함께 이승만이 워싱턴에 가서 집필할 독립운동사 편찬비로 500달러를 지출할 것도 결의했다.[75]

10월22일 오후 2시에 한인기독교회에서 새로 구성된 고문부원 취임식이 거행되었는데, 이 자리에서 이승만은 다음과 같은 연설을 했다.

"나는 25년 전에 이곳에 와서 여러분과 같이 기독학원, 기독교회, 동지회를 설립하였는 바, 오해하는 분들은 리 박사의 사업이라고 하되 나의 사업은 여러분의 사업이며, 지금 우리 중에 명망 있는 청년들로 고문부를 조직하고 우리의 사업을 전수하는 바는 우리도 외국인들과 같이 공동언론이나 공동의결을 채용하도록 각 단체를 대표하는 인물을 집중함인즉, 고문부 위원으로 선택된 제씨는 물질로나 성력으로 세 단체에 중대한 사건이 있는 때에는 고문부 제씨는 여러분과 협의할 바이요, 직접 고문위원부에서 세 단체의 행정상에는 간섭이 없소이다.

나는 여러분께서 워싱턴에 가서 외교활동하기를 원한즉 내월 10일간에 발정키로 행장을 수습하는 중이나, 내가 출타하면 기독학원을 누가

74) 《太平洋週報》 1939년10월28일호, 「고문부원 취임식」, pp.9~10.
75) 《太平洋週報》 1939년10월28일호, 「동지회연례대표회록」, p.14.

주관할까 염려하는 중에 이원순씨의 부인 매리 여사가 홈장으로 허락하되, 이후에 리 박사께서 회환하시면 기독학원을 다시 관리케 하고 대리감독으로 시무케 되면 힘써 시무하겠다고 하야, 기독학원에 대한 일도 잘 준비되었소이다."[76]

이렇게 하여 이승만 내외가 떠난 뒤의 한인기독학원의 운영은 이원순의 부인 매리 여사가 맡게 되었다. 고문부원 취임식에서는 고문부 부원으로 선임된 사람들이 공동으로 「서약서」에 서명하는 특별한 순서가 있었다. 「서약서」의 형식도 독특했다. 이승만은 모인 사람들에게 고문부 설치의 취지와 내용을 설명한 다음 「서약서」를 낭독한 고문부 부회장 이원순에게 소감을 말하게 했다. 이원순은 다음과 같이 말했다.

"리 박사께서 우리 동포들의 청함을 받아 하와이에 오신 지가 26년이 됩니다. 그동안 남다르게 풍파를 당하여 가시면서도 우리 민족의 장래 발전과 민족운동을 계속적으로 분투 노력하셔서 오늘날 기독교회, 기독학원, 동지회 세 기관을 만들어 놓으셨고, 그 기관들을 계속하여 가시느라고 무수한 곤란을 많이 당하여 오셨습니다. 박사님께서는 백수가 흩날리시는 이때에도 사양치 않으시고 외교장에 다시 나가시기를 허락하셨으며, 시간 있는 대로 우리의 독립운동사를 편찬하시기로 작정이 있어서, 머지않아 하와이를 떠나시게 되었습니다.

장래를 걱정하시는 박사님께서는 우리의 세 단체를 영구히 보전하도록 하시려고 근일에 다수 인사들을 모아 가지고 많은 토의가 있은 후 고문부라는 기관을 세웠습니다. 이 고문부는 세 단체 위에 있어 총괄하라는 것도 아니요, 내정간섭을 하라는 것도 아니요, 다만 이 세 단체의 명칭이나 목적이나 사업성질을 바꾸거나 재산소유권을 옮기려 할 때에는 반드시 이 고문부원 전부의 3분지 2 이상의 동의가 없이는 절대적으로 실행치 못하게 한 것이올시다. 다시 말하자면, 리 박사님께서 고문부에 부탁

---

76) 《太平洋週報》 1939년10월28일호, 「고문부원 취임식」, pp.9~10.

하셔서 우리의 세 단체를 오늘날 모습과 같이 유지하라고 우리들에게 맡기는 것이외다.

이 사람도 부탁을 받은 한 사람으로 한편으로는 감격한 마음을 금치 아니하는 동시에 어려운 짐을 졌습니다. 이 앞으로는 노성하신 동지들의 지도를 받아 진행하려 합니다. 여러분 동지들과 우리 위원들이 함께 리 박사의 부탁하시는 바를 저버리지 않기로 맹세합시다."[77]

이원순이 연설에서 이승만이 워싱턴에 가서 하기로 약속한 일의 하나가 '독립운동사'에 관한 책을 저술하는 것이라고 특별히 강조한 것이 눈길을 끈다.

이승만 내외는 1939년11월10일 정오에 매소니아 호 편으로 호놀룰루를 떠났다. 언제 다시 돌아올지 모르는 이별이었다. 한인기독교회 목사 김형식의 다음과 같은 이별기는 이때에 이승만을 보내는 하와이 동포들의 착잡한 감회를 짐작하게 한다.

지난 3월에도 선생을 전송한 적이 있었고, 이번에 또다시 그를 보내건마는 우리의 섭섭한 회포는 전일에 비할 바가 아니다. 전번에는 선생께서 동포들에게 선언하신 말씀도 계셨거니와 모든 것이 일시적이었다. 그러나 이번에는 고문부 설치사건이나 기독학원을 위임처리하게 한 일만 가지고 생각하더라도 선생의 이번 길은 잠시가 아니고 기약 없는 길이다. 이 기약 없는 길을 떠나시는 선생님의 얼굴을 마지막으로 뵙지나 않는가 싶어서 눈물을 거두지 못하는 이는 거의 다 연세 많은 노인들이시요, 흐르는 눈물을 손수건으로 씻어 내다가도 빙그레하면서 웃음을 띠우는 이는 비교적 젊으신 이들이다. 울다가도 웃는 일은 웬일인가?

아마도 동양의 풍운이 잦아진 뒤로 중국의 승리냐 일본의 패망이

---

77) 위의 글, p.11.

냐 하는 세계의 이목이 총 집중을 하고 있을 뿐 아니라, 동양문제에 대하야 오랫동안 침묵을 지키던 미국이 일본과의 통상조약 폐지를 선언하고 또다시 일본이 중국에 대한 정책을 변경하기 전까지는 통상조약을 다시 체결할 수 없다는 강경론을 주장하는 이때에 선생의 길은 의미 있는 길이요, 따라서 젊은 우리로서는 우리 민족의 목적을 관철하고 개선가를 부르는 영수를 불원한 장래에 환영하리라는 희망을 가짐인가 한다.…[78]

중일전쟁이 발발한 뒤에도 국제주의와 고립주의의 뿌리 깊은 대립 속에서 도의와 중립만을 표방하면서 불 속에서 밤을 줍는 일을 하지 않겠다는 입장을 취해 온 미국정부는 비등하는 일본 제재 여론을 배경으로 드디어 1939년7월26일에 미일통상항해조약의 폐기를 일본정부에 통고했다. 뒤이어 9월1일에는 독일군이 폴란드를 침공함으로써 제2차 세계대전이 시작되었다.

이승만은 이때 이후로 1945년8월에 일본이 패망할 때까지 하와이 땅을 밟지 못했다. 아내가 한인기독학원의 운영을 맡게 된 이원순과 그의 가족은 11월17일에 아예 기독학원으로 이사했다.[79] 이승만 내외는 11월15일에 로스앤젤레스에 도착하여[80] 몇몇 지방의 동포들을 찾아보고, 워싱턴으로 향했다. 워싱턴으로 가면서 몬태나주의 화이트홀(Whitehall)이라는 작은 시골마을에 들렀을 때의 이야기는 이때에 이승만 내외가 얼마나 어렵게 여행했는지를 실감나게 말해 준다. 뷰트에서 동남으로 40마일 떨어져 있는 화이트홀은 동포 다섯 가족이 농사를 짓고 사는 곳이었다. 이들은 이승만 내외가 로스앤젤레스에 도착했다는 소식을 듣고 내외가 그곳을 다녀가도록 초청했다. 그들은 모두 동지회 회원들이었다. 11

---

78) 김형식, 「영수를 봉송하면서」, 《太平洋週報》 1939년11월18일호, pp.5~6.
79) 《太平洋週報》 1939년11월18일호, 「리원순씨 반이」, p.18.
80) 《太平洋週報》 1939년11월18일호, 「리 박사 내외분 대륙에 무사 안착」, p.1.

월23일에 뷰트의 동지회 회장 홍 월슨이 이승만 내외와 같이 화이트홀로 갔다. 이승만 내외가 도착한 이튿날은 추수감사절이었다. 낮에는 그곳에 사는 다섯 가족 전원이 이승만 내외와 오찬을 같이 하고, 저녁에는 뷰트로 나가서 그곳 동지회가 준비한 축하회에 참석했다. 몸이 불편한 프란체스카는 함께 가지 못했고, 이승만은 축하회에서 연설을 했다. 화이트홀의 동지회 회장 전인수 내외가 100달러, 나머지 네 가족이 50달러에서 5달러씩 '외교비'를 거두어 이 돈에서 워싱턴까지의 이승만 내외의 기차표를 끊고 나머지를 이승만에게 주었다. 로스앤젤레스를 떠날 때에는 기차표를 뷰트까지밖에 끊지 못했던 것이다. 이승만 내외는 11월25일에 화이트홀을 출발했는데, 이틀 동안의 여관비와 교통비는 전인수가 부담했고, 동포 부인들은 프란체스카에게 목에 털을 댄 두루마기를 선물하고 용돈도 20달러 거두어 주었다.[81] 이승만 내외는 11월28일에 워싱턴에 도착했다.[82]

---

81) 《太平洋週報》 1939년12월9일호, 「몬타나 동포는 열정으로 리 박사 환영」, pp.13~14.
82) 리승만, 「현시계획」, 《太平洋週報》 1940년1월13일호, pp.1~2.

58장

임시정부 대가족의 '만리장정'

1. 중일전쟁의 발발과 광복진선 결성

1

만주를 점령하고 괴뢰국가 '만주국'을 발족시킨 일본군부는 중국 침략의 다음 단계로 1935년에 이른바 화북분리공작을 추진했다. 화북분리공작이란 화북5성[하북성(河北省), 차하르성(察哈爾省), 산동성(山東省), 산서성(山西省), 수원성(綏遠省)]을 이른바 북지자치운동(北支自治運動)이라는 구실 아래 옛 군벌들을 이용하여 중국 국민정부로부터 분리시키는 공작이었다. 그리하여 1935년11월에 하북성 통주(通州)에서 '기동방공자치정부(冀東防共自治政府)'라는 또 하나의 괴뢰정권을 발족시켰다. '기동방공자치정부'는 일본군의 공작에 따라 육상과 해상으로 대규모의 밀수를 자행하여 국민정부의 중요한 재원인 관세수입을 격감시켰다. 국민정부는 이러한 일본군의 공작에 대응하여 '기동방공자치정부'가 발족하고 한달 뒤인 1935년12월에 하북성의 유력 군벌인 송철원(宋哲元)을 위원장으로 하는 기찰[冀察: 冀는 하북성, 察은 차하르성] 정무위원회를 완충기관으로 성립시켰다.

일본군의 화북분리공작은 북경의 학생들을 중심으로 중국국민의 강력한 저항을 불러일으켰다. 1935년12월9일의 북경학생시위[12·9운동]를 시작으로 "일치항일 내전정지"를 외치는 시위운동이 천진, 상해, 광동 등지로 확산되어, 상해에서 전국구국연합회가 결성되기에 이르렀다. 그때까지 국민정부는 "안내양외[安內攘外: 내부를 안정시킨 다음 외적을 물리침]"의 기본방침에 따라 공산군 토벌에 주력하고 있었다. 국민정부군의 포위를 돌파하기 위하여 근거지인 무한[武漢: 武昌과 漢口]을 떠나 1만 2,000킬로미터의 '대장정'을 거쳐 1935년 말에 섬서성 연안(延安)에 근거지를 확보한 중국공산군은 1935년에는 산동성으로 진격하여 한때 국민정부의 산서군을 압도하기도 했으나, 그해 3월에 장개석(蔣介石)이 중앙군을 북상시키자 패퇴했다.

1936년11월에 일어난 수원사건[수원항전(綏遠抗戰)]은 중국인들의 항일운동을 크게 고무시켰다. 일본 관동군과 관동군 휘하의 내몽골군이 수원성을 침략했다가 대패한 것이었다. 일본정부는 일본군 개입사실을 부인했지만, 중국 신문에 대대적으로 보도됨으로써 중국인들의 사기를 크게 진작시켰다. 또한 한달 뒤인 12월12일에는 중공군 토벌작전을 독려하기 위하여 서안(西安)을 방문한 장개석이 휘하의 장학량(張學良)에게 감금되는 사건이 발생했다. 이른바 서안사건이 그것이다. 이 사건을 계기로 국민당과 공산당 사이의 정전교섭이 급속히 진전되어 1937년 초에는 제2차 국공합작이 사실상 성립되고 "일치항일 내전정지"가 전 중국의 정치구호가 되었다.[1]

이러한 항일의식은 북경 교외 13킬로미터 지점에 위치한 노구교(蘆溝橋)를 경비하는 제29군 병사들 사이에도 팽배해 있었다. 중국 제29군은 기찰정부위원회 위원장 송철원의 군대였다. 1937년7월7일 밤에 노구교 부근에서 무단으로 야간전투 연습을 하던 일본군인들과 중국 제29군 부대 사이에 발생한 군사충돌은 치열한 전투 끝에 7월11일에 정전협정이 성립되었지만, 일본정부는 이 충돌을 구실로 곧 대규모의 전면전을 시작했다. 8년 동안 계속되는 중일전쟁의 발발이었다.

노구교는 북경 서남쪽을 흐르는 영정하[永定河: 옛 이름 蘆溝河]에 놓인 길이 235미터의 웅장하고 아름다운 옛 석교이다. 1192년에 완성된 이 다리는 일찍이 이탈리아의 여행가 마르코 폴로(Marco Polo)가 다리의 조형기술과 장려한 조각에 매료되어 그의 『동방견문록(東方見聞錄)』에서 격찬을 아끼지 않았다. 청조의 건륭제(乾隆帝)가 "노구효월(蘆溝曉月)"이라는 휘호를 남겼을 만큼 경치도 아름다웠다. 영정하의 아침 안개가 다리 일대를 그림처럼 몽롱하게 만들고 거기에 새벽 달이 걸리어 한결 아름다

---

1) 日本國際政治學會 編, 『太平洋戰爭への道(3) 日中戰爭(上)』, pp.298~341 참조.

운 경관을 만들어 낸다는 뜻이다. 그처럼 아름답고 평화로운 곳이 이제 세계의 역사에서 잊혀지지 않을 제국주의 침략전쟁의 전적지가 되었다.[2]

중일전쟁이 발발하자 한국 독립운동자들은 드디어 조국광복의 기회가 다가왔다고 흥분하면서 활발하게 움직였다. 임시정부는 7월15일에 국무회의를 열고 항전대책을 논의한 끝에 군무부 관할 아래 군사위원회를 설치하기로 하고, 「군사위원회규정」안을 통과시켰다. 그리고 이튿날 국무회의는 유동열(柳東說), 이청천(李靑天), 이복원(李復源), 현익철(玄益哲), 안경근(安敬根), 김학규(金學奎) 6명을 군사위원회 위원 겸 상무위원으로 선임했다. 이들 가운데 안경근을 제외한 다섯 사람은 만주에서 대일 무력투쟁 경험이 있는 조선혁명당(朝鮮革命黨) 인사들이었다. 「군사위원회규정」에 따르면, 군사위원회는 독립전쟁에 대한 계획안을 연구 작성하고, 군사간부 인재를 양성하며, 군사상 필요한 서적을 연구 편찬하는 것이었다(제2조).[3]

《대한민국임시정부공보》(제62호)는 군사위원회를 설치한 이유를 다음과 같이 밝혔다.

국제정세는 나날이 험악해지고 제2차 세계대전의 폭발은 눈앞에 다가왔으므로 우리들이 기대하는 기회도 눈앞에 닥쳐왔다. 우리 임시정부 당국자들은 이 기회를 적절히 이용하기 위해 밤낮으로 고심 노력하는 것은 일반인이 주지하는 바이지만 우리들의 최후의 목적을 완수하기 위해서는 일대 혈전을 할 수밖에 없다. 이 대혈전을 치르기 위해 군사준비를 서둘러야 하며, 또 그 실현을 꾀하기 위해 반드시 우리 군계 인물이 한곳에 집중하여 군사상 제반 계획을 세밀히 연구 수립해서 이를 우리 정부로 하여금 실행하도록 해야 한다. 이번에 임시정

---

2) 王池豊, 「抗日戰爭の起點: 蘆溝橋事變」, 井上淸·衛藤瀋吉 編著, 「日中戰爭と日中關係」, 原書房, 1988, pp.55~75 참조.
3) 《大韓民國臨時政府公報 제62호》(1937.7.16.), 『대한민국임시정부자료집(1) 헌법·공보』, p.196.

부에 군사위원회를 급속히 설치하는 것은 이 때문이다.…

《공보》는 또 "독립전쟁을 개시하여 설분 복국하는 시기가 도래했다"라고 천명하고, 일반동포들도 이에 적극 응하여 준비할 것을 촉구했다. 그러고는 또 이러한 엄중한 상황에서 동포들이 자칫하면 중국인들의 오해를 받아 신변에 위험이 닥치기 쉬우므로 각자의 행동을 조심할 필요가 있고, 혹시 불량배가 왜적의 사주를 받아 주구가 되어 우리의 군사행동을 불리하게 하는 괴악한 거동이 있다면 단연코 용서할 수 없는 일이므로 단호하게 대처해야 된다고 주의시켰다.[4]

한편 임시정부는 일본군을 따라 중국에 진출하여 일본군의 앞잡이 노릇을 하는 동포들을 엄중히 경고하는 「포고문」을 발표했다.

적은 가련한 너희들을 기만하고 나쁜 일을 시키면서도 오히려 너희들을 구제한다고 말하고 있다. 한편으로는 너희들의 근성이 나쁘다고 선전함과 동시에 다른 한편으로는 한중 양 민족을 이간시키고 너희들로 하여금 전 민족의 수치를 받게끔 하고 있다.…

들어라, 깨어라. 금일의 중국도 우리와 마찬가지로 왜놈 때문에 무리한 침략을 받고 있다. 우리와 같이 왜놈을 적으로 삼고, 중국을 도와줄지언정 해를 끼쳐서는 안된다. 만약 해를 끼치면 곧 적이 된다. 이것은 중국의 적일 뿐만 아니라 우리의 적이 되고 왜적으로부터도 한층 업신여김을 받게 된다. 또 너희들은 우리 조국이 영구히 멸망하고 광복할 수 없다고 믿고 있는가. 너희들은 중국이 왜적에게 침략 점령되었다고 생각하는가. 만약 이와 같이 믿는다면 너희들의 죽음은 너희들의 앞에 있을 것이다. 왜적의 발악은 불을 지고 화약고에 뛰어드는 격이다.

———
4) 《大韓民國臨時政府公報 제62호》(1937.7.16.), 위의 책, pp.196~197.

우리의 독립은 먼 장래가 아니라고 생각하라. 중국의 부흥이 말뿐이 아님을 추찰하라.

이해를 위해 양심에 반하는 것은 해서는 안된다. 너희들도 조종의 피를 물려받은 인간이 아닌가. 아무리 흉악한 주구라도 느끼는 날이 있을 것이다. 하물며 일반인에게 있어서랴.

깊이 반성하라. 그리고 더럽혀져 가치 없는 죽음이 임박하고 있음을 각오해라.…[5]

군사위원회는 오래 기다렸던 항일전을 머릿속에 그리며 군사계획안을 작성하여 국무회의에 제출했고, 국무회의는 8월9일에 이를 접수하기로 결정했다. 국무회의는 군사위원회가 작성한 특무사업, 군사시설, 군대편성, 장교양성에 관한 안건을 논의하고, 속성사관학교를 설립하여 초급장교를 1기에 200명가량씩 양성할 것과 독립전쟁의 기본군대로 우선 1개 연대를 편성할 것 등을 결의했다.[6]

이러한 군사활동 방침은 임시정부의 1938년도 예산편성에 그대로 반영되었다. 1938년도 군사 관련 예산으로 군사비 30만원, 군사훈련비 7만원, 특무비 20만원 등 총 57만원의 예산을 책정했는데, 그것은 1938년도 전체 예산 57만8,867원88전의 98%에 해당하는 액수였다. 그리고 이러한 예산규모는 1937년도 총지출 2,564원에 비하면 무려 200배가 넘는 것이었다.[7] 그러나 그것은 임시정부의 의욕을 보여 주는 것이기는 했지만, 현실성이 없는 예산규모였다. 의욕적인 군사계획안을 마련한 임시정부는 사관학교를 설립할 장소까지 물색했으나 계획은 제대로 실현될 수 없었다. 중일전쟁의 확대와 중국군의 퇴각에 따라 임시정부도 여러 번 이동하면서 군사계획에 쓰일 예산이 당장 급한 임시정부 대가족의 구급비에 사

---

5)《大韓民國臨時政府公報 제62호》(1937.7.16.), 같은 책, pp.198~199.
6)「臨時議政院會議 제31회」(1937.10.~12.), 『대한민국임시정부자료집(2) 임시의정원 I 』, p.305.
7) 위의 책, p.307.

용되었기 때문이다.[8]

항일전쟁 계획을 마련한 임시정부는 《공보》(제63호)를 통하여 이를 미주와 하와이 동포들에게 알렸다. 재미동포의 자금지원을 호소하기 위해서였다.[9] 실제로 임시정부가 책정한 방대한 1938년도 세입예산 가운데 중국정부의 지원금을 뜻하는 50만원의 "특종수입"을 제외하고 가장 큰 액수인 혈성금 7만원[10]은 미주와 하와이 동포들의 지원금에 대한 기대치를 반영한 것이었다.

중일전쟁의 발발은 재미동포사회에서 임시정부의 위상을 새로이 제고시키는 데 결정적인 계기가 되었다. 샌프란시스코의 북미 대한인국민회는 8월15일에 임시 중앙상무위원회를 소집하여 임시정부 후원대책을 논의하고, 우선 경상비로 임시정부에 매달 100달러씩 보내기로 했다.[11] 이어 9월5일에 열린 제4차 중앙집행위원회에서는 임시정부의 지원방안으로 (1) 임시정부 군사위원회를 후원하기 위하여 적립금 1,000원을 임시정부에 보낼 것, (2) 장기전에 대비하여 미주, 하와이, 쿠바 동포들에게 국민부담금을 모금할 것, (3) 중국 항일군을 위로하기 위하여 한인 명의로 의연금을 기부할 것을 결의했다.[12]

2

중일전쟁의 발발을 계기로 임시정부를 중심으로 한 독립운동단체의 합동문제가 활기를 띠기 시작했다. 민족혁명당 결성에 참여했던 이청천 등 조선혁명당 계열의 인사들은 김원봉의 독주에 불만을 품고 1937년4

---

8) 같은 책, p.305.
9) 「一九三七年の在支不逞朝鮮人の不穩策動狀況」, 金正明 編, 『朝鮮獨立運動 民族主義運動篇 II』, p.595.
10) 「臨時議政院會議 제31회」(1937.10.~12.), 『대한민국임시정부자료집(2) 임시의정원 I』, p.306.
11) 《新韓民報》 1937년8월19일자, 「시국문제를 협의코저 김위원장 입상」
12) 《新韓民報》 1937년9월9일자, 「원동풍운속에 열린 제4계 중앙집행위원회」

월에 민족혁명당을 탈퇴하고 조선혁명당을 다시 조직했다. 그리하여 민족혁명당에 대립하는 우파 민족주의 단체는 김구를 이사장으로 하는 한국국민당과 조소앙(趙素昻) 등의 한국독립당과 함께 세 단체가 되었다. 그런데 조선혁명당과 한국독립당은 심각한 재정난에다가 사람도 부족하여 어려움을 겪고 있었고, 한국국민당은 임시정부를 사실상 인정하지 않는 민족혁명당에 대항하기 위해 조선혁명당과 한국독립당과의 제휴가 필요했다.

김구는 이청천이 민족혁명당을 탈당하고 나와서 조선혁명당을 결성한 직후부터 우파 독립운동단체들의 합동운동을 추진했다. 세 정당이 합동함으로써 국민정부를 비롯한 각계 중국인들의 집중적인 지원도 기대할 수 있을 것이었다. 김구는 이때의 상황을 다음과 같이 술회했다.

노구교사건으로 중국은 일본에 대한 항전을 개시하였다. 한인의 인심도 불안케 되었는데, 5당 통일로 된 민족혁명당은 족족 분열되어 조선혁명당이 또 한개 생기고, 미주대한인독립단은 탈퇴하고, 의열단 분자만이 민족혁명당을 지지하게 되었다. 그같이 분열되는 내용은 겉으로는 민족운동을 표방하고 이면으로는 공산주의를 실행한다는 것이었다.

시국은 점점 급박해져 우리 한국국민당과 조선혁명당, 한국독립당과 미주, 하와이 각 단체를 연결하여 민족진선(民族陳線)을 결성하고, 임시정부를 옹호 지지하여, 정부는 점점 발전하게 되었다.[13]

3당 합동 논의는 7월 초순에 항주(抗州)에 있던 한국독립당의 홍진(洪震)이 남경으로 가서 조선혁명당의 이청천과 한국국민당의 송병조(宋秉祚)와 만남으로써 구체적으로 진전되었다. 세 사람은 (1) 3당 합동

---

13) 『백범일지』, p.360.

의 취지를 밝히기 위해 공동선언서를 발표하고, (2) 합동단체는 협력하여 임시정부를 옹호, 확대, 강화하며, (3) 각 단체는 대표 2명을 남경에 파견하여 공동사무를 처리한다는 데 합의했다.[14] 독립운동단체들의 합동을 위해서는 미주와 하와이에 있는 동포단체들의 참여가 절실히 필요했다. 그리하여 김구는 하와이에 있는 이승만에게도 「연합선언」 초안을 보내면서 협조를 당부했다. 그러나 이승만은 김구에게 답장을 보내지 않았다. 이때는 임시정부가 이승만을 주미외교행서의 외무위원에서도 해임한 상태였으므로 임시정부와 중국에 있는 독립운동자들의 행태에 대한 불신 때문에 동지회가 그들 단체와 합동하는 일을 이승만은 그다지 탐탁하게 생각하지 않았을 것이다.

7월7일에 노구교사건이 터지자 김구를 비롯한 3당 관계자들은 합동선언을 서둘렀다. 그 결과 3당은 미주지역의 대한인국민회와 하와이에 있는 5개 단체[하와이 대한인국민회, 대한인동지회, 하와이 대한인단합회, 하와이 한인애국단, 대한부인구제회]와의 연합 명의로 8월17일에 남경에서 한국광복운동단체연합회(약칭 '광복진선')를 결성하고 「광복운동단체연합선언」을 발표했다.

「연합선언」은 먼저 임시정부의 존재에 대한 인식을 다음과 같이 천명했다.

임시정부는 3천만 민족의 피와 땀으로 이루어진 영도기관으로서 3·1운동의 정맥(正脈)을 이은 기구이다. 임시정부의 오늘은 수많은 선열지사의 유업의 결과이며, 임시정부는 전 민족을 대표하는 유일한 합법정부이다. 따라서 임시정부에 대한 지지와 옹호는 민족운동의 당연하고도 위대한 임무인 것이다. 혁명과정에서 우리는 반드시 임시정부의 존엄성과 존재의 필요성을 제대로 인식하여야 한다. 임시정부는

---

14) 「一九三七年の在支不逞朝鮮人の不穩策動狀況」, 金正明 編, 『朝鮮獨立運動 民族主義運動篇 II』, pp.598~599.

적국과 대립하고 있는 우리 민족을 대표하는 최고기관이며, 민족과 국가의 독립정신을 대표하는 기구이자 정법 실행의 중대한 사명을 지닌 기구임을 잊지 말아야 한다.

「연합선언」은 이어 새로 결성된 광복진선을 "당"이라고 지칭하면서, 임시정부와의 관계가 다음과 같이 될 것이라고 천명했다.

우리는 또한 민족진선의 핵심은 당연히 당을 중심으로 확립되어야 한다는 사실을 명심해야 할 것이다. 민족혁명의 진행과정에서 당의 기능은 반드시 각종 부문과 단체의 활동을 통해 발휘되어야 하며, 정부는 직접 국민을 영도하는 전체성을 지녀야 한다.

3·1운동 이래 우리 정부가 민족과 국가를 위해 수많은 공헌을 할 수 있었던 것도 바로 전체성을 지니고 있었기 때문이다. 이후의 민족운동 또한 당연히 이를 전제로 진행되어야 할 것이며, 임시정부의 전체성을 증진시키는 방향으로 전개되어야 한다.

향후 민족운동의 전개과정에서도 당과 정부는 표리일체가 되어야지 상호 불신과 배척의 현상이 일어나서는 결코 안될 것이다. 장래 출현할 유일대당은 정부의 머리가 되어야 할 것이며, 정부는 유일대당의 신체가 되어야 한다. 머리와 신체가 상호 유기적으로 결합하고 움직일 때에 민활하고 강건한 체계를 이룰 수 있는 것이다. 따라서 우리는 광복운동의 구체화, 충실화를 꾀하기 위해 임시정부에 협력하고 옹호해야 하며 임시정부의 기치 아래서 국민총동원을 실행하여야 한다.[15]

이러한 「연합선언」은 김구를 비롯한 광복진선 주동자들이 광복진선을 임시약헌에 규정된 "광복운동자의 대단결인 당"으로 발전시킬 것을

---

15) 「한국광복운동단체연합선언」, 『대한민국임시정부자료집(35) 한국국민당 I 』, p.48.

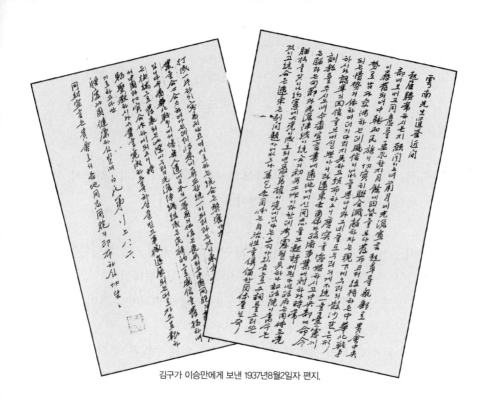
김구가 이승만에게 보낸 1937년8월2일자 편지.

강력히 희망하고 있었음을 말해 준다. 하와이의 동지회는 이때까지도 사실은 입장을 표명하지 않고 있었다. 그것은 8월2일에 김구가 이승만에게 쓴 편지에도 드러나 있다. 김구는 자신의 편지에 답장을 하지 않은 이승만에게 다시 편지를 쓴 것이었다.

지난 달에 광복선언 기초를 항공우편으로 귀회 중앙부에 보내고 동의를 요구한 지 월여에 회답을 보아 발포코저 기대하던 중 화북전쟁[중일전쟁]이 폭발되어, 중한 양 민족이 절실히 연합 멸적(滅敵)하자는 현하에 우리의 흩어진 모래알 같은 형세로 남과 교섭하는데 위신이 없을 뿐 아니라, 그네들도 우리에게 불통일을 우려하게 되는 정세에 의하여 더 기다리지 못하고 반포하오니, 당돌을 용서하시고 중앙부에 명령하시와 인준의 회신을 보내실 뿐 아니라, 원동 각 단체와 정부사업에 대하와 항상 훈교를 주시오며, 금번 선언서에 원지에 계신 동지들로 의아케 된다면, 정부는 동체요 당은 뇌라는 구절과 광복진선이 통합의 초보공작이라 한데 고려될 듯하나, 의정원이 당금은 뇌격을 가지나 약헌에 대당이 성립되면 최고권이 당에 있다는 문구가 있으므로 명사를 그리 쓴 것이고, 통합은 원동은 별 문제가 없으나 미주와 하와이 각 단체는 자치성을 구비한 단체들인즉 타성일편[打成一片: 쳐서 한덩어리로 만듦]하기 용이치 않고, 억지로 하는 통합은 폐해가 더욱 심할 것이므로, 실제로 공공사업을 합심합력하여 가는 데서 장래에 진정한 통일이 되리라는 것이 동방 각 동지들의 일치점입니다. 금번 화북전쟁에서 참무인도(慘無人道)에 일본의 일등국의 가치는 상실되고 중국 동포의 적개지심은 극단으로 발표되는 차제에 우리의 광복진선 결성은 민족적으로 위신을 발양하면서 중국과 절실 합작하게 되오니, 이때에 성교(聖敎)를 주시와 대업을 완성하도록 하실 줄 믿고 사기(事機) 진전되는 대로 자주 보고 드리기로 하고 다만 국가를 위해 건강하심 빌며⋯.16)

김구는 「광복운동단체연합선언」을 편지에 동봉하고, 추신으로 "동봉선언은 귀회로서 각지 동지동포에게 인포(印布)하심 간절히 바랍니다"라고 적었다.

광복진선은 「연합선언」에 이어 「한국광복운동단체 중일전국(戰局)에 대한 선언」을 발표하고, "중일전쟁은 한국과 중국 양 민족의 생사존망의 최후의 결전"이라면서, 양 민족이 연합하여 항일구국전선에 참여하여 왜적을 섬멸할 것을 촉구했다.17)

한편 임시정부는 8월20일에 국무위원 일곱 사람의 연서로 「임시정부

---

16) 「金九가 李承晩에게 보낸 1937년8월2일자 편지」, 『대한민국임시정부자료집(42) 서한집1』, pp.300~301.
17) 「중일전쟁의 戰局에 대한 한국광복운동 단체의 선언」, 『대한민국임시정부자료집(35) 한국국민당1』, pp.50~53.

포고문」을 발표했다. 그것은 광복진선의 결성으로 기반을 강화한 임시정부가 국내외 동포들에게 모든 역량을 임시정부로 집중시킬 것을 촉구한 것이었다.

우리의 충애하는 동포들! 우리가 두고두고 기다리고 바라던 기회는 벌어졌다. 우리의 조국광복의 거룩한 임무를 다할 날은 이르렀다. 중일의 싸움은 폭발되었다. 그 영향은 지극히 크고 안 미치는 곳이 없다. 이번 이 싸움은 한번 눌린 자의 솟아날 길이요, 강포한 자의 거꾸러질 함정이다. 죄악만을 쌓기에 힘써 날뛰던 우리의 불공대천지수(不共戴天之讎) 왜적의 멸망이 시각을 다투어 나타나려 한다. 우리의 친구 중국은 그 이해와 흥망이 우리로 더불어 그 관계가 심히 크고 깊다. 중국이 죽음을 던져 살길을 바라는 이 싸움이 또한 우리의 원수를 갚고 부끄러움을 씻고 자유 독립의 국가광복을 이루게 되는 그 고동이다.…

「포고문」은 이렇게 선언하고 나서, 모든 역량을 임시정부로 집결시킬 것을 요구했다.

남의 힘이 아무리 클지라도 나의 힘에 비길 수 없나니, 그뿐 아니라 나의 힘이라야 남의 힘이 크게 보충됨은 긴 말을 허비할 필요가 없다. 그러니 우리는 응당 갑절이나 더 느끼어 이 시기를 잡아야 할 것이며, 잘 잡음에는 모든 힘을 집중하는 데 있다. 그러므로 본 정부는 전국동포에게 고하노니, 가진 힘을 한데 바쳐 천재일시의 이 사명을 행하라. 체력이 있거든 체력을 바치며, 슬기가 있거든 슬기를 바치고, 물질로 바치며, 기술로 바쳐라. 아무리 왜적의 극단적 압박과 통제 아래서라도 사람의 뜻이 정하면 강철이 되나니 형세를 따라 공개로나 비밀로나 여러 가지 방법으로 본 정부 아래 모으라. 자기네의 단체가 있거든 각각 자기 소속단체로 모으고, 소속단체가 없는 개인은 각각 직접 정부로 바쳐라.…

"체력이 있거든 체력을 바치며…" 이하의 구절은 중국공산당이 1935년8월1일에 발표한 「8·1선언」 곧 「항일구국을 위하여 전 동포에게 고하는 글」의 유명한 "돈 있는 자는 돈을 내고, 총 있는 자는 총을 내고,… 힘 있는 자는 힘을 내고, 전문기술 있는 자는 전문기술을 바쳐…"라는 말을 원용한 말이었다.[18]

「포고문」은 다음과 같은 절절한 호소로 마무리했다.

아아! 우리의 충애 동포들! 우리가 우리 조상네의 물려주셨던 아름답고 거룩한 땅덩어리와 자랑거리를 다시 찾아 조상네 앞에 얼굴을 들 수 없던 부끄러움을 씻으려거든, 또 영원한 앞날에 나오는 자손들의 값없이 죽는 불쌍한 목숨을 건져 남과 같이 사람다운 사람을 만들려거든, 우리의 가진 것을 무엇이나 아끼지 말며 계련[係戀: 사랑에 끌리어 잊지 못함]치 말아라. 오늘에는 아무것도 없다. 죽지 않으면 살판이다. 죽음으로 이 삶을 구할 뿐이다. 살려고 애를 쓴다고 살아지는 것이 아니다. 죽을 것을 각오할진대 잘 죽기를 찾을 것이니, 하물며 살길이 그 가운데 있음이랴. 어두운 지옥에 빠진 우리에게 광명한 빛이 큰 길로 인도한다.…[19]

화북지방의 전선이 확대되는 한편으로 1937년8월13일부터는 상해에서도 치열한 전투가 벌어졌다. 이른바 제2차 상해사변이 발발한 것이었다. 상해에 투입된 중국군은 장개석이 자랑하는 정예부대였다. 중국군은

18) 西順藏 編, 『原典中國近代思想史(第六册) 國共分裂から解放戰爭まで』, 岩波書店, 1977, p.165.
19) 「임시정부 국무위원 포고문」(1937.8.20.), 『대한민국임시정부자료집(8) 정부수반』, 2006, pp. 229~230.

크리크[작은 운하]와 토치카를 이용하여 견고한 방어선을 구축하고 완강히 저항하면서 일본군의 침공에 저항했다. 일진일퇴의 격전이 계속되는 동안 양쪽 모두 참담한 피해를 입었다.

한국광복진선은 10월에 선전위원회를 결성하고 한중 양 민족의 연대의 필요성을 선전하는 한편 일본의 중요기관에 대한 파괴공작을 추진했다. 광복진선의 활동에 대한 중국인들의 반향도 컸다. 9월3일자 중국 신문들이 광복진선의 결성 사실을 대대적으로 보도했다. 10월31일자《신보(申報)》에는 한국광복진선 선전위원회가 10월30일에 벨기에의 브뤼셀에서 열리는 9개국 회의 의장 앞으로 전보를 쳐서, 극동을 침략하는 일본에 대한 실효성 있는 제재조치를 취할 것을 청원한 사실이 보도되었다. 9개국 회의는 일본의 전쟁도발을 중국정부가 국제연맹에 제소함에 따라 11월3일부터 열리게 되어 있었다. 중국정부는 한국광복진선 선전위원회에 준비금으로 1만원을 지급했고, 재미동포들로부터도 250달러가 송금되었다.[20]

3

8월15일부터 일본군의 남경폭격이 시작되었다. 김구는 8월26일 새벽에 공습을 당했다.[21] 김구는 회청교의 집에서 초저녁에 일본군 비행기 소리 때문에 잠을 이루지 못하다가 경보가 해제된 뒤에야 깊이 잠이 들었는데, 새벽에 기관포 소리에 놀라서 자리에서 벌떡 일어나 급히 밖으로 나왔다. 그때에 꽝 하고 벼락이 떨어지는 소리가 났다. 김구가 자던 방 천장이 무너져 내린 것이었다. 뒷방에서 자는 주애보(朱愛寶)를 황급히 불렀다. 주애보와 같은 방에서 살던 사람들도 흙먼지를 헤치고 나왔다. 뒷벽은

---

20) 「一九三七年の在支不逞朝鮮人の不穏策動狀況」, 金正明 編, 『朝鮮獨立運動 民族主義運動篇 II』, p.599.
21) 《新韓民報》 1937년10월14일자, 「임시정부의 군사활동은 적극 진행」.

무너지고 그 바깥에는 시체가 널브러져 있었다. 여기저기에서 불빛이 하늘로 치솟아 하늘은 마치 붉은 담요를 펼쳐 놓은 것과 같았다.

김구는 날이 밝자 마로가(馬路街)에 있는 곽낙원(郭樂園) 여사의 집을 찾아갔다. 폭격으로 죽은 사람과 다친 사람들이 길에 가득했다. 김구가 어머니 집 문을 두드리자 그녀가 직접 나와서 문을 열었다.

"너 왜 이렇게 일찍 왔느냐?"

"놀라셨지요?"

"놀라긴 무엇을 놀라. 침대가 들썩들썩하더군. 그래 사람이 많이 죽었나?"

"예, 오면서 보니까 이 근처에서도 사람들이 상했던데요."

"우리 사람들은 상하지 않았나?"

"글쎄올시다. 지금 나가 보렵니다."

김구는 곽낙원 여사 집을 나와서 이청천의 집을 찾아갔다. 집이 흔들려서 놀라기는 했으나 무사했고, 남기가(藍旗街)에 있는 대다수 학생들과 가족들도 무사했다.[22] 김구는 재미동포에게 보내는 편지에서 다른 임시정부 활동과 함께, 이날의 일을 어머니와 주고받은 대화내용까지 상세히 적었다.[23] 그만큼 극적인 상황을 재미동포들에게 실감나게 알리고 싶었던 것이다.

11월5일에 일본군이 항주만에 상륙한 뒤로 중국군의 저항선이 무너지자, 일본군은 후퇴하는 중국군을 추격하여 남경으로 진격했다. 국민정부는 11월16일에 마침내 사천성의 중경(重慶)으로 천도하기로 하고 각 기관을 옮기기 시작했다. 임시정부도 11월18일에 국무회의 결의로 임시정부 판공처를 호남성(湖南省)의 장사(長沙)로 옮기기로 했다.[24] 100여명의 남녀노유와 청년들을 이끌고 사람과 땅이 낯선 장사로 피란 가기

22) 『백범일지』, pp.360~361.
23) 《新韓民報》 1937년10월14일자, 「임시정부의 군사활동은 적극 진행」.
24) 《大韓民國臨時政府公報 제64호》(1939.9.30.), 『대한민국임시정부자료집(1) 헌법·공보』, p.208.

로 한 것은 그곳이 곡식값이 매우 쌌으므로 생활비를 줄이고, 또 장차 홍콩을 통하여 미국 동포들과 통신을 계속할 수 있을 것이기 때문이었다.[25] 또한 전황이 아주 불리해져서 중국 전토가 일본군에 점령당하는 경우에는 임시정부를 하와이로 옮길 것도 생각했다.[26]

김구는 상해와 항주를 비롯하여 각지에 흩어져 있는 동지들에게 여비를 보내어 남경으로 집결하도록 연락했다. 김구는 양기탁(梁起鐸)과 안중근(安重根)의 부인을 특별히 배려했다. 이 무렵 양기탁은 선도(仙道)를 연구하기 위해 율양(溧陽) 대부진(戴捊鎭)의 고당암(古堂菴)에서 중국 도사 임한정(任漢廷)에게 의탁하여 수도하고 있었고, 안중근의 부인은 상해에 있었다. 김구는 양기탁에게 여비를 보내면서, 즉시 남경으로 와서 같이 장사로 가자는 편지를 썼다. 그러나 기약한 날짜가 되어도 오지 않아서 할 수 없이 그냥 떠나고 말았다. 그때 이후로 김구는 양기탁의 소식을 알지 못했다.[27]

안중근의 부인에게는 안공근을 보냈다. 김구는 안공근을 상해로 보내면서 자기 가족들과 함께 큰 형수를 꼭 모셔오도록 신신당부했지만 안공근은 자기 가족들만 데리고 왔다. 김구는 안공근을 크게 꾸짖었다.

"양반의 집에 화재가 나면 사당에 가서 신주부터 안고 나오거늘, 혁명가가 피란하면서 국가를 위하여 살신성인한 의사의 부인을 왜구의 점령구에 버리고 오는 것은 안군 가문의 도덕에는 물론이고 혁명가의 도덕으로도 용인할 수 없는 일이다."

김구는 안공근에게 그의 가족들도 다른 임시정부 가족들과 함께 행동하는 것이 생사고락을 같이 하는 본의에 합당하다면서 함께 가기를 권했다. 그러나 안공근은 자기 가족은 중경으로 보내겠다면서 임시정부 대

<hr>

25) 『백범일지』, p.368.
26) 趙擎韓 증언.
27) 『백범일지』, p.374.

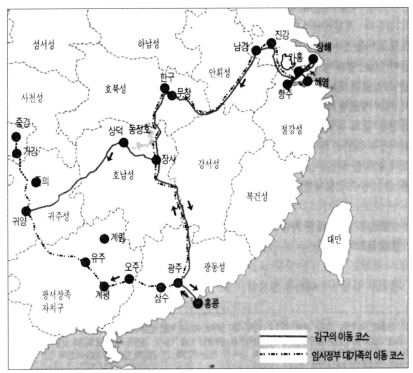

임시정부 대가족과 김구의 피란 코스.

가족과 함께 생활하기를 원하지 않았다.[28]

남경을 떠나면서 김구는 주애보에게 여비 100원을 주어 가흥으로 돌려보냈다. 그러나 그 일이 못내 아쉬움으로 남았다. 김구는 뒷날 다음과 같이 자괴했다.

그 후 이따금 후회되는 것은 송별할 때에 여비 100원밖에 주지 못하였던 것이다. 근 5년 동안 한갓 광동인으로만 알고 나를 위했고 모르는 사이에 우리는 부부같이[類似夫婦] 되었도다. 나에 대한 공로가 없지 않은데 내가 뒷날을 기약할 수 있을 줄 알고 돈도 넉넉히 돕지

28) 『백범일지』, pp.373~374.

못한 것이 유감천만이다.[29]

김구는 안휘성(安徽省)의 둔계(屯溪)중학에 재학 중인 둘째아들 신(信)을 불러오고 곽낙원 여사를 모시고 안공근의 가족과 함께 영국 윤선을 타고 한구(漢口)를 향해 떠났다. 진강(鎮江)에 있던 임시정부의 내무장 조완구(趙琬九)와 군무장 조성환(曺成煥)은 임시정부의 문서와 장부를 가지고 11월20일에 윤선을 타고 출발했고, 남경에 있던 광복진선 3당 간부들과 임시정부 가족과 청년당원 등 100여명은 중국 군사위원회에서 주선해 준 큰 목선 한척에 짐까지 가득 싣고 1937년11월23일에 남경을 떠났다.[30] 임시정부 대가족이 떠나고 3주일 뒤인 12월13일에 남경은 일본군에 점령되고, 대규모의 학살과 약탈이 자행되었다. 그리고 12월14일에는 북경에 일본의 괴뢰정부로 '중화민국임시정부'가 발족했다. 남경에도 이듬해 3월28일에 또 하나의 괴뢰정부로 '중화민국유신정부'가 발족했다.

장사까지는 양자강 수로로 3,000리 길이었다. 임시정부 대가족은 한구에서 다시 배를 갈아타고 갖은 고생 끝에 12월20일 오전에 장사에 도착했다. 남경을 출발한 지 거의 한달 만이었다.[31] 김구는 임시정부 대가족보다 먼저 장사에 도착했고, 안공근의 가족은 한구에서 헤어져서 중경으로 갔다. 김구는 안공근의 이러한 태도가 몹시 못마땅했을 것이지만, 안공근은 이제 김구로서도 어쩔 수 없는 존재가 되어 있었다. 이렇게 하여 임시정부 대가족은 12월4일에서 20일 사이에 모두 무사히 장사에 도착했다.[32]

---

29) 『백범일지』, p.362.
30) 「臨時議政院會議 제31회」(1939.10.~12.), 『대한민국임시정부자료집(2) 임시의정원 I』, p.302; 趙擎韓, 『白岡回顧錄 國外篇』, p.227.
31) 趙擎韓, 위의 책, pp.227~263.
32) 『백범일지』, p.362; 「臨時議政院會議 제31회」(1939.10.~12.), 『대한민국임시정부자료집(2) 임시의정원 I』, p.302.

2. 정당통합 반대자의 총에 맞다

1

호남성의 북단에 위치한 동정호(洞庭湖)는 중국에서 가장 큰 호수로서, "동정추월(洞庭秋月)" 등으로 알려진 풍광으로도 유명하다. 장사는 동정호에서 남쪽으로 약 200킬로미터 떨어져 있는 호남성의 수부이다. 경치도 좋고 기후도 따뜻할 뿐만 아니라 곡식도 풍부하고 물가도 싸서 임시정부 대가족이 생활하기에 크게 부족함이 없었다.[33] 김구는 장사로 옮긴 직후의 상황을 다음과 같이 썼다.

장사에 선발대를 보내놓고 안심하지 못하였으나, 뒤미처 장사에 도착하자 천우신조로 이전부터 친한 장치중(張治中) 장군이 호남성 주석으로 취임하여, 만사가 순탄하였고 신변도 잘 보호받았다. 우리의 선전 등 공작도 유력하게 진전되었고, 경제 방면으로는 이미 남경에서부터 중국 중앙에서 주는 매월 다소의 보조와 그 외 미국 한인교포의 원조도 있었다. 또한 물가가 싼 탓으로 다수 식구의 생활이 고등난민의 자격을 보유케 되었다.[34]

임시정부는 중일전쟁을 계기로 중국정부의 도움을 받게 되었다. 중일전쟁이 일어나기 전에는 임시정부 요인들은 본국으로부터 지원을 받는 일부 인사를 제외하고는 거의가 각자 능력에 따라 생업을 가지고 돈을 벌어서 생활했고, 각자의 수입 중 일부를 임시정부에 헌납해서 임시정부의 활동을 도왔다. 그러나 중일전쟁이 발발하면서 생계수단을 잃게 되어

---

33) 양우조·최선화 지음, 김현주 정리, 『제시의 일기』, 혜윰, 1999, p.31.
34) 『백범일지』, p.368.

임시정부 가족들은 중국정부의 지원금과 몇십 가마씩의 쌀과 재미동포들의 성금이 유일한 수입원이 되었다.[35]

임시정부 가족들은 공동생활을 할 줄 몰랐다. 그리하여 김구는 각자 방을 얻어 주어 생활하게 했다. 김구는 고국을 떠나 처음 상해에 도착했을 때부터 동포를 만나도 초면에 인사할 때 말고는 변성명으로 생활했다. 그러나 장사에 도착한 뒤로는 거리낌 없이 김구로 행세했다.[36]

장사에 머물던 1938년은 곽낙원 여사가 팔순이 되는 해였다. 그동안 어머니의 생일상 한번 제대로 차려드리지 못한 김구는 여간해서 맞기 어려운 어머니의 팔순 생일만은 꼭 챙기고 싶었다. 그리하여 청년단원들과 동지들과 상의하여 약간의 돈을 추렴하여 곽낙원 여사의 생일상을 차릴 준비를 했다. 이를 눈치 챈 곽 여사가 아들을 불러서 말했다.

"나의 생일상을 위하여 무엇을 차릴 생각은 염두에도 두지 말고 돈이 있거든 차라리 그것을 나에게 주어. 내가 평일 식찬비를 절용하여 저축한 돈 약간과 합하여 청년에게 무기를 얼마 사주어 그것으로 왜적을 다만 몇 놈이라도 더 죽이게 하겠다."[37]

김구는 결국 어머니 뜻에 따르기로 하고 그 돈으로 권총을 샀다. 호놀룰루의 《국민보》는 이 이야기를 소개하면서 곽낙원 여사에 대해서 다음과 같이 기술했다.

이 얼마나 갸륵한 일인가. 이만한 아들이 있음은 이만한 그 자친이 있음이라고 세상이 칭송하기를 마지않는다 한다.… 오늘은 아들이 자친의 만년을 조금이라도 위로해 드리기 위하여 의식을 편하게 하여 드리려 하나, 그는 우리나라가 독립하여 본국으로 돌아가기 전에는 몸에 좋은 옷을 입지 않고 입에 좋은 음식을 먹지 않는다고 굳게 거절

---

35) 양우조·최선화 지음, 김현주 정리, 앞의 책, p.34.
36) 『백범일지』, p.368.
37) 《國民報》 1938년5월4일자, 「김구선생 대부인」.

하신다 하며, 그는 언제든지 몸이 고국에 돌아가 묻히기만 소원하신다. 이 어른이 지금 팔십 노인이지만 건강하시고 아직도 안경 없이 바늘귀를 꿰신다 한다.[38]

이 기사는 한국국민당의 기관지《한민》에 실린 기사를 전재한 것이었는데, 이 기사를 보고 하와이의 부인들이 6달러를 곽낙원 여사에게 보내왔다.[39] 『백범일지』는 이때의 일을 적으면서 그것이 남경에서 어머니의 생신을 맞았을 때의 일이라고 했으나,[40] 그녀의 팔순 생일은 1938년 음력2월26일이었으므로 장사에 있을 때의 일이었을 것이다.

장사에 와서 김구가 가장 열성을 기울인 일은 광복진선 3당의 통합작업이었다. 장사에 온 뒤로 3당은 여러 가지 일을 함께 하고 있었으므로 내부적으로 통합문제에 대한 공감대가 형성되어 있었다. 김구는 장사에 도착한 지 얼마 지나지 않아서 3당통합문제를 정식으로 제기했다. 한국광복진선을 결성하여 공동보조를 취하는 세 정당을 다시 하나의 정당으로 통합할 필요성과 정당성을 김구는 재미동포들에게 보낸 편지에서 다음과 같이 설명했다.

본래 무슨 진선이라는 것은 두개 이상의 다른 주의와 단체들이 특정한 공통의 이익을 위하야 분공합작(分工合作)하는 기구인즉, 꼭 같은 주의를 가지고 유일한 목적만을 위하야 공동 분투하는 우리 독립운동단체들이 모여서 진선을 형성한다는 것은 이론에 맞지 아니하는 일입니다. 비록 일시의 우리의 부득이한 사세로써 그리 된 것이나, 이 모순되는 현상을 그대로 오래 지지할 수 없는 것은 명확한 사실이며, 겸하야 역사적 교훈과 민중의 요구가 통일을 절망할 뿐 아니라 광복

---

38) 위와 같음.
39) 《國民報》 1938년5월18일자, 「임시정부 상납금액」.
40) 『백범일지』, p.367.

진선 중 원동에 있는 3단체[조선혁명당, 한국독립당, 한국국민당]는 작년에 남경에서 함께 떠나서 장사까지 온 뒤에는 오늘까지 한솥의 밥을 먹고 지내며 앞으로도 그러할 것이요, 또 여러 가지 공공한 사업은 벌써부터 일치 합작하는 터인즉 한 지방에서 문호만 여럿을 벌여 놓을 필요가 없이 되었나이다.…[41]

김구는 이론상 불합리한 연합체인 광복진선을 하나의 정당으로 통합함으로써 피란정부를 이끌어 갈 "광복운동자의 대단결인 당"을 자신의 주도로 결성하고자 한 것이었다.

5월5일에 조선혁명당의 중앙집행위원 조경한(趙擎韓)이 김구의 처소인 서원북리(西園北里)를 찾아왔다. 김구는 조경한을 보고 말했다.

"숙제로 된 통합문제를 곧 완성하기 위하여 하루 이틀 뒤에 3당 간부 몇명이 남목청(楠木廳)에 모입시다. 그날 식사는 내 한턱 하리다."

남목청은 조선혁명당 당사로 쓰는 건물이었다. 김구는 조경한에게 10원을 주면서 그날 먹을 냉면 값으로 써 달라고 했다. 조경한은 돈 받기를 사양했으나 김구의 강권에 따라 그대로 받아 가지고 돌아가서 이청천의 부인과 현익철의 부인에게 그날의 식사 준비를 부탁했다.[42]

김구는 약속대로 5월7일 저녁에 남목청을 찾아갔다. 이날 회의에서는 조선혁명당 대표로 이청천과 조경한과 현익철, 한국독립당 대표로 조소앙과 홍진, 한국국민당 대표로 김구와 조완구가 참석하고 옵서버로 유동열, 이복원, 임의택이 참석했다. 회의는 화기애애한 분위기 속에서 진행되었다. 조금 있다가 음식이 들어오고 술잔이 오고 갔다. 조경한과 함께 애주가로 소문난 유동열이 조경한에게 핀잔을 주었다.

"술꾼이 술맛도 보지 않고 이런 술을 사오게 했는가?"

---

41) 金九, 「여러분 선생께」(1938.6.20.), 『대한민국임시정부자료집(42) 서한집 I』, pp.302~305.
42) 趙擎韓, 앞의 책, p.266.

유동열은 조경한과 막역한 사이였다. 조경한은 중국인 사환에게 새로 술을 사오게 했다. 그러나 그 술도 맛이 시원치 않아 자신이 직접 술을 사러 나갔다. 조경한이 술 대여섯 병을 사 들고 남목청의 2층으로 올라가는 계단을 막 오르는 순간 회의장 안에서 서너 발의 총소리가 났다. 연회가 한창 진행되고 있는데 청년 하나가 회의장에 뛰어들어 권총을 난사한 것이었다. 총소리를 듣고 아래층에 있던 청년들이 달려가서 범인을 잡으려 했으나 범인은 잼싸게 2층 계단을 뛰어넘어 도망쳤다.[43] 저녁 6시20분쯤이었다.[44]

첫발에 김구가 맞고, 두번째로 현익철이, 세번째로 유동열이, 네번째로 이청천이 맞았다. 왼쪽 가슴에 총을 맞은 김구는 이내 의식을 잃었다. 현익철은 중상을 입고 병원으로 옮기자마자 절명했다. 유동열은 허리를 관통하는 중상을 입었고, 이청천은 손에 찰과상을 입었다.[45] 이청천, 유동열, 현익철은 모두 조선혁명당의 간부이자 임시정부 군사위원회 상무위원들이었다. 현익철은 만주에서 무장투쟁을 하다가 체포되어 신의주 감옥에 수감되어 있던 중 한국인 '만주국' 군관 홍아무개 중좌의 주선으로 한국 독립운동자에 대한 정보를 제공해 주기로 약속하고 가출옥하여 관동군으로부터 첩보비를 받고 남경에 왔었는데, 마음을 바꾸어 민족혁명당에 참가했고, 이청천과 함께 민족혁명당을 탈당하여 조선혁명당 결성에 앞장섰던 인물이었다.[46]

2

김구와 유동열은 급히 자동차로 가까이에 있는 상아의원(湘雅醫院)

---

43) 위의 책, pp.266~267.
44) 《新韓民報》 1938년7월14일자, 「김구선생의 편지」.
45) 『백범일지』, p.369; 「국무위원 6인보고서」(1938.6.15.), 『대한민국임시정부자료집(8) 정부수반』, pp.233~234.
46) 「韓國獨立運動者의 西安移動의 件」, 『韓國民族運動史料(中國篇)』, p.899.

김구가 3당통합을 논의하다가 저격당한 남목청9호의 조선혁명당 당사. 지금은 헐리고 그 자리에 아파트가 들어섰다.

으로 옮겨졌다. 상아의원은 장사에서 시설이 가장 좋다는 병원이었다. 경상을 입은 이청천은 자기 집으로 가서 치료했다. 김구를 진단한 의사는 가망이 없다고 말했다. 김구는 입원수속도 하지 않고 문간에서 숨이 끊어지기를 기다릴 뿐이었다. 세시간이 넘도록 김구의 숨이 붙어 있자 의사는 네시간 동안까지만 생명이 연장되면 살 방도가 있을 것 같다고 하다가, 마침내 우등병실로 옮기고 치료를 시작했다.

가망이 없다는 의사의 말을 듣고 주위에서는 홍콩에 가 있는 안공근과 김구의 장남 김인(金仁)에게 김구가 피살당했다는 전보를 쳤다. 안공근은 중경에 간 자기 가족과 광서로 이주시킨 중형 안정근(安定根)의 가족을 홍콩으로 옮기기 위해 홍콩에 가 있었고, 김인은 상해로 공작임무를 띠고 가는 길에 홍콩에 가 있었다. 두 사람은 며칠 뒤에 김구의 장례식에 참석할 요량으로 장사로 돌아왔다.[47]

김구가 정신을 차리고 주위를 둘러보자 집이 아니라 병원이었다. 그리고 몸이 몹시 불편했다.

"내가 어디를 왔느냐?"

---

47) 『백범일지』, p.371.

남목청에서 술을 마시다가 졸도하여 입원했다고 했다. 의사가 자주 와서 가슴을 진찰했다. 김구는 가슴에 상흔이 있는 듯하여 의사에게 물었다.

"어찌된 까닭입니까?"

"졸도하실 때에 상 모서리에 엎어지셔서 약간 다치신 것 같습니다."

김구는 그 말을 곧이듣고 아무런 의심도 하지 않았다. 김구가 사건의 진상을 알게 된 것은 거의 달포나 지나서였다. 엄항섭이 진상을 자세히 알려 주었다.[48]

회의장에 뛰어들어 총을 난사한 범인은 조선혁명당 중앙집행위원이었다가 두달 전에 당에서 제명된 이운환(李雲煥)이었다. 이운환은 평북 의주군 출신으로서, 서른한살이었다.[49] 그는 남경에 있을 때에 상해로 특무공작을 하러 가겠다면서 김구에게서 자금을 얻어 가기도 했다.[50] 이운환은 성격이 우직하여 사물에 대해 판별력이 부족하고, 오직 용협(勇俠)이 남달라서 모험심이 강한 인물이었다. 사건이 있기 전부터 이운환이 3당의 주요인물을 암살하려 한다는 소문이 나돌았다. 이 소식을 들은 조선혁명당은 이운환을 제적하고 1년 동안 근신하도록 했는데, 이운환은 조선혁명당의 그러한 조치에 불만을 품고 사건을 저질렀다고 했다.[51]

그러나 이운환의 범행동기는 명확히 밝혀지지 않았다. 김구 자신은 이운환이 병인의용대원 강창제(姜昌濟)와 박창세(朴昌世)의 꼬임에 빠져서 범행을 저질렀을 것이라고 했다. 김구는 이전부터 이유필(李裕弼)의 지휘로 조직된 병인의용대를 탐탁하게 생각하지 않았다. 김구는 이들이 금전을 가진 동포를 위협하여 강탈하기도 하고 일본 밀정을 총살도 하며 친히 따르기도 하여, 동포들 사이에서 신용은 없었으나, 그렇다고 반

---

48) 『백범일지』, pp.368~369.
49) 「南京陷落後의 在支不逞鮮人團體의 動靜」, 『思想情勢視察報告集(9)』, 1976, p.86.
50) 『백범일지』, p.369.
51) 「임시정부국무위원 6인보고서(백범총상사실기록)」(1938년6월15일), 『白凡金九全集(4)』, p.499; 趙擎韓, 앞의 책, pp.265~266.

혁명자로 규정하기도 어려운 "일종의 혁명난류(革命亂類)"라고 기술했다. 범행이 있기 얼마 전에 강창제가 김구에게 이런 말을 했었다.

"상해에서 박창세가 장사로 올 마음이 있으나 여비가 없어서 오지 못한다고 합니다. 여비를 좀 보조해 주십시오."

김구는 상해기관에 말해서 처리하겠다고 대답했다. 김구는 박창세의 맏아들 박제도(朴濟道)가 일본영사관의 밀정이 된 사실을 자세히 알고 있었고, 박창세가 그 아들 집에 살고 있는 데에 특별히 주목하고 있었다. 그 얼마 뒤에 여비가 없어서 오지 못한다던 박창세가 장사에 나타나서 김구도 그를 한번 만난 일이 있었다. 그리하여 김구는 이운환이 "강창제와 박창세의 악선전에 이용된 나머지 정치적 감정에 충동되어 남목청사건의 주범이 된 것이었다"라고 술회했다. 김구는 그 근거로, 중국 경비사령부의 조사결과 박창세가 장사에 도착한 직후에 상해로부터 박창세에게 200원이 비밀리에 지원되었는데, 이운환은 체포 당시에 18전밖에 없었고, 범행을 저지른 뒤에 권총으로 장사의 중국기관에 근무하는 최덕신(崔德新)을 위협하여 10원을 빼앗아 장사를 탈출한 사실을 들었다.[52] 그러나 김구의 이러한 추측도 석연지 않다.

한편 일본경찰의 정보문서는 이 사건이 조선혁명당 인사들에 대한 김구의 차별대우에 따른 알력에서 기인한 사건이라고 단정했다. 민족혁명당에서 탈당한 이청천, 강창제, 박창세 등 열몇명에 대하여 김구가 처음에 절대로 차별대우를 하지 않는다는 것을 조건으로 하여 합동의 이름 아래 자기 휘하로 끌어들여 놓고는 그 뒤에 조선혁명당 그룹을 물질적으로나 정신적으로나 차별대우를 했다는 것이었다. 중국 국민정부로부터 지원되는 자금의 분배도 김구파 당원과 가족에게는 매달 어른은 1인당 10원, 아이는 5원씩 지급하고 이청천파 당원과 가족에게는 어른 7원, 아이는 그 반액을 지급한다는 것이었다.

---

52) 『백범일지』, pp.369~370.

한달 전쯤부터 김구가 반대분자 이운환을 암살하려고 계획하고 있다
는 소문이 나돌자 조선혁명당 일부는 극도로 분개했고, 강창제, 박창세,
이운환 등은 김구를 공공연히 매도하고 다녔다고 한다. 그리하여 이청천,
현익철, 유동열 등 조선혁명당 간부들은 김구의 신뢰를 두터이할 양으로
위의 세 사람을 당에서 제명했다는 것이었다. 그리하여 제명된 세 사람은
은밀히 복수할 기회를 노리고 있던 참에 이청천, 현익철 등이 김구로부터
다액의 활동자금을 받고 그 사례로 김구 초대연을 열었고, 김구 등 간부
들이 모이자 이운환이 박창세로부터 빌린 권총을 휴대하고 잠입하여 김
구 등을 저격했다고 했다.[53] 그러나 김구와 대립관계에 있는 김원봉의 민
족혁명당 간부도 이 사건에 대해서는 다음과 같이 김구와 비슷한 견해를
피력했다.

　　박창세와 강창제의 사주에 따라 이운환이 김구 등을 저격한 것은
　　겉으로는 거두들의 지위쟁탈에 기인하는 것 같아 보이지만, 상해사변
　　중에 박창세가 자주 하비로를 태연히 걸어다니고 또 자기 집에도 잠복
　　해 있는 점으로 보아 사전에 일본관헌과 김구를 죽이기로 한 묵계가
　　있어서 이번 기회에 부하 이운환을 시켜 결행한 것으로 짐작된다.[54]

이처럼 상해로부터 멀리 떨어져 있는 장사도 제국주의 일본의 정보망
으로부터 안전하지 못했다. 남목청 저격사건으로 장사 시내는 발칵 뒤집
혔다. 사건이 일어나자 중국 경비사령부는 장사 일대에 임시계엄을 펴고,
보안대와 헌병대와 경찰이 총출동하여, 장사를 출발하여 무창으로 가던
기차를 장사로 되돌려 범인을 수색했다. 임시정부는 내무장 조완구의 책
임 아래 위원회를 조직하고 호남성 당국과 협력하여 이운환과 그 공모

---

53) 「一九三八年の在支不逞朝鮮人の不穩策動狀況」, 金正明 編, 『朝鮮獨立運動 民族主義運動篇 Ⅱ』,
　　p.613.
54) 위와 같음.

협의자 강창제, 박창세, 이창기(李昌基), 신기언(申基彦), 한성도(韓聖道), 송욱동(宋旭東) 등을 체포하여 중국 당국에 넘겼다. 또한 범죄의 증거조사와 함께 부상자 구호 및 사망자의 장사에도 신경을 썼다. 임시정부 주동으로 현익철의 장례를 치르고 유해는 악록산(岳麓山)에 묻었다.[55]

김구가 저격당했다는 뉴스가 전해지자 중국정부는 특별한 배려를 해 주었다. 한구에서 전쟁을 지휘하던 장개석은 진과부(陳果夫)로부터 김구의 저격 사실을 보고받자, 곧바로 성 주석인 장치중 장군에게 김구를 잘 보살피라는 전보를 쳤고, 장치중은 상아의원을 방문하고 위문하면서, 병원에는 치료비는 얼마가 들든지 성 정부에서 부담하겠다고 말했다. 장개석은 김구가 퇴원한 뒤에 나하천(羅霞天)을 시켜 치료비 3,000원을 가지고 장사에 와서 위문하게 했다.[56]

도주한 이운환은 최덕신을 찾아가서 권총으로 협박하여 10원을 받아 가지고 장사를 탈출하려다가 사건발생 6일 만에 장사에서 수십리 떨어진 시골 기차역에서 중국 군경에게 체포되었다.[57]

중국 법정은 이운환에게 사형을 선고하고 수감했으나, 공범으로 체포된 혐의자들은 증거 불충분을 이유로 모두 석방했다.[58] 수감된 이운환도 장사가 위급해지고 장사에 있는 중국기관이 모두 중경으로 후퇴하는 틈을 타서 탈옥했다. 이 때문에 사건의 정확한 배후와 동기는 끝내 밝혀지지 않았다. 뒷날 김구는 중경에서 당시 중국군에 복무하던 구양군(歐陽群: 朴基星의 중국 이름)으로부터 귀주 방면에서 걸인행색으로 도망가는 이운환을 목격했다는 이야기를 들었다.[59]

---

55) 『백범일지』, pp.370~371; 「국무위원 6인보고서」(1938.6.15.), 『대한민국임시정부자료집(8) 정부수반』, p.234; 지복영, 『역사의 수레를 끌고 밀며: 항일 무장 독립운동과 백산 지청천 장군』, p.338.

56) 『백범일지』, p.371; 蕭錚, 「中國國民黨과 金九」, 『韓國獨立運動史資料集』, pp.155~156.

57) 「여러분 선생께」(1938.6.20.), 『대한민국임시정부자료집(42) 서한집 I』, p.303; 『백범일지』, p.370; 「金勝坤志士證言」, 『韓國獨立運動史資料集』, p.45.

58) 「臨時議政院會議 제31회」(1939.10.~12.), 『대한민국임시정부자료집(2) 임시의정원 I』, p.303.

59) 『백범일지』, p.370.

현익철의 사망과 유동열의 부상으로 임시정부는 7월1일에 두 사람을 대신하여 나태섭(羅泰燮)과 황학수(黃學秀)를 군사위원회 위원으로 선임했다.[60]

3

김구는 상아의원에서 한달 동안 치료를 받고 퇴원했다. 퇴원하는 길로 김구는 걸어서 곽낙원 여사를 찾아갔다. 그녀에게는 사실을 알리지 않고 있다가 김구가 퇴원할 무렵이 되어서야 김신이 사실대로 말했다. 곽낙원 여사는 조금도 동요하는 빛이 없었다.

"자네 목숨은 하나님께서 보호하시는 줄 아네. 사불범정[邪不犯正: 사악한 것이 옳은 것을 범하지 못함]이지. 하나 유감스러운 것은 이운환 정탐꾼[韓奸]도 한인인즉, 한인의 총을 맞고 산 것은 일인의 총에 죽은 것보다 못하네."

이것이 죽었다 살아난 아들에게 한 말의 전부였다. 그러고는 손수 음식을 만들어 아들에게 권했다.[61]

김구는 퇴원하고 나서 얼마 동안 엄항섭의 집에서 요양했다. 하루는 갑자기 신기가 불편하고 구역이 나고 오른쪽 다리가 마비되어 다시 상아의원을 찾아갔다. X레이 촬영을 해보았더니 심장 옆에 박혀 있던 탄환이 위치가 바뀌어 오른쪽 갈비뼈 옆으로 옮겨 가 있었다. 진찰한 외과 주임이 말했다.

"심장 곁에 있던 탄환이 대혈관을 통과하여 오른쪽 갈비뼈쪽으로 옮겨 갔습니다. 불편하시면 수술도 쉬우나 그대로 두어도 생명에는 아무 관계가 없습니다. 오른쪽 다리의 마비는 탄환이 대혈관을 압박하기 때문인데, 점차 소혈관들이 확대됨에 따라 해소될 것입니다."[62]

---

60) 《大韓民國臨時政府公報 제64호》(1939.9.30.), 『대한민국임시정부자료집(1) 헌법·공보』, p.208.
61) 『백범일지』, p.371.
62) 『백범일지』, p.372.

김구는 이 총탄을 1949년에 세상을 떠날 때까지 몸속에 지니고 살았다. 김구를 제외한 국무위원 여섯 사람은 6월15일에 연명으로 재미동포들에게 남목청사건의 경과를 알리는 편지를 보냈다. 이 편지에서 눈길을 끄는 대목은 불상사가 일본인들에게 알려져서는 안되겠기에 중국 신문에도 일절 보도하지 못하게 했다면서 미주에서도 내외국 신문에 발표하지 말아 달라고 당부한 사실이다.[63]

김구도 6월20일에 재미동포들에게 남목청사건의 경과와 자신의 심정을 자세히 밝히는 긴 편지를 썼다.

그동안 병원에 몸저누워 생사를 천명에 맡기고 세상과 인연을 끊었던 제가 달포 만에 퇴원하야 여러 동지께 소회를 사뢰고저 하오니 무슨 말씀을 먼저 시작해야 될는지 스스로도 알 수 없나이다. 지금 형편으로 보면 비록 건강이 쾌복은 되었지만 원래 중상을 당하였던 관계로 어떠한 운동이든지 하지 말라는 의사의 권고가 있어서, 여러분과 서신을 왕래하기 시작한 후 처음으로 남의 손을 빌려서 저의 심중을 고하게 되나이다. 제가 비록 단문이오나 여러분의 애호하시는 성의의 만일이라도 보답하려는 미충으로써 종래의 일체 서신을 반드시 자필로 쓰던 것이온대 이번에는 할 수 없이 서명만 자필로 쓰오니 넓게 용서하시기 바라나이다. 그러나 미구에 내 손으로 붓을 잡게 되면 내 상머리에 산같이 쌓인 동지 여러분의 혜찰을 일일이 친필로써 봉답하겠나이다.…

이처럼 김구는 이 무렵 재미동포들이 보낸 위문 편지가 "상머리에 산같이 쌓일" 만큼 그들의 신망을 받고 있었다. 김구는 이어 남목청사건의 경과를 간단히 설명하고 나서, 자신의 심정을 다음과 같이 토로했다.

63) 「국무위원 6인보고서」(1938.6.15.), 『대한민국임시정부자료집(8) 정부수반』, p.234.

동지 여러분은 이 흉보를 접하실 때에 국사를 위하야 놀라시며 저를 위하야 걱정하실 줄 생각합니다. 그러나 옛말에도 다난흥방(多難興邦)이라 하였으니, 우리가 풍파를 겪을수록 우리의 사업은 더욱 공고하게 진전될 것입니다. 이러한 실례는 지금 중국의 항일운동에서도 목도하는 바이지만, 과연 원동의 우리 사회는 이번의 변을 치른 뒤에 더욱 굳게 단결되며 어느 동지든지 일호도 회심치 아니하고 더욱 건전히 분투하나이다. 지어 저 개인하야는 애국운동을 시작하던 그날부터 구구한 일신의 생명은 심중에 두지 아니하였던 것이니, 어느 날에든지 이러한 죽음이 있을 것을 미리부터 각오한 것입니다. 그러므로 이러한 변을 당하였다고 분한 것도 없고 낙심되는 것도 없습니다. 저는 오직 최후목적을 관철하기 위하야 앞으로 더욱 분투노력하고저 하는 것뿐입니다. 이 결심은 이번에 처음하는 것이 아니라 40년 전에 인천감옥을 탈주한 사형수 김창수 시절부터 벌써 한 것입니다. 이만한 것을 평소부터 알아 주시는 동지 여러분께서는 저를 위하야 큰 걱정은 아니하시리라고 믿는 바이지만, 더구나 지금은 퇴원까지 하였사오니 크게 안심하실 줄 생각하나이다.…

이어 김구는 자신이 저격을 당하게 된 이유는 평소에 동포를 너무 믿는 습성 때문이었다고 설명하고, 그러나 그러한 태도는 앞으로도 바꾸지 않을 것이라고 다짐했다.

저는 일생에 충과 의를 지키기에 힘을 써 왔으며 또 성질이 소탈하므로 심중이 항상 담백하야 두려울 것이 없었습니다. 그러므로 내외국 동지들이 저의 일신의 보호를 위하야 염려할 때에는 언제나 일소에 붙이고 어디든지 단신으로 다니던 것입니다. 더구나 제가 40년 전에 인천서 탈옥한 사실은 거의 무인부지(無人不知)로되 왜놈만은 제가 상해로 나온 뒤에야 이 사실을 비로소 알게 되었으며, 또 연전에 제가 상해에 있을 때에는 왜영사관의 사주를 받아 가지고 저를 죽이려고 권총을 휴대하고 암암리에 저를 따라다니던 박모가 급기 저를 맞대해서는 도리어 사실을 고백하고 청죄를 한 일까지 있었던 고로, 우직한 저의 생각에는 단군 한배의 피를 가진 놈이면 왜적의 개질을 하는 놈이라도 나를 해하지 못하리라고 믿었습니다. 제가 이러한 자신을 너무 강하게 가졌던 까닭에 이번에 변을 당한 것이라고 비평할 사람이 없지도 아니할 듯하나, 그렇다고 해서 저는 과거의 신념을 착오라고 뉘우치지도 아니하며, 더구나 앞으로 그것을 고칠 생각은 추호도 없습니다.…

이러한 말에서 우리는 김구의 동포에 대한 신뢰를 확인할 수 있다. 그것은 물론 정치지도자로서의 자기과시이기도 했다.

김구는 마지막으로 앞으로의 통일운동의 방향에 대한 자신의 포부와 각오를 다짐하면서 재미동포들의 협력을 거듭 요망했다.

동지 여러분! 저는 최후에 다시 중복하야 말합니다. 저는 가신 동지를 위로하기 위하야, 광복대업을 완성하기 위하야, 먼저 원동의 3당 통일을 실현하기에 배전 노력하겠고, 이것을 완성한 뒤에는 첫째 광복진선의 통일, 둘째 해외 한인 전체의 통일, 셋째 한걸음 더 나가서 전 민족적 대동단결을 완성하기에 잔명을 바치려 하오니, 저를 애호하시고 이해하시는 동지 여러분께서도 각각 그 지방에서 먼저 통일을 완성하시고, 그다음에 전 민족적 대동단결을 실현하야 천재일시의 좋은 기회를 잘 이용할 수 있도록 힘쓰시기를 간절히 바라나이다.[64]

이 편지는 대한인국민회 중앙총회 상무부 총무 최진하(崔鎭河) 앞으

---

64) 「여러분 선생께」(1938.6.20.), 『대한민국임시정부자료집(42) 서한집 I』, pp.304~305.

로 발송된 것인데, 편지내용은 《신한민보》에 공개되었다. 《신한민보》는
사건의 경과를 설명하면서 이운환에 대해서 "만일 리모가 적의 주구로 이
런 일을 감행하였으면 이는 천참만륙[千斬萬戮: 수없이 동강내어 끔찍하게
죽임]하여도 그 죄를 용서할 수 없는 것이요, 만일 광복운동자로 주장이
서로 달라서 이런 불상사를 일으켰다 하더라도 광명정대한 정치적 우정
을 버리고 비열하고 음흉한 암살의 수단을 취하는 것은 혁명당의 기율상
결코 용서할 수 없는 것"이라고 비판했다.[65]

---

65) 《新韓民報》 1938년 7월 14일자, 「김구선생의 편지」.

3. 피란 끝에 맞은 어머니의 죽음

1

중일전쟁은 지구전으로 계속되었다. 일본은 중국 주재 독일대사 트라우트만(Osker P. Trautmann)을 통하여 추진한 화평공작이 실패하자 1938년1월16일에 "중국 국민정부를 상대로 하지 않는다"는 성명을 발표함으로써 조기 종전을 포기했고, 국민정부는 철저항전으로 대응하게 되었다. 일본은 1937년 말까지 16개 사단 50만 대군을 중국에 투입했으나, 워낙 넓은 대륙이었으므로 일본군의 점령구역은 천진(天津)과 북경(北京) 사이 및 양자강 하류의 3각 지대를 중심으로 한 철도 연변의 대도시를 잇는 '점과 선'에 한정되었고, 그나마 이 연결선은 중국군과 중공군[8로군]의 유격작전의 위협을 받았다. 중국군에 유인되어 1938년4월6일에 태아장(台兒莊)에서 대패한 일본군은 전면적인 침공을 재개하여 4월19일에는 서주(徐州)를 함락하고, 8월에는 한구(漢口) 공략작전을 감행했다.

장사에도 일본군 비행기의 공습이 심해졌다. 김구는 3당 간부들과 임시정부의 이동문제를 상의했다. 광동성(廣東省) 방면으로 이동하기로 했다. 그래야 재미동포들과의 연락망을 유지할 수 있을 것이었다. 그러나 장사에도 이미 피란민이 홍수처럼 밀려들어서, 100여명의 대가족과 산처럼 쌓인 짐을 가지고는 멀리는 고사하고 가까운 시골로 옮기기도 매우 힘든 형편이었다.

김구는 퇴원한 지 한달도 되지 않아 아직도 몸이 완쾌되지 않았지만 상황이 워낙 다급해져서 조금도 지체할 수 없었다. 김구는 절룩거리는 다리를 끌고 호남성 주석 장치중을 찾아갔다. 장치중은 광주(廣州)로 가는 기차 한칸을 무료로 이용하도록 주선해 주고, 광동성 주석 오철성(吳

鐵城)에게 친필로 소개장도 써 주었다.[66] 김구는 7월16일에 대가족 일행보다 하루 먼저 장사를 출발하여 광주로 갔다.

이동녕(李東寧)과 이시영(李始榮)을 비롯한 임시정부 인사들과 100여명의 대가족은 이튿날 새벽에 광주로 가는 기차를 탔다. 임시정부 대가족의 피란 모습은 가지각색이었다. 한국국민당 감사 양명진(楊明鎭: 楊宇朝)은 갓난아이를 광주리에 담아 가지고 기차에 올랐다. 가다가 갑자기 일본 비행기의 공습을 받기도 했다. 그럴 때면 기차는 멈추고 사람들은 숲 속으로 뛰어 들어가서 숨어야 했다. 숨을 죽이며 숨어 있다가 비행기가 사라지고 나면 다시 기차에 올랐다. 기차는 그렇게 가다가 서다가 하면서 달렸다. 기차가 도시를 지날 때에는 가족별로 배급받은 돈을 가지고 내려서 먹을 것을 사왔다.[67]

임시정부 대가족은 사흘 동안의 지루한 기차여행 끝에 7월20일 이른 아침에 광주의 남단 황사역에 도착했다. 역에 막 도착했을 때에 또 한번 일본기의 공습을 받았다. 중국군에 재직하고 있는 이준식(李俊植)과 채원개(蔡元凱)의 알선으로 동산백원(東山栢園)을 임시정부의 판공처로 정하고, 아세아여관을 정부와 의정원 및 3당 간부들과 그 가족들의 숙소로 정했다.[68]

임시정부 대가족이 무사히 광주에 도착하는 것을 보고 김구는 바로 홍콩으로 갔다. 남경을 떠나올 때에 안공근에게 시켰다가 실패했던 안중근의 부인을 데려오는 문제를 해결하기 위해서였다. 홍콩에 도착한 김구는 안공근, 안정근 형제를 비롯하여 비밀공작 임무를 띠고 상해로 가는 유서(柳絮)와 함께 안중근 부인 문제를 상의했다. 김구는 안중근 부인을 상해에서 데려와야 한다고 강경하게 주장했으나, 세 사람은 난색을 표했다. 김구는 세 사람을 크게 꾸짖었다. 그러나 이때는 이미 상해가 일본군

---

66) 『백범일지』, p.373.
67) 양우조·최선화 지음, 김현주 정리, 앞의 책, p.33.
68) 위의 책, p.34; 『백범일지』, p.373.

에 완전히 점령되어 안중근의 부인을 데려오기는 현실적으로 불가능했다.[69]

광주로 돌아온 김구는 미주의 대한인국민회 앞으로 임시정부의 이동 상황을 알리는 편지를 썼다. 김구는 임시정부와 대가족이 광주에 무사히 도착할 수 있도록 보살펴 준 장개석 총재와 장치중 주석에게 대한인국민회가 감사편지를 보내 줄 것을 부탁했다.

우리 임시정부는 장차 전쟁구역을 피해 나오기 위하야 국무기관과 및 난민 수백명을 모지로 옮겨갈 때에, 수십만 중국 난민이 일시에 몰려가는 가운데 기차표를 사 가졌어도 차를 탈 수가 없었으므로 구(九)가 병든 몸을 기동하야 호남성 정부 주석 장치중 장군을 가 보고 그 사정을 말하고 원조를 청하였더니, 장치중 장군이 그 환란 중에서도 자못 친절히 대접하야 객차 1열을 무료로 공급하고 또 특히 운수사령으로 하여금 은밀 보호케 하였으므로 임시정부 위원과 몇 난민 일행이 모두 무사히 옮겨 감을 얻었으니, 바라건대 귀 국민회로서 장개석 총재와 장치중 주석에게 글을 보내어 그 후의를 감사하여 주시오.[70]

중국국민당은 3월29일에 무한에서 열린 임시대표대회에서 총재제를 채택하고 장개석을 초대 총재로 선출했다. 김구의 편지를 받은 대한인국민회는 9월14일에 중앙상무위원회를 열고 김구의 요청대로 장개석과 장치중에게 "대한인국민회 중앙집행위원장 김호" 명의로 감사편지를 보내기로 했다. 장개석에게 보낸 감사편지는 다음과 같았다.

---

69) 『백범일지』, p.374.
70) 《新韓民報》 1938년9월29일자, 「장개석 총재와 장치중 주석에게 보낸 국민회 공문」.

최근 김구 동지의 내함을 받아본즉 말하기를, 한국 임시정부는 전쟁구역을 피해 나오기 위하야 국무기관과 및 난민 수백명을 가져 장사로부터 모지로 옮겨 갈 때에 다행히 귀국정부의 보호를 입어 유리전패의 괴로움을 면케 하였고, 또 작년에 남경으로부터 장사로 옮겨 갈 때에 또한 군대 가운데 호송하야 환란을 같이 한 것이 참 고마운 일이라 하얏더이다. 이같은 우대를 우리 방국유민으로 받으매 느낌이 지극하야 반드시 보답하기를 맹서하옵고, 이제 중앙집행위원회로부터 결의하기를 미국, 멕시코 및 쿠바에 있는 동지를 통솔하야 최후승리를 얻기까지 분투하기로 하얏사오며, 아울러 비나니 위좌[각하]는 중한(中韓) 민족의 자력갱생을 위하야 힘써 보중하소서.[71]

김구는 대한인국민회 앞으로 보낸 편지와는 별도로 로스앤젤레스에 있는 홍언(洪焉)에게도 임시정부가 무사히 광주에 도착한 상황을 알리는 편지를 보냈다. 김구는 이 편지에서 한국 독립운동단체의 통일문제와 남목청(楠木廳)사건에 대한 미주동포들의 소문과 평판이 어떤지 알고 싶다고도 적었다.[72] 김구는 그만큼 재미동포들의 자신에 대한 평판에 신경을 썼다. 김구의 편지와는 별도로 임시정부 재무부도 임시정부의 이동 사실을 알리고 미주동포들의 적극적인 지원을 요청하는 편지를 대한인 국민회 앞으로 보냈는데, 국민회 상무부는 9월15일에 750달러를 임시정부 재무부로 보냈다.[73]

광주에도 일본군의 공습이 심해졌다. 김구는 광주에 도착한 지 두달 만인 9월 하순에 대가족과 곽낙원 여사를 광주에서 서쪽으로 25킬로미터 떨어진 불산(佛山)으로 옮기고, 동산구(東山區)의 임시정부 판공처에

---

71) 위와 같음.
72) 「金九가 洪焉에게 보낸 1938년9월14일자 편지」, 『대한민국임시정부자료집(42) 서한집 I』, p.307.
73) 《新韓民報》 1938년9월22일자, 「임정에 송금」.

는 사무원들만 근무하게 했다.[74] 임시정부가 중국정부의 전시수도가 있는 중경(重慶)으로 가지 않고 남하하여 광동으로 온 것은 미주동포들과의 통신을 유지하고, 최악의 경우에 하와이로 가려고 했기 때문이었는데, 이제 중요 항구가 거의 일본군에게 점령되고 나머지 항구도 위험하여 통신마저 끊길 상황이었다. 중경으로 가는 수밖에 없었다.[75] 김구는 장개석에게 임시정부도 중경으로 데려가 줄 것을 요청하는 전보를 쳤고, 장개석도 중경으로 오라는 답전을 보냈다.[76] 김구는 9월30일에 조성환(曺成煥)과 나태섭을 대동하고 다시 장사로 가서 장치중 주석을 만나고 중경행의 편의를 부탁했다.[77] 장치중은 중경행 차표 석장과 귀주성(貴州省) 주석 오정창(吳鼎昌) 앞으로 소개편지를 써 주었다.[78]

광주를 떠난 지 열흘 만에 김구 일행은 귀주성의 귀양(貴陽)에 도착했다. 산중에 위치한 소도시 귀양은 돌이 많고 흙이 적은 척박한 고장이었다. 농가에서 흙을 져다가 바위 위에 깔고 씨를 뿌린 것을 보아도 흙이 얼마나 귀한지를 알 수 있었다. 귀양시를 드나드는 사람들은 극히 일부를 제외하고는 거의가 누덕누덕 기운 옷을 입었고 얼굴색도 굶주린 사람들처럼 누르스름했다. 그들은 귀주성을 비롯하여 중국 서남부 일대에 흩어져 사는 묘족(苗族)이었다. 김구는 묘족의 풍습에서 깊은 인상을 받았다.

한족보다 특히 묘족의 형색이 극히 궁핍하고 행동이 야만스러워 보였다. 중국말을 모르는 내가 언어로 한족과 묘족을 구별하기는 어려웠으나, 묘족 여자는 의복으로 구별하고 묘족 남자는 야만스런 눈빛으로 분별할 수 있었는데, 한족화한 묘족들도 많은 듯했다.

---

74) 『백범일지』, p.374; 정정화, 『녹두꽃』, p.121.
75) 《新韓民報》 1939년3월30일자, 「임시정부의 공문」.
76) 『백범일지』, p.374.
77) 「金九가 宋憲澍에게 보낸 1939년1월3일자 편지」, 『대한민국임시정부자료집(42) 서한집 I』, p.310.
78) 『백범일지』, pp.374~375.

묘족은 4,000여년 전 삼묘씨의 자손이니, 삼묘씨는 전생에 무슨 업보가 있기로 자손들이 누천년 역사상에 특출한 인물이 있다는 역사기록을 보지 못하였다. 그런 까닭에 나는 삼묘씨라는 것이 고대 명칭으로 잔존할 뿐 근대에는 없어진 줄 알았다. 그런데 이제 묘족도 수십 수백 종별로 변화하여 호남, 광동, 광서, 운남, 귀주, 사천, 서강 등에 널리 퍼져 있다. 근대에 한족화한 묘족 중 영걸이 있다는데, 풍문에 의하면 광서 백숭희(白崇禧) 장군과 운남 주석 용운(龍雲) 등이 묘족이라 한다. 그러나 묘족의 선조를 알지 못하는 나로서는 풍문의 옳고 그름을 말할 수 없다.[79]

김구는 귀양에 여드레 동안 머물렀다. 중경에 도착한 것은 광주를 떠난 지 26일째 되는 10월26일이었다.[80]

2

임시정부 가족들이 불산으로 옮길 때는 그곳에서 오래 머물 수 있을 것으로 예상했었는데, 10월 중순이 되자 일본군이 불산 근처까지 진격해 왔다는 소문이 퍼지면서 빠져나가는 시민들로 시내는 온통 야단법석이었다. 불산이 위험해지자 임시정부는 광서성 당국과 임시정부 이동문제를 상의했다. 광서성 당국이 광서성의 수부인 계림(桂林)이나 유주(柳州) 가운데 한곳을 택하라고 해서 유주를 택했다. 중경과의 거리가 유주가 계림보다 더 가까웠기 때문이다.[81] 광주는 10월21일에 일본군에 함락되고, 이어 10월27일에는 무한이 함락되었다. 광주가 함락되었다는 소식을 듣고 김구는 대가족의 안부가 몹시 궁금했다.

79) 『백범일지』, p.375.
80) 「金九가 宋憲澍에게 보낸 1939년1월3일자 편지」, 『대한민국임시정부자료집(42) 서한집 I』, p.310.
81) 趙擎韓, 앞의 책, p.273.

임시정부 대가족은 오철성의 호의로 삼수(三水)까지 가는 기차 한칸을 배정받았다. 대가족 일행은 짐을 줄일 대로 줄여서 불산역으로 집결했다. 기차역은 파란민들로 붐볐다. 위수사령부의 허가서가 도착하지 않아 출발하지 못하고 있던 대가족 일행은 저녁 늦게야 엄항섭이 허가서를 받아 가지고 와서 가까스로 기차에 올랐다. 멀리서 일본군의 기관총 소리가 들리기 시작했다.[82]

대가족 일행을 태운 기차는 광주가 일본군에 함락되기 하루 전인 10월20일 새벽 4시30분에 불산역을 출발했다.[83] 이때에 미처 탈출하지 못한 동포 청년 수십명은 광주가 함락되던 날 대포가 터지는 것을 무릅쓰고 탈출했다.[84] 임시정부는 대가족 일행이 피란하던 이야기를 미주동포들에게 보낸 편지에 실감나게 기록했다.

수십만 피란민이 저마다 살려고 쓸려 밀려 나오는 속에서 겨우 화차 한량을 얻어 타고 오는 우리 일행은 사람은 200여명이요 짐짝은 400여건이다. 잠자리같이 날아오는 왜적 비행기 아래로 가는 화차는 기적소리도 내지 못하고 할 수 있는 대로 빨리 달아나는데, 월한선 중간에 와서는 왜적 비행기가 우리가 타고 가는 화차를 향하여 폭발탄을 떨어뜨렸다. 꽝 하는 소리가 진동할 때에는 사람이 죽는다는 것보다 30년간 환란 중에 끌고 다니던 임시정부의 기록 존안이 다 없어질 것을 위하여 정신이 아득하였다. 차는 그대로 가고 몸은 그대로 앉았기에 비로소 죽음을 면한 줄 알았다. 나중에 들으니 우리가 타고 가는 화차 전면 2리쯤 되는 곳에 멈추어 있던 화차와 또 후방 2리가량에 있던 교량을 깨뜨렸다고 한다.

목적지에 이르고 보니 그 화려한 도시가 거의 타서 밭이 되었고,

---

82) 정정화, 앞의 책, pp.121~122.
83) 양우조·최선화 지음, 김현주 정리, 앞의 책, p.42.
84) 《新韓民報》 1939년3월30일자, 「임시정부의 공문」.

무수한 인민의 사상은 너무 참혹하여 차마 볼 수 없고 또 차마 말할 수도 없는 것이다. 시체 하나를 찾아 맞추다가 머리와 발과 손을 찾지 못함과 고기 한점도 남지 아니하여 형적이 없는 주검도 있다고 한다. 이 모든 것이 왜적 비행기의 인도 유린의 참상이다. 이 편지를 쓰는 때에도 왜적 비행기의 그 흉악한 소리를 듣고 앉았으매 아무리 진정한 대도 붓끝이 절로 떨리는 것을 참을 수 없는 것이다. 우선 따라 다니는 노약이나 향촌으로 보내어 안돈을 시킨 후에 우리들은 전선에 있어 이왕 해 오던 일을 계속할 뿐이다.…[85]

삼수는 광주와 연결되는 광삼철도의 서쪽 종착역이었다. 삼수에서 유주까지 가기 위해서는 중국의 4대 강의 하나인 주강(珠江)을 따라 배로 거슬러 올라가야 했다. 중국정부 당국과 교섭하여 중국 제4로군 운수사령부의 삼수지부에서 대가족 일행의 모든 짐을 운반해 주기로 하고, 삼수현 정부에서는 큰 목선 한척을 내어 주었다. 그 목선은 100여명의 식구가 한꺼번에 타고 잠을 잘 수 있을 정도로 넓었다. 배 안에는 부엌과 변소 등의 시설도 갖추어져 있고, 강물을 퍼올려 간단히 몸을 씻을 수 있는 목욕실도 있었다.[86]

대가족 일행은 주강을 따라 동북쪽으로 사나흘쯤 가다가 광서성 초입인 오주(梧洲)에 도착하여 이틀 동안 정박했다. 광주에서 직접 떠난 일행과 합류하기 위해서였다. 오주에서부터는 물살이 세어서 목선 자체로는 강을 거슬러 오르기가 힘들기 때문에 기선이 끌고 가야 했다. 일행은 기선 한척을 구해서 목선을 끌게 했다. 그런데 계평(桂平)에 도착했을 때에 목선을 끌던 기선이 도망쳐 버렸다. 선금을 다 주고 윤선을 빌린 것이 화근이었다. 새로 기선을 구하는 데 며칠이 걸렸다. 계평에서부터는 용강

85) 《新韓民報》 1939년10월13일자, 「임정과 피난동포 이전의 상황」.
86) 양우조·최선화 지음, 김현주 정리, 앞의 책, p.43; 정정화, 앞의 책, pp.122~123.

(龍江)으로 접어들었는데, 용강은 주강보다 물살이 더욱 빨라서 기선도 더는 목선을 끌 수 없었다. 할 수 없이 청년들이 배에서 내려 밧줄을 배에 묶고 강변을 따라 목선을 끌고 올라갔다.[87] 이렇게 하여 임시정부 대가족 일행은 삼수를 떠난 지 꼬박 40일을 배 위에서 보내고 나서 11월30일에 유주에 도착했다.[88]

김구는 임시정부 대가족 일행이 유주에 도착했다는 전보를 받고서야 마음이 놓였다. 이제 유주에 도착한 대가족 일행을 다시 중경으로 데려오는 일만 남았다. 그러나 중경에서는 대가족이 집단적으로 거주할 집도 구하기 어려운데다가 일본군의 폭격도 위험했다. 그리하여 우선 중경에서 30리쯤 떨어져 있는 기강(綦江)으로 대가족과 짐을 임시로 옮기기로 했다.

유주에서 중경까지의 길은 광주에서 유주까지 오기보다 훨씬 어려웠다. 광주에서 유주까지는 40일 넘게 걸리기는 했으나 수로로 이동했기 때문에 수월했다. 그러나 유주에서 사천성까지는 수로와 철길이 통하지 않아서 자동차로 이동해야 했다. 자동차가 부족했을 뿐만 아니라 피란민들이 밀려들어 당일 차표를 사도 서너 달 뒤에나 탈 수 있는 형편이었다. 게다가 한 사람당 차비와 숙박비가 100원이나 되어 대가족 전체가 이동하기 위해서는 만원 돈이 필요했다.

김구가 무엇보다도 걱정한 것은 여든이 넘은 곽낙원 여사의 건강이었다. 고령의 노모가 험한 산길을 일주일 이상 자동차를 타고 이동한다는 것은 참으로 난감한 일이었다. 임시정부 대가족 가운데 일흔살 이상 된 사람이 여섯 사람이나 있어서 비행기로 모셔올 생각도 해보았으나, 한 사람당 비행기 운임이 250원이나 했으므로 그것 또한 엄두도 못낼 일이었다.[89]

---

87) 정정화, 위의 책, pp.123~125.
88) 「臨時議政院會議 제31회」(1939.10.~12.), 『대한민국임시정부자료집(2) 임시의정원 I』, pp. 302~303.
89) 「金九가 宋鐘翊에게 보낸 1939년1월4일자 편지」, 『대한민국임시정부자료집(42) 서한집 I』, p.310; 《新韓民報》 1939년3월30일자, 「임시정부의 공문」.

중국정부의 차량지원을 얻는 것도 쉬운 일이 아니었다. 중국정부도 차량이 부족하여 곤란을 겪고 있었다. 군수품을 운반하는 데 1,000량의 차량이 부족한 형편인데 100량밖에 없었다. 이렇듯 어려운 상황 속에서도 김구는 대가족 일행을 중경으로 옮기기 위해 국민정부의 교통부와 중국국민당 중앙당부와 교섭을 벌였다. 여러 차례 교섭한 끝에 자동차 여섯대를 구하고 이사비용도 마련하여 유주로 내려 보내고, 기강에는 조성환을 보내어 대가족이 거처할 집과 가구 등을 준비하게 했다.[90]

김구는 임시정부와 대가족 일행을 중경으로 옮기기 위하여 미주동포들에게 긴급 재정지원을 요청했다. 김구의 편지를 받은 대한인국민회는 1939년1월5일에 김구에게 500달러를 송금했다.[91]

조선민족전선연맹 인사들이 모여 살던 손가화원(孫家花園). 이곳 김홍서의 자청에 따라 곽낙원 여사도 김홍서의 집에 머물렀다.

---

90) 『백범일지』, p.376.
91) 《新韓民報》 1939년1월12일자, 「재차 이전한 임정소식」.

이때에 김구는 동포들의 답장을 받아 보기 위해 날마다 우체국으로 갔다. 그러던 어느 날 유주에 있던 장남 인(仁)이 갑자기 나타났다.

"유주에서 할머님이 병이 나셨는데, 빨리 중경에 가시겠다고 말씀하셔서 신이와 제가 모시고 왔습니다."

김구는 아들을 따라 급히 곽낙원 여사가 있는 곳으로 갔다. 중경에 도착한 뒤에 김구는 저기문(儲奇門) 거리의 홍빈(鴻賓)여관에 묵고 있었는데,[92] 곽낙원 여사는 김구가 묵는 여관 바로 맞은편에 와 있었다. 김구는 어머니를 홍빈여관으로 모시고 와서 하룻밤을 같이 지냈다. 다음날 김홍서(金弘敍)가 찾아와서 곽낙원 여사를 자기가 모시겠다고 자청하여 강남의 아궁보 손가화원(孫家花園)에 있는 그의 집으로 옮겼다. 곽낙원 여사의 병은 광서지방의 풍토병인 인후증이었다. 병원에서는 나이가 많지 않으면 수술을 할 수 있고 병이 초기이기만 해도 치료할 방법이 있겠지만, 그녀는 여든살의 고령이고 치료할 시기도 놓쳐서 어떻게 할 도리가 없다고 했다.

이 무렵에 상해에 있을 때부터 김구를 따르던 유진동(劉振東) 부부가 중경에 왔다. 상해 동제대학(東濟大學)을 졸업한 유진동은 고령(牯嶺)에서 폐병요양원을 운영하고 있었는데, 그곳이 일본군에 점령될 것을 간파하고 중경으로 온 것이었다. 유진동 부부는 모친을 잘 모시지 못하는 김구의 딱한 처지를 알고 곽낙원 여사를 자기네가 돌보겠다면서 김구더러는 마음놓고 독립사업에만 전념하라고 했다. 그러나 유진동 부부가 도착했을 때에는 곽낙원 여사의 병세는 회복할 수 없을 만큼 악화된 뒤였다.[93] 그녀는 병이 깊어지자 자신도 마지막이라고 각오하고 김구에게 말했다.

"어서 독립이 성공되도록 노력하고, 성공하여 귀국할 때에 나의 유골

---

92) 「金九가 朱家驊에게 보낸 1940년1월2일자 편지」, 『白凡金九全集(7)』, 1999, p.34.
93) 『백범일지』, pp.376~377.

곽낙원 여사의 초라한 장례식 모습. 왼쪽이 김신과 김인, 오른쪽은 김구와 김홍서와 김현구.

과 인이 어미 유골도 가지고 돌아가서 고향에 묻어라."

그녀는 대가족 일행이 기강에 미처 다 도착하기 전인 4월26일 오전 10시50분에 통한에 찬 긴 생애를 마쳤다.[94] 김구는 어머니의 죽음을 다음과 같이 담담하게 적었다.

> 어머님은 50여년 고생하다가 자유 독립되는 것도 보지 못하고 극히 원통하게 돌아가셨다. 대한민국 21년(1939)4월26일 손가화원 안에서 영영 다시 돌아올 수 없는 길을 가셨다. 그곳에서 5리가량 되는 화상산(和尙山) 공동묘지에 석실을 만들어 어머님을 모셨다. 모친은 살아 생전에도 대가족 중 최고령인 관계로 존장(尊丈) 대접을 받으시더니, 돌아가신 뒤에도 매장지 부근에 현정경(玄正卿), 한일래(韓一來) 등 수십명의 한인 연하자들의 '지하회장(地下會長)'인 듯싶다.[95]

---

94)《新韓民報》1939년5월26일자, 「김구 선생 자친의 서세」.
95) 『백범일지』, p.379.

중국 교통부에서 제공한 차량 여섯대에 나누어 탄 임시정부 대가족 120여명은 1939년 4월 6일에서 22일 사이에 유주를 출발하여 5월 3일까지 모두 기강에 도착했다.[96] 이들은 조성환이 얻어 놓은 시내에서 조금 떨어진 큰 집에 들었다. 그리고 시내와 가까운 강가에 따로 방 몇개를 얻어서 임시정부 청사와 혼자 사는 국무위원들의 숙소로 정했다. 이렇게 하여 임시정부는 강소성을 출발하여 안휘성, 강서성, 호남성, 광동성, 광서성, 귀주성을 거쳐 사천성 기강에 이르는 장장 5,000킬로미터의 피란길을 끝냈다. 그것은 중국공산당이 1934년에 국민정부군에 쫓기어 강서성 서금(瑞金)에서 섬서성 연안까지 이동한 1만2,000킬로미터의 "장정"에 견줄 만한 대이동이었다. 그리하여 임시정부 대가족 사이에서는 중국 대륙을 떠돈 피란길을 "만리장정"이라고 부르기도 했다.[97]

96) 「臨時議政院會議 제31회」(1939.10.~12.), 『대한민국임시정부자료집(2) 임시의정원 I』, p.303.
97) 정정화, 앞의 책, p.130.

4. 김원봉과 「동지동포에게 보내는 공개신」 발표

1

중경에 도착한 김구는 임시정부 대가족을 중경으로 옮기는 일에 분주한 한편으로 독립운동단체들의 통합운동을 다시 추진했다. 이때의 김구의 주장은 주의가 같은 단체끼리는 "통합"하고, 주의가 다른 단체와는 "연합"하자는 것이었다.[98] 공산주의자들의 주장을 불신하여 그들과의 합작이나 통일전선을 거부해 온 김구가 연합운동에 발 벗고 나선 데에는 여러 가지 이유가 있었다. 첫째는 무엇보다도 중일전쟁에 따른 한국 독립운동자들의 역량통합의 필요성을 절감했기 때문이었다. 이때의 김구의 독립운동단체들에 대한 상황인식은 다음과 같았다.

우리 독립운동이 일어난 이래 각 단체가 우후죽순같이 생겼다가 거의 다 없어지고 내외지에 아직도, 무력 유력은 별문제이고, 사회주의 방면에 한인공산당이 연해주 지경과 중국 관내외에 30여개가 병립하여 암투하고, 민족운동단체는 국내는 헤아리지 않고 중국 관내외와 미주와 하와이를 합하면 근 20개가 되어 각립문호(各立門戶)하여 가지고 명쟁암투(明爭暗鬪) 중에, 동족애의 말살과 세인의 멸시 모두가 원치 않는 선물만 차지하게 되고, 어느 단체나 보암직한 단체는 한 개가 없으니 10년 염불에 도로아미타불 격인데, 객관적 주관적 모두가 우리로 하여금 개현역철[改絃易轍: 거문고 줄을 갈고 수레의 길을 바꿈]을 않고서는 멸망도 우리로의 자멸도 못되고 일본이 멸망하는 바람에 피멸(被滅)의 지위밖에 튼튼히 내것 될 것 좀도 보이지 않습니

---

98) 「金九가 宋憲澍에게 보낸 1939년1월3일자 편지」, 『대한민국임시정부자료집(42) 서한집 I』, p.310; 「金九가 宋鍾翊에게 보낸 1939년1월3일자 편지」, 위의 책, pp.311~312.

다.…99)

　어찌하든지 현하 상태는 그대로 가지고 더 나가면 내적 외적으로
일호의 여망이 없는데, 어찌하여 내적으로는 피차에 면상에 '망국노'
석자를 낙인하였으니, 누가 더 낫고 더 못함을 언급할 것은 없으나,
지척에서 보는 중국인, 왜인을 무슨 면목으로 대하리까.…100)

　이러한 통절한 상황인식은 임시정부의 실질적인 지도자로서의 자괴
심과 책임감의 토로였다.

　게다가 김구가 통합운동을 더욱 적극적으로 추진하게 된 것은 한국
독립운동자들의 통합된 역량을 대일항전에 이용하고자 한 중국정부의
강력한 요청 때문이기도 했다. 조선혁명당의 간부였던 김학규(金學奎)는
이때에 김구의 주동으로 추진된 통일운동은 "중국정부의 발동"에 의한
것이었다고 회고했다.101) 일본경찰의 정보보고는 김구가 김원봉과 함께
독립운동단체들의 통합운동을 적극적으로 벌인 것은 장개석의 직접적인
권고가 있었기 때문이라고 기술했다. 김구가 중경에 도착하고 한달 뒤인
1938년11월 말에 장개석이 김구를 만나서 김원봉과의 대동단결을 종용
하고, 1939년1월에는 계림에 있는 김원봉에게 전보를 쳐서 중경으로 오
게 했다는 것이다. 김원봉은 1월6일에 중경으로 와서 중국 군사위원회 정
치부장 진성(陳誠)으로부터 장개석의 뜻을 통고받았다고 한다.102)

　그뿐만 아니라 남목청사건 뒤에 진과부의 태도변화도 김구로 하여
금 통합운동에 열성을 쏟게 하는 자극제가 되었던 것 같다. 중국국민당
의 실권자로서 김구를 지원하던 진과부는 남목청사건이 한국 독립운동

---

99)「金九가 宋憲澍에게 보낸 1939년1월3일자 편지」, 같은 책, p.310.
100)「金九가 宋鍾翊에게 보낸 1939년1월4일자 편지」, 같은 책, p.312.
101) 金學奎,「白波自敍傳」,《한국독립운동사연구》제2집, p.597.
102) 內務省警報局保安課,《特高月報》1939년2월호, p.120.

자들 사이의 내분에서 발생한 사실에 대해 크게 실망하고, 임시정부에 대한 업무를 군사위원회로 이관시키기로 했다. 그리하여 자신을 보좌하여 실무를 담당해 온 소쟁(蕭錚)에게도 임시정부 지원업무에서 손을 떼도록 지시하고, 그 사실을 장개석에게도 보고했다. 그러나 장개석은 여러 가지 점을 고려하여 임시정부 지원업무를 군사위원회로 이관시키지 말고 중앙 당부 비서처로 이관시키게 했다. 김구는 진과부에게 임시정부 지원업무를 계속해 줄 것을 간곡히 부탁했으나,[103] 진과부는 단호했다. 김구는 장개석에게까지 진과부가 계속해서 임시정부 지원업무를 맡게 해 달라는 편지를 보냈다.[104]

김구가 공산주의자라고 꺼려하던 민족혁명당의 중심인물 김원봉과의 합작을 적극적으로 추진한 것은 이러한 상황에서였다. 조선혁명당과 한국독립당의 간부들이 탈퇴함으로써 민족혁명당의 세력이 급격히 약화되고, 떨어져 나온 두 그룹과 김구가 광복진선을 결성하자, 김원봉은 무정부주의 단체인 유자명 등의 조선혁명자연맹과 연대하여 1937년12월에 남경에서 조선민족전선연맹(약칭 민족전선)을 창설했다. 그리고 1938년 9월에는 민족혁명당을 탈당했던 최창익(崔昌益) 등이 조직한 조선청년 전위동맹도 민족전선에 참가했다. 민족전선은 1938년4월10일에 발표한 「창립선언」에서 연맹의 성격을 "계급전선"이나 "인민전선"이 아닌 "민족 전선"이라고 천명하고, 그것은 또한 프랑스와 스페인 등의 국민전선과도 엄격히 구별되는 것이라고 천명했다.[105] 민족전선은 같은 날 7개항의 「기본강령」과 20개항의 「투쟁강령」을 발표했는데, 「투쟁강령」에서 주목되는 것은 "국외 각지의 민족무장부대를 연합하여 통일된 민족혁명군대를 조직하여 민족해방전쟁을 실행한다"(제13항)라고 하여 무장부대의 조

---

103) 蕭錚, 「中國國民黨과 金九」, 『韓國獨立運動史資料集』, pp.156~157.
104) 「金九가 蔣介石에게 보낸 1940년의 편지」, 『白凡金九全集(7)』, pp.47~48.
105) 「朝鮮民族戰線聯盟創立宣言」(1938.4.10.), 秋憲樹 編, 『資料 韓國獨立運動(2)』, p.254.

직을 천명한 것이었다.[106] 그리하여 1938년10월10일에 한구에서 조선의 용대(朝鮮義勇隊)가 창설되었는데, 그것은 중국 관내에서 조직된 최초의 한인 무장부대였다.

조선의용대는 이 무렵 중국에서 활동하던 일본인 반전주의자 아오야마 카즈오(靑山和夫)가 국민정부에 제안한 국제의용군 편성계획과도 관련이 있었다. 아오야마는 국제의용군 계획을 제기하면서 중국에 있는 우수한 한인 70명가량으로 의용대를 편성하여 무한에 배치시킬 것을 건의했고, 국민정부는 아오야마의 제안을 받아들여 무한에 있는 조선인 독립운동자들의 상황을 자세히 조사한 뒤에 민족전선 소속 청년 100여명으로 의용대를 조직했다.[107] 조선의용대는 중국정부로부터 활동비를 지급받았다.[108]

조선의용대는 김원봉을 총대장으로 하는 총대부와 2개 구대(區隊)로 편성되었는데, 제1구대는 전원을 민족혁명당 당원들로, 제2구대는 조선청년전위동맹원들과 다른 단체 소속원들로 구성되었다. 100여명으로 발족한 조선의용대는 대원수가 점차 늘어나서 1939년 말에는 제3구대를 새로 편성했고, 1940년 2월에는 창설 당시보다 3배로 늘어난 314명이 되었다.[109] 창립 초기에 조선의용대는 중국 각 전쟁구역에 배치되어 반전선전, 전투, 정보수집, 포로신문 및 적후공작 등의 활동을 벌였다.[110]

조선의용대의 활동은 중일전쟁 발발 이후에 군사위원회를 설치하고 무장부대 조직을 시도했음에도 불구하고 이렇다 할 성과를 보지 못하고 있는 임시정부에 큰 자극이 되었다. 임시정부는 이동을 거듭함에 따라 군

---

106) 「朝鮮民族戰線鬪爭綱領」(1938.4.10.), 위의 책, pp.256~257.
107) 張世胤, 「조선의용대의 조직편성과 구성원」, 《한국근현대사연구》 제11집, 한울, 1999, pp.40~41; 김영범, 「조선의용대의 청설과 한중연대」, 《한국근현대사연구》 제11집, pp.150~165 참조.
108) 「一九四○年の在支不逞朝鮮人の不穩策動狀況」, 金正明 編, 『朝鮮獨立運動 民族主義運動篇 II』, p.679.
109) 위의 책, pp.685~688.
110) 金榮範, 「朝鮮義勇隊研究」, 《한국독립운동사연구》 제2집, 독립기념관 한국독립운동사연구소, 1988, pp.469~514 참조.

사계획에 쓰일 예산도 임시정부 대가족의 이동경비로 사용되고 말아 아무런 성과를 거두지 못했던 것이다.[111] 그러므로 김구가 김원봉과 합작을 통하여 조선의용대를 임시정부 휘하의 군대로 흡수하고자 했을 것은 짐작하기에 어렵지 않다.

임시정부가 일본군과 직접 싸우지 못하는 것을 유감스럽게 생각한 일부 열혈청년들이 조선의용대에 합류하는 일까지 생기자 임시정부는 초조하지 않을 수 없었다.[112] 이러한 상황에서 1939년2월에 광복진선의 주도로 유주에서 한국광복진선청년공작대가 조직되었다. 고운기(高雲起)를 대장으로 하고 광복진선 산하 3당의 청년 30여명으로 조직된 청년공작대는 군사조직이라기보다는 선전공작대의 성격이 더 강했다. 그러나 청년공작대는 특별한 활동을 하지 못한 채 그해 11월에 해산되었다. 대장 고운기 등 일부 대원들은 7월30일에 조성환을 단장으로 하여 조직된 임시정부의 군사특파단에 참여하고, 또 일부 대원들은 11월에 중경에서 조직된 한국청년전지공작대(韓國靑年戰地工作隊)에 참가하면서 자연스럽게 해산된 것이었다.[113]

전지공작대는 1930년대 초에 무정부주의 단체인 남화한인청년연맹(南華韓人靑年聯盟)에서 활동하던 나월환(羅月煥)을 대장으로 하여 무정부주의 계열의 청년들과 광복진선청년공작대 대원이었던 청년 30여명으로 조직되었다. 전지공작대에는 나월환을 비롯하여 중국 군관학교 졸업자가 12명이나 되고, 대부분의 간부들이 중국 군사기관에 복무했거나 일본과 상해 등지에 유학한 상당한 학력을 가진 청년들이라는 점에서 결성 초기부터 내외의 관심을 모았다.[114] 전지공작대는 한국국민당의 원로 간부들과 의견이 맞지 않아서 임시정부나 한국국민당의 간섭을 받지 않

111) 「臨時議政院會議 제31회」(1939.10.~12.), 『대한민국임시정부자료집(2) 임시의정원 I』, p.305.
112) 정정화, 앞의 책, pp.120~121.
113) 韓詩俊, 『韓國光復軍研究』, 一潮閣, 1993, pp.64~68.
114) 독립운동사편찬위원회, 「한국독립운동사(6) 독립군전투사(하)」, 독립유공자사업기금운용위원회, 1975, p.164.

고 독자적으로 조직되었으나,[115] 김구는 전지공작대의 결성과정을 알고 이를 승인했던 것으로 판단된다. 박영준(朴英俊)의 말로는, 김구의 장남 김인(金仁)과 이하유(李何有)가 김구를 찾아가서 상해에서 공작하던 사람들을 중심으로 전지공작대를 조직하여 전방으로 나가겠다고 설득하여 김구의 승인을 받았다고 한다.[116] 두 사람은 청년공작대원들이었다.

전지공작대는 결성되자마자 서안으로 이동하여 중국군 제34집단군 호종남(胡宗南)부대의 지원으로 3개월 동안 특수훈련을 받고 중국군인 신분으로 정보수집과 선전, 한인사병의 초모활동을 벌여,[117] 50여명의 청년들을 모집했다.[118] 이렇게 하여 독자적으로 활동하던 전지공작대는 한국광복군이 설치되자 1942년1월에 광복군 제5지대로 편입되었다.

2

김구는 정당통합문제를 논의하기 위해 민족전선 인사들이 집단으로 거주하는 남안의 아궁보 손가화원을 찾아갔다. 1938년10월25일에 무한이 함락되자 김원봉은 민족전선 간부들과 그 가족들을 손가화원으로 옮기고 자신은 조선의용군 본대를 이끌고 계림으로 이동하여 그곳에 의용대 본부를 두고 중경을 오가고 있었는데,[119] 김구가 찾아갔을 때에도 김원봉은 손가화원에 없었다.

김두봉(金枓奉), 김성숙(金星淑), 윤기섭(尹琦燮), 성주식(成周寔), 김홍서, 박건웅(朴建雄), 윤세주(尹世冑) 등 민족전선 간부들은 김구를 반

---

115) 「汪榮生이 朱家驊에게 보낸 1940년7월31일자 편지」, 『한국독립운동사 자료(26) 臨政篇 XI』, 國史編纂委員會, 1994, p.39.
116) 朴英俊 증언, 韓詩俊, 앞의 책, p.70.
117) 韓詩俊, 위의 책, p.71; 李在賢博士 증언, 李炫熙 對談, 韓國精神文化研究院 編, 『韓國獨立運動證言資料集』, 韓國精神文化研究院, 1986, pp.286~287.
118) 『한국독립운동사(6) 독립군전투사(하)』, p.229.
119) 유자명, 『유자명 수기: 한 혁명자의 회억록』, p.225, p.233; 「一九四〇年の在支不逞朝鮮人の不穩策動狀況」, 金正明 編, 『朝鮮獨立運動 民族主義運動篇 II』, pp.678~679.

갑게 맞이하면서 환영회를 열었다. 이 자리에서 김구는 지금은 주의를 논의할 때가 아니며, 민족적으로 조국을 광복한 뒤에 각각의 주의대로 당적 결합을 하기로 하고, 지금은 단일적으로 각 단체를 합동 통일하는 것이 필요하다고 역설했다. 대다수의 참석자들은 김구의 의견에 찬성했다.

광복진선 3당의 주요 간부들은 이때까지도 유주에 있었다. 그리하여 김구는 그들에게 지지를 요청하는 편지를 보내는 한편, 임시정부를 경제적으로 지원하던 재미동포들에게도 지지를 호소하는 편지를 보냈다. 그러나 김구의 편지를 받은 한국국민당 간부들은 중경에 가서 토론하여 결정하자는 유보적인 회답을 보냈다. 김원봉과의 통합을 선뜻 수긍할 수 없었던 것이다. 미주와 하와이의 동포들의 회답은 더욱 부정적이었다. "통일은 찬성하나 김약산(김원봉)은 공산주의자요. 선생이 공산당과 합작하여 통일하는 날, 우리 미국 교포와는 인연이 끊어지는 줄 알고 통일운동을 하시오"라는 것이었다.[120] 재미동포들의 입장이 어떤 것이었는지는 대한인국민회의 다음과 같은 성명이 여실히 말해 준다.

우리 국민회는 본디 민족주의 목표하에 있고 또 체류국의 정치 법률과 및 질서를 존중하는 입장상 공산주의자나 무정부주의자와 조직을 같이할 수 없는 것이다. 만일 그들이 30년 이래 고통을 느끼던 분열을 뉘우쳐 깨닫고 능히 통일 합작한다면 우리는 민족적 공의상 응당 경의를 표하겠고, 또 그들을 원조하는 도리는 이왕과 같이 임시정부를 후원하야 우리의 원조가 간접으로 그들에게 미치게 하는 것뿐이다.[121]

김구는 재미동포들의 이러한 경고에도 불구하고 자신의 뜻을 굽히지

---

120) 『백범일지』, p.378.
121) 《新韓民報》 1939년7월6일자, 「원동한인 각 당파의 통일운동」.

않았다. 1939년3월에 김원봉이 중경에 도착하고,[122] 뒤이어 4월에 광복진선 세 정당의 주요 간부들이 중경에 도착하자 통일논의는 활기를 띠었다.[123] 김구는 조완구, 엄항섭 등 한국국민당 주요 간부들과 통일문제를 논의했다. 그들은 김구의 단일당 조직을 반대했다. 그들뿐만 아니라 한국국민당의 다른 당원들과 조선혁명당과 한국독립당도 단일당 결성을 반대했다. 그 이유는 주의가 다른 단체와 단일당을 조직하는 것은 불가능하다는 것이었다.[124] 그들은 통합단일당보다는 연합체 구성을 주장했다.

그러나 김구는 그들을 설득했다. 각 단체가 자기 본체를 그대로 두고 연합체를 만든다면 통일기구 안에서 각기 자기 단체의 발전을 도모할 것이므로 도리어 마찰이 더 심할 것이고, 또 이전에는 사회주의자들이 민족운동을 반대하였으나 지금은 그들이 사회운동은 독립이 완성된 뒤에 본국에 가서 하고 당면해서는 순전히 민족적으로 국권의 완전회복에만 전력하자고 주장하고 있으므로 단일조직을 만들 수 있을 것이라는 논리였다. 그러나 한국국민당 간부들은 이렇게 말했다.

"이사장 의견이 그러면 기강에 같이 가셔서 우리 국민당 전체 당원들과 두 우당 당원들의 의사를 일치되도록 노력해야 합니다. 그렇지 않으면 성공하기 어려울 것입니다. 유주에서는 국민당은 물론이고 조선혁명당과 한국독립당 당원들까지도 연합론이 강합니다."[125]

이 무렵 김구는 어머니 장례를 치르느라 건강이 나빠져서 쉬고 있었다. 통합작업이 쉽게 진척되지 않자 김구 자신이 기강으로 가서 반대자들을 설득하기로 했다. 그러나 설득은 쉽지 않았다. 자기가 이끄는 한국국민당 간부들과 당원들을 설득하는 데도 여드레 동안이나 회의를 열어야 했다. 다시 한국독립당과 조선혁명당 간부들을 만나서는 근 한달 만에

---

122) 유자명, 앞의 책, p.233.
123) 中央研究院近代史研究所 編, 「綦江韓國七黨統一會議經過報告書」, 『國民政府與韓國獨立運動史料』, 中央研究院近代史研究所, 1988, p.18.
124) 『백범일지』, p.379; 趙擎韓, 앞의 책, pp.281~282.
125) 『백범일지』, pp.379~380.

야 가까스로 동의를 얻을 수 있었다.[126] 피란생활 속에서도 독립운동자들의 이데올로기에 대한 집착이 얼마나 완강했는지를 짐작하게 한다.

이 무렵 김구는 한때 소원해져 있던 박찬익(朴贊翊)과 함께 기거하면서 기강을 왕래했다. 김원봉도 아궁보의 손가화원으로 가지 않고 김구가 묵고 있는 홍빈여관에 따로 방을 잡고 기거했다. 그러면서 김구와 김원봉은 통일문제에 대하여 수시로 협의했다.[127] 그 결과 두 사람은 1939년5월10일에 기강에서 공동명의로 장문의「동지 동포에게 보내는 공개신(公開信)」을 발표했다.

「공개신」은 두 사람이 연명 선언을 발표하게 된 동기를 다음과 같이 천명했다.

최근 우리 양인은 각지의 동포들로부터 우리 양인의 호상관계 및 단결여하와 현 단계 조선혁명의 정치 주장 및 목전 해외운동 통일문제에 관한 의견에 대하야 질문의 서신을 많이 접수하였다. 이에 우리 양인은 이 공개신으로서 이를 답복하려 한다.

「공개신」은 먼저 과거의 독립운동의 실패 원인을 심각하게 반성했다.

우리 양인은 3·1운동 이후 해외에서 일본제국주의를 향하야 계속 분투하여 왔다. 그러나 과거에는 한개의 강적에 대한 투쟁을 통일적으로 강유력하게 진행하지 못하였다. 이것은 군중을 떠난 우리 양인의 특수환경의 영향도 없지 않았으나, 주로 우리가 민족적 경각성이 부족하였던 것이며 민족혁명의 전략적 임무를 정확히 파악 실천하지는 못하였던 것이다.

---

126)『백범일지』, p.386.
127)『한국독립운동사(6) 독립군전투사(하)』, pp.644~645; 南坡朴贊翊傳記刊行委員會,『南坡 朴贊翊傳記』, p.244.

그러나 지금 우리는 과거 수십년간 우리 운동사상의 파쟁으로 인한 참담한 실패의 경험과 목전 중국민족의 최후의 필승을 향하야 매진하고 있는 민족적 총단결의 교훈에서 이전 종종의 착오를 통감하고, 우리 양인은 금후 신성한 조선민족해방의 대업을 위하야 동심 협력할 것을 동지 동포 앞에 고백하는 동시에 목전의 내외 정세와 현 단계의 우리 정치 주장을 이하에 피술(披述)하려 한다.

「공개신」은 이어 특히 중일전쟁 이후의 국제정세와 중국인들의 항일운동을 언급하고 나서, 중일전쟁 발발 이후로 일본의 폭압적인 각종 수탈정책에 시달리는 국내 동포의 비참한 상황을 구체적으로 언급했다. 그러고는 한중 연대를 통한 효과적인 독립운동을 전개하기 위해서 관내에 현존하는 일체의 독립운동단체를 해체하고 공동의 정강 아래 재편할 것을 제창했다.

그러므로 우리 민족에 함축되고 있는 위대한 혁명역량은 이 위대한 시기에 있어서 반드시 최후의 결전을 전개할 것을 확신한다. 그러나 이 결전을 승리로 전취하기 위해서는 우리는 과거의 실패의 경험에 비추어 전 민족적 역량을 집중 운전하는 통일적 조직이 건립되지 않으면 아니된다. 이 통일적 조직은 전 민족의 의사와 요구에 의한 혁명적 강령에서 건립되어야 할 것이다. 그러므로 전 민족적 통일조직의 문제와 정치강령의 문제는 당면해서 가장 긴급한 문제이며 중심의 문제이다.…

관내운동의 이같은 사명을 이행하기 위하야는 무엇보다도 먼저 관내에 현존한 각 혁명단체는 일률로 해소하고 현 단계의 공동한 정강하에서 단일한 조직으로 재편되어야 할 것이라고 믿는다. 그렇게 함으로써 현존 각 단체의 할거적 현상과 파생적 마찰을 정지하고 단결 제일의 목표 밑에서 일체의 역량과 행동을 통일하야 우리 투쟁을 적극 전개할 수 있는 것이다. 각 단체의 표방하는 주의는 부동하다 할지라도 현 단계 조선혁명에 대한 정치강령과 투쟁대상은 일치한 것이다. 이러함에도 불구하고 4인 1당, 6인 1당의 각 단체가 구성 분립되고 있는 것은 투쟁 역량의 분산과 호상 알력을 필연적으로 초래하야, 적을 향한 힘 있는 투쟁을 전개할려야 할 수 없을뿐더러, 더욱 민족적 체통의 손상은 감내할 수 없는 것이다. 이와 같은 각 소단체를 본위로서 연맹식 방법에 의하야 관내운동의 통일을 주장하는 이론도 있으나, 이것은 결코 재래의 무원칙한 파쟁과 상호마찰을 근본적으로 해소할 수 없는 것이다.… 그러므로 우리는 관내 통일운동의 연맹식 방법론은 관내의 현존한 불통일한 현상의 연장의 방법이며 무원칙한 투쟁의 합리화에 지나지 못하는 것이라고 본다.…

그러나 「공개신」이 전 민족적 통일기구 구성문제에 대하여는 다음과 같은 말로 유보적 태도를 취하고 있는 것은 매우 주목할 만한 점이다.

전 민족적 통일기구의 구체적 조직 방식에 대하야 우리는 아직 국내의 제동지와 좀더 충분한 토의의 여유를 두면서, 지금은 이에 대한 우리 의견의 언급을 보류한다.

이러한 주장은 임시정부의 정통성과 권능을 부인하면서 참여를 거부해 온 김원봉의 입장을 반영한 것이었다.

그러면서 「공개신」은 이어 "현 단계의 정치강령의 대강만은 다음과 같은 내용을 가져야 할 것을 주장한다"면서 10개항의 정치강령을 제시했다.

㈀ 일본제국주의의 통치를 전복하고 조선민족의 자주독립 국가를 건설함.

㈁ 봉건세력 및 일체 반혁명세력을 숙청하고 민주공화제를 건립함.

㈂ 국내에 있는 일본제국주의자의 공사재산(公私財産) 및 매국적 친

일파(賣國賊親日派)의 일체 재산을 몰수함.

㈃ 공업, 운수, 은행 및 기타 산업부문에서 국가적 의의가 있는 대기업을 국유로 함.

㈄ 토지는 농민에게 분급하되, 토지의 매매를 금지함(조선 농민의 대부분은 소작인으로서 일본제국주의자의 토지와 친일적 대지주의 토지를 경작하고 있는 바, 그 토지는 국가에서 몰수하야 그대로 농민에게 주되 매매를 금지함이니, 이는 가혹한 착취관계에서 해방한 농민이 과거 상태로 재진입하는 것을 방지함이다).

㈅ 노동시간을 감소하며 노동에 관한 각종 사회보험사업을 실시함.

㈆ 부녀의 정치, 경제, 사회상 권리 및 지위를 남자와 평등으로 함.

㈇ 국민은 언론, 출판, 집회, 결사, 신앙의 자유가 있음.

㈈ 국민의 의무교육 및 직업교육을 국가의 경비로 실시함.

㈉ 자유, 평등, 호조(互助)의 원칙에 기초하야 인류의 평화와 행복을 촉진함.

토지와 기간산업의 국유화는 김구의 한국국민당도 표방하는 것이기는 했으나, 전체적으로는 이 10개항의 내용도 민족혁명당의 주장이 크게 반영된 것이었다.

「공개신」은 "끝으로 목전의 중국 관내운동에 대한 우리 양인의 공통한 의견을 발표하고자 한다"면서 다음과 같은 자신에 찬 말로써 마무리했다.

우리는 다같이 동일한 운명에서 동일한 목표를 향하야 투쟁하는 동지며 동포들이다. 우리는 이미 각 소단체의 분립적 투쟁으로 인한 민족적 손해를 경험하고 통일단결에 의한 광명을 발견한 이상, 우리가 통쾌히 한덩어리에 단합되지 못할 또 무슨 구구한 조건이 없는 줄 믿는다.

우리 양인은 개인의 의견으로서가 아니라 영용히 투쟁하고 있는 다수 동지의 일치한 의지 위에서 해외 다수 동지 동포와 함께 먼저 관내운동 조직의 획기적 변혁과 광명한 신국면의 창조를 향하야 자신과 용기를 가지고 전진하려고 한다. 제동지의 건투를 빌며 아울러 혁명 경례를 드린다.[128]

이처럼 「공개신」은 정치이념에서부터 임시정부의 활동에 대한 평가에 이르기까지 기본적으로 김원봉의 주장을 김구가 받아들인 것이었다. 그리고 그것은 국민정부의 강력한 종용에 따른 것이었다.

---

128) 「同志同胞에게 보내는 公開信」, 『대한민국임시자료집(35) 한국국민당 I』, pp.82~86.

5. 김구와 이승만의 외교선전론 논쟁

1

김원봉과 「공개신」을 발표하고 한달 남짓 뒤인 1939년6월25일에 김구가 하와이의 동지회 중앙부장 김이제에게 보낸 다음과 같은 편지는 이 무렵에 김구나 임시정부가 이승만의 활동을 어떻게 인식하고 있었는가를 짐작하게 한다.

우리 광복운동이 천재일시인 이때에 주신 전보와 편지를 받아 보고 이제야 붓을 들게 되어 송구하오며, 어저께 워싱턴 리 박사의 전보도 받자왔습니다. 현하 모든 힘과 책략을 집중하여 중국 항전의 절호한 시기를 이용하여 왜구를 타멸(打滅)할 차제에 리 박사와 같은 민족적으로 명망이 중하고 국제적으로 성가가 높은 인격으로 선전이나 외교 방면에서 간고(艱苦)를 자임하심이 극히 감사한 일인 것은 우리 일반 동포가 공인할 것은 물론의 일이오나, 외교와 선전은 사실을 배경으로 할 것인데, 우리는 오늘날 무슨 사실을 가지고 선전할 것인가. 왜구가 악독하다 야만이다 함은 세상이 다 아니, 우리가 자체의 사실을 가지고 선전하여야 할 필요가 있는데, 무슨 사실로 할까.

이렇게 서두를 꺼낸 다음 김구는 이승만의 지론인 비폭력주의는 현 시점에서 선전할 것이 못 된다고 잘라 말했다. 김구는 기미독립선언서의 공약삼장도 "우리 전 민의에 위배되는" 것이라고 잘라 말했다.

기미선언(己未宣言)을 근거하여 비폭력으로 정신운동만을 선전하여 세인에게 정신적 원조를 구할까요. 아니오이다. 원동 각 단체는 임시정부까지 3·1절 기념식에서 독립선언서 낭독을 폐지한 지 10여년입니다. 공약삼장이 우리 전 민의에 위배되는 까닭입니다. 우리는 인도 어떤 곳이나 필리핀 루존의 운동이 아닌 것이고, 대유혈을 목표하는 것입니다. 왜냐하면 유혈운동으로야 우방의 도움도 얻을 수 있으나 정신운동으로는 자체로 진행키가 불능하고 다른 사람의 원조도 소망이 없습니다. 지금 화북에 유격대, 화남에 의용대가 세인의 예찬을 받는 바, 화북에는 장차 한국독립운동을 조직코저 노력 중인데, 외교나 선전하는 인사들은 비무장, 비폭력 운동을 절규한다면 자체 모순만 공개함이니 크게 신중할 바이오며, 선전기관은 무엇이 적당할까. 저의 생각은 임시정부나 폐지된 지 오래된 구미위원부 모두가 부적당하고, 제일 좋은 것은 해외 각 단체가 통일된 기관 명의로 우리의 군사운동을 전력 선전하는 것이 급선무일까 하나이다.…

김구의 이러한 단호한 주장은 이 무렵 김구가 구미위원부는 말할 나위도 없고 선전기관으로도 임시정부보다 자신이 추진하는 통합 단일당에 더 큰 비중을 두고 있었음을 말해 준다. 그러므로 동지회도 통합단일당운동에 적극적으로 참여하고, 이승만의 선전활동도 그러한 목표를 가지고 추진해야 한다고 강조했다. 그는 현재 극동지역에서 추진되고 있는 통일운동에는 두가지 방안이 있다고 다음과 같이 설명했다.

지금 원동 각 단체가 절규하는 통일은 두가지가 있으니, 저와 김원봉과 일반 민족운동자는 단일을 주장하고 각파 공산주의자들은 연합을 주장하는데, 단일당을 찬성하는 단체가 대대수이니 단일이 성공될 듯합니다. 귀 동지회의 제위도 차제에 희생적 정신으로 원동원서(遠東遠西)의 각 단체가 타성일편(打成一片)하는 데 같이 노력하심이 급선무임을 양찰하시오며, 이번에 애국단, 국민회 양 단체가 국민당에 합동하는데 그 합동하는 일은 찬성하고, 국민당의 명의는 본당에서 벌써 희생을 작정한 것인즉, 장래에 대당이 성립되는 대로 하나의 명의가 산출될 것입니다.

　우견에는 이 박사께서 선전이나 외교를 이상의 목표를 가지시고 하셔 주셨으면, —— 또는 무조건으로 통일에 참가하시며 그것으로 선전의 자료를 위하심이 여하하올지. ——

　이처럼 이제 김구는 이승만에게 지금까지보다 달라진 자세로 자신의 견해를 피력하면서 이승만이 자신의 의견에 따라 줄 것을 요청했다. 그는 이승만이 다음 사항을 외교와 선전의 목표로 삼아야 한다고 주장했다.

　첫째로, 중국 동북부[만주]에 독립군을 편성할 자금을 미군부에 교섭할 일(화남의 의용대는 중국의 원조로 진행하나 동북에는 재력 불급으로 아직 착수하지 못했음).
　둘째로, 북미 및 하와이의 한인 청년들에게 군사기술을 가르칠 일.
　셋째로, 특히 필리핀에 원동 방면의 한인청년을 모집하여 항공 요원을 양성하는 데 편의를 제공할 일.
　넷째로, 상해, 천진, 북경, 홍콩, 국내, 일본의 모모 지점에 정보망을 비밀히 설치할 일.

　그러고는 다음과 같이 덧붙였다.

　이상 몇건으로 외교의 목표로 하시고, 또는 한길수군도 기위 등장을 한 이상에는 상호모순이 없어야 할 터인데, 이상 나열한 조건을 가지고 협의 진행하시면 좋을 듯합니다. 저는 모친상에 이어 자리에 눕게 되어 아직 기동을 못합니다. 미처 답함을 못한 것 미안하여 몇자 적어 보내 드리오니, 이 박사께 전정(轉呈)하시와 참고케 하시면 감사합니다.

이 박사에게 중경 우체함 95를 통지하여 주오.[129]

　김구의 이러한 주장은 이때의 임시정부의 외교문제에 대한 인식과 방침을 그대로 표명한 것이었다. 1939년의 임시의정원 회의 때에 있었던 임시정부의 「정무보고」는 구미에 대한 외교문제에 대하여 다음과 같이 결론을 맺었다.

　　우리가 어떠한 구체적 조건을 가지고 외교교섭을 개시하는 데에는 우리의 실력을 다소라도 나타내 보이는 것이 있은 후가 아니면 아무 실효가 없으리라고 보는 점에서, 우리는 먼저 미약하나마 우리의 자력에 의한 활동, 즉 다시 말하면 세인이 눈을 뜨고 주시할 만한 군사행동을 개시하여야 할 것을 선결조건으로 인식하야, 이것이 다소라도 실현되기 전에는 예비적 외교가 있을 뿐으로서 직접으로 정면에서 서서 조건적 외교는 아직 개시하지 않으려 함.[130]

　"이것[곧 군사행동]이 다소라도 실현되기 전에는", "예비적 외교가 있을 뿐"이라는 임시정부의 판단은 중일전쟁 속의 급박한 상황을 반영한 것이기는 했지만, 만주에 독립군을 편성할 자금을 미 군사 당국과 교섭해 보라고 한 김구의 주장과도 모순되는 주장이었다. 김구가 이 편지에서 언급한 김이제의 편지와 이승만의 전보는 보존되어 있지 않아서 내용을 알 수 없다.
　이승만은 대한국민위원부 사무소를 개설한 뒤에 워싱턴 주재 중국대사 호적(胡適)을 만났다. 저명한 학자이자 교육가인 호적은 1938년9월에 워싱턴 주재 중국대사로 임명되었다. 이승만은 호적을 만나서도 중국

---

129) 「金九가 金利濟에게 보낸 1939년6월25일자 편지」, 『대한민국임시정부자료집(42) 서한집 I』, pp.313~314.
130) 「臨時議政院會議 제31회」(1939.10.~12.), 『대한민국임시정부자료집(2) 임시의정원 I』, p.305.

정부가 더 적극적으로 선전활동을 할 것을 촉구했다. 그러나 호적은 "미국 친구들이 선전을 많이 해주고 있어서 우리가 더 할 필요가 없다"라고 대답했다. 이승만은 중국이 미국으로부터 비행기 700만달러어치를 사간다는 말을 듣고는 호적에게 비행기 구입하는 데는 600만달러만 쓰고 100만달러는 떼어서 선전비로 쓰는 것이 좋겠다고 권고했다.[131] 이 자리에서 이승만은 호적에게 김구의 활동을 좀 알면 선전하겠다고 말했다.[132]

임시정부가 구미위원부 부활을 거부한 것은 한길수의 요구에 대한 형평성도 고려한 것이었다. 한길수는 임시정부에 중한동맹단의 존재와 그것을 대표한 자신의 외교사업을 인준해 줄 것을 요구했는데, 임시정부는 한길수의 요구도 거부했다. 임시정부의 「정무보고」는 다음과 같이 기술했다.

> 하와이에 있는 모 인사들은 중한동맹단을 조직하고 한길수씨를 대표로 미국에 파견하야 시카고와 워싱턴 등 각지에서 맹렬히 활동하야 미국 각계인사의 열렬한 환영도 받으면서 본 정부에 향하야 그 단체의 존재와 외교사업을 인준하여 달라고 요구하였으나, 그들의 외교목표와 선전주지가 적당치 못하기 때문에 본 정부에서도 그들의 부적당한 점을 적발하야 그의 시정을 지시하였으며…[133]

한길수가 미국 각계인사의 "열렬한 환영"을 받고 있다고 말하면서도 중한동맹단의 외교목표와 선전주지가 "적당치 못하다"고 판단한 것은 눈여겨볼 만하다.

---

131) 김형식, 「리 박사 환영기」, 《太平洋週報》 1939년9월2일호, p.15.
132) 「李承晩이 金九에게 보낸 1939년8월30일자 편지」, 『대한민국임시정부자료집(42) 서한집 I』, p.314.
133) 「臨時議政院會議 제31회」(1939.10.~12.), 『대한민국임시정부자료집(2) 임시의정원 I』, p.304.

김구가 김이제에게 쓴 6월25일자 편지는 이승만이 호놀룰루에 돌아온 뒤에야 전달되었다. 김구의 편지를 본 이승만은 몹시 불쾌했다. 그는 8월 30일에 김구의 주장을 하나하나 반박하는 편지를 썼다. 이승만은 우선 김구나 임시정부 인사들이 세계대세에 대하여 "몽매하다"고 몰아붙였다.

저번에 워싱턴에서 중국공사 호적 박사에게 김구 선생의 활동을 좀 알면 선전하겠다 하였더니, 전보로 물은 모양이외다. 한인과 중국인은 세계대세에 대하야 어찌 이처럼 몽매합니까.

(1) 선전 한 가지를 논하더라도 일인은 30년 전부터 1년에 100만달러를 미국에만 소비하고, 이번 중일전쟁 이래로 350만달러 이상을 소비하야 미국인의 동정을 100분의 1을 가지고도 물자상 필요는 다 얻어 가는데, 중국인은 99분을 가지고도 군수물자를 얻지 못하니, 다름이 아니라 선전이 부족한 연고입니다. 미국은 민중이 전쟁이냐 화평이냐를 결정하노니, 몇백만달러를 들여 각 신문상에 날마다 일본인의 만행을 알려 주면 정부와 국회를 억지로라도 시켜 정책을 변형케 할 터인데, 아직도 망연히 알지 못하니 어찌하리오. 중국인이 아무리 혈전분투할지라도 제3국의 원조가 아니면 중국은 제2 조선을 면키 어려울 것입니다. 유력한 선전가로 전국의 연락을 맡겨서 효력 있는 선전을 하는 것이니, 장개석씨에게 권고해 보시오.

(2) 외교선전보다 용전(勇戰)이 우선이니 군수물자를 얻어 보내라는 것은 이곳 형편을 전혀 모르시는 것입니다. 선전으로 우리의 하는 것을 알려 주어야 도움을 얻지, 도무지 한인들이 있는지 없는지도 모르는 사람에게 도움을 받을 수 없을 것이외다.

(3) 동지회 주장하는 것을 각 단체가 부인이라 하심은 불가하외다. 우리 사람의 경우에 혁명대운동의 한 방식이니, 이 방식으로 상당

한 정도에 도달한 뒤에야 무엇인들 못하리오마는 폭력으로만 주장해
야 된다 하면 하나만 알고 둘을 모른다 하겠습니다.

폐일언하고, 이번에 워싱턴과 뉴욕에서 군기창에 혹 구식이라 폐
기한 군수물자라도 좀 얻으려고 해보았으나 원동에서 한인들의 어떤
가능성이 있는 것을 알아야 한다 합니다. 그러니 언제 어디에서든지
들을 만한 사실이 있거든 진상을 적어 보내시오. 이곳에서 선전한다
는 것이 미주에 있는 우리 사람 한두 개인의 소관인 줄로 아실 것이 아
니외다.[134]

이 편지에는 임시정부 인사들을 포함한 대부분의 독립운동자들이 무
력항쟁을 주장하는 상황에서도 선전과 외교가 먼저라는 이승만의 주장
이 설득력 있게 피력되어 있다.

---

134) 「李承晚이 金九에게 보낸 1939년8월30일자 편지」, 『대한민국임시정부자료집(42) 서한집 I』, pp.
314~315.

59장

한국독립당 창당과 광복군총사령부 창설

1. 광복진선 3당통합으로 한국독립당 창당

1

　김구와 김원봉(金元鳳)이 1939년5월10일에 「동지동포에게 보내는 공개신」을 통하여 정당통합운동을 벌일 것을 공표한 뒤에도 그 구체적인 작업은 진척되지 않았다. 김구가 곽낙원 여사 장례식을 치르고 나서 병이 난 데다가 5월3일과 4일에 일본군 비행기가 중경(重慶)을 맹폭하여 뒷수습을 하느라고 분망했기 때문이다.[1] 그러다가 중국국민당 핵심인사들의 적극적인 개입과 주선으로 8월27일에 기강(綦江)에서 한국혁명운동통일 7단체회의가 열렸다. 장개석(蔣介石)은 자신의 최측근인 중국국민당 중앙당 조직부장 겸 중앙집행위원회 조사통계국 국장 주가화(朱家驊)에게 한국 독립운동자들의 통합작업 책임을 맡겼는데, 주가화는 삼민주의 조직처장 강택(康澤), 조사통계국 부국장 서은증(徐恩曾) 등과 함께 작업을 추진했다.

　7단체통일회의에는 광복진선(光復陣線)에서 한국국민당 대표로 조완구(趙琬九), 엄항섭(嚴恒燮), 한국독립당 대표로 홍진(洪震), 조소앙(趙素昂), 조선혁명당 대표로 이청천(李青天), 최동오(崔東旿), 민족전선연맹(民族戰線聯盟)에서 민족혁명당 대표로 성주식(成周寔), 윤세주(尹世冑: 별명 尹石正), 조선혁명자연맹 대표로 유자명(柳子明), 이하유(李何有), 조선민족해방동맹 대표로 김성숙(金星淑: 별명 金奎光), 조선청년전위동맹 대표로 신익희(申翼熙: 별명 王海公), 김해악(金海岳)이 참석하여 먼저 신익희, 조소앙, 조완구 세 사람을 주석단으로 선출했다.[2] 김구와

---

1) 「康澤, 李超英, 徐恩曾이 朱家驊에게 보낸 1940년1월19일자 편지」 및 「朱家驊가 蔣介石에게 보낸 1940년1월26일자 편지」, 『韓國獨立運動史 資料(26) 臨政篇 XI』, 國史編纂委員會, 1994, pp.17~19.
2) 中央研究院近代史研究所 編, 「綦江韓國七黨統一會議經過報告書」, 『國民政府與韓國獨立運動史料』, pp.16~28; 「綦江에서의 韓國七個黨統一會議經過報告書」, 『韓國獨立運動史 資料(26) 臨政篇 XI』, p.6.

김원봉은 회의에 참석하지 않았다.

회의는 (1) 국내외 정세보고, (2) 통일문제, (3) 조직방식문제, (4) 강령, 정책, 기구문제, (5) 사업문제, (6) 기타 제문제의 순서로 진행되었다. 순조롭게 진행되던 회의는 조직방식을 논의하면서부터 격론이 벌어졌다. 조선민족해방동맹과 조선청년전위동맹은 주의가 다르다는 이유로 단일당 방식의 통합에 강력히 반대하고 연맹 방식의 통합을 고집하여, 격심한 논쟁 끝에 퇴장하고 말았다. 그것은 7단체통일회의의 첫 단계 실패였다.

해방동맹과 전위동맹이 탈퇴한 뒤에도 나머지 5개 단체는 회의를 계속했다. 5개 단체는 단일당 조직방식에 원칙적으로 합의하고 있었으므로, 먼저 5개 단체가 단일당을 결성한 다음에 다시 다른 작은 단체들을 통합하기로 했다. 그리하여 8개항의 합의가 이루어져서 협정문에 각 대표들이 서명까지 했다.[3] 합의내용은 알려지지 않았으나, 논의절차 등의 원칙적인 문제였을 것으로 짐작된다.

며칠 동안 휴식했다가 속개된 회의는 「당의」, 「정책」, 「조직」 등 구체적인 내용 협의에 들어갔다. 이때부터 의견이 또 대립되었다. 먼저 광복진선은 「당의」에 삼균주의[三均主義: 정치, 경제, 교육의 균등]를 채택할 것을 주장했으나, 민족전선연맹은 정치와 경제의 균등만 명문화하면 된다는 주장이었다. 조직체제문제에서도 의견이 대립했다. 광복진선의 한국독립당과 조선혁명당은 상무위원제를 채택하여 일체의 공문서에는 반드시 상무위원의 공동서명을 거칠 것을 주장했다. 그것은 각 정당대표들에 의한 집단지도체제를 뜻하는 것이었다. 그러나 민족전선연맹은 상무위원제는 혁명정당의 제도가 아니라면서 단일지도체제인 위원장제를 주장했다. 회의가 결렬되고 난 뒤에 김원봉의 대리인 왕현지(王現之)는 민족전선연맹은 김구를 영수로 추대하고 김원봉으로 하여금 보조하게 하는 통

_____
3) 『백범일지』, p.380.

일신당을 결성하려 했다고 설명했다.[4)]

　당원 자격 규정을 두고도 논란이 벌어졌다. "평소에 어떤 정치신조를 가지고 있었음을 막론하고 본당의 「당의」, 「당강」 및 「당규」에 복종하는 자는 다 입당할 수 있다"라는 광복진선의 안을 민족전선연맹이 "평소에"라는 말을 빼고 "어떤 주의와 신앙을 가지고 있는지를 막론하고 본당의 「당의」, 「당강」 및 「당규」에 복종하는 자는 다 입당할 수 있다"라고 고칠 것을 고집한 것이다. 그것은 지금까지 공산주의운동을 했던 사람이라도 신당에 참여해서는 공산주의 사상을 버려야 한다는 광복진선의 입장과 통합한 뒤에도 주의, 사상의 자유는 보장되어야 한다는 민족전선연맹의 입장의 차이를 뜻하는 것이었다.

　「정책」에서도 매우 주목되는 의견대립이 있었다. 그것은 토지의 국유화 문제였다. 광복진선은 장래 혁명이 성공한 뒤에 토지는 국유로 결정할 것을 주장한 데 반하여 민족전선연맹은 토지의 국유화는 한국 실정에 맞지 않는다면서 반대한 것이다. 토지의 국유화는 좌우익을 막론하고 독립운동단체들의 기본적인 정책이었고, 김구와 김원봉의 「공개신」에서도 토지는 농민에게 분급하고 매매를 금지한다고 했던 것인데, 좌파집단인 민족전선연맹이 이를 반대한 것은 의아스러운 일이 아닐 수 없다. 중국국민당의 종용으로 정당통합 작업에 참여하는 민족혁명당이 중국국민당 당국으로부터 공산주의자라는 의심을 받지 않으려는 정략에서 나온 것으로 짐작된다. 중국공산당도 중일전쟁이 발발한 뒤인 1937년9월에 발표한 국공합작선언에서 폭력으로 지주의 토지를 몰수하는 정책을 정지한다고 선언했다.[5)]

　가장 중요한 것은 역시 임시정부문제였다. 광복진선은 임시정부의 정통성과 현실적으로 대부분의 국내외 동포 사이에서 인정되어 온 권위를

---

4) 「綦江에서의 韓國七個黨統一會議經過報告書」, 『韓國獨立運動史 資料(26) 臨政篇XI』, p.10.
5) 波多野尊大, 『國共合作』, 中央公論社, 1973, p.234.

강조하면서, 임시정부가 최고권력기관으로서 군, 정, 외교 등을 모두 관장하고, 관내의 유일한 무장부대인 조선의용대도 임시정부로 귀속시켜 임시정부의 지휘를 받게 해야 한다고 주장했다. 그리고 임시의정원을 확대하여 각당 대표로 구성되는 상원과 각도 대표로 구성되는 하원을 설치할 것을 제의했다. 그러나 민족전선연맹은 새로 결성되는 통합신당이 혁명시기의 최고권력기관이라야 마땅하고, 조선의용대는 중국 국민정부 휘하에 있기 때문에 임시정부가 통합할 수 없다는 이유로 반대했다. 민족전선연맹은 새로 결성되는 통합신당이 임시약헌에 규정된 "광복운동자의 대단결인 당"이 될 것을 염두에 두고 있었던 것이다. 그리고 일본에 대한 구호로 광복진선은 "구적일본(仇敵日本)"이라고 하자고 했고, 민족전선연맹은 "일본제국주의"라고 하자고 했다. 이러한 양쪽의 주장은 타협점을 찾지 못한 채 회의는 완전히 결렬되고 말았다.[6]

2

5당통일회의가 결렬된 뒤에 민족전선연맹은 회의결렬 책임을 광복진선에 전가했다. 김원봉의 대리인 왕현지는 중국 관계자에게 광복진선 내부의 알력을 강조해서 설명했다. 홍구공원(虹口公園)에서 적장 시라카와(白川)를 폭사시키기 전의 김구는 임시정부의 경무국장으로서 내무부에 예속되어 정치적 지위가 낮고 미미했으며, 지금은 임시정부의 영수가 되어 있으나 임시정부 원로들은 마음속으로 김구에게 불복하고 있다는 것이었다. 그런데 9월1일에 김구가 원로들의 동의도 없이 중국국민당 관계자와 회담을 하고 중국국민당의 의견을 받아들이자 원로들은 더욱 불만을 품고 김구를 타도하려는 생각에서 통일회의를 고의적으로 파괴하려

6) 「綦江韓國七黨統一會議經過報告書」, 「韓黨統一會議決裂後各方談話記錄」, 『國民政府與韓國獨立運動史料』, pp.23~24, pp.29~37; 「綦江에서의 韓國七黨統一會議經過報告書」, 「韓國黨派 통일회의가 決裂된 뒤 각파가 말한 담화기록」, 『韓國獨立運動史 資料(26) 臨政篇XI』, pp.5~11.

했다고 왕현지는 말했다. 그는 또 한국독립당의 조소앙과 조선혁명당의 이청천, 최동오 등이 고의적으로 파괴공작을 하는데다가 임시정부 원로들의 사상이 뒤떨어지고 대세에 밝지 못하기 때문에 통일회의가 끝내 파탄이 났다고 주장했다.[7] 그것은 광복진선 내부의 불협화음을 과장해서 설명한 말이었다.

한편 7당통일회의를 주관했던 중국국민당 관계자는 한국 각 당파의 통일문제가 실패한 원인으로 한국인의 단결심이 부족한 점, 중심사상이 없어서 외래사상에 쉽게 빠지고 주의에 따른 파벌이 형성된 점, 각 당파 사이의 시기와 불신이 너무 심각한 점과 함께 구심점 역할을 할 지도자가 없는 점을 들면서, 김구와 김원봉에 대하여 다음과 같이 언급했다.

한국 당파의 영도인물로서 그 성망으로 군중을 따르게 하는 비교적 영도력이 있는 자는 김구와 진국빈(陳國斌: 金元鳳의 별명) 두 사람입니다. 전자는 도덕성과 성망, 그리고 고난을 무릅쓰고 분투하는 정신은 혁명을 족히 영도하겠으나 재간[지략] 면에는 약간 부족한 것 같고, 후자는 재간은 약간 앞서나 도덕성과 성망 면으로는 전체 당인을 영도하기는 좀 어려울 것 같습니다. 위의 두 사람은 각기 결점이 있으므로 당인들의 절대 복종을 얻기 어려움은 당연한 추세입니다. 이번 통일회의 때에 각당의 태도가 번복 무상하여 담판이 결렬되게 된 원인도 이 두 사람이 사전에 전체 당인을 설복시키지 못한 데에 있었던 것입니다.[8]

이러한 설명은 이 무렵의 중국국민당 인사들이 김구의 지도력을 어떻게 평가했는지를 구체적으로 보여 주는 한 보기이다. 한편 김구의 측근

---

7) 「韓黨統一會議決裂後各方談話記錄」, 『國民政府與韓國獨立運動史料』, p.32.
8) 「綦江韓國七黨統一會議經過報告書」, 위의 책, pp.25~28; 「綦江에서의 韓國七黨統一會議經過報告書」, 『韓國獨立運動史 資料(26) 臨政篇XI』, pp.7~8.

인 박찬익(朴贊翊)은 김구가 너무 충직해서 남에게 이용당하는 것이 통일회의가 실패한 원인의 하나라고 말했다.[9]

한편 김구 자신은 정당통합운동이 실패한 것은 공산주의자들의 책동 때문이었다고 다음과 같이 기술했다.

> 그리하여 기강에서 7당통일회의를 개최하였다. 한국국민당, 한국독립당, 조선혁명당 등은 광복진선 소속의 원동지역 3당이며, 조선민족혁명당, 조선민족해방동맹, 조선청년전위동맹, 조선혁명자연맹 등 4개 단체는 민족전선연맹 소속이다. 개회 후 대다수 쟁점이 단일화되는 것을 간파한 해방동맹과 전위동맹은 자기네 단체가 해소되기 원하지 않는다는 이유를 설명하고 퇴장해 버렸다. 양 동맹은 공산주의자 단체이므로 민족운동을 위하여 자기 단체를 희생하는 것은 불가능하다고 이전부터 주장하던 터이니, 크게 놀라거나 괴이하게 생각할 것은 없다.
>
> 이에 곧장 5당통일의 순서를 밟아 순전한 민족주의적 신당을 조직하여 각당 수석대표들이 8개조의 협정에 친필 서명하고 며칠간의 휴식에 들어갔다. 그런데 민족혁명당 대표 김약산(金若山: 김원봉) 등이 갑자기 "통일문제 제창 이래로 순전히 민족운동을 역설하였으나, 민혁당 간부는 물론이고 의용대원들까지도 공산주의를 신봉하는 터에 지금 8개조를 고치지 않고 단일조직을 결성하면 청년들이 전부 도주케 되니 탈퇴한다"고 주장하여 결국 통일회의는 파열되었다.[10]

공산주의자들에 대한 김구의 배신감은 통일회의가 결렬된 뒤에 중국국민당 중앙당부의 서은증에게 보낸 편지에 잘 드러나 있다. 이 편지에서 김

---

9) 「韓黨統一會議決裂後各方談話記錄」, 『國民政府與韓國獨立運動史料』, p.37 ; 「韓國黨派 통일회의가 決裂된 뒤 각파가 말한 담화기록」, 『韓國獨立運動史 資料(26) 臨政篇 XI』, p.11.
10) 『백범일지』, pp.380~381.

구는 공산주의자들을 노골적으로 비판했다. 김구는 먼저 중국국민당 관계자들이 한인 독립운동의 분열의 이유로 내부갈등을 들고 있는 것은 잘못된 선입견이라고 말하고, 20년 동안 지속되어 온 한국 독립운동자들의 분열의 가장 중요한 원인은 공산당의 방해공작 때문이었다고 설명했다.

지난 20년간 한국독립단체 간 분쟁의 씨앗은 공산당이 뿌린 것입니다. 그들은 때로는 단독으로, 때로는 다른 당파와 연합하여 갖은 수단과 방법으로 민족운동의 역량을 분산시키고 소멸시키고자 획책했습니다. 중국국민당이 공산당 숙청작업을 진행한 이후 저들은 더 이상 관내 각지에서는 공개적인 활동을 할 수 없게 되자 동북방면으로 활동의 장소를 옮겼습니다. 그곳에서 저들은 살인과 방화 등 온갖 악랄한 방법으로 한인사회를 이간질시켰습니다.

중국이 항전을 개시하고 국공합작을 진행하자 저들은 이를 기회로 삼아 온갖 명목으로 전후방 각지에 침투하여 술수를 부리기 시작했습니다. 그러나 중국국민당이 민족운동 계열을 지원하자 독립운동을 지도할 역량을 갖추지 못한 공산분자들은 민족운동 계열의 역량이 커질 것을 가장 두려워했습니다. 이에 저들은 짐짓 통일이라는 미명으로 민족운동 세력의 대두를 막기 위해 동분서주했습니다. 물론 광복운동에 성의를 가진 자가 통일운동에 적극적으로 나선다면 당연히 찬성하겠지만, 저들 공산분자들의 마음속에 어찌 조국이 자리하겠습니까.

결국 한국독립단체 통일을 위해 열렸던 7당회의, 5당회의는 공산분자들의 음모로 아무런 결론도 내리지 못하고 결렬되고 말았습니다. 이제 한국독립운동은 민족과 공산 두 노선 가운데 어느 길을 택할 것인지 갈림길에 서 있습니다. 여기에서 한발이라도 잘못 디디게 되면 지금까지 쌓아 온 모든 것을 일순간에 잃게 될 것입니다.

김구는 한국독립운동이 분열된 가장 중요한 원인은 이데올로기 대립이라고 설명하고, 만약 지금과 같은 좋은 기회를 놓치면 장차 한반도가 붉은색으로 물들게 될지 모른다면서 국민정부의 적극적 지원을 요청했다.

중국당국에서 민족운동 진영을 확실하게 지원해 준다면 우리는 독립운동의 주도권을 쥐고 모든 공작을 효과적으로 수행해 나갈 수 있을 것입니다. 그렇게 되면 저들 공산분자들은 더 이상 술책을 부릴 수 없게 될 것이고, 항일공작은 자연 일치된 성과를 거둘 수 있을 것입니다. 그러나 중국당국이 민족진영과 공산분자를 대등하게 대함으로써 한국독립단체의 통일을 가져올 수 있다고 믿거나, 혹은 어떠한 방식으로든 저들에게 도움을 준다면 한국독립운동은 감히 상상할 수 없는 참담한 결과를 맞게 될 것입니다. 그때 가서 다시 한국독립단체의 통일을 운운하는 것은 이미 때늦은 후회가 될 뿐입니다. 결론적으로 말해 한인 내부의 분쟁은 전적으로 주의의 대립에 기인하는 것입니다. 결코 선입견 때문이 아닙니다.

이처럼 김구는 민족주의자들과 공산주의자들을 동등하게 대우하면서 통합만 요구하는 중국국민당의 태도가 크게 불만이었다. 김구와 김원봉의 「동지동포에게 보내는 공개신」이 중국국민당의 강력한 종용에 의한 것이었음을 미루어 짐작할 수 있다. 김구는 삼한반도(三韓半島)가 붉은색으로 물들 것을 생각하면 전율을 느낀다면서 지원의 필요성을 강조했다.

중국이 전면적인 항전을 개시한 지 이미 2년 반이 지났습니다. 그간 우리가 중국 항전에 아무런 도움을 주지 못한 것을 생각할 때마다 한없는 부끄러움을 느낄 따름입니다. 또다시 시간을 끌며 천재일우의 기회를 놓친다면 역대의 조상들과 후세의 자손들의 기대를 저버리는 과오를 범하게 될 것입니다. 어찌 삼한반도가 붉은색으로 물들도록 내버려 둘 수 있겠습니까. 삼한반도가 붉은색으로 물들 것을 생각하면 전율을 느끼지 않을 수 없습니다. 이 점을 살피시어 전번에 청한 대로 도움을 주시어 우리의 민족운동이 속히 진행될 수 있도록 협조 바랍니다. 우리의 민족운동이 중도에 멈추거나 좌절되지 않기 위해서는 중국당국의 도움이 절실히 필요합니다. 편안하시기 바라며, 빠른 회답을 기다리겠습니다.[11]

3

정당통합회의가 결렬된 것과 때를 같이하여 제31회 임시의정원회의가 열렸다. 1938년에는 임시정부 대가족이 피란하느라고 임시의정원회의를 소집할 수 없는 상황이었기 때문에 2년 만에 열리는 정기회의였다. 1939년10월3일 오전 10시에 기강현 임강가(臨江街) 43호에서 개원한 회의는 그동안의 정기회의와는 사뭇 달리 12월5일까지 두달 동안이나 계속되었는데, 이때의 회의에서는 몇가지 주목할 만한 사항이 의결되었다. 우선 회의에 앞서 의원을 대폭 보선했다. 재적의원 17명보다 많은 18명을 보선하여 재적의원 35명을 확보했다. 특히 이번 보선에서는 경기도(재적의원 5명), 황해도(3명), 평안도(4명), 중국령(4명), 평안도(3명), 경기도(1명), 경상도(1명) 지역에서 고루 의원들을 보선하여 거의 정원을 채우게 되었다. 그러나 전라도, 강원도, 시베리아 지방에서는 여전히 한 사람의 의원도 보선하지 못했다.[12] 김구는 미주지역 대표 자격으로 회의에 참석했다. 새로 보선된 의원들은 이청천, 홍진, 유동열(柳東說), 김학규(金學奎), 최동오, 조경한(趙擎韓: 별명 安勳) 등 대부분 조선혁명당과 한국독

---

11) 「金九가 徐恩曾에게 보낸 1940년1월26일자 편지」, 『대한민국임시정부자료집(22) 대중국외교활동』, pp.92~93.
12) 《大韓民國臨時政府公報 제65호》(1940.2.1.), 『대한민국임시정부자료집(1) 헌법·공보』, p.213; 「臨時議政院會議 제31회」(1939.10.~12.), 『대한민국임시정부자료집(2) 임시의정원 I』, pp.301~302.

립당의 핵심간부들이었다. 그것은 그동안 한국국민당 중심으로 운영되어 온 임시의정원이 대폭 확충된 것이었다.

10월4일부터 회의가 열려 신도의원(新到議員) 자격심사를 실시했다. 10월8일 회의에서는 남목청사건의 배후인물이었던 박창세(朴昌世)를 반동적 혐의가 있을 뿐만 아니라 행방도 모호하다는 이유로 제명하고, 오랫동안 김구의 오른팔 역할을 하다가 홍콩으로 간 안공근(安恭根)도 종적이 묘연하여 등원할 가망이 없다고 인정된다는 이유로 제명했다. 10월12일에는 의장을 송병조(宋秉祚)에서 홍진으로 교체하고, 10월15일에는 임시의정원과 상임위원회의 경과보고와 1937년10월 이래의 2년 동안의 임시정부 정무보고를 받았다. 정무보고의 내용은 임시정부의 이전상황과 남목청사건을 비롯한 임시정부의 인사이동 내용, 중국, 러시아, 미주에 대한 외교에 관한 사항, 군사에 관한 사항, 재정에 관한 사항이었다.

10월23일 회의에서는 국무위원들의 임기만료에 따른 국무위원 선거가 실시되었다. 먼저 국무위원수를 임시약헌에 규정된 최대 인원인 11명으로 확대하기로 의결했는데, 그것은 한국독립당과 조선혁명당 인사들도 국무위원에 포함시키기 위한 조치였다. 그리하여 지금까지 국무위원이었던 한국국민당의 이동녕(李東寧), 이시영(李始榮), 조성환(曺成煥), 김구, 송병조, 조완구, 차리석(車利錫)과 함께 한국독립당의 홍진과 조소앙, 조선혁명당의 이청천과 유동열을 추가로 선임함으로써 광복진선 3당의 연립내각을 구성했다. 이러한 조치는 민족전선연맹과의 통합이 좌절된 상황에서 광복진선 3당의 통합을 빨리 매듭지으려는 김구의 의사에 따른 것으로 판단된다.

10월25일에 열린 첫 국무회의는 이번 국무위원 임기 동안의 주석의 임기는 3개월씩으로 정하고, 종래의 내무, 외무, 군무, 법무, 재무의 5개부 이외에 군사계획 수립을 전담할 참모부를 신설하기로 했다. 그리고 각부 담당자를 호선한 결과 주석으로는 이동녕이 그대로 선임되고, 내무장에 홍진, 외무장에 조소앙, 군무장에 이청천, 참모장에 유동열, 법무장에 이시영, 재무장에 김구, 그리고 비서장에 차리석이 선임되었다. 임시정부의 실권자인 김구가 다시 재무장에 선임된 것이 눈길을 끈다.

새로 구성된 국무회의는 11월3일에 「군사특파원판사처잠행규례(軍事特派員辦事處暫行規例)」를 제정했다. 그것은 중일전쟁 이후에 화북지방으로 진출한 동포들과 청년들을 상대로 독립군을 모집하기 위하여 군사특파단을 보내기 위한 조치였다. 이어 국무회의는 11월11일에 「독립운동방략」을 확정하고, 이튿날 그것을 임시의정원에 제출했다. 오랜만에 다시 국무위원으로 선출된 이론가 조소앙이 작성한 장문의 이 「독립운동방략」은 임시정부가 전시체제를 확립하여 항일전을 효율적으로 전개한다는 것이었는데, 그것은 초창기 상해임시정부의 「시정방침」보다도 더욱 포부와 의욕에 찬 구상이었다. 「독립운동방략」은 임시정부가 광복운동자 전체 인원이 대한민국의 기본국민이라는 인식 아래 그들과 공동노력하는 데서만 대업을 성취할 수 있다고 전제하고, 지금까지보다 "진일보한 신방침"을 확립하여 3년 계획으로 광복운동의 초보공작을 완성하겠다고 천명했다. 그리고 1939년 안에 광복진선 3당의 합당을 완성하게 하고, 군사적으로 서북진출의 초보공작을 완료하겠다고 밝혔다.

「독립운동방략」은 3년 동안 추진할 당원확보와 군사력 양성 계획을 상세히 열거했다. 그리하여 3년계획이 끝나고 4년째 되는 해에는 "3당의 통일이 완성되어 신당 당원이 11만명이요, 신장교가 1,200명이요, 기본무장군이 10만이요, 유격대원이 35만이요, 선전기관의 분포도가 6개국으로서 총계하면 인원이 54만1,200명이요…"라고 전망했다. 그리고 그러한 체제를 완성하는 데 드는 비용으로는 총계 7,018만원이라는 임시정부의 처지에서는 천문학적 숫자를 계상했다.[13] 1939년도의 임시정부 수입총계가 2만9,123원에 지나지 않았던 점을 감안하면[14] 「방략」은 현실과는 너

---

13) 「獨立運動方略」, 三均學會 編, 『素昻先生文集(上)』, pp.135~137.
14) 「臨時議政院會議 제31회」(1939.10.~12.), 『대한민국임시정부자료집(2) 임시의정원 I』, p.312.

무나 거리가 먼 이상론이었다. 이처럼 조소앙은 그 훤칠한 풍모에 걸맞게 하릴없는 유토피안이었다. 조소앙뿐만 아니라 그러한 「방략」을 결의한 국무위원들도 유토피안들일 수밖에 없었다.

임시의정원의 11월5일 회의에서는 국무위원으로 선출된 홍진이 의장직을 사임함에 따라 김붕준(金朋濬)이 후임 의장으로 선출되고, 11월11일에 부의장 차리석도 사임하여 그 후임으로 최동오가 선출되었다. 11월21일에는 순국선열기념일을 정하기로 하여 을사조약이 강제된 11월17일을 기념일로 결의했다.

11월26일 회의에서는 임시정부가 제출한 한국국민당 채무면제안을 가결했다. 그동안 한국국민당은 임시정부로부터 2만3,231원을 차용해 썼는데, 그것은 모두 임시정부와 그 대가족의 피란비용으로 사용되었기 때문이었다. 11월30일에는 1938년도와 1939년도의 세입세출 결산서를 통과시켰다. 1940년도 세입예산으로는 61만6,977원이 책정되었는데, 그것은 1939년도 세입총액 2만9,123원3각의 무려 21배나 되는 액수였다. 그러나 세입 항목에는 1938년도와 1939년도의 예산서와 마찬가지로 '특종수입'으로 국민정부의 지원금 50만원을 계상해 놓았지만, 1938년도와 1939년도에는 기대했던 '특종수입'이 전혀 없었다. 여러 가지 명목의 재미동포의 의연금으로 13만5,000원(인구세 3만원, 애국금 1만원, 혈성금 7만원, 후원금 5,000원)이 계상되어 있는 것을 보면, 재미동포들의 의연금이 임시정부의 재정에서 얼마나 큰 비중을 차지하고 있었는가를 짐작하게 한다. 세출항목에서는 장교양성과 군대편성비, 특무비 등 군사비로 57만원을 계상하여 임시정부가 대일항전의 준비에 전력을 집중할 것을 상정하고 있었음을 보여 준다.[15]

임시의정원은 12월4일에 마지막 의사일정으로 상임위원 3명을 선거하기로 하고 양묵(楊墨), 신환(申桓), 손일민(孫一民)을 선출했다. 그리

---

15) 「臨時議政院會議 제31회」(1939.10.~12.), 위의 책, pp.310~317.

고 이튿날 폐회했다.

국무위원 일동은 12월21일에 발표한 「선포문」을 통하여 비장한 결의를 표명했다. 「선포문」은 그동안 독립전쟁을 지속할 수 있었던 것은 두 가지 요소, 곧 동삼성[만주] 동포들의 20년 혈전과 미주, 하와이, 멕시코 동포들의 20년 동안에 걸친 피땀 어린 희생적 후원이 있었기 때문임을 상기시키고, 현 단계의 시정방침을 「독립운동방략」이라는 명의로 3년계획을 세워 실행하겠다면서 동포들의 협력을 호소했다.[16]

임시정부가 「독립운동방략」에서 1939년 안으로 광복진선 3당의 통합을 완성시키겠다고 천명한 데서 보듯이, 3당통합은 민족전선연맹과의 통합운동의 실패로 지도력에 큰 손상을 입은 김구의 초미의 과제였다. 그리하여 제31회 임시의정원회의와 병행하여 기강에서 3당통합회의가 열렸다. 광복진선 원동3당 통일대표회의는 한국국민당의 조완구, 김붕준, 엄항섭, 한국독립당의 홍진, 조소앙, 조시원(趙時元), 조선혁명당의 이청천, 최동오, 조경한이 대표로 참석하여 10월2일부터 12일까지 진행되었다. 이 회의는 3당통합을 위한 제1차 대표회와 같은 성격의 회의였는데, 특별한 논란 없이 쉽게 합의가 이루어졌다.

먼저 통합신당의 당명은 "한국민주독립당"으로 하기로 하고, 이어 「당의」와 「당강」과 「당책」은 현행대로 유지하기로 합의했다고 하는데, 그것이 구체적으로 무엇을 뜻하는지는 분명하지 않다. 실제로 3당의 「당의」나 「당강」이나 「정책」이 비슷했으므로 그것들을 통일하는 데는 전혀 문제가 없다고 보고 그렇게 표현했는지 모른다. 주목되는 것은 조직원칙으로 "민주주의 중앙집중제"를 채택하기로 합의한 점이었다. 그리고 중앙집행위원 15명과 후보위원 5명, 감찰위원 7명과 후보위원 2명을 두기로 했다. 3당의 해체 선언은 신당 창립 선언과 동시에 하기로 하고, 연호는 "대한민국"을 사용하기로 했다.

---

16) 《大韓民國臨時政府公報 제65호》(1940.2.1.), 『대한민국임시정부자료집(1) 헌법·공보』, p.219.

3당 대표들의 합당합의는 쉽게 이루어졌으나, 합의안에 대한 각당의
인준과정에서 제동이 걸렸다. 김구 자신이 이끄는 한국국민당 일부 인
사들이 당명과 제도와 창립대회 절차 등에 대해 이의를 제기하고 수정안
을 제출하기로 함에 따라 회의는 무기정회가 되었다.[17] 한국국민당의 일
부 인사들이 당의 제도에 대하여 이의를 제기한 것은 "민주주의 중앙집권
제"와 관련된 것이었을 것이다. 그것은 이데올로기에 따른 원칙의 문제이
기도 했겠지만 그보다도 현실적으로 통합신당의 영수가 될 김구의 권한
과 직결되는 문제였기 때문이다.

7당통일회의가 결렬된 데 이어 민족진선 3당의 통합작업마저 지연되
자 중국국민당 실무책임자들은 1940년에 접어들면서 한국 독립운동자
들에 대한 지금까지의 지원방침을 재검토하기로 했다. 실무책임자들인
강택, 이초영(李超英), 서은증 세 사람은 1월19일에 공동으로 주가화에
게 다음과 같이 건의했다. 곧, 지금까지 한국 당파의 통일운동에 관해서
는 전적이고 보조주의의 원칙에 입각하여 각 당파의 자유로운 토론에 맡
겼으나 각당이 자신들의 고집을 포기하지 않고 계속하여 같은 방법으로
나간다면 끝내 원만한 결과를 얻지 못할 것이므로, 앞으로는 적극적으로
주동적인 입장에서 한국 독립운동자들의 통일운동이 빨리 실현되도록
촉구해야 한다는 것이었다. 주가화는 이 건의를 받아들여서 공산분자는
제외하고 빨리 통일운동을 실현시키라고 지시했다. 그 지시는 물론 장개
석의 사전승인을 받은 것이었다.[18]

---

17) 「光復陳線遠東三黨統一代表會議經過大略」, 『대한민국임시정부자료집(34) 한국독립당 II』,
2009, p.17.
18) 「康澤, 李超英, 徐恩曾이 朱家驊에게 보낸 1940년1월19일자 편지」 및 「朱家驊가 蔣介石에게 보
낸 1940년1월26일자 편지」, 『韓國獨立運動史 資料(26) 臨政篇 XI』, pp.17~18, pp.19~20.

광복진선 3당의 통합작업이 제자리걸음을 하고 있는 1940년3월13일 오후에 임시정부 국무회의 주석 이동녕이 사망했다. 오랫동안 천식으로 고생하던 이동녕은 병석에 누운 지 열흘 만에 급성폐렴이 되어 임시정부 청사 2층 방에서 외로이 숨을 거두었다. 일흔두살이었다. 초대 임시의정원 의장으로서 상해임시정부 수립의 산파역을 한 이래 20여년 동안 임시정부를 지켜온 독립운동 1세대의 상징적인 인물의 타계였다. 임시정부의 간판을 짊어지고 고난의 가시밭길을 걷는 김구의 후견인이었던 이동녕은 숨을 거두는 순간에도 김구를 몹시 찾았다. 그러나 김구는 이동녕의 임종을 지키지 못했다.[19]

이동녕의 죽음은 김구에게 큰 충격이었다. 김구는 이동녕에 대하여 다음과 같이 썼다.

선생은 재덕이 출중하나 일생을 자기만 못한 동지를 도와서 선두에 내세우고, 스스로는 남의 부족을 보충하고 고쳐 인도하는 일이 일생의 미덕이었다. 최후의 한순간까지 선생의 비호를 받은 사람은 오직 나 한 사람이었다. 석오 선생이 별세한 뒤, 일을 만나면 당장 선생 생각부터 하게 되니, 이는 선생만 한 고문이 없기 때문이다. 그런 사람이 어찌 나 한 사람뿐이랴. 우리 운동계의 대손실이라 할 수 있다.[20]

이동녕이 사망하자 임시정부는 그날로 긴급 국무회의를 열고, 장례를 국장례에 따라 국비로 거행하고 일반동포로 하여금 3월15일 성복일부터 이레 동안 복상하게 할 것을 의결하고, 이 사실을 알리는 《대한민국임시

---

19) 金陽燮, 『先驅者 李東寧一代記』, 乙酉文化社, 1979, p.342.
20) 『백범일지』, pp.389~390.

김구의 후견인 격이었던 임시정부 국무회의 주석 이동녕이 1940년3월13일에 기강에서 사망했다. 국장으로 치른 이동녕의 장례식.

정부공보》 호외를 발행했다.[21]

　이동녕의 장례식은 3월17일에 임시정부 국무위원들을 비롯한 광복진선 3당 인사들과 임시정부 대가족이 참가한 가운데 간소한 국장으로 거행되었다. 김구는 한국국민당 이사장 자격으로 애끊는 조사를 읽었다.

　　선생은 대한의 자주독립과 민족의 자유를 위하여 40년간 꾸준히 분투노력하셨도다.… 또 선생은 언제나 부분에서 전체를 잊지 않으시며 전체에서 부분을 무시치 아니하셨다.… 이와 같이 공고노고(功高勞苦)하신 선생은 우리 민족의 선각자이며 우리 혁명운동계의 도사(導師)이시다. 이제 조국광복의 대업이 완성되려 하는 조석에 있어서 믿고 있었던 선생은 떠나가셨으니, 선생인들 어찌 가고 싶어 가셨으리까마는 살아 있는 우리는 노를 잃은 배와 같이 되었나이다. 궂은 비 모진 바람이 우리의 정신을 흔들지 못하며 춥고 고픈 것이 우리의 지기(志氣)를 좌절하지 못할지라.

---

21) 《大韓民國臨時政府公報 號外》(1940.3.14.), 『대한민국임시정부자료집(1) 헌법·공보』, pp.220~221.

더구나 붉은 꽃 푸른 잎은 우리와 인연이 없는 것이니, 날이 가고 달이 바뀐들 주위의 자연이야 어찌 감히 우리를 시험하리요마는, 오직 우리의 대업이 점점 완성의 길로 들어갈수록 우리의 간고(艱苦)도 점점 커갈 것은 분명한데, 장차 헤치고 나갈 양책을 누구에게 묻겠나이까. 생각이 이에 미치매 아쉽고 안타깝고 서러워서 눈물이 옷깃을 적시고 목이 메일 뿐이오이다.

그러나 선생이 가셨으면 아주 가셨으리까. 선생의 인자하고 웅위한 신자(神姿)는 오히려 우리 눈에 암암하며, 선생의 다정하고 화유한 덕음은 오히려 우리 귀에 쟁쟁하며, 선생의 위대하고 개결[介潔: 성질이 꼿꼿하고 깔끔함]한 정신은 우리 민족의 머리 속에 깊이 심어져 있나이다.…22)

김구는 미주동포에게도 이동녕의 타계를 알리고, 애도행사를 갖도록 부탁했다. 그는 4월12일에 미주의 대한인국민회 중앙집행위원장 한시대(韓始大)와 중앙상무부 총무 김병연(金秉堧) 앞으로 다음과 같은 편지를 보냈다.

3월13일에 임시정부 주석이신 석오 이동녕 선생이 급성 감모(感冒)로 별세하여 17일에 국장례로 안장하고 임시정부에서 일반동포에게 이레 동안 거상[居喪: 상복] 입을 것을 반포하였습니다. 귀회는 정부 《공보》호외가 가는 대로 주최로 추도회를 행하시고, 또 일반으로 하여금 추도식을 거행케 하시며, 정부에서 이레 동안 거상을 입으라(고한) 명령을 반포하소서. 미주, 하와이, 멕시코 재류 전체 국민의 발상은 정부령을 기다려 거행(하게)할 터이오니 재차 통지를 기다리시되, 발상하기 전에는 일체 오락과 유희를 정지하시고 국민회 관하 각 지방은 이 통지를

---

22) 이현희, 『대한민국임시정부 주석 이동녕과 그 시대』, 동방도서, 2002, p.415.

받는 때에 곧 반기를 달아
애도를 표하소서.[23)]

하와이의 대한인국민회와
동지회에도 같은 연락을 했을
것이지만, 이때의 신문이 보존
되어 있지 않아서 자세히 알
수 없다.

김구의 편지를 받은 국민
회 중앙총회는 곧바로 《신한
민보》의 호외를 발행하여 이
동녕의 사망 사실을 크게 보
도하고, 5월26일 오후 8시에

이동녕의 국장을 보도한 《신한민보》 호외.

국민회 중앙부 주최로 국민총회관에서 추도식을 거행했다. 같은 날 각 지
방회도 추도식을 거행했다.[24)] 국민회 주최의 추도식에는 김구와 함께 이
승만도 구미위원부 명의로 다음과 같은 추도문을 보냈다.

이제 우리 임시정부 주석 이동녕 선생의 별세한 부음을 받고 해내
외에서 추도하시는 일반동포를 따라 조의를 표합니다. 선생은 나와
소시부터 함께 위국진충(爲國盡忠)하다가 그 후 임시정부의 책임을
분담하고 상해에서 조석 상종타가 분수[分手: 서로 작별함]한 후 종종
그 정형을 듣건대 이역 풍토에 무한한 고난과 위험을 당하며 위국노
력을 시종에 게을리하지 않다가, 오호라 이제 이 작고 인하야 광복의
성공을 보지 못하게 됨은 과연 "장사영웅누만금"이로다. 생존한 우리

---

23) 《新韓民報》 1940년4월18일자, 「號外: 국상을 반포, 임시정부 주석 리동녕 선생의 서세」.
24) 《新韓民報》 1940년5월30일자, 「임시정부 주석 리동녕 선생을 추도」 및 1940년6월6일자, 「각 지
방회로서 거행한 이동녕 선생 추도식」.

들은 더욱 분투하야 선생의 마치지 못한 대업을 완성함으로(써) 하늘에 계신 영혼을 위로하기를 바라나이다.[25]

"장사영웅누만금"이란 두보(杜甫)의 유명한 「촉상(蜀相)」이라는 칠언율시의 마지막 절구이다.

蜀相	촉상
丞相祠堂何處尋	승상(丞相)의 사당을 어디서 찾을꼬
錦官城外柏森森.	금관성 밖 잣나무 울창한 숲 속에 있네.
映階碧草自春色	섬돌에 비친 푸른 풀은 절로 봄빛을 띠고
隔葉黃驪空好音.	나뭇잎새 사이로 부질없는 꾀꼬리 울음소리.
三顧頻煩天下計	삼고초려는 천하를 위한 계략이오
兩朝開濟老臣心.	두 조정을 섬김은 늙은 신하의 충심이어라.
出師未捷身先死	출병하여 이기기도 전에 몸 먼저 죽으매
長使英雄淚滿襟.	길이 영웅들에게 눈물로 옷 적시게 하네.

"승상(丞相)"이란 제갈량(諸葛亮)을 가리키는 말이다. 이승만은 이동녕의 죽음을 위(魏)나라 정복의 뜻을 이루지 못하고 죽은 제갈량의 죽음에 비유한 것이다. 일찍이 한성감옥서에서 옥살이를 같이 했고, 3·1운동 뒤에 임시정부가 수립된 이후로 임시정부 운영과 관련한 가지가지의 우여곡절 속에서도 줄곧 자신의 입장을 지지했으나 섭섭한 일도 없지 않았다. 그러나 이동녕의 부보에 접하자 이승만으로서도 착잡한 감회를 금할 수 없었던 것이다.

---

25) 《新韓民報》 1940년5월30일자, 「추도문」.

이동녕의 사망은 중단상태에 있는 3당통합작업을 촉진시키는 촉매제
가 되었다. 이동녕이 사망한 다음 날인 3월14일에 3당대표회의가 다시 열
렸다. 대표들의 면면은 거의 그대로였으나, 한국국민당에서 엄항섭(嚴恒
燮)이 빠지고, 조선혁명당에서는 최동오 대신에 김학규(金學奎)가 참석
했다.[26] 회의는 순조롭게 진행되었다. 4월1일 회의에서는 신당의 당명을
한국독립당으로 하고, 제도는 "민주주의 중앙집권제"로, 조직은 중앙집
행위원제로 하기로 결정했다. 그리고 중앙집행위원 15명(홍진, 조소앙, 조
시원, 이청천, 유동열, 최동오, 김학규, 조경한, 김구, 엄항섭, 박찬익, 양묵, 차리석,
김붕준, 조완구)과 중앙감찰위원 5명(이시영, 송병조, 민병길, 김의한, 공진원)
을 선출했다. 「당강」은 "임시정부의 옹호 진전"으로 정하고, 연호는 "대
한민국"을 사용하기로 했다. 중앙집행위원장과 중앙상무위원은 새로 구
성되는 간부회의에서 선출하기로 하고, 창립대표대회를 5월9일에 열기로
결정했다.[27]

김구는 4월22일에 대한인국민회 앞으로 한국독립당의 결성 사실을
알리는 편지를 보내면서, 끝머리에 "그러나 미주와 하와이에 산재한 광
복단체들까지 통합하여야 우리 민족주의 집단은 한덩어리가 되어서 일
대 권위를 떨칠 수 있습니다"라고 하여 미주 단체들도 통합신당과 합칠
것을 촉구했다.[28]

3당통일작업이 다시 진행될 무렵 중국국민당 관계자들은 한국 독립
운동자들의 통일문제를 논의하기 위한 간담회를 열기로 하고 광복진선
과 민족전선연맹에 대표를 파견해 줄 것을 요청했다. 광복진선은 3당을

---

26) 「光復陳線遠東三黨統一代表會議經過大略」, 『대한민국임시정부자료집(34) 한국독립당Ⅱ』, pp. 17~18.
27) 「光復陳線遠東三黨統一代表會議經過大略」, 위의 책, p.18; 《新韓民報》 1940년5월16일자, 「광 복진선이 통일하야 한국독립당을 성립」.
28) 《新韓民報》 1940년5월16일자, 「광복진선이 통일하야 한국독립당을 성립」.

통일하여 한국독립당을 창당하기는 했으나 아직 신당의 대표를 선출하지 못한 상황이어서 정식대표를 파견할 수 없었다. 광복진선에서 정식대표를 파견하지 않기로 했다는 소식을 들은 민족전선연맹에서도 정식대표를 파견하지 않고 개인 자격으로 참가하기로 했다.

4월2일 오후에 중국국민당 중앙조사통계국에서 열린 간담회에는 광복진선에서 김구, 유동열, 엄항섭이, 민족전선연맹에서 이소민(李蘇民), 주세민(周世敏)이 개인 자격으로 참석했다. 그리고 중국국민당에서 강택, 서은증, 이초영 등이 참석했다. 중국쪽에서는 자신들이 성의를 다해 초청한 간담회에 한국 독립운동자들이 정식대표가 아닌 개인 자격으로 참석한 것이 몹시 섭섭했다. 강택은 참석한 대표들이 각당의 정치주장을 솔직하게 공개하고 서로의 의견을 교환하여 통일방법을 찾기를 희망했다. 그러나 간담회는 중국쪽의 기대대로 진행되지 않았다.

먼저 김구는 신당의 대표가 선출되지 않아 정식대표가 참여하지 못한 점을 사과하고, 통일문제에 대해서는 연합방식으로 합작공작을 벌인다면 희망이 있을 것이라고 말했다. 유동열도 김구와 비슷한 의견을 피력했다. 그러나 이소민과 주세민은 개인 자격으로 간담회에 참석했기 때문에 상대방의 의견을 듣기만 할 뿐 통일문제에 대해서는 아무런 의견도 제시할 수 없다고 말했다. 한국 독립운동자들의 소극적인 태도에 실망한 강택은 유감의 뜻을 표시하고 바로 간담회를 마무리했다. 결국 이날의 간담회에서는 "한국 독립운동의 처리 방법"으로 양당은 공존하되 공작 성과에 따라서 보조하고, 공작구역은 황하 이남에서 양자강 이북 사이는 광복진선의 구역으로, 양자강 이남은 민족전선연맹의 구역으로 한다는 두가지 사항을 결정했다.[29]

마침내 광복진선 3당은 예정대로 5월8일에 공동명의로 해체선언을

---

29) 「조선혁명운동 원조담화회 기록」(1940.4.2.), 『대한민국임시정부자료집(22) 대중국외교활동』, pp.94~96.

1940년 5월9일에 결성된 한국독립당의 제1기 중앙집행위원과 중앙감찰위원.

발표하고,[30] 5월9일에는 각 당대표 8명이 모여 한국독립당 창당대표대회를 열었다. 창당대표대회는 3당통합대표회의가 결의한 「당명」, 「당의」, 「당강」, 「당책」, 「당헌」, 「창립선언」, 「사업안」, 「간부인선」을 원안대로 통과시키고, 신당의 창립을 알리는 「한국독립당 창립선언」을 발표했다.[31] 이어 5월11일에는 제1기 중앙집행위원회 제1차 회의를 열어 김구를 중앙집행위원장으로 선출하고, 조완구, 조소앙, 엄항섭, 이청천, 김붕준을 중앙상무위원으로, 그리고 조완구를 비서부 주임, 조소앙을 조직부 주임, 엄항섭을 선전부 주임, 이청천을 훈련부 주임, 김붕준을 재무부 주임으로 각각 선임했다.[32]

한국독립당은 「당의」에서 "본당은 혁명적 수단으로써 폭일의 침탈

30) 三均學會 編, 앞의 책, p.264.
31) 「光復陳線遠東三黨統一代表會議經過大略」, 『대한민국임시정부자료집(34) 한국독립당Ⅱ』, pp. 26~29; 三均學會 編, 앞의 책, pp.264~265.
32) 「光復陳線遠東三黨統一代表會議經過大略」, 『대한민국임시정부자료집(34) 한국독립당Ⅱ』, p.19.

세력을 박멸하여 우리의 국토와 주권을 완전히 광복하고 정치, 경제, 교육 균등 등의 기초 위에 신민주국가를 건설할 것"이라고 하여 삼균주의에 기초한 민주국가 건설을 표방하고, 「당강」에서는 보통선거제의 실시, 토지 및 대생산기관의 국유화, 의무교육의 실시, 국민개병제 등을 천명했다.[33] 이러한 「당의」와 「당강」은 통합 이전의 한국독립당이나 한국국민당의 그것과 특별히 다른 것은 없었다.

눈길을 끄는 것은 7개항의 「당책」을 통하여 광복군의 편성에 의한 대일혈전의 전개를 강조한 점이었다. 「당책」은 특히 장교 및 무장대오를 통일 훈련하여 상당한 병력의 광복군을 편성할 것(제3항)과 대중적 반항과 무력적 전투와 국제적 선전 등의 독립운동을 확대 강화하여 전면적 혈전을 적극 전개할 것(제4항)을 천명했다.[34] 그것은 한국국민당이 "엄밀한 조직하에 민중적 반항과 무력적 파괴를 적극적으로 진행할 것"이라고 하여 비밀공작에 의한 폭력투쟁을 표방했던 것에 비해 한결 발전한 것이었다.

한국독립당은 당조직의 원칙으로 "민주주의 중앙집권제"를 확정했다. 1935년7월에 김규식(金奎植)과 김원봉이 중심이 되어 민족혁명당을 결성할 때에 「당강」의 하나로 "민주집권제" 정권의 수립을 표방했었는데, 그것을 임시정부의 지주정당이 될 한국독립당이 조직원칙으로 채택한 것이었다.

조소앙이 작성한 「광복진선원동3당통일대표회의 경과대략」은 한국독립당이 조직원칙으로 "민주주의 중앙집권제"를 채용한 것은 "산만 무통일한 자유주의를 배격하며, 편벽한 당수 독재를 부인하고, 당원의 권리를 민주적으로 보편 균등하게 하되, 중앙집권제로서 당연히 규정되는 삼종공률(三種公律)은 일반 당원급 일반 당부의 준수할 최고 규율이 됨"이라고 천명했다. 그러면서 "개인은 조직에 복종하고, 소수는 다수에 복종

33) 「韓國獨立黨創立宣言」, 위의 책, pp.27~28.
34) 「韓國獨立黨創立宣言」, 같은 책, p.28.

하고, 하급은 상급에 복종한다"는 레닌(Vladimir I. Lenin)의 명제를 그대로 사용한 것은, 토지와 대생산기관의 국유화 등의 「당강」과 함께, 중국에서 활동하던 독립운동자들에게 공산주의 이론의 영향이 얼마나 보편화되어 있었던가를 말해 준다.

"민주주의 중앙집중주의(Democratic Centralism)"라는 용어는 레닌이 1905년에 러시아의 새로운 사태전개에 대응하여 종래의 "중앙집중주의"를 수정하여 만들어 낸 개념으로서, 그 뒤의 국제공산주의운동과 각국 공산당의 조직원칙으로 채택된 이론이었다.[35] 그런데 조소앙은 한국독립당이 조직원칙으로 표방한 "민주주의 중앙집권제"는 공산주의의 조직원칙과는 전혀 다른 것이라고 다음과 같이 주장했다.

> 동일한 중앙집권제를 취한다 하여도 결의(決議)의 독자성을 거세하고, 외래 명령에 제약되고, 건국과 치국의 자립성을 포기하고, 대국가의 종주권을 승인하여 이에 부속 가맹할 것을 예정 노선의 불변할 정서[程序: 순서]로 하는 공산주의와 구별하지 않으면 안된다. 민족문제의 해석이 부동하고 계급투쟁 지상주의와 무산독재 제일주의를 공식적으로 기계적으로 맹종하는 당과 구별하지 않으면 안된다. 더구나 파시스트당이나 나치스당과는 같고 다름을 비교하여 논할 여지도 없다.[36]

그러나 그것은 결국 한국독립당과 조선혁명당의 요구에 따라 지금까지 강력한 권한을 가진 한국국민당의 이사장 단일지도체제를 중앙집행위원회 중심의 집단지도체제로 바꾸는 작업을 합리화하기 위한 이론으로 볼셰비키당의 조직원칙을 원용한 것이었다.

---

35) 김학준, 『러시아혁명사』, 문학과지성사, 1995, pp.423~425; 최보원, 「레닌의 당조직론에 관한 연구: 민주집중제를 중심으로」, 한국정신문화연구원 대학원 석사학위논문, 1988 참조.
36) 「韓國獨立黨第一次全黨代表大會宣言」, 『素昻先生文集(上)』, p.279; 『白凡金九全集(6)』, p.123.

2. 재미동포 의연금으로 한국광복군총사령부 창설

1

광복진선 3당 통합작업이 웬만큼 진전되자 김구는 임시정부가 발표한 「독립운동방략」에서 밝힌 광복군 창설작업을 위해 바쁘게 움직였다. 특히 만주에서 무장투쟁을 벌이다가 자신의 초빙으로 관내로 옮겨 와서 낙양군관학교 분교 한인특별반의 학생들을 훈련했던 이청천, 조경한 등과 국민정부와의 교섭을 전담하고 있는 박찬익과 긴밀히 상의했다.[37] 자금지원을 의존해야 할 재미동포들과도 연락을 계속했다. 재미동포들에게는 자금지원뿐만 아니라 군사요원들을 모집하는 일도 부탁했다. 1940년1월22일에는 대한인국민회 중앙상무부 총무 최진하(崔鎭河)에게 기술인재를 조사하여 보내 달라는 편지를 보냈다.

> 연전에도 말씀드린 바 있는 듯합니다. 원동의 우리 활동은 북에 유격대, 남서에 의용대가 있는데, 앞으로는 독립적으로 한국 군대를 조직할 계획인즉, 기술인재가 크게 수요되오니 현재 구미 각국에 산재한 한인청년으로 기술인재를 조사하시며, 동방으로 보내 주시면 감사하겠나이다.…[38]

김구는 같은 날 미주 국민회 앞으로 서안(西安)에 파견한 군사특파단의 활동을 소개하면서 광복군 결성을 위한 자금지원을 요청하는 재무부장 명의의 공문을 따로 보냈다.

---

37) 趙擎韓, 『白岡回顧錄 國外篇』, pp.287~289.
38) 「金九가 崔鎭河에게 보낸 1940년1월22일자 편지」, 『대한민국임시정부자료집(42) 서한집 I』, p.316.

조성환, 황학수(黃學秀), 이준식(李俊植), 왕중량(王仲良: 羅泰燮) 씨 등 4개 특파원으로 청년장교 및 사람을 영솔하고 화북 모지에 가서 근거를 두고 광복군 조직 준비공작에 착수 중 다대한 희망이 있으므로 계속하여 인원을 파견하겠는데, 경비부족이 장애를 줍니다. 귀회로 하실 수 있으면 1,000원을 보내 주시기를 바랍니다. 광복군 조직을 전수히 미주와 하와이 동포만 믿는 것은 아닙니다. 중국측에서 원조하마고는 하나 우리 힘으로 기초는 세워 놓고서 외인의 힘을 빌리자는 고충에서 극단 간난을 참고 지냅니다. 현하 각 단체는 각기 따로 서 있으나 오직 군사, 외교, 재정만은 임시정부가 주관하는 것이 사건통일이 될까 하여 노력하는 중에 있으니 귀회도 이 보조에 발을 맞추어 주시기 바랍니다.[39]

우리 힘으로 기초를 세우자는 김구의 공문은 미주동포들의 호응을 불러일으켰다. 미주동포들의 광복군후원운동은 1940년 3·1절 기념선언식을 계기로 활발히 시작되었다.《신한민보》는 임시정부의 광복군 조직은 선현의 남긴 뜻이요 또 우리의 바라던 일이라고 말하고, 광복군 조직의 착수까지는 미주동포들이 도와야 하고, 광복군 조직을 돕는 방법은 인구세와 부담금을 내는 것이라면서 광복군을 적극 후원할 것을 강조했다. 동포들의 호응은 눈물겨웠다. 쿠바의 카르데나스(Cardenas)에 사는 가난한 동포들은 지급된 구제금을 나누어 쓰지 않고 그 돈으로 인구세를 내기도 했다.[40]《신한민보》는 3월7일부터 고정란으로 「광복군 후원금」란을 마련하여 후원금 모금 캠페인을 벌였다.

김구는 서은중에게 한국공산주의자들을 맹렬히 비난하는 편지를 보내고 얼마 지나지 않아 다시 한국국민당 이사장 명의로 다음과 같은 편

---

39) 《新韓民報》 1940년2월15일자, 「임시정부의 광복군조직」.
40) 《新韓民報》 1940년2월29일자, 「論說: 3·1정신을 실현한 광복군을 후원」; 1940년3월14일자, 「論說: 림시정부광복군 후원에 대하야」.

지를 보냈다.

　　화북에 있는 본당 공작동지의 보고에 의하면 그 지방 적군 속에 있는 한국 국적 사병 가운데 반정(反正)해 오는 자가 적지 않으므로 만일 그 지역에 광복군을 조직하여 정보망을 구축한다면 앞으로 군사 면에서나 특무 면에서 유익함이 적지 않을 것이라고 했습니다. 그러나 본당에서 역량이 미약하므로 중국국민당 중앙에서 원조해 주시어 공작을 전개하게 해주시기를 요청하고자 합니다. 그러지 못하면 좋은 기회를 앉아서 잃게 되므로 지극히 애석한 일입니다.[41]

　　김구가 말하는 "본당 공작동지"란 서안에 파견한 임시정부의 군사특파단을 지칭하는 것이었다. 화북지역에는 중일전쟁 이후에 한인들의 이주가 급속히 증가하여 1940년을 전후해서는 20여만명에 이르렀다.[42] 이러한 상황을 군사특파단이 임시정부에 보고하자 김구는 그것을 중국 당국에 알리면서 화북지역에 광복군 정보망을 구축할 것을 제안한 것이었다.

　　김구의 광복군 정보망 구축제안은 중국인사들의 관심을 끌 만했다. 서은증으로부터 검토의견 요청을 받은 삼민주의 조직처장 강택은 한국국민당 공작원들의 보고가 사실이라면 광복군 정보망 구축작업을 즉시 보조할 수 있을 것이라고 했다. 서은증도 강택의 의견이 타당하다고 판단하고, 장개석에게 보고하여 한국 각 당파들이 통합되기 전이라도 다소의 보조를 해주어 공작을 전개할 수 있게 하는 것이 좋겠다고 주가화에게 건의했다. 주가화는 3월2일에 장개석에게 이 사실을 보고하면서 김구가 제안한 광복군 정보망 구축안을 곧바로 실행에 옮길 수 있도록 지원

---

41)「朱家驊가 蔣總裁에게 보낸 1940년3월2일자 편지」,『韓國獨立運動史 資料(26) 臨政篇XI』, p.23.
42) 韓詩俊,『韓國光復研究』, 一潮閣, 1993, p.73.

할 것을 건의했다.[43]

중국국민당 간부들의 이러한 반응은 일본군 점령지역 안의 정치정세와도 관련이 있었다. 화평공작을 한다는 구실로 1938년12월에 중경을 탈출한 중국국민당 내의 친일파의 거두 왕조명(汪兆銘)이 하노이를 거쳐 일본으로 가서 일본정부와 정권수립 공작을 협의하고 돌아와, 1939년8월에 남경에서 국민당 제6차 전당대회를 열고, 1940년3월30일에 일본의 괴뢰정권으로 또 하나의 '국민정부'를 수립하고 주석에 취임했다. 장개석 정부로서는 일본군의 비호를 받는 왕조명 정권을 타도하는 것이 곧 항일전이었으므로 왕조명 정권의 지역에 한국광복군의 정보망을 구축하는 일은 중요한 관심사가 아닐 수 없었다.

주가화의 건의를 받은 장개석은 4월11일에 김구의 광복군 결성계획을 승인하고, 군정부장 하응흠(河應欽)과 상의하여 처리하라고 지시했다. 하응흠은 다음과 같은 처리방안을 작성하여 장개석에게 보고했다.

(1) 군대의 편성단위는 김구가 지금 가진 인원수에 따라 작성 보고하여 심의를 받는다.

(2) 활동구역은 군대가 성립된 뒤 책임자가 실제 수요에 따라 계획을 작성하여 군사위원회에 보고하여 결정을 본 다음, 다시 군사위원회에서 그 해당지방의 최고군사장관에게 통지하여 활동의 편의를 제공하게 한다.[44]

이러한 방안에 대해 장개석의 승낙을 받은 하응흠은 5월15일에 주가화에게 통보했고, 주가화는 5월18일에 김구에게 알려 주었다.[45]

한국독립당은 이미 한국광복군 창설에 대한 구체적인 계획서로 「한

---

43) 「康澤이 徐恩曾에게 보낸 1940년2월21일자 편지」, 「徐恩曾이 朱家驊에게 보낸 1940년2월25일자 편지」, 『韓國獨立運動史 資料(26) 臨政篇XI』, p.22.
44) 「蔣介石이 朱家驊에게 보낸 1940년4월11일자 편지」, 「朱家驊가 河應欽에게 보낸 1940년4월16일자 편지」, 「河應欽이 朱家驊에게 보낸 1940년5월15일자 편지」, 위의 책, pp.25~26.
45) 「河應欽이 朱家驊에게 보낸 1940년5월15일자 편지」, 「朱家驊가 金九에게 보낸 1940년5월18일자 편지」, 같은 책, pp.27~28.

국광복군편련계획대강(韓國光復軍編練計劃大綱)」을 작성하여 5월1일에 주가화에게 제출해 놓고 있었다.[46]「계획대강」은 1) 임무, 2) 규모, 3) 예속, 4) 편제, 5) 징모방법, 6) 훈련방법과 지점, 7) 활동구역, 8) 동북방면에 있는 한인무장대오에 대한 처리방법, 9) 한국광복군 속성방법 및 선전요령, 10) 특무기관의 부설 및 진행방략, 11) 요구사항의 총 11개 항목으로 구성된 매우 구체적인 계획안이었다. 11개 항목 가운데 가장 중요한 것은 광복군의 지휘관할권 문제와 중국과의 관계 설정문제였다.「계획대강」은 1항에서 광복군의 임무를 다음과 같이 규정했다.

한국광복군은 왜병의 토벌을 위한 한인 무장세력의 정식적 기간부대로서 중국 항일군의 작전이 유리하도록 하고, 아울러 적군 안에 있는 한인 무장대오가 속히 일어서 총을 거꾸로 들고 돌아서게 적의 이한제화[以韓制華: 한인을 이용해서 중국인을 제어함]의 음모를 박멸하고 아울러 중한 연합작전의 의의를 내외에 널리 알리고 중국의 작전부대와 동일 보조를 취한다. 관외(關外)에 조직된 상당수의 광복군을 점차 확대 강화하여 전민총동원의 원동력이 된다.[47]

이처럼「계획대강」은 한국광복군의 위상을 한중(韓中)연합작전을 펼칠 정식 무장부대로 규정했다. 그리하여 광복군의 지휘 통솔권도 조선의 용대처럼 중국 군사위원회에 예속시키는 것이 아니라 한국광복군총사령부가 직할하고, 중국의 군사 최고영수는 중한연군(中韓聯軍) 총사령 자격으로 이를 통솔하고 지휘한다고 규정했다. 그리고 중국정부에 대해서는 광복군의 속성(速成)을 위하여 중국 장정들을 모집하여 혼합편제를 만드는 일을 인준하고, 광복군 창설을 위한 준비비용 50만원과 경상비,

46)「金九가 朱家驊에게 보낸 1940년5월의 편지」, 같은 책, p.31, p.47.
47)「임시정부가 中國측에 제출한 韓國光復軍編練計劃大綱」(1940.5.1),『대한민국임시정부자료집 (10) 한국광복군 I』, 2006, p.8.

병기 피복 등 그 밖의 광복군 활동에 필요한 경제적 지원을 요청했다.[48]

중국정부의 긍정적인 반응에 고무된 김구는 광복군 조직작업을 서둘렀다. 김구는 5월23일 오전 10시에 엄항섭을 대동하고 중국국민당 조사통계국으로 서은증을 방문하고, 광복군의 위상과 성격에 대한 자신의 구상을 밝혔다. 김구는 광복군의 행정관리는 반드시 자주권을 유지해야 한다면서 조선의용대의 조직형태처럼 되어서는 안된다는 점을 강조했다. 그러나 군사적인 행동에 대해서는 중국 군사당국에 당연히 복종할 것이라고 말했다. 서은증은 매우 난색을 표하면서 연락참모나 정치지도원 등의 파견이 필요하다고 말했다. 그러나 김구는 서은증의 주장을 받아들이지 않았다. 그리고 광복진선 3당의 통합으로 창당된 한국독립당을 한국혁명단체의 정통이며 혁명의 중심역량으로 인정하고, 나아가 임시정부도 승인해 줄 것을 요청했다.

김구는 광복군을 한국독립당의 당군이 아니라 임시정부의 군대로 창설할 계획이라고 설명했다. 한국독립당은 중국 군대가 중국국민당의 당군인 점을 감안하여 광복군도 한국독립당의 당군으로 해야 된다고 주장하고 있었다.[49] 그러나 김구는 그 주장에 반대했다. 그는 광복군은 명의상으로는 당군이지만 실제로 내부의 지휘권은 임시정부에 속해 있다고 말하면서, 만일 광복군을 임시정부가 통제하지 않으면 각당마다 다 당군을 만들어 당파 간의 마찰이 더욱 심해질 우려가 있으므로 임시정부의 군대로 해야 한다고 주장했다. 또한 김구는 일찍이 레닌정부가 임시정부에 200만루블을 지원하겠다고 한 바 있고, 그 가운데 20만루블을 한국공산당이 수령했으며, 미국의 군사당국도 한국을 원조하는 문제를 검토한 일이 있다고 말하면서 중국이 먼저 임시정부를 지원해 줄 것을 요청했다.

마지막으로 김구는 이미 반년 전부터 서안에 파견되어 활동하고 있는

---

48) 위의 문서, pp.8~12.
49) 李範奭, 「光復軍」, 《新東亞》, 1969년4월호, p.193.

광복군에게 중국 군사위원회의 통행증을 발급해 줄 것을 요청했다. 그러나 서은증은 광복군이 정식으로 성립된 뒤라야 군사위원회에서 통행증을 발급해 줄 수 있다고 말했다. 결국 이날의 면담에서 김구는 중국정부의 소극적인 입장만 확인했을 뿐이었다.[50]

서은증과의 면담을 마친 김구는 그날로 미주의 국민회 앞으로 광복군 조직안이 중국정부의 승인을 받았다는 사실을 알리는 편지를 보내면서 미주동포들의 적극적인 후원을 거듭 호소했다.[51]

그러나 기대했던 중국정부의 광복군 설치에 대한 지원은 바로 실현되지 않았다. 「계획대강」을 심사한 중국정부 관계자들이 제동을 걸었기 때문이다. 이들은 노유(老幼)를 합쳐도 60여명밖에 되지 않는 인원으로 방대한 계획을 실행하기는 어렵고, 일본군 내의 한국인 포로들로 광복군을 편성하는 일은 이미 조선의용대로 하여금 한국인 포로들을 인수하여 편성할 것을 허가했기 때문에 어려운 일이며, 별도의 특무기관의 설치는 필요하지 않고, 요구경비도 현재로서는 너무 많다는 등 몇가지 문제점을 지적했다. 그러나 가장 핵심적인 문제는 「계획대강」 제3항에서 언급한 광복군의 소속문제였다. 국민정부의 주장은 광복군은 마땅히 국민정부의 군사위원회에 소속되어야 하며, 또 한국광복군이 각 지방에 파견하는 인원들도 각각 해당 지방에 있는 중국 고급군사장관의 지시를 받아야 한다는 것이었다.[52]

국민정부로부터 군수물자와 기술인원의 지원을 기대했던 김구는 국민정부가 지원을 망설이자 독자적으로 광복군 창설작업을 추진하기로 했다. 그리하여 임시정부는 중국의 지원 없이 광복군 창설준비를 위한 실

---

50) 「조선혁명운동 원조담화회 기록」(1940.5.23.), 『대한민국임시정부자료집(22) 대중국외교활동』, pp.96~100.
51) 《新韓民報》 1940년6월13일자, 「臨時政府: 2천5백만 총동원의 독립광복군 조직」.
52) 「援助朝鮮革命運動談話記錄」, 『國民政府與韓國獨立運動史料』, pp.227~235; 「汪榮生의 韓國光復軍編練計劃大綱에 대한 意見」(1940.6.4.), 「李超英이 朱家驊에게 보낸 1940년6월21일자 편지」, 『韓國獨立運動史 資料(26) 臨政篇 XI』, p.36, p.38.

무기구로 한국광복군창설위원회를 구성했다. 창설위원회가 구성된 날짜는 분명하지 않으나, 위원장은 이동녕 사망 이후로 임시정부의 주석이 된 김구 자신이 맡고 실무는 이청천, 유동열, 조경한, 김학규 등 만주에서 무장투쟁을 했던 인사들과 중국군에 복무하고 있던 이범석(李範奭) 등이 맡았다.[53] 낙양군관학교 한인특별반이 해체된 뒤에 국민정부의 중앙훈련단 중대장으로 있던 이범석은 김구의 종용으로 1940년6월에 사임하고 광복군 창설작업에 참여했다.[54] 당장은 부대를 편성할 만한 병력이 없더라도 먼저 총사령부부터 창설하기로 한 것이다.

2

1940년8월4일에 드디어 광복군총사령부가 창설되었다.[55] 그것은 1920년7월26일에 「교령」 제6호로 공포한 「대한광복군총사령부 규정 및 세칙」에 근거한 것이었다. 임시정부가 광복군 창설을 포고한 지 20년 만에 실현을 본 셈이었다. 총사령부의 조직을 마친 임시정부는 9월에 임시정부 판공처를 기강에서 중경 시내의 화평로 오사야항(和平路吳師爺巷) 1호로 옮겼다.[56] 임시정부 판공처가 중경으로 옮겨 오면서 국무위원들을 비롯하여 주요 직책을 맡은 사람들 대부분은 중경으로 오고, 기강에는 그 가족들 일부만 남았다.[57]

광복군 성립 전례식을 이틀 앞둔 9월15일에 김구는 임시정부 주석 겸 한국광복군창설위원회 위원장 명의로 광복군 창설의 취지를 대외적으로 널리 알리는 「한국광복군선언문」을 발표했다. 「선언문」은 먼저 "임시

---

53) 南坡朴贊翊傳記刊行委員會, 『南坡朴贊翊傳記』, p.251; 李範奭, 앞의 글, pp.192~193.
54) 李範奭, 앞의 글, pp.192~193.
55) 《韓民》(제23호), 1940년10월15일자, 「趙素昂先生의 光復軍成立報告」, 『대한민국임시정부자료집 (35) 한국국민당 I 』, p.449.
56) 南坡朴贊翊傳記刊行委員會, 앞의 책, p.252.
57) 정정화, 『녹두꽃』, pp.140~141.

정부는 대한민국 원년에 정부가 공포한 「군사조직법」에 의거하여 중화민국 총통 장개석 원수의 특별허락으로 중화민국 영토 안에서 광복군을 조직하고 대한민국 22년(1940) 9월17일에 한국광복군 총사령부를 창설"한다고 선언하고, 광복군의 성격과 위상을 다음과 같이 천명했다.

한국광복군은 중화민국 국민과 합작하여 우리 두 나라의 독립을 회복하고자 공동의 적인 일본제국주의자들을 타도하기 위하여 연합군의 일원으로 항전을 계속한다.

과거 30년간 일본이 우리 조국을 병합 통치하는 동안 우리 민족의 확고한 독립정신은 불명예스러운 노예생활에서 벗어나기 위하여 무자비한 압박자에 대한 영웅적 항전을 계속하여 왔다. 영광스러운 중화민국의 항전이 4개년에 도달한 이때에 우리는 큰 희망을 가지고 우리 조국의 독립을 위하여 우리의 전투력을 강화할 시기가 왔다고 확신한다.

우리는 중화민국 최고영수 장개석 원수가 한국민족에 대하여 원대한 정책을 채택함을 기뻐하여 감사의 찬사를 보내는 바이다.

우리는 한중연합전선에서 우리 스스로 계속 부단한 투쟁을 감행하여 극동 및 아시아 인민 중에서 자유 평등을 쟁취할 것을 약속하는 바이다.[58]

이처럼 「선언문」은 광복군이 중화민국 국민과 합작하여 일본제국주의자들을 타도하기 위하여 조직된 연합군의 일원으로 싸우는 무장부대임을 천명했다.

광복군총사령부 성립 전례식은 예정대로 9월17일 이른 아침에 중경의 가릉강(嘉陵江) 강변에 위치한 가릉빈관(嘉陵賓館)에서 거행되었다. 김구

---

58) 「한국광복군선언문」, 『대한민국임시정부자료집(10) 한국광복군 I』, pp.22~23.

는 광복군 성립 전례식을 거행하기까지의 과정을 다음과 같이 술회했다.

중국이 대일전쟁을 5년간이나 계속하는 동안 군대를 조직하지 못한 것이 너무나 원통한 일이어서,「한국광복군조직계획안」을 작성하여 중국 장개석에게 제청하니 장 주석은 허락한다고 답변하였다. 그러나 당시 전쟁으로 인하여 중국정부의 사무가 분망하여 광복군 추진을 중국정부에만 의존할 수 없었다. 우리는 미주 한인동포들이 보내온 금액 중 비상준비의 목적으로 저축한 4만원을 전부 내어 제일 화려한 가릉빈관에서 광복군 성립 전례식을 성대하게 거행하였다.[59]

미주 국민회가 1940년 한해 동안에 광복군 후원금으로 임시정부로 송금한 금액은 총 2,706달러95센트였다.[60] 하와이의 국민회와 동지회 및 그 밖의 단체나 개인들이 송금한 금액이 얼마나 되었는지는 이때의 신문이 보존되어 있지 않아서 알 수 없다.

가릉빈관은 중경에서 규모가 가장 크고 화려한 호텔이었다. 외국인들이 많이 이용하고 국제회합이 자주 열리는 곳이었다.[61] 어려운 재정 형편에도 불구하고 이처럼 장소를 고급호텔로 선택한 것은 광복군 창설에 대한 선전효과를 기대했기 때문이다.[62] 전례식은 아침 6시부터 거행하기로 했는데, 이른 아침에 전례식을 거행하기로 한 것은 잦은 일본군 비행기의 공습시간을 피하기 위해서였다. 그러나 이날은 흐리고 안개가 끼어서 공습의 염려가 없었다. 그리하여 전례식 시작 시간도 한시간 늦추었다.[63]

임시정부는 중국정부의 요인들과 중경의 각 사회단체 간부들을 비롯

59) 『백범일지』, p.393.
60) 《新韓民報》 1941년1월30일자, 「림시정부후원」.
61) 《韓民》(제23호), 1940년10월15일자, 「光復軍司令部成立典禮記」, 『대한민국임시정부자료집(35) 한국국민당Ⅰ』, pp.456~459.
62) 韓詩俊, 앞의 책, p.90.
63) 《韓民》(제23호), 1940년10월15일자, 「光復軍司令部成立典禮記」.

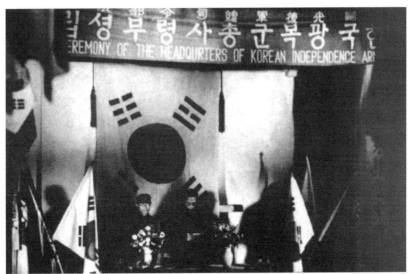

1940년9월17일에 중경의 가릉빈관에서 한국광복군총사령부 성립 전례식이 거행되었다. 개회사를 하고 있는 김구.

하여 각국 대사와 공사들도 빠짐없이 초청했다. 이날의 전례식에는 임시정부 국무위원 및 한국독립당 집행위원 등 한국 독립운동자들은 말할 나위도 없고 중경위수사령관 유치(劉峙) 상장, 국민당 중경시당부의 왕관지(汪觀之), 중경시 경찰국의 동방백(東方白), 중소문화협회의 장서만(張西曼), 국민참정회의 주은래(周恩來), 동필무(董必武), 오철성(吳鐵城) 등 중국 각계 귀빈 30여명과 중경에 주재하는 각국 외교사절 및 신문 통신사 기자 등 모두 200여명이 참석했다.[64]

식장 정문에는 태극기와 청천백일기가 교차되어 바람에 나부끼고, 식장 좌우에는 "초수삼호가망진[楚雖三戶可亡秦: 초나라가 비록 세 집만 남았어도 진나라를 망하게 할 수 있다]", "종견단민환고토[終見檀民還故土: 단군의 자손은 마침내 고국에 돌아가고 말리라]" 등의 표어가 내걸렸다.

전례식은 오전 7시 정각에 시작되었다. 애국가 봉창에 이어 김구가 개

---

64) 韓詩俊, 앞의 책, p.89.

광복군총사령부 성립 전례식에서 중국대표로 축사를 하는 중경위수사령관 유치(劉峙) 상장과 김구.

회사를 했다. 김구는 임시정부의 역사를 간략히 설명하고 나서 한중 양
민족은 죽고 사는 것이 한 운명에 매인 민족으로서 서로 긴밀히 협조해
야 된다고 역설했다. 김구가 개회사에서 한중 연대를 거듭 강조한 것은
광복군이 중국땅에서 결성되었을 뿐만 아니라 실제로 중국정부의 원조
가 절실히 필요한 상황을 염두에 둔 것이었다. 그러나 광복군의 성격과
위상에 대해서는 그것이 비록 중국정부의 지원을 받아 중국땅에서 결성
되는 군대이기는 하지만 임시정부의 정규 군대이며 한중연합군의 일부임
을 강조했다.[65]

　　외무부장 조소앙의 「한국광복군사령부성립보고서」 낭독에 이어 임시
정부 대표 홍진과 한국독립당 대표 조완구의 치사와 유치, 장서만, 왕관
지 등 중국 인사들의 축사가 있은 다음, 장개석 중국 군사위원회 위원장
에게 보내는 메시지가 낭독되었다. 이어 광복군총사령에 대한 헌기와 총

65) 《韓民》(제23호), 1940년10월15일자, 「金九先生의 式辭」, 『대한민국임시정부자료집(35) 한국국
　　민당 I』, pp. 447~448.

광복군총사령부 성립 전례식을 마치고 기념촬영을 한 임시정부 간부들과 광복군 간부들.

사령 이청천의 답사, 그리고 참모 고운기의 「고중국전방장사서(告中國
前方將士書)」 낭독을 끝으로 오전 10시가 되어서야 전례식이 끝났다.[66]
이날의 전례식 축의금으로 장개석의 부인 송미령(宋美鈴) 여사가 이끄는
중국부녀위로총회에서 10만원을 보내왔다.[67]

김구는 이틀 뒤인 9월19일에 주가화에게 광복군 성립 전례식을 무사
히 마친 사실을 알리면서 첨부문건으로 「총사령부직원명단」을 보냈다.
이 명단에는 광복군총사령부는 총사령 이청천과 참모장 이범석 이외에
참모처장 채군선(蔡君仙: 蔡元凱), 부관처장 황학수, 정훈처장 조소앙,
군법처장 홍진, 관리처장 김기원(金起元: 金朋濬), 군수처장 차리석, 군의
처장 유진동(劉振東)의 7개 부서와 책임자들의 이름이 적혀 있었다. 그런
데 이들 간부 9명 가운데 채군선과 유진동을 제외한 7명이 임시정부 국

66) 《韓民》(제23호), 1940년10월15일자, 「光復軍司令部成立典禮記」, 위의 책, p.459.
67) 『백범일지』, p.384; 韓詩俊, 앞의 책, p.89.

무위원과 임시의정원 의장(김붕준)이었다. 그리고 총사령부 휘하의 광복군 규모는 4개 단위부대 대원 각 60명씩 도합 240명과 만주의 조선혁명군 부사령이던 박대호(朴大浩)를 사령으로 하는 제1로 동북군 4,800명을 포함한 총계 5,040명에 이른다고 했다.[68]

그러나 실제로 이처럼 대규모의 광복군부대가 편성될 수는 없었다. 그것은 광복군이 대규모의 병력을 갖춘 것처럼 중국 인사들에게 과시하기 위한 것이었다.[69] 광복군 창설작업을 맡았던 이범석이 뒷날 "만리타국에 우리 군대가 되어 줄 젊은이들이 있을 리가 없었다. 한달을 두고 고심참담했지만 없는 사람을 구해 올 재주는 없었다"[70]라고 실토한 것이 당시의 정황을 짐작하게 한다.

68) 「金九가 朱家驊에게 보낸 1940년9월19일자 편지」, 『대한민국임시정부자료집(22) 대중국외교활동』, pp.103~104.
69) 韓詩俊, 앞의 책, pp.91~92.
70) 李範奭, 앞의 글, p.193.

3. 임시약헌 개정하고 주석에 취임

1

중경에 정착한 임시정부의 제32회 임시의정원 정기회의는 1940년10월1일 오전 8시에 개회되었다. 이때의 임시의정원회의는 임시정부의 중경시대가 개막되는 획기적인 시점이었음에도 불구하고, 회의록이 보존되어 있지 않아서 회의내용의 전모는 알기 어렵다. 그러나 《대한민국임시정부공보》에 회의내용이 비교적 자세히 기술되어 있다. 회의는 10월1일부터 9일까지 열려서 모든 의사처리가 일사천리로 진행되었다.

10월4일에 개회된 회의는 먼저 임시의정원의 정황보고와 의정원 상임위원회의 경과보고 및 임시정부의 정무보고를 받고, 임시정부가 임시의정원 상임위원회의 동의를 얻어서 1940년3월부터 시행하고 있는 「임시정부선전위원회규정」을 추인했다.

10월6일 회의에서는 1939년9월1일부터 12월30일까지의 세입세출 결산서(세입 총액 1만9,497원1각, 세출 총액 1만4,384원4각)를 통과시켰다. 이어 1941년도 세입세출 예산안을 약간 수정하여 통과시켰는데, 그것은 중국정부의 지원금을 뜻하는 '특종수입' 50만원과 재미동포들의 의연금 11만300원(인구세 3만300원, 애국금 1만원, 혈성금 7만원)을 합한 총액 61만6,977원 규모로 짜인 것이었다. 임시정부는 1938년도부터 계속하여 '특종수입'으로 해마다 50만원을 세입예산에 계상하고 중국정부와 교섭해 왔으나 실현되지는 않았다.[71]

제32회 임시의정원회의에서 심의 처리된 가장 중요한 안건은 임시약헌(臨時約憲)의 개정이었다. 이때에 시행되던 임시약헌은 김구가 1926년 12월에 국무령(國務領)에 선출되자마자 내각을 구성할 수 없을 만큼 조

---

71) 尹大遠, 「대한민국임시정부 후반기(1932~1945)의 재정제도와 운영」, 한국근현대사학회 편, 『대한민국임시정부수립80주년기념논문집(상)』, pp.290~291 〈부표〉 참고.

락한 임시정부를 유지하는 방안으로 정부형태를 집단지도체제로 고쳐서 1927년4월7일에 공포한 것이었다. 그로부터 13년 동안, 특히 윤봉길(尹奉吉)의 홍구공원 폭파사건으로 상해를 떠나서 피란생활을 하는 8년 동안, 임시정부는 정부 기능을 제대로 하지 못했다.

온갖 고난을 겪으면서 100여명의 임시정부 대가족을 무사히 중경에 정착시키고, 임시정부의 지주정당이 될 한국독립당을 결성하고, 광복군 사령부를 창설하여 본격적인 군사활동을 전개할 준비를 시작한 김구에게 다음 단계로 필요한 조치는 임시정부의 권력구조를 현실에 맞게 개편하는 일이었다. 임시정부의《공보》에 따르면, 그 작업은 전격적으로 이루어졌다. 임시의정원이 개원한 것이 1940년10월1일이었는데, 임시정부가 마련한 임시약헌개정안이 임시의정원에 제출되어 약간의 수정을 거쳐서 만장일치로 통과된 것은 10월8일이었다. 1주일 만에 헌법개정 작업이 단행된 것이었다.

임시의정원의 개원에 앞서 정부안이 확정되기까지 어떤 준비과정을 거쳤는지는 알려진 것이 없으나, 약헌개정안이 가결된 뒤에 임시정부가 공포한 「임시정부포유문(臨時政府布諭文)」이 약헌개정안의 심의과정에 대해 "이 중대한 변경에 불과 몇날을 허비하지 아니하고 만장일치로 개정안이 통과되며…"[72]라고 기술한 것을 보면 약헌개정안의 준비에도 그다지 긴 시일이 걸리지 않았던 것으로 판단된다. 임시정부 수립 이래로 제4차 개헌이었던 이때의 약헌개정 작업은 이처럼 지난 어느 때보다도 짧은 시일 안에 아무런 논란 없이 이루어졌다. 그것은 이미 확고하게 정립된 김구의 위상을 제도적으로 합법화하는 작업이었기 때문이었다.

개정된 임시약헌은 제2차 개정의 1925년 임시헌법 및 제3차 개정의 1927년 임시약헌과 마찬가지로 전문은 없고, 제1장 총강(제1~3조), 제2장 임시의정원(제4~22조), 제3장 임시정부(제23~37조), 제4장 회계(제

---

72) 《大韓民國臨時政府公報 제67호》(1940.10.15.), 『대한민국임시정부자료집(1) 헌법·공보』, p.230.

38~40조), 제5장 보칙(제41~42조)의 본문 42개조로 줄었다. 임시정부의 전 기간을 통한 다섯번의 헌법개정 가운데 헌법전의 체제 자체는 가장 달라지지 않았는데, 그것은 그만큼 약헌개정 작업을 서둘렀기 때문이었을 것이다.

그러나 내용 면에서는 크게 달라졌다. 우선 눈에 띄는 것은 1927년의 임시약헌에만 있는 "광복운동자의 대단결인 당"의 규정이 삭제된 것이었다. 1927년의 임시약헌은 대한민국의 최고권력이 임시의정원에 있다고 천명하면서도 "광복운동자의 대단결인 당이 완성될 때에는 국가의 최고권력은 이 당에 있음"(제2조)이라고 천명하고, 임시약헌 개정조항에서도 "광복운동자의 대단결인 당이 완성될 때에는 이 당에서 개정함"(제49조)이라고 규정함으로써 소련이나 중국 국민정부와 같은 이른바 '이당치국(以黨治國)'의 구현을 예비했었다. 그것은 그 무렵의 민족유일당 결성운동을 배경으로 한 조치였으나, 결국 민족유일당 결성운동은 무위로 돌아가고 말았고, 그 뒤 1935년에 5당통합으로 민족혁명당이 결성될 때에도 임시약헌의 이 규정 때문에 임시정부의 정통성이 위협을 받기도 했었다. 그 뒤에 김구도 김원봉과 함께 7당통합운동을 벌이면서 "독립운동자의 대단결인 당"을 염두에 두고 있었던 것은 앞에서 본 대로이다. 그러한 단일당의 결성이 불가능한 작업임이 명백해진 상황에서 임시약헌의 그러한 규정은 불필요할 뿐만 아니라 임시정부의 권위를 저해하는 장애요인으로 작용할 위험도 있었다.[73]

2

개정된 임시약헌의 가장 큰 특징은 국무위원회 주석의 권위와 권한을 크게 강화한 점이었다. 국무회의는 국무위원회로 명칭이 바뀌었는데, 지

---

73) 秋憲樹, 「大韓民國臨時政府의 政治史的意義」, 《韓國史論》 제3호, 한국정신문화연구원, 1980, p.51.

금까지 "책임에서나 권한에서나 동격"인 국무회의 주석은 국무위원들이 호선하던 제도를 바꾸어 임시의정원에서 선출하도록 했고(제10조), 이렇게 선출된 주석은 국군을 총감하고, 필요할 때에는 행정 각부의 명령을 정지시키고, 국무회의의 의결로 긴급명령을 발하고, 정치범을 특사하고, 대외적으로 임시정부를 대표하는 등의 막강한 권한을 갖게 되었다(제27조). 이러한 국무위원회 주석의 지위에 대해 「임시정부 포유문」은 "국무위원회 주석은 일반 국무를 처리함에는 총리격을 가졌고, 그 외 정부를 대표하며 국군을 총감하는 권리를 설정하였으니, 이 방면으로는 국가원수격을 가지게 되었다"[74] 라고 설명했다. 그것은 이때의 약헌개정 세력이 주석의 위상을 어떻게 생각하고 있었는가를 말해 주는 것이다.

이러한 국무위원회 주석의 권위와 권한의 강화는 상대적으로 임시의정원의 권한의 약화를 의미하는 것이었음은 말할 나위도 없다. "대한민국은 최고권력이 임시의정원에 있음"(제2조)이라고 선언한 규정이 삭제되고, 그 규정의 실행기구로서 임시의정원 폐원 중에 그 직권을 행사하기 위하여 설치했던 임시의정원의 상임위원회도 폐지되었다. 상임위원회는 7인으로 구성하도록 되어 있었는데, 그동안 실제로는 3인으로 구성되어 국무위원들과 긴밀히 연락하면서 임시정부를 함께 운영해 왔다.

그러나 그렇다고 임시의정원의 권한이 권력분립의 원칙에 위배될 만큼 약화된 것은 아니었다. 주석을 비롯한 국무위원들은 임시의정원에 대하여 책임을 지며(제23조), 주석이나 국무위원의 독직이나 위법 또는 범죄행위가 있을 때에는 심판 또는 면직할 수 있는 권한(제14조)이나, 의원 3인 이상의 연서로 정부 또는 지정한 국무위원에게 질문할 수 있는 권한(제20조)에도 변경이 없었다. 그러므로 제4차 개정 임시약헌의 권력구조는, 기본적으로는 1919년의 제1차 개정 임시헌법의 그것과 마찬가지로, 민주주의 국가의 권력구조의 두 유형인 대통령중심제와 내각책임제를

---

74) 《大韓民國臨時政府公報 제67호》(1940.10.15.), 『대한민국임시정부자료집(1) 헌법·공보』, p.230.

절충한 제도라고 할 수 있다.

임시의정원의 10월8일 회의는 임시약헌 개정안을 통과시킨 데 이어, 임시정부가 제출한 「한국광복군총사령부조례」를 심사위원회의 심사의 견대로 수정하여 통과시켰다. 이 조례에 따르면, 광복군총사령부는 국무 위원회 주석의 직할 아래 두고(제1조), 총사령 1명이 전군을 통솔 지휘하되(제2조), 동원과 작전계획에 관해서는 참모총장의 지시를 받고, 군사예산과 인사 등 군정에 관해서는 군무부장의 지시를 받도록 했다(제3조). 그리고 광복군총사령부에는 참모장 1명을 두어 총사령을 보좌하도록 했다(제4조). 그런데 「한국광복군총사령부조례」의 심의를 위해서도 심사위원회를 따로 구성했으면서 임시약헌을 개정하면서는 심사위원회조차 구성하지 않았던 것은 아무리 사전에 합의가 있었다고 하더라도 의아스러운 일이 아닐 수 없다.

임시의정원은 임시약헌 개정안을 통과시킨 이튿날 새 임시약헌에 따라 국무위원회 주석과 국무위원을 선출했다. 김구가 주석으로 선출될 것은 정해진 일이었다. 김구는 이때부터 1945년에 해방된 고국에 돌아올 때까지, 아니 귀국한 뒤 1949년6월에 안두희(安斗熙)의 흉탄에 쓰러질 때까지 임시정부 주석 직위를 유지했다.

개정된 임시약헌은 국무위원수를 6인 이상 10인 이내로 규정하고 있었으나, 여섯 사람만 선출하기로 하고 투표를 실시한 결과 이시영, 조완구, 차리석, 조성환, 박찬익이 당선되었다. 이들은 모두 새로 결성된 한국독립당의 중앙집행위원이거나 중앙감찰위원들이었다. 이날까지 국무위원이었던 이청천은 8월4일의 국무회의에서 한국광복군총사령으로 임명하기로 결의했기 때문에 국무위원 선거에서는 제외되었다.

새로 구성된 국무위원회는 개정된 임시약헌을 공포하면서 새로운 결의에 찬 장문의 「임시정부포유문」을 발표했다. 「포유문」은 먼저 임시약헌 개정이 "또 한 시대를 그은 새 출발"이라면서 다음과 같이 천명했다.

(3). 이러한 변경이 자연스럽게 아무 장애도 없고 순전한 언론과 로[여론에 따라] 된 까닭은 우리 광복운동자의 숭고한 인격과 심원한 이상에서 나온 것인 바, 그들의 통일이 이와 같은 미만(彌滿)한 결과가 생긴 것이다. 그러면 우리의 앞길은 오직 광명하고 공고할 것이니, 안으로 정부의 근거가 튼튼하여짐으로 따라 광복군의 성적이 날로 높아갈 것이며, 이를 이어 밖으로 우방의 중시와 기대가 깊어갈 것이니, 그로 더욱 우리에게 (대한) 인식과 도움은 생각 밖에 나타나서 몽매에도 잊지 않은 희망의 실현이 눈앞에 보인다고 믿어 의심치 않는 바이다.

「포유문」은 이처럼 앞으로 전개될 상황을 희망적으로 전망하고 그러한 상황을 맞는 자신들의 결의를 다음과 같이 표명했다.

(4). 이 대시대에 처한 우리 정부의 사명이 지극히 중요한 오늘 재능과 덕망이 넉넉지 못한 본 주석과 국무위원 동인들은 공구(恐懼)함을 마지않는다. 비록 우리 광복사업에 약간의 공헌이 있었다고 하여 많고 또 깊은 신임을 주고 받았으나, 두렵고 염려됨은 진실로 썩은 새끼로 사나운 말을 어거[馭車: 말이나 소를 모는 일]함 같다. 그러나 도망치지 못하고 책임의 느낌이 혈육이 몸에 식을 때까지 힘과 정성을 다하여 무엇이고 아낌없이 뚫고 나갈 뿐이다. 오늘 우리는 오직 나아가 분투할 뿐이오, 성패이둔(成敗利鈍)은 우리에게 헤아림을 허락하지 않는다. 오직 목표를 향하여 나아갈 뿐이다.

「포유문」은 국무위원들의 이러한 비장한 결의를 밝히고 나서, 동포들이 궐기하여 임시정부를 지원할 것을 호소했다.

(5). 오늘은 더욱 조종의 부르심과 선열의 부르심이 급하고 간결

하다.… 배달의 씨 다 일어나거라. 무엇을 하였던 자이든 다 각각 일어
나거라. 우리 원수 왜적을 쳐 물리치고 금수강산의 넷빛을 거듭 빛내
고 자손자손이 자유로 살아가자고 피바람 사나운 비에 싸우고 버티
어 바른 힘줄을 이어 오던 이 임시정부로 모이라. 있는 힘 가진 재능을
모두 바쳐라.…[75]

이렇게 하여 김구는 중국 관내의 독립운동자들이 재집결함으로써 상
해시대를 방불케 하는 중경시대 임시정부의 최고 영도자가 되었다.

---

75) 《大韓民國臨時政府公報 제67호》(1940.10.15.), 『대한민국임시정부자료집(1) 헌법·공보』, p.231.

참고문헌

1. 연대기, 정부기록, 지방지, 신문, 잡지 등

國史編纂委員會, 『韓國獨立運動史 資料(1) 臨政篇 I 』, 國史編纂委員會, 1970.

──────, 『韓國獨立運動史 資料(2) 臨政篇 II 』, 1971.

──────, 『韓國獨立運動史 資料(3) 臨政篇 III 』, 1973.

──────, 『韓國獨立運動史 資料(20) 臨政篇 V 』, 1991.

──────, 『韓國獨立運動史 資料(26) 臨政篇 XI 』, 1994.

──────, 『韓國現代史資料集成(45) 大韓人國民會와 이승만(1915~1936년간 하와이 법정자료)』, 1999.

국사편찬위원회, 『대한민국임시정부자료집(1) 헌법·공보』, 국사편찬위원회, 2005.

──────, 『대한민국임시정부자료집(2) 임시의정원 I 』, 2005.

──────, 『대한민국임시정부자료집(8) 정부수반』, 2006.

──────, 『대한민국임시정부자료집(9) 군무부』, 2006.

──────, 『대한민국임시정부자료집(10) 한국광복군 I 』, 2006.

──────, 『대한민국임시정부자료집(18) 구미위원부 II 』, 2007.

──────, 『대한민국임시정부자료집(22) 대중국외교활동』, 2008.

──────, 『대한민국임시정부자료집(27) 내무부·교통부·재무부·문화부』, 2008.

──────, 『대한민국임시정부자료집(33) 한국독립당 I 』, 2009.

──────, 『대한민국임시정부자료집(34) 한국독립당 II 』, 2009.

―――――――――, 『대한민국임시정부자료집(35) 한국국민당 I 』, 2009.

―――――――――, 『대한민국임시정부자료집(42) 서한집 I 』, 2011.

宋相燾, 『騎驢隨筆』, 國史編纂委員會, 1971.

國家報勳處, 『美洲韓人民族運動資料: 海外의 韓國獨立運動史料(ⅩⅩⅡ) 美洲篇 ④』, 國家報
　　　　　勳處, 1998.

―――――, 『獨立有功者功勳錄(12)』, 國家報勳處, 1996.

―――――, 『獨立有功者功勳錄(14)』, 2000.

國會圖書館 編, 『韓國民族運動史料(中國篇)』, 國會圖書館, 1976.

韓國精神文化研究院 編, 『中國人士證言 韓國獨立運動史資料集』, 博英社, 1983.

―――――――――――――, 『韓國獨立運動證言資料集』, 韓國精神文化研究院, 1986.

독립운동사편찬위원회, 『독립운동사(4) 임시정부사』, 독립유공자사업기금운용위원회, 1971.

―――――――――, 『독립운동사(6) 독립군전투사(하)』, 1975.

―――――――――, 『독립운동사자료집(11) 의열투쟁사자료집』, 1976.

단국대동양학연구소, 『이봉창의사 재판관련자료집』, 단국대학교출판부, 2005.

광주학생독립운동기념사업회, 『光州學生獨立運動略史』, 光州學生獨立運動紀念事業會, 1998.

한국독립유공자협회, 『中國東北地域韓國獨立運動史』, 集文堂, 1997.

秋憲樹 編, 『資料 韓國獨立運動(2)』, 延世大學校出版部, 1972.

―――――, 『資料 韓國獨立運動(3)』, 1973.

National Archives Microfilm Publications Microcopy No.426, *Records of the Department of State Relating to Internal Affairs of Korea 1919~1929* (Ⅰ)(Ⅱ)(Ⅲ), 1962.

金正明 編, 『朝鮮獨立運動 民族主義運動篇Ⅱ』, 原書房, 1967.

金正柱 編, 『朝鮮統治史料(八)』, 韓國史料研究所, 1971.

―――――, 『朝鮮統治史料(十)』, 1971.

社會問題資料研究會 編, 『思想情勢視察報告集(2)』, 東洋文化社, 1976.

――――――――――――, 『思想情勢視察報告集(3)』, 1976.

――――――――――――, 『思想情勢視察報告集(5)』, 1976.

――――――――――――, 『思想情勢視察報告集(9)』, 1976.

慶尙北道警察部, 『高等警察要史』, 1934.

村田陽一 編譯, 『コミンテルン資料集(4)』, 大月書店, 1978.

內務省警保局 編, 『社會運動の狀況(8)』, 三一書房, 1972.

內務省保安課, 「上海ニ於ケル尹奉吉爆彈事件顚末」(1932.7.), 백범학술원, 『백범과 민족운동 연구』 제1집, 2003.

日本外務省記錄, 『不逞團關係雜件 鮮人ノ部 上海假政府(五)』.

――――――, 『不逞團關係雜件 鮮人ノ部 上海假政府(六)』.

日本外務省, 『外務省警察史 支那之部〈未定稿〉6』, 高麗書林, 1989.

在上海日本總領事館警察部, 『朝鮮民族運動年鑑』.

朝鮮總督府警務局, 『朝鮮の治安狀況 昭和二(1927)年版』(등사판), 不二出版, 1984.

――――――, 『最近に於ける朝鮮治安狀況 昭和十三(1938)年』, 巖南堂影印版, 1966.

徐友春 主編, 『民國人物大辭典』, 河北人民出版社, 1991.

劉壽林外編, 『民國官職年表』, 中華書局, 1995.

中央研究院近代史研究所 編, 『國民政府與韓國獨立運動史料』, 中央研究院近代史研究所, 1988.

韓洪九·李在華 編, 『韓國民族解放運動史資料叢書(3)』, 京沅文化社, 年度未祥.

《독립신문》《新韓民報》《韓民》《朝鮮日報》《東亞日報》《태평양잡지》《太平洋週報》《時報》
《正義府公報》《國民報》《同志別報》《공동보》《민국일보》《每日申報》

2. 개인자료, 문집, 회고록, 전기 등

雩南李承晚文書編纂委員會 編, 『梨花莊所藏 雩南李承晚文書 東文篇(六) 大韓民國臨時政府關聯文書1』, 中央日報社·延世大學校現代韓國學研究所, 1998.

――――――, 『雩南李承晚文書 東文篇(八) 大韓民國臨時政府關聯文書3』, 1998.

──────,『雩南李承晚文書 東文篇(十二) 하와이·美洲僑民團體關聯 文書』, 1998.

──────,『雩南李承晚文書 東文篇(十六) 簡札 1』, 1998.

──────,『雩南李承晚文書 東文篇(十七) 簡札 2』, 1998.

──────,『雩南李承晚文書 東文篇(十八) 簡札 3』, 1998.

리승만, 「하와이한인합동」, 《태평양잡지》 1930년 5월호.

──────, 「하와이 우리사업」, 《태평양잡지》 1930년 7월호

──────, 「동지미포대표회」, 《태평양잡지》 1930년 9월호.

──────, 「동지회사업순서」, 《태평양잡지》 1930년 9월호.

──────, 「시사에 대하야」, 《태평양잡지》 1930년 9월호.

──────, 「사실 설명」, 《태평양잡지》 1930년 10월호.

──────, 「우리 사업의 목적」, 《太平洋週報》 1931년 6월 20일호.

──────, 「리 박사 려행담」, 《太平洋週報》 1939년 4월 8일호.

──────, 「현시계획」, 《太平洋週報》 1940년 1월 13일호

Syngman Rhee, *Log Book of S. R.*(unpublished).

──────, "How I Went to Shanghai"(unpublished).

──────, "Korean Coloney at Olaa Shows Big Increas in Value in Three Years", *The Honolulu Star Bulletin*, Apr. 20, 1929.

The Institute for Modern Korean Studies ed., *The Syngman Rhee Telegrams*, vol. IV., 2000.

Young Ick Lew et al. eds, *The Syngman Rhee Correspondence in English, 1904~1948*, vol. 1, Institute for Modern Korean Studies, Yonsei University, 2009.

Robert T. Oliver, *Syngman Rhee: The Man Behind the Myth*, 1960, Dodd Meed & Company.

金鉉九,『雩南略傳』(未刊行自筆原稿), 하와이大學校 한국학연구소 소장.

리 푸란세스카 지음, 조혜자 옮김,『대통령의 건강』, 촛불, 1988.

李丙允, 「精神醫學者가 본 李承晚博士」, 《新東亞》 1985년 9월호.

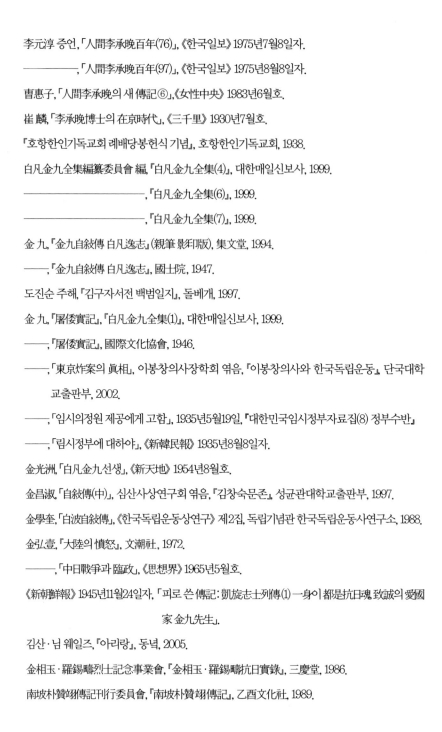

李元淳 증언, 「人間李承晚百年(76)」, 《한국일보》 1975년 7월 8일자.

───────, 「人間李承晚百年(97)」, 《한국일보》 1975년 8월 8일자.

曺惠子, 「人間李承晚의 새 傳記⑥」, 《女性中央》 1983년 6월호.

崔 麟, 「李承晚博士의 在京時代」, 《三千里》 1930년 7월호.

『호항한인기독교회 례배당봉헌식 기념』, 호항한인기독교회, 1938.

白凡金九全集編纂委員會 編, 『白凡金九全集(4)』, 대한매일신보사, 1999.

──────────, 『白凡金九全集(6)』, 1999.

──────────, 『白凡金九全集(7)』, 1999.

金 九, 『金九自敍傳 白凡逸志』(親筆 影印版), 集文堂, 1994.

──, 『金九自敍傳 白凡逸志』, 國士院, 1947.

도진순 주해, 『김구자서전 백범일지』, 돌베개, 1997.

金 九, 『屠倭實記』, 『白凡金九全集(1)』, 대한매일신보사, 1999.

──, 『屠倭實記』, 國際文化協會, 1946.

──, 「東京炸案의 眞相」, 이봉창의사장학회 엮음, 『이봉창의사와 한국독립운동』, 단국대학
　　교출판부, 2002.

──, 「임시의정원 제공에게 고함」, 1935년 5월 19일, 『대한민국임시정부자료집(8) 정부수반』.

──, 「림시정부에 대하야」, 《新韓民報》 1935년 8월 8일자.

金光洲, 「白凡金九선생」, 《新天地》 1954년 8월호.

金昌淑, 「自敍傳(中)」, 심산사상연구회 엮음, 『김창숙문존』, 성균관대학교출판부, 1997.

金學奎, 「白波自敍傳」, 《한국독립운동상연구》 제2집, 독립기념관 한국독립운동사연구소, 1988.

金弘壹, 『大陸의 憤怒』, 文潮社, 1972.

──, 「中日戰爭과 臨政」, 《思想界》 1965년 5월호.

《新朝鮮報》 1945년 11월 24일자, 「피로 쓴 傳記:凱旋志士列傳(1) 一身이 都是抗日魂 致誠의 愛國
　　　　　　　　　　　家 金九先生」.

김산·님 웨일즈, 『아리랑』, 동녘, 2005.

金相玉·羅錫疇烈士記念事業會, 『金相玉·羅錫疇抗日實錄』, 三慶堂, 1986.

南坡朴贊翊傳記刊行委員會, 『南坡朴贊翊傳記』, 乙酉文化社, 1989.

閔弼鎬,「大韓民國臨時政府와 나」, 金俊燁 編,『石麟 閔弼鎬傳』, 나남, 1995.

朴泰遠,「若山과 義烈團」, 白楊堂, 1947.

배경식,『기노시타 쇼조, 천황에게 폭탄을 던지다: 인간 이봉창 이야기』, 너머북스, 2008.

三均學會 編,『素昻先生文集(上)』, 횃불사, 1979.

蕭錚,「蔣介石, 金九 그리고 나」,《月刊朝鮮》1985년1월호.

양우조·최선화 지음, 김현주 정리,『제시의 일기』, 혜윰, 1999.

유자명,『유자명 수기: 한 혁명자의 회억록』, 독립기념관 한국독립운동사연구소, 1999.

尹致暎,『東山回顧錄: 尹致暎의 20世紀』, 삼성출판사, 1991.

李敬南,『雪山 張德秀』, 東亞日報社, 1981.

李相寿,『송철회고록』, Keys Ad. & Printing Co., 1985.

李範奭,「光復軍」,《新東亞》1969년4월호.

李元淳,『世紀를 넘어서: 海史 李元淳自傳』, 新太陽社, 1989.

이장락,『한국땅에 묻히리라: 프랭크 윌리엄 스코필드 박사 전기』, 정음사, 1980.

仁村紀念會,『仁村金性洙傳』, 仁村紀念會, 1976.

張建相,「獨立運動 半世紀의 回顧」,《月刊中央》1968년8월호 참조.

張基永,「OSS의 韓國人」,《新東亞》1967년9월호.

鄭斗玉,「在美韓族獨立運動實記」,《한국학연구》3 별집, 인하대학교한국학연구소, 1991.

정정화,『녹두꽃』, 未完, 1987.

鄭華岩,「이 조국 어디로 갈 것인가: 나의 回顧錄』, 자유문고, 1982.

趙擎韓,『白岡回顧錄 國外篇』, 韓國宗敎協議會, 1979.

趙一文,「金九의 추억」, 水邨朴永錫敎授 華甲紀念論叢刊行委員會 編,『水邨朴永錫敎授華甲
紀念 韓國民族運動史論叢』, 探求堂, 1992.

주요한 編著,『安島山全書』, 三中堂, 1963.

池憲模,『靑天將軍의 革命鬪爭史』, 三星出版社, 1949.

지복영,『역사의 수레를 끌고 밀며: 항일 무장 독립운동과 백산 지청천 장군』, 문학과지성사,
1995.

崔禎鎬,「李承晩博士의 베일을 벗은 새 資料: 프女史親庭과 그의 랑데부 時節 ①」《한국일

보》1965년8월5일자.

─────, 「프女史의 行方」, 《한국일보》 10월17일자.

許政, 『내일을 위한 證言』, 샘터, 1979.

Dae-Sook Suh ed., *The Writings of Henry Cu Kim*, University of Hawaii Press, 1987.

독립기념관 소장 D. Y. Sohn et al., "The Case of Korean National Association".

"Communication to the Secretariat of the League of Nations by the Korean Deligation",
      The Korean Student Bulletin, May-June, 1933.

George A. Fitch, *My Eighty Years in China*, Meiya Publication Co., Taipei, 1974.

Henry L. Stimson, *The Far Eastern Crisis*, Harper & Brothers, 1936.

"The Korean Student's Alliance of Hawaii", *The Student's Annual 1932*.

William H. Fry, "The Annual Report of the Hawaii Mission, December 31, 1929", *Official
      Minutes of the Twenty-Fifth Session of the Hawaii Mission of the
      Methodist Episcopal Church, 1930*.

重光葵, 『外交回想錄』, 每日新聞社, 1953.

3. 연구논저 – 단행본

강만길, 『증보 조선민족혁명당과 통일전선』, 역사비평사, 2003.

강만길 · 심지연, 『우사 김규식의 생애와 사상 ① 항일독립투쟁과 좌우합작』, 한울, 2000.

고정휴, 『이승만과 한국독립운동』, 연세대학교출판부, 2004.

김기승, 『조소앙이 꿈꾼 세계』, 지영사, 2003.

김승태 · 박혜진 엮음, 『내한선교사총람』, 한국기독교역사연구소, 1994.

金陽鶯, 『李東寧一代記』, 乙酉文化社, 1979

김영범, 『한국근대민족운동과 의열단』, 창작과비평사, 1997.

金元龍, 『在美韓人五十年史』, Reedley, Calif., 1959.

金俊燁 · 金昌順 共編, 『韓國共産主義運動史 資料篇 I』, 高麗大學校亞細亞問題研究所, 1979.

金學俊, 『梅軒 尹奉吉評傳』, 民音社, 1992.

───, 『러시아혁명사』, 문학과지성사, 1995.

金喜坤, 『中國關內韓國獨立運動團體硏究』, 지식산업사, 1995.

───, 『대한민국임시정부연구』, 지식산업사, 2004.

盧景彩, 『韓國獨立黨硏究』, 신서원, 1996.

朴永錫, 『萬寶山事件硏究』, 亞細亞文化社, 1978.

朴恒, 『滿洲韓人民族運動史硏究』, 一潮閣, 1991.

孫科志, 『上海韓人社會史 1910-1945』, 한울, 2001.

송우혜, 『윤동주평전』, 열음사, 1989.

신용하, 『신간회의 민족운동』, 독립기념관 한국독립운동사연구소, 2007.

염인호, 『김원봉연구』, 창작과비평사, 1993.

오장환, 『한국 아나키즘운동사 연구』, 國學資料院, 1998.

유영익, 『이승만의 삶과 꿈』, 중앙일보사, 1996.

───, 『건국대통령 이승만』, 일조각, 2013

윤대원, 『상해시기 대한민국임시정부 연구』, 서울대학교출판부, 2006.

이균영, 『신간회연구』, 역사비평사, 1993.

이덕희, 『한인기독교회 · 한인기독학원 · 대한인동지회』, 한국기독교역사연구소, 2008.

李庭植, 『金奎植의 生涯』, 新丘文化社, 1974.

───, 『여운형: 시대와 사상을 초월한 융화주의자』, 서울대학교출판부, 2008.

이정식 면담 · 김학준 편집해설, 『혁명가들의 항일회상』, 민음사, 2005.

이현희, 『대한민국임시정부 주석 이동녕과 그 시대』, 동방도서, 2002.

전택부, 『월남 이상재의 생애와 사상』, 연세대학교출판부, 2001.

정진석, 『극비 조선총독부의 언론검열과 탄압』, 커뮤니케이션북스, 2008.

蔡永國, 『韓民族의 만주독립운동과 正義府』, 國學資料院, 2000.

한상도, 『韓國獨立運動과 中國軍官學校』, 문학과지성사, 1994.

───, 『한국독립운동과 국제환경』, 한울아카데미, 2000.

韓詩俊, 『韓國光復軍硏究』, 一潮閣, 1993.

홍선표, 『재미한인의 꿈과 도전』, 연세대학교출판부, 2011.

홍인근, 『이봉창평전』, 나남출판, 2002.

F. P. Walters, *A History of the Leage of Nations*, Oxford University Press, 1952.

John K. Hyun, *The Korean National Association(1903~1945)*, Korea University, 1986.

Yŏng-ho Ch'oe ed., *From the Land of Hibiscus: Koreans in Hawaii, 1903~1950*, University of Hawaii Press, 2007.

姜東鎭, 『日本の朝鮮支配政策史研究』, 東京大學出版會, 1979.

西順藏 編, 『原典中國近代思想史(第六冊): 國共分裂から解放戰爭まで』, 岩波書店, 1977.

細谷千博 外編, 『開戰に至る十年 1931~1941(1) 政府首腦と外交機關』, 東京大出版會, 2000.

歷史學硏究會 編, 『太平洋戰爭史(1) 滿洲事變』, 靑木書店, 1971.

―――――, 『太平洋戰爭史(2) 日中戰爭 1』, 1971.

日本國際政治學會 編, 『太平洋戰爭への道(2) 滿洲事變』, 朝日新聞社, 1962.

―――――, 『太平洋戰爭への道(3) 日中戰爭(上)』, 1987.

井上準之助 編, 『太平洋問題: 1927年ホノルル會議』, 太平洋問題調査會, 1927.

片桐康夫, 『太平洋問題調査會の硏究』, 慶應義塾大學出版會, 2003.

波多野尊大, 『國共合作』, 中央公論社, 1973.

波多野乾一, 『中國國民黨通史』, 大東出版社, 1943.

海野芳郎, 『國際聯盟と日本』, 原書房, 1977.

4. 연구논저 – 논문

고정휴, 「대한인동지회 회원분석」, 《한국민족운동사연구》 40, 한국민족운동사학회, 2004.

金度亨, 「1930년대 초반 하와이한인사회의 동향: 소위 '교민총단관점령사건'을 통하여」, 《한국근현대사연구》 제9집, 한울, 1998.

金榮範, 「朝鮮義勇隊硏究」, 《한국독립운동사연구》 제2집, 독립기념관 한국독립운동사연구소, 1988.

―――, 「1920년대 후반기의 민족유일당 운동에 대한 재검토」, 《한국근현대사연구》 제1집, 한울, 1994.

———, 「조선의용대의 청설과 한·중연대」, 《한국근현대사연구》 제11집, 한울, 1999.

김창수, 「의열단의 성립과 투쟁」, 『한국민족독립운동사(4) 독립전쟁』, 국사편찬위원회, 1988.

金喜坤, 「제2차 유림단의거 연구: 心山 金昌淑의 활동을 중심으로」, 《大東文化硏究》 제38집, 성균관대학교대동문화연구원, 2001.

閔斗基, 「萬寶山事件(1931)과 韓國言論의 對應」, 《東洋史學硏究》 제65집, 동양사학회, 1999.

朴永錫, 「石州 李相龍硏究」, 《歷史學報》 제89집, 歷史學會, 1981.

———, 「民族唯一黨運動: 1920年代後半 中國·滿洲地域을 중심으로」, 『慶熙史學 朴性鳳敎授回甲紀念論叢』, 慶熙大學校出版局, 1987.

朴桓, 「南華韓人靑年聯盟의 결성과 그 활동」, 水邨朴永錫敎授華甲紀念論叢刊行委員會 編, 『水邨朴永錫敎授華甲紀念 韓民族獨立運動史論叢』, 探求堂, 1992.

方善柱, 「1930~1940년대 歐美에서의 獨立運動과 열강」, 梅軒尹奉吉義士義擧60周年기념 국제학술회의, 『韓國獨立運動과 尹奉吉義士』, 梅軒尹奉吉義士義擧60周年기념사업추진위원회, 1992.

———, 「朴容萬評傳」, 『在美韓人의 獨立運動』, 翰林大學校아시아文化硏究所, 1989.

———, 「1930년대의 재미한인 독립운동」, 국사편찬위원회 편, 『한민족독립운동사(8)』, 국사편찬위원회, 1990.

———, 「在美3·1運動總司令官 白一圭의 鬪爭一生」, 水邨朴永錫敎授 華甲紀念論叢刊行委員會 編, 『水邨朴永錫敎授華甲紀念 韓民族獨立運動論叢』, 探求堂, 1992.

———, 「한길수와 이승만」, 유영익 편, 『이승만 연구: 독립운동과 대한민국건국』, 연세대학교출판부, 2000.

배경식, 「임시정부 초대 외무총장 박용만 암살사건」, 《역사문제연구》 제18호, 역사문제연구소, 2007.

愼鏞廈, 「解題 『白凡逸志』 필사본들과 『白凡逸志』 국사원판 간행본」, 『白凡金九全集(2)』, 대한매일신보사, 1999.

沈景洙, 「蘇聯憲法의 發展과 그 變化에 관한 硏究」, 忠南大學校 박사학위논문, 1991.

尹大遠, 「대한민국임시정부 전반기(1919~1932)의 재정제도의 운영」, 『대한민국임시정부수립80주년기념논문집(상)』, 國家報勳處, 1999.

──, 「대한민국임시정부 후반기(1932~1945)의 재정제도와 운영」, 『대한민국임시정부수립 80주년기념논문집(상)』, 國家報勳處, 1999.

이덕희, 「이승만과 하와이섬의 동지촌」, 『북미주한인의 역사(하)』, 국사편찬위원회, 2007.

──, 「하와이 여성단체들의 활동」, 『近代의 移民과 仁川: 2004년 제1회 학술대회 자료집』, 인천광역시 역사자료관, 2004.

李明花, 「上海에서의 韓人民族敎育運動」, 《한국독립운동사연구》 제4집, 독립기념관 한국독 립운동사연구소, 1990.

張世胤, 「조선의용대의 조직편성과 구성원」, 《한국근현대사연구》 제11집, 한울, 1999.

──, 「조선혁명군총사령 梁世奉연구」, 干松趙東杰先生停年紀念論叢刊行委員會, 『干松 趙東杰先生停年紀念論叢Ⅱ 韓國民族運動史硏究』, 나남출판, 1997.

──, 「韓國獨立軍의 抗日武裝鬪爭硏究」, 《한국독립운동사연구》 제3집, 독립기념관 한국 독립운동사연구소, 1989.

조규태, 「1920년대중반 在北京創造派의 民族唯一黨運動」, 《한국민족운동사연구》37, 한국 민족운동사학회, 2003.

──, 「박용만의 중국에서의 민족운동」, 《한국민족운동사연구》45, 한국민족운동사학회, 2005.

조범래, 「上海韓國獨立黨의 組織變遷과 活動에 대하여」, 《한국독립운동사연구》 제3집, 독 립기념관 한국독립운동사연구소, 1989.

──, 「韓國國民黨硏究」, 《한국독립운동사연구》 제4집, 독립기념관 한국독립운동사연구 소, 1990.

──, 「丙寅義勇隊硏究」, 《한국독립운동사연구》 제7집, 독립기념관 한국독립운동사연구 소, 1993.

朱宏達·吳潔敏, 「김구의 남북호 피난기」, 한국민족운동사연구회 편, 『한국독립운동과 중 국』, 국학자료원, 1998.

최보원, 「레닌의 당조직론에 관한 연구: 민주집중제를 중심으로」, 한국정신문화연구원 대학 원 석사학위논문, 1988.

崔書勉, 「이봉창의거 연구서설」, 『대한민국임시정부수립80주년기념논문집(하)』, 國家報勳

處, 1999.

秋憲樹, 「大韓民國臨時政府의 政治史的意義」, 《韓國史論》 제3호, 한국정신문화연구원, 1980.

韓相禱, 「韓國對日戰線統一同盟과 民族協同戰線運動」, 『尹炳奭敎授華甲紀念韓國近代史論叢』, 지식산업사, 1990.

韓詩俊, 「上海韓國獨立黨硏究」, 『車文燮博士華甲紀念史學論叢』, 1989.

─── , 「內蒙古지역의 한국독립운동」, 한국근현대사학회, 《한국근현대사연구》 제23집, 한울, 2002년 겨울호.

─── , 「이봉창의거에 대한 중국신문의 보도」, 《한국근현대사연구》 제36집, 한울, 2006.

홍선표, 「일제하 미국유학연구」, 《國史館論叢》96, 國史編纂委員會, 2001.

稻葉强, 「太平洋戰爭中의 在米朝鮮人運動: 特に韓吉洙の活動を中心に」, 《朝鮮民族運動史研究》7号, 不二出版, 1991.

王池豊, 「抗日戰爭の起點: 蘆溝橋事變」, 井上淸·衛藤瀋吉 編著, 『日中戰爭と日中關係』, 原書房, 1988.

長田彰文, 「「万宝山事件」と國際關係」, 《上智史學》第52号, 上智大學史學會, 2007.

찾아보기